Schwerpunktbereich Scheffler · Besteuerung von Unternehmen Band II

Schwerpunkte

Eine systematische Darstellung der wichtigsten Rechtsgebiete anhand von Fällen
Begründet von Professor Dr. Harry Westermann †

Besteuerung von Unternehmen

Band II: Steuerbilanz

von

Dr. Wolfram Scheffler

o. Professor an der Universität Erlangen-Nürnberg

9., neu bearbeitete Auflage

C.F. Müller

Wolfram Scheffler, Jahrgang 1956, Studium der Betriebswirtschaftslehre an der Universität Mannheim, Promotion 1984, Habilitation 1990; 1990–1991 Professor für Betriebswirtschaftslehre an der Universität zu Köln, 1991–1995 Leiter des Fachgebiets Bilanz-, Steuer- und Prüfungswesen an der Universität Osnabrück, seit 1995 Inhaber des Lehrstuhls für Betriebswirtschaftslehre, insbesondere Steuerlehre an der Friedrich-Alexander-Universität Erlangen-Nürnberg. Hauptarbeitsgebiete: EDV-gestützte Steuerwirkungsanalysen (Einfluss der Besteuerung auf Unternehmensrechtsform, Finanzierung, Investitionen); Internationale Unternehmensbesteuerung sowie Steuerliche Gewinnermittlung und Vermögensbewertung.

Kontaktadresse:
Friedrich-Alexander-Universität Erlangen-Nürnberg
Lange Gasse 20, 90403 Nürnberg
E-Mail: scheffler@steuerlehre.com

Bibliografische Information der Deutschen Nationalbibliothek
Die Deutsche Nationalbibliothek verzeichnet diese Publikation in der Deutschen Nationalbibliografie; detaillierte bibliografische Daten sind im Internet über http://dnb.d-nb.de abrufbar.

ISBN 978-3-8114-4672-4

E-Mail: kundenservice@cfmueller.de
Telefon: +49 89/2183-7923
Telefax: +49 89/2183-7620

www.cfmueller.de
www.cfmueller-campus.de

Satz: PreXtension, Grafrath
Druck: CPI Clausen & Bosse, Leck

Vorwort

Die drei Bände Besteuerung von Unternehmen bilden eine Einheit. Im Band I: Ertrag-, Substanz- und Verkehrsteuern werden steuerartenbezogen die wichtigsten Vorschriften zur Steuerpflicht, zum Besteuerungsgegenstand, zur Bemessungsgrundlage, zum Tarif, zur Steuerzahlung sowie zum Verfahrensrecht erläutert. Im vorliegenden Band II: Steuerbilanz werden die Regelungen zur steuerlichen Einkunftsermittlung und Vermögensbewertung vorgestellt. Im Band III: Steuerplanung wird aufgezeigt, wie sich die steuerrechtlichen Regelungen auf die Steuerbelastung von Unternehmen auswirken. Zusammen geben diese Bände einen prägnanten und dennoch umfassenden Überblick über die von Unternehmen zu beachtenden steuerlichen Normen.

Die Ausführungen konzentrieren sich auf die Besteuerung von gewerblichen Unternehmen. Damit ergibt sich für den Band II folgende Dreiteilung:

- steuerliche Gewinnermittlung: Ermittlung der Einkünfte aus Gewerbebetrieb für die Einkommen- bzw Körperschaftsteuer sowie die Gewerbesteuer
- steuerliche Vermögensbewertung: Ermittlung des Werts des Betriebsvermögens für die Erbschaft- und Schenkungsteuer
- Einheitsbewertung: Bewertung von Betriebsgrundstücken für die Grundsteuer.

Die Erläuterungen der methodischen Grundlagen und der speziellen Einzelfragen zur Bilanzierung und Bewertung werden durch zahlreiche Beispiele und eine umfassende Auswertung der Rechtsprechung zum Steuerbilanzrecht veranschaulicht.

Bei der Neubearbeitung wurde die bisherige Struktur des Buches grundsätzlich beibehalten. Der gesamte Text wurde hinsichtlich der zahlreichen Änderungen der gesetzlichen Regelungen, der Rechtsprechung sowie der Verwaltungsanweisungen aktualisiert.

Adressaten des Bandes II: Steuerbilanz sind alle, die einen kompakten Einstieg in Fragen der steuerlichen Gewinnermittlung und Vermögensbewertung suchen. Hierzu gehören insbesondere Studierende der Wirtschafts- und Rechtswissenschaften an Universitäten, (Dualen) Hochschulen sowie Verwaltungs- und Wirtschaftsakademien. Das Buch wendet sich darüber hinaus an alle, die sich in der Praxis und Wissenschaft mit den Grundfragen der Steuerbilanz, der Bewertung für die Erbschaft- und Schenkungsteuer und für die Grundsteuer beschäftigen und einen raschen Einstieg in die Grundzüge der steuerlichen Gewinn- und Vermögensermittlung suchen, ohne in den Details den Blick für das Wesentliche zu verlieren. Derjenige, der bereits mit dem deutschen Steuerbilanzrecht vertraut ist, kann diesen Band dazu nutzen, sich schnell und kompakt über die aktuelle Rechtslage und deren Interpretation durch die Finanzverwaltung und Finanzrechtsprechung zu informieren.

Bei der Erstellung der Endfassung des Manuskripts haben mich Frau Saskia Bardens, M.Sc., Frau Nadine Koch, M.Sc. und Frau Dr. Ariane Steinegger mit sehr großem Engagement unterstützt. Bei den Korrekturen waren Herr Dr. Matthias Blank, Herr

Mirko Burmistrak, B.Sc., Frau Melanie Dietz, B.A., Herr Christian Huber, M.Sc., Herr Benedikt Keilen, M.Sc., Frau Manuela Kohl, M.Sc., Herr Markus König, B.A., Herr Ivan Lemisev, Frau Julia Lingenhöl, B.A., Herr Fabian Lutz, M.Sc., Herr Lucas Rapp, M.Sc., Frau Lilly Roth, B.A., Frau Valentina Weber, Frau Jule Wituschek, B.A./B.Sc. behilflich. Für ihren Einsatz bedanke ich mich ganz herzlich.

Nürnberg, im April 2018 *Wolfram Scheffler*

Inhaltsverzeichnis

Abkürzungsverzeichnis

aA	anderer Ansicht
Abb.	Abbildung
ABl.	EU Amtsblatt der Europäischen Gemeinschaften
Abs.	Absatz
aF	alte Fassung
AfA	Absetzung für Abnutzung
AfaA	Absetzungen für außergewöhnliche technische oder wirtschaftliche Abnutzung
AfS	Absetzung für Substanzverringerung
AG	Aktiengesellschaft
AktG	Aktiengesetz
Anm	Anmerkung
AO	Abgabenordnung
aRAP	aktiver Rechnungsabgrenzungsposten
Art.	Artikel
AtomG	Atomgesetz
Aufl.	Auflage
BB	Betriebs-Berater (Zeitschrift)
BBK	NWB Rechnungswesen/Buchführung, Bilanzierung, Kostenrechnung (Zeitschrift)
BetrAVG	Gesetz zur Verbesserung der betrieblichen Altersversorgung (Betriebsrentengesetz)
BewÄndG	Gesetz über die Anwendung und Änderung bewertungsrechtlicher Vorschriften
BewG	Bewertungsgesetz
BewRGr	Richtlinien für die Bewertung des Grundvermögens
BFH	Bundesfinanzhof
BFH/NV	Sammlung amtlich nicht veröffentlichter Entscheidungen des Bundesfinanzhofs (Zeitschrift)
BFuP	Betriebswirtschaftliche Forschung und Praxis (Zeitschrift)
BGB	Bürgerliches Gesetzbuch
BGBl.	Bundesgesetzblatt
BGH	Bundesgerichtshof
BGHZ	Entscheidungen des Bundesgerichtshofs in Zivilsachen
BierStG	Biersteuergesetz
BMF	Bundesministerium der Finanzen
BMWF	Bundesminister für Wirtschaft und Finanzen
BStBl.	Bundessteuerblatt
Buchst.	Buchstabe
BVerfG	Bundesverfassungsgericht
bzw	beziehungsweise

CDU	Christlich Demokratische Union Deutschlands
CF	biz Corporate Finance biz (Zeitschrift)
CSU	Christlich-Soziale Union in Bayern eV
DB	Der Betrieb (Zeitschrift)
DBA	Doppelbesteuerungsabkommen
DBW	Die Betriebswirtschaft (Zeitschrift)
DeckRV	Deckungsrückstellungsverordnung
dh	das heißt
DIHK	Deutscher Industrie- und Handelskammertag
DK	Der Konzern (Zeitschrift)
DM	Deutsche Mark
DRS	Deutscher Rechnungslegungs Standard
DSR	Deutscher Standardisierungsrat
DStR	Deutsches Steuerrecht (Zeitschrift)
DStZ	Deutsche Steuer-Zeitung (Zeitschrift)
E	Ertragshundertsatz
E-Bilanz	Elektronische Bilanz
EBITDA	Earnings Before Interest, Taxes, Depreciation and Amortization
ECLI	European Case Law Identifier (Europäischer Rechtsprechungs-Identifikator)
E-EÜR	Elektronische Einnahmenüberschussrechnung
EFG	Entscheidungen der Finanzgerichte (Zeitschrift)
EG	Europäische Gemeinschaft
EGHGB	Einführungsgesetz zum Handelsgesetzbuch
ErbbauVO	Verordnung über das Erbbaurecht
ErbStG	Erbschaftsteuer- und Schenkungsteuergesetz
ErbStG-BayE	Entwurf eines Gesetzes zur Sicherung der Unternehmensnachfolge, Gesetzesantrag des Freistaates Bayern
ErbStG-BRegE	Entwurf eines Gesetzes zur Sicherung der Unternehmensnachfolge, Gesetzentwurf der Bundesregierung
ErbStH	Erbschaftsteuer-Hinweise
ErbStR	Erbschaftsteuer-Richtlinien
Erg.-Lief.	Ergänzungslieferung
ERP-Software	Enterprise Resource Planning Software
ERS	Entwurf Stellungnahme zur Rechnungslegung
EStB	Ertrag-Steuerberater (Zeitschrift)
EStDV	Einkommensteuer-Durchführungsverordnung
EStG	Einkommensteuergesetz
EStH	Einkommensteuer-Hinweise
EStR	Einkommensteuer-Richtlinien
et	al. und andere
EU	Europäische Union
EuGH	Europäischer Gerichtshof
eV	eingetragener Verein
EWR	Europäischer Wirtschaftsraum
FA	Finanzarchiv (Zeitschrift)
FG	Finanzgericht
fifo	first in first out
FN-IDW	IDW Fachnachrichten (Zeitschrift)

FR	Finanz-Rundschau (Zeitschrift)
GAU	größter anzunehmender Unfall
GdbR	Gesellschaft des bürgerlichen Rechts
GewStG	Gewerbesteuergesetz
GewStH	Gewerbesteuer-Hinweise
GG	Grundgesetz
ggf	gegebenenfalls
GmbH	Gesellschaft mit beschränkter Haftung
GmbHG	Gesetz betreffend die Gesellschaften mit beschränkter Haftung
GmbHR	GmbH-Rundschau (Zeitschrift)
GoB	Grundsätze ordnungsmäßiger Buchführung
GoBD	Grundsätze zur ordnungsmäßigen Führung und Aufbewahrung von Büchern, Aufzeichnungen und Unterlagen in elektronischer Form sowie zum Datenzugriff
GrEStG	Grunderwerbsteuergesetz
GrStG	Grundsteuergesetz
GuV	Gewinn- und Verlustrechnung
GWG	geringwertiges Wirtschaftsgut
H	Hinweise (Erläuterungen der Finanzverwaltung zu den einzelnen Steuerarten)
HFA	Hauptfachausschuss des Instituts der Wirtschaftsprüfer
HGB	Handelsgesetzbuch
HOAI	Verordnung über die Honorare für Architekten- und Ingenieurleistungen (Honorarordnung für Architekten und Ingenieure)
Hrsg.	Herausgeber
HS	Halbsatz
IAS	International Accounting Standards
idR	in der Regel
IDW	Institut der Wirtschaftsprüfer
ieS	im engeren Sinne
IFA	Immobilienwirtschaftlicher Fachausschuss
IFRS	International Financial Reporting Standards
IFSt	Institut Finanzen und Steuern eV
IHK	Industrie- und Handelskammer
InvZulG	Investitionszulagengesetz
iSd	im Sinne des/der
IStR	Internationales Steuerrecht (Zeitschrift)
iVm	in Verbindung mit
iwS	im weiteren Sinne
Kfz	Kraftfahrzeug
KG	Kommanditgesellschaft
KGaA	Kommanditgesellschaft auf Aktien
KoR	Kapitalmarktorientierte Rechnungslegung (Zeitschrift)
KrW-/AbfG	Gesetz zur Förderung der Kreislaufwirtschaft und Sicherung der umweltverträglichen Beseitigung von Abfällen
KStG	Körperschaftsteuergesetz
KStH	Körperschaftsteuer-Hinweise
KStR	Körperschaftsteuer-Richtlinien

KStZ	Kommunale Steuer-Zeitschrift (Zeitschrift)
KWG	Kreditwesengesetz
lifo	last in first out
m	Meter
m.a.W.	mit anderen Worten
max.	maximal
Mio.	Million(en)
mwN	mit weiteren Nachweisen
Nr	Nummer
NWB	Neue Wirtschafts-Briefe (Zeitschrift)
OECD-MA	Muster der Organization for Economic Cooperation and Development für ein Abkommen zur Vermeidung von internationalen Doppelbesteuerungen
OFD	Oberfinanzdirektion
OHG	Offene Handelsgesellschaft
o.O.	ohne Ort
PKW	Personenkraftwagen
pRAP	passiver Rechnungsabgrenzungsposten
PublG	Publizitätsgesetz
R	Richtlinie
RFH	Reichsfinanzhof
RH	Rechnungslegungshinweis
RIW	Recht der Internationalen Wirtschaft (Zeitschrift)
Rn./Rdnr.	Randnummer
RS	Stellungnahme zur Rechnungslegung
RStBl.	Reichssteuerblatt
Rz.	Randziffer
S	Standard
S.	Satz, Seite
SE	Europäische Aktiengesellschaft
sog	sogenannt
soVerb	sonstige Verbindlichkeit
soVG	sonstiger Vermögensgegenstand
SPD	Sozialdemokratische Partei Deutschlands
Stbg	Steuerberatung (Zeitschrift)
StBp	Die steuerliche Betriebsprüfung (Zeitschrift)
StBW	Steuerberater Woche (Zeitschrift)
SteuerStud	Steuer und Studium (Zeitschrift)
SteuK	Steuerrecht kurzgefaßt (Zeitschrift)
StuB	NWB Unternehmensteuern und Bilanzen/Zeitschrift für das Steuerrecht und die Rechnungslegung der Unternehmen/Steuern und Bilanzen (Zeitschrift)
StuW	Steuer und Wirtschaft (Zeitschrift)
TA-Luft	Technische Anleitung zur Reinhaltung der Luft

Tz.	Textziffer
ua	und andere
Ubg	Die Unternehmensbesteuerung (Zeitschrift)
UG	Unternehmergesellschaft
UMTS	Universal Mobile Telecommunications System
UmwStG	Umwandlungssteuergesetz
US-GAAP	United States – Generally Accepted Accounting Principles
UStAE	Verwaltungsregelung zur Anwendung des Umsatzsteuergesetzes (Umsatzsteuer-Anwendungserlass)
UStG	Umsatzsteuergesetz
uU	unter Umständen
V	Vermögenswert
v.	von
VAG	Versicherungsaufsichtsgesetz
vgl	vergleiche
WEG	Wohnungseigentumsgesetz
WISU	Das Wirtschaftsstudium (Zeitschrift)
WPg	Die Wirtschaftsprüfung (Zeitschrift)
XBRL	eXtensible Business Reporting Language
zB	zum Beispiel
ZEV	Zeitschrift für Erbrecht und Vermögensnachfolge (Zeitschrift)
ZfB	Zeitschrift für Betriebswirtschaft (Zeitschrift)/Journal of Business Economics
zfbf	Schmalenbachs Zeitschrift für betriebswirtschaftliche Forschung (Zeitschrift)
ZfhF	Zeitschrift für handelswissenschaftliche Forschung (Zeitschrift)

Schrifttum

A. Kommentare

Adler/Düring/Schmaltz Rechnungslegung und Prüfung der Unternehmen, Kommentar zum HGB, AktG, GmbHG, PublG nach den Vorschriften des Bilanzrichtlinien- Gesetzes, 9 Teilbände, 6. Aufl., Stuttgart 1995–2001

Baetge/Kirsch/Thiele Bilanzrecht, Handelsrecht mit Steuerrecht und den Regelungen des IASB, Kommentar, Bonn (Loseblattausgabe)

Beck'scher Bilanz-Kommentar Handels- und Steuerbilanz, §§ 238 bis 339, 342 bis 342e HGB mit IFRS-Abweichungen, 11. Aufl., München 2018

Blümich EStG, KStG, GewStG, Kommentar, München (Loseblattausgabe)

Böcking/Castan/Heymann ua Beck'sches Handbuch der Rechnungslegung, HGB und IFRS, München (Loseblattausgabe)

Gürsching/Stenger Bewertungsrecht, BewG, ErbStG, Kommentar, Köln (Loseblattausgabe)

Herrmann/Heuer/Raupach Einkommensteuer- und Körperschaftsteuergesetz, Kommentar, Köln (Loseblattausgabe)

Kirchhof/Söhn/Mellinghoff Einkommensteuergesetz, Kommentar, Heidelberg (Loseblattausgabe)

Küting/Pfitzer/Weber Handbuch der Rechnungslegung – Einzelabschluss. Kommentar zur Bilanzierung und Prüfung, Stuttgart (Loseblattausgabe)

Littmann/Bitz/Pust Das Einkommensteuerrecht, Kommentar zum Einkommensteuerrecht, Stuttgart (Loseblattausgabe)

Rössler/Troll Bewertungsgesetz, Kommentar, München (Loseblattausgabe)

Schmidt Einkommensteuergesetz, Kommentar, 37. Aufl., München 2018

Schulze-Osterloh/Hennrichs/Wüstemann ua Handbuch des Jahresabschlusses (HdJ), Bilanzrecht nach HGB, EStG und IFRS, Köln (Loseblattausgabe)

B. Lehrbücher

Baetge/Kirsch/Thiele Bilanzen, 14. Aufl., Düsseldorf 2017

Breithecker/Schmiel Steuerbilanz und Vermögensaufstellung in der betriebswirtschaftlichen Steuerlehre, Berlin 2003

Eisele/Knobloch Technik des betrieblichen Rechnungswesens, 8. Aufl., München 2014

Falterbaum/Bolk/Reiß ua Buchführung und Bilanz: unter besonderer Berücksichtigung des Bilanzsteuerrechts und der steuerrechtlichen Gewinnermittlung bei Einzelunternehmen und Gesellschaften, 22. Aufl., Achim 2015

Federmann Bilanzierung nach Handelsrecht, Steuerrecht und IAS/IFRS, 12. Aufl., Berlin 2010

Heno Jahresabschluss nach Handelsrecht, Steuerrecht und internationalen Standards (IFRS), 8. Aufl., Berlin 2016

Horschitz/Groß/Fanck ua Bilanzsteuerrecht und Buchführung, 14. Aufl., Stuttgart 2016

Kaminski/Strunk Steuerliche Gewinnermittlung bei Unternehmen, 2. Aufl., Wiesbaden 2007

Knobbe-Keuk Bilanz- und Unternehmenssteuerrecht, 9. Aufl., Köln 1993

Luttermann/Großfeld Bilanzrecht: Die Rechnungslegung in Jahresabschluß und Konzernabschluß nach Handelsrecht und Steuerrecht, Europarecht und IAS/IFRS, 4. Aufl., Heidelberg 2005

Meyer/Theile Bilanzierung nach Handels- und Steuerrecht, 29. Aufl., Herne 2018
Moxter Grundsätze ordnungsgemäßer Rechnungslegung, Düsseldorf 2003
Moxter Bilanzrechtsprechung, 6. Aufl., Tübingen 2007
Rose/Watrin Erbschaftsteuer mit Schenkungsteuer und Bewertungsrecht, 12. Aufl., Berlin 2009
Schildbach/Stobbe/Brösel Der handelsrechtliche Jahresabschluss, 10. Aufl., Sternenfels 2013
Schmiel/Breithecker Steuerliche Gewinnermittlung nach dem Bilanzrechtsmodernisierungsgesetz, Berlin 2008
Tipke/Lang Steuerrecht, 23. Aufl., Köln 2018
Thiel/Lüdtke-Handjery Bilanzrecht, 6. Aufl., Heidelberg 2010
Weber-Grellet Bilanzsteuerrecht, 16. Aufl., Münster 2018
Wöhe Betriebswirtschaftliche Steuerlehre, Band I, 2. Halbband, Der Einfluß der Besteuerung auf das Rechnungswesen des Betriebes, 7. Aufl., München 1992
Wöhe/Mock Die Handels- und Steuerbilanz, 6. Aufl., München 2010

C. Übungsbücher

Haase Steuerfall und Lösung: Steuerklausuren und Seminarfälle mit Lösungsvorschlägen, 12. Aufl., Berlin 2005
Quick/Wolz Bilanzierung in Fällen: Grundlagen, Aufgaben und Lösungen nach HGB und IFRS, 6. Aufl., Stuttgart 2016

Erster Teil

Steuerliche Gewinnermittlung

Erster Abschnitt

Konzeption der Steuerbilanz

Bei den Ertragsteuern wird grundsätzlich an das von einem Steuerpflichtigen erzielte Markteinkommen angeknüpft. Bei den Einkünften aus Gewerbebetrieb ist dies der Gewinn. Im Kapitel A. werden die Aufgaben der steuerlichen Gewinnermittlung beschrieben. In Kapitel B. wird aufgezeigt, welche Gewerbetreibende steuerlich buchführungspflichtig sind und welche Merkmale die Gewinnermittlung auf der Grundlage eines Betriebsvermögensvergleichs aufweist. Ein wesentliches Kennzeichen des deutschen Bilanzrechts ist, dass die Bilanzierung und Bewertung in der Steuerbilanz auf der Handelsbilanz aufbauen. Die grundsätzliche Übernahme der handelsrechtlichen Werte in die steuerliche Gewinnermittlung wird als Maßgeblichkeitsprinzip bezeichnet. Der Inhalt und die Auswirkungen des Maßgeblichkeitsprinzips werden in Kapitel C. vorgestellt. Aufgrund des Maßgeblichkeitsprinzips bilden die handelsrechtlichen Grundsätze ordnungsmäßiger Buchführung (GoB) nicht nur die Grundlage für den handelsrechtlichen Jahresabschluss, sondern gleichzeitig ein Kernelement für die Ermittlung der Einkünfte aus Gewerbebetrieb. Der Inhalt der GoB wird in Kapitel D. erläutert. 1

A. Aufgaben der steuerlichen Gewinnermittlung

Die Gewinnermittlung auf Grundlage einer Steuerbilanz dient im Wesentlichen **vier Aufgaben**: Zahlungsbemessung (Fiskalzweck), Lenkung, Dokumentation und Information. Nach einer Darstellung dieser grundlegenden Aufgaben der Steuerbilanz werden die Beziehungen zwischen diesen Zwecken untersucht. 2

I. Zahlungsbemessungsfunktion

Steuern werden in erster Linie zur **Erzielung von Staatseinnahmen** erhoben. Die Zahlungsbemessungsfunktion (Fiskalzweck, Finanzzweck) der Besteuerung ist ein Element der in § 3 AO enthaltenen Definition des Begriffs der Steuern. 3

Das deutsche Steuersystem kennt zahlreiche Steuerarten mit unterschiedlichen Anknüpfungsmerkmalen. Gemeinsames Merkmal der Ertragsteuern ist, dass sie von dem Einkommen ausgehen, das der Steuerpflichtige am Markt erzielt hat. Bei Gewerbetreibenden wird das Markteinkommen üblicherweise mit Hilfe der Steuerbilanz ermittelt:

– **Einkommensteuer.** Bei **natürlichen Personen**, die als gewerbliche Einzelunternehmer tätig sind oder die sich als Gesellschafter (Mitunternehmer) an einer gewerblich tätigen Personengesellschaft beteiligen, werden die Einkünfte aus Gewerbebetrieb mit den weiteren Einkünften des Steuerpflichtigen zusammengefasst und unter Berücksichtigung von sachlichen und persönlichen Besteuerungsfaktoren der Einkommensteuer unterworfen (§ 2 Abs. 1 S. 1 Nr 2, § 15 EStG). Bei Gewerbetreibenden bestimmen sich die Einkünfte nach dem Gewinn, der im Regelfall durch einen Betriebsvermögensvergleich ermittelt wird (§ 2 Abs. 2 S. 1 Nr 1, § 4 – § 7i EStG). Der steuerpflichtige Gewinn ist definiert als die Vermehrung des Betriebsvermögens (des bilanziellen Eigenkapitals), soweit die Betriebsvermögensmehrung auf betriebliche Vorgänge zurückzuführen ist und soweit weder Steuerbefreiungen gelten noch die Abziehbarkeit von Ausgaben versagt wird (§ 4 Abs. 1 S. 1 EStG). Die Steuerbilanz dient dazu, das Betriebsvermögen und dessen Veränderung zu ermitteln.

– **Körperschaftsteuer. Kapitalgesellschaften** sind als juristische Personen körperschaftsteuerpflichtig. Bei unbeschränkt steuerpflichtigen Kapitalgesellschaften gelten sämtliche Einkünfte als Einkünfte aus Gewerbebetrieb (§ 8 Abs. 1, 2 KStG). Deshalb ist für Kapitalgesellschaften die Steuerbilanz das wichtigste Instrument zur Ermittlung des körperschaftsteuerpflichtigen Einkommens.

– **Gewerbesteuer. Gewerbebetriebe** bilden den Steuergegenstand der Gewerbesteuer. Dies gilt unabhängig davon, ob das Unternehmen in der Rechtsform „Einzelunternehmen", „Personengesellschaft" oder „Kapitalgesellschaft" geführt wird (§ 2 Abs. 1, 2 GewStG). Die gewerbesteuerliche Bemessungsgrundlage „Gewerbeertrag" ergibt sich dadurch, dass der nach einkommen- bzw körperschaftsteuerlichen Vorschriften berechnete Gewinn durch spezielle Hinzurechnungen und Kürzungen modifiziert wird (§ 6 iVm § 7 – § 9 GewStG). Das Ergebnis der Steuerbilanz stellt nach § 7 S. 1 GewStG die Ausgangsgröße zur Ermittlung der Bemessungsgrundlage der Gewerbesteuer dar.

Die Steuerbilanz ist in erster Linie für die Ertragsteuern bedeutsam. Wird der Wert eines Unternehmens nach dem vereinfachten Ertragswertverfahren ermittelt, ist der steuerbilanzielle Gewinn auch mittelbar für die Erbschaft- und Schenkungsteuer relevant (§ 199 iVm § 201, § 202 BewG). Siehe hierzu Zweiter Teil, Zweiter Abschnitt, Kapitel E.

4 Die Ermittlung der bei den Ertragsteuern steuerpflichtigen Einkünfte beruht – bezogen auf die Zahlungsbemessungsfunktion – auf **drei Merkmalen**:

– **Trennung von Einkommenserzielung und Einkommensverwendung.** Die Ertragsteuern erfassen das am Markt erzielte Einkommen, dh den verwirklichten Mittelerwerb. Die Art der Verwendung des Markteinkommens (Konsum, Investition oder Sparen) hat grundsätzlich keinen Einfluss auf die ertragsteuerlichen Bemessungsgrundlagen. Hieraus leitet sich ab, dass die **Kosten der privaten Lebensführung** (Einzelunternehmen, Personengesellschaften, § 12 EStG) sowie **gesellschaftsrechtliche Vorgänge** (Kapitalgesellschaften, § 8 Abs. 3 KStG) bei der Ermittlung der Einkünfte aus Gewerbebetrieb **nicht abgezogen** werden dürfen. Persönliche Verhältnisse des Steuerpflichtigen und seine persönlichen Ausgaben bleiben bei der Berechnung der steuerlich relevanten Vermögensmehrung gleichfalls unberücksichtigt.

– **Nettoprinzip.** Aufgrund des Nettoprinzips ist ertragsteuerlich die **Veränderung des Reinvermögens** (des bilanziellen Eigenkapitals) bedeutsam, nicht die Veränderung des Rohvermögens (der Aktiva). Von den Betriebseinnahmen sind die Ausgaben abzuziehen, die mit diesen Einnahmen in wirtschaftlichem Zusammenhang stehen (Betriebsausgaben). Das Nettoprinzip hat weiterhin zur Folge, dass negative Ergebnisse einer Tätigkeit (die Betriebsausgaben übersteigen die Betriebseinnahmen) grundsätzlich mit positiven Einkünften aus einer anderen wirtschaftlichen Aktivität verrechnet werden können (**Verlustausgleich** nach § 2 Abs. 3 EStG, **Verlustabzug** nach § 10d EStG, § 10a GewStG).

– **Prinzip der Abschnittsbesteuerung.** Das Prinzip der Abschnittsbesteuerung drückt aus, dass die Einkünfte grundsätzlich nur von Vorgängen beeinflusst werden, die innerhalb des in der Regel **zwölfmonatigen Einkunftsermittlungszeitraums** liegen. Vorgänge, die zeitlich davor oder danach liegen, bleiben bei der Aufstellung der Steuerbilanz des betreffenden Jahres unberücksichtigt (§ 2 Abs. 7 EStG, § 7 Abs. 3 KStG, § 14 GewStG).

II. Lenkungsaufgaben

Die Erhebung von Steuern beschränkt sich nicht auf den Finanzzweck, vielmehr dienen die steuerlichen Regelungen in vielfältiger Form auch außersteuerlichen Zwecken. Über die Gestaltung des Steuersystems sollen Impulse für die Bevölkerungs–, Ausbildungs–, Umwelt–, Wohnungsbau–, Wirtschafts- und Verkehrspolitik sowie die Vermögens–, Arbeitsmarkt–, Investitions- und Sozialpolitik gegeben werden. Diese **wirtschafts- und sozialpolitischen Ziele** lassen sich danach unterteilen, ob eine Änderung der Einkommens- oder Vermögensverteilung (Umverteilungszweck) oder eine Beeinflussung des Verhaltens der Steuerpflichtigen (Lenkungszweck) angestrebt wird.[1] Für die Steuerbilanz ist der Umverteilungszweck weniger bedeutsam. Der progressive Verlauf des Einkommensteuertarifs zeigt deutlich, dass bei den Ertragsteuern die Zielsetzung der Umverteilung des von den Steuerpflichtigen am Markt erzielten Einkommens insbesondere über die Ausgestaltung des Steuertarifs umgesetzt wird. Der **Lenkungszweck** wirkt sich bei der Ermittlung der Einkünfte aus Gewerbebetrieb an zahlreichen Stellen aus. Die Art und Weise der aufwandswirksamen Verteilung der Anschaffungs- oder Herstellungskosten eines Wirtschaftsguts durch Abschreibungen (neben den verschiedenen Formen der planmäßigen Abschreibung insbesondere Sonderabschreibungen und erhöhte Absetzungen), die Möglichkeit zur Verrechnung von Bewertungsabschlägen und zur Bildung von steuerfreien Rücklagen, der Investitionsabzugsbetrag, die Steuerbefreiung von einzelnen Betriebseinnahmen (zB Investitionszulagen) sowie die Nichtabziehbarkeit von bestimmten Betriebsausgaben werden häufig mit Argumenten begründet, die außerhalb des Fiskalzwecks der Besteuerung liegen. 5

1 Aus steuerrechtlicher Sicht werden Regelungen, die dem Umverteilungs- oder Lenkungszweck dienen, unter den Begriff Sozialzwecknormen subsumiert. Siehe hierzu grundlegend Tipke/Lang, Steuerrecht, 23. Aufl., Köln 2018, S. 72–73, S. 97–111.

III. Dokumentations- und Informationsfunktion

6 Der Steuerbilanz kommt nicht nur die Aufgabe zu, den Gewinn aus der gewerblichen Betätigung zu ermitteln, vielmehr besitzt sie auch Dokumentations- und Informationsaufgaben. Diese lassen sich vereinfachend in **drei Gruppen** einteilen:

- **Dokumentation.** Die Steuerbilanz ist ein Mittel, mit dem der Steuerpflichtige nachweisen kann, dass er seine mit der steuerlichen Veranlagung zusammenhängenden verfahrensrechtlichen Verpflichtungen erfüllt hat.
- **Externe Information.** Zur Information über die wirtschaftliche Lage eines Unternehmens wird von Außenstehenden insbesondere bei kleineren Unternehmen (zB im Rahmen von Kreditwürdigkeitsprüfungen oder Verhandlungen im Zusammenhang mit dem Verkauf des Unternehmens) häufig nicht die Handelsbilanz angefordert, sondern die Vorlage der Steuerbilanz gewünscht.
- **Interne Information.** Die steuerliche Rechnungslegung ermöglicht dem Steuerpflichtigen betriebswirtschaftliche Auswertungen, auf deren Grundlage er sich selbst über die wirtschaftliche Lage seines Unternehmens informieren kann.

IV. Beziehungen zwischen den Zwecken der Steuerbilanz

7 *(1) Verhältnis zwischen der Zahlungsbemessungsfunktion und der Informationsfunktion:* Wird das Markteinkommen mit Hilfe einer Steuerbilanz ermittelt (Zahlungsbemessungsfunktion der Steuerbilanz), treten **zwischen** dem **Fiskalzweck** der Ertragsteuern **und** der **Informationsfunktion** der Steuerbilanz **Zielkonflikte** auf. Nach der Zahlungsbemessungsfunktion ist auf das in der abgelaufenen Periode erzielte Einkommen abzustellen, während nach der Informationsfunktion das Einkommen von Interesse ist, das von dem Unternehmen in der Zukunft voraussichtlich erwirtschaftet werden kann. Dieser konzeptionelle Unterschied führt dazu, dass bezogen auf den Fiskalzweck (Zahlungsbemessungsfunktion) dem Vorsichtsprinzip eine große Bedeutung beizumessen ist. Dies bedeutet, dass Gewinne erst dann ausgewiesen werden dürfen, wenn die Vermögensmehrung nahezu sicher eingetreten ist (Reinvermögenszugang). Im Gegensatz hierzu ist aus Sicht der Informationsfunktion anzustreben, dass die in der Bilanz ausgewiesenen Werte so weit wie möglich mit dem „tatsächlichen" Wert (beizulegender Zeitwert, Fair Value) übereinstimmen. Um die Informationsfunktion zu erfüllen, sind die aktuellen Tageswerte auch dann heranzuziehen, wenn die Erhöhung des Werts eines Wirtschaftsguts am Markt noch nicht bestätigt wurde (Reinvermögenszuwachs). Dieser Zielkonflikt führt dazu, dass im Zusammenhang mit der Zahlungsbemessungsfunktion die Gewinnermittlung auf der Grundlage von möglichst verlässlichen Daten zu erfolgen hat, während bei der Informationsfunktion die Werte so nah wie möglich an dem „tatsächlichen" Betrag liegen sollen. Je stärker die Informationsfunktion betont wird, umso mehr wird die Zahlungsbemessungsfunktion eingeschränkt bzw umgekehrt, je mehr die Zahlungsbemessungsfunktion beachtet wird, umso stärker tritt die Informationsfunktion zurück. In den letzten Jahren ist verstärkt eine Tendenz festzustellen, dass die Informationsfunktion durch die handelsrechtliche Rechnungslegung erfüllt werden soll. Dabei kommt den internationalen Rechnungslegungsgrundsätzen (insbesondere IFRS und

US-GAAP) eine hohe Bedeutung zu. Dies bedeutet, dass für Informationszwecke die Steuerbilanz immer weniger herangezogen wird, sodass **im Rahmen der steuerlichen Gewinnermittlung** der **Zahlungsbemessungsfunktion der Steuerbilanz** (Fiskalzweck) gegenüber der Informationsfunktion **Vorrang eingeräumt werden kann.**

Da die Besteuerung in die Rechte des Steuerpflichtigen eingreift, darf die Erhebung von Steuern nur auf der Grundlage von Gesetzen erfolgen (**Tatbestandsmäßigkeit der Besteuerung**, § 38 AO). Der Grundsatz der Tatbestandsmäßigkeit der Besteuerung ergibt sich aus der Bindung der Gesetzgebung an die verfassungsmäßige Ordnung und der Bindung der vollziehenden Gewalt (zB Finanzverwaltung) und der Rechtsprechung (einschließlich Finanzrechtsprechung) an Gesetze und das Recht (Art. 20 Abs. 3 GG). Des Weiteren müssen Gesetzesvorschriften, die eine Steuerpflicht begründen, nach Inhalt, Gegenstand, Zweck und Ausmaß so konkret gefasst sein, dass für den Steuerpflichtigen die Höhe der von ihm geschuldeten Steuern vorhersehbar und berechenbar ist (**Tatbestandsbestimmtheit**). Die zum Begriff **„Rechtssicherheit"** zusammengefassten Anforderungen an die Tatbestandsmäßigkeit und die Tatbestandsbestimmtheit sind für die steuerliche Gewinnermittlung von besonderer Bedeutung, da die Konkretisierung des Werts eines Wirtschaftsguts häufig erhebliche praktische Schwierigkeiten bereitet und das Steuerbilanzrecht zahlreiche unbestimmte Rechtsbegriffe enthält. Der Grundsatz der Tatbestandsmäßigkeit und Tatbestandsbestimmtheit führt dazu, dass im Steuerrecht an die Nachprüfbarkeit der verwendeten Rechengrößen relativ hohe Anforderungen zu stellen sind. Für die steuerliche Gewinnermittlung ist deshalb der Objektivierungsgedanke sehr bedeutsam. Die Berücksichtigung des Grundsatzes der Rechtssicherheit hat zur Konsequenz, dass sich die Bedeutung der Zahlungsbemessungsfunktion der steuerlichen Gewinnermittlung erhöht und damit gleichzeitig die Informationsfunktion der Steuerbilanz weiter zurückgedrängt wird. Die auf den allgemeinen Besteuerungsprinzipien beruhende **Forderung nach einer objektivierten Gewinnermittlung verstärkt den Zielkonflikt** zwischen der Zahlungsbemessungsfunktion der Steuerbilanz und deren Informationsfunktion.

(2) Einordnung der Dokumentationsfunktion: Im Hinblick auf die **Dokumentation** 8
der Geschäftsvorgänge im externen Rechnungswesen zur Erfüllung der steuerlichen Nachweispflichten treten **gegenüber** den **anderen Zwecken** der Steuerbilanz **keine gegenläufigen Effekte** auf. Sowohl die Zahlungsbemessungsfunktion (der Fiskalzweck) als auch die Informationsfunktion können nur erfüllt werden, wenn die Bilanzierung und die Bewertung auf Daten beruhen, die sich vom Adressaten nachvollziehen lassen und die frei von Willkür sind.

(3) Verhältnis zwischen den Lenkungsaufgaben und der Zahlungsbemessungsfunk- 9
tion sowie der Informationsfunktion: Bei den über die steuerliche Gewinnermittlung verfolgten **Lenkungsaufgaben** liegt **sowohl gegenüber** der **Zahlungsbemessungsfunktion** der Steuerbilanz **als auch** gegenüber ihrer **Informationsaufgabe** offensichtlich ein **Zielkonflikt** vor. Durch Vorschriften, die auf dem Lenkungszweck beruhen, wird der mit Hilfe einer Steuerbilanz ermittelte Gewinn bewusst so modifiziert, dass bei den Steuerpflichtigen die gewünschte Verhaltensänderung erreicht wird. Damit werden aber nicht nur die für die Ertragsteuern herangezogenen Bemessungsgrundlagen – bezogen auf den Fiskalzweck – verfälscht, sondern auch die aus der

Steuerbilanz ableitbaren Aussagen über die wirtschaftliche Lage des Gewerbebetriebs.

Der zwischen dem Fiskalzweck (der Zahlungsbemessungsfunktion) und den Lenkungsaufgaben bestehende Zielkonflikt tritt nicht nur in der Steuerbilanz auf, sondern auch bei anderen Einkunftsarten sowie bei anderen Steuerarten. Obwohl das **Nebeneinander von Fiskalzweck und Lenkungsaufgaben** eine der **Hauptursachen für die Komplexität unseres Steuersystems** ist, besteht Skepsis, ob dieser Zielkonflikt in absehbarer Zeit aufgelöst wird. Bestrebungen, die Vorschriften zur Ermittlung der steuerlichen Bemessungsgrundlagen um Ausnahmevorschriften zu bereinigen, scheiterten bislang häufig daran, dass aus wirtschafts- oder sozialpolitischen Gründen für bestimmte Personen oder ausgewählte Tätigkeiten Ausnahmen gefordert und im Gesetzgebungsverfahren durchgesetzt wurden. Solange zwischen den Steuerpflichtigen und deren Interessensvertretern kein Konsens über eine allgemein verbindliche Leitlinie der Besteuerung besteht, die ohne Ausnahme für alle Steuerpflichtigen anzuwenden ist, wird der häufig beklagte Konflikt zwischen dem Fiskalzweck der Besteuerung und dem Ziel, über steuerliche Regelungen lenkend auf das Verhalten von Steuerpflichtigen einzuwirken, bestehen bleiben. Da die mit dem Lenkungszweck begründeten Beeinflussungen der ertragsteuerlichen Bemessungsgrundlagen häufig dazu führen, dass die Höhe der Ertragsteuern davon abhängt, ob die Voraussetzungen der einzelnen (Sonder-)Vorschriften erfüllt sind, werden die Einkommen- bzw Körperschaftsteuer sowie die Gewerbesteuer nicht nur von dem am Markt erzielten Einkommen beeinflusst, sondern auch davon, in welcher Weise das Handeln des jeweiligen Steuerpflichtigen mit den wirtschafts- und sozialpolitischen Zielen des Gesetzgebers übereinstimmt. Es ist offensichtlich, dass Lenkungsnormen dazu führen, dass gleiches Markteinkommen nicht in jedem Fall gleich besteuert wird. **Ob ein Verstoß gegen den Grundsatz der Gleichmäßigkeit der Besteuerung vorliegt, muss jedoch offen bleiben**, weil eine ungleiche Besteuerung – zumindest im Sinne der Verfassung – zulässig ist, sofern für die Differenzierung sachliche Gründe angeführt werden können. Die Diskussion um Lenkungsnormen wird deshalb so heftig geführt, weil über die Berechtigung oder sogar Notwendigkeit einer differenzierten Besteuerung unterschiedliche Auffassungen vertreten werden.

10 Aus betriebswirtschaftlicher Sicht hat der Konflikt zwischen dem Fiskalzweck und den Lenkungsaufgaben Einfluss auf das Merkmal einer entscheidungsneutralen Besteuerung. Die Besteuerung gilt dann als **entscheidungsneutral**, wenn es durch die Besteuerung nicht zu einer Änderung der Vorteilhaftigkeitsreihenfolge von Handlungsalternativen kommt **(Rangfolgeninvarianz)**:[2] Entscheidet sich der Steuerpflichtige ohne Berücksichtigung der steuerlichen Effekte für eine bestimmte Handlungsalternative (zB die Investition A), ist die Besteuerung dann entscheidungsneutral, wenn er unter Beachtung der Steuerwirkungen dieselbe Handlungsalternative auswählt. Fällt seine Entscheidung unter Einbezug der Besteuerung anders aus als ohne Berücksichtigung der steuerlichen Auswirkungen (beispielsweise zugunsten der Investition B), wird das Ziel der Entscheidungsneutralität der Besteuerung verletzt. Ein entschei-

2 Vgl Schneider, Investition, Finanzierung und Besteuerung, 7. Aufl., Wiesbaden 1992, S. 173; Schneider, Steuerlast und Steuerwirkung, München/Wien 2002, S. 24–30, S. 79–88; Wagner, StuW 2005, S. 97.

dungsneutrales Steuersystem hat zum einen den Vorteil, dass es **mit dem** (steuerrechtlichen) **Grundsatz der Gleichmäßigkeit der Besteuerung vereinbar** ist. Zum anderen wird dadurch auch der **Fiskalzweck** der Besteuerung **nicht verletzt**. In einem entscheidungsneutralen Steuersystem wählt ein Steuerpflichtiger die Handlungsalternative, die gemessen an seinen nichtsteuerlichen Zielen vorteilhaft ist. Dass die im Steuerrecht enthaltenen **Lenkungsnormen** einen **Verstoß gegen** die **Entscheidungsneutralität** der Besteuerung darstellen, ist leicht zu begründen: Eine Besteuerungsnorm muss aneutral wirken, wenn sie beabsichtigt, den Steuerpflichtigen zu einer Entscheidung zu veranlassen, die er ohne Berücksichtigung der steuerlichen Effekte nicht getroffen hätte.[3] Die Beurteilung dieses Zielkonflikts hängt von dem subjektiven Werturteil ab, in welchen Fällen und in welchem Umfang akzeptiert oder gefordert wird, dass über die Besteuerung der unternehmerische Entscheidungsprozess beeinflusst werden darf.

B. Methoden der Gewinnermittlung bei Einkünften aus Gewerbebetrieb

Im ersten Schritt wird das Konzept der Gewinnermittlung durch Betriebsvermögens- **11**
vergleich nach § 5 EStG vorgestellt. Die Gewinnermittlung durch eine Steuerbilanz setzt voraus, dass eine steuerliche Buchführungspflicht besteht. Im zweiten Schritt werden die Grundzüge der weiteren, bei Gewerbetreibenden möglichen Gewinnermittlungsmethoden (Einnahmen-Ausgabenrechnung nach § 4 Abs. 3 EStG, Gewinnermittlung bei Handelsschiffen im internationalen Verkehr nach § 5a EStG sowie Schätzung des Gewinns nach § 162 AO) beschrieben.[4] Aufgrund des Prinzips der Abschnittsbesteuerung ist im dritten Schritt der Zeitraum festzulegen, für den die Gewinnermittlung durchzuführen ist (§ 4a EStG).

I. Gewinnermittlung durch Betriebsvermögensvergleich nach § 5 EStG (Steuerbilanz)

1. Anwendungsbereich der Steuerbilanz: steuerliche Buchführungspflicht

Einkünfte aus Gewerbebetrieb sind im Regelfall durch einen **Betriebsvermögensver-** **12**
gleich nach § 5 EStG zu ermitteln. Diese Gewinnermittlungsmethode baut auf der Finanzbuchhaltung auf. Sie ist bei Gewerbetreibenden **in folgenden Fällen** anzuwenden:

– **Derivative steuerliche Buchführungspflicht. Wer nach handelsrechtlichen Vorschriften verpflichtet ist, Bücher zu führen**, hat diese Verpflichtung auch für die Besteuerung zu erfüllen (§ 140 AO). Nach § 238 HGB ist buchführungspflichtig, wer Kaufmann ist. Einzelunternehmen und Personengesellschaften (OHG, KG) sind

3 Vgl Wagner, FA 1986, S. 32; Wagner, DB 1991, S. 5.
4 Zu den bei den anderen Einkunftsarten geltenden Einkunftsermittlungsmethoden und deren Anwendungsbereich siehe Band I, Rn. 162 ff.

Kaufmann, wenn sie ein Handelsgewerbe betreiben, dh wenn sie einen Gewerbebetrieb unterhalten, und wenn der Umfang der Aktivitäten so umfangreich ist, dass ein in kaufmännischer Weise eingerichteter Geschäftsbetrieb erforderlich ist (§ 1 – § 6, § 238 HGB). Kapitalgesellschaften sind aufgrund ihrer Rechtsform generell Kaufmann. Damit sind GmbH, UG, AG, SE und KGaA unabhängig von der Art ihrer Geschäftstätigkeit handels- und steuerrechtlich buchführungspflichtig (§ 13 Abs. 3 GmbHG, § 3 Abs. 1 AktG iVm § 6 Abs. 1 HGB).

Einzelkaufleute sind ausnahmsweise nicht buchführungspflichtig, wenn sie an den Abschlussstichtagen von zwei aufeinander folgenden Geschäftsjahren Umsatzerlöse von nicht mehr als 600 000 € erzielen und ihr Jahresüberschuss 60 000 € nicht übersteigt (§ 241a HGB).[5]

13 – **Originäre steuerliche Buchführungspflicht.** Einzelunternehmen oder Personengesellschaften (GdbR), die nach Art und Umfang ihrer Tätigkeit keinen in kaufmännischer Weise eingerichteten Geschäftsbetrieb benötigen, sind nicht Kaufmann. Sie sind deshalb nach dem HGB nicht buchführungspflichtig. Handelsrechtlich nicht buchführungspflichtig sind auch die Einzelkaufleute, die die in § 241a HGB kodifizierten Umsatz- und Gewinngrenzen nicht überschreiten. Für diese Gewerbetreibenden besteht eine eigenständige steuerliche Buchführungspflicht, **sofern** sie im Wirtschaftsjahr[6] einen **Umsatz von mehr als 600 000 € oder** einen **Gewinn von mehr als 60 000 €** erzielen (§ 141 Abs. 1 AO).

Die originäre steuerliche Buchführungspflicht ist vom Beginn des Wirtschaftsjahres an zu erfüllen, das auf die Bekanntgabe der Mitteilung folgt, durch die die Finanzbehörde auf die Buchführungspflicht hingewiesen hat. Die Buchführungspflicht endet mit Ablauf des Wirtschaftsjahres, das auf das Wirtschaftsjahr folgt, in dem die Finanzbehörde feststellt, dass die Voraussetzungen für die eigenständige steuerliche Buchführungspflicht nicht mehr bestehen (§ 141 Abs. 2 AO).

14 – **Freiwillige Buchführung.** Eine Gewinnermittlung durch Betriebsvermögensvergleich nach § 5 EStG ist auch dann vorzunehmen, wenn ein Gewerbetreibender freiwillig Bücher führt und einen Jahresabschluss aufstellt. Dieser Fall kommt **ausnahmsweise** zur Anwendung, wenn ein Steuerpflichtiger Einkünfte aus Gewerbebetrieb bezieht, aber weder ein kaufmännisches Gewerbe betreibt noch die Grenzen für die originäre steuerliche Buchführungspflicht erreicht.

---

5 Personenhandelsgesellschaften (OHG, KG) sind demgegenüber handelsrechtlich generell buchführungspflichtig, wenn sie ein Handelsgewerbe betreiben und wenn ein in kaufmännischer Weise eingerichteter Geschäftsbetrieb erforderlich ist. Die Begründung für die generelle Buchführungspflicht von Personenhandelsgesellschaften liegt darin, dass im Gesellschaftsrecht in vielen Bereichen an das (handelsrechtliche) Kapitalkonto angeknüpft wird. Im Innenverhältnis orientieren sich insbesondere die Gewinnverteilung, die Entnahmerechte sowie die Stimmrechte am Stand des Kapitalkontos. Bei Kommanditisten werden Gewinnanteile nur solange dem Kapitalkonto gutgeschrieben, bis die Einlage erreicht ist. Der Umfang der Verlustzuweisung ist auf das Kapitalkonto begrenzt. Im Außenverhältnis sind insbesondere die Kapitalerhaltung (Entnahmerechte) sowie die Haftung relevant (die Haftung des Kommanditisten ist nur dann auf die Kapitaleinlage begrenzt, wenn die Hafteinlage erbracht ist und wenn die Hafteinlage nicht zurückbezahlt wurde).

6 Im Handelsrecht wird von „Geschäftsjahr" gesprochen. Im Steuerrecht wird der Begriff „Wirtschaftsjahr" verwendet.

– Der **Vergleich** der Buchführungspflicht nach dem HGB bzw nach der AO zeigt, dass bei Einzelunternehmen zwischen handels- und steuerrechtlicher Buchführungspflicht grundsätzlich Übereinstimmung besteht: Größere Einzelunternehmen sind sowohl handels- als auch steuerrechtlich buchführungspflichtig (§ 140 AO). Die Ausnahmen für kleinere Unternehmen sind weitgehend deckungsgleich (§ 241a HGB bzw § 141 AO). Abweichungen treten nur auf, soweit der handelsrechtliche Jahresüberschuss und der nach steuerrechtlichen Regeln ermittelte Gewinn bzw die Umsatzerlöse nach Handelsrecht und die Umsätze im steuerrechtlichen Sinne auseinander fallen.[7] 15

Personenhandelsgesellschaften (OHG, KG) und Kapitalgesellschaften sind generell sowohl nach Handelsrecht als auch nach Steuerrecht buchführungspflichtig (§ 238 HGB bzw § 140 AO). Personengesellschaften, die nicht Kaufmann sind (insbesondere GdbR), sind zwar handelsrechtlich nicht zur Einrichtung einer Buchführung verpflichtet, allerdings tritt bei Überschreiten der Umsatz- oder Gewinngrenze eine originäre steuerliche Buchführungspflicht ein (§ 141 AO).

Rechtsform	handelsrechtliche Buchführungspflicht	steuerrechtliche Buchführungspflicht
Einzelunternehmen		
• Kaufmann	• Grundsatz: ja Besonderheit nach § 241a HGB: nein, wenn Umsatz ≤ 600 000 € und Jahresüberschuss ≤ 60 000 €	• Grundsatz: ja (§ 140 AO) Besonderheit nach § 241a HGB: nein, Ausnahme: ja, wenn Umsatz > 600 000 € oder Gewinn > 60 000 € (§ 141 AO)
• kein Kaufmann	• nein	• Grundsatz: nein Ausnahme: ja, wenn Umsatz > 600 000 € oder Gewinn > 60 000 € (§ 141 AO)
Personengesellschaften		
• Kaufmann (OHG, KG)	• ja (keine Ausnahme nach § 241a HGB)	• ja (§ 140 AO)
• kein Kaufmann (insbesondere GdbR)	• nein	• Grundsatz: nein Ausnahme: ja, wenn Umsatz > 600 000 € oder Gewinn > 60 000 € (§ 141 AO)
Kapitalgesellschaften (GmbH, UG, AG, SE, KGaA)	• ja (keine Ausnahme nach § 241a HGB)	• ja (§ 140 AO)

Abb. 1: Handels- und steuerrechtliche Buchführungspflicht

7 Da das Geschäftsjahr bei kleinen Unternehmen zumeist mit dem Kalenderjahr überstimmt, ergeben sich daraus, dass nach § 241a HGB die beiden Grenzwerte für das Geschäftsjahr und nach § 141 AO für das Kalenderjahr berechnet werden, regelmäßig keine Unterschiede. Zu den Auswirkungen des § 241a HGB siehe Grefe, SteuerStud 2010, S. 585; Kußmaul/Meyering, DB 2008, S. 1445; Richter, FR 2009, S. 804 (jeweils mit den früher geltenden niedrigeren Grenzwerten von 500 000 € bzw 50 000 €).

16 Der Inhalt der Bilanz sowie der Gewinn- und Verlustrechnung sind dem Finanzamt nach amtlich vorgeschriebenem Datensatz durch Datenfernübertragung zu übermitteln (**E-Bilanz**, § 5b Abs. 1 EStG).[8] Die Verpflichtung zur elektronischen Datenübermittlung betrifft alle Unternehmen, die ihren Gewinn nach § 4 Abs. 1, § 5 oder § 5a EStG ermitteln.

Mit der elektronischen Übermittlung von Rechnungslegungsdaten wird zum einen ein vereinfachter Informationsaustausch zwischen den Steuerpflichtigen und den Finanzbehörden angestrebt. Zum anderen wird die E-Bilanz von der Finanzverwaltung dazu genutzt, mittelfristig ein Risikomanagementsystem aufzubauen. Durch Plausibilitätsprüfungen und Mehrjahresvergleiche soll es der Finanzverwaltung erleichtert werden, prüfungswürdige Veranlagungen zu erkennen. Durch Identifizierung der nicht prüfungswürdigen Veranlagungen soll die Zahl der Außenprüfungen reduziert werden. Darüber hinaus ist vorgesehen, bei den Fällen, bei denen eine Außenprüfung erforderlich erscheint, diese zeitnäher durchzuführen. Die E-Bilanz stellt insoweit ein Instrument zur Erhöhung der Effizienz des Besteuerungsverfahrens dar.[9]

Der Steuerpflichtige kann bei der elektronischen Übermittlung zwischen zwei Alternativen wählen:

- Übermittlung einer handelsrechtlichen Bilanz sowie einer handelsrechtlichen Gewinn- und Verlustrechnung unter Anpassung der Positionen der handelsrechtlichen Rechnungslegung, die mit den steuerlichen Vorschriften nicht vereinbar sind (Überleitungsrechnung).
- Übermittlung einer den steuerlichen Vorschriften entsprechenden Bilanz (Steuerbilanz) und einer handelsrechtlichen Gewinn- und Verlustrechnung. Eine steuerliche Gewinn- und Verlustrechnung muss nicht aufgestellt werden.

17 Die elektronische Übermittlung erfolgt technisch im XBRL-Format (eXtensible Business Reporting Language).[10] Dabei handelt es sich um ein standardisiertes Format für die Erstellung, den Austausch und den Vergleich von Unternehmensdaten auf elektronischem Weg. Die Berichtbestandteile des § 5b EStG sind nach amtlich vorgeschriebenen Datensätzen (Taxonomien) an das Finanzamt zu übermitteln. Grundsätzlich sind die Inhalte der Bilanz und der Gewinn- und Verlustrechnung nach der Kerntaxonomie zu übermitteln.[11] Zwar gelten die Positionen der Kerntaxonomie für alle Unternehmen. Allerdings sind im Einzelfall nur die Positionen zu befüllen, zu denen

8 § 5b EStG wird zwar den Gewinnermittlungsvorschriften zugeordnet. Materiell handelt es sich allerdings um eine Verfahrensvorschrift.

9 Zur E-Bilanz siehe BMF-Schreiben vom 28.9.2011, BStBl. 2011 I, S. 855; http://www.esteuer.de/#schnittstellen sowie Costa/Treybal, BBK Sonderausgabe 09/2012; Geberth/Burlein, DStR 2011, S. 2013; Herrfurth, StuB 2011, S. 779; Herrfurth, StuB 2012, S. 672; Herzig/Briesemeister/Schäperclaus, DB 2010, Beilage 5; Herzig/Briesemeister/Schäperclaus, DB 2011, S. 2509; Kußmaul/Ollinger/Weiler, StuW 2012, S. 131; Rust/Hülshoff/Kolbe, BB 2011, S. 747; Schiffers, DStZ 2012, S. 36; Wenk/Jagosch/Straßer, DStR 2011, S. 586.

10 Vgl BMF-Schreiben vom 28.9.2011, BStBl. 2011 I, S. 855, Tz. 8.

11 Die Taxonomien können unter http://www.esteuer.de abgerufen werden. Sie werden regelmäßig auf notwendige Aktualisierungen geprüft und gegebenenfalls um Branchentaxonomien erweitert. Grundsätzlich sind die Taxonomien nur für ein Wirtschaftsjahr zu verwenden. Nur sofern keine Aktualisierung erfolgt, ist die zuletzt veröffentliche Taxonomie für das Folgejahr zu verwenden, vgl BMF-Schreiben vom 28.9.2011, BStBl. 2011 I, S. 855, Tz. 28–29; BMF-Schreiben vom 5.6.2012, BStBl. 2012 I, S. 598.

tatsächlich Geschäftsvorfälle vorliegen. Für bestimmte Wirtschaftszweige gibt es Branchentaxonomien, die sich in Ergänzungs- und Spezialtaxonomien unterteilen. Spezialtaxonomien sind eigenständige Taxonomien für Banken und Versicherungen. Ergänzungstaxonomien gelten für die Wohnungswirtschaft, Verkehrsunternehmen, die Land- und Forstwirtschaft, Krankenhäuser, Pflegeeinrichtungen und kommunale Eigenbetriebe.

Obwohl sich die Taxonomien an den handelsrechtlichen Vorgaben zur Gliederung der Bilanz sowie der Gewinn- und Verlustrechnung orientieren, ergibt sich durch die E-Bilanz eine erhebliche Ausweitung der an das Finanzamt zu übermittelnden Daten. Der hohe Detaillierungsgrad der Taxonomien führt dazu, dass viele bilanzierende Unternehmen ihre Finanzbuchhaltung (Kontenpläne, Kontierungsregeln) und IT-Systeme entsprechend ausführlich gestalten müssen.

Wenn die elektronische Übermittlung für den Steuerpflichtigen mit unbilligen Härten verbunden ist, kann das Finanzamt auf Antrag gestatten, dass alternativ die Handelsbilanz mit Überleitungsrechnung bzw die Steuerbilanz der Steuererklärung in Papierform beigefügt wird (§ 5b Abs. 2 EStG iVm § 60 Abs. 1, 2 EStDV). Liegen ein Anhang, ein Lagebericht oder ein Prüfungsbericht vor, so sind sie gleichfalls beim Finanzamt einzureichen (§ 60 Abs. 3 EStDV). Diese Verpflichtung besteht unabhängig von der elektronischen Übermittlung der Bilanz sowie Gewinn- und Verlustrechnung.

2. Gewinnbegriff der Steuerbilanz

Beim Betriebsvermögensvergleich nach § 5 EStG gilt als steuerpflichtiger Gewinn 18
die **Vermehrung des Betriebsvermögens** (des bilanziellen Eigenkapitals, des Reinvermögens), **soweit** sie **auf betriebliche Vorgänge zurückzuführen** ist **und soweit keine Steuerbefreiung** gilt **oder die Abziehbarkeit von Ausgaben versagt** wird (§ 4 Abs. 1 S. 1 iVm § 5 EStG). Das Betriebsvermögen ergibt sich als Saldo zwischen den auf der Aktivseite der Steuerbilanz angesetzten (aktiven) Wirtschaftsgütern und den passivierten (negativen) Wirtschaftsgütern:

	Betriebsvermögen am Schluss des Wirtschaftsjahres
–	Betriebsvermögen zu Beginn des Wirtschaftsjahres (= Betriebsvermögen am Schluss des vorangehenden Wirtschaftsjahres)
=	Veränderung des Eigenkapitals
+	Entnahmen bzw offene Gewinnausschüttungen, verdeckte Gewinnausschüttungen, Kapitalrückzahlungen
–	Einlagen bzw Kapitalerhöhungen, sonstige Gesellschaftereinlagen, verdeckte Einlagen
=	Gewinn des Wirtschaftsjahres (§ 4 Abs. 1 EStG)
–	steuerfreie Betriebseinnahmen
+	nichtabziehbare Betriebsausgaben
±	Investitionsabzugsbetrag nach § 7g Abs. 1–4 EStG
=	steuerpflichtiger Gewinn

Im ersten Block wird die Veränderung des bilanziellen Reinvermögens ermittelt. Das Abstellen auf das Eigenkapital und nicht auf das Bruttovermögen folgt aus dem Nettoprinzip, das eines der wichtigsten Prinzipien für die Ertragsteuern ist. Die Korrektur durch Entnahmen und Einlagen (Einzelunternehmen, Personengesellschaften) bzw durch Gewinnausschüttungen und die Veränderungen des Nennkapitals sowie die Veränderungen der Kapitalrücklagen (Kapitalgesellschaften) **im zweiten Block** dient dazu, den privaten bzw gesellschaftsrechtlichen Bereich von den betrieblich veranlassten Geschäftsvorfällen zu trennen. Damit wird ein weiteres Kennzeichen des Fiskalzwecks bei den Ertragsteuern umgesetzt: der Grundsatz der Trennung von Einkommenserzielung und Einkommensverwendung. Besteuert wird das im abgelaufenen Jahr erzielte Einkommen. Die Art der Verwendung des am Markt erwirtschafteten Einkommens darf die ertragsteuerliche Bemessungsgrundlage nicht beeinflussen. Die Höhe der Ertragsteuern soll unabhängig davon sein, ob das erzielte Einkommen konsumiert, investiert oder gespart wird.

Im dritten Block wird berücksichtigt, in welchem Umfang die der betrieblichen Sphäre zuzurechnenden Vermögensmehrungen und Vermögensminderungen Einfluss auf den steuerpflichtigen Teil des Gewinns haben, m.a.W. ob für die Betriebseinnahmen eine Steuerbefreiung gilt bzw welche Betriebsausgaben von der ertragsteuerlichen Bemessungsgrundlage nichtabziehbar sind. Der Investitionsabzugsbetrag ist dadurch gekennzeichnet, dass bereits vor dem Erwerb eines Wirtschaftsguts ein außerbilanzieller Abzug in Höhe von 40% der voraussichtlichen Anschaffungs- oder Herstellungskosten vorgenommen wird, der den zu versteuernden Gewinn mindert. Bei Zugang des Wirtschaftsguts werden die Anschaffungs- oder Herstellungskosten um 40% gewinnmindernd herabgesetzt und der Investitionsabzugsbetrag außerbilanziell gewinnerhöhend hinzugerechnet. Durch den Investitionsabzugsbetrag werden die Abschreibungen eines Wirtschaftsguts zum Teil bereits vor dessen Erwerb gewinnmindernd verrechnet (Steuerstundungseffekt durch Aufwandsvorverlagerung, § 7g Abs. 1–4 EStG).[12]

Beispiel: Das Betriebsvermögen des Einzelunternehmers T beträgt zu Beginn des Wirtschaftsjahres 120 000 €. Am Ende des Wirtschaftsjahres weist er in seiner Steuerbilanz ein Eigenkapital von 180 000 € aus. Im Laufe des Wirtschaftsjahres legt er ein Fahrzeug im Wert von 12 000 € ein und entnimmt Waren mit einem Wert von 15 000 €. T erhält eine (steuerfreie) Investitionszulage in Höhe von 2000 €. Von den Betriebsausgaben des T gelten 5000 € als nichtabziehbar. Zusätzlich nimmt der Einzelunternehmer einen Investitionsabzugsbetrag in Höhe von 30 000 € in Anspruch.

T hat Einkünfte aus Gewerbebetrieb in Höhe von 36 000 € zu versteuern:

	Betriebsvermögen am Schluss des Wirtschaftsjahres	180 000 €
–	Betriebsvermögen zu Beginn des Wirtschaftsjahres	– 120 000 €
=	Veränderung des Betriebsvermögens im abgelaufenen Wirtschaftsjahr	60 000 €
+	Wert der Entnahmen	15 000 €
–	Wert der Einlagen	– 12 000 €
=	Gewinn des Wirtschaftsjahres (§ 4 Abs. 1 EStG)	63 000 €
–	steuerfreie Betriebseinnahmen	– 2 000 €
+	nichtabziehbare Betriebsausgaben	5 000 €
–	Investitionsabzugsbetrag	– 30 000 €
=	steuerpflichtiger Gewinn des Wirtschaftsjahres	36 000 €

12 Zum Investitionsabzugsbetrag siehe ausführlich Fünfter Abschnitt, Kapitel H., Rn. 626–629.

Beim Betriebsvermögensvergleich nach § 5 EStG ist der Gewinn auf der Grundlage 19
einer Buchführung zu ermitteln, die am Ende des Wirtschaftsjahres zu einer Bilanz sowie Gewinn- und Verlustrechnung zusammengefasst wird (**doppelte Buchführung**).

Die Gewinndefinition des § 4 Abs. 1 S. 1 EStG geht von der Bilanz aus. Da das Eigenkapitalkonto mit der Gewinn- und Verlustrechnung und dem Privatkonto zwei Unterkonten hat, lässt sich im System der doppelten Buchführung der Gewinn auch mit der Gewinn- und Verlustrechnung ermitteln:

Gewinn- und Verlustrechnung Erträge – Aufwendungen = Gewinn als Saldo der GuV
Privatkonto Einlagen – Entnahmen = Saldo des Privatkontos

	Veränderungen des Eigenkapitals, die **betrieblich veranlasst** sind (= Gewinn)
+	Veränderungen des Eigenkapitals, die **privat veranlasst** sind
=	Veränderung des Eigenkapitals (insgesamt)

Eingesetzt in die Berechnungsformel des § 4 Abs. 1 EStG ergibt sich

Veränderung des Eigenkapitals
– Saldo des Privatkontos (= Einlagen – Entnahmen)

= Saldo der Gewinn- und Verlustrechnung (= Erträge – Aufwendungen)
(= Gewinn des Wirtschaftsjahres, § 4 Abs. 1 EStG)

Die steuerfreien Betriebseinnahmen, die nichtabziehbaren Betriebsausgaben und der Investitionsabzugsbetrag werden außerhalb der Buchführung korrigiert. Durch diese außerbilanziellen Korrekturen wird der in der Buchhaltung berechnete Gewinn des Wirtschaftsjahres in den steuerpflichtigen Gewinn überführt.

Beim Betriebsvermögensvergleich nach § 5 EStG ist das Betriebsvermögen anzuset- 20
zen, das nach den **handelsrechtlichen Grundsätzen ordnungsmäßiger Buchführung** auszuweisen ist. Das in der Steuerbilanz enthaltene Betriebsvermögen wird also aus der Handelsbilanz abgeleitet. Das in § 5 Abs. 1 S. 1 EStG kodifizierte **Maßgeblichkeitsprinzip** führt dazu, dass die in der Handelsbilanz geltenden Bilanzierungs- und Bewertungsregeln auch für die Ermittlung des steuerpflichtigen Gewinns heranzuziehen sind, sofern dem nicht eine verbindliche steuerliche Bestimmung entgegensteht oder durch Ausübung eines steuerlichen Wahlrechts ein anderer Ansatz gewählt wird.

Durch diese Verknüpfungen zwischen der Handelsbilanz und der Steuerbilanz bestimmt sich auch der Zeitpunkt, zu dem sich ein Geschäftsvorfall erfolgswirksam auswirkt, nach den Grundsätzen ordnungsmäßiger Buchführung. Insbesondere aufgrund des **Realisations- und Imparitätsprinzips** sind Betriebseinnahmen und Betriebsausgaben nicht mit dem Begriffspaar „Einzahlungen und Auszahlungen" gleichzusetzen, sondern mit den beiden Rechenelementen „Erträge und Aufwendungen" (= **periodisierte Zahlungen**, § 252 Abs. 1 Nr 4, 5 HGB).[13]

13 Zur Abgrenzung der beiden Begriffspaare siehe zB Quick/Wurl, Doppelte Buchführung, 4. Aufl., Wiesbaden 2017, S. 5–8; Wöhe/Kußmaul, Grundzüge der Buchführung und Bilanztechnik, 9. Aufl., München 2015, S. 14–19.

Die am Ende eines Wirtschaftsjahres in regelmäßigen Abständen (grundsätzlich ein Kalenderjahr) aufgestellte Erklärungsbilanz wird als ordentliche Steuerbilanz bezeichnet. Von einer außerordentlichen Steuerbilanz spricht man, wenn aus Anlass eines aperiodischen Geschäftsvorfalls für steuerliche Zwecke eine Bilanz aufzustellen ist. Beispiele hierfür sind Gründungs–, Währungsumstellungs–, Umwandlungs–, Liquidations- oder Betriebsaufgabesteuerbilanzen sowie Anfangs- bzw Schlusssteuerbilanzen bei Änderung der Steuerpflicht oder beim Wechsel der Gewinnermittlungsmethode. Im Gegensatz zu den ordentlichen Steuerbilanzen, die ein Wirtschaftsjahr als Bilanzierungszeitraum umfassen, beziehen sich die außerordentlichen Steuerbilanzen auf einen vom jeweiligen Bilanzierungszweck abhängigen Stichtag.

II. Weitere Methoden der Gewinnermittlung bei Einkünften aus Gewerbebetrieb

21 Bei Einkünften aus Gewerbebetrieb wird unter bestimmten Voraussetzungen der Gewinn alternativ durch eine Einnahmen-Ausgabenrechnung nach § 4 Abs. 3 EStG, eine (pauschalierende) Gewinnermittlung nach § 5a EStG oder durch eine Schätzung nach § 162 AO ermittelt. Der Betriebsvermögensvergleich nach § 4 Abs. 1 EStG sowie die Gewinnermittlung nach Durchschnittssätzen nach § 13a EStG kommen bei den Einkünften aus Gewerbebetrieb nicht zur Anwendung.[14]

22 *(1) Einnahmen-Ausgabenrechnung nach § 4 Abs. 3 EStG:* Die Gewinnermittlung nach § 4 Abs. 3 EStG (Einnahmen-Ausgabenrechnung) ist bei den Einkünften aus Gewerbebetrieb nur für die (kleineren) **Gewerbetreibenden** relevant, **die weder handelsrechtlich noch steuerrechtlich buchführungspflichtig sind und die auch nicht freiwillig Bücher führen** oder einen Jahresabschluss aufstellen.

Die Ermittlung des Überschusses der Betriebseinnahmen über die Betriebsausgaben nach § 4 Abs. 3 EStG erfordert weder eine laufende Buchführung noch einen Jahresabschluss (Bilanz, Gewinn- und Verlustrechnung), vielmehr ist eine (einfache) Auflistung der angefallenen Geschäftsvorgänge ausreichend. Der Gewinn bestimmt sich grundsätzlich anhand von Zahlungsvorgängen, dh nach dem **Zufluss- und Abflussprinzip** (§ 11 EStG):

	Summe der (steuerpflichtigen) Betriebseinnahmen
–	Summe der (abziehbaren) Betriebsausgaben
=	steuerpflichtiger Gewinn nach § 4 Abs. 3 EStG

23 Die direkte Erfolgswirksamkeit von Einnahmen und Ausgaben wird bei der Ermittlung des Überschusses der Betriebseinnahmen über die Betriebsausgaben allerdings zum Teil **durchbrochen**. Die wichtigsten Ausnahmen sind:

– Ausgaben für den Erwerb von **abnutzbaren Wirtschaftsgütern des Anlagevermögens, deren Nutzung sich auf einen Zeitraum von mehr als einem Jahr er-**

14 Eigenständige Gewinnermittlungsvorschriften gelten für Gewinne aus der Veräußerung oder Aufgabe eines Einzelunternehmens oder einer Beteiligung an einer Personengesellschaft (§ 16 Abs. 2 EStG), für Gewinne aus dem Verkauf von Anteilen an einer Kapitalgesellschaft, die sich im Privatvermögen einer natürlichen Person befinden, die an der Kapitalgesellschaft zu mindestens 1% beteiligt ist (§ 17 Abs. 2 EStG), und für Gewinne aus dem Verkauf von privaten Kapitalanlagen (§ 20 Abs. 4 EStG).

streckt (zB Gebäude, maschinelle Anlagen, Betriebs- und Geschäftsausstattung), wirken sich wie beim Betriebsvermögensvergleich nach § 5 EStG in Form von planmäßigen Abschreibungen gewinnmindernd aus, also nicht im Zeitpunkt der Bezahlung der Investition, sondern zeitanteilig in den Jahren, in denen das Wirtschaftsgut genutzt wird (§ 4 Abs. 3 S. 3 EStG).
- Ausgaben für **nicht abnutzbare Wirtschaftsgüter des Anlagevermögens** (zB Grund und Boden, Anteile an Kapitalgesellschaften, Wertpapiere) sowie für **bestimmte Wirtschaftsgüter des Umlaufvermögens** (Anteile an Kapitalgesellschaften, Wertpapiere und vergleichbare nicht verbriefte Forderungen und Rechte, Grund und Boden sowie Gebäude) dürfen erst im Zeitpunkt ihrer Veräußerung als Betriebsausgaben berücksichtigt werden (§ 4 Abs. 3 S. 4 EStG).
- Einzahlungen aus der **Aufnahme eines Darlehens** gelten nicht als Betriebseinnahmen. Die **Rückzahlung eines Darlehens** mindert den Gewinn nicht.[15]

Aufgrund dieser und zahlreicher weiterer Durchbrechungen des Zu- und Abflussprinzips handelt es sich bei einer Einnahmen-Ausgabenrechnung nach § 4 Abs. 3 EStG im Ergebnis nicht um ein eigenständiges Gewinnermittlungskonzept. Die Einnahmen-Ausgabenrechnung nach § 4 Abs. 3 EStG stellt **keine Cashflow-Rechnung** dar, **sondern** einen in Teilbereichen **vereinfachten** (unvollständigen) **Betriebsvermögensvergleich**.

Die **Unterschiede** zwischen der Gewinnermittlung nach § 4 Abs. 3 EStG und dem Betriebsvermögensvergleich nach § 5 EStG **beschränken sich auf den Zeitpunkt**, zu dem Betriebseinnahmen und Betriebsausgaben berücksichtigt werden. Der Totalgewinn, dh die insgesamt zu versteuernden Einkünfte, ist bei beiden Gewinnermittlungsmethoden gleich. Die Zeitdifferenzen gleichen sich spätestens bei Aufgabe oder Veräußerung des Betriebs bzw beim Wechsel zwischen diesen beiden Gewinnermittlungsmethoden aus.

Wird der Gewinn nach § 4 Abs. 3 EStG ermittelt, ist die Einnahmen-Ausgabenrechnung nach amtlich vorgeschriebenem Datensatz durch Datenfernübertragung zu übermitteln **(E-EÜR)**. Sofern die elektronische Übertragung für den Steuerpflichtigen mit unbilligen Härten verbunden ist, kann die Finanzbehörde auf Antrag gestatten, dass alternativ zur Steuererklärung eine Zusammenstellung der Betriebseinnahmen und Betriebsausgaben nach amtlich vorgeschriebenem Vordruck „Anlage EÜR“[16] beigefügt wird (§ 60 Abs. 4 EStDV). Darüber hinaus sind bestimmte Wirtschaftsgüter in ein eigenständiges, laufend zu führendes Verzeichnis aufzunehmen (§ 4 Abs. 3 S. 5 EStG). **24**

(2) Gewinnermittlung nach § 5a EStG: Bei Gewerbetreibenden mit Geschäftsleitung im Inland kann der Gewinn, soweit er auf den Betrieb von **Handelsschiffen im internationalen Verkehr** entfällt, auf Antrag des Steuerpflichtigen **pauschaliert** berechnet werden (§ 5a EStG). Wird die Bereederung der Handelsschiffe im Inland durchgeführt, bestimmt sich der Gewinn nach der in diesem Betrieb geführten **Tonnage**. Der im Wirtschaftsjahr erzielte Gewinn beträgt pro Tag des Betriebs für jedes **25**

15 Vgl BFH vom 8.10.1969, BStBl. 1970 II, S. 44.

16 Siehe hierzu BMF-Schreiben vom 9.10.2017, BStBl. 2017 I, S. 1381. Der Vordruck zur Einnahmen-Ausgabenrechnung wird auf http://www.elster.de bekanntgegeben.

im internationalen Verkehr betriebene Handelsschiff für jeweils volle hundert Nettotonnen:

- 0,92 € bei einer Tonnage bis zu 1000 Nettotonnen
- 0,69 € für die 1000 Nettotonnen übersteigende Tonnage bis zu 10 000 Nettotonnen
- 0,46 € für die 10 000 Nettotonnen übersteigende Tonnage bis zu 25 000 Nettotonnen
- 0,23 € für die 25 000 Nettotonnen übersteigende Tonnage.[17]

Bei der Gewinnermittlung nach § 5a EStG handelt es sich um eine steuerliche Vergünstigung von Schifffahrtsunternehmen, die in Anlehnung an Regelungen in anderen Staaten eingeführt wurde. Diese Form der Gewinnermittlung ist also den Lenkungszwecknormen zuzuordnen. Ziel dieser Vergünstigung ist die Sicherung von Deutschland als Reedereistandort.[18]

Wird der Gewinn nach § 5a EStG ermittelt, sind die Bilanz sowie die Gewinn- und Verlustrechnung nach amtlich vorgeschriebenem Datensatz durch Datenfernübertragung zu übermitteln. Sofern die elektronische Übertragung für den Steuerpflichtigen mit unbilligen Härten verbunden ist, kann die Finanzbehörde auf Antrag gestatten, dass alternativ diese Unterlagen zusammen mit der Steuererklärung in Papierform eingereicht werden (§ 5b EStG).

26 *(3) Schätzung nach § 162 AO:* Die Schätzung nach § 162 AO findet insbesondere dann Anwendung, wenn der Steuerpflichtige die für den Betriebsvermögensvergleich nach § 5 EStG oder die Gewinnermittlung nach § 4 Abs. 3 EStG notwendigen Unterlagen und Nachweise nicht oder mangelhaft erstellt. Bei der Schätzung handelt es sich **methodisch nicht** um eine **eigenständige Gewinnermittlungsmethode. Vielmehr** sind bei der Schätzung **jeweils die Grundsätze der Gewinnermittlungsmethode zugrunde zu legen, die der Steuerpflichtige** bei ordnungsmäßiger Erfüllung seiner Rechnungslegungspflichten **anzuwenden hätte**. Die Besonderheit besteht darin, dass die entsprechenden Bemessungsgrundlagenteile von der Finanzbehörde geschätzt werden.

Eine wichtige Form der Schätzung stellen die von den Finanzbehörden festgelegten **„Richtwerte"** dar, bei denen der Roh- bzw Reingewinn als bestimmter Prozentsatz des Umsatzes vorgegeben wird.[19] Insoweit handelt es sich bei der Schätzung faktisch doch um eine eigenständige Gewinnermittlungsform.

---

17 Regelungen zur Vermeidung von Missbräuchen enthalten § 5a Abs. 3 EStG (Zeitpunkt und Bindungswirkung der Antragstellung) sowie § 4 Abs. 5 Nr 11 EStG (Einordnung von bestimmten Aufwendungen als nichtabziehbare Betriebsausgaben). Zu Einzelheiten siehe BMF-Schreiben vom 12.6.2002, BStBl. 2002 I, S. 614; BMF-Schreiben vom 31.10.2008, BStBl. 2008 I, S. 956; BMF-Schreiben vom 10.9.2013, BStBl. 2013 I, S. 1152.

18 Vgl BMF, 24. Subventionsbericht, Berlin 2013, S. 228. Die Steuervergünstigung wird noch dadurch verstärkt, dass Schifffahrtsunternehmen unter bestimmten Voraussetzungen 40% der abzuführenden Lohnsteuer einbehalten können (§ 41a Abs. 4 EStG).

19 Zu Einzelheiten siehe BMF-Schreiben vom 8.6.2017, BStBl. 2017 I, S. 801.

Von der Schätzung zu unterscheiden ist die Verprobung. Bei der Schätzung fehlen ordnungsmäßige Unterlagen, sodass der Gewinn erst zu bestimmen ist. Bei der Verprobung wird ein vom Steuerpflichtigen angegebener Gewinn anhand von Richtsätzen auf seine Plausibilität beurteilt.

Eine Schätzung ist auch dann möglich, wenn ein Steuerpflichtiger bei Sachverhalten, die Vorgänge mit Auslandsbezug betreffen, seine Mitwirkungspflichten verletzt (§ 162 Abs. 3, 4 iVm § 90 Abs. 3 AO). Hauptanwendungsfall für diese spezielle Form der Schätzung bildet die Prüfung der Verrechnungspreise für konzerninterne Lieferungen und Leistungen.

III. Gewinnermittlungszeitraum

Aufgrund des bei den Ertragsteuern geltenden Abschnittsprinzips sind für die Höhe der Einkünfte die innerhalb eines bestimmten Zeitraums angefallenen Geschäftsvorgänge relevant. Bei Einkünften aus Gewerbebetrieb ist der Gewinn nach dem **Wirtschaftsjahr** zu ermitteln (§ 4a Abs. 1 EStG). Bei Gewerbetreibenden **deckt sich** das Wirtschaftsjahr **grundsätzlich mit** dem **Kalenderjahr**. Weicht bei Gewerbebetrieben, die im Handelsregister eingetragen sind, der für die Erstellung des handelsrechtlichen Jahresabschlusses zugrunde gelegte Zeitraum vom Kalenderjahr ab, kann dieses abweichende Geschäftsjahr steuerlich als Wirtschaftsjahr übernommen werden.[20] 27

Bei den Ertragsteuern **entspricht** der **Veranlagungszeitraum** dem **Kalenderjahr** (§ 2 Abs. 7 EStG, § 7 Abs. 3 KStG, § 14 GewStG). Im Regelfall stimmen also sowohl der Gewinnermittlungszeitraum als auch der Veranlagungszeitraum mit dem Kalenderjahr überein. Gewerbetreibende mit einem vom Kalenderjahr abweichenden Wirtschaftsjahr erfassen den Gewinn in dem Veranlagungszeitraum, in dem das Wirtschaftsjahr endet (§ 4a Abs. 2 EStG, § 7 Abs. 4 KStG, § 10 Abs. 2 GewStG).

Beispiel: Erstreckt sich bei einem Gewerbetreibenden das Wirtschaftsjahr vom 1.5. bis zum 30.4., hat er den Gewinn aus dem Zeitraum 1.5.01 bis 30.4.02 in voller Höhe im Jahr 02 zu versteuern.

Die Umstellung eines Wirtschaftsjahres auf einen vom Kalenderjahr abweichenden Zeitraum ist nur wirksam, wenn sie im Einvernehmen mit dem Finanzamt vorgenommen wird (§ 4a Abs. 1 Nr 2 S. 2 EStG).

C. Maßgeblichkeitsprinzip als Bindeglied zwischen der Handelsbilanz und der steuerlichen Rechnungslegung

I. Begründungen für das Maßgeblichkeitsprinzip

Ein wesentliches Merkmal der Gewinnermittlung durch einen Betriebsvermögensvergleich nach § 5 EStG ist, dass über das Maßgeblichkeitsprinzip die handelsrechtlichen Grundsätze ordnungsmäßiger Buchführung (GoB) in das Ertragsteuerrecht über- 28

20 Im Handelsrecht wird von „Geschäftsjahr" gesprochen. Im Steuerrecht wird der Begriff „Wirtschaftsjahr" verwendet.

tragen werden. Die GoB bilden nicht nur die Grundlage für die handelsrechtliche Rechnungslegung, sondern gleichzeitig den Rahmen für die Ermittlung der Einkünfte aus Gewerbebetrieb. Die in der Handelsbilanz getroffenen Bilanzierungs- und Bewertungsentscheidungen gelten prinzipiell auch für die Steuerbilanz. Die grundsätzliche Übereinstimmung zwischen der Handelsbilanz und der Steuerbilanz führt zu einer **Reduzierung der Arbeitsbelastung**, da mit der Erfüllung der handelsrechtlichen Rechnungslegungsverpflichtungen gleichzeitig die steuerrechtlichen Buchführungspflichten erfüllt sind.

Bei Einführung einer allgemeinen Einkommensteuer zum Ende des 19. Jahrhunderts bestanden noch keine konkreten Vorstellungen, wie der steuerliche Gewinn zu ermitteln ist.[21] Die Anknüpfung an die handelsrechtliche Rechnungslegung beruht auf der Idee, dass ein Gewinn, den der Kaufmann als ausschüttungsfähig ansieht, auch als Grundlage für die Besteuerung herangezogen werden kann. Über das Maßgeblichkeitsprinzip wird der Staat als gleichberechtigter (stiller) Teilhaber angesehen, dessen Recht auf Beteiligung am Gewinn des Unternehmens über die Ertragsteuern auf die gleiche Stufe gestellt wird wie die Ausschüttungsansprüche der Anteilseigner. Dieser Zusammenhang wird als **Teilhabergedanke** bezeichnet.[22]

Als weiteres Argument zugunsten des Maßgeblichkeitsprinzips wird angeführt, dass durch die Anknüpfung der steuerlichen Gewinnermittlung an die handelsrechtlichen Grundsätze ordnungsmäßiger Buchführung die für die Ermittlung der ertragsteuerlichen Bemessungsgrundlage geltenden Regeln weitgehend vorgegeben sind, sodass die **Steuerpflichtigen vor** einer **„extensiven" Erhöhung der steuerlichen Bemessungsgrundlage geschützt** sind.[23]

29 Bei den Argumenten zugunsten des Maßgeblichkeitsprinzips wird in erster Linie auf die **Zahlungsbemessungsfunktion** (Kapitalerhaltungsfunktion) der Handelsbilanz abgestellt, dh darauf, dass die handelsrechtliche Rechnungslegung sowie die steuerrechtliche Gewinnermittlung die Grundlage für gewinnabhängige Zahlungen bilden. Der in der Handelsbilanz ermittelte Gewinn bildet die Basis zur Ermittlung der Gewinnausschüttungen an die Anteilseigner sowie anderer gewinnabhängiger Zahlungen, wie die Gewinnbeteiligungen der Geschäftsleiter, Arbeitnehmer oder stillen Gesellschafter. Der steuerbilanzielle Gewinn stellt die Ausgangsgröße zur Ermittlung der Einkommen- bzw Körperschaftsteuer sowie der Gewerbesteuer dar.

Während der Teilhabergedanke davon ausgeht, dass der primäre Zweck einer Handelsbilanz in der Zahlungsbemessungsfunktion zu sehen ist, wird in der handelsrechtlichen Rechnungslegung in den letzten Jahren die **Informationsfunktion** immer stärker betont. Damit kann es zu einem **Zielkonflikt** kommen, der sich stark vereinfacht

21 Zur Entwicklung des Maßgeblichkeitsprinzips siehe Velte, Ubg 2015, S. 265.

22 Vgl Döllerer, BB 1971, S. 1333; Moxter, BB 1997, S. 195. Siehe auch die Stellungnahme des Rechtsausschusses des Deutschen Bundestags zum Bilanzrichtlinie-Gesetz in Bundestag-Drucksache 10/4268, S. 146. Zur Kritik des Teilhabergedankens siehe zB Wagner, BB 2002, S. 1885: Beim Teilhabergedanken wird auf das Unternehmen als solches abgestellt. Bezieht man auch die Anteilseigner mit ein, geht es nicht um die Gleichbehandlung von Anteilseignern und Staat, sondern um das Verhältnis zwischen Investitionen in ein Unternehmen oder einer anderweitigen Verwendung der finanziellen Mittel (zB Erwerb von festverzinslichen Wertpapieren).

23 Vgl Mellwig, BFuP 1989, S. 163.

wie folgt beschreiben lässt: Die Zahlungsbemessungsfunktion beruht auf der im abgelaufenen Geschäftsjahr erwirtschafteten Vermögensmehrung, während nach der Informationsfunktion eher Angaben über die zukünftige Entwicklung des Unternehmens benötigt werden.

Das Maßgeblichkeitsprinzip knüpft an den handelsrechtlichen Einzelabschluss an, 30
der nach den im HGB vorgegebenen Regeln aufgestellt wird. Unter dem **Begriff „Handelsbilanz“** wird in diesem Buch der HGB-Einzelabschluss verstanden.

Für die Steuerbilanz nicht maßgeblich sind:

- Konzernabschluss nach HGB
- Einzelabschluss nach IFRS
- Konzernabschluss nach IFRS.

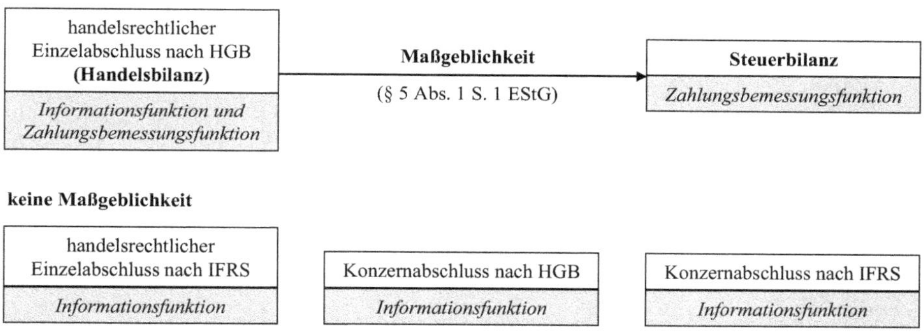

Abb. 2: Zusammenhang zwischen der Steuerbilanz und der handelsrechtlichen Rechnungslegung

Beim (handelsrechtlichen) **Konzernabschluss** handelt es sich um ein **Informationsinstrument**, mit dem rechtlich keine Zahlungsverpflichtungen verbunden sind. Dies gilt nicht nur gesellschaftsrechtlich, sondern auch für die Besteuerung. Die Besteuerung knüpft über das Maßgeblichkeitsprinzip an den HGB-Einzelabschluss des jeweiligen Steuerpflichtigen an. Eine **Konzernsteuerbilanz** wird **nicht aufgestellt**. Die Bildung von Konzernen wird ertragsteuerlich durch die (körperschaft- und gewerbesteuerliche) Organschaft (§ 14 – § 19 KStG, § 2 Abs. 2 S. 2 GewStG) berücksichtigt. Kennzeichen einer Organschaft ist, dass im ersten Schritt die beteiligten Unternehmen ihren Gewinn so ermitteln, als ob keine Organschaft bestehen würde, und im zweiten Schritt die getrennt ermittelten Bemessungsgrundlagen auf Ebene des Mutterunternehmens addiert werden. Im Gegensatz zum Handelsrecht findet ertragsteuerlich keine Konsolidierung statt, dh konzerninterne Geschäftsvorgänge werden für Zwecke der Besteuerung nicht heraus gerechnet, sondern in gleicher Weise behandelt wie Geschäftsbeziehungen mit Außenstehenden.[24]

24 Zur körperschaftsteuerlichen- und gewerbesteuerlichen Organschaft siehe Band I, Rn. 828 ff. sowie Müller/Stöcker/Lieber, Die Organschaft, 10. Aufl., Herne 2017, S. 8–263; Schumacher, Die Organschaft im Steuerrecht, 3. Aufl., Berlin 2016, S. 25–237.

Die Internationalisierung der Kapitalmärkte hat gezeigt, dass die Marktteilnehmer internationalen Rechnungslegungsregeln (insbesondere den **IFRS**) eine höhere Aussagekraft hinsichtlich der Einschätzung der zukünftigen wirtschaftlichen Entwicklung eines Unternehmens beimessen als einem Jahresabschluss, der nach dem deutschen Handelsgesetzbuch aufgestellt wird. Bei einem nach den IFRS aufgestellten Einzel- oder Konzernabschluss wird ausschließlich auf die Informationsfunktion abgestellt. In § 5 Abs. 1 S. 1 EStG wird ausdrücklich an die handelsrechtlichen Grundsätze ordnungsmäßiger Buchführung und damit an das deutsche HGB angeknüpft. Der Einzelabschluss nach IFRS sowie der Konzernabschluss nach IFRS sind deshalb **für die Steuerbilanz nicht** (direkt) **maßgebend**. Die IFRS sind aber für die steuerliche Gewinnermittlung insoweit relevant, als diese internationalen Rechnungslegungsregeln die für den HGB-Einzelabschluss relevanten Bilanzierungs- und Bewertungsvorschriften beeinflussen. Soweit die IFRS zu einer Änderung des HGB durch den deutschen Gesetzgeber oder zu einer geänderten Auslegung des unbestimmten Rechtsbegriffs „Grundsätze ordnungsmäßiger Buchführung" führen, wirken sich die IFRS mittelbar doch auf die steuerliche Gewinnermittlung aus. In dem Umfang, in dem die IFRS die für die Aufstellung einer Handelsbilanz relevanten Regeln beeinflussen, verstärkt sich der Zielkonflikt zwischen den beiden Bilanzzwecken Zahlungsbemessungsfunktion und Informationsfunktion.

II. Inhalt des Maßgeblichkeitsprinzips

31 Ausgangspunkt des Maßgeblichkeitsprinzips bildet **§ 5 Abs. 1 S. 1 HS 1 EStG**. Diese Vorschrift sieht vor, dass Gewerbetreibende, die ihren Gewinn durch einen Betriebsvermögensvergleich ermitteln, für den Schluss des Wirtschaftsjahres das Betriebsvermögen anzusetzen haben, das nach den handelsrechtlichen Grundsätzen ordnungsmäßiger Buchführung auszuweisen ist. Für gewerblich tätige Steuerpflichtige, die aufgrund von handels- oder steuerrechtlichen Vorschriften buchführungspflichtig sind (§ 140, § 141 AO) oder die freiwillig eine Buchführung einrichten, bildet folglich ein den GoB entsprechender Abschluss die Grundlage für die steuerliche Gewinnermittlung.

Das Maßgeblichkeitsprinzip bezieht sich auf jeden einzelnen Geschäftsvorfall. Es gilt für jedes einzelne (aktive oder passive) Wirtschaftsgut. Die Maßgeblichkeit der Handelsbilanz für die Steuerbilanz beschränkt sich nicht auf das Gesamtergebnis.

32 Die Interpretation des § 5 Abs. 1 S. 1 EStG ist nicht eindeutig. Für die **Auslegung** dieser Vorschrift sind prinzipiell **zwei Positionen** denkbar:

- materielle Maßgeblichkeit
- formelle Maßgeblichkeit.

Die **materielle Maßgeblichkeit** ist erfüllt, wenn die Steuerbilanzansätze mit den handelsrechtlichen Rechnungslegungsvorschriften *abstrakt* vereinbar sind. Es wird auf die Vereinbarkeit mit den Grundsätzen ordnungsmäßiger Buchführung als solche abgestellt, nicht auf den konkreten Wertansatz. Nach der materiellen Maßgeblichkeit dürfen Bilanzierungs- und Bewertungswahlrechte in den beiden Rechnungslegungsinstrumenten in unterschiedlicher Weise ausgeübt werden. Handels- und Steuerbilanz können übereinstimmen, sie müssen es aber nicht. Nach der materiellen Maßgeblichkeit wird die steuerliche Gewinnermittlung durch handelsrechtliche Regelungen nur insoweit eingeschränkt, als die Grundsätze ordnungsmäßiger Buchführung den Rahmen darstellen, innerhalb dessen die Steuerbilanz (eigenständig) gestaltet werden kann.

Die **formelle Maßgeblichkeit** stellt zwischen der Handelsbilanz und der Steuerbilanz eine wesentlich engere Verknüpfung her als die materielle Maßgeblichkeit. Nach der formellen Maßgeblichkeit gelten in der Handels- und Steuerbilanz nicht nur die gleichen Rahmenbedingungen, vielmehr ist der in der Handelsbilanz enthaltene *konkrete* Wert in die Steuerbilanz zu übernehmen.

§ 5 Abs. 1 S. 1 HS 2 EStG sieht vor, dass der handelsrechtliche Wertansatz nicht **33** übernommen werden muss, wenn im Rahmen der Ausübung eines steuerlichen Wahlrechts ein davon abweichender Ansatz gewählt wird. Nach dem Wortlaut dieser Vorschrift ist die materielle Maßgeblichkeit der formellen Maßgeblichkeit vorzuziehen. Aufgrund des allgemein für die Besteuerung geltenden **Grundsatzes der Tatbestandsmäßigkeit und Tatbestandsbestimmtheit** (§ 38 AO) ist jedoch im Rahmen der steuerlichen Gewinnermittlung dem Objektivierungsgedanken eine hohe Bedeutung beizumessen. Will man im Hinblick auf den Grundsatz der Rechtssicherheit (Tatbestandsmäßigkeit und insbesondere Tatbestandsbestimmtheit der Besteuerung) den Ermessensspielraum des Bilanzierenden so weit wie möglich einschränken, sind die Anforderungen an den Nachweis für den gewählten Bilanzansatz im Rahmen der steuerlichen Gewinnermittlung streng zu formulieren:

– Im Rahmen der steuerlichen Gewinnermittlung sollten grundsätzlich **keine Wahl-** **34** **rechte** gewährt werden. Durch die Vorgabe verbindlicher Bilanzierungs- und Bewertungsregeln für die Steuerbilanz ist (eher) gewährleistet, dass die Besteuerungsgrundlagen eindeutig formuliert sind, sodass die Steuerpflichtigen die Verteilung des Gesamtgewinns auf die einzelnen Perioden nicht selbst festlegen können. Die Einschränkung des Umfangs der Wahlrechte dient gleichzeitig dem Grundsatz der Gleichmäßigkeit der Besteuerung.

Eine Ausnahme gilt für Wahlrechte, die auf Vereinfachungsüberlegungen beruhen (wie Wahlrechte zum Einbezug von den Gemeinkosten in die Herstellungskosten, die von geringem Wert sind und nur schwer zuordenbar sind, sowie Festbewertung und Gruppenbewertung zur Vereinfachung der Inventur). Aufgrund der mit dem Grundsatz der Tatbestandsmäßigkeit und Tatbestandsbestimmtheit untrennbar verbundenen Objektivierungsüberlegungen ist allerdings zu fordern, dass derartige Wahlrechte in der Steuerbilanz in gleicher Weise auszuüben sind wie in der handelsrechtlichen Rechnungslegung.

Eine Sonderstellung nehmen Sonderabschreibungen, erhöhte Absetzungen, Bewertungsabschläge und steuerfreie Rücklagen ein (zB Übertragung von stillen Reserven auf Ersatzwirtschaftsgüter nach § 6b EStG oder R 6.6 EStR, Sonderabschreibungen zur Förderung kleiner und mittlerer Betriebe nach § 7g Abs. 5, 6 EStG, erhöhte Absetzungen für Gebäude in einem Sanierungsgebiet nach § 7h EStG oder für Baudenkmäler nach § 7i EStG) und die im Umwandlungssteuergesetz enthaltenen Wahlrechte, beim Wechsel der Rechtsform die stillen Reserven aufzulösen oder die bisherigen

Buchwerte fortzuführen. Ihre Zielsetzung besteht darin, Investitionen zu fördern (Gewährung eines positiven Zeiteffekts) bzw unternehmerische Umstrukturierungen nicht durch die Auflösung und sofortige Besteuerung von stillen Reserven zu behindern (Vermeidung eines negativen Zeiteffekts). Diese auf dem Lenkungszweck der Besteuerung beruhenden Wahlrechte können nach § 5 Abs. 1 S. 1 HS 2 EStG unabhängig von der Vorgehensweise in der Handelsbilanz ausgeübt werden. Insoweit muss das Maßgeblichkeitsprinzip nicht beachtet werden.[25]

35 – **Ermessensspielräume** wirken sich in gleicher Weise auf die ertragsteuerliche Bemessungsgrundlage aus wie Ansatz- und Bewertungswahlrechte. Ermessensspielräume unterscheiden sich von Wahlrechten lediglich dadurch, dass sie gesetzlich nicht kodifiziert sind. Ermessensspielräume resultieren zum einen aus unbestimmten Rechtsbegriffen und zum anderen aus Meinungsverschiedenheiten über die Interpretation gesetzlicher Vorschriften. Die folgende beispielhafte Aufzählung verdeutlicht die große Bedeutung von Ermessensspielräumen im Rahmen der steuerlichen Bilanzierung. Es bestehen Spielräume bei der Ermittlung der Herstellungskosten (zB Abgrenzung der angemessenen, notwendigen, auf den Zeitpunkt der Herstellung entfallenden Gemeinkosten, Form der Gemeinkostenschlüsselung, Art der Berücksichtigung von Beschäftigungsschwankungen), bei der Feststellung des Prozentsatzes für Pauschalwertberichtigungen von Forderungen und für Rückstellungen für Garantieverpflichtungen, bei der Konkretisierung des Teilwerts von Aktiva oder von Rückstellungen, bei der Abgrenzung zwischen Erhaltungs- und Herstellungsaufwand von Baumaßnahmen, bei der Abgrenzung zwischen werterhellenden und wertbegründenden Ereignissen sowie bei der Abgrenzung zwischen voraussichtlich vorübergehenden und voraussichtlich dauernden Wertminderungen und bei der Schätzung des auf die private Nutzung entfallenden Anteils bei gemischt genutzten Wirtschaftsgütern.

Ermessensspielräume lassen sich definitionsgemäß niemals vollständig vermeiden. Die Gestaltungsspielräume der Steuerpflichtigen lassen sich jedoch einschränken, wenn bei Ermessensspielräumen eine Pflicht zur Angabe der zugrunde gelegten Daten und Annahmen gefordert wird. Darüber hinaus ist zu verlangen, dass Ermessensspielräume in der Handelsbilanz und in der Steuerbilanz in gleicher Weise ausgelegt werden. Eine abweichende Auslegung ist als willkürlich und damit als unzulässig anzusehen.

36 **Entgegen** diesen **systematischen Überlegungen** wird die Neuregelung des § 5 Abs. 1 S. 1 EStG von der **Finanzverwaltung** im Sinne einer materiellen Maßgeblichkeit interpretiert. Diese Aussage wird zwar nicht explizit formuliert. Sie leitet sich aber implizit daraus ab, dass in dem BMF-Schreiben zu den Auswirkungen des Bilanzrechtsmodernisierungsgesetzes[26] ausgeführt wird, dass Wahlrechte, die sich aus einer eigenständigen steuerlichen Regelung ergeben, unabhängig von der Vorgehensweise im handelsrechtlichen Jahresabschluss ausgeübt werden können. Diese Ausnahme vom Maßgeblichkeitsprinzip gilt nach Ansicht der Finanzverwaltung generell, nicht nur für die Regelungen, die einen speziellen steuerlichen Hintergrund aufweisen

25 Bei dieser Aussage wird nicht diskutiert, ob mit dem Lenkungszweck verbundene Regelungen im Rahmen der steuerlichen Gewinnermittlung gerechtfertigt sind.

26 Vgl H 5.1 EStH unter Verweis auf BMF-Schreiben vom 12.3.2010, BStBl. 2010 I, S. 239.

(Sonderabschreibungen, erhöhte Absetzungen, Bewertungsabschläge und steuerfreie Rücklagen sowie im Umwandlungssteuergesetz enthaltene Wahlrechte). Der Umfang der in der Steuerbilanz eigenständig auszuübenden Wahlrechte geht sehr weit, weil sich steuerliche Wahlrechte nicht nur aus dem Gesetz (insbesondere EStG) ergeben können, sondern nach der Auffassung der Finanzverwaltung auch aus Verwaltungsvorschriften, wie Richtlinien (insbesondere EStR) und BMF-Schreiben.[27]

Ergebnis: Folgt man der Auffassung der Finanzverwaltung, lässt sich der Inhalt des Maßgeblichkeitsprinzips seit der Änderung des § 5 Abs. 1 S. 1 EStG durch das Bilanzrechtsmodernisierungsgesetz wie folgt beschreiben: **37**

Der Handelsbilanzansatz ist für die steuerliche Gewinnermittlung dem Grunde und der Höhe nach zu übernehmen, außer	§ 5 Abs. 1 S. 1 HS 1 EStG
• es besteht eine steuerliche Regelung, die für die Bilanzierung oder die Bewertung eine abweichende Regelung vorsieht oder	spezielle steuerliche Norm geht vor
• in der Handelsbilanz besteht ein Bilanzierungswahlrecht und im Steuerrecht ist keine Regelung vorgesehen oder	Einschränkung der Maßgeblichkeit durch die Finanzrechtsprechung
• für die Steuerbilanz besteht nach dem Gesetz oder einer Verwaltungsanweisung ein Wahlrecht und dieses steuerliche Wahlrecht wird so ausgeübt, dass der Ansatz in der Steuerbilanz vom in der Handelsbilanz angesetzten Wert abweicht.	§ 5 Abs. 1 S. 1 HS 2 EStG

Abb. 3: Inhalt des Maßgeblichkeitsprinzips

Von einer **Maßgeblichkeit** wird gesprochen, wenn für die steuerliche Gewinnermittlung der Wertansatz aus der Handelsbilanz zu übernehmen ist. Insoweit stimmen Handels- und Steuerbilanz überein. Von der Maßgeblichkeit der Handelsbilanz für die Steuerbilanz bestehen jedoch **Ausnahmen**. Bei den Ausnahmen ist danach zu differenzieren, inwieweit Bilanzierung und Bewertung im Rahmen der handels- und steuerrechtlichen Rechnungslegung übereinstimmen können bzw voneinander abweichen müssen. In diesem Buch wird folgende Dreiteilung vorgenommen: **38**

- Zu einer **Einschränkung der Maßgeblichkeit** kommt es, wenn aufgrund von Bilanzierungs- oder Bewertungswahlrechten oder aufgrund von Ermessensspielräumen nach den handelsrechtlichen Regelungen mehrere Ansätze zulässig sind und

27 Diese Interpretation ist nicht unumstritten. Grundsätzlich wie die Finanzverwaltung zB Dörfler/Adrian, Ubg 2009, S. 387; Herzig/Briesemeister, DB 2009, S. 929; Kirsch, DStZ 2008, S. 561; Stobbe, DStR 2008, S. 2433; Theile/Hartmann, DStR 2008, S. 2034. Zur Kritik siehe zB Anzinger/Schleiter, DStR 2010, S. 395; Arbeitskreis Bilanzrecht der Hochschullehrer Rechtswissenschaft, DB 2009, S. 2570; Förster/Schmidtmann, BB 2009, S. 1342; Hennrichs, Ubg 2009, S. 533; Hoffmann, StuB 2010, S. 209; Scheffler, StuB 2009, S. 836; Schenke/Risse, DB 2009, S. 1957; Schulze-Osterloh, DStR 2011, S. 534; Weber-Grellet, DB 2009, S. 2402. Zu einer umfangreichen Literaturübersicht siehe Herrmann/Heuer/Raupach, Einkommensteuer- und Körperschaftsteuergesetz, Köln (Loseblattausgabe), § 5 EStG, Anm 272.

in der Steuerbilanz ein bestimmter Wert vorgeschrieben ist. Liegt eine Einschränkung der Maßgeblichkeit vor, können Handels- und Steuerbilanz übereinstimmen, sie müssen es aber nicht.
- Eine **Durchbrechung der Maßgeblichkeit** ist dadurch gekennzeichnet, dass eine steuerrechtliche Norm einen Ansatz erfordert, der mit der handelsrechtlichen Regelung nicht vereinbar ist. Bei einer Durchbrechung der Maßgeblichkeit weichen Handels- und Steuerbilanz zwingend voneinander ab.
- Besteht für die Steuerbilanz ein Wahlrecht, kann dieses steuerliche Wahlrecht bei Aufstellung der Steuerbilanz eigenständig ausgeübt werden. Die handelsrechtliche Behandlung dieses Sachverhaltes ist für die steuerliche Gewinnermittlung nicht bindend. Insoweit besteht **keine Maßgeblichkeit**. In Abhängigkeit davon, wie das Wahlrecht bei der Aufstellung der Steuerbilanz ausgeübt wird, können die beiden Bilanzen den gleichen Wert aufweisen, sie müssen es aber nicht. Für die Besteuerung von Unternehmen gelten in Teilbereichen spezielle Regelungen, um im Zusammenhang mit Investitionsförderungsmaßnahmen, der Besteuerung von Personen- und Kapitalgesellschaften, der Abgrenzung des betrieblichen Bereichs von der privaten Sphäre sowie zur Vermeidung einer internationalen Doppelbesteuerung bestimmte Zielsetzungen zu erreichen. Diese speziellen steuerlichen Vorschriften gehen den handelsrechtlichen Gewinnermittlungsgrundsätzen vor, dh insoweit besteht gleichfalls keine Maßgeblichkeit.

Der Unterschied zwischen der ersten und der dritten Fallgruppe besteht darin, dass bei der ersten Fallgruppe die handelsrechtlichen Gestaltungsmöglichkeiten weiter gehen als in der Steuerbilanz (Einschränkung der Maßgeblichkeit), während bei der dritten Fallgruppe sich die Wahlrechte aus steuerlichen Regelungen ergeben, die nach Ansicht der Finanzverwaltung unabhängig von der Vorgehensweise im Rahmen der handelsrechtlichen Rechnungslegung ausgeübt werden können (Wahlrechtsausübung ohne Bindung an die Handelsbilanz) oder weil für das Steuerrecht spezielle Regelungen gelten, die so in der handelsrechtlichen Rechnungslegung nicht bestehen.

Beispiel 1: Für die Bewertung eines Wirtschaftsguts besteht handelsrechtlich ein Wahlrecht. Als Untergrenze ist ein Wert von 10 000 € anzusetzen. Die Obergrenze beläuft sich auf 12 000 €. Zusätzlich sind Zwischenwerte zulässig.

Wird für die Steuerbilanz eine Bewertung mit 11 500 € vorgeschrieben, wird die Maßgeblichkeit *eingeschränkt*. Die steuerliche Regelung sieht eine Bewertung vor, die innerhalb der im Handelsrecht gewährten Bandbreite liegt. In Abhängigkeit von der Ausübung des Bewertungswahlrechts in der Handelsbilanz stimmen Handels- und Steuerbilanz überein (Wert in der Handelsbilanz 11 500 €) oder weichen voneinander ab (bei jeder anderen Ausübung des handelsbilanziellen Wahlrechts).

Beispiel 2: Wird in der Handelsbilanz ein Wert von 12 000 € vorgegeben und ist für die Steuerbilanz eine Bewertung mit 13 000 € verpflichtend, kommt es zu einer *Durchbrechung* der Maßgeblichkeit. Handels- und Steuerbilanz können aufgrund von zwei sich widersprechenden, verbindlichen Regelungen nicht übereinstimmen.

Beispiel 3: Ist in der Handelsbilanz ein Wirtschaftsgut aufgrund einer verbindlichen Regelung mit 12 000 € zu bewerten, während für die Steuerbilanz aufgrund einer Sonderabschreibung eine Bewertung zwischen 8 000 und 12 000 € zulässig ist, besteht *keine* Maßgeblichkeit. Wird in der Steuerbilanz auf die Inanspruchnahme der Sonderabschreibung verzichtet, stimmen Handels- und Steuerbilanz überein. Zu einer Abweichung kommt es, wenn in der Steuerbilanz das spezielle steuerbilanzielle Wahlrecht ausgeübt wird.

Beispiel 4: Bezieht eine Kapitalgesellschaft von einer anderen Kapitalgesellschaft Dividenden, bleiben diese ertragsteuerlich grundsätzlich außer Ansatz, sofern die Mindestbeteiligungsquote von 10% erreicht ist (§ 8b Abs. 1, 4 KStG), allerdings gelten 5% der Dividenden als nichtabziehbare Betriebsausgaben (§ 8b Abs. 5 KStG). Diese Regelung des Körperschaftsteuersystems dient dazu, eine Mehrfachbelastung mit Körperschaftsteuer zu vermeiden. Im handelsrechtlichen Einzelabschluss ist diese Zielsetzung ohne Bedeutung. Die Dividenden sind deshalb in voller Höhe ertragswirksam zu verbuchen. Die konzeptionelle Abweichung führt dazu, dass keine Maßgeblichkeit besteht. Die Zielsetzung des Körperschaftsteuersystems geht den allgemeinen steuerlichen Gewinnermittlungsregeln vor.

III. Auswirkungen des Maßgeblichkeitsprinzips

Die **Konsequenzen des Maßgeblichkeitsprinzips** für einen konkreten Geschäftsvorgang hängen von der Ausgestaltung der für die Handelsbilanz und die Steuerbilanz formulierten gesetzlichen Normen ab: **39**

- Die handelsrechtlichen Regelungen kennen entweder zwingende Vorschriften (Pflicht, Verbot), Wahlrechte oder Ermessensspielräume.
- Im Bilanzsteuerrecht besteht entweder keine eigene Norm oder in das Steuerrecht sind spezielle Regelungen aufgenommen worden. Das Steuerrecht kann eine zwingende Vorgehensweise (Pflicht, Verbot) vorschreiben oder ein Wahlrecht gewähren. Darüber hinaus gibt es auch im Rahmen der steuerlichen Gewinnermittlung Ermessensspielräume.

Zusätzlich bestehen außerhalb des Bilanzsteuerrechts Regelungen, die auf die Höhe der steuerpflichtigen Einkünfte zurückwirken: Zum einen sind spezielle steuerliche Grundsätze zu beachten, wie sie beispielsweise im Zusammenhang mit der Besteuerung von Personen- oder Kapitalgesellschaften, zur Abgrenzung des betrieblichen Bereichs von der privaten Sphäre des Steuerpflichtigen oder zur Vermeidung von internationalen Doppelbesteuerungen gelten. Bei diesen Vorschriften handelt es sich im Regelfall um verbindlich anzuwendende Normen. Zum anderen kann der Steuerpflichtige spezielle steuerliche Wahlrechte in Anspruch nehmen, die in erster Linie der Förderung von Investitionen sowie zur Vermeidung einer Behinderung von unternehmerischen Umstrukturierungen dienen. Diesen auf steuerpolitischen Überlegungen beruhenden Wahlrechten stehen seit der Aufhebung der umgekehrten Maßgeblichkeit durch das Bilanzrechtsmodernisierungsgesetz keine vergleichbaren handelsrechtlichen Vorschriften mehr gegenüber. Die Übernahme des niedrigeren steuerlichen Werts (§ 254, § 279 Abs. 2 HGB aF) bzw von steuerfreien Rücklagen (§ 247 Abs. 3, § 273 HGB aF) in die Handelsbilanz ist seit dem Jahr 2009 nicht mehr zulässig.

Aus den verschiedenen Kombinationen lassen sich insgesamt neun Fälle bilden. Die wichtigsten Aussagen sind in der folgenden Übersicht zusammengefasst. Sie werden im Folgenden im Einzelnen beschrieben. Die Reihenfolge der Fälle wurde danach festgelegt, welche Art von Regelungen für die Handelsbilanz vorgesehen ist. Folgt man der Auslegung des § 5 Abs. 1 S. 1 EStG, wie sie von der Finanzverwaltung vorgenommen wurde, ergeben sich folgende Auswirkungen:

Fall	Handelsrecht	Steuerrecht	Auswirkungen des Maßgeblichkeitsprinzips (Grundsatz)	Form der Maßgeblichkeit
1	verbindliche Regelung	keine Regelung	Wert aus der Handelsbilanz ist in die Steuerbilanz zu übernehmen (§ 5 Abs. 1 S. 1 HS 1 EStG)	Maßgeblichkeit
2	verbindliche Regelung	verbindliche Regelung	Fall 2a: übereinstimmende verbindliche Regelungen: Handelsbilanz und Steuerbilanz stimmen überein	Maßgeblichkeit (deklaratorisch)
			Fall 2b: abweichende verbindliche Regelungen: für die Steuerbilanz ist die steuerliche Regelung verbindlich: Handelsbilanz und Steuerbilanz weichen voneinander ab	Durchbrechung der Maßgeblichkeit
3	verbindliche Regelung	Wahlrecht	das steuerliche Wahlrecht kann unabhängig von der handelsrechtlichen Rechnungslegung ausgeübt werden (§ 5 Abs. 1 S. 1 HS 2 EStG): Handelsbilanz und Steuerbilanz können, müssen aber nicht übereinstimmen	keine Maßgeblichkeit
4	Wahlrecht	verbindliche Regelung	für die Steuerbilanz ist die steuerliche Regelung verbindlich: Handelsbilanz und Steuerbilanz können, müssen aber nicht übereinstimmen (§ 5 Abs. 1 S. 1 HS 1 EStG)	Einschränkung der Maßgeblichkeit
5	Wahlrecht	keine Regelung	Bilanzierung: handelsrechtliche Aktivierungswahlrechte werden steuerlich zur Aktivierungspflicht und handelsrechtliche Passivierungswahlrechte werden steuerlich zum Passivierungsverbot, dh Handelsbilanz und Steuerbilanz können, müssen aber nicht übereinstimmen	Einschränkung der Maßgeblichkeit
			Bewertung: Übernahme des handelsrechtlichen Werts, dh Handelsbilanz und Steuerbilanz stimmen überein	Maßgeblichkeit
6	Wahlrecht	Wahlrecht	das steuerliche Wahlrecht kann unabhängig von der handelsrechtlichen Regelung ausgeübt werden (§ 5 Abs. 1 S. 1 HS 2 EStG): Handelsbilanz und Steuerbilanz können, müssen aber nicht übereinstimmen	keine Maßgeblichkeit
7	Ermessensspielraum	keine Regelung	Wert aus der Handelsbilanz ist in die Steuerbilanz zu übernehmen (§ 5 Abs. 1 S. 1 HS 1 EStG)	Maßgeblichkeit

Fall	Handelsrecht	Steuerrecht	Auswirkungen des Maßgeblichkeitsprinzips (Grundsatz)	Form der Maßgeblichkeit
8	Ermessensspielraum	Ermessensspielraum	Fall 8a: Ermessensspielräume stimmen überein: Handelsbilanz und Steuerbilanz stimmen überein	Maßgeblichkeit
			Fall 8b: handelsrechtlicher Ermessensspielraum geht weiter als der im Steuerrecht zulässige Rahmen (im Steuerrecht uU verbindliche Regelung): Handelsbilanz und Steuerbilanz können, müssen aber nicht übereinstimmen	Einschränkung der Maßgeblichkeit
9	keine vergleichbare Regelung	spezieller steuerlicher Grundsatz (verbindliche Regelung)	die spezielle steuerliche Regelung ist anzuwenden (zB Besteuerung von Personen- und Kapitalgesellschaften, Abgrenzung des betrieblichen Bereichs von der privaten Sphäre, Vermeidung einer internationalen Doppelbesteuerung)	keine Maßgeblichkeit

Abb. 4: Grundsätzliche Auswirkungen des Maßgeblichkeitsprinzips

– *Fall 1: Handelsbilanz verbindliche Regelung – Steuerbilanz keine Regelung:* Gilt für die Handelsbilanz eine zwingende Vorschrift (Bilanzierungsgebot, -verbot, eindeutige Bewertungsregel) und existiert im Steuerrecht keine Vorschrift, gilt sowohl für den Ansatz dem Grunde nach als auch für den Ansatz der Höhe nach die **Maßgeblichkeit** der Handelsbilanz für die Steuerbilanz.[28] Diese Fallgruppe repräsentiert das Maßgeblichkeitsprinzip in idealtypischer Weise. 40

– *Fall 2: Handelsbilanz verbindliche Regelung – Steuerbilanz verbindliche Regelung:* Kennen sowohl das Handelsrecht als auch das Steuerrecht eine zwingende Norm, ist eine Fallunterscheidung zu treffen: Die beiden Regelungen können übereinstimmen (Fall 2a) oder voneinander abweichen (Fall 2b). 41

Sind die handelsrechtliche und die steuerrechtliche **Regelung** inhaltlich **identisch** (Fall 2a), treten keine Abgrenzungsfragen auf. Die **Maßgeblichkeit** der Handelsbilanz für die Steuerbilanz wirkt in dieser Situation lediglich **deklaratorisch**.[29]

Sind für die Handels- und Steuerbilanz jeweils verbindliche Regelungen kodifiziert und **unterscheiden** sich diese (Fall 2b), ist für die Handelsbilanz die handelsrechtliche Norm und für die Steuerbilanz die steuerrechtliche Vorschrift anzuwenden.[30] Ist der Wertansatz in der Steuerbilanz nicht mit den handelsrechtlichen Regelungen vereinbar, liegt eine **Durchbrechung der Maßgeblichkeit** vor.

---

28 Vgl BMF-Schreiben vom 12.3.2010, BStBl. 2010 I, S. 239, Tz. 3, 4; H 5.1 EStH.

29 Vgl BMF-Schreiben vom 12.3.2010, BStBl. 2010 I, S. 239, Tz. 3, 4; H 5.1 EStH. Da Handels- und Steuerbilanz übereinstimmen, liegt keine Ausnahme von der Maßgeblichkeit vor. Deshalb unterbleibt beim Fall 2a eine Zuordnung zur Kategorie „keine Maßgeblichkeit“.

30 Vgl BMF-Schreiben vom 12.3.2010, BStBl. 2010 I, S. 239, Tz. 3, 4, 9, 10; H 5.1 EStH.

42 – *Fall 3: Handelsbilanz verbindliche Regelung – Steuerbilanz Wahlrecht:* In der Situation, in der einer verbindlichen handelsrechtlichen Vorschrift ein steuerrechtliches Wahlrecht gegenübersteht, ist die handelsrechtliche Vorschrift für die Steuerbilanz nicht bindend, vielmehr kann das steuerliche Bilanzierungs- oder Bewertungswahlrecht unabhängig vom handelsrechtlichen Wertansatz ausgeübt werden. Es besteht **keine Maßgeblichkeit** der Handelsbilanz für die Steuerbilanz. In Abhängigkeit davon, wie das steuerliche Wahlrecht ausgeübt wird, können die Handels- und Steuerbilanz übereinstimmen oder voneinander abweichen (§ 5 Abs. 1 S. 1 HS 2 EStG).

Die Möglichkeit, steuerliche Wahlrechte unabhängig von der handelsrechtlichen Rechnungslegung ausüben zu können, gilt zum einen für die Verrechnung von überhöhten Abschreibungen (Sonderabschreibungen, erhöhte Absetzungen, Bewertungsabschläge), die Passivierung von steuerfreien Rücklagen und das im Umwandlungssteuergesetz bei bestimmten Umstrukturierungen gewährte Wahlrecht zwischen der Auflösung von stillen Reserven bzw der Fortführung der Buchwerte. Bei diesen Wahlrechten handelt es sich um Lenkungsnormen, die dazu dienen, Investitionen zu fördern oder eine Behinderung von unternehmerischen Umstrukturierungen zu vermeiden. Für diese auf dem Lenkungszweck der Besteuerung beruhenden speziellen steuerlichen Wahlrechte gibt es seit der Aufhebung der umgekehrten Maßgeblichkeit in der Handelsbilanz keine vergleichbare Regelung mehr. Damit ist es folgerichtig, dass für diese speziellen steuerlichen Wahlrechte keine Bindung an die Handelsbilanz besteht.[31]

Nimmt der Steuerpflichtige eines der speziellen steuerlichen Wahlrechte nicht in Anspruch, stimmt der handelsrechtliche Wertansatz mit dem in der Steuerbilanz überein. Will er von dem positiven Zeiteffekt von überhöhten Abschreibungen und steuerfreien Rücklagen oder von den im Umwandlungssteuergesetz enthaltenen Wahlrechten profitieren, muss sich der Steuerpflichtige im Rahmen der steuerlichen Gewinnermittlung für einen anderen Wert als in der Handelsbilanz entscheiden. Diese Wahlrechte bestehen nur für die Steuerbilanz, in der Handelsbilanz existieren derartige Wahlmöglichkeiten nicht. Der steuerbilanzielle Wert liegt unter dem Wertansatz in der Handelsbilanz.

Nach Ansicht der Finanzverwaltung können zum anderen auch alle anderen steuerlichen Wahlrechte unabhängig von der Vorgehensweise in der handelsrechtlichen Rechnungslegung ausgeübt werden.[32] Bei der Erläuterung des Inhalts des Maßgeblichkeitsprinzips wurde jedoch begründet, dass der zusätzlich zu berücksichtigende Grundsatz der Tatbestandsmäßigkeit und Tatbestandsbestimmtheit (§ 38 AO) dazu führt, dass in der Steuerbilanz Wahlrechte so weit wie möglich zu vermeiden sind. Da für die steuerliche Gewinnermittlung dem Objektivierungsgedanken eine hohe Bedeutung zukommt, ist die Ansicht der Finanzverwaltung mit den Zielen der steuerlichen Gewinnermittlung nicht vereinbar. Die dadurch eingeräumten steuerplanerischen Gestaltungsmöglichkeiten werden aber von den Steuerpflichtigen selbstverständlich positiv beurteilt.

Voraussetzung für die Ausübung von steuerlichen Wahlrechten ist, dass die Wirtschaftsgüter, die nicht mit dem handelsrechtlich maßgeblichen Wert in der steuerli-

---

31 Vgl BMF-Schreiben vom 12.3.2010, BStBl. 2010 I, S. 239, Tz. 13, 14; H 5.1 EStH.

32 Vgl BMF-Schreiben vom 12.3.2010, BStBl. 2010 I, S. 239, Tz. 13, 15; H 5.1 EStH.

chen Gewinnermittlung ausgewiesen werden, in besondere, laufend zu führende Verzeichnisse aufgenommen werden. In den Verzeichnissen sind

- der Tag der Anschaffung oder Herstellung,
- die Anschaffungs- oder Herstellungskosten,
- die Vorschrift des ausgeübten steuerlichen Wahlrechts und
- die Höhe der vorgenommenen Abschreibungen

nachzuweisen (§ 5 Abs. 1 S. 2, 3 EStG). Wird das Verzeichnis nicht oder unvollständig geführt, kann das steuerliche Wahlrecht nicht genutzt werden. Das Verzeichnis ist zeitnah zu erstellen, eine nachträgliche Erstellung ist nicht ausreichend.[33]

– *Fall 4: Handelsbilanz Wahlrecht – Steuerbilanz verbindliche Regelung:* Besteht für **43** die Handelsbilanz ein Bilanzierungs- oder Bewertungswahlrecht, während die Steuergesetze für diesen Sachverhalt eine zwingende Vorschrift kennen, wird das handelsrechtliche Wahlrecht in der Steuerbilanz durch die verbindliche steuerliche Regelung verdrängt. Unabhängig davon, wie in der Handelsbilanz das dort bestehende Wahlrecht ausgeübt wird, ist der Wert in der Steuerbilanz derjenige, der für die steuerliche Gewinnermittlung vorgegeben ist.[34] Es kommt zu einer **Einschränkung der Maßgeblichkeit**. In Abhängigkeit von der Art und Weise der Ausübung des im Rahmen der handelsrechtlichen Rechnungslegung bestehenden Wahlrechts sind zwei Alternativen möglich. Wird handelsrechtlich aus den verschiedenen Möglichkeiten der Wert gewählt, der in der Steuerbilanz zwingend anzusetzen ist, stimmen Handelsbilanz und Steuerbilanz überein. Entscheidet sich der Bilanzierende handelsrechtlich für einen Wert, der zwar handelsrechtlich zulässig ist, aber von dem Wert abweicht, der für die Steuerbilanz vorgeschrieben ist, fallen die beiden Bilanzen auseinander.

– *Fall 5: Handelsbilanz Wahlrecht – Steuerbilanz keine Regelung:* Gilt für die Han- **44** delsbilanz ein **Bilanzierungswahlrecht** und existiert steuerrechtlich keine Vorschrift, kommt es zu einer **Einschränkung der Maßgeblichkeit** der Handelsbilanz für die Steuerbilanz. Für den **Ansatz dem Grunde nach** bedeutet dies, dass handelsrechtliche Ansatzwahlrechte für die steuerliche Gewinnermittlung nicht übernommen werden können, vielmehr ist in der Steuerbilanz die Bilanzierung eindeutig festgelegt:[35]

- Wirtschaftsgüter, für die handelsrechtlich ein Aktivierungswahlrecht besteht, sind bei fehlender steuerlicher Norm in der Steuerbilanz aktivierungspflichtig.
- Für passive Wirtschaftsgüter, die handelsrechtlich bilanziert werden können, gilt bei fehlender steuerlicher Norm steuerrechtlich ein Passivierungsverbot.

Die Begründung für diese Einschränkung von Bilanzierungswahlrechten in der Steuerbilanz liegt in der stärkeren Betonung des Objektivierungsgedankens.

Bei Sachverhalten, für die handelsrechtlich ein **Bewertungswahlrecht** besteht und im Steuerrecht eine eigenständige Norm fehlt, müsste konsequenterweise für die steu-

33 Zu diesen speziellen steuerlichen Aufzeichnungspflichten siehe BMF-Schreiben vom 12.3.2010, BStBl. 2010 I, S. 239, Tz. 19–23; H 5.1 EStH sowie Dörfler/Adrian, Ubg 2009, S. 387; Grützner, StuB 2009, S. 481; Herzig, DB 2008, S. 1340; Ortmann-Babel/Bolik, BB 2010, S. 2099; Ortmann-Babel/Bolik/Gageur, DStR 2009, S. 934; Richter, GmbHR 2010, S. 510.

34 Vgl BMF-Schreiben vom 12.3.2010, BStBl. 2010 I, S. 239, Tz. 3, 8; H 5.1 EStH.

35 Vgl BMF-Schreiben vom 12.3.2010, BStBl. 2010 I, S. 239, Tz. 3, 4; H 5.1 EStH unter Hinweis auf BFH vom 3.2.1969, BStBl. 1969 II, S. 291; BFH vom 19.3.1975, BStBl. 1975 II, S. 535.

erliche Gewinnermittlung bei Aktiva der höchste in der Handelsbilanz zulässige Wert angesetzt werden, während bei Bewertungswahlrechten für Passiva in die Steuerbilanz die handelsrechtliche Wertuntergrenze übernommen werden müsste.[36] Von der Finanzverwaltung wird allerdings die Auffassung vertreten, dass bei Bewertungswahlrechten der handelsrechtliche Wert in die Steuerbilanz zu übernehmen ist (**Maßgeblichkeit** nach § 5 Abs. 1 S. 1 HS 1 EStG).[37] Auf welche Argumente sich dieser Widerspruch zwischen handelsrechtlichen Bilanzierungswahlrechten (Einschränkung der Maßgeblichkeit) und handelsrechtlichen Bewertungswahlrechten (Maßgeblichkeit) sowie damit verbunden die andere Interpretation der Maßgeblichkeit stützt, wird von der Finanzverwaltung nicht erläutert.

45 – *Fall 6: Handelsbilanz Wahlrecht – Steuerbilanz Wahlrecht:* Besteht sowohl für die Handelsbilanz als auch für die Steuerbilanz ein Wahlrecht, kann das steuerliche Wahlrecht unabhängig vom handelsrechtlichen Wertansatz ausgeübt werden (§ 5 Abs. 1 S. 1 HS 2 EStG), dh in diesem Fall besteht **keine Maßgeblichkeit**.[38] Dies gilt unabhängig davon, ob die Wahlrechte in den beiden Rechnungslegungskreisen inhaltlich übereinstimmen oder ob das steuerliche Wahlrecht enger abgegrenzt ist als das handelsrechtliche Wahlrecht. In Abhängigkeit von der Ausübung der Wahlrechte können Handels- und Steuerbilanz übereinstimmen oder auseinanderfallen.[39]

Die Auffassung der Finanzverwaltung steht im Widerspruch zu den Zielen der steuerrechtlichen Rechnungslegung. Aufgrund dem ergänzend heranzuziehenden Grundsatz der Tatbestandsmäßigkeit und Tatbestandsbestimmtheit (§ 38 AO) müssten bei einem Nebeneinander von handelsrechtlichem Wahlrecht und steuerlichem Wahlrecht der für die handelsrechtliche Rechnungslegung gewählte Wert in die Steuerbilanz zu übernehmen sein. Da für die steuerliche Gewinnermittlung dem Objektivierungsgedanken eine hohe Bedeutung zukommt, sollte das Wahlrecht in der Steuerbilanz nicht anders ausgeübt werden dürfen als in der Handelsbilanz. Sowohl für Ansatzwahlrechte als auch für Bewertungswahlrechte müsste die (formelle) Maßgeblichkeit der Handelsbilanz für die Steuerbilanz gelten.

46 – *Fall 7: Handelsbilanz Ermessensspielraum – Steuerbilanz keine Regelung:* Gilt für die Handelsbilanz ein unbestimmter Rechtsbegriff, der nur durch eine Ermessensentscheidung konkretisiert werden kann, und besteht im Steuerrecht keine Regelung, stimmen Handels- und Steuerbilanz überein. Die Maßgeblichkeit der Handelsbilanz für die Steuerbilanz ergibt sich aus § 5 Abs. 1 S. 1 HS 1 EStG.[40] Eine unterschiedli-

---

36 So auch vor der Änderung des Maßgeblichkeitsprinzips durch das Bilanzrechtsmodernisierungsgesetz, dh bis zum Jahr 2009, die Ansicht der Finanzrechtsprechung und der Finanzverwaltung, vgl BFH vom 21.10.1993, BStBl. 1994 II, S. 176; R 6.3 EStR 2008.

37 Vgl BMF-Schreiben vom 12.3.2010, BStBl. 2010 I, S. 239, Tz. 5; H 5.1 EStH.

38 Vgl BMF-Schreiben vom 12.3.2010, BStBl. 2010 I, S. 239, Tz. 16–18; H 5.1 EStH.

39 Voraussetzung für die Ausübung von steuerlichen Wahlrechten ist, dass die Wirtschaftsgüter, die in der steuerlichen Gewinnermittlung nicht mit dem handelsrechtlichen Wert ausgewiesen werden, in besondere, laufend zu führende Verzeichnisse aufgenommen werden. In den Verzeichnissen sind der Tag der Anschaffung oder Herstellung, die Anschaffungs- oder Herstellungskosten, die Vorschrift des ausgeübten steuerlichen Wahlrechts und die vorgenommenen Abschreibungen nachzuweisen (§ 5 Abs. 1 S. 2, 3 EStG). Siehe hierzu BMF-Schreiben vom 12.3.2010, BStBl. 2010 I, S. 239, Tz. 19–23; H 5.1 EStH.

40 Vgl BMF-Schreiben vom 12.3.2010, BStBl. 2010 I, S. 239, Tz. 5, 6; H 5.1 EStH.

che Auslegung desselben Ermessensspielraums in den beiden Bilanzen wäre willkürlich. Sie würde gegen den Grundsatz der objektivierten Gewinnermittlung verstoßen.

– *Fall 8: Handelsbilanz Ermessensspielraum – Steuerbilanz Ermessensspielraum:* 47
Gilt für die Handelsbilanz ein unbestimmter Rechtsbegriff, der nur durch eine Ermessensentscheidung konkretisiert werden kann, und besteht im Steuerrecht gleichfalls ein Ermessensspielraum, ist danach zu differenzieren, ob für die steuerliche Gewinnermittlung derselbe oder ein inhaltlich vergleichbarer unbestimmter Rechtsbegriff verwendet wird (Fall 8a) oder ob für die steuerliche Gewinnermittlung die Bandbreite der möglichen Alternativen durch einen enger abgegrenzten Ermessensspielraum eingegrenzt wird oder durch eine verbindliche Regelung vollständig aufgehoben wird (Fall 8b).[41]

Stimmt der **Ermessensspielraum** in den beiden Bilanzen **überein** (Fall 8a), ist dieser in der Steuerbilanz in gleicher Weise auszulegen wie in der Handelsbilanz. Eine unterschiedliche Auslegung desselben Ermessensspielraums in den beiden Bilanzen wäre willkürlich. Sie würde gegen den Grundsatz der objektivierten Gewinnermittlung verstoßen. Die **Maßgeblichkeit** der Handelsbilanz für die Steuerbilanz nach § 5 Abs. 1 S. 1 EStG gilt uneingeschränkt.

Wird bei einem unbestimmten Rechtsbegriff der in der Handelsbilanz bestehende Ermessensspielraum für die steuerliche Gewinnermittlung durch eine verbindliche Regelung oder einen enger abgegrenzten **Ermessensspielraum verringert** (Fall 8b), liegt eine **Einschränkung der Maßgeblichkeit** vor. Diese Situation ist inhaltlich mit dem Fall 4 vergleichbar. Der Unterschied liegt nur darin, dass nicht ein Ansatz- oder Bewertungswahlrecht gewährt wird, sondern bei der Auslegung des Gesetzes ein Interpretationsspielraum besteht. Anstelle einer abzählbaren Anzahl an Alternativen existiert eine Bandbreite möglicher Werte.

– *Fall 9: Handelsbilanz keine vergleichbare Regelung – Steuerbilanz eigenständige* 48
ertragsteuerliche Regelung: Im Zusammenhang mit der Besteuerung von Unternehmen kennt das Steuerrecht spezifische Regelungen, um die für Einzelunternehmen sowie für Personen- und Kapitalgesellschaften gewünschte Konzeption umzusetzen, um bei der Ermittlung der steuerpflichtigen Einkünfte den betrieblichen Bereich von der privaten Sphäre des Steuerpflichtigen abzugrenzen sowie um bei grenzüberschreitend tätigen Unternehmen internationale Doppelbesteuerungen zu vermeiden. Für die Besteuerung von Unternehmen unterschiedlicher Rechtsform, für den ertragsteuerlichen Grundsatz der Trennung von Einkommenserzielung und Einkommensverwendung sowie für die Maßnahmen zur Vermeidung von internationaler Doppelbesteuerung bestehen keine vergleichbaren handelsrechtlichen Regelungen. Es ist unstrittig, dass im Rahmen der steuerlichen Gewinnermittlung die jeweiligen allgemeinen steuerlichen Regelungen anzuwenden sind. Aufgrund von konzeptionellen Abweichungen besteht **keine Maßgeblichkeit**.

– *Zusammenfassung:* Die Verbindungen zwischen handelsrechtlicher und steuer- 49
rechtlicher Gewinnermittlung lassen sich wie folgt zusammenfassen: Grundsätzlich

41 Im BMF-Schreiben vom 12.3.2010, BStBl. 2010 I, S. 239 finden sich hierzu keine Aussagen, sodass wie im Fall 7 unmittelbar auf § 5 Abs. 1 S. 1 HS 1 EStG abzustellen ist.

ist der Handelsbilanzansatz für die steuerliche Gewinnermittlung dem Grunde und der Höhe nach zu übernehmen, außer

- es besteht eine steuerliche Regelung, die für die Bilanzierung oder die Bewertung eine abweichende Regelung vorschreibt, oder
- in der Handelsbilanz besteht ein Bilanzierungswahlrecht und im Steuerrecht ist keine Regelung vorgesehen oder
- für die Steuerbilanz besteht nach dem Gesetz oder nach einer Verwaltungsanweisung ein Wahlrecht und dieses steuerliche Wahlrecht wird so ausgeübt, dass der Wert in der Steuerbilanz vom in der Handelsbilanz angesetzten Wert abweicht.

50 Die Interpretation des § 5 Abs. 1 S. 1 EStG im Sinne der formellen Maßgeblichkeit und die damit verbundene Einschränkung einer eigenständigen Wahlrechtsausübung in der Steuerbilanz auf Wahlrechte, mit denen eine spezielle steuerliche Zielsetzung verfolgt wird, könnte mit dem zusätzlichen Einbezug des Grundsatzes der Tatbestandsmäßigkeit und Tatbestandsbestimmtheit begründet werden. Dieser zu den allgemeinen Besteuerungsprinzipien gehörende Grundsatz hätte zur Konsequenz, dass für die steuerliche Gewinnermittlung der Objektivierungsgedanke eine bedeutsame Rolle spielen würde. Allerdings legt die Finanzverwaltung § 5 Abs. 1 S. 1 EStG isoliert aus. Stellt man ausschließlich auf den Wortlaut ab, kann man die Auffassung vertreten, dass steuerliche Wahlrechte unabhängig von der Vorgehensweise in der Handelsbilanz ausgeübt werden dürfen. Bedeutsam sind diese unterschiedlichen Interpretationen insbesondere im Fall 3 (soweit es sich nicht um spezielle steuerliche Wahlrechte im Zusammenhang mit dem Lenkungszweck der Besteuerung handelt) und im Fall 6.

Bei verbindlichen steuerrechtlichen Regelungen (Fälle 2 und 4), fehlenden steuerlichen Regelungen (Fälle 1, 5 und 7), bei speziellen steuerlichen Grundsätzen (Fall 9) und bei den speziellen steuerlichen Wahlrechten im Zusammenhang mit dem Lenkungszweck der Besteuerung (Untergruppe des Falls 3) treten bei der Auslegung des § 5 Abs. 1 S. 1 EStG grundsätzlich keine Abweichungen auf. Übereinstimmung müsste auch bei Ermessensspielräumen bestehen (Fall 8), da eine unterschiedliche Auslegung von Ermessensspielräumen unabhängig davon als willkürlich anzusehen ist, ob man aus § 5 Abs. 1 S. 1 EStG eine formelle Maßgeblichkeit oder eine materielle Maßgeblichkeit ableitet.

D. Grundsätze ordnungsmäßiger Buchführung als Kernelement der Ermittlung der Einkünfte aus Gewerbebetrieb

51 Aufgrund des Maßgeblichkeitsprinzips bilden die Grundsätze ordnungsmäßiger Buchführung (GoB) die Grundlage für die Ermittlung der Einkünfte aus Gewerbebetrieb durch einen Betriebsvermögensvergleich nach § 5 EStG. Kapitel I. gibt einen Überblick über die allgemeine Funktion der GoB. Den Schwerpunkt dieses Abschnitts bildet eine Erläuterung des Inhalts der verschiedenen Einzelgrundsätze in den Kapiteln II. bis VI.

I. Überblick über die Zielsetzung der Grundsätze ordnungsmäßiger Buchführung

1. Bedeutung der Grundsätze ordnungsmäßiger Buchführung für die Steuerbilanz

Die Grundsätze ordnungsmäßiger Buchführung beziehen sich zunächst nur auf die handelsrechtlichen Ziele: Rechenschaft (Dokumentations- und Informationsfunktion) und Kapitalerhaltung (Zahlungsbemessungsfunktion). Über das Maßgeblichkeitsprinzip bilden sie gleichzeitig die Grundlage für die steuerliche Gewinnermittlung (§ 5 Abs. 1 S. 1 EStG). Eine steuerliche Buchführung gilt nur dann als ordnungsmäßig, wenn die für die kaufmännische Buchführung erforderlichen Bücher geführt werden, die Bücher förmlich in Ordnung sind und der Inhalt sachlich richtig ist (H 5.2 EStH). In der Abgabenordnung werden zwar einzelne Grundsätze kodifiziert, damit sind jedoch keine materiell bedeutsamen Abweichungen gegenüber der handelsrechtlichen Rechnungslegung verbunden. Vielmehr werden lediglich aufgrund der stärkeren Betonung des Objektivierungsgedankens (Grundsatz der Rechtssicherheit) in Teilbereichen die Anforderungen an die steuerliche Gewinnermittlung präziser gefasst (§ 143 – § 147 AO). **52**

Aufgrund der Ausnahmen vom Maßgeblichkeitsprinzip wird zwar nicht in jedem Einzelfall der konkrete Handelsbilanzansatz in die Steuerbilanz übernommen. Die Grundaussage, dass die **handelsrechtlichen GoB** die **Grundlage für die Gewinnermittlung mit Hilfe einer Steuerbilanz** bilden, wird dadurch jedoch nicht aufgehoben. § 4 – § 7i EStG enthalten *konkrete* Bilanzierungs- und Bewertungs*regeln*, jedoch *keine allgemeinen* Bilanzierungs- und Bewertungs*prinzipien*. Der Inhalt der GoB ergibt sich ausschließlich aus dem Handelsrecht. Eigenständige steuerrechtliche Grundsätze ordnungsmäßiger Buchführung sind in den geltenden Steuergesetzen nicht enthalten.

Die Grundsätze ordnungsmäßiger Buchführung gelten prinzipiell für alle Rechtsformen, da die handelsrechtlichen Vorschriften (zB § 238 Abs. 1, § 243, § 256 HGB) **keine rechtsformabhängigen Differenzierungen** vornehmen. Aus steuerrechtlicher Sicht ist die Unabhängigkeit der Ermittlung der Einkünfte aus Gewerbebetrieb von der Rechtsform des Unternehmens unverzichtbar. Durch die unmittelbare steuerliche Wirkung der GoB würden rechtsformspezifische Unterschiede in der Anwendung oder Auslegung der GoB gegen den Grundsatz der Gleichmäßigkeit der Besteuerung verstoßen.

Setzt der Steuerpflichtige in seiner Buchführung ein Datenverarbeitungssystem ein, werden die GoB durch die Grundsätze zur ordnungsmäßigen Führung und Aufbewahrung von Büchern, Aufzeichnungen und Unterlagen in elektronischer Form sowie zum Datenzugriff (GoBD) konkretisiert.[42] Beispielsweise werden die formalen Anforderungen an die Aufbewahrung von außersteuerlichen und steuerlichen Unterlagen **53**

42 Vgl BMF-Schreiben vom 14.11.2014, BStBl. 2014 I, S. 1450 sowie Beck'scher Bilanz-Kommentar, 11. Aufl., München 2018, § 239 HGB, Anm 27–43; Goldshteyn/Thelen, FR 2015, S. 268; Herrfurth, StuB 2015, S. 250; Müller, SteuK 2015, S. 343; Schumann, EStB 2015, S. 297. Zu den mit den GoBD vergleichbaren handelsrechtlichen Anforderungen siehe IDW RS FAIT 1, FN-IDW 2002, S. 649.

bzw Aufzeichnungen und Unterlagen zu Geschäftsvorfällen, die zum Verständnis und zur Überprüfung der für die Besteuerung gesetzlich vorgeschriebenen Aufzeichnungen im Einzelfall von Bedeutung sind, präzisiert. Dazu gehören sowohl Unterlagen in Papierform als auch alle Unterlagen in Form von Daten, Datensätzen und elektronischen Dokumenten, die dokumentieren, dass die Ordnungsvorschriften umgesetzt und deren Einhaltung überwacht wurde. Die GoBD umfassen Regeln zur Verantwortlichkeit für die Ordnungsmäßigkeit der Unterlagen, zum Belegwesen, zur zeitlichen und sachlichen Aufzeichnung der Geschäftsvorfälle, zur Unveränderbarkeit und Protokollierung von Änderungen, zum Internen Kontrollsystem, zur Datensicherheit, zur Aufbewahrung, Nachvollziehbarkeit und Nachprüfbarkeit der Unterlagen sowie zum elektronischen Datenzugriff durch die Finanzverwaltung im Rahmen von Außenprüfungen.

2. Wesen der Grundsätze ordnungsmäßiger Buchführung

54 Die Grundsätze ordnungsmäßiger Buchführung stellen die allgemeinen Prinzipien für die externe Rechnungslegung dar. Sie gelten neben den zahlreichen speziellen Vorschriften des Handelsgesetzbuchs bzw des Einkommensteuergesetzes. Die **GoB** dienen als **Leitlinie für die Behandlung von Geschäftsvorfällen, für die das kodifizierte Recht** keine oder **keine ausreichend präzise Regelung enthält**.

Die **zentrale Bedeutung** der Grundsätze ordnungsmäßiger Buchführung für die handelsrechtliche und steuerrechtliche Rechnungslegung verdeutlicht die Aufzählung der Gesetzesstellen, in denen auf die allgemeinen Bilanzierungs- und Bewertungsvorschriften hingewiesen wird:

- Der Kaufmann hat seine Handelsgeschäfte und die Lage des Unternehmens nach den Grundsätzen ordnungsmäßiger Buchführung ersichtlich zu machen (§ 238 Abs. 1 HGB).
- Der Jahresabschluss ist nach den Grundsätzen ordnungsmäßiger Buchführung aufzustellen (§ 243 Abs. 1 HGB).
- Der Jahresabschluss einer Kapitalgesellschaft hat unter Beachtung der Grundsätze ordnungsmäßiger Buchführung ein den tatsächlichen Verhältnissen entsprechendes Bild der Vermögens-, Finanz- und Ertragslage zu vermitteln (§ 264 Abs. 2 HGB).
- Weitere Erwähnungen der Grundsätze ordnungsmäßiger Buchführung finden sich in § 239 Abs. 4, § 241 Abs. 1, 2, 3 Nr 2 HGB (Buchführung und Inventur), § 256 HGB (Zulässigkeit von Bewertungsvereinfachungen), § 257 Abs. 3 HGB (Aufbewahrung von Unterlagen) sowie § 322 Abs. 3 HGB (Bestätigungsvermerk).
- Die Grundsätze ordnungsmäßiger Buchführung sind auch für den Konzernabschluss zu beachten (§ 297 Abs. 2 HGB).
- Nach § 5 Abs. 1 S. 1 EStG ist in der Steuerbilanz das Betriebsvermögen anzusetzen, das nach den *handelsrechtlichen* Grundsätzen ordnungsmäßiger Buchführung auszuweisen ist. Diese Prinzipien bilden die Grundlage für die steuerrechtliche Rechnungslegung (§ 146 Abs. 5, § 147 Abs. 2 AO, H 5.2 EStH). Ferner verweisen § 4 Abs. 2 S. 1 und § 6 Abs. 1 Nr 2a S. 1 EStG zu Einzelfragen auf die Grundsätze ordnungsmäßiger Buchführung.

Gesetzestechnisch handelt es sich bei den Grundsätzen ordnungsmäßiger Buchführung um einen **unbestimmten Rechtsbegriff**. Der Verweis auf die GoB reduziert den Umfang der notwendigen gesetzlichen Vorschriften. Da eine vollständige gesetzliche Regelung zur Verbuchung sämtlicher denkbarer Geschäftsvorgänge aufgrund der Vielzahl der möglichen wirtschaftlichen Sachverhalte nicht praktikabel ist, ist es sachgerecht, dass die Grundsätze ordnungsmäßiger Buchführung nicht vollständig kodifiziert sind. Ein weiterer Vorteil der Verwendung eines unbestimmten Rechtsbegriffs besteht darin, dass beim Auftreten neuer wirtschaftlicher Sachverhalte bzw bei Änderungen der wirtschaftlichen Verhältnisse die Interpretation der GoB angepasst werden kann, ohne dass eine Änderung von Gesetzen notwendig ist. 55

Da der Gesetzgeber Normen geschaffen hat, wie die Unternehmen ihre handelsrechtliche Rechnungslegung auszugestalten haben (insbesondere § 238 – § 289 HGB) und die Steuerpflichtigen diese Buchführungs- und Bilanzierungsvorschriften auch für die ertragsteuerliche Gewinnermittlung zu beachten haben, handelt es sich bei der Handelsbilanz – und über das Maßgeblichkeitsprinzip auch bei der Steuerbilanz – um **eine Bilanz im Rechtssinne**. Welche Aufgaben eine Bilanz aus betriebswirtschaftlicher Sicht erfüllen soll, steht weder bei der Aufstellung einer Handelsbilanz noch bei der Aufstellung einer Steuerbilanz im Mittelpunkt. Beurteilungsmaßstab bilden vielmehr die gesetzlichen Vorschriften. Dies gilt auch für die Konkretisierung der Grundsätze ordnungsmäßiger Buchführung. Die gesetzlich geregelten und die nicht kodifizierten GoB sind **nach rechtswissenschaftlichen Grundsätzen zu interpretieren**. Bei der Auslegung der gesetzlichen Vorschriften ist zwar auch deren wirtschaftlicher Gehalt zu berücksichtigen, das Abstellen auf die wirtschaftlichen Verhältnisse ist jedoch Teil einer zweckorientierten Gesetzesauslegung. Die Auslegung von Gesetzesnormen nach den vom Gesetzgeber vorgegebenen Zielen ist *ein* Teil der Rechtsanwendung. Sie ist zu unterscheiden von der betriebswirtschaftlichen Sichtweise (Behandlung eines Geschäftsvorfalls entsprechend den von der Betriebswirtschaftslehre als sinnvoll angesehenen Bilanzierungszwecken).[43]

3. Herleitung der Grundsätze ordnungsmäßiger Buchführung

(1) Einführung: Der **unbestimmte Rechtsbegriff** „Grundsätze ordnungsmäßiger Buchführung“ **bedarf der Konkretisierung**, um auf den jeweiligen Einzelfall angewendet werden zu können. **Bei der Herleitung** der GoB **bestehen jedoch erhebliche Schwierigkeiten, weil es sich** bei den GoB **nicht um ein starres System handelt**. Vielmehr unterliegen die GoB im Zeitablauf Änderungen, um die Bilanzierungspraxis an die wirtschaftlichen Entwicklungen und an die sich wandelnden Auffassungen über die mit der Handels- und Steuerbilanz verfolgten Ziele anpassen zu können. 56

Die folgende Erläuterung zur Herleitung der Grundsätze ordnungsmäßiger Buchführung dient dem Verständnis dafür, dass sich für die Behandlung eines bestimmten Geschäftsvorgangs in der handels- oder steuerrechtlichen Rechnungslegung häufig keine eindeutige Aussage ableiten lässt. Es soll deutlich werden, weshalb ein Interpretationsspielraum unvermeidlich ist und dass sich bei einer Veränderung der Anforderungen an die Rechnungslegung der Inhalt der GoB ebenfalls ändert.

43 Vgl Moxter, StuW 1983, S. 300.

Für die Konkretisierung der Grundsätze ordnungsmäßiger Buchführung stehen prinzipiell **drei Vorgehensweisen** zur Verfügung. Entscheidend ist die teleologische Ermittlung. Die ausschließliche Anwendung der induktiven oder der deduktiven Ermittlung ist abzulehnen.

57 *(2) Induktive Ermittlung:* Bei der induktiven Ermittlung bestimmt sich der Inhalt der Grundsätze ordnungsmäßiger Buchführung aus dem Handelsbrauch und der Verkehrsanschauung „ehrenwerter" Kaufleute. Es wird allerdings nicht ausschließlich darauf abgestellt, wie in der Praxis tatsächlich bilanziert wird (deskriptive Vorgehensweise), sondern vielmehr darauf, **wie ordentliche und ehrenwerte Kaufleute bilanzieren sollten** (normativer Ansatz). Eine unmittelbare Übernahme der Bilanzierungspraxis scheidet aus, weil ansonsten die Kaufleute zu Richtern über sich selbst werden würden: Die zur Rechenschaftslegung verpflichteten Personen würden sich die Maßstäbe selbst setzen.

Die **induktive Methode** ist **aus mehreren Gründen problematisch**: (1) Es lassen sich keine konkreten Kriterien dafür finden, **wer als „ehrenwerter" Kaufmann gilt** und in welcher Weise er sich von einem „unehrenwerten" Kaufmann unterscheidet. (2) Auch ordentliche und ehrenwerte Kaufleute stellen **nur eine Partei** des sich in der handelsrechtlichen Rechnungslegung widerspiegelnden Interessenkonflikts zwischen Eigentümern, Managern und Gläubigern dar. Wenn diejenigen, die die Handelsbilanz aufstellen, den Inhalt der GoB selbst bestimmen können, werden deren Interessen im Vergleich zu den Interessen der anderen Jahresabschlussadressaten stärker gewichtet. (3) Neuartige und strittige Bilanzierungsfragen bleiben so lange unbeantwortet, bis sich in der Praxis eine einheitliche Handhabung herausgebildet hat. Damit wird eine **Weiterentwicklung** der Grundsätze ordnungsmäßiger Buchführung **erschwert**. (4) Die induktive Methode ist **mit** dem **Fiskalzweck** der steuerlichen Gewinnermittlung **und** dem **Grundsatz der Rechtssicherheit** nicht vereinbar. Da auch ehrenwerte Kaufleute ihre eigenen Ziele verfolgen, werden sie die GoB so interpretieren, dass die Belastung der erzielten Erfolge möglichst niedrig gehalten bzw so weit wie möglich in die Zukunft verlagert wird. Dies würde zu einer Ungleichbehandlung zwischen den Einkünften aus Gewerbebetrieb und den anderen Einkunftsarten und damit zu einem Verstoß gegen den Grundsatz der Gleichmäßigkeit der Besteuerung führen.

58 *(3) Deduktive Ermittlung:* Bei der deduktiven Vorgehensweise werden die Grundsätze ordnungsmäßiger Buchführung **aus den Zielen der Rechnungslegung abgeleitet**. Dieser Weg ist insofern **nicht hilfreich**, als sich aus dem Gesetz kein eindeutiger Zielplan ableiten lässt und auch keine einheitliche Auffassung darüber besteht, in welchem Verhältnis die mit der externen Rechnungslegung verfolgten Ziele zueinander stehen. Damit fehlen allgemein anerkannte Oberprinzipien, aus denen die einzelnen Grundsätze ordnungsmäßiger Buchführung abgeleitet werden können. Bezogen auf die Ziele, bei denen sich eine einheitliche Meinung herausgebildet hat (Dokumentations–, Informations- und Zahlungsbemessungsfunktion), ergibt sich die Schwierigkeit, dass diese zu allgemein sind, um als konkrete Leitlinie zur Lösung spezieller Bilanzierungs- und Bewertungsfragen zu dienen.

59 *(4) Teleologische Ermittlung:* Ausgangspunkt der teleologischen Methode ist die Charakterisierung der Grundsätze ordnungsmäßiger Buchführung als unbestimmten Rechtsbegriff, dessen Inhalt **nach den üblichen Auslegungsregeln der Rechtswis-**

senschaft zu bestimmen ist. Bei der Interpretation der gesetzlichen Vorschriften sind heranzuziehen:

- der Wortlaut und Wortsinn der handelsrechtlichen Normen, wobei auf den allgemeinen Sprachgebrauch und die fachspezifische Terminologie zurückzugreifen ist,
- die Bedeutungszusammenhänge der einzelnen Vorschriften, dh die systematische Stellung im Gesetz sowie das Verhältnis zur Einblicksforderung (Grundsatz des True and Fair View) und zu anderen Einzelregelungen,
- die Entstehungsgeschichte des Gesetzes,
- der Wille des Gesetzgebers, wie er in den Gesetzesmaterialien zum Ausdruck kommt,
- die Prioritätsregeln, nach denen höherrangige Rechtsnormen (insbesondere die Verfassung) den für die handelsrechtliche Rechnungslegung relevanten (einfachen) Gesetzen vorgehen.

Das Problem bei der Interpretation des unbestimmten Rechtsbegriffs „Grundsätze ordnungsmäßiger Buchführung“ liegt darin, dass die heranzuziehenden Rechtsmaterialien zu unbestimmt sind, um damit ein eindeutiges, allgemein anerkanntes und geschlossenes System zu entwickeln. Obwohl die teleologische Auslegung des Begriffs der GoB **nicht** zu **intersubjektiv eindeutigen** Ergebnissen führt, muss deren Inhalt konkretisiert werden, um die handels- und steuerrechtliche Rechnungslegung in Übereinstimmung mit den gesetzlichen Vorschriften gestalten zu können. Anhaltspunkte für diesen von jedem Rechtsanwender vorzunehmenden (subjektiven) Auslegungsprozess bilden sein **Vorverständnis** über den Inhalt der handelsrechtlichen Rechnungslegung sowie seine **Wertentscheidungen** hinsichtlich des Inhalts der einzelnen Rechtsquellen sowie des Verhältnisses zwischen sich widersprechenden Interpretationsquellen.

Zur Konkretisierung des Inhalts der GoB sind zahlreiche, sehr unterschiedliche **Quel-** 60
len auszuwerten:

- Gesetze (insbesondere Handelsgesetzbuch und Einkommensteuergesetz) und die dazugehörenden Gesetzesmaterialien einschließlich der Rechtsmaterialien zum europäischen Bilanzrecht,
- aus betriebswirtschaftlichen Ansätzen abgeleitete Ziele der handels- und steuerrechtlichen Rechnungslegung,
- die Ansichten und praktischen Handhabungen der rechnungslegenden Unternehmen,
- die Rechtsprechung des Bundesgerichtshofs und des Bundesfinanzhofs sowie des Europäischen Gerichtshofs, sofern sie die Bilanzierung und Bewertung betreffen,
- Stellungnahmen von Standes- und Berufsorganisationen, wie dem Institut der Wirtschaftsprüfer (IDW) und dem Deutschen Industrie- und Handelskammertag (DIHK),
- internationale Rechnungslegungsgrundsätze, insbesondere IFRS und US-GAAP,
- die vom Deutschen Standardisierungsrat (DSR) verabschiedeten Deutschen Rechnungslegungs Standards (DRS),
- die Stellungnahmen weiterer an der handels- und steuerrechtlichen Rechnungslegung interessierter Personen in Fachliteratur und auf Fachtagungen.

Der Rechtsanwender hat die verschiedenen Informationsmaterialien so lange auszuwerten, bis er – zumindest aus seiner Sicht – zu einem eindeutigen Ergebnis kommt.

Die teleologische Ermittlung der GoB lässt sich durch **drei Merkmale** kennzeichnen:

- Bei der Ableitung des Inhalts der Grundsätze ordnungsmäßiger Buchführung handelt es sich um einen **mehrstufigen Erkenntnisprozess**, der neben dem Rückgriff auf rechtswissenschaftliche Prinzipien ansatzweise auch Elemente der deduktiven Methode und der induktiven Ermittlung enthält.

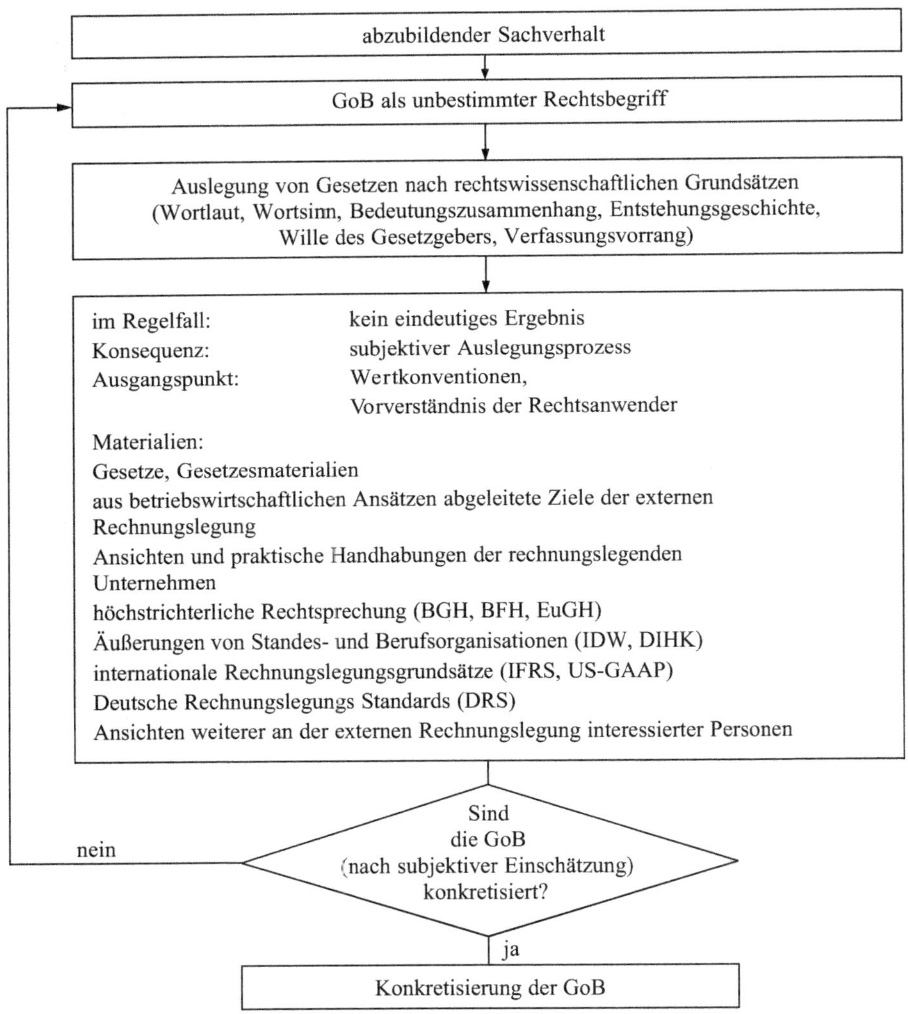

Abb. 5: Teleologische Ermittlung der GoB

- Bei der Konkretisierung der GoB handelt es sich um einen **permanenten Auslegungsvorgang**, da die aus dem Vorverständnis und aus Wertentscheidungen des Rechtsanwenders abgeleiteten Lösungen beim Auftreten von neuen bilanzierungsrelevanten Geschäftsvorgängen oder beim Zugang von neuen Informationen immer wieder überprüft werden müssen. Bei einer Veränderung der gesetzlichen Rahmenbedingungen oder der Auffassung der an dem Auslegungsprozess beteiligten Personen ist es nicht ausgeschlossen, dass der Inhalt der GoB modifiziert wird.
- Da jeder Rechtsanwender aufgrund seines unterschiedlichen Wissens über die relevanten Einflussfaktoren und seiner durch Wertentscheidungen beeinflussten Interpretation der Materialien den Inhalt der GoB festlegt, **führt** der **Auslegungsprozess nicht zu einem intersubjektiv einheitlichen Ergebnis**, vielmehr handelt es sich (zumindest in Teilbereichen) immer auch um eine subjektive Gesetzesinterpretation. Dies ist auch der Grund dafür, dass für zahlreiche Bilanzierungs- und Bewertungsfragen unterschiedliche Lösungen vertreten werden.

Der **Vorteil** der teleologischen Ermittlung der GoB besteht darin, dass bei der Ablei- **61**
tung von Rechnungslegungsregeln möglichst vielfältige Aspekte berücksichtigt werden. Ihr **Nachteil** liegt darin, dass unterschiedliche Lösungsvorschläge über den Inhalt der GoB erarbeitet werden. Dies führt dazu, dass bei vielen Sachverhalten über die Behandlung im handels- und steuerrechtlichen Jahresabschluss unterschiedliche Auffassungen vertreten werden, ohne dass ein intersubjektiv nachprüfbarer Maßstab zur Verfügung steht, anhand dessen gemessen werden kann, welcher Lösungsvorschlag der „Richtige" ist. Dieses Ergebnis ist zwar unbefriedigend, es lässt sich aber nicht vermeiden. Die mit der Aufstellung eines Jahresabschlusses vorgenommene Unterteilung der Gesamtlebensdauer eines Unternehmens in einzelne Teilabschnitte lässt sich niemals willkürfrei vornehmen.[44] Die einzelnen **GoB schränken jedoch den Ermessensspielraum des Bilanzierenden ein**. Im Steuerrecht wird durch eine noch stärkere Betonung des Objektivierungsgedankens (Grundsatz der Tatbestandsmäßigkeit und Tatbestandsbestimmtheit, § 38 AO) der Gestaltungsspielraum des Bilanzierenden weiter eingegrenzt. Dennoch wird auch bei einer Einschränkung des Maßgeblichkeitsprinzips häufig für einen konkreten Bilanzierungssachverhalt keine eindeutige Lösung gefunden. Durch eine stärkere Betonung des Objektivierungsgedankens lässt sich zwar im Steuerrecht der Ermessensspielraum des Bilanzierenden reduzieren, aber niemals vollständig aufheben.

4. Verhältnis der Grundsätze ordnungsmäßiger Buchführung zur Einblicksforderung

Die Einblicksforderung, die in Anlehnung an den angelsächsischen Sprachgebrauch **62**
auch als **Grundsatz des True and Fair View** bezeichnet wird, leitet sich aus der Aussage ab, dass der Jahresabschluss einer Kapitalgesellschaft ein den wirtschaftlichen Verhältnissen entsprechendes Bild der Vermögens–, Finanz- und Ertragslage zu vermitteln hat (§ 264 Abs. 2 HGB). Für Einzelunternehmen und Personengesellschaften wird gefordert, dass der Jahresabschluss einen Überblick über die Lage des Unternehmens vermitteln soll (§ 238 Abs. 1 HGB).

44 Statt aller Rieger, Einführung in die Privatwirtschaftslehre, 3. Aufl., Erlangen 1984, S. 236–238.

Weitaus gewichtiger als die rechtsformabhängigen Formulierungsunterschiede ist die Frage, in welchem Verhältnis die Grundsätze ordnungsmäßiger Buchführung zur Einblicksforderung stehen. Der Einblick in die wirtschaftliche Lage eines Unternehmens ist nach § 264 Abs. 2 HGB nur insoweit zu vermitteln, als dies „unter Beachtung der Grundsätze ordnungsmäßiger Buchführung" möglich ist. Nach der allgemein vorgenommenen Auslegung dieser Vorschrift bedeutet dies, dass die **konkreten gesetzlichen Einzelregelungen und die (allgemeinen) Grundsätze ordnungsmäßiger Buchführung der Einblicksforderung vorgehen**. Folgt man dieser traditionellen Interpretation, besagt die Einblicksforderung lediglich, dass sämtliche Bilanzierungs- und Bewertungsentscheidungen im Rahmen der gesetzlichen Vorschriften zu treffen sind. Bei dieser Sichtweise bildet die Einblicksforderung nicht die allgemeine Leitlinie, an der sich die Aufstellung eines Jahresabschlusses zu orientieren hat, vielmehr ist sie lediglich subsidiär anzuwenden.[45]

Durch die subsidiäre Anwendung der Einblicksforderung ist es nach deutschem Bilanzrecht nicht zulässig, die Bilanzierung und Bewertung so zu gestalten, dass sie ein den tatsächlichen Verhältnissen entsprechendes Bild der Vermögens–, Finanz- und Ertragslage vermitteln, wenn dadurch gegen den Wortlaut einer bestimmten Vorschrift verstoßen wird.

Beispiel: Die Anschaffungskosten eines unbebauten Grundstücks belaufen sich auf 500 000 €. Zwischenzeitlich ist sein Wert auf 2 000 000 € gestiegen. Der Ausweis des aktuellen Verkehrswerts von 2 000 000 € würde zwar der Einblicksforderung besser gerecht. Nach § 253 Abs. 1 S. 1 iVm § 252 Abs. 1 Nr 4 HGB bilden aber die Anschaffungskosten des Grundstücks die Wertobergrenze. Deshalb ist der Ansatz des höheren Tageswerts unzulässig.

63 Nach der zurzeit vorgenommenen Interpretation der gesetzlichen Regelung wird die Bedeutung der Einblicksforderung noch weiter eingeschränkt. **Wahlrechte und Ermessensspielräume müssen nicht so ausgeübt werden, dass der Jahresabschluss die Vermögens-, Finanz- und Ertragslage am besten widerspiegelt**. Die Unternehmen können sich vielmehr für **jeden Wert innerhalb der gesetzlich zulässigen Bandbreite** entscheiden. Ergebnis der herrschenden Meinung ist, dass die **Einblicksforderung** für die Praxis der handelsrechtlichen und der steuerrechtlichen Rechnungslegung fast keine Bedeutung hat. Es handelt sich **nahezu** um **eine Leerformel**. Durch den Vorrang der (speziellen) Grundsätze ordnungsmäßiger Buchführung vor der (allgemeinen) Einblicksforderung wird gegen die Informationsfunktion der externen Rechnungslegung verstoßen. Dies gilt nicht nur für die Handelsbilanz, sondern auch für die Steuerbilanz. Damit verbunden ist, dass die Zahlungsbemessungsfunktion – Ermittlung der Bemessungsgrundlage für gewinnabhängige Zahlungen (Ausschüttungen, Erfolgsbeteiligungen, Ertragsteuern) – höher gewichtet wird als die Informationsfunktion.

Im internationalen Bereich wird die Bedeutung der Einblicksforderung demgegenüber wesentlich höher gewichtet, weil entweder gefordert wird, dass Wahlrechte und Ermessensspielräume so auszuüben sind, dass die Einblicksforderung nicht verletzt wird, oder weil die Einblicksforderung als Generalnorm interpretiert wird, aus der die konkreten Bilanzierungs- und Bewertungsentscheidungen abzuleiten sind (so insbesondere nach den US-GAAP). Nach Ansicht des

45 Siehe hierzu auch EuGH vom 3.10.2013 *(GIMLE)*, ECLI:EU:C:2013:632.

EuGH bildet der Grundsatz der Bilanzwahrheit und damit die Einblicksforderung bei der Auslegung der in der 4. EG-Richtlinie (heute Rechnungslegungsrichtlinie) enthaltenen Bilanzierungs- und Bewertungsregeln die wichtigste Leitlinie. Diese Aussage ist deshalb so bedeutsam, weil die 4. EG-Richtlinie die Grundlage für die im Handelsgesetzbuch enthaltenen Vorschriften zum Jahresabschluss bildet. Über die Maßgeblichkeit der Handels- für die Steuerbilanz ist die 4. EG-Richtlinie mittelbar auch für die steuerliche Gewinnermittlung bedeutsam.

5. Systematik der Grundsätze ordnungsmäßiger Buchführung

Das Verständnis des Inhalts der Grundsätze ordnungsmäßiger Buchführung wird dadurch erschwert, dass in der Literatur für die zahlreichen Teilprinzipien unterschiedliche Bezeichnungen verwendet werden und dass den Unterteilungen verschiedene Systematisierungsprinzipien zugrunde liegen. Dies ist eine Konsequenz daraus, dass in den mehrstufigen Prozess der Festlegung des Inhalts der GoB zahlreiche subjektive Elemente einfließen. **64**

Trotz der vorzufindenden Formulierungsvielfalt besteht **hinsichtlich der materiellen Bedeutung und Aussage der Grundsätze ordnungsmäßiger Buchführung weitgehend Übereinstimmung.**[46]

Grundsatz	Charakterisierung
Dokumentationsgrundsätze	grundlegende Anforderungen an die dem Jahresabschluss zugrunde liegende Buchführung
Rahmengrundsätze	Prinzipien, die für jede Form betriebswirtschaftlich sinnvoller Informationsvermittlung gelten
Systemgrundsätze	Basisannahmen für den Jahresabschluss als spezielles Rechnungslegungsinstrument
Grundsätze der Periodisierung (insbesondere Realisationsprinzip)	Grundsatz der vorsichtigen Gewinnermittlung (Vorsichtsprinzip iwS)
Konventionen zur Beschränkung von gewinnabhängigen Zahlungen (Imparitätsprinzip und Grundsatz der Bewertungsvorsicht)	

Abb. 6: Systematik der Grundsätze ordnungsmäßiger Buchführung

Die **Dokumentationsgrundsätze** formulieren die grundlegenden Anforderungen an die Buchführung. Die **Rahmengrundsätze** beinhalten darauf aufbauend Prinzipien, die für jede Form der betriebswirtschaftlichen Informationsvermittlung und damit auch für die handels- und steuerrechtliche Rechnungslegung erfüllt werden müssen. Die **Systemgrundsätze** (Konzeptionsgrundsätze) beziehen sich auf den Jahresabschluss als spezielles Instrument der Informationsvermittlung. Sie repräsentieren die **65**

46 Die folgende Unterteilung lehnt sich weitgehend an Baetge/Kirsch/Thiele, Bilanzen, 14. Aufl., Düsseldorf 2017, S. 116–144 (aufbauend auf Leffson, Die Grundsätze ordnungsmäßiger Buchführung, 7. Aufl., Düsseldorf 1987) sowie an Pittroff/Schmidt/Siegel, Allgemeine Bewertungsgrundsätze, in: Böcking/Castan/Heymann ua (Hrsg.), Beck'sches Handbuch der Rechnungslegung, München (Loseblattausgabe), B 161, an.

Basisannahmen der externen Rechnungslegung und dienen als Klammer zwischen den Zielen der Bilanzierung und den anderen Teilgrundsätzen.

66 Der **Grundsatz der vorsichtigen Gewinnermittlung** (Vorsichtsprinzip iwS) bildet das wichtigste Element innerhalb des Systems der GoB. Das Vorsichtsprinzip unterteilt sich in die Grundsätze der Periodisierung und die Konventionen zur Beschränkung von gewinnabhängigen Zahlungen. Zu den **Periodisierungsgrundsätzen** (Definitionsgrundsätze für den Jahreserfolg) gehören die allgemeinen Regeln der Gewinnermittlung. Sie legen fest, in welchem Wirtschaftsjahr ein Geschäftsvorgang ertrags- oder aufwandswirksam zu erfassen ist.

67 Die **Konventionen zur Beschränkung von gewinnabhängigen Zahlungen** (Kapitalerhaltungsgrundsätze) ergänzen die Periodisierungsgrundsätze. Durch sie werden Regeln vorgegeben, wie Ausschüttungen und andere gewinnabhängige Zahlungen (insbesondere Gewinnbeteiligungen und Ertragsteuern) durch die Verrechnung von bestimmten Aufwendungen auf den Betrag begrenzt werden, der dem Unternehmen entzogen werden kann, ohne die Erhaltung des bilanziellen Eigenkapitals zu gefährden. Zu den Grundsätzen einer vorsichtigen Gewinnermittlung zählt auch der **Grundsatz der Bewertungsvorsicht** (Vorsichtsprinzip ieS). Er sieht für die Behandlung von unsicheren Sachverhalten vor, dass eher von einem für das Unternehmen ungünstigen Verlauf auszugehen ist.

68 Hinsichtlich ihrer **Aufgaben** lassen sich die verschiedenen Gruppen der Grundsätze ordnungsmäßiger Buchführung wie folgt charakterisieren: Die Dokumentationsgrundsätze, die Rahmengrundsätze und die Systemgrundsätze dienen gleichzeitig allen Aufgaben der externen Rechnungslegung, dh der Dokumentations–, Informations- und Zahlungsbemessungsfunktion. Die Periodisierungsgrundsätze stehen primär mit der Informationsfunktion (Rechenschaft) in Zusammenhang, indem sie Regeln formulieren, wie der Erfolg und das Vermögen des Unternehmens zu erfassen sind. Die Zahlungsbemessungsfunktion ist insoweit angesprochen, als durch die Periodisierungsregeln die Grundsätze formuliert werden, nach denen ein Vorgang erfolgswirksam zu erfassen ist. Bei den Konventionen zur Beschränkung von gewinnabhängigen Zahlungen steht die Zahlungsbemessungsfunktion und damit die Kapitalerhaltungsfunktion im Mittelpunkt.

II. Dokumentationsgrundsätze

69 Die Dokumentationsgrundsätze enthalten die grundlegenden Anforderungen an die dem Jahresabschluss zugrunde liegende Buchführung. Der Hauptzweck der Dokumentationsgrundsätze besteht darin, zu gewährleisten, dass die Aufzeichnungen der Geschäftsvorfälle zuverlässig, vollständig und systematisch sind und dass eine geeignete Darstellungsform gewählt wird:

- **Grundsatz des systematischen Aufbaus der Buchführung.** Die Dokumentation der im Verlauf des Jahres anfallenden Geschäftsvorfälle erfolgt auf der Grundlage eines nach den Prinzipien der doppelten Buchführung aufgebauten Rechnungslegungswerks (Nebeneinander von Bilanz sowie Gewinn- und Verlustrechnung) sowie unter Verwendung eines Kontenplans, in dem die Abgrenzung der verschiedenen Unterkonten festgelegt wird (§ 242 Abs. 3 HGB, H 5.2 EStH).

- **Grundsatz der Sicherung der Vollständigkeit der Konten.** Der Inhalt der Konten ist gegen Verlust oder Manipulation zu schützen. Eintragungen in die Konten dürfen nicht in der Weise verändert werden, dass der ursprüngliche Inhalt nicht mehr feststellbar ist. Nachträgliche Eintragungen sind unzulässig (§ 239 Abs. 3 HGB, § 146 Abs. 4 AO).
- **Grundsatz der vollständigen und verständlichen Aufzeichnung.** Die Geschäftsvorgänge sind vollständig, zeitnah und geordnet nach ihrem zeitlichen Anfall aufzuzeichnen (§ 239 Abs. 2 HGB, § 146 Abs. 1 AO). Die Aufzeichnungen müssen leserlich sein und in einer lebenden Sprache vorgenommen werden (§ 239 Abs. 1 HGB, § 146 Abs. 3 AO). Der Jahresabschluss ist in deutscher Sprache und in Euro aufzustellen (§ 244 HGB).
- **Beleggrundsatz und Grundsatz der Einzelerfassung.** Keine Buchung darf ohne Beleg erfolgen. Umgekehrt gilt auch: Jeder Beleg muss eine entsprechende Buchung nach sich ziehen. Jede Buchung darf nur einen Geschäftsvorfall erfassen, sodass sich die Geschäftsvorfälle in ihrer Entstehung und Abwicklung verfolgen lassen (§ 238 Abs. 1 S. 3 HGB, § 145 Abs. 1 S. 2 AO).
- **Aufbewahrungsgrundsatz.** Bücher und Aufzeichnungen, Inventare, Jahresabschlüsse, Lageberichte, die Eröffnungsbilanz und Buchungsbelege sind einschließlich der dafür erstellten Arbeitsanweisungen und der sonstigen Organisationsunterlagen zehn Jahre aufzubewahren. Für Handelsbriefe und sonstige für die Besteuerung relevante Unterlagen beträgt die Aufbewahrungsfrist sechs Jahre (§ 257 HGB, § 147 AO).
- **Grundsatz der internen Kontrolle.** Die Zuverlässigkeit und Ordnungsmäßigkeit der externen Rechnungslegung müssen durch ein der Art und der Größe des Unternehmens angemessenes internes Kontrollsystem gesichert werden. Damit sollen Unterschlagungen und Manipulationen des Rechnungswesens verhindert oder zumindest erschwert werden. Der Aufbau des internen Kontrollsystems und dessen Umsetzung sind zu dokumentieren.

Die Dokumentationsgrundsätze gelten in gleicher Weise sowohl für die Handelsbilanz als auch für die steuerliche Gewinnermittlung.

III. Rahmengrundsätze

Bei den Rahmengrundsätzen (Rechenschaftsgrundsätze, Grundsätze der Informati- **70**
onsvermittlung) handelt es sich um Prinzipien, die aufbauend auf den Dokumentationsgrundsätzen für jede Form betriebswirtschaftlich sinnvoller Informationsvermittlung gelten. Sie befassen sich in allgemeiner Form mit den **Anforderungen an** die Bilanzierung und Bewertung, die erfüllt sein müssen, damit der Jahresabschluss **eine aussagekräftige Abbildung des wirtschaftlichen Geschehens** darstellen kann:

- Grundsatz der Klarheit und Übersichtlichkeit,
- Grundsatz der Richtigkeit (Bilanzwahrheit),
- Grundsatz der Vollständigkeit (ergänzt um den Grundsatz der Nichterfassung von schwebenden Geschäften, das Stichtagsprinzip und die Abgrenzung zwischen wertbegründenden und werterhellenden Informationen),

- Grundsatz der Vergleichbarkeit (Bilanzidentität, formelle und materielle Bilanzstetigkeit),
- Grundsatz der Wirtschaftlichkeit (Wesentlichkeit, Relevanz).

1. Grundsatz der Klarheit und Übersichtlichkeit

71 Aus dem Grundsatz der Klarheit und Übersichtlichkeit werden mehrere Anforderungen abgeleitet, die jedoch weitgehend als selbstverständlich angesehen werden können bzw aufgrund ihrer Unbestimmtheit für den konkreten Einzelfall den Ermessensspielraum des Bilanzierenden nur wenig einschränken:

- Der **Jahresabschluss** ist **klar und übersichtlich** aufzustellen (§ 243 Abs. 2 HGB).
- Ein sachverständiger Dritter muss innerhalb angemessener Zeit einen Überblick über die Geschäftsvorfälle und die Lage des Unternehmens gewinnen können. Die **Geschäftsvorfälle müssen sich** in ihrer Entstehung und Abwicklung **verfolgen lassen** (§ 238 Abs. 1 S. 2, 3 HGB, § 145 Abs. 1 AO).
- Es sind eine **sachgerechte Postenbezeichnung und** eine **aussagefähige Gliederung** der Bilanz sowie der Gewinn- und Verlustrechnung vorzunehmen. Die Bezeichnungen sollen eindeutig sein und Auskunft über den Posteninhalt geben (§ 239 Abs. 1 S. 2, § 247 Abs. 1 HGB).
- Nach dem Bruttoprinzip besteht grundsätzlich ein **Verbot der Saldierung** von Aktiv- und Passivposten sowie von Erträgen und Aufwendungen (§ 246 Abs. 2 S. 1 HGB).[47]

Der Grundsatz der Klarheit und Übersichtlichkeit gilt sowohl für die Handelsbilanz als auch für die Steuerbilanz.

2. Grundsatz der Richtigkeit (Bilanzwahrheit)

72 Der Grundsatz der Richtigkeit (Bilanzwahrheit) erscheint auf den ersten Blick als so selbstverständlich, dass er nicht explizit als ein Grundsatz ordnungsmäßiger Buchführung formuliert werden muss. Aufgrund gesetzlich formulierter Wahlrechte und aufgrund der in vielen Fällen unvermeidlichen Ermessensspielräume sind aber der Ansatz und die Bewertung in der Bilanz niemals absolut richtig oder wahr. Um die hinter dem Grundsatz der Richtigkeit bzw Bilanzwahrheit stehenden Ziele **besser** verdeutlichen zu können, bietet sich an, von einem **Grundsatz der intersubjektiven Nachvollziehbarkeit oder** der **Forderung nach Willkürfreiheit** zu sprechen:

- Jede Bilanzierungs- und Bewertungsentscheidung muss **entsprechend den gesetzlichen Vorschriften** getroffen werden. Beinhaltet das Handelsgesetzbuch oder ein anderes für die Rechnungslegung zu beachtendes Gesetz oder die Satzung für die Behandlung eines bestimmten wirtschaftlichen Sachverhalts eine eindeutige Handlungsanweisung, so ist diese zu befolgen.

47 Zu den Ausnahmen bei Schulden aus Altersversorgungsverpflichtungen siehe § 246 Abs. 2 S. 2, 3 HGB sowie die Erläuterungen in Kapitel IV.3., Rn. 96.

- Legen die relevanten Rechnungslegungsvorschriften die Behandlung eines Geschäftsvorgangs nicht eindeutig fest, ist die Verbuchung so vorzunehmen, dass die vom Bilanzersteller vorgenommene Bilanzierung und Bewertung **intersubjektiv nachvollziehbar** ist. Dazu gehört **auch** eine **Dokumentation der** bei Ausübung von Wahlrechten und Ermessensspielräumen **für zutreffend gehaltenen Annahmen**.
- Ist eine Nachprüfbarkeit durch Dritte nicht möglich, ist auf den **Grundsatz der Willkürfreiheit** zurückzugreifen, der ein Verbot von nicht begründbaren oder wissentlich falschen Bilanzansätzen vorsieht. Ansatz, Bewertung und Ausweis dürfen weder ohne Begründung noch mit Täuschungsabsicht erfolgen. Der Bilanzierende muss selbst davon überzeugt sein, dass der gewählte Bilanzansatz den tatsächlichen Gegebenheiten am besten entspricht.

Hinsichtlich des Grundsatzes der Richtigkeit besteht zwischen handels- und steuerrechtlicher Rechnungslegung grundsätzlich Übereinstimmung. Abweichungen können sich aber insoweit ergeben, als bei der Aufstellung der Steuerbilanz der Objektivierungsgedanke stärker gewichtet wird. Der Grundsatz der Tatbestandsmäßigkeit und Tatbestandsbestimmtheit kann im Einzelfall dazu führen, dass im Steuerrecht an den Nachweis für den gewählten Wert vom Gesetzgeber oder der Finanzverwaltung höhere Anforderungen gestellt werden.

3. Grundsatz der Vollständigkeit

Der Grundsatz der Vollständigkeit ist in § 239 Abs. 2 HGB und § 146 Abs. 1 AO für 73
die Buchführung und in § 246 Abs. 1 HGB für den Jahresabschluss kodifiziert. Er setzt sich aus **drei Teilen** zusammen:

- formelle Vollständigkeit,
- materielle Vollständigkeit in sachlicher Hinsicht, modifiziert um das Ansatzverbot für selbst erstellte immaterielle Wirtschaftsgüter des Anlagevermögens und den Grundsatz der Nichterfassung von schwebenden Geschäften,
- materielle Vollständigkeit in zeitlicher Hinsicht, ergänzt um das Stichtagsprinzip sowie um die Abgrenzung zwischen wertbegründenden und werterhellenden Informationen.

(1) Formelle Vollständigkeit: Bezogen auf die formale Gestaltung leitet sich aus 74
dem Grundsatz der Vollständigkeit die Forderung nach einem **vollständigen Ausweis in der Bilanz sowie in der Gewinn- und Verlustrechnung** ab. Zur Einhaltung der gesetzlichen Gliederungsvorschriften gehört beispielsweise auch die Angabe von Merkposten für zwar noch im Unternehmen vorhandene, aber bereits vollständig abgeschriebene Wirtschaftsgüter (Ausweis mit dem Erinnerungswert von einem Euro). Der Grundsatz der formellen Vollständigkeit gilt sowohl für die Handelsbilanz als auch für die Steuerbilanz.

(2) Materielle Vollständigkeit in sachlicher Hinsicht: In sachlicher Hinsicht bein- 75
haltet das Gebot der materiellen Vollständigkeit, dass **sämtliche bilanzierungs- und bewertungsrelevanten Vorgänge berücksichtigt** werden müssen (§ 246 Abs. 1 HGB). Aus diesem Gebot folgt, dass in der Buchführung alle relevanten Geschäftsvorfälle zu erfassen sind, dass in der Bilanz die aktiven und passiven Bilanzposten

ohne Ausnahme anzusetzen sind, dass in der Gewinn- und Verlustrechnung alle Aufwendungen und Erträge enthalten sein müssen sowie dass der unter bestimmten Voraussetzungen aufzustellende Anhang und Lagebericht die geforderten Angaben vollständig zu umfassen haben.

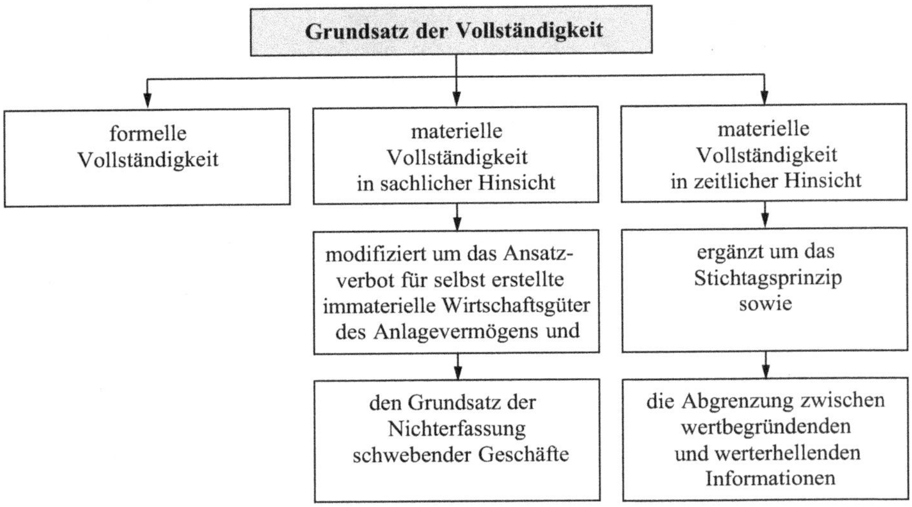

Abb. 7: Bestandteile des Grundsatzes der Vollständigkeit

Eine **Ausnahme** vom Vollständigkeitsgebot gilt für **selbst erstellte immaterielle Wirtschaftsgüter des Anlagevermögens**. Aufgrund der stärkeren Betonung des Vorsichtsprinzips und des Objektivierungsgedankens gilt für diese Wirtschaftsgüter in der Steuerbilanz ein Aktivierungsverbot (§ 5 Abs. 2 EStG). In der Handelsbilanz wird demgegenüber der Informationsfunktion stärkeres Gewicht eingeräumt. Der Zielkonflikt zwischen Zahlungsbemessungsfunktion und Informationsfunktion wird dadurch berücksichtigt, dass handelsrechtlich für selbst erstellte immaterielle Wirtschaftsgüter des Anlagevermögens ein Aktivierungswahlrecht eingeräumt wird (§ 248 Abs. 2 HGB), die Höhe der maximal möglichen Gewinnausschüttungen sich aber so bestimmt, als ob diese Wirtschaftsgüter nicht aktiviert worden wären (Ausschüttungssperre, § 268 Abs. 8 S. 1 HGB).

Das **Vollständigkeitsgebot** wird darüber hinaus **durch** den **Grundsatz der Nichterfassung von schwebenden Geschäften eingeschränkt**. Ein schwebendes Geschäft liegt vor, wenn bei einem zweiseitig verpflichtenden Vertrag noch keiner der Vertragspartner die vereinbarte Lieferung oder Leistung erbracht hat. Für die Zeitspanne zwischen Vertragsabschluss und Vertragserfüllung durch mindestens einen der Vertragspartner dürfen die aus dem Geschäft resultierenden Ansprüche und Verpflichtungen nicht in die Bilanz aufgenommen werden. Der Grundsatz der Nichterfassung von schwebenden Geschäften **lässt sich auch aus drei anderen Grundsätzen** ordnungsmäßiger Buchführung **ableiten**: (1) Aus dem **Realisationsprinzip**[48] folgt, dass der

48 Zum Realisationsprinzip siehe ausführlich Kapitel V.2., Rn. 101–118.

Gewinn aus einem Geschäft erst ausgewiesen werden darf, wenn das bilanzierende Unternehmen seine eigene Leistung in dem Umfang erbracht hat, dass die Preisgefahr übergegangen ist. Würden Ansprüche und Verpflichtungen aus schwebenden Geschäften bilanziell erfasst, müsste deren Bewertung in der Bilanz mit dem gleichen Wert erfolgen. Eine höhere Bewertung der Ansprüche gegenüber dem Vertragspartner als die Bewertung der eigenen Verpflichtung würde gegen das aus dem Realisationsprinzip abzuleitende Ertragsantizipationsverbot verstoßen. (2) Eine übereinstimmende Bewertung von Anspruch und Verpflichtung würde zu einer Verlängerung der Bilanz führen, ohne dass sich deren Aussagekraft erhöhen würde. Die Nichterfassung von schwebenden Geschäften lässt sich deshalb auch mit dem **Grundsatz der Klarheit und Übersichtlichkeit** begründen. (3) Die erfolgsneutrale Erfassung von schwebenden Geschäften aufgrund des Realisationsprinzips wäre mit einem erheblichen Arbeitsaufwand verbunden. Für das Gebot der Nichterfassung von schwebenden Geschäften spricht also auch der **Grundsatz der Wirtschaftlichkeit**.[49]

Der Grundsatz der Nichterfassung von schwebenden Geschäften gilt nicht, wenn erkennbar ist, dass die eigene Leistung höher ist als die zu erwartende Gegenleistung. Das Imparitätsprinzip fordert in diesem Fall, dass der aus einem schwebenden Geschäft zu erwartende Verpflichtungsüberhang (Verlust) bereits in der Periode zu erfassen ist, in der der negative Erfolgsbeitrag entstanden ist.[50]

(3) Materielle Vollständigkeit in zeitlicher Hinsicht: Der **Kerngedanke** der Forde- 76
rung nach materieller Vollständigkeit in zeitlicher Hinsicht besteht darin, dass **der Zeitraum, über den zu berichten ist, mit dem Zeitraum übereinstimmen muss, über den Informationen ausgewertet werden**. Dies bedeutet, dass sämtliche im abgelaufenen Wirtschaftsjahr angefallenen bilanzierungs- und bewertungsrelevanten Vorgänge zu berücksichtigen sind. Informationen, die sich auf Vorgänge beziehen, die außerhalb des abgelaufenen Wirtschaftsjahres liegen, sind in dem betreffenden Jahresabschluss auszuwerten.

Da **im Regelfall** der Zeitpunkt, zu dem der Jahresabschluss aufgestellt wird, nicht mit dem Ende des Wirtschaftsjahres (Abschlussstichtag) übereinstimmt, **geht der Zeitraum, in dem bilanzierungs- und bewertungsrelevante Informationen gesammelt werden, über den Berichtszeitraum** (das abgelaufene Wirtschaftsjahr) **hinaus**. Des Weiteren verfügt der Ersteller des Jahresabschlusses auch über Informationen, die sich nicht auf das vergangene Wirtschaftsjahr beziehen, sondern auf die Zukunft. Damit ergeben sich **zwei Abgrenzungsprobleme**:

- In welchem Umfang werden Informationen über zukünftige, erst nach dem Abschlussstichtag eintretende Entwicklungen im Jahresabschluss berücksichtigt? Die Antwort ist aus dem **Stichtagsprinzip** abzuleiten.
- Wie werden Informationen behandelt, die dem Bilanzierenden zwischen dem Abschlussstichtag und dem Zeitpunkt der Bilanzerstellung bekannt werden? In diesem Zusammenhang sind **wertbegründende Informationen von werterhellenden Informationen abzugrenzen**.

49 Zum Grundsatz der Wirtschaftlichkeit siehe Kapitel III.5., Rn. 87–88.
50 Zum Imparitätsprinzip siehe ausführlich Kapitel VI.2., Rn. 123–135.

77 (a) Nach dem **Stichtagsprinzip** sind zum einen das in einer Bilanz erfasste Vermögen und die darin enthaltenen Schulden zum Abschlussstichtag zu bewerten und zum anderen die im abgelaufenen Wirtschaftsjahr entstandenen Erträge und Aufwendungen zu erfassen (§ 252 Abs. 1 Nr 3, 4 HGB). Hieraus leitet sich ab, dass **Informationen, die am Abschlussstichtag vorhanden sind, insoweit nicht auszuwerten** sind, **als sie ein in zukünftigen Perioden zu erwartendes Ereignis betreffen**.

Der Jahresabschluss soll über die Veränderung der wirtschaftlichen Lage des Unternehmens im abgelaufenen Wirtschaftsjahr berichten. Der Grundgedanke einer Übereinstimmung von Berichtszeitraum und Zeitraum der Informationsauswertung bleibt nur dann gewahrt, wenn von den am Abschlussstichtag bestehenden Verhältnissen ausgegangen wird und Informationen, die in nachfolgenden Wirtschaftsjahren zu erwartende Ereignisse betreffen, erst in zukünftigen Perioden ausgewertet werden. In der für das abgelaufene Wirtschaftsjahr aufgestellten Bilanz sind die zukunftsbezogenen Informationen auch dann nicht zu verarbeiten, wenn sie sich auf ein Ereignis beziehen, das in der Zukunft mit Sicherheit eintreten wird.

Das Stichtagsprinzip leitet sich aus der **Zahlungsbemessungsfunktion** ab, wonach der im abgelaufenen Jahr entstandene Gewinn zu ermitteln ist. Bezieht man die **Informationsfunktion** darauf, dass über die in der abgelaufenen Periode eingetretene Veränderung der wirtschaftlichen Lage zu berichten ist, besteht zwischen der Zahlungsbemessungsfunktion und der Informationsfunktion **kein Zielkonflikt**.

Im Rahmen der handelsrechtlichen Rechnungslegung wird allerdings bei der **Bewertung von Rückstellungen** das Stichtagsprinzip in einer anderen Weise interpretiert. Rückstellungen für ungewisse Verbindlichkeiten sind in der Handelsbilanz mit dem Erfüllungsbetrag zu bewerten (§ 253 Abs. 1 S. 2 HGB). Dies bedeutet, dass zukünftige Preis- und Kostensteigerungen werterhöhend einzubeziehen sind. Diese Vorgehensweise begründet sich damit, dass im Jahresabschluss die Höhe der voraussichtlich anfallenden Zahlungsverpflichtung offen zu legen ist. Die Informationsfunktion wird insoweit zukunftsbezogen interpretiert. Demgegenüber wird das Stichtagsprinzip in der Steuerbilanz in der Weise ausgelegt, dass eine Bewertung auf der Grundlage der am Bilanzstichtag geltenden Verhältnisse vorzunehmen ist. Damit bleiben im Rahmen der steuerlichen Gewinnermittlung zukünftige Preis- und Kostensteigerungen unberücksichtigt (§ 6 Abs. 1 Nr 3a Buchst. f EStG). Die unterschiedliche Auslegung des Stichtagsprinzips ist wiederum auf den Objektivierungsgedanken zurückzuführen: Die am Bilanzstichtag geltenden Wertverhältnisse lassen sich leichter bestimmen als die im Zeitpunkt der Erfüllung voraussichtlich geltenden Wertverhältnisse. Zwischen der Zahlungsbemessungsfunktion und einer zukunftsbezogenen Auslegung des Stichtagsprinzips kommt es zu einem **Zielkonflikt**. Dieser führt dazu, dass insoweit das Maßgeblichkeitsprinzip durchbrochen wird. Handels- und steuerrechtliche Rechnungslegung fallen im Zusammenhang mit der Bewertung von Rückstellungen auseinander, weil das Stichtagsprinzip in abweichender Weise ausgelegt wird (Fall 2b des Maßgeblichkeitsprinzips).

78 (b) Da bei der Aufstellung eines Jahresabschlusses **auf die am Abschlussstichtag bestehenden Verhältnisse abzustellen** ist und nicht auf die Verhältnisse am Tag der Bilanzerstellung, muss bei Erkenntnissen, die zwischen dem Bilanzstichtag und dem

Tag der Bilanzerstellung gewonnen werden, danach unterschieden werden, ob es sich um werterhellende oder um wertbegründende Informationen handelt:[51]

- Eine **werterhellende Information** liegt vor, wenn ein buchführungspflichtiger Vorgang, der im abgelaufenen Wirtschaftsjahr eingetreten ist, dem Rechnungslegenden am Abschlussstichtag noch nicht bekannt war, er die erforderlichen Informationen aber noch vor Aufstellung seines Jahresabschlusses erhält. Das Gebot der materiellen Vollständigkeit in zeitlicher Hinsicht schreibt im Zusammenwirken mit dem Stichtagsprinzip vor, dass dieser dem vergangenen Wirtschaftsjahr zuzuordnende Vorgang bei der Aufstellung des Jahresabschlusses **zu berücksichtigen** ist.
- **Wertbegründende Informationen** betreffen Geschäftsvorfälle, die erst nach dem Abschlussstichtag eintreten, die also am Bilanzstichtag objektiv noch nicht vorlagen. Bei der Aufstellung der Bilanz sowie der Gewinn- und Verlustrechnung für das abgelaufene Wirtschaftsjahr dürfen sie **nicht berücksichtigt** werden, da ihre wirtschaftliche Ursache nach dem Bilanzstichtag liegt. Sie sind in der für das nächste Wirtschaftsjahr aufzustellenden Bilanz zu erfassen.

Beispiele: Am 30.12.01 platzt in einer ungeheizten Lagerhalle ein Wasserrohr. Der Betriebsinhaber entdeckt den Wasserschaden erst am Morgen des 2.1.02. Bei der Entdeckung des Wasserschadens handelt es sich um eine werterhellende Information. Der Wertverlust an den gelagerten Rohstoffen und der Gebäudeschaden sind bereits in der Bilanz zum 31.12.01 zu berücksichtigen.

Am 3.1.02 brennt ein Produktionsgebäude aus. Der Brandschaden stellt ein wertbegründendes Ereignis dar, das in der Bilanz des Jahres 01 noch keinen Einfluss auf die Bewertung des Gebäudes hat. Allerdings liegt ein Tatbestand vor, über den Kapitalgesellschaften im Anhang bzw Lagebericht zu berichten haben.

Die **Abgrenzung** zwischen (zu berücksichtigenden) werterhellenden und (noch nicht auszuwertenden) wertbegründenden Informationen **beruht auf Objektivierungsüberlegungen**. Das Abstellen auf die am Abschlussstichtag geltenden Verhältnisse erleichtert die intersubjektive Nachvollziehbarkeit der Geschäftsvorfälle. Würde auf die Verhältnisse am Tag der Bilanzerstellung abgestellt, würde dem Ersteller des Jahresabschlusses ein Ermessensspielraum eingeräumt, welcher Tag für die Bilanzierung und Bewertung relevant ist. Aufgrund des Fehlens eines konkreten zeitlichen Bezugspunkts würde eine Überprüfung durch Außenstehende erschwert. **79**

Die Abgrenzung zwischen werterhellenden und wertbegründenden Tatsachen fällt nicht immer leicht. Ist nicht sicher, ob es sich um eine werterhellende oder um eine wertbegründende Information handelt, wird häufig **ergänzend der Grundsatz der Bewertungsvorsicht herangezogen**. Nach diesem zu den Kapitalerhaltungsgrundsätzen gehörenden Prinzip sind Informationen über negative Entwicklungen eher als werterhellend anzusehen, während Informationen über positive Entwicklungen eher als wertbegründend zu beurteilen sind.

Beispiel: Am 15.2.02 wird über das Vermögen eines Schuldners ein Insolvenzverfahren eröffnet. Die Bilanz des Gläubigers wird im März 02 aufgestellt. Offen ist, durch welches Ereignis sich die wirtschaftliche Lage des Schuldners so verschlechtert hat, dass er seinen Zahlungsverpflichtungen nicht mehr nachkommen kann.

51 Vgl EuGH vom 7.1.2003 *(BIAO)*, ECLI:EU:C:2003:3; BFH vom 16.12.2014, BStBl. 2015 II, S. 759.

Nach dem Grundsatz der Bewertungsvorsicht ist anzunehmen, dass die Ursache für die Insolvenz schon im Jahr 01 eingetreten ist. Damit ist die Nachricht über die Eröffnung des Insolvenzverfahrens als werterhellendes Ereignis zu beurteilen. Dies bedeutet, dass der Forderungsausfall bereits im Jahresabschluss für das Jahr 01 aufwandswirksam zu erfassen ist.

Ein seit längerer Zeit laufender Schadensersatzprozess wird am 5.1.02 durch die Rücknahme der Klage durch den Prozessgegner beendet. Bei der Klagerücknahme durch den Prozessgegner handelt es sich um ein wertbegründendes Ereignis, das erst im Jahr 02 berücksichtigt werden darf. Die für den möglicherweise zu leistenden Schadensersatz gebildete Rückstellung darf im Jahr 01 noch nicht ausgebucht werden.

Im Rahmen der **steuerlichen Gewinnermittlung** ist zusätzlich der Grundsatz der Tatbestandsmäßigkeit und Tatbestandsbestimmtheit zu beachten. Dies bedeutet, dass bei der Abgrenzung zwischen werterhellenden und wertbegründenden Informationen dem **Objektivierungsgedanken** gegenüber dem Grundsatz der Bewertungsvorsicht Vorrang einzuräumen ist: Bei einer Betonung des Objektivierungsgedankens werden Geschäftsvorfälle nach dem Grad der Bestimmtheit der vorliegenden Informationen eingeordnet. Ist nicht eindeutig zu begründen, ob es sich um eine werterhellende oder eine wertbegründende Information handelt, sollte die Information im Rahmen der steuerlichen Gewinnermittlung (noch) nicht berücksichtigt werden. Dies bedeutet, dass in den Fällen, in denen keine nachprüfbaren Argumente vorliegen, zu welchem Zeitpunkt das betreffende Ereignis eingetreten ist, eher von einer wertbegründenden Information auszugehen ist. Der betrachtete Vorgang ist nur dann bereits in der für das vergangene Wirtschaftsjahr aufzustellenden Steuerbilanz zu erfassen, wenn plausibel begründet werden kann, dass es sich um einen Vorgang handelt, der der abgelaufenen Periode zuzurechnen ist. Diese Handhabung sollte unabhängig davon gelten, ob es sich um einen ertrags- oder aufwandswirksamen Vorgang handelt. Folgt man dieser Auffassung, ist es nicht ausgeschlossen, dass die Abgrenzung zwischen wertbegründenden und werterhellenden Informationen in der Handelsbilanz anders vorgenommen wird als im Rahmen der steuerlichen Gewinnermittlung.

Informationen, die erst **nach Aufstellung der Bilanz** zugehen, können auch dann nicht mehr in dem für das abgelaufene Wirtschaftsjahr aufzustellenden Jahresabschluss ausgewertet werden, wenn es sich um werterhellende Tatsachen handelt.

4. Grundsatz der Vergleichbarkeit (Bilanzidentität, formelle und materielle Bilanzstetigkeit)

80 Der Grundsatz der Vergleichbarkeit lässt sich in **drei Unterprinzipien** einteilen: **Bilanzidentität, formelle Bilanzstetigkeit und materielle Bilanzstetigkeit**. Der Grundsatz der Vergleichbarkeit dient dazu, einen Zeitvergleich von Jahresabschlüssen desselben Unternehmens zu erleichtern. Er leitet sich also in erster Linie aus der Informationsfunktion ab. Die folgenden Erläuterungen zeigen, dass durch den Grundsatz der Vergleichbarkeit gleichzeitig die Zahlungsbemessungsfunktion erfüllt wird. Zwischen handels- und steuerrechtlicher Rechnungslegung besteht kein Zielkonflikt.

81 *(1) Grundsatz der Bilanzidentität:* Nach dem Grundsatz der Bilanzidentität (Grundsatz des Bilanzzusammenhangs) muss die **Eröffnungsbilanz eines Wirtschaftsjahres** in allen Positionen dem Grunde und der Höhe nach **mit der Schlussbilanz des**

unmittelbar vorangehenden Wirtschaftsjahres übereinstimmen (§ 252 Abs. 1 Nr 1 HGB). Der Grundsatz der Bilanzidentität gewährleistet, dass die Summe der ausgewiesenen Periodengewinne mit dem tatsächlich erzielten Totalgewinn des Unternehmens übereinstimmt. Die Periodisierung von Ein- und Auszahlungen in Erträge und Aufwendungen beeinflusst lediglich den Zeitpunkt, zu dem ein Geschäftsvorgang erfolgswirksam wird. Die Art und Weise der Periodisierung entscheidet nicht darüber, ob der Erfolg dem Grunde nach ausgewiesen wird, sondern nur wann.

Der Grundsatz der Bilanzidentität stellt sicher, dass über den Zeitraum, in dem ein Unternehmen besteht, für die externe Rechnungslegung folgende Grundaussagen gelten:

Summe der Aufwendungen	=	Summe der Auszahlungen
	und	
Summe der Erträge	=	Summe der Einzahlungen

Da sich in einer Gesamtbetrachtung die Abweichungen zwischen dem Zahlungszeitpunkt und dem Zeitpunkt der Erfolgswirksamkeit ausgleichen, entspricht beispielsweise die Summe der als Aufwand verrechneten Abschreibungen eines Wirtschaftsguts den beim Erwerb angefallenen Auszahlungen. Rohstoffe gehen mit dem beim Erwerb bezahlten Preis in die Gewinn- und Verlustrechnung ein. Die Art und Weise der Bilanzierung und Bewertung in der Handels- oder Steuerbilanz beeinflusst den Gesamterfolg des Unternehmens nicht. Aufgrund des Grundsatzes der Bilanzidentität **beschränkt sich** der **Effekt von Bilanzierungs- oder Bewertungsentscheidungen auf die Verteilung der Gewinne auf die einzelnen Perioden**. Die im Rahmen der handels- und steuerrechtlichen Rechnungslegung vorgenommene **Periodisierung löst** also **lediglich** einen **Zeiteffekt aus, jedoch keinen Bemessungsgrundlageneffekt**. 82

Unterbewertungen von Aktiva bewirken, dass der Gewinnausweis in die Zukunft verlagert wird. Im Zeitpunkt des Verbrauchs oder Verkaufs eines Wirtschaftsguts werden die durch die Unterbewertung gebildeten stillen Reserven (= Differenz zwischen dem tatsächlichen Wert und dem Buchwert eines Wirtschaftsguts) gewinnerhöhend aufgelöst. Überhöhte Aufwandsverrechnungen (zB Sonderabschreibungen) und verzögerte Erfassungen von Erträgen (zB durch Bildung von steuerfreien Rücklagen) führen ertragsteuerlich grundsätzlich nur zu einer Steuerstundung. Bei konstanten Steuersätzen können bei den Ertragsteuern keine (endgültigen) Steuerersparnisse, sondern lediglich Liquiditäts- und Zinsvorteile erzielt werden (positiver Zeiteffekt). Bei progressiven Steuersätzen oder Veränderungen von Steuersätzen im Zeitablauf wird der positive Zeiteffekt durch positive oder negative Steuersatzeffekte verstärkt bzw abgeschwächt.[52]

In den letzten Jahren wurden Änderungen der steuerrechtlichen Bilanzierungs- und Bewertungsvorschriften häufig mit dem Schlagwort „Senkung der Steuersätze – Verbreiterung der Bemessungsgrundlage“ begründet. Da sich der bilanzielle Wertansatz nicht auf die Höhe der insgesamt zu versteuernden Gewinne auswirkt, ist diese Bezeichnung inhaltlich ungenau. Der

52 Zu den Auswirkungen auf die Steuerbilanzpolitik siehe Band III: Steuerplanung, Sechster Teil.

Gesetzgeber beabsichtigt, dass Erträge früher erfasst und Aufwendungen später verrechnet werden. Materiell geht es um die Vorverlagerung des Zeitpunkts, zu dem eine Vermögensmehrung zu versteuern ist, bzw um eine Nachverlagerung des Zeitpunkts, zu dem eine Vermögensminderung steuerlich berücksichtigt werden kann. Im Hinblick auf den durch die Bilanzierung und Bewertung ausgelösten Zeiteffekt wäre deshalb der Begriff „Vorverlagerung der Bemessungsgrundlage" inhaltlich zutreffend.

83 *(2) Grundsatz der formellen Bilanzstetigkeit:* Nach dem **Prinzip der formellen Bilanzstetigkeit** (Darstellungsstetigkeit) sind die **Form und Gliederung** der Bilanz sowie der Gewinn- und Verlustrechnung **im Zeitablauf in gleicher Weise zu gestalten**. Dieser Grundsatz ist zwar lediglich für Kapitalgesellschaften im Gesetz formuliert (§ 265 Abs. 1 HGB). Für Einzelunternehmen und Personengesellschaften gilt er jedoch als ungeschriebener Grundsatz ordnungsmäßiger Buchführung. Der Grundsatz der formellen Bilanzstetigkeit bezieht sich sowohl auf die Bezeichnung der Posten und den Aufbau der Bilanz als auch auf die Zuordnung von Geschäftsvorgängen zu den einzelnen Bilanzpositionen bzw Ertrags- und Aufwandskonten.

84 *(3) Grundsatz der materiellen Bilanzstetigkeit (Grundsatz der Ansatz- und Bewertungsstetigkeit):*[53] Der **Grundsatz der materiellen Bilanzstetigkeit** besagt, dass die auf den vorangehenden Jahresabschluss angewandten Ansatz- und Bewertungsmethoden beizubehalten sind (§ 246 Abs. 3, § 252 Abs. 1 Nr 6 HGB). Er beinhaltet die Forderung nach einer übereinstimmenden Anwendung der Ansatz- und Bewertungsmethoden in den einzelnen Wirtschaftsjahren **(Methodenkontinuität)** sowie nach einer Fortführung der Wertansätze **(Wertstetigkeit)**. Sowohl der Grundsatz der Ansatzstetigkeit als auch der Grundsatz der Bewertungsstetigkeit entsprechen dem Objektivierungsgedanken. Diese beiden Unterformen der materiellen Bilanzstetigkeit erhöhen insoweit die Vergleichbarkeit der Jahresabschlüsse im Zeitablauf, als gleiche Tatbestände in aufeinander folgenden Jahresabschlüssen gleich zu behandeln sind.

Die Ansatz- und Bewertungsmethoden sind immer dann beizubehalten, wenn gleichartige Sachverhalte zu beurteilen sind, dh wenn die anzusetzenden und zu bewertenden Vermögensgegenstände, Schulden und Rechnungsabgrenzungsposten vergleichbaren Nutzungs- und Risikobedingungen unterliegen. Art- und funktionsgleiche Bilanzierungs- und Bewertungsobjekte dürfen nicht ohne sachliche Begründung nach unterschiedlichen Methoden angesetzt oder bewertet werden. Dies gilt nicht nur für Sachverhalte, die bereits im vorangehenden Jahresabschluss erfasst wurden (**zeitliche Stetigkeit**), sondern auch für im laufenden Jahr zugegangene oder entstandene Vermögensgegenstände, Schulden und Rechnungsabgrenzungsposten, sofern gleichartige Positionen unter vergleichbaren Umständen im Vorjahresabschluss anzusetzen und zu bewerten waren (**sachliche Stetigkeit**, Grundsatz der einheitlichen Bewertung).

85 Die **Ansatzstetigkeit** bezieht sich auf das planmäßige Vorgehen bei Entscheidungen über den Ansatz dem Grunde nach. Einbezogen werden sowohl die Ausübung von im Gesetz genannten Bilanzierungswahlrechten als auch die Konkretisierung von Ermes-

53 Siehe hierzu IDW RS HFA 38, FN-IDW 2011, S. 560 sowie Küting/Tesche, DStR 2009, S. 1491; Löffler/Roß, WPg 2012, S. 363; Scheffler/Binder, StuB 2012, S. 771; Scheffler/Binder, StuB 2012, S. 891; Velte, StuW 2014, S. 240, Wiechers, BBK 2012, S. 653; Zwirner/Künkele, Stbg 2013, S. 163.

sensspielräumen im Zusammenhang mit der Entscheidung über den Ansatz eines bestimmten Bilanzpostens, sofern dem Vorgehen des Bilanzierenden ein bestimmtes Verfahren bzw eine Systematik zugrunde liegt. Ermessensspielräume bestehen insbesondere dann, wenn bei der Aufstellung des Jahresabschlusses ein Interpretationsspielraum besteht, weil im Gesetz ein unbestimmter Rechtsbegriff verwendet wird oder weil über die Auslegung einer gesetzlichen Vorschrift Meinungsverschiedenheiten bestehen.

Bewertungsmethoden sind definiert als in ihrem Ablauf konkretisierte Verfahren der Wertfindung, durch die ein Wert nachvollziehbar aus den bewertungsrelevanten Faktoren abgeleitet wird. Bei der Ausübung von ausdrücklich formulierten Bewertungswahlrechten ist die **Bewertungsstetigkeit** grundsätzlich zu beachten. Im Zusammenhang mit der Bewertung entstehen Ermessensspielräume insbesondere dann, wenn zwar der Bewertungsmaßstab als solcher festgelegt ist, aber die einzelnen Faktoren unbestimmt sind und Schätzungen oder Auslegungen im Rahmen bestehender Beurteilungsspielräume erfordern. Hierzu gehören beispielsweise die Art und Weise der Schätzung der Wahrscheinlichkeit über die Inanspruchnahme aus bestehenden Verpflichtungen, die Anwendung der Methoden zur Ermittlung der Herstellungskosten, der Regeln zur Ermittlung der Anschaffungsnebenkosten und der Berechnungsgrundlagen zur Ermittlung des Werts von Rückstellungen.

Vom Grundsatz der Stetigkeit darf nur in begründeten Ausnahmefällen abgewichen werden (§ 252 Abs. 2, § 246 Abs. 3 S. 2 HGB). Eine sachliche Rechtfertigung liegt grundsätzlich nur in folgenden Situationen vor: (1) Die rechtlichen Rahmenbedingungen haben sich geändert, insbesondere bei Änderungen des Gesetzes, der Satzung oder der Rechtsprechung. (2) Unter Beachtung der GoB kann die Informationsfunktion der Bilanz gesteigert werden, indem ein den tatsächlichen Verhältnissen besser entsprechendes Bild vermittelt wird. (3) Durch die Durchbrechung des Stetigkeitsgebots sollen Ansatz- oder Bewertungsvereinfachungsverfahren in Anspruch genommen werden. (4) Die Abweichungen dienen der Anpassung an konzerneinheitliche Bilanzierungsrichtlinien. (5) Abweichungen vom Stetigkeitsgrundsatz sind erforderlich, um steuerliche Ziele zu verfolgen (zB Nutzung von Verlustvorträgen oder Anpassungen an die Ergebnisse einer Betriebsprüfung).[54]

Durch das Maßgeblichkeitsprinzip werden sowohl die Ansatzstetigkeit als auch die **86**
Bewertungsstetigkeit **Bestandteil der steuerlichen Gewinnermittlung**. Soweit für die Handelsbilanz aufgrund von Wahlrechten oder Ermessensspielräumen die Ansatz- und Bewertungsstetigkeit zu beachten ist, wirkt sich damit der Stetigkeitsgrundsatz grundsätzlich auch auf die steuerliche Gewinnermittlung aus. Ausnahmen gelten für die Geschäftsvorgänge, bei denen die Maßgeblichkeit der Handelsbilanz für die Steuerbilanz eingeschränkt oder durchbrochen wird. Soweit im Steuerrecht durch eine verbindliche Vorschrift, ein fehlendes oder engeres Wahlrecht oder einen eingeschränkten Ermessensspielraum die Maßgeblichkeit der Handelsbilanz für die Steuerbilanz zurückgedrängt wird, sind für die Steuerbilanz die steuerlichen Regelungen heranzuziehen.

54 Vgl IDW RS HFA 38, FN-IDW 2011, S. 560, Tz. 15.

Nach § 5 Abs. 1 S. 1 HS 2 EStG können **steuerliche Wahlrechte unabhängig davon ausgeübt werden, wie der entsprechende Sachverhalt in der Handelsbilanz behandelt wird.** Die Entscheidung, wie der Steuerpflichtige steuerliche Wahlrechte in Anspruch nehmen möchte, kann im Rahmen der steuerlichen Gewinnermittlung eigenständig getroffen werden. Dies gilt sowohl in dem Fall, in dem das Handelsrecht gleichfalls ein Wahlrecht gewährt, als auch für die Situation, in der handelsrechtlich eine verbindliche Norm (Ansatzverbot, -gebot, eindeutige Bewertungsvorschrift) existiert. Die Maßgeblichkeit gilt unabhängig davon nicht, ob das steuerliche Wahlrecht mit den GoB vereinbar ist oder ob es sich um ein Wahlrecht handelt, mit dem der Gesetzgeber lenkungspolitische Zwecke verfolgt. Weder im HGB noch im EStG sind Anhaltspunkte erkennbar, aus denen abgeleitet werden kann, dass steuerliche Wahlrechte unter Beachtung der handelsrechtlichen GoB auszuüben sind. Dies bedeutet, dass steuerliche Wahlrechte grundsätzlich ohne Beachtung des Stetigkeitsgrundsatzes in Anspruch genommen werden können.

Bei einigen steuerlichen Wahlrechten wird der Gestaltungsspielraum des Bilanzierenden allerdings durch spezielle steuerliche Regelungen reduziert. Beispielsweise finden sich folgende Vorgaben, die als Ausprägung eines **speziellen steuerlichen Stetigkeitsgrundsatzes** interpretiert werden können:

- Bei abnutzbaren Wirtschaftsgütern des Anlagevermögens ist ein Wechsel der Abschreibungsmethoden nur in bestimmten Fällen zulässig (§ 7 Abs. 3 EStG).
- Vom lifo-Verfahren kann in den folgenden Jahren nur dann zur Durchschnittsbewertung oder Einzelbewertung zurückgewechselt werden, wenn die Zustimmung des Finanzamts vorliegt (§ 6 Abs. 1 Nr 2a S. 3 EStG).
- Die Sammelabschreibung für geringwertige Wirtschaftsgüter mit Anschaffungs- oder Herstellungskosten zwischen 251 und 1000 € kann nur einheitlich für alle im laufenden Wirtschaftsjahr zugegangenen Wirtschaftsgüter in Anspruch genommen werden (§ 6 Abs. 2a S. 5 EStG).
- Pensionsrückstellungen dürfen nur insoweit erhöht werden, als sich im abgelaufenen Wirtschaftsjahr der Teilwert erhöht hat. Unterlassene Zuführungen dürfen erst im Jahr der Beendigung des Dienstverhältnisses unter Aufrechterhaltung des Pensionsanspruchs oder im Jahr des Eintritts eines Versorgungsfalls berücksichtigt werden (Nachholverbot, § 6a Abs. 4 S. 1, 5 EStG).
- Die Umstellung eines vom Kalenderjahr abweichenden Wirtschaftsjahres ist steuerlich nur wirksam, wenn sie im Einvernehmen mit dem Finanzamt vorgenommen wird (§ 4a Abs. 1 S. 2 Nr 2 S. 2 EStG).

5. Grundsatz der Wirtschaftlichkeit (Wesentlichkeit, Relevanz)

87 Nach dem gesetzlich nicht explizit formulierten Grundsatz der Wirtschaftlichkeit sollen die mit der Rechnungslegung verbundenen **Arbeitsbelastungen und Kosten in einem angemessenen Verhältnis zum Wert der vermittelten Informationen** stehen. Diese Anforderung lässt sich nur sehr schwer operationalisieren. Eine Möglichkeit der Überprüfung besteht darin, einen Zusammenhang zwischen dem Grundsatz der Wirtschaftlichkeit und dem Grundsatz der Vollständigkeit sowie dem Grundsatz der Klarheit herzustellen: Je mehr Informationen zur Verfügung gestellt werden, umso höher ist die Aussagekraft der Rechnungslegung und umso besser wird der Grund-

satz der Vollständigkeit erfüllt. Diesem Vorteil steht gegenüber, dass mit einer Zunahme der Anzahl der Informationen die Rechnungslegung an Übersichtlichkeit verliert. Die fehlende Transparenz führt zu einem Verstoß gegen den Grundsatz der Klarheit.

Über die Abgrenzung zwischen der Forderung nach Vollständigkeit und Klarheit einerseits und dem Grundsatz der Wirtschaftlichkeit andererseits lassen sich keine allgemeingültigen Aussagen treffen, da sich der Nutzen von Jahresabschlussinformationen nicht nur schwer quantifizieren lässt, sondern zusätzlich von den einzelnen Adressaten unterschiedlich beurteilt wird.

Die Schwierigkeiten der inhaltlichen Konkretisierung des Grundsatzes der Wirtschaftlichkeit lassen sich nur handhaben, wenn man das Problem von der quantitati- **88**
ven Ebene auf eine qualitative Ebene verlagert, m.a.W. wenn man das Wirtschaftlichkeitsprinzip durch den **Grundsatz der Wesentlichkeit bzw Relevanz** (Materiality) von Jahresabschlussinformationen ersetzt. Eine Information ist dann wesentlich (relevant), wenn sie die Beurteilungen durch die Jahresabschlussadressaten verändert und damit die auf Jahresabschlussdaten aufbauenden Entscheidungen beeinflusst. Auf die Steuerbilanz übertragen bedeutet dies, dass auf eine Auswertung von Informationen, die sich auf die Höhe des Gewinns auswirken, nur dann verzichtet werden kann, wenn durch die damit verbundene Vereinfachung der Gewinn nur unwesentlich von dem Gewinn abweicht, der sich bei einer exakten Berechnung ergibt. Wie diese Leitlinien konkretisiert werden, kann dennoch nicht eindeutig angegeben werden.

Die **praktische Bedeutung** des Grundsatzes der Wirtschaftlichkeit liegt **insbesondere in** den **Inventurvereinfachungen** (§ 240 Abs. 3, 4, § 241 HGB) und den **Bewertungsvereinfachungen** (§ 256 HGB). Diese Regelungen gelten sowohl für den handelsrechtlichen Jahresabschluss als auch für die steuerliche Gewinnermittlung.

IV. Systemgrundsätze (Konzeptionsgrundsätze)

Die Systemgrundsätze repräsentieren die Basisannahmen, auf denen die Konzeption **89**
des Jahresabschlusses als spezielles Rechnungslegungsinstrument beruht. Die Systemgrundsätze verbinden die Ziele des Jahresabschlusses mit den Dokumentations–, Rahmen- und Periodisierungsgrundsätzen sowie den Konventionen zur Beschränkung von gewinnabhängigen Zahlungen. Zu den Systemgrundsätzen gehören **drei Prinzipien**:

- Grundsatz der Unternehmensfortführung (Going-Concern-Principle)
- Grundsatz der Pagatorik (Grundsatz der Zahlungsverrechnung, Nominalwertprinzip)
- Grundsatz der Einzelerfassung und Einzelbewertung.

1. Grundsatz der Unternehmensfortführung (Going-Concern-Principle)

Der Grundsatz der Unternehmensfortführung, der auch als Going-Concern-Principle **90**
bezeichnet wird, beinhaltet die Aussage, dass bei der Aufstellung des Jahresabschlusses von der Fortführung des Unternehmens auszugehen ist. **Für die Bewertung** der

Aktiva und Passiva ist der Grundsatz der Unternehmensfortführung in **§ 252 Abs. 1 Nr 2 HGB** festgehalten. **Für die Bilanzierung** gilt er als **nicht kodifizierter Grundsatz. Im Steuerrecht** ergibt sich das Going-Concern-Principle aus der in § 6 Abs. 1 Nr 1 S. 3 EStG enthaltenen **Definition des Wertmaßstabs „Teilwert"**, wonach bei der Ableitung des Werts eines Wirtschaftsguts von der Fortführung des Unternehmens auszugehen ist.

Der Grundsatz der Unternehmensfortführung bedingt, dass in der Handelsbilanz und in der Steuerbilanz **keine Liquidationswerte bzw (Einzel-)Veräußerungspreise** anzusetzen sind, **sondern** die Wirtschaftsgüter grundsätzlich mit ihren **(fortgeführten) Anschaffungs- oder Herstellungskosten** zu bewerten sind. Für den Ansatz dem Grunde nach besagt das Going-Concern-Principle, dass **keine Verpflichtungen passiviert** werden dürfen, **die nur bei Auflösung des Unternehmens entstehen** (wie beispielsweise Verpflichtungen aus einem Sozialplan), und dass der **Umfang der Aktiva nicht auf im Zerschlagungsfall (einzeln) veräußerbare Vermögenswerte beschränkt** ist.

91 Die Annahme der Unternehmensfortführung ist so lange aufrechtzuerhalten, so lange dieser Annahme nicht tatsächliche oder rechtliche Gegebenheiten entgegenstehen (§ 252 Abs. 1 Nr 2 HGB). Die Fortführungsprämisse ist jedoch nicht bereits dann aufzugeben, wenn Zweifel auftreten, ob bzw wie lange das Unternehmen bestehen wird. Vielmehr ist **vom Grundsatz der Unternehmensfortführung erst** dann **abzuweichen, wenn konkrete** rechtliche oder wirtschaftliche **Gegebenheiten eine Beendigung der Unternehmenstätigkeit erwarten lassen**. Beispiele hierfür sind die Einleitung eines Insolvenzverfahrens, ein Beschluss der Gesellschafter, das Unternehmen aufzulösen, oder die Erteilung eines behördlichen Produktionsverbots.

2. Grundsatz der Pagatorik (Grundsatz der Zahlungsverrechnung, Nominalwertprinzip)

92 Aufwendungen und Erträge sind unabhängig vom Zeitpunkt der entsprechenden Zahlungen zu berücksichtigen (§ 252 Abs. 1 Nr 5 HGB). Durch diese Vorgabe werden nicht nur die Periodisierungsgrundsätze angesprochen.[55] Gleichzeitig wird deutlich, dass **nach dem Grundsatz der Pagatorik** (Grundsatz der Zahlungsverrechnung) der externen Rechnungslegung **Ein- und Auszahlungen** zugrunde liegen. Über die Periodisierungsgrundsätze wird bestimmt, in welcher Periode die Zahlungsvorgänge als Ertrag oder als Aufwand erfolgswirksam werden. Durch den Grundsatz der Pagatorik unterscheidet sich die externe Rechnungslegung grundlegend von der Kostenrechnung.

Der Grundsatz der Zahlungsverrechnung besagt, dass für die handels- und steuerrechtliche Gewinnermittlung **von** den **tatsächlich angefallenen Zahlungen auszugehen** ist. Ein Ansatz von kalkulatorischen Rechenelementen ist ausgeschlossen: (1) Kalkulatorische Werte (Zusatzkosten), wie der kalkulatorische Unternehmerlohn, kalkulatorische Mieten oder kalkulatorische Zinsen, gehen in die Gewinn- und Verlustrechnung nicht ein. (2) Aufwendungen (zB Verbrauch von Roh–, Hilfs- und Be-

55 Zu den Periodisierungsgrundsätzen siehe die Erläuterungen in Kapitel V., Rn. 97–121.

triebsstoffen, Abschreibungen von abnutzbaren Wirtschaftsgütern des Anlagevermögens) sind mit den beim Erwerb geleisteten Auszahlungen („historische“ Werte) zu bewerten, nicht mit ihren Wiederbeschaffungskosten („aktuelle“ Tageswerte).

Der Grundsatz der Pagatorik **dient der Objektivierung**. Beim Ansatz kalkulatorischer **93**
Werte (Zusatzkosten) sowie bei einer Bewertung auf Basis von Wiederbeschaffungskosten würden dem Bilanzierenden erhebliche Ermessensspielräume verbleiben. Die Verwendung von verhältnismäßig eindeutigen Wertmaßstäben – wie (fortgeführte) Anschaffungs- oder Herstellungskosten – ist auch mit dem für die Besteuerung zu beachtenden Grundsatz der Rechtssicherheit (Tatbestandsbestimmtheit) vereinbar.

Der Grundsatz der Zahlungsverrechnung hat zur Folge, dass für die handels- und steuerrechtliche Rechnungslegung das **Nominalwertprinzip** gilt. Als Gewinn wird jede Vermögensmehrung angesehen, die über das nominell eingesetzte Eigenkapital hinausgeht. Es wird **nicht danach differenziert**, welcher Teil der Reinvermögensmehrung durch einen **(realen) Gewinn** und welcher Teil lediglich durch die Geldentwertung **(Scheingewinn)** bedingt ist. Durch das Nominalwertprinzip wird auch eine Gleichbehandlung mit anderen Einkunftsarten erreicht, bei denen gleichfalls auf die tatsächlich angefallenen Ein- und Auszahlungen abgestellt wird. Der Unterschied besteht lediglich darin, dass bei einem Betriebsvermögensvergleich nicht auf den Zeitpunkt der Zahlung abgestellt wird, sondern eine Periodisierung von Ein- und Auszahlungen in Erträge und Aufwendungen vorgenommen wird. Die Abweichungen beschränken sich auf einen Zeiteffekt, der sowohl positiv als auch negativ sein kann.

3. Grundsatz der Einzelerfassung und Einzelbewertung

Vermögensgegenstände und Schulden (Handelsbilanz) bzw aktive und passive Wirt- **94**
schaftsgüter (Steuerbilanz) sind zum Abschlussstichtag einzeln, dh jeweils für sich, zu bewerten (§ 252 Abs. 1 Nr 3 HGB, Einleitungssatz zu § 6 Abs. 1 EStG). Obwohl sich die gesetzliche Formulierung nur auf den Ansatz der Höhe nach bezieht, ist es unstrittig, dass der **Einzelbewertungsgrundsatz** auch im Rahmen der Bilanzierung, dh beim Ansatz dem Grunde nach, zu beachten ist: Eine getrennte Bewertung setzt eine getrennte Erfassung der Bilanzierungsobjekte voraus **(Grundsatz der Einzelerfassung)**.

Der Grundsatz der Einzelerfassung und Einzelbewertung besagt, dass **jeder wirtschaftliche Sachverhalt** (zB Erwerb einer Sache oder Eingehen einer Verpflichtung) **für sich zu erfassen und für sich zu bewerten** ist. Dies wird insbesondere in den Inventurvorschriften deutlich. Diese schreiben vor, dass der Kaufmann seine Grundstücke, seine Forderungen und Schulden, den Betrag seines baren Geldes sowie seine sonstigen Güter genau zu verzeichnen und dabei den Wert der „einzelnen“ Positionen anzugeben hat (§ 240 Abs. 1 HGB). Der Grundsatz der Einzelerfassung und Einzelbewertung verhindert die gemeinsame Bewertung mehrerer Vermögensgegenstände oder Schulden. Dieser Systemgrundsatz weist einen **starken Bezug zum Saldierungsverbot** auf. Nach dem zum Grundsatz der Klarheit und Übersichtlichkeit gehörenden Saldierungsverbot dürfen Posten der Aktivseite nicht mit Posten der Passivseite, Aufwendungen nicht mit Erträgen und Grundstücksrechte nicht mit Grundstückslasten verrechnet werden (§ 246 Abs. 2 S. 1 HGB).

Unter dem Grundsatz der Einzelerfassung und Einzelbewertung wird verstanden, dass für jeden Vermögensgegenstand und für jede Schuld eine getrennte Wertermittlung vorzunehmen ist. Dieser **Grundsatz betrifft** die Wertermittlung bei der Inventur, **nicht den Ausweis in der Bilanz**. Die im Inventar getrennt ermittelten Werte der einzelnen Aktiva und Passiva sind in der Bilanz postenbezogen zusammenzufassen.

95 Der Grundsatz der Einzelerfassung und der Einzelbewertung **dient der Objektivierung** der Gewinnermittlung. Durch die auf die einzelnen aktiven und passiven Wirtschaftsgüter bezogene Bilanzierung und Bewertung ist ein Identitätsnachweis möglich. Damit wird eine größere Genauigkeit erreicht und die Überprüfung durch Außenstehende erleichtert. Darüber hinaus verhindert dieses Prinzip einen Bewertungsausgleich zwischen Wirtschaftsgütern, deren Wert sich erhöht hat, und Wirtschaftsgütern, bei denen Wertverluste eingetreten sind. Der Systemgrundsatz der Einzelerfassung und Einzelbewertung steht also auch in **enger Verbindung mit den Periodisierungsgrundsätzen** (insbesondere Realisationsprinzip) **und den Konventionen zur Beschränkung von gewinnabhängigen Zahlungen** (insbesondere Imparitätsprinzip).

Der Grundsatz der Einzelerfassung und Einzelbewertung führt dazu, dass im Rahmen der externen Rechnungslegung die Gewinnermittlung anhand eines Einzelvermögensvergleichs vorgenommen wird. Dadurch werden – im Gegensatz zu einer ertragsorientierten Gesamtbewertung des Unternehmens – **Kombinationseffekte zwischen den einzelnen Vermögensgegenständen vernachlässigt**. Die Differenz zwischen der Summe der Einzelwerte und dem Gesamtwert des Unternehmens schlägt sich im Geschäfts- oder Firmenwert nieder.

Vom Grundsatz der Einzelerfassung und Einzelbewertung kann aufgrund von (gesetzlich formulierten oder zu den ungeschriebenen Grundsätzen ordnungsmäßiger Buchführung gehörenden) **Ausnahmeregelungen** abgewichen werden, **soweit** der **Identitätsnachweis nicht möglich oder wirtschaftlich unzumutbar** ist. Das Hauptargument für eine Durchbrechung des Grundsatzes der Einzelerfassung und Einzelbewertung bildet der zur Gruppe der Rahmengrundsätze gehörende **Grundsatz der Wirtschaftlichkeit**. Soweit der Informationswert für die Adressaten des Jahresabschlusses (vermutlich) geringer ist als der mit einer getrennten Erfassung und Bewertung verbundene Arbeitsaufwand, dürfen Inventur- und Bewertungsvereinfachungen in Anspruch genommen werden. Konkretisiert wird dieses Kriterium durch die Anforderung, dass bei der Inanspruchnahme einer Inventur- oder Bewertungsvereinfachung der ermittelte Gewinn nur unwesentlich von dem Gewinn abweicht, der sich bei einer Beachtung des Grundsatzes der Einzelerfassung und Einzelbewertung ergeben würde.

96 Eine **Besonderheit** gilt für Vermögensgegenstände, die dem Zugriff aller übrigen Gläubiger entzogen sind und die ausschließlich der Erfüllung von Schulden aus **Altersversorgungsverpflichtungen** oder vergleichbaren langfristig fälligen Verpflichtungen dienen („Planvermögen"). Beim Ausweis im handelsrechtlichen Jahresabschluss sind diese Vermögensgegenstände mit den entsprechenden Schulden und die damit verbundenen Aufwendungen mit den Erträgen zu verrechnen (§ 246 Abs. 2 S. 2, 3 HGB).[56] Für die steuerliche Gewinnermittlung gilt diese Ausnahme vom Sal-

56 Zu den Zielen und Einzelheiten dieser Ausnahme vom Saldierungsverbot siehe Dritter Abschnitt, Kapitel B.III.2e), Rn. 535–536.

dierungsverbot nicht, da in § 5 Abs. 1a S. 1 EStG ausdrücklich vorgegeben wird, dass Posten der Aktivseite nicht mit Posten der Passivseite verrechnet werden dürfen. Das Maßgeblichkeitsprinzip wird durch eine verbindliche Vorschrift durchbrochen (Fall 2b). In der Steuerbilanz bleibt es insoweit bei der Geltung des Grundsatzes der Einzelerfassung und damit auch beim Grundsatz der Einzelbewertung.

Zur Bildung von Bewertungseinheiten im finanzwirtschaftlichen Bereich („Hedge-Accounting") siehe Zweiter Abschnitt, Kapitel B.IV.2e), Rn. 393).

V. Grundsätze der Periodisierung

Im ersten Schritt wird erläutert, nach welchen Grundsätzen im externen Rechnungswesen Ein- und Auszahlungen zu Erträgen und Aufwendungen periodisiert werden und wie sich die Periodisierungsgrundsätze in das Konzept einer vorsichtigen Gewinnermittlung einordnen lassen. Ergänzend wird auf das Verhältnis der Periodisierungsgrundsätze zum Grundsatz der objektivierten Gewinnermittlung eingegangen. Im zweiten Schritt werden die Unterprinzipien des Periodisierungsgrundsatzes im Einzelnen vorgestellt: **97**
- Realisationsprinzip
- Anschaffungswertprinzip
- Abgrenzung von Aufwendungen der Sache nach
- Abgrenzung von Erträgen und Aufwendungen der Zeit nach.

1. Zielsetzung und Verhältnis zum Vorsichtsprinzip

(1) Grundgedanke und Einteilung der Grundsätze der Periodisierung: Aufwendungen und Erträge des Geschäftsjahres sind unabhängig von den Zeitpunkten der damit verbundenen Zahlungen zu berücksichtigen (§ 252 Abs. 1 Nr 5 HGB). Im externen Rechnungswesen wird auf **periodisierte Zahlungen** abgestellt. Der Gewinn ergibt sich nicht durch eine Gegenüberstellung von Ein- und Auszahlungen. Es wird keine Cashflow-Rechnung vorgenommen, sondern ein Betriebsvermögensvergleich. Für die Abgrenzung zwischen den einzelnen Wirtschaftsjahren werden deshalb **Leitlinien benötigt, um Zahlungen** entweder (erfolgswirksam) der Gewinn- und Verlustrechnung oder (zunächst erfolgsneutral) der Bilanz **zuzuordnen**: **98**
- Die Interpretation der **Handels- oder Steuerbilanz als Vermögensbilanz** löst die Abgrenzungsfrage primär aus Sicht der Bilanz. Bei diesem als **statische Bilanztheorie** bezeichneten Ansatz besteht die wesentliche Aufgabe des externen Rechnungswesens in der jährlichen Ermittlung des am Abschlussstichtag vorhandenen Reinvermögens. Die Höhe des Gewinns ergibt sich als Nebenprodukt aus der Veränderung des Reinvermögens zwischen zwei Bilanzstichtagen. Da bei diesem Konzept der Objektivierungsgedanke sehr stark betont wird, dürfen auf der Aktivseite nur körperliche Gegenstände (Sachen), Rechte im Sinne des Bürgerlichen Gesetzbuches sowie finanzielle Vermögenswerte (zB Kassenbestände, rechtlich bestehende Forderungen) und auf der Passivseite nur das Eigenkapital sowie rechtlich bestehende Schulden angesetzt werden. Diese enge Auslegung der bilanzierungsfähigen Werte **erschwert** allerdings eine **aussagekräftige Periodenabgrenzung**.

– Fasst man die **Handels- und Steuerbilanz als Erfolgsbilanz** auf, ist von der Gewinn- und Verlustrechnung auszugehen. Als Orientierungsmaßstab für die Gewinnermittlung dient das Verursachungsprinzip. Bei der auf *Eugen Schmalenbach* zurückgehenden **dynamischen Bilanztheorie** dient die Bilanz lediglich als Abgrenzungskonto.[57] Auf der Aktivseite werden die vor dem Abschlussstichtag getätigten Ausgaben erfasst, von denen erst nach dem Bilanzstichtag ein Nutzen erwartet wird („schwebende Vorleistungen"). Spiegelbildlich handelt es sich bei den Passiva um am Bilanzstichtag vorhandene Verpflichtungen, die erst nach dem Abschlussstichtag erfüllt werden müssen („schwebende Nachleistungen").

  Beispiele: Der Kauf einer Maschine, die über mehrere Jahre eingesetzt werden kann, stellt eine Ausgabe dar, die noch kein Aufwand ist („schwebende Vorleistung"). Die Aufwandswirksamkeit tritt in den Perioden ein, in denen die Maschine genutzt wird.

  Vorauszahlungen von Kunden führen zu Einzahlungen, deren Ertragswirkung erst in dem Zeitpunkt eintritt, in dem der Bilanzierende seine Verpflichtung zur Lieferung der bereits bezahlten Waren erfüllt („schwebende Nachleistung").

  Das durch die **dynamische Bilanztheorie** geprägte Verursachungsprinzip ist **zu allgemein, um** eine **willkürfreie Periodenabgrenzung zu gewährleisten**. Beispielsweise kann die Erfolgswirkung eines Werbefeldzugs („schwebende Vorleistung") in den nachfolgenden Perioden nur in den seltensten Fällen bestimmt werden, ohne gegen den Objektivierungsgrundsatz zu verstoßen.

99 Der **Gesetzgeber sieht** für die externe Rechnungslegung **weder eine rein statisch orientierte noch eine ausschließlich dynamisch geprägte Periodenabgrenzung vor.** Vielmehr gelten für Zwecke der Periodisierung Grundsätze, die hinreichend operational sind, um die Funktionen des Jahresabschlusses willkürfrei erfüllen zu können. **Ausgangspunkt der Periodenabgrenzung** bildet das **Realisationsprinzip** (§ 252 Abs. 1 Nr 4 HGB), das durch das **Anschaffungswertprinzip** ergänzt wird (§ 253 Abs. 1 S. 1 HGB, § 6 Abs. 1 Nr 1, 2 EStG). Nach dem Realisationsprinzip bestimmt sich, zu welchem Zeitpunkt ein Ertrag ausgewiesen werden kann: Es muss ein abrechenbarer Umsatz vorliegen. Der **Grundsatz der Abgrenzung von Aufwendungen der Sache nach** ordnet den nach dem Realisationsprinzip erfassten Umsätzen die Aufwendungen zu, die mit diesen Erträgen zusammenhängen (finale Periodisierung). Erträge, die nicht nach dem Realisationsprinzip abgegrenzt werden können, und Aufwendungen, die keine sachliche Beziehung zu bestimmten Umsätzen aufweisen, werden nach dem **Grundsatz der Abgrenzung von Aufwendungen und Erträgen der Zeit nach** verrechnet (kausale Periodisierung). Hierzu gehören zeitraumbezogene Aufwendungen und Erträge sowie aperiodische und periodenfremde Geschäftsvorgänge.

---

57 Siehe hierzu Schmalenbach, ZfhF 1919, S. 1; Schmalenbach, Dynamische Bilanz, 13. Aufl. (bearbeitet von Bauer), Köln/Opladen 1962.

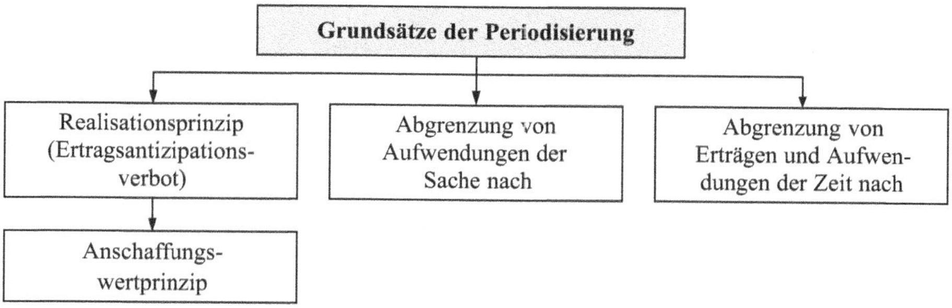

Abb. 8: Einteilung der Periodisierungsgrundsätze

(2) Abgrenzung gegenüber dem Grundsatz der vorsichtigen Gewinnermittlung: Die 100
Periodisierungsgrundsätze bilden eine **Untergruppe des Vorsichtsprinzips**. Durch die Periodisierungsgrundsätze wird festgelegt, zu welchem Zeitpunkt Ein- und Auszahlungen als Erträge bzw Aufwendungen zu verrechnen sind. Durch die Verknüpfungen zwischen der Gewinn- und Verlustrechnung und der Bilanz über die doppelte Buchführung werden durch die Periodisierung **gleichzeitig mittelbar Anhaltspunkte für die Aktivierung und Passivierung** gegeben, also der Inhalt der Begriffe Vermögensgegenstand und bilanzielle Schuld (Handelsbilanz) bzw aktives und passives Wirtschaftsgut (Steuerbilanz) bestimmt.

Die **Periodisierungsgrundsätze** werden **durch die Konventionen zur Beschränkung von gewinnabhängigen Zahlungen zum Teil modifiziert**. Während bei den Periodisierungsgrundsätzen eher auf die Informationsfunktion der externen Rechnungslegung abgestellt wird, führen die Konventionen zur Beschränkung von gewinnabhängigen Zahlungen (Imparitätsprinzip sowie Grundsatz der Bewertungsvorsicht) zur Verrechnung von Aufwendungen, die nach den Periodisierungsgrundsätzen noch nicht verrechnet werden können. Durch die mit den Konventionen zur Beschränkung von gewinnabhängigen Zahlungen verbundene Vorverlagerung der Aufwandsverrechnung wird der ausschüttbare und damit auch besteuerungsfähige Betrag auf die Höhe begrenzt, in der dem Unternehmen ohne Gefährdung des bilanziellen Eigenkapitals entzogen werden kann (Kapitalerhaltungsgrundsatz). Die Konventionen zur Beschränkung von gewinnabhängigen Zahlungen stellen also weniger auf die Informationsfunktion ab, sondern eher auf die Zahlungsbemessungsfunktion. Bei der nachfolgenden Vorstellung der Periodisierungsgrundsätze sowie des Kapitalerhaltungsgrundsatzes wird jeweils auch geprüft, inwieweit diese Grundsätze ordnungsmäßiger Buchführung mit den Zielen der Ertragsteuern vereinbar sind.

2. Realisationsprinzip (Ertragsantizipationsverbot, Anschaffungswertprinzip)

(1) Aufgaben des Realisationsprinzips: Nach dem Realisationsprinzip darf ein Er- 101
trag erst dann ausgewiesen werden, wenn er am Absatzmarkt durch einen Umsatz oder durch einen anderen intersubjektiv nachprüfbaren Tatbestand bestätigt wird. Diesen Grundgedanken formuliert § 252 Abs. 1 Nr 4 HGB wie folgt: „Gewinne sind nur zu berücksichtigen, wenn sie am Abschlussstichtag realisiert sind.“

Das Realisationsprinzip hat zum einen die **Funktion**, Erträge den einzelnen Perioden willkürfrei zuzurechnen, und zum anderen die Aufgabe, die Erträge erst zu dem Zeitpunkt auszuweisen, zu dem sie ohne Gefährdung des nominellen Eigenkapitals für gewinnabhängige Zahlungen (Ausschüttungen, Gewinnentnahmen, Gewinnbeteiligungen, Ertragsteuern) verwendet werden können. Das Realisationsprinzip bezieht sich zwar insbesondere auf die Erträge aus Umsatzleistungen, aber auch andere Vermögensmehrungen dürfen erst dann als Ertrag ausgewiesen werden, wenn sie in nachprüfbarer Weise bestätigt wurden. Wertsteigerungen von Wirtschaftsgütern erhöhen deshalb den Erfolg des Unternehmens erst dann, wenn das Wirtschaftsgut an Dritte veräußert wird.

Das Realisationsprinzip ist ein **Kernbestandteil der vorsichtigen Gewinnermittlung**. Es beinhaltet im Wesentlichen ein **Ertragsantizipationsverbot**. Mit dem Realisationsprinzip eng verbunden ist das **Anschaffungswertprinzip**, nach dem Wirtschaftsgüter höchstens mit ihren (fortgeführten) Anschaffungs- oder Herstellungskosten bewertet werden dürfen (§ 253 Abs. 1 S. 1 HGB, § 6 Abs. 1 Nr 1, 2 EStG).

Beispiel: Die G-AG hat vor mehr als 20 Jahren ein Grundstück zum Preis von 200 000 € erworben. Der Verkehrswert für vergleichbare Grundstücke beläuft sich am Abschlussstichtag auf 3 000 000 €. Dem Unternehmen liegt ein ernstzunehmendes Kaufangebot der zahlungskräftigen Interessentin Investor-AG in Höhe von 3 500 000 € vor.

Sowohl in der Handelsbilanz als auch in der Steuerbilanz darf das Grundstück höchstens mit den Anschaffungskosten von 200 000 € bewertet werden. Einem Ausweis der zwischenzeitlichen Wertsteigerungen steht das Realisationsprinzip in seiner Ausprägung als Anschaffungswertprinzip entgegen. Erst in dem Zeitpunkt, in dem die G-AG das Grundstück veräußert, ist die Differenz zwischen dem erzielten Veräußerungserlös und den Anschaffungskosten als Ertrag zu verbuchen.

Dies gilt auch dann, wenn der Vorstand der G-AG die feste Absicht hat, das Grundstück an die Investor-AG zu verkaufen. Die im Anschluss an den Kaufvertrag vorzunehmende Übertragung des Grundstücks stellt ein wertbegründendes Ereignis dar, das erst in dem Zeitpunkt berücksichtigt werden darf, in dem dieses Ereignis eintritt.

102 *(2) Realisationszeitpunkt bei Liefergeschäften (Veräußerung von Waren oder Fertigerzeugnissen):* Die praktische Bedeutung des Realisationsprinzips wird entscheidend davon geprägt, nach welchen Kriterien sich der **Realisationszeitpunkt** bestimmt. **Allgemein formuliert** stimmt der Realisationszeitpunkt mit dem **Zeitpunkt** überein, **zu dem eine Lieferung als ausgeführt gilt**. Für den Absatz der betrieblichen Hauptleistung ist dies dann der Fall, wenn aus dem aktiven Wirtschaftsgut „Ware" bzw „Fertigerzeugnis" das aktive Wirtschaftsgut „Forderung aus Lieferungen und Leistungen" wird. Die Differenz zwischen den für die Anschaffung oder Herstellung des veräußerten Wirtschaftsguts angefallenen Aufwendungen und dem Veräußerungserlös erhöht den Gewinn in dem Zeitpunkt, in dem der leistende Unternehmer alles zur Erfüllung seiner vertraglichen Verpflichtungen Erforderliche getan hat. Die Gewinne sind in dem Zeitpunkt realisiert, in dem der Unternehmer seine Hauptverpflichtung aus dem Kaufvertrag erfüllt hat, dh **in dem Zeitpunkt, in dem die Gefahr des zufälligen Untergangs** und der zufälligen Verschlechterung des Wirtschaftsguts **auf den Käufer übergeht**.

Der **Übergang der Preisgefahr** findet **grundsätzlich mit Übergabe der Sache** statt. Dies ist der Zeitpunkt, in dem der Käufer zum Besitzer des Wirtschaftsguts wird, das Wirtschaftsgut nutzen kann und die Lasten sowie die Gefahr des zufälligen Untergangs zu tragen hat (§ 446 BGB). **Beim Versendungskauf** ist auf den Zeitpunkt der **Übergabe an die Transportperson** abzustellen (§ 447 BGB).[58] Solange sich die Wirtschaftsgüter noch im Lager des Verkäufers befinden, gilt der Gewinn noch nicht als realisiert. Dies gilt auch dann, wenn der Käufer die Rechnung bereits im Voraus bezahlt hat. Der bereits bezahlte Betrag ist bis zur Auslieferung der Waren als Verbindlichkeit unter der Position „erhaltene Anzahlungen auf Bestellungen" (erfolgsneutral) zu passivieren.

Beispiel:[59] Die W-AG schließt am 17.10.01 mit der M-GmbH einen Kaufvertrag über die Lieferung von Fahrzeugen zum Preis von 100 000 € ab. Die Fahrzeuge werden am 15.1.02 ausgeliefert. Die M-GmbH leistet am 12.11.01 eine Anzahlung von 30 000 €. Die Restzahlung von 70 000 € ist am 5.2.02 fällig. Das Eigentum an den Fahrzeugen verbleibt bis zur endgültigen Bezahlung beim Verkäufer, der W-AG. Für die Herstellung der Fahrzeuge fallen Aufwendungen von 75 000 € an. Die Herstellung findet im Dezember 01 statt und ist am Abschlussstichtag beendet. Die Garantiefrist läuft zwei Jahre nach Übergabe der Fahrzeuge aus (= 15.1.04).

17.10.01: Der Abschluss des Kaufvertrags löst aufgrund des Grundsatzes der Nichterfassung von schwebenden Geschäften keinen Buchungsvorgang aus.

12.11.01:

Bank	30 000 €	an	Anzahlungen	30 000 €

Die Anzahlung ist erfolgsneutral als Verbindlichkeit („erhaltene Anzahlungen auf Bestellungen") zu passivieren.

Dezember 01:

diverse Aufwendungen (Material, Löhne, …)	75 000 €	an	diverse Bestände (Rohstoffe, Bank, …)	75 000 €
Fertigerzeugnisse	75 000 €	an	Bestandserhöhungen (Ertragskonto)	75 000 €

Der Herstellungsvorgang verändert den Gewinn des Jahres 01 nicht. Der gewinnmindernden Verrechnung der im Zusammenhang mit der Herstellung der Fahrzeuge anfallenden Personal- und Materialaufwendungen steht in gleicher Höhe die ertragswirksame Erhöhung des Bestands an Fertigerzeugnissen gegenüber.

15.1.02:

Forderungen	70 000 €			
Anzahlungen	30 000 €	an	Umsatzerlöse	100 000 €
Bestandsminderungen (Aufwandskonto)	75 000 €	an	Fertigerzeugnisse	75 000 €

Im Zeitpunkt der Auslieferung der Fahrzeuge gilt der Gewinn als realisiert. Die Differenz zwischen den Herstellungskosten der Fahrzeuge (Aufwandskonto Bestandsminderungen, 75 000 €) und den Umsatzerlösen (Ertragskonto, 100 000 €) erhöht den Gewinn in dem Zeitpunkt, in dem die Fahrzeuge ausgeliefert werden, um 25 000 €. Abgestellt wird auf den Zeitpunkt, in dem die Preisgefahr übergeht. Nicht entscheidend ist, dass der Käufer, die M-GmbH,

58 Zum Versendungskauf siehe Knobloch/Baumeister, DStR 2015, S. 2403.

59 Zu einem weiteren, sehr instruktiven Beispiel siehe Schildbach/Stobbe/Brösel, Der handelsrechtliche Jahresabschluss, 10. Aufl., Sternenfels 2013, S. 149–151.

erst in dem Zeitpunkt Eigentümer der Fahrzeuge wird, in dem er den Rechnungspreis vollständig bezahlt hat.

5.2.02:

Bank	70 000 €	an	Forderungen	70 000 €

Die Bezahlung der Restschuld beeinflusst als Aktivtausch den Gewinn der W-AG nicht. Da der Gewinn aus dem Verkaufsgeschäft bereits im Zeitpunkt der Auslieferung erfasst wurde, wirkt sich der mit der vollständigen Bezahlung des Rechnungspreises verbundene Übergang des Eigentums an den Fahrzeugen auf den Gewinn des Verkäufers nicht aus.

15.1.04:
Das Auslaufen der Garantiefrist ist kein buchführungspflichtiger Vorgang.

103 Hinsichtlich der im geltenden Bilanzrecht vorgenommenen Interpretation des Realisationsprinzips lassen sich folgende Aussagen treffen:

- Für den **Zeitpunkt des Vertragsabschlusses** als Gewinnrealisationszeitpunkt spricht zunächst, dass mit dem Abschluss eines Kaufvertrags häufig der schwierigste Teil des unternehmerischen Leistungsprozesses erbracht ist. Zusätzlich kann angeführt werden, dass mit dem Abschluss eines Kaufvertrags ein nachprüfbarer, dh objektivierter, Tatbestand vorliegt, der darüber hinaus einen Rechtsanspruch des Unternehmens begründet. Zu bedenken ist allerdings, dass im Zeitpunkt des Vertragsabschlusses häufig die Höhe des aus dem Geschäft entstehenden Gewinns noch nicht mit hinreichender Genauigkeit angegeben werden kann. Insbesondere können die Risiken in den Bereichen Beschaffung, Produktion und Auslieferung noch nicht in intersubjektiv nachprüfbarer Weise konkretisiert werden. Da die Höhe des mit der zu erbringenden Lieferung verbundenen Aufwands (Anschaffungs- bzw Herstellungskosten) noch mit Unsicherheit behaftet ist, **scheidet** der Zeitpunkt des Vertragsabschlusses aus Objektivierungsüberlegungen und wegen des Vorsichtsgedankens als Realisationszeitpunkt **aus.**
- Leistet der Erwerber im Zeitraum zwischen Abschluss des Kaufvertrags und der Auslieferung eine **Anzahlung**, kommt es zu **keiner** (anteiligen) **Gewinnrealisation**. Der Ertrag kann noch nicht als bestätigt angesehen werden. Kommt es aus irgendeinem Grund nicht zur Auslieferung des Produkts, hat der Verkäufer die erhaltene Anzahlung an seinen Vertragspartner zurückzuzahlen. Im Rahmen des externen Rechnungswesens ist auf Erträge (hier Umsatzerlöse) und nicht auf Einzahlungen (hier erhaltene Anzahlungen) abzustellen.
- Der **Zeitpunkt des Erwerbs oder der Fertigstellung** des zu veräußernden Produkts **wird** deshalb als Zeitpunkt der Gewinnrealisation **abgelehnt**, weil unsicher ist, ob sich das auf Lager befindliche Erzeugnis absetzen lässt. Eine Gewinnrealisation tritt auch dann mit der Fertigstellung des Produkts noch nicht ein, wenn für das hergestellte und versandbereite Erzeugnis bereits ein Kaufvertrag vorliegt, da der Kunde solange die Einrede des nicht erfüllten Vertrags geltend machen kann, bis das Wirtschaftsgut ausgeliefert wird (§ 320 BGB).
- In der Praxis wird der Realisationszeitpunkt häufig mit dem **Zeitpunkt der Rechnungserstellung** gleichgesetzt. Hierbei handelt es sich um eine sehr pragmatische Vorgehensweise. Die Ausfertigung einer Rechnung kann nur als Indiz für den zivilrechtlichen Gefahrenübergang gewertet werden. Entscheidend ist, ob die Möglichkeit zur Abrechnung der Lieferung besteht, dh ob der Bilanzierende die von

ihm geschuldete Leistung erbracht hat und ob das Wirtschaftsgut den Verfügungsbereich des liefernden Unternehmers verlassen hat. Erst bei Vorliegen dieser Voraussetzungen entfallen die mit dem Entstehen einer Forderung aus Lieferungen und Leistungen verbundenen Risiken. Würde allein auf die Ausfertigung einer Rechnung abgestellt, könnte der Zeitpunkt der Gewinnrealisierung durch das bilanzierende Unternehmen beliebig beeinflusst werden. Dies wäre **mit dem Objektivierungsgedanken nicht vereinbar**.

- Für den **Zeitpunkt, zu dem der Rechnungspreis bezahlt wird**, als Realisationszeitpunkt spricht, dass dieser Zeitpunkt eine eindeutige, intersubjektiv leicht nachprüfbare Erfolgsermittlung ermöglicht und dass das Unternehmen seine Verpflichtungen fast vollständig erfüllt hat. Offen sind lediglich die eventuell noch anfallenden Garantieleistungen. Dennoch **wird** der Zahlungszeitpunkt **abgelehnt**: (1) Die **Lieferung des Wirtschaftsguts** und die **Einräumung einer Zahlungsfrist** gelten aufgrund des Grundsatzes der Einzelerfassung und Einzelbewertung als **zwei voneinander zu trennende Leistungen**. Die – zusätzliche – Kreditgewährung ändert nichts daran, dass mit dem Übergang der Preisgefahr der Verkäufer seine vertragliche Hauptverpflichtung aus dem Kaufvertrag erfüllt hat und er damit einen Anspruch auf die Gegenleistung des Vertragspartners dem Grunde nach erworben hat; lediglich die Fälligkeit ist noch nicht gegeben. (2) Das Handelsgesetzbuch definiert den Gewinn nicht als Mehrung des Zahlungsmittelbestands, sondern als Differenz zwischen Ertrag und Aufwand, also als Saldo periodisierter Zahlungen. (3) Bei einer Anknüpfung an den Zeitpunkt, zu dem der Rechnungspreis beim Unternehmen eingeht, würde der Zeitpunkt der Gewinnrealisation von der Form der Zahlungsbedingungen sowie den Zufälligkeiten des Zahlungsverkehrs abhängen.
- Die **Ablehnung des Zeitpunkts, zu dem das Eigentum** an dem gelieferten Wirtschaftsgut **übergeht**, als Realisationszeitpunkt erfolgt weitgehend aus den gleichen Gründen wie die Ablehnung der Gewinnrealisation zu dem Zeitpunkt, zu dem der Rechnungspreis bezahlt wird. Die Vereinbarung eines Eigentumsvorbehalts dient der Besicherung der Kaufpreisforderung des Verkäufers. Der Eigentumsvorbehalt ist Bestandteil der als selbständige Leistung angesehenen Kreditgewährung. Der Käufer kann bereits mit Übergang der Preisgefahr über das Wirtschaftsgut verfügen und dieses in seinem Unternehmen einsetzen.
- Der **Ablauf der Garantiefrist** wird deshalb **nicht** als **Realisationszeitpunkt** angenommen, weil ansonsten das Vorsichtsprinzip zu stark gewichtet werden würde. Mit Übergabe des Gegenstands hat der Verkäufer seine Hauptleistung erbracht. Die Garantieleistung stellt eine Nebenverpflichtung dar, die nur zu erfüllen ist, wenn das ausgelieferte Produkt nicht fehlerfrei ist. Diese möglicherweise auftretende Verpflichtung schiebt die Gewinnrealisierung nicht hinaus. In der handelsrechtlichen Rechnungslegung wird sie über die Passivierung einer Rückstellung für Garantieverpflichtungen berücksichtigt. Die aufwandswirksame Bildung einer Rückstellung für ungewisse (Garantie-)Verpflichtungen stützt sich auf den Grundsatz der Abgrenzung von Aufwendungen der Sache nach. Bei diesem Grundsatz handelt es sich um einen das Realisationsprinzip ergänzenden Periodisierungsgrundsatz.

104 **Ergebnis:** Gewinne aus der Veräußerung von Waren oder Fertigerzeugnissen (Liefergeschäften) gelten zu dem Zeitpunkt als realisiert, zu dem die Preisgefahr auf den Abnehmer übergeht. Gewinne aus Umsatzgeschäften sind **auszuweisen, wenn der Vergütungsanspruch des leistenden Unternehmers so gut wie sicher ist**.[60] Zu diesem Zeitpunkt hat der leistende Unternehmer die vertraglich vereinbarte Leistung erbracht. Die mit der Erbringung der betrieblichen Hauptleistung zusammenhängenden Beschaffungs–, Produktions- und Absatzrisiken sind entfallen. Offen sind lediglich noch Zahlungsrisiken sowie Risiken aus Garantieverpflichtungen. Diese Risiken werden bilanziell im Zusammenhang mit der Bewertung der Forderungen aus Lieferungen und Leistungen bzw durch die Bildung von Rückstellungen für ungewisse Verbindlichkeiten (Garantierückstellungen) berücksichtigt. Wie die Aktivierung von Forderungen aus Lieferungen und Leistungen zeigt, wird nicht auf den unmittelbaren Zufluss an Zahlungsmitteln abgestellt, vielmehr ist es ausreichend, wenn in nächster Zukunft **mit** dem **Zufluss von Zahlungsmitteln fest gerechnet werden kann** (unmittelbarer Zahlungsmittelzufluss) oder wenn durch die **Entstehung eines Anspruchs, der abgetreten oder beliehen werden kann**, ein mittelbarer Zahlungsmittelzufluss vorliegt.

105 *(3) Realisationszeitpunkt in weiteren Fällen:* Der Grundgedanke, dass bei der Lieferung von Waren oder Fertigerzeugnissen der Gewinn zu dem Zeitpunkt als realisiert gilt, zu dem die Preisgefahr auf den Käufer übergeht, lässt sich auf **andere Geschäftsvorfälle** übertragen:[61]

106 (a) Bei **(Dienst-)Leistungen** ist der Gewinn durch Einbuchung einer Forderung zu dem Zeitpunkt zu realisieren, zu dem die vertraglich geschuldete Leistung erbracht worden ist und die Möglichkeit besteht, die Abrechnung zu erstellen. Bei zeitraumbezogenen Dienstleistungen, die sich aus einzelnen abgrenzbaren Leistungen zusammensetzen, sind die Erträge entsprechend der Erbringung der Leistung zu realisieren.[62]

Beispiel: Ein Lehrgang zur Vorbereitung auf die Steuerberaterprüfung dauert von November 01 bis September 02. Insgesamt werden 50 Tagesseminare durchgeführt. Von diesen finden im Jahr 01 sechs statt. Die verbleibenden 44 Tagesseminare werden im Jahr 02 angeboten. Den Teilnehmern wird für den gesamten Kurs eine Gesamtvergütung in Rechnung gestellt.

Die Erlöse aus dem Vorbereitungslehrgang sind entsprechend der Anzahl der durchgeführten Seminare erfolgswirksam zu verrechnen. Nach dem Realisationsprinzip sind im Jahr 01 6/50 der Gesamtvergütung als Umsatzerlöse gewinnwirksam zu verbuchen. 44/50 des Kursentgelts werden im Jahr 02 realisiert.

Die erfolgswirksame Aufteilung der Umsatzerlöse entsprechend der erbrachten Leistung des Seminaranbieters ist unabhängig davon, ob die Teilnehmer die Kursgebühr vor Beginn des Lehrgangs vollständig bezahlen, im Verlauf des Lehrgangs Raten entrichten oder die Gesamtvergütung nach Abschluss des Lehrgangs überweisen.

Bei Vermittlungsleistungen ist der Anspruch auf die Abschlussprovision in dem Zeitpunkt zu aktivieren, in dem die Vermittlungsleistung erbracht wurde, dh zu dem der vermittelte Vertrag zustande gekommen ist.[63]

60 Vgl Moxter, Grundsätze ordnungsgemäßer Rechnungslegung, Düsseldorf 2003, S. 43–44.
61 Siehe hierzu auch Marx, StuB 2016, S. 327.
62 Vgl BFH vom 10.9.1998, BStBl. 1999 II, S. 21; BFH vom 14.10.1999, BStBl. 2000 II, S. 25.
63 Vgl BFH vom 14.10.1999, BStBl. 2000 II, S. 25; BFH vom 3.8.2005, BStBl. 2006 II, S. 20.

(b) Bei **Wirtschaftsgütern des Anlagevermögens** gelten Wertsteigerungen dann als realisiert, wenn die Wirtschaftsgüter veräußert worden sind und die wirtschaftliche Verfügungsmacht auf den Käufer übergegangen ist. Beim Verkauf eines Grundstücks ist deshalb nicht auf den Zeitpunkt abzustellen, zu dem der notarielle Kaufvertrag abgeschlossen oder zu dem der Eigentumsübergang in das Grundbuch eingetragen wird. Entscheidend ist der Zeitpunkt, zu dem die Nutzung des Grundstücks sowie die damit verbundenen Gefahren und Lasten vom Veräußerer auf den Erwerber übergehen.[64] Für Anteile an Kapitalgesellschaften (Aktien, GmbH-Anteile) gilt analog, dass der Veräußerungsgewinn erst realisiert ist, wenn ein Kaufvertrag abgeschlossen wurde, die mit den Anteilen verbundenen wesentlichen Rechte sowie das Risiko einer Wertminderung und die Chance einer Wertsteigerung auf den Erwerber übergegangen sind.[65] **107**

(c) **Ansprüche auf Schadensersatzleistungen** (zB Forderungen aus Vertragsverletzungen, unerlaubten Handlungen oder ungerechtfertigten Bereicherungen) sind dann auszuweisen, wenn an der Berechtigung des Anspruchs keine Zweifel mehr bestehen. Aufgrund der häufigen Diskussionen über die Berechtigung von Ansprüchen auf Schadensersatzleistungen dem Grunde und der Höhe nach können sie im Regelfall erst dann als realisiert betrachtet werden, wenn der Anspruch vom Zahlungsverpflichteten anerkannt wird oder wenn über den Anspruch rechtskräftig entschieden wurde.[66] Wird der Anspruch vom Zahlungsverpflichteten zum Teil anerkannt, gilt er hinsichtlich dieses Teilbetrags als realisiert. Zusätzliche Voraussetzung für eine ertragswirksame Vereinnahmung der Schadensersatzleistung ist, dass der Zahlungsverpflichtete voraussichtlich auch in der Lage ist, die anerkannte Verpflichtung zu erfüllen. Er muss also nicht nur zahlungswillig sein, sondern auch zahlungsfähig. **108**

Diese Überlegungen gelten analog für die bilanzrechtliche Behandlung von Ansprüchen aus Versicherungsverträgen.

(4) Bedeutung des Objektivierungsgedankens: Bei der Interpretation des Realisationsprinzips sind nicht nur formalrechtliche Kriterien heranzuziehen. Für die Realisierung eines Gewinns im bilanzrechtlichen Sinne wird **keine absolute Sicherheit gefordert**. Vielmehr ist es ausreichend, wenn die Erträge als so gut wie sicher („quasisicher") anzusehen sind. Ansprüche gelten als realisiert, wenn sie nicht mehr mit ungewöhnlichen Risiken behaftet sind. Insofern ist auf die wirtschaftlichen Verhältnisse abzustellen. Bei der Interpretation des Realisationsprinzips ist jedoch strittig, in welchem Umfang von den rechtlichen Gegebenheiten abgewichen werden darf. In diesem Zusammenhang besteht ein **Zielkonflikt zwischen** den **Periodisierungsgrundsätzen** (stärkere Berücksichtigung der wirtschaftlichen Verhältnisse) **und** dem **Objektivierungsgedanken** (stärkere Betonung von rechtlichen Kriterien). Wie dieser Zielkonflikt gelöst werden kann, wird anhand von zwei Beispielen verdeutlicht: **109**

- Dividendenansprüche bei Mehrheitsbeteiligungen sowie
- langfristige Fertigung.

64 Vgl BFH vom 8.9.2005, BStBl. 2006 II, S. 26.
65 Vgl BFH vom 22.7.2008, BStBl. 2009 II, S. 124 mwN.
66 Vgl BFH vom 26.4.1989, BStBl. 1991 II, S. 213.

110 (a) **Mehrheitsgesellschafter einer Kapitalgesellschaft** können auf der Gesellschafterversammlung (Hauptversammlung) den Beschluss, in welcher Höhe die von dem Tochterunternehmen erzielten Gewinne ausgeschüttet werden, entsprechend ihrer Vorstellungen beeinflussen. Wird bei der Konkretisierung des Realisationsprinzips ausschließlich auf formalrechtliche Kriterien abgestellt, kann auch ein Mehrheitsgesellschafter den Anspruch auf die Dividendenzahlungen erst nach Vorliegen eines (rechtswirksam getroffenen) Gewinnverwendungsbeschlusses ertragswirksam vereinnahmen. Im Hinblick auf die wirtschaftlichen Verhältnisse wird von diesem Grundsatz in Teilbereichen abgewichen. Danach kann unter bestimmten Voraussetzungen der Mehrheitsgesellschafter den Anspruch auf die Zahlung der Dividenden bereits mit Ablauf des Wirtschaftsjahres des Tochterunternehmens als realisiert behandeln (**phasengleiche Vereinnahmung von Beteiligungserträgen**).

Beispiel: Der Einzelunternehmer M hält in seinem Betriebsvermögen 100% der Anteile an der T-AG. Es wurde kein Gewinnabführungsvertrag (§ 291 AktG) abgeschlossen. Bei beiden Unternehmen stimmt das Wirtschaftsjahr mit dem Kalenderjahr überein. Der Beschluss über die Verwendung des Bilanzgewinns der T-AG für das Wirtschaftsjahr 01 wird am 4.6.02 getroffen.

Bei einer *Betonung der rechtlichen Kriterien* wird der Gewinnverwendungsbeschluss als wertbegründendes Ereignis betrachtet. Der Realisationszeitpunkt stimmt mit dem Tag überein, an dem der Gewinnverwendungsbeschluss (rechtswirksam) getroffen wird. Damit hat der Einzelunternehmer M die Dividenden am 4.6.02, dh im *Jahr 02*, gewinnwirksam zu verbuchen. Der Beteiligungsertrag wird zu dem Zeitpunkt verbucht, zu dem aus Sicht des Mutterunternehmens der Anspruch gegenüber dem Tochterunternehmen hinsichtlich der Zahlung des Beteiligungsertrags (rechtlich) entsteht.

Stellt man eher auf die wirtschaftlichen Verhältnisse ab, ist der Gewinnverwendungsbeschluss als werterhellendes Ereignis zu interpretieren. Da mit der Entstehung einer Dividendenforderung und damit mit dem Zufluss von Zahlungsmitteln fest gerechnet werden kann, gelten die Beteiligungserträge mit Ablauf des Wirtschaftsjahres der T-AG als realisiert, dh am 31.12.01. Bei einer phasengleichen Vereinnahmung der Beteiligungserträge hat M die Dividenden bereits im *Jahr 01* zu versteuern, dh vor dem Zeitpunkt, zu dem der Anspruch rechtlich entsteht. Bei einer phasengleichen Vereinnahmung von Beteiligungserträgen werden diese beim Gesellschafter in dem Jahr ausgewiesen, in dem das Tochterunternehmen die Gewinne erwirtschaftet.

Die materielle Auswirkung der Diskussion um den Anwendungsbereich der phasengleichen Vereinnahmung von Beteiligungserträgen hat zwar mit der Änderung des Körperschaftsteuersystems im Jahr 2000 und der damit verbundenen (teilweisen bzw vollen) Steuerbefreiung von Dividenden (§ 3 Nr 40 EStG, § 8b Abs. 1, 4 KStG) an Bedeutung verloren. Die dabei herangezogenen Argumente sind aber **für die Interpretation des Realisationsprinzips sowie für das Verhältnis zwischen Handels- und Steuerbilanz weiterhin sehr bedeutsam**. Die Entwicklung der Rechtsprechung zeigt, dass der Zielkonflikt zwischen den Periodisierungsgrundsätzen und dem Objektivierungsgedanken im Zeitablauf in unterschiedlicher Weise gelöst wurde. In diesem Zusammenhang zeigt sich erneut, dass es sich bei den GoB nicht um ein eindeutig formuliertes und starres System handelt, sondern bei der Konkretisierung der einzelnen Unterprinzipien und bei der Festlegung der zwischen ihnen bestehenden Beziehungen subjektive Wertentscheidungen des Bilanzierenden unvermeidlich sind. Die Entwicklung der Rechtsprechung lässt sich vereinfachend in folgende Phasen einteilen:

- Der Bundesgerichtshof ging zunächst davon aus, dass ein Mehrheitsgesellschafter unter bestimmten Voraussetzungen den Anspruch auf Auszahlung der Dividenden bereits mit Ablauf des Wirtschaftsjahres der Tochtergesellschaft vereinnahmen kann.[67] Das **handelsrechtliche Wahlrecht** zur phasengleichen Vereinnahmung von Beteiligungserträgen wurde in der **Steuerbilanz** zu einer **Aktivierungspflicht** (Einschränkung des Maßgeblichkeitsprinzips bei handelsrechtlichen Bilanzierungswahlrechten, Fall 5).[68]
- In den folgenden Jahren hat der Bundesfinanzhof den **Anwendungsbereich** der phasengleichen Vereinnahmung von Beteiligungserträgen immer mehr **ausgedehnt**.[69]
- Der **Europäische Gerichtshof** hat unter Hinweis auf die hohe Bedeutung des Grundsatzes der Bilanzwahrheit, genauer der Anforderung, dass der Jahresabschluss ein den tatsächlichen Verhältnissen entsprechendes Bild der Vermögens–, Finanz- und Ertragslage vermitteln soll, die Möglichkeit der phasengleichen Vereinnahmung von Beteiligungserträgen als **mit der 4. EG-Richtlinie** (heute Rechnungslegungsrichtlinie) **vereinbar** angesehen.[70]
- Im Anschluss an die Entscheidung des Europäischen Gerichtshofs hat der Bundesgerichtshof aus dem **handelsbilanziellen** Wahlrecht eine **Pflicht** zur phasengleichen Vereinnahmung von Beteiligungserträgen gemacht.[71]
- Im weiteren Verlauf kam es in der Finanzrechtsprechung zu einer gegenläufigen Entwicklung. Der **Bundesfinanzhof** tendiert nunmehr dazu, die objektiv-formale Betrachtung und das Stichtagsprinzip höher zu gewichten als den Grundsatz der Bilanzwahrheit und die dahinter stehende Forderung nach einem Einblick in die tatsächliche Vermögens–, Finanz- und Ertragslage des Unternehmens. In der aktuellen Finanzrechtsprechung wurde aus dem ursprünglichen steuerbilanziellen Gebot zur phasengleichen Vereinnahmung von Beteiligungserträgen für die Steuerbilanz ein **Verbot zur phasengleichen Vereinnahmung von Beteiligungserträgen**. Der Anspruch auf Dividendenzahlungen kann nach der derzeitigen Rechtsprechung des Bundesfinanzhofs in der Steuerbilanz nur noch unter äußerst restriktiven Bedingungen vor dem Zeitpunkt aktiviert werden, zu dem der Gewinnverwendungsbeschluss getroffen wird.[72]

Ergebnis dieser Entwicklung der Rechtsprechung ist, dass nach aktueller Rechts- **111**
lage Gewinne aus der Beteiligung an einem Tochterunternehmen in der Rechtsform einer Kapitalgesellschaft in der Steuerbilanz des Mutterunternehmens grundsätzlich erst zu dem Zeitpunkt als **realisiert** gelten, zu dem der **Beschluss über die Gewinnverwendung** getroffen wird. Zu diesem Zeitpunkt wird das Forderungsrecht „Anspruch auf Dividendenzahlungen“ rechtlich begründet. Der Gewinnverwendungsbeschluss gilt als wertbegründendes Ereignis, durch das das selbständige Wirtschaftsgut

---

67 Vgl BGH vom 3.11.1975, BGHZ 65 (1976), S. 230.

68 Vgl BFH vom 2.4.1980, BStBl. 1980 II, S. 702; BFH vom 3.12.1980, BStBl. 1981 II, S. 184 iVm dem Grundsatzurteil des BFH vom 3.2.1969, BStBl. 1969 II, S. 291.

69 Vgl zB BFH vom 8.3.1989, BStBl. 1989 II, S. 714; BFH vom 19.2.1991, BStBl. 1991 II, S. 569.

70 Vgl EuGH vom 27.6.1996 *(Tomberger)*, ECLI:EU:C:1996:252.

71 Vgl BGH vom 12.1.1998, BGHZ 137 (1999), S. 378.

72 Grundlegend hierzu BFH vom 7.8.2000, BStBl. 2000 II, S. 632. Siehe auch BFH vom 20.12.2000, BStBl. 2001 II, S. 409; BFH vom 28.2.2001, BStBl. 2001 II, S. 401; BFH vom 7.2.2007, BStBl. 2008 II, S. 340.

„Dividendenforderung" entsteht. Konsequenz ist, dass insoweit das **Realisationsprinzip in der Handelsbilanz anders interpretiert** wird **als in der Steuerbilanz**. Es kommt zu einer Durchbrechung der Maßgeblichkeit der Handelsbilanz für die Steuerbilanz: Es existieren zwei verbindliche, sich widersprechende Vorgehensweisen (Fall 2b): Ein Mehrheitsgesellschafter muss (unter bestimmten Voraussetzungen) in der Handelsbilanz seine Beteiligungserträge bereits mit Ablauf des Wirtschaftsjahres der Tochterkapitalgesellschaft vereinnahmen, während für die steuerliche Gewinnermittlung davon ausgegangen wird, dass der Realisationszeitpunkt mit dem Zeitpunkt zusammenfällt, zu dem der Gewinnverwendungsbeschluss getroffen wird. Stimmt das Wirtschaftsjahr mit dem Kalenderjahr überein, werden die **Beteiligungserträge in der handelsrechtlichen Rechnungslegung eine Periode früher erfasst** (im Beispiel im Jahr 01) **als in der Steuerbilanz** (im Beispiel im Jahr 02). In der handelsrechtlichen Rechnungslegung wird den Periodisierungsgrundsätzen ein höheres Gewicht beigemessen als dem Objektivierungsgedanken. Demgegenüber fällt für die steuerliche Gewinnermittlung über die stärkere Betonung von rechtlichen Kriterien der Abwägungsprozess zugunsten der Objektivierungsüberlegungen aus.

112 (b) Die Auswirkungen des Zielkonflikts zwischen den Periodisierungsprinzipien sowie dem Objektivierungsgedanken zeigen sich auch bei der **langfristigen Fertigung**. Die langfristige Fertigung ist dadurch gekennzeichnet, dass sich bei einem Vertrag, der mit einem Kunden über ein konkretes Projekt abgeschlossen wurde, der Leistungserstellungsprozess über mehrere Perioden erstreckt. Betont man – wie der Bundesfinanzhof bei Dividendenansprüchen aus der Beteiligung an einer Kapitalgesellschaft – den Objektivierungsgedanken sehr stark, ist zur Festlegung des Zeitpunkts der Gewinnrealisierung in erster Linie auf rechtliche Kriterien abzustellen. Nach dieser Betrachtung gelten die Erträge aus dem Absatz der betrieblichen Hauptleistung zu dem Zeitpunkt als realisiert, zu dem die Preisgefahr auf den Abnehmer übergeht. Bei einer langfristigen Fertigung bedeutet dies, dass die Umsatzerlöse erst in dem Jahr zu erfassen sind, in dem das Projekt vollständig abgeschlossen ist, dh zu dem Zeitpunkt, zu dem das erstellte Wirtschaftsgut dem Käufer übergeben und von diesem abgenommen wird. In den Jahren, in denen das Produkt erstellt wird, dürfen noch keine Umsatzerlöse und damit kein Gewinn ausgewiesen werden. Diese Form der Gewinnrealisierung bei langfristiger Fertigung wird als **Completed-Contract-Method** bezeichnet.

Die Betonung der rechtlichen Kriterien hat zur Konsequenz, dass bei langfristiger Fertigung, wie sie für Bauprojekte und im Anlagenbau typisch ist (Beispiele: Errichtung eines Kraftwerks oder eines Staudamms, Produktion eines Schiffes), die Umsatzerlöse erst nach Abschluss des Leistungserstellungsprozesses verbucht werden können. Die **Umsatzentwicklung und** damit der **Gewinnausweis nehmen einen unregelmäßigen Verlauf**.

Beispiel: Einem Hersteller von Kraftwerken gelingt es, im Jahr 01 den Auftrag für die Erstellung des Kraftwerks A zu erlangen. Die Bauphase erstreckt sich über die Jahre 02–04. Im Jahr 03 wird der Auftrag für das Kraftwerk B erteilt, das nach Abschluss der Bauarbeiten im Jahr 06 an den Besteller übergeben werden.

Der Hersteller weist lediglich im Jahr 04 (Übergabe des Kraftwerks A) und im Jahr 06 (Übergabe des Kraftwerks B) Erträge aus. In den Jahren 01, 02, 03 und 05 werden keine Umsatzerlöse verbucht.

Das Beispiel zeigt allerdings auch, dass regelmäßige Auftragseingänge und Auftragsabrechnungen zu einer Verstetigung des Erfolgsausweises führen. Würde der Hersteller jedes Jahr einen Auftrag für ein Kraftwerk des gleichen Typs erhalten, dessen Erstellung jeweils die gleiche Zeitdauer in Anspruch nimmt, würde nach Fertigstellung des ersten Kraftwerks in jedem Jahr (tendenziell) der gleiche Ertrag ausgewiesen.

Stellt man bei der Interpretation des Realisationsprinzips nicht ausschließlich auf rechtliche Kriterien ab, sondern misst den Periodisierungsgrundsätzen und damit wirtschaftlichen Kriterien ein höheres Gewicht bei, hat eine anteilige Gewinnrealisierung entsprechend dem Verlauf des Fertigstellungsprozesses zu erfolgen. Bei der – im angelsächsischen Bereich üblichen – **Percentage-of-Completion-Method** wird jedes Jahr der Teil des geschätzten Gesamterfolgs ausgewiesen, der auf die im abgelaufenen Wirtschaftsjahr durchgeführte Fertigstellung entfällt. Die Anwendung der Percentage-of-Completion-Method setzt erstens voraus, dass der Gesamterfolg, also die zu erwartenden Erlöse sowie die bereits angefallenen und insbesondere die zukünftig noch anfallenden Aufwendungen, mit hinreichender Sicherheit ermittelbar sind. Zweitens muss ein Aufteilungsschlüssel bekannt sein, nach dem der aus dem Projekt zu erwartende Gesamterfolg auf die Perioden verteilt werden kann, in dem die Fertigung durchgeführt wird.

Überträgt man die Rechtsprechung des Bundesfinanzhofs zum Zeitpunkt der Verein- **113**
nahmung von Erträgen aus der Beteiligung an einer Kapitalgesellschaft auf die Diskussion über den Zeitpunkt der Gewinnrealisierung bei langfristiger Fertigung, scheidet die Percentage-of-Completion-Method für die Steuerbilanz aus, obwohl in der handelsrechtlichen Rechnungslegung im Hinblick auf die Internationalisierung der Rechnungslegung der Anwendungsbereich der fertigungsbegleitenden Gewinnrealisierung immer weiter ausgedehnt wird.[73] Aufgrund der höheren Gewichtung des Objektivierungsgedankens in der Steuerbilanz und des stärkeren Abstellens auf die Informationsfunktion im Rahmen der handelsrechtlichen Rechnungslegung kommt es zu einer **unterschiedlichen Interpretation des Realisationsprinzips**. Im Rahmen der steuerlichen Gewinnermittlung werden aufgrund des Grundsatzes der Rechtssicherheit (Tatbestandsmäßigkeit und Tatbestandsbestimmtheit) rechtliche Kriterien stärker betont, während in der handelsrechtlichen Rechnungslegung aufgrund der Informationsfunktion mehr auf die wirtschaftlichen Verhältnisse abgestellt wird. Der Gewinn wird in der Steuerbilanz erst nach Abschluss des Gesamtprojekts ausgewiesen, während es im Rahmen der handelsrechtlichen Rechnungslegung während des Fertigstellungsprozesses sukzessive zu einem Ausweis von Erträgen kommt. Bei der langfristigen Fertigung wird der **Gewinn in der Steuerbilanz später ausgewiesen als in der Handelsbilanz**.

Trotz Maßgeblichkeitsprinzip stimmt der Realisationszeitpunkt in der **Steuerbilanz** nicht in jedem Fall mit dem Zeitpunkt überein, zu dem in der Handelsbilanz Gewinne als realisiert gelten. Die Begründung für dieses Auseinanderfallen liegt aber nicht in dem Ziel, für die steuerliche Gewinnermittlung die Ertragsbesteuerung vorzuverlagern oder die Aufwandsverrechnung in spätere Perioden zu verschieben. Vielmehr

---

73 Siehe hierzu auch Wüstemann/Wüstemann, ZfB 2009, S. 31 (zur Gewinnrealisierung bei Werkverträgen als ein typischer Anwendungsfall für eine langfristige Fertigung).

wird die Percentage-of-Completion-Method im Steuerrecht mit dem Argument abgelehnt, über die **stärkere Betonung des Objektivierungsgedankens** die steuerbilanzpolitisch nutzbaren Ermessensspielräume der Steuerpflichtigen einzuschränken.

114 Diese Grundsätze können auf Werkverträge übertragen werden, die zwar aus mehreren Teilleistungen bestehen, die aber für den Abnehmer nur in ihrer Zusammenfassung von Nutzen sind. So setzt sich beispielsweise bei einem Gerüstbauvertrag die Leistung aus der Lieferung des Gerüsts, dem Aufbau des Gerüsts, der Überlassung des Gerüsts für einen bestimmten Zeitraum und dem Abbau des Gerüsts zusammen. Die einzelnen Teilleistungen sind für den Abnehmer isoliert nicht von Nutzen. Dies bedeutet, dass das Gerüstbauunternehmen den gesamten Gewinn erst im Zeitpunkt der vollständigen Leistungserbringung, dh mit der Beendigung des Abbaus des Gerüsts, realisiert.[74]

Zu einer gegenläufigen Entwicklung kam es kurzfristig bei Anzahlungen, die im Zusammenhang mit Werkverträgen stehen. Bei Abschlagszahlungen an Architekten und Ingenieure nach § 8 Abs. 2 HOAI 1996 wurde steuerrechtlich eine Gewinnrealisierung bereits zu dem Zeitpunkt angenommen, zu dem der Anspruch auf die Abschlagszahlungen entstanden ist.[75] Diese Rechtsprechung des Bundesfinanzhofs führt dazu, dass die Gewinnrealisierung zum Teil vor der abschließenden Leistungserbringung vorzunehmen ist. Diese Rechtsprechung zu einem Sonderfall zu einer inzwischen nicht mehr geltenden Honorarordnung hat die Finanzverwaltung nicht nur auf die aktuelle Honorarordnung dieser Berufsgruppe ausgedehnt, sondern allgemein auf Ansprüche auf Abschlagszahlungen nach § 632a BGB.[76] Konsequenz dieser vorübergehend vertretenen Ansicht war, dass das Realisationsprinzip zwar gleichfalls für die handelsrechtliche Rechnungslegung anders ausgelegt wurde als für die steuerliche Gewinnermittlung. Allerdings erfolgte entgegen den vorstehend für die langfristige Fertigung formulierten Überlegungen bei derartigen Abschlagszahlungen der Gewinnausweis in der Steuerbilanz früher als in der Handelsbilanz. Nach heftiger Kritik[77] hat die Finanzverwaltung ihre Auffassung geändert, dh sie wendet die Grundsätze der Rechtsprechung des Bundesfinanzhofs nunmehr nur auf Abschlagszahlungen an, die bis zum 17.8.2009 nach § 8 Abs. 2 HOAI 1996 vertraglich vereinbart wurden.[78]

115 *(5) Beurteilung:* Das **Realisationsprinzip stellt** zusammen mit dem Anschaffungswertprinzip **sicher, dass Anschaffungsvorgänge und Produktionsprozesse** solange **erfolgsneutral sind, bis sich die Werterhöhungen** soweit **konkretisiert haben**, dass an ihrer Verwirklichung keine grundsätzlichen Zweifel mehr bestehen. Ansprüche sind zu dem Zeitpunkt zu realisieren, zu dem sie entstanden sind, m.a.W. wenn sie so gut wie sicher sind. **Vollständige Sicherheit wird nicht verlangt**, da diese erst im Zeitpunkt des Zahlungseingangs besteht. Mit dem Abstellen auf die „Quasisicherheit" der Erträge bzw Ansprüche, dh auf das Fehlen von als wesentlich angesehenen Risiken, wird nicht nur dem Vorsichtsprinzip Rechnung getragen, sondern gleichzeitig auch dem Objektivierungsgedanken.

---

74 Vgl FG Baden-Württemberg vom 3.3.2016 (rechtskräftig), EFG 2016, S. 1071.

75 Vgl BFH vom 14.5.2014, BStBl. 2014 II, S. 968.

76 Vgl BMF-Schreiben vom 29.6.2015, BStBl. 2015 I, S. 542.

77 Vgl zB IDW, FN-IDW 2015, S. 257; Marx/Juds, DStR 2015, S. 1014; Marx/Juds, DStR 2015, S. 1462; Ortmann-Babel, DB 2015, S. 1690; Prinz, DB 2016, S. 371; Ramme, DB 2017, S. 2958; Ringwald, NWB 2015, S. 2352; Velte/Stawinoga, StuW 2016, S. 118.

78 Vgl BMF-Schreiben vom 15.3.2016, BStBl. 2016 I, S. 279.

Die Interpretation des Realisationsprinzips ist nur dann eindeutig, wenn man generell auf **rechtliche Kriterien** abstellt, wie den Übergang der Preisgefahr nach § 446, § 447 BGB oder das Entstehen eines Rechtsanspruchs. Löst man sich zumindest teilweise von rechtlichen Kriterien, ist der Inhalt des Realisationsprinzips unbestimmt. Dies hat die Diskussion um den Zeitpunkt der Realisation von Ansprüchen auf Zahlung von Dividenden, die gegenüber einer Tochterkapitalgesellschaft bestehen, und um den Zeitpunkt der Gewinnrealisierung bei langfristiger Fertigung deutlich gezeigt. Stellt man stärker auf **wirtschaftliche Verhältnisse** ab, hängt die Auslegung des Periodisierungsgrundsatzes zumindest teilweise von subjektiven Wertentscheidungen ab. Folgt man diesem Ansatz, hat der Bilanzierende festzulegen, in welchem Umfang er bereit ist, das Konzept einer objektivierten Gewinnermittlung zurückzudrängen, um auf diese Weise im Jahresabschluss ein den tatsächlichen Verhältnissen entsprechendes Bild der wirtschaftlichen Lage des Unternehmens zu vermitteln. In der **Rechtsprechung des Bundesfinanzhofs** ist **zunehmend** eine **stärkere Betonung des Objektivierungsgedankens** festzustellen. Das grundsätzliche Abstellen auf rechtliche Kriterien in der Finanzrechtsprechung führt dazu, dass in Teilbereichen die **Erträge in der Steuerbilanz später zu realisieren sind als in der handelsrechtlichen Rechnungslegung**. Da die **Entwicklungen in den beiden Rechnungslegungskreisen gegenläufig** verlaufen sind, haben sich die Unterschiede vergrößert.

Zur Beurteilung des Realisationsprinzips ist von den **Zielen der Ertragsteuern** aus- **116**
zugehen. Bei den Ertragsteuern ist das **Markteinkommen** des Steuerpflichtigen zu erfassen. Bei Gewinneinkünften wird das Markteinkommen mit einer Veränderung des Reinvermögens (Betriebsvermögens) des Steuerpflichtigen gleichgesetzt. Dieser umfassende Einkommensbegriff entspricht dem Grundsatz der Gleichmäßigkeit der Besteuerung, da sowohl die regelmäßig fließenden Einkünfte besteuert werden als auch aperiodische Vermögensänderungen einschließlich Veräußerungsgewinne erfasst werden. **Zu klären ist** allerdings, **zu welchem Zeitpunkt** Vermögensmehrungen das steuerpflichtige Einkommen erhöhen. Als Leitbilder stehen die Reinvermögenszugangstheorie und die Reinvermögenzuwachstheorie zur Wahl: Die **Reinvermögenszugangstheorie** stellt auf Marktvorgänge ab. Vermögensmehrungen sind erst zu dem Zeitpunkt zu erfassen, zu dem sie dem Bilanzierenden in Form von liquiden Mitteln zugeflossen sind („Barrealisation"). Nach dem zurzeit geltenden Verständnis des Realisationsprinzips sind Vermögensmehrungen zu dem Zeitpunkt gewinnerhöhend auszuweisen, zu dem sie am Markt bestätigt sind, m.a.W. ab dem Zeitpunkt, zu dem sie so gut wie sicher sind. Aufgrund der im Rahmen der steuerlichen Gewinnermittlung aufgestellten hohen Anforderungen an den Objektivierungsgrundsatz steht die Festlegung des Realisationszeitpunkts der Reinvermögenszugangstheorie sehr nahe. Fallen Umsatzakt und Entrichtung des Kaufpreises zusammen, führt das geltende Bilanzsteuerrecht zum gleichen Ergebnis wie die Reinvermögenszugangstheorie. Bei Verkäufen auf Ziel beschränkt sich die Zeitdifferenz auf das dem Käufer eingeräumte Zahlungsziel. Das Realisationsprinzip ist deshalb mit dem Grundsatz der Tatbestandsmäßigkeit und Tatbestandsbestimmtheit der Besteuerung (Grundsatz der Rechtssicherheit) vereinbar. Demgegenüber sind nach der **Reinvermögenszuwachstheorie** Vermögenszuwächse bereits zu dem Zeitpunkt zu erfassen, zu dem sie wirtschaftlich verursacht sind. Dieser Ansatz entspricht zwar betriebswirtschaftlichen Überlegungen. Aufgrund der damit verbundenen Ermittlungsprobleme steht die Rein-

vermögenszuwachstheorie aber im Konflikt mit dem Grundsatz der Rechtssicherheit. Darüber hinaus kann die Reinvermögenszuwachstheorie dann zu Liquiditätsproblemen führen, wenn die Steuerzahlungen vor dem Zufluss von Zahlungsmitteln fällig werden. Bei einem Abstellen auf die Reinvermögenszuwachstheorie müssten deshalb die Steuerschulden bis zum Zufluss von liquiden Mitteln gestundet werden.

117 Ergebnis ist, dass das **Realisationsprinzip in seiner derzeitigen Form**, dh in Anlehnung an die Reinvermögenszugangstheorie, **akzeptabel** ist: Materiell wird dadurch nahezu das gleiche Ergebnis erreicht wie bei der (betriebswirtschaftlich vorzuziehenden) Reinvermögenszuwachstheorie mit Stundung der Ertragsteuern bis zum Zeitpunkt des Zahlungseingangs. Allerdings ist das Realisationsprinzip wesentlich einfacher zu handhaben.[79] Insgesamt betrachtet ist es deshalb positiv zu werten, dass für die steuerliche Gewinnermittlung der Ertragsausweis an die Vereinnahmung der damit verbundenen Einzahlungen angenähert wird (beispielhaft verdeutlicht anhand der Behandlung von Beteiligungserträgen sowie der Gewinnrealisation bei langfristiger Fertigung). Demgegenüber wird in der Handelsbilanz durch eine Vorverlagerung der Ertragsverbuchung in größerem Umfang eine Periodisierung der Einzahlungen vorgenommen. Ein derartig frühzeitiger Ertragsausweis entspricht eher der Informationsfunktion der Handelsbilanz (Ausweis von „richtigen“ Werten). Mit der Zahlungsbemessungsfunktion der Steuerbilanz ist sie nicht vereinbar (Verwendung von „verlässlichen“ Werten).

Diese Aussage bedeutet gleichzeitig, dass im Rahmen der steuerlichen Gewinnermittlung die (fortgeführten) **Anschaffungs- oder Herstellungskosten** die **Bewertungsobergrenze** bilden müssen. Das Anschaffungswertprinzip darf in der Steuerbilanz nicht durch eine Bewertung mit dem beizulegenden Zeitwert (Fair Value) verdrängt werden. Eine Bewertung mit dem beizulegenden Zeitwert stellt ein Instrument dar, um die Informationsfunktion der (handelsrechtlichen) Rechnungslegung zu erfüllen. Mit der Zahlungsbemessungsfunktion der steuerlichen Gewinnermittlung ist sie nicht vereinbar. Die Ablehnung einer Bewertung zum beizulegenden Zeitwert führt dazu, dass das Stichtagsprinzip eng auszulegen ist. Es ist auf die am Bilanzstichtag geltenden Preisverhältnisse abzustellen. In der Zukunft zu erwartende Preissteigerungen sind (noch) nicht zu berücksichtigen. Darüber hinaus folgt aus dieser Grundentscheidung, dass bei Forderungen und Verbindlichkeiten eine Abzinsung nur dann vorzunehmen ist, wenn den betrachteten Leistungsbeziehungen ein Kreditverhältnis zugrunde liegt.

118 Diese traditionelle Interpretation des Realisationsprinzips gilt allerdings nicht mehr uneingeschränkt. Die Entwicklungen in den letzten Jahren haben dazu geführt, dass in zwei Bereichen in der Handelsbilanz **vom Anschaffungswertprinzip abgewichen** wird. Die damit verbundene Neuinterpretation des Realisationsprinzips wirkt sich in einem Fall auch in der Steuerbilanz aus:[80] (1) Finanzinstrumente, die von Kreditinstituten zu Handelszwecken gehalten werden, sind sowohl in der Handelsbilanz als auch in der Steuerbilanz mit dem beizulegenden Zeitwert abzüglich eines Risikoabschlags

---

79 Vgl Siegel, Steuern, in: Korff et al. (Hrsg.), Handbuch der Wirtschaftsethik, Band III, Gütersloh 1999, S. 366.

80 Siehe hierzu auch Zweiter Abschnitt, Kapitel B.VI., Rn. 452–453.

zu bewerten (§ 340e Abs. 3 HGB, § 6 Abs. 1 Nr 2b EStG). Damit wird in beiden Bilanzen nicht auf am Markt realisierte Wertsteigerungen abgestellt, sondern auf am Markt realisierbare Wertsteigerungen. (2) Bei auf fremde Währung lautenden aktiven Wirtschaftsgütern ist bei einer Restlaufzeit von bis zu einem Jahr in der Handelsbilanz der Stichtagswert anzusetzen (§ 256a S. 2 HGB). Demgegenüber bleibt es hinsichtlich der Erfassung von Währungsgewinnen in der Steuerbilanz bei den allgemeinen Regeln, dh die Anschaffungskosten bilden die Wertobergrenze (§ 6 Abs. 1 Nr 2 EStG). Nur bei einer Restlaufzeit von über einem Jahr bilden sowohl in der Handelsbilanz als auch in der Steuerbilanz die Anschaffungskosten die Bewertungsobergrenze (§ 253 Abs. 1 S. 1 HGB, § 6 Abs. 1 Nr 2 EStG).

3. Abgrenzung von Aufwendungen der Sache nach

Das Realisationsprinzip regelt den Zeitpunkt, zu dem Erträge zu vereinnahmen sind. **119**
Der **Zeitpunkt der Erfassung von negativen Erfolgskomponenten** bestimmt sich nach dem Grundsatz der **Abgrenzung von Aufwendungen der Sache nach**. Die Abgrenzung von Aufwendungen der Sache nach folgt dem Finalprinzip: Aufwendungen werden als Mittel zur Erzielung von Erträgen interpretiert.

Das Nebeneinander von Realisationsprinzip und dem Grundsatz der Abgrenzung von Aufwendungen der Sache nach führt dazu, dass im externen Rechnungswesen eine **umsatzbezogene Gewinnermittlung** vorzunehmen ist. Im ersten Schritt sind die Umsätze des Geschäftsjahres zu ermitteln und entsprechend dem Realisationsprinzip als Ertrag auszuweisen. Im zweiten Schritt ist zu prüfen, welche **Aufwendungen** mit diesen Umsatzerlösen im Zusammenhang stehen. In die Gewinn- und Verlustrechnung gehen die Materialaufwendungen, die Personalaufwendungen und die Abschreibungen (= Wertverlust der im Rahmen des Leistungserstellungsprozesses eingesetzten Wirtschaftsgüter) ein, **die durch die** in dieser Periode **ausgewiesenen Umsatzerlöse veranlasst sind**. Der Gewinn einer Periode ergibt sich damit wie folgt:

Erträge aus den abgesetzten Leistungen des Unternehmens
(Realisationsprinzip)
- Aufwendungen, die notwendig waren, um diese Erträge zu erwirtschaften
  (Abgrenzung von Aufwendungen der Sache nach)

Besonders deutlich kommt der Grundsatz der Abgrenzung von Aufwendungen der Sache nach in einer Gewinn- und Verlustrechnung zum Ausdruck, die nach dem **Umsatzkostenverfahren** aufgestellt wird. Die Umsatzerlöse sind um die Herstellungskosten der zur Erzielung dieser Umsätze erbrachten Leistungen zu mindern (§ 275 Abs. 3 HGB). Beim **Gesamtkostenverfahren** wird die Abgrenzung von Aufwendungen der Sache nach indirekt erreicht, indem die Aufwendungen, die im abgelaufenen Wirtschaftsjahr noch nicht zu Umsatzerlösen geführt haben, über die Konten „Bestandserhöhungen" und „aktivierte Eigenleistungen" neutralisiert werden (§ 275 Abs. 2 HGB).

Beispiele: Für die Herstellung eines Produkts fallen im Dezember 01 Materialaufwendungen und Lohnzahlungen von 15 000 € an. Das Produkt wird im Februar 02 verkauft. Nach dem Grundsatz der Abgrenzung von Aufwendungen der Sache nach sind der Materialverbrauch und die Lohnzahlungen als Aufwand des Jahres 02 zu verrechnen. Sie werden den Herstellungskosten der zur Erzielung der Umsätze erbrachten Leistungen zugerechnet.

Im Jahr 02 fallen voraussichtlich für im Jahr 01 verkaufte Erzeugnisse Garantieleistungen von 30 000 € an. Da die Garantieverpflichtungen mit der Lieferung der Produkte eng verbunden sind, sind sie nach dem Grundsatz der Abgrenzung von Aufwendungen der Sache nach bereits im Jahr 01 durch Bildung einer Rückstellung für ungewisse Verbindlichkeiten (Garantierückstellung) aufwandswirksam zu verrechnen.

Im Januar 01 wird eine Maschine gekauft, die voraussichtlich fünf Jahre genutzt werden kann. Die Nutzung der Maschine steht mit zukünftigen Umsatzerlösen in Verbindung. Deshalb erfolgt eine aufwandswirksame Verrechnung der Anfangsauszahlung (der Anschaffungskosten) entsprechend der Nutzung der Maschine (§ 253 Abs. 3 S. 1, 2 HGB). Aus Vereinfachungsgründen erfolgt häufig eine lineare oder degressive Verrechnung der (planmäßigen) Abschreibungen, die als zeitliche Abgrenzung interpretiert werden kann. Im Anschluss an die Berechnung der Jahresabschreibung erfolgt allerdings eine anteilige Zurechnung auf die mit dieser Maschine hergestellten Produkte (Abgrenzung von Aufwendungen der Sache nach).

120 Die finale Beziehung zwischen Aufwendungen und Erträgen impliziert, dass die **Aufwendungen einem bestimmten Ertrag zugeordnet werden müssen**. Die Umsetzung des Grundsatzes der Abgrenzung von Aufwendungen der Sache nach ist jedoch **nur bei Einzelkosten ohne Schwierigkeiten möglich**. Um die finale Abgrenzung auch für zeitabhängige Aufwendungen und für Aufwendungen, die keiner speziellen Leistungseinheit direkt zurechenbar sind, umsetzen zu können, ist eine **anteilige Aufteilung** auf die damit verbundenen Erträge vorzunehmen. Aus Objektivierungsgründen ist **bei Gemeinkosten** das **Durchschnittsprinzip** anderen Verrechnungsprinzipien vorzuziehen. Die Abgrenzung von Aufwendungen der Sache nach hat in Kombination mit dem Durchschnittsprinzip beispielsweise zur Konsequenz, dass die Herstellungskosten von noch nicht abgesetzten Erzeugnissen mit ihren Vollkosten (Einzelkosten zuzüglich anteilige Gemeinkosten) zu bewerten sind und nicht nur mit ihren Einzelkosten.

4. Abgrenzung von Erträgen und Aufwendungen der Zeit nach

121 Der Grundsatz der Abgrenzung von Erträgen und Aufwendungen der Zeit nach ergänzt das Realisationsprinzip und den Grundsatz der Abgrenzung von Aufwendungen der Sache nach. Die zeitliche Abgrenzung bezieht sich auf Erträge, die nicht nach dem Realisationsprinzip abgegrenzt werden können, und auf Aufwendungen, die keine sachliche Beziehung zu bestimmten Umsätzen aufweisen:

- **Zeitraumbezogene Aufwendungen und Erträge** werden unabhängig vom Zahlungszeitpunkt der Periode ihrer wirtschaftlichen Zugehörigkeit zeitanteilig zugerechnet. Eine zeitraumbezogene Leistung liegt vor, wenn für den gesamten Zeitraum eine qualitativ gleichbleibende Dauerverpflichtung besteht. Existiert kein (einmaliger) Erfüllungszeitpunkt, erfolgt die Periodenabgrenzung im Regelfall über die Bildung von aktiven oder passiven Rechnungsabgrenzungsposten (Zahlung vor Erfolgswirksamkeit, § 250 HGB, § 5 Abs. 5 EStG) oder über die Bilanzierung von sonstigen Forderungen bzw sonstigen Verbindlichkeiten (Erfolgswirksamkeit vor Zahlung).

  Beispiele: Am 2.4.01 werden für den Zeitraum 1.4.01 bis 31.3.02 Leasingraten in Höhe von 6000 € im Voraus vereinnahmt. Nach dem Grundsatz der Abgrenzung der Zeit nach gehören 4500 € (= 9/12 von 6000 €) als Ertrag in das Jahr 01. 1500 € (= 3/12 von 6000 €) erhöhen den Gewinn des Jahres 02.

Die Prämie für eine Brandschutzversicherung in Höhe von 2400 € wird am 1.11.01 für ein Vierteljahr im Voraus bezahlt. Von dieser Summe stellen 1600 € Aufwand des Jahres 01 und 800 € Aufwand des Jahres 02 dar.

- Zu den **Aufwendungen und Erträgen, die ihrer Art nach nur in der Periode erfasst werden können, in der sie anfallen**, gehören aperiodische Tatbestände (zB Brandschäden) und periodenfremde Vorgänge (zB Korrektur von Schätzfehlern bei der Bewertung von Rückstellungen für ungewisse Verbindlichkeiten). Bei **aperiodischen Erfolgsvorgängen** verbleibt nur die Möglichkeit, sie in der Periode zu verrechnen, in der sie auftreten.

Beispiel: Durch einen Bedienungsfehler entsteht am 3.4.01 an einer Maschine ein Totalschaden. Nach dem Grundsatz der Abgrenzung der Zeit nach ist der Restbuchwert der Maschine im Wirtschaftsjahr 01 aufwandswirksam auszubuchen.

Periodenfremde Erfolge hätten nach dem Realisationsprinzip oder der Abgrenzung von Aufwendungen der Sache nach in vorangegangenen Perioden verrechnet werden sollen. Da sie aber zu diesem Zeitpunkt noch nicht bekannt waren, können sie nur in der Periode erfasst werden, in der sie auftreten.

Beispiel: Bei der Erstellung einer Großanlage im Jahr 01 wurde das Risiko aus Gewährleistungen auf 100 000 € geschätzt. Im Jahr 04 stellt sich heraus, dass aufgrund eines Konstruktionsfehlers Nachbesserungen erforderlich sind, die mit zusätzlichen Aufwendungen von 2 000 000 € verbunden sind. Die Nachbesserungen werden nach Verhandlungen mit dem Kunden im Jahr 05 durchgeführt. Nach dem Grundsatz der Abgrenzung von Aufwendungen *der Sache nach* ist im Jahr 01 eine Rückstellung für Garantieleistungen in Höhe von 100 000 € zu bilden. Nach dem Grundsatz der Abgrenzung *der Zeit nach* ist im Jahr 04 die Rückstellung um 2 000 000 € zu erhöhen.

VI. Konventionen zur Beschränkung von gewinnabhängigen Zahlungen

1. Zielsetzung und Verhältnis zum Vorsichtsprinzip

Die häufig aufgestellte Forderung, der Kaufmann solle im Jahresabschluss seine wirt- **122**
schaftliche Lage eher zu ungünstig als zu günstig darstellen, ist zu unbestimmt, um daraus für konkrete Bilanzierungs- und Bewertungsprobleme eine Lösung abzuleiten. Der **Grundsatz der vorsichtigen Gewinnermittlung bedarf** deshalb **einer Spezifizierung**. Diese erfolgt zum einen über die Grundsätze der Periodisierung und zum anderen durch die Konventionen zur Beschränkung von gewinnabhängigen Zahlungen (Kapitalerhaltungsgrundsätze). § 252 Abs. 1 Nr 4 HGB beschreibt diese Zusammenhänge wie folgt:

- Gewinne dürfen erst zu dem Zeitpunkt ausgewiesen werden, zu dem sie realisiert sind (Realisationsprinzip).
- Alle vorhersehbaren Risiken und Verluste, die bis zum Abschlussstichtag entstanden sind, sind zu berücksichtigen (Imparitätsprinzip).

Das Realisationsprinzip gewährleistet einen willkürfreien Ausweis von (nahezu) sicheren Erträgen. Der Grundsatz der Abgrenzung von Aufwendungen der Sache nach dient der Zurechnung von Aufwendungen zu den nach dem Realisationsprinzip auszuweisenden Erträgen. Ergänzend ist das Prinzip der Abgrenzung von Erträgen und Aufwendungen der Zeit nach heranzuziehen. Durch die Konventionen zur Begrenzung von gewinnabhängigen Zahlungen werden die Periodisierungsgrundsätze modifiziert. Die Kapitalerhaltungsgrundsätze reduzieren den im externen Rechnungswesen ausgewiesenen Erfolg dadurch, dass sie eine **Verrechnung von Aufwendungen** vorsehen, **die zwar eingetreten sind, die aber nach dem Grundsatz der Abgrenzung von Aufwendungen der Sache nach und nach dem Prinzip der zeitlichen Abgrenzung – noch – nicht zu erfassen sind**. Dieses Aufwandsantizipationsgebot wird als Imparitätsprinzip bezeichnet. Das **Imparitätsprinzip** stellt neben dem Realisationsprinzip das zweite für die externe Rechnungslegung charakteristische Kriterium dar.

Abb. 9: Einteilung der Konventionen zur Beschränkung gewinnabhängiger Zahlungen

Zu den Grundsätzen einer vorsichtigen Gewinnermittlung zählt auch der **Grundsatz der Bewertungsvorsicht** (Vorsichtsprinzip ieS). Er sieht für die **Behandlung von unsicheren Sachverhalten** vor, dass eher von einem für das Unternehmen ungünstigen Verlauf auszugehen ist. Die für den Bilanzierenden günstigen Entwicklungen werden tendenziell weniger stark gewichtet.

2. Imparitätsprinzip (Aufwandsantizipationsgebot)

123 *(1) Zielsetzung und Unterformen des Imparitätsprinzips:* Nach dem Imparitätsprinzip sind **Risiken und Verluste** aus einzelnen Geschäften **zu berücksichtigen, soweit sie am Abschlussstichtag zwar eingetreten, aber noch nicht am Markt bestätigt sind**. Positive und negative Erfolgsbeiträge werden somit ungleich – imparitätisch – behandelt: Eine Erfassung von Erträgen vor deren Bestätigung am Markt ist nach dem

Realisationsprinzip unzulässig (Ertragsantizipationsverbot). Das Imparitätsprinzip sieht abweichend von den Periodisierungsgrundsätzen vor, dass negative Erfolgsentwicklungen bereits in der Periode zu erfassen sind, in der sie wirtschaftlich entstanden sind. Die Wertverluste sind bereits in der Periode als Aufwendungen gewinnmindernd zu verbuchen, in der sie das Reinvermögen reduziert haben. Einer **Bestätigung am Markt** in Form eines Umsatzakts **bedarf es** bei Vermögensminderungen **nicht** (**Aufwandsantizipationsgebot**).

Die relativ starke Betonung des **Grundsatzes einer vorsichtigen Gewinnermittlung dient der Erhaltung des bilanziellen Eigenkapitals** (Kapitalerhaltungsgrundsatz). Durch die Verrechnung von Aufwendungen wird die Höhe des ausgewiesenen Gewinns reduziert. Durch die Verringerung des maximal ausschüttbaren Betrags wird insoweit ein Abfluss von Zahlungsmitteln vermieden, als Zahlungsverpflichtungen (wie beispielsweise Ausschüttungen und Ertragsteuern) von der Höhe des Gewinns des Unternehmens abhängen. Diese Zahlungsmittel können dann eingesetzt werden, wenn die Vermögensminderung zu einer Zahlungsverpflichtung wird.

Aufgrund des Objektivierungsgrundsatzes und damit des Grundsatzes der Rechtssicherheit (Grundsatz der Tatbestandsbestimmtheit) darf eine **Aufwandsantizipation nur** vorgenommen werden, **sofern konkrete Hinweise** dafür **bestehen, dass die Wertminderungen** bzw die Aufwendungen **eingetreten sind**. Die Minderung des Reinvermögens muss in intersubjektiv nachprüfbarer Weise konkretisiert werden können. Offen sein darf lediglich die Bestätigung durch einen Umsatzakt oder durch einen anderen Marktvorgang. Das Imparitätsprinzip bedeutet nicht, dass erst in der Zukunft möglicherweise eintretende Vermögensminderungen am Abschlussstichtag bereits gewinnmindernd erfasst werden dürfen. **Der Verrechnung von zukünftigen, potenziellen Aufwendungen steht das Stichtagsprinzip entgegen**.

Für den **Anwendungsbereich** der verschiedenen Grundsätze ordnungsmäßiger Buch- **124**
führung gilt also Folgendes:

- Die *Periodisierungsgrundsätze* (insbesondere Abgrenzung von Aufwendungen der Sache und der Zeit nach) erfassen **entstandene und am Markt bestätigte („realisierte") Aufwendungen**.
- Das *Imparitätsprinzip* bezieht sich auf **entstandene, aber noch nicht realisierte Aufwendungen**.
- Die Berücksichtigung von **Aufwendungen, die** voraussichtlich **in zukünftigen Wirtschaftsjahren eintreten** werden, ist aufgrund des *Stichtagsprinzips* nicht möglich.

Die nach dem Imparitätsprinzip zu berücksichtigenden negativen Erfolgsbeiträge können sich auf erfüllte Geschäfte (Beschaffung von Vermögensgegenständen und Entstehen von Schulden) und auf schwebende Geschäfte (abgeschlossene, aber noch nicht erfüllte Verträge) beziehen. Die **drei Unterformen des Imparitätsprinzips** stimmen insoweit überein, als sie zur Berücksichtigung von Minderungen des Reinvermögens führen, die am Abschlussstichtag bereits eingetreten, aber nach den Periodisierungsgrundsätzen noch nicht zu verrechnen sind. Sie unterscheiden sich dadurch, dass sie sich auf unterschiedliche Bilanzpositionen beziehen:

- **Imparitätsprinzip dem Grunde nach** (Verlustantizipation durch Bildung von Rückstellungen für drohende Verluste aus schwebenden Geschäften: Einstellung von zusätzlichen Passiva)
- **Imparitätsprinzip der Höhe nach** (Bewertung von Aktiva und Passiva) mit den Unterformen
  1. **Niederstwertprinzip** (Aufwandsantizipation durch außerplanmäßige Abschreibung von Wirtschaftsgütern auf den niedrigeren Stichtagswert: Abwertung von Aktiva)
  2. **Höchstwertprinzip** (Aufwandsantizipation durch außerplanmäßige Zuschreibung von bilanziellen Schulden auf den höheren Stichtagswert: Aufwertung von Passiva).

125 *(2) Verlustantizipation durch Rückstellungsbildung:* Das **Imparitätsprinzip dem Grunde nach** führt zur Verlustantizipation durch die Bildung von Rückstellungen. Von besonderer Bedeutung ist das Imparitätsprinzip bei **Rückstellungen für drohende Verluste aus schwebenden Geschäften**. Schwebende Geschäfte sind Verträge, die noch von keiner Seite erfüllt sind. Ein Verlust droht, wenn nach den am Abschlussstichtag geltenden Verhältnissen der **Wert der voraussichtlich zu erbringenden eigenen Leistung höher ist als der Wert der zu erwartenden Gegenleistung**, wenn also ein Verpflichtungsüberhang vorliegt.

Die Verlustantizipation durch Rückstellungsbildung bezieht sich sowohl auf Absatzgeschäfte als auch auf Beschaffungsgeschäfte:

- Bei **Absatzgeschäften** kommt das Imparitätsprinzip dem Grunde nach zur Anwendung, wenn der mit einem Kunden festgelegte (Verkaufs-)Preis geringer ist als der Wert der dafür zu erbringenden eigenen Leistungen.
- Bei **Beschaffungsgeschäften** droht im bilanzrechtlichen Sinn ein Verlust, wenn am Abschlussstichtag der Tageswert des noch nicht in den Verfügungsbereich des Kaufmanns gelangten Vermögensgegenstands geringer ist als der mit dem Lieferanten vereinbarte (Einkaufs-)Preis.

Durch die Bildung einer Rückstellung für drohende Verluste aus schwebenden Geschäften wird der **Grundsatz durchbrochen, dass schwebende Geschäfte nicht erfasst werden**. Nach dem Imparitätsprinzip dem Grunde nach werden die durch schwebende Geschäfte verursachten Minderungen des Reinvermögens bilanziell bereits erfasst, obwohl sie sich erst im Zeitpunkt der Erfüllung des Geschäfts realisieren (Aufwandsantizipationsgebot).

Im Gegensatz hierzu erfassen Rückstellungen für ungewisse Verbindlichkeiten Aufwendungen, die nach dem Prinzip der Abgrenzung von Aufwendungen der Sache nach (wie Garantie- oder Pensionsrückstellungen) oder nach dem Grundsatz der Abgrenzung von Aufwendungen der Zeit nach (zB Rückstellungen für Schadensersatzverpflichtungen) zu passivieren sind. Der Unterschied besteht darin, dass Rückstellungen für ungewisse Verbindlichkeiten auf die Periodisierungsgrundsätze zurückzuführen sind, während Rückstellungen für drohende Verluste aus schwebenden Geschäften auf die Kapitalerhaltungsgrundsätze zurückgehen.

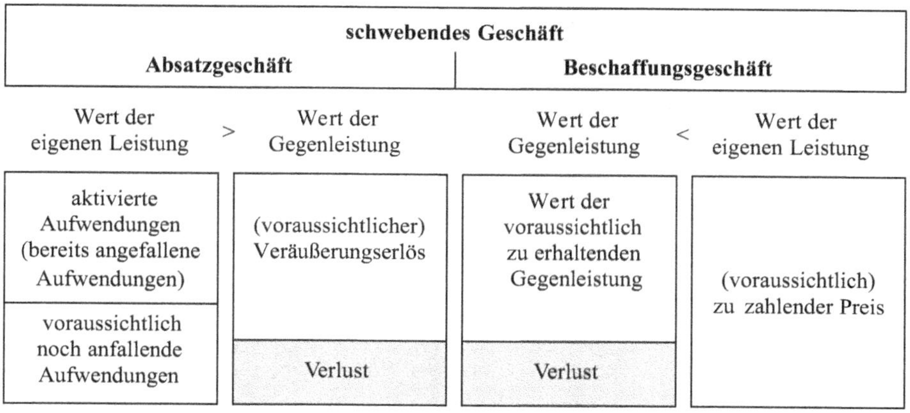

Abb. 10: Ursachen für drohende Verluste aus schwebenden Geschäften

Bei Rückstellungen für drohende Verluste aus schwebenden Geschäften wird eine 126
Saldogröße passiviert. Der Anspruch und die Verpflichtung selbst gehen – wie generell bei schwebenden Geschäften – nicht in die Bilanz ein. Lediglich der **Verpflichtungsüberhang** wird als Rückstellung für drohende Verluste aus schwebenden Geschäften auf der Passivseite bilanziert. In dieser Vorgehensweise wird **kein Verstoß gegen das Saldierungsverbot** (§ 246 Abs. 2 S. 1 HGB) gesehen, da sich das Saldierungsverbot nur auf Erträge und Aufwendungen bezieht, die nach den Periodisierungsgrundsätzen (bereits) zu erfassen sind.

Beispiel für ein Beschaffungsgeschäft: Die AB-OHG erwirbt bei einem Großhändler Rohstoffe. In dem am 10.12.01 abgeschlossenen Kaufvertrag wird mit dem Lieferanten ein Kaufpreis von 200 000 € und als Liefertermin der 15.1.02 vereinbart. Am Abschlussstichtag (31.12.01) könnten die gleichen Rohstoffe zu 190 000 € eingekauft werden.

Der Wertverlust ist erst im Zeitpunkt der Auslieferung am Markt bestätigt, dh am 15.1.02. Die Vermögensminderung ist allerdings bereits im abgelaufenen Wirtschaftsjahr entstanden. Die AB-OHG hat bei Lieferung 200 000 € zu bezahlen, obwohl am Abschlussstichtag erkennbar ist, dass die eingekauften Rohstoffe nur einen Wert von 190 000 € haben. Die eigene Leistung übersteigt die zu erwartende Gegenleistung um 10 000 €. Der drohende Verlust aus dem schwebenden Beschaffungsgeschäft ist durch Passivierung einer Rückstellung bereits im Jahr 01 gewinnmindernd zu erfassen. Der Eingang der Rohstoffe wirkt sich auf den Gewinn des Jahres 02 nicht aus.

10.12.01:
keine Buchung (Grundsatz des Nichtausweises schwebender Geschäfte)

31.12.01:

Aufwand	10 000 €	an	Rückstellung	10 000 €

Aufwandsantizipation nach dem Imparitätsprinzip dem Grunde nach (Verpflichtungsüberhang) im Jahr des Vertragsabschlusses

15.1.02:

Rohstoffe	190 000 €			
Rückstellung	10 000 €	an	Bank	200 000 €

Da der Wertverlust bereits im Vorjahr durch die Bildung einer Rückstellung für drohende Verluste aus schwebenden Geschäften erfasst wurde, ist der Vorgang im Jahr der Erfüllung des Vertrags erfolgsneutral.

Beispiel für ein Absatzgeschäft: Die Bau-KG vereinbart in einem am 12.12.01 abgeschlossenen Werkvertrag, dem Kunden bis zum 30.6.02 eine Eigentumswohnung zu einem Festpreis von 300 000 € zu erstellen. Bis zum Abschlussstichtag wurde mit dem Bauvorhaben noch nicht begonnen.[81] Eine am Abschlussstichtag vorgenommene Nachkalkulation zeigt, dass aufgrund von zwischenzeitlich eingetretenen Preissteigerungen für die Herstellung der Wohnung voraussichtlich Aufwendungen von 320 000 € anfallen.

Der Wert der eigenen Leistung (= Aufwendungen zur Herstellung der Wohnung von 320 000 €) liegt voraussichtlich um 20 000 € über der Gegenleistung des Kunden (= Festpreis von 300 000 €). Diese Unterdeckung gilt nach dem Imparitätsprinzip dem Grunde nach als Aufwand des Jahres 01, der zur Passivierung einer Rückstellung für drohende Verluste aus schwebenden Geschäften und damit zu einer entsprechenden Gewinnminderung führt. Fasst man alle Buchungen zusammen, ändert sich im Jahr 02 der Erfolg der Bau-KG nicht. Den Aufwendungen für die Erstellung des Gebäudes von 320 000 € stehen Erträge in gleicher Höhe gegenüber: Umsatzerlöse von 300 000 € sowie Ertrag aus der Auflösung der Rückstellung für drohende Verluste aus schwebenden Geschäften von 20 000 €.

12.12.01:
keine Buchung (Grundsatz des Nichtausweises schwebender Geschäfte)

31.12.01:

Aufwand	20 000 €	an	Rückstellung	20 000 €

Aufwandsantizipation nach dem Imparitätsprinzip dem Grunde nach (Verpflichtungsüberhang) im Jahr des Vertragsabschlusses

Januar bis Juni 02 (Bauphase):

diverse Aufwendungen (Material, Löhne, ...)	320 000 €	an	diverse Bestände (Bank, Rohstoffe, ...)	320 000 €
Fertigerzeugnisse	320 000 €	an	Bestandserhöhungen (Ertragskonto)	320 000 €

30.6.02 (Fertigstellung und Übergabe):

Forderungen aus Lieferungen und Leistungen	300 000 €	an	Umsatzerlöse	300 000 €
Bestandsminderungen (Aufwandskonto)	320 000 €	an	Fertigerzeugnisse	320 000 €
Rückstellung	20 000 €	an	sonstiger betrieblicher Ertrag	20 000 €

Da der Wertverlust durch die Bildung einer Rückstellung für drohende Verluste aus schwebenden Geschäften bereits im Vorjahr erfasst wurde, ist der Vorgang im Jahr der Erfüllung des Vertrags erfolgsneutral.

127 Die aus schwebenden Geschäften drohenden Verluste müssen in der **Handelsbilanz** durch die Bildung einer Rückstellung berücksichtigt werden (**Ansatzpflicht**, § 249 Abs. 1 S. 1 HGB). In der **Steuerbilanz** besteht jedoch für Rückstellungen für drohende Verluste aus schwebenden Geschäften ein **Passivierungsverbot** (§ 5 Abs. 4a S. 1 EStG). Durch diese **Durchbrechung des Maßgeblichkeitsprinzips** (Fall 2b: zwei

81 Zu dem Fall, dass am Abschlussstichtag mit dem Bauvorhaben bereits begonnen wurde, siehe den nachfolgenden Unterabschnitt (3), Rn. 128–131.

voneinander abweichende verbindliche Normen) fallen die handelsrechtliche und steuerrechtliche Gewinnermittlung in einem konzeptionellen Punkt auseinander. Für die Verletzung der handelsrechtlichen GoB in der Steuerbilanz hat der Gesetzgeber keinen der für die steuerliche Gewinnermittlung bedeutsamen Grundsätze angeführt. Vielmehr dient die **Aufhebung des Imparitätsprinzips dem Grunde nach in der Steuerbilanz** im Wesentlichen dazu, die durch die Abschaffung der Gewerbesteuer vom Kapital im Jahr 1998 entstandene Minderung der Steuereinnahmen auszugleichen. Das Verbot, in der Steuerbilanz Rückstellungen für drohende Verluste aus schwebenden Geschäften zu passivieren, **beruht** also **ausschließlich auf haushaltspolitischen Überlegungen**. Steuersystematische Argumente bestehen nicht.

(3) Niederstwertprinzip: Die Grundform des Niederstwertprinzips bezieht sich auf abgeschlossene Beschaffungsgeschäfte. Für Absatzgeschäfte ist der Grundsatz der verlustfreien Bewertung – eine spezielle Ausprägung des Niederstwertprinzips – zu beachten. **128**

(a) In seiner Grundform stellt das **Niederstwertprinzip** die Ausgestaltung des **Imparitätsprinzips der Höhe nach** dar, soweit sich dieses **auf** die **Aktivseite** der Bilanz bezieht. Das Niederstwertprinzip gilt für Wirtschaftsgüter, die am Abschlussstichtag in der Steuerbilanz aktiviert sind, dh für abgeschlossene Beschaffungsgeschäfte. Nach dem Niederstwertprinzip ist für Wirtschaftsgüter eine aufwandswirksame Abwertung auf den Stichtagswert (beizulegender Wert, Teilwert) vorzunehmen, sofern dieser niedriger ist als die (fortgeführten) Anschaffungs- oder Herstellungskosten (§ 253 Abs. 3, 4 HGB, § 6 Abs. 1 Nr 1, 2 EStG).[82] **129**

Beispiel: Die AB-OHG erwirbt bei einem Großhändler Rohstoffe. In dem am 10.12.01 abgeschlossenen Kaufvertrag wird mit dem Lieferanten ein Kaufpreis von 200 000 € und als Liefertermin der 20.12.01 vereinbart. Am Abschlussstichtag (31.12.01) könnten die gleichen Rohstoffe zu 190 000 € erworben werden. Um die bereits gelieferten Rohstoffe in der Bilanz der AB-OHG mit ihrem niedrigeren Stichtagswert bewerten zu können, ist eine außerplanmäßige Abschreibung von 10 000 € zu verrechnen.

10.12.01:
keine Buchung (Grundsatz des Nichtausweises schwebender Geschäfte)
20.12.01:

Rohstoffe	200 000 €	an	Bank	200 000 €

erfolgsneutraler Beschaffungsvorgang

31.12.01:

Aufwand	10 000 €	an	Rohstoffe	10 000 €

Imparitätsprinzip der Höhe nach (Niederstwertprinzip): Aufwandsantizipation durch außerplanmäßige Abschreibung auf den niedrigeren Stichtagswert.

Der Unterschied zwischen den beiden Formen des Imparitätsprinzips besteht darin, dass **sich das Niederstwertprinzip** (als eine Unterform des Imparitätsprinzips der Höhe nach) **auf abgeschlossene Geschäfte bezieht**, während das Imparitätsprinzip dem Grunde nach bei schwebenden Geschäften zu beachten ist. Den beiden Prinzipi-

82 In diesem Kapitel werden die Grundzüge des Niederstwertprinzips vorgestellt. Zur konkreten gesetzlichen Umsetzung des Niederstwertprinzips (Abwertungsgebot, -wahlrecht oder -verbot) siehe Zweiter Abschnitt, Kapitel B.IV.2., Rn. 372–395.

en ist gemeinsam, dass entstandene, aber noch nicht realisierte negative Erfolgsbeiträge erfasst werden. Bei Beschaffungsgeschäften bedeutet dies, dass in dem Fall, in dem der Tageswert des erworbenen Wirtschaftsguts unter den vereinbarten Einkaufspreis sinkt, der Wertverlust den Gewinn der abgelaufenen Periode mindert. Das Imparitätsprinzip kommt unabhängig davon zur Anwendung, ob die erworbenen Wirtschaftsgüter am Abschlussstichtag bereits ausgeliefert wurden (außerplanmäßige Abschreibung auf den niedrigeren Tageswert nach dem Niederstwertprinzip) oder ob die Wirtschaftsgüter erst im nächsten Wirtschaftsjahr in den Verfügungsbereich des Bilanzierenden gelangen (Aufwandsverrechnung durch Bildung einer Rückstellung für drohende Verluste aus schwebenden Geschäften).

Handelsrechtlich wird durch das **Nebeneinander von Niederstwertprinzip und Imparitätsprinzip dem Grunde nach ein geschlossenes Konzept** verwirklicht. Demgegenüber kommt es **in der Steuerbilanz** zu **Widersprüchen**: Das Imparitätsprinzip dem Grunde nach wird nicht beachtet, aber das Imparitätsprinzip der Höhe nach wird berücksichtigt. Bei **abgeschlossenen Beschaffungsgeschäften** sind über das Niederstwertprinzip entstandene, aber noch nicht realisierte Wertverluste durch eine außerplanmäßige Abschreibung auf den niedrigeren Stichtagswert **aufwandswirksam** zu erfassen, während bei eingeleiteten, aber noch nicht ausgeführten Beschaffungsgeschäften der Wertverlust aufgrund des Verbots eines Ansatzes von Rückstellungen für drohende Verluste aus **schwebenden Geschäften** noch **nicht gewinnmindernd verbucht** werden kann. Das steuerbilanzielle Passivierungsverbot für drohende Verluste aus schwebenden Geschäften nach § 5 Abs. 4a S. 1 EStG führt zum einen zu einer Durchbrechung des Maßgeblichkeitsprinzips (Fall 2b). Zum anderen werden in der Steuerbilanz wirtschaftlich vergleichbare Sachverhalte unterschiedlich behandelt. Die Höhe des steuerpflichtigen Gewinns hängt beispielsweise davon ab, ob die eingekauften Wirtschaftsgüter kurz vor dem Abschlussstichtag ausgeliefert werden (Gewinnminderung durch Verrechnung einer außerplanmäßigen Abschreibung) oder kurz danach (keine Berücksichtigung der Wertminderung aufgrund des Bilanzierungsverbots für Rückstellungen für drohende Verluste aus schwebenden Geschäften).

	Handelsrecht	**Steuerbilanz**
Imparitätsprinzip dem Grunde nach (schwebendes Geschäft)	Drohverlustrückstellung: *Pflicht* § 249 Abs. 1 S. 1 HGB	Drohverlustrückstellung: *Ansatzverbot* § 5 Abs. 4a S. 1 EStG
Imparitätsprinzip der Höhe nach (abgeschlossenes Geschäft)	Abwertung auf den (niedrigeren) Stichtagswert § 253 Abs. 3, 4 HGB	§ 6 Abs. 1 Nr 1, 2 EStG

Abb. 11: Anwendungsbereich des Imparitätsprinzips bei Beschaffungsgeschäften

130 (b) Eine **Unterform des Niederstwertprinzips** bildet der **Grundsatz der verlustfreien Bewertung**. Nach diesem für **Absatzgeschäfte** geltenden Prinzip bestimmt sich der Stichtagswert eines Wirtschaftsguts danach, dass aus dem zu erwartenden Veräußerungserlös sowohl die aktivierten Werte (bereits angefallene Aufwendungen) als auch die bis zum Verkauf voraussichtlich noch anfallenden Aufwendungen gedeckt werden können:

	voraussichtlicher Nettoveräußerungserlös
–	bis zum Verkauf voraussichtlich noch anfallende Aufwendungen
=	Stichtagswert nach dem Grundsatz der verlustfreien Bewertung

Durch den Grundsatz der verlustfreien Bewertung soll verhindert werden, dass bei einer späteren Veräußerung des Wirtschaftsguts ein Verlust entsteht. Um die entstandene, aber noch nicht am Markt bestätigte Minderung des Reinvermögens auszuweisen, wird der negative Erfolgsbeitrag durch eine außerplanmäßige Abschreibung auf den niedrigeren Stichtagswert erfasst.

Beispiel: Die Bau-KG vereinbart in einem am 8.10.01 abgeschlossenen Werkvertrag, bis zum 31.3.02 eine Eigentumswohnung zu einem Festpreis von 300 000 € zu erstellen. Mit dem Bauvorhaben wurde bis zum Abschlussstichtag bereits begonnen.[83] Bislang fielen Aufwendungen von 140 000 € an. Bis zur endgültigen Fertigstellung ist mit weiteren Aufwendungen von 180 000 € zu rechnen.

In der Summe übersteigen die Aufwendungen (= 320 000 € = 140 000 € + 180 000 €) die zu erwartende Gegenleistung (= 300 000 €) um voraussichtlich 20 000 €. Der aus dem Bau der Eigentumswohnung zu erwartende Verlust von 20 000 € ist bereits im Jahr 01 durch eine Abwertung der aktivierten Werte zu erfassen. Das unfertige Gebäude wird deshalb nicht mit seinen Herstellungskosten (im Jahr 01 angefallene Aufwendungen) von 140 000 € bewertet, sondern mit seinem niedrigeren Stichtagswert von 120 000 €. Der Grundsatz der verlustfreien Bewertung bewirkt, dass im Jahr der Fertigstellung und Übergabe der Eigentumswohnung – im Jahr 02 – das Gesamtergebnis ausgeglichen („verlustfrei") ist. Der am 31.12.01 aktivierte Wert von 120 000 € addiert sich zusammen mit den im Jahr 02 noch anfallenden Aufwendungen von 180 000 € auf 300 000 €, dh auf den mit dem Kunden vereinbarten Festpreis.

8.10.01:
keine Buchung (Grundsatz des Nichtausweises schwebender Geschäfte)

Oktober bis Dezember 01 (Beginn des Bauvorhabens):

diverse Aufwendungen (Material, Löhne, ...)	140 000 €	an	diverse Bestände (Bank, Rohstoffe, ...)	140 000 €
Erzeugnisse	140 000 €	an	Bestandserhöhungen (Ertragskonto)	140 000 €

erfolgsneutraler Herstellungsvorgang

31.12.01:

Aufwand	20 000 €	an	Erzeugnisse	20 000 €

Imparitätsprinzip der Höhe nach (verlustfreie Bewertung als eine Unterform des Niederstwertprinzips) in dem Jahr, in dem mit der Herstellung begonnen wurde: Aufwandsantizipation durch außerplanmäßige Abschreibung auf den niedrigeren Stichtagswert

Januar bis März 02 (Fortführung des Bauvorhabens):

diverse Aufwendungen (Material, Löhne, ...)	180 000 €	an	diverse Bestände (Bank, Rohstoffe, ...)	180 000 €
Erzeugnisse	180 000 €	an	Bestandserhöhungen (Ertragskonto)	180 000 €

83 Zu dem Fall, dass am Abschlussstichtag mit dem Bauvorhaben noch nicht begonnen wurde, siehe den vorangehenden Unterabschnitt (2), Rn. 125–127.

31.3.02 (Fertigstellung und Übergabe):

Forderungen aus Lieferungen und Leistungen	300 000 €	an	Umsatzerlöse	300 000 €
Bestandsminderungen (Aufwandskonto)	300 000 €	an	Erzeugnisse	300 000 €

Da der Wertverlust durch die außerplanmäßige Abschreibung auf die bilanzierten Erzeugnisse bereits im Vorjahr erfasst wurde, ist der Vorgang im Jahr der Erfüllung des Vertrags erfolgsneutral („verlustfrei").

131 (c) Vermögensminderungen, die sich aus dem **Absatz der betrieblichen Hauptleistung** ergeben, werden handelsrechtlich bereits in der Periode erfasst, in der abzusehen ist, dass die eigene Leistung höher ist als die zu erwartende Gegenleistung. Für die **Handelsbilanz** gilt dies unabhängig davon, zu welchem Zeitpunkt mit der Herstellung des zu veräußernden Erzeugnisses begonnen wird:

– Wurde mit der Produktion bis zum Stichtag noch nicht begonnen, erfolgt die Aufwandsverrechnung über das Imparitätsprinzip dem Grunde nach, dh durch die Bildung einer Rückstellung für drohende Verluste aus schwebenden Geschäften.
– Wurde mit der Produktion im abgelaufenen Geschäftsjahr bereits angefangen, ergibt sich über den Grundsatz der verlustfreien Bewertung (eine Unterform des Niederstwertprinzips) eine Aufwandsverrechnung, indem der Bilanzansatz des unfertigen Erzeugnisses um den aus dem Absatzgeschäft voraussichtlich eintretenden Verlust vermindert wird.

In der **Steuerbilanz** wird **auch bei Absatzgeschäften** der **Anwendungsbereich des Kapitalerhaltungsgrundsatzes unterschiedlich abgegrenzt**. Wurde mit der Produktion des zu veräußernden Produkts im abgelaufenen Wirtschaftsjahr begonnen, wird das Imparitätsprinzip beachtet, während in dem Fall, dass mit der Produktion bis zum Bilanzstichtag noch nicht angefangen wurde, durch das Verbot der Bildung von Rückstellungen für drohende Verluste aus schwebenden Geschäften der aus einem Absatzgeschäft zu erwartende Verlust noch nicht berücksichtigt werden darf. Die Differenzierung nach dem Stand des Fertigstellungsprozesses ist jedoch kein sachgerechtes Kriterium dafür, inwieweit eingetretene, aber noch nicht realisierte Minderungen des Reinvermögens zu erfassen sind.

132 *(4) Höchstwertprinzip:* **Auf** der **Passivseite** ist das **Imparitätsprinzip der Höhe nach** als **Höchstwertprinzip** ausgestaltet. Verbindlichkeiten sind mit ihrem am Abschlussstichtag geltenden Wert anzusetzen, sofern dieser höher ist als der ursprüngliche Bilanzansatz. Das Höchstwertprinzip kommt beispielsweise zur Anwendung, wenn der Wert einer Verbindlichkeit im Zeitablauf Schwankungen unterworfen ist, wie es typischerweise bei Fremdwährungsverbindlichkeiten der Fall ist. Die Erhöhung des (in € umgerechneten) Werts der Verbindlichkeit führt zu einer Minderung des Reinvermögens. Diese ist durch eine aufwandswirksame Aufwertung der Verbindlichkeit zu erfassen, auch wenn der Anstieg der Belastung erst in dem Zeitpunkt bestätigt wird, in dem die Verpflichtung zu erfüllen ist. Das Höchstwertprinzip gilt sowohl für die Handelsbilanz (§ 253 Abs. 1 S. 2 iVm § 252 Abs. 1 Nr 4 HGB) als auch für die Steuerbilanz (§ 6 Abs. 1 Nr 3 EStG).[84]

84 In diesem Kapitel werden die Grundzüge des Höchstwertprinzips vorgestellt. Zur konkreten gesetzlichen Umsetzung des Höchstwertprinzips (Aufwertungsgebot, -wahlrecht oder -verbot) siehe Dritter Abschnitt, Kapitel B.I., Rn. 503–507.

Beispiel: Die K-AG erwirbt am 28.11.01 Rohstoffe zum Preis von 270 000 US-$. Der Lieferant gewährt ein Zahlungsziel bis zum 27.1.02. Im Zeitpunkt der Lieferung beträgt der Kurs 1,35 US-$/€. Bis zum Abschlussstichtag (= 31.12.01) fällt der Kurs des Euros auf 1,20 US-$/€. Am 27.1.02 beträgt der Kurs weiterhin 1,20 US-$/€.

Am 28.11.01 ist die Verbindlichkeit aus Lieferungen und Leistungen mit 200 000 € einzubuchen. Nach dem Imparitätsprinzip der Höhe nach ist die Verbindlichkeit am Abschlussstichtag auf ihren höheren Tageswert (= 225 000 €) aufzuwerten. In der Gewinn- und Verlustrechnung führt diese Zuschreibung zu einer Aufwandsverrechnung von 25 000 €. Der Bilanzansatz der Rohstoffe bleibt von der Wechselkursänderung und der Veränderung des Bilanzansatzes der Verbindlichkeit unberührt (Grundsatz der Einzelerfassung und Einzelbewertung iVm dem Realisationsprinzip).

28.11.01:

Rohstoffe	200 000 €	an	Verbindlichkeiten	200 000 €

erfolgsneutraler Beschaffungsvorgang

31.12.01:

Aufwand	25 000 €	an	Verbindlichkeiten	25 000 €

Imparitätsprinzip der Höhe nach (Höchstwertprinzip): Aufwandsantizipation durch außerplanmäßige Zuschreibung auf den höheren Stichtagswert

keine Veränderung der Bewertung der Rohstoffe (nach dem Realisationsprinzip bzw seiner Unterform Anschaffungswertprinzip dürfen entstandene, aber am Markt nicht bestätigte Währungsgewinne nicht ausgewiesen werden)

27.1.02:

Verbindlichkeiten	225 000 €	an	Bank	225 000 €

erfolgsneutraler Zahlungsvorgang, da der Kursverlust bereits im Jahr 01 durch eine außerplanmäßige Zuschreibung verrechnet wurde.

(5) Kurzbeurteilung des Imparitätsprinzips: Ausgangspunkt zur Beurteilung des **133** Imparitätsprinzips (der Konventionen zur Beschränkung von gewinnabhängigen Zahlungen) bildet die Zielsetzung der Ertragsteuern, das Markteinkommen eines Steuerpflichtigen zu erfassen. Nach dem Nettoprinzip ist es unstrittig, dass Vermögensminderungen verrechnet werden können. Es ist allerdings festzulegen, zu welchem Zeitpunkt die Vermögensminderungen das steuerpflichtige Einkommen reduzieren. Nach dem Realisationsprinzip erhöhen Vermögensmehrungen zu dem Zeitpunkt das steuerpflichtige Einkommen, zu dem sie am Markt bestätigt werden. Das Imparitätsprinzip führt – wie es der Name zum Ausdruck bringt – zu einer Ungleichbehandlung: Während für die Erfassung von Vermögensmehrungen auf die (modifizierte) Reinvermögenszugangstheorie abgestellt wird, werden Minderungen des Reinvermögens durch die Bildung von Rückstellungen für drohende Verluste aus schwebenden Geschäften oder durch eine außerplanmäßige Abwertung auf den niedrigeren Tageswert (Aktiva) bzw eine außerplanmäßige Aufwertung auf den höheren Stichtagswert (Passiva) nach dem **Imparitätsprinzip** bereits zu dem Zeitpunkt berücksichtigt, zu dem sie wirtschaftlich verursacht sind. Bei Vermögensminderungen wird also auf die **Reinvermögenszuwachstheorie** zurückgegriffen.

Im Gegensatz zur handelsrechtlichen Rechnungslegung sind das Imparitätsprinzip **134** und der dahinter stehende Kapitalerhaltungsgrundsatz **für die Steuerbilanz nicht**

zwingend notwendig.[85] Während gesellschaftsrechtlich gezahlte Dividenden nicht zurückgefordert werden können, besteht für den Staat die Möglichkeit, über den Verlustrücktrag in der Vergangenheit eingenommene Steuern zu erstatten. Nach dieser Sichtweise ist nicht das für die Steuerbilanz bestehende Passivierungsverbot für Rückstellungen für drohende Verluste aus schwebenden Geschäften negativ zu beurteilen, vielmehr sind die außerplanmäßigen Abschreibungen bei Aktiva und die außerplanmäßigen Zuschreibungen bei Passiva der Fremdkörper. Wenn das Imparitätsprinzip in die Steuerbilanz nicht übernommen werden soll, muss dies sowohl für das Imparitätsprinzip dem Grunde nach (Drohverlustrückstellungen) als auch für das Imparitätsprinzip der Höhe nach (Niederstwert–, Höchstwertprinzip) gelten.

Ein **zusätzliches Argument** gegen die Notwendigkeit des Imparitätsprinzips ist, dass die Minderung der Einsatzfähigkeit eines Wirtschaftsguts aufgrund von außergewöhnlichen technischen oder wirtschaftlichen Abnutzungen nach dem **Grundsatz der Abgrenzung von Aufwendungen der Zeit** nach erfasst werden kann. Nach diesem zu den Periodisierungsgrundsätzen gehörenden Prinzip sind aperiodische Geschäftsvorgänge in der Periode zu verbuchen, in der sie eintreten. Der Teil der Anschaffungs- oder Herstellungskosten eines Wirtschaftsguts, der verbraucht wurde, kann nicht mehr zur Erzielung von Erträgen genutzt werden. Voraussetzung für eine Verrechnung von Wertminderungen nach dem Grundsatz der Abgrenzung von Aufwendungen der Zeit nach ist, dass sich aufgrund von außergewöhnlichen Umständen die Substanz eines Wirtschaftsguts verringert hat, dh der Wertverzehr muss tatsächlich eingetreten sein. Ist die Wertminderung sicher oder zumindest so gut wie sicher, kann sie nach dem Konzept der Reinvermögenszugangstheorie gewinnmindernd verrechnet werden. Insoweit besteht hinsichtlich des Zeitpunkts der steuerlichen Erfassung zwischen der Verbuchung von Erträgen nach dem Realisationsprinzip und der Verbuchung von Aufwendungen nach dem Grundsatz der Abgrenzung von Aufwendungen der Zeit nach Übereinstimmung. Diese ist aber nur dann gewährleistet, wenn es sich nicht um nur vorübergehende Wertminderungen handelt, die lediglich auf Preisschwankungen zurückzuführen sind. Derartige Wertminderungen könnten nur erfasst werden, wenn im Rahmen der steuerlichen Gewinnermittlung generell auf das Konzept der Reinvermögenszuwachstheorie abgestellt werden würde.

135 Die Aufhebung des Imparitätsprinzips im Rahmen der steuerlichen Gewinnermittlung ist **aber nur dann** begründbar, **wenn die Verlustverrechnung nicht eingeschränkt wird**. Als Alternative zu einem uneingeschränkten Verlustrücktrag besteht die Möglichkeit, entstandene Verluste vorzutragen und bis zum Zeitpunkt ihrer Verrechnung zu verzinsen. Bei einem verzinslichen Verlustvortrag wird die zeitliche Verschiebung des Verlustvortrags durch eine Erhöhung der Steuererstattung um entsprechende Zinsen ausgeglichen.[86] Nicht sachgerecht ist es, das Imparitätsprinzip zurückzudrängen (Einführung eines Passivierungsverbots für Drohverlustrückstellungen nach § 5 Abs. 4a S. 1 EStG) und gleichzeitig die Verlustverrechnung (zB den Verlustabzug nach § 10d EStG) einzuschränken. Da der Gesetzgeber den Umfang der Verrechnung von Verlusten in den letzten Jahren mehrfach eingeschränkt hat, ist aus der vorstehen-

85 Siehe auch Schneider, DB 1995, S. 1421; Spengel, FR 2009, S. 106.

86 Vgl zB Schneider, Steuerlast und Steuerwirkung, München/Wien 2002, S. 288–289; Schreiber, Besteuerung der Unternehmen, 4. Aufl., Wiesbaden 2017, S. 735–743.

den Aussage ein **Umkehrschluss** zu ziehen: **Bleibt es bei den zurzeit geltenden Einschränkungen der Verlustverrechnung, muss das Imparitätsprinzip für die Steuerbilanz sowohl dem Grunde nach als auch der Höhe nach gelten.**

3. Grundsatz der Bewertungsvorsicht (Vorsichtsprinzip im engeren Sinne)

Das Konzept einer vorsichtigen Gewinnermittlung kommt in erster Linie in dem Nebeneinander von Realisations- und Imparitätsprinzip zum Ausdruck. **Ergänzend** zu diesen speziellen Unterformen des Vorsichtsprinzips ist der **Grundsatz der Bewertungsvorsicht als allgemeine Fassung des Vorsichtsprinzips zu beachten** (Vorsichtsprinzip ieS). **136**

Der Grundsatz der Bewertungsvorsicht **bezieht sich insbesondere auf** die Behandlung **unsicherer Sachverhalte**. Er besagt, dass in den Fällen, in denen die für die Bilanzierung und Bewertung benötigten Informationen nicht vollständig vorliegen, der Bilanzierende bei der Aufstellung seines Jahresabschlusses **eher** von einer **pessimistischen Grundeinstellung** ausgehen soll. Aus einer Bandbreite subjektiver Alternativvorstellungen sind tendenziell eher die ungünstigeren Entwicklungen heranzuziehen. Dies bedeutet, dass Aktiva eher niedriger anzusetzen und Passiva eher höher zu bewerten sind.

Beispiel: Kurz vor dem Abschlussstichtag wird über das Vermögen eines Kunden das Insolvenzverfahren eröffnet. Informationen über die zu erwartende Insolvenzquote sind noch nicht verfügbar. Da in der weit überwiegenden Zahl der Insolvenzen die Quote für nicht bevorrechtigte Gläubiger nahezu null beträgt, entspricht es dem Grundsatz der Bewertungsvorsicht, die Forderung als uneinbringlich anzusehen und vollständig auszubuchen.

Der **Grundsatz der Bewertungsvorsicht findet seine Grenze darin, dass kaum wahrscheinliche Extremsituationen nicht unterstellt werden dürfen**. Eine derartige „Übervorsicht" verstößt gegen den Grundsatz der Richtigkeit. Auch bei einer stärkeren Betonung der negativen Aspekte muss die **intersubjektive Nachprüfbarkeit gewährleistet sein** und eine **bewusste („willkürliche") Unterbewertung von Aktiva bzw Überbewertung von Passiva unterbleiben**.

Beispiele: Beim Betrieb eines Kernkraftwerks kann trotz aller Sicherheitsmaßnahmen eine unkontrollierte Kettenreaktion nicht vollständig ausgeschlossen werden. Die Anhaltspunkte dafür, dass in nächster Zeit mit einem GAU zu rechnen ist, sind jedoch – hoffentlich – zu gering, um damit für die in diesem Fall entstehenden Schadensersatzverpflichtungen die Bildung einer Rückstellung für ungewisse Verbindlichkeiten zu begründen.

Für die Verpflichtung eines Herstellers zum Ausgleich der Schäden, die aus der Nutzung seiner Produkte entstehen, kann nur dann eine Rückstellung gebildet werden, wenn spezifiziert werden kann, in welchen Fällen mit einer Inanspruchnahme aus der Produkthaftung zu rechnen ist und welche Schäden voraussichtlich auszugleichen sind. Denkbare, aber nicht anhand von nachprüfbaren Argumenten zu konkretisierende Schäden dürfen nicht berücksichtigt werden.

Die hinter dem Grundsatz der Bewertungsvorsicht stehenden Überlegungen lassen sich anhand eines theoretischen Idealfalls verdeutlichen: Bei der Bestimmung der Rückstellungshöhe für ein bestimmtes Einzelrisiko (zB Schadensersatzverpflichtung), bei dem für die verschiedenen möglicherweise eintretenden Belastungen je- **137** weils Wahrscheinlichkeiten bekannt sind, ist ein Wert zwischen dem Erwartungswert und dem maximalen gerade noch, wenn auch mit minimaler Wahrscheinlichkeit, denkbaren Betrag zu wählen. Als angemessen gilt der Wert, der mit hoher Wahrscheinlichkeit nicht überschritten wird. In Abhängigkeit von der subjektiven Einstellung der einzelnen Autoren werden in der Literatur Grenzwerte zwischen 80 und 95% genannt.[87] In den praktisch bedeutsamen Fällen kann aber regelmäßig keine Wahrscheinlichkeitsverteilung angegeben werden. Nach dem Grundsatz der Bewertungsvorsicht gilt ein **Wert dann** als **angemessen, wenn – abgesehen vom Eintreten ungewöhnlicher Umstände – angenommen werden kann, dass keine höhere Belastung des Jahresergebnisses eintritt**. In Verbindung mit dem Grundsatz der Richtigkeit erfordert der Grundsatz der Bewertungsvorsicht vom Bilanzierenden, dass er die von ihm getroffene Entscheidung plausibel begründet, dh er muss für die Höhe der entstandenen Wertminderungen bzw möglicherweise entstehenden Belastungen nachprüfbare Argumente nennen können. Der Bilanzierende muss alle wertbeeinflussenden Tatbestände in seine Betrachtung einbeziehen. Möglicherweise eingetretene Minderungen des Reinvermögens, für die keine nachprüfbaren Begründungen angegeben werden können, dürfen nicht berücksichtigt werden. Durch das **Zusammenwirken des Vorsichtsprinzips mit dem Objektivierungsgedanken** soll eine **willkürliche Unterbewertung von Aktiva** bzw eine **nicht begründbare Überbewertung von Passiva vermieden** werden.

138 Das Nebeneinander des Grundsatzes der Bewertungsvorsicht sowie des Grundsatzes einer objektivierten Gewinnermittlung führt dazu, dass bei der **Bewertung von mehreren gleichartigen Sachverhalten** eine **Annäherung an den Erwartungswert** vorgenommen werden kann. Voraussetzung dafür ist, dass eine Wahrscheinlichkeitsverteilung bestimmt werden kann und dass ein statistischer Risikoausgleich möglich ist. Das **typische Beispiel** für eine Bewertung zum Erwartungswert bilden **Pensionsrückstellungen** für Versorgungszusagen.

Beim Grundsatz der Bewertungsvorsicht tritt also ein **Zielkonflikt** zwischen dem Grundsatz der Richtigkeit und dem Vorsichtsprinzip auf. Aufgrund des Grundsatzes der Tatbestandsmäßigkeit und Tatbestandsbestimmtheit sind für die **steuerliche Gewinnermittlung** an den Nachweis strengere Anforderungen zu stellen als in der Handelsbilanz. Der Objektivierungsgedanke führt im Vergleich zur Handelsbilanz zu einer **stärkeren Betonung des Grundsatzes der Richtigkeit** und damit gleichzeitig zu einem Zurückdrängen des Grundsatzes der Bewertungsvorsicht.

---

87 Vgl Adler/Düring/Schmaltz, Rechnungslegung und Prüfung der Unternehmen, 6. Aufl., Stuttgart 1995, § 252 HGB, Tz. 68; Baetge/Kirsch/Thiele, Bilanzrecht, Bonn (Loseblattausgabe), § 252 HGB, Rz. 144; Pittroff/Schmidt/Siegel, Allgemeine Bewertungsgrundsätze, in: Böcking/Castan/Heymann ua (Hrsg.), Beck'sches Handbuch der Rechnungslegung, München (Loseblattausgabe), B 161, Rz. 129.

Zweiter Abschnitt

Bilanzierung und Bewertung der aktiven Wirtschaftsgüter in der Steuerbilanz

A. Bilanzierung von Wirtschaftsgütern

Aus der in Kapitel I. vorgestellten **Bilanzierungskonzeption** ergibt sich, dass bei der Entscheidung darüber, welche Vermögenswerte auf der Aktivseite der Steuerbilanz enthalten sind, zunächst der für die steuerrechtliche Gewinnermittlung grundlegende Begriff „Wirtschaftsgut" zu definieren und gegenüber dem handelsrechtlichen Begriff „Vermögensgegenstand" abzugrenzen ist (**abstrakte Bilanzierungsfähigkeit**, Kapitel II.). Im Zusammenhang mit der **konkreten Bilanzierungsfähigkeit** (Kapitel III.) sind im ersten Schritt die *gesetzlichen Vorschriften* zu untersuchen, die für die betreffende Bilanzposition gelten. Dabei ist danach zu unterscheiden, ob bzw unter welchen Voraussetzungen eine Ansatzpflicht, ein Ansatzwahlrecht oder ein Ansatzverbot besteht. Im zweiten Schritt sind die persönliche und sachliche Zurechnung zu prüfen. In diesem Zusammenhang ist die Frage zu beantworten, ob das Wirtschaftsgut in der Steuerbilanz (*sachliche Zurechnung* zum Betriebsvermögen) des Bilanzierenden (*persönliche Zurechnung* zum Steuerpflichtigen) anzusetzen ist. 139

I. Bilanzierungskonzeption

(1) Überblick: Die Entscheidung, was in einer Bilanz auf der Aktiv- oder Passivseite anzusetzen ist, hängt vom Zweck der Rechnungslegung ab. In der Steuerbilanz erfolgt die Gewinnermittlung durch einen Betriebsvermögensvergleich. Da im Rahmen der steuerlichen Gewinnermittlung keine Gesamtbewertung vorgenommen wird, sondern die Steuerbilanz auf einem **Einzelvermögensvergleich** beruht, ist abzugrenzen, was unter einem (einzelnen) Wirtschaftsgut zu verstehen ist. 140

Wirtschaftsgüter unterteilen sich in aktive Wirtschaftsgüter (Vermögenswerte) und passive Wirtschaftsgüter (Verpflichtungen: Verbindlichkeiten und Rückstellungen). Beide Begriffe sind nicht gesetzlich definiert. Dies gilt auch für die vergleichbaren handelsrechtlichen Begriffe „Vermögensgegenstand" und „bilanzielle Schuld". Als Ausgangspunkt für die **Definition** dieser Begriffe lassen sich zwei Fragen formulieren: 141

- Ist ein wirtschaftlicher Vorteil so weit konkretisiert, dass er als **Aktivposten** (insbesondere als aktives Wirtschaftsgut bzw Vermögensgegenstand) anzusehen ist?
- Ist die in Zukunft anfallende Auszahlung so belastend, dass sie als **Passivposten** (insbesondere als passives Wirtschaftsgut bzw bilanzielle Schuld) zu betrachten ist?

Bei der Analyse, ob ein wirtschaftlicher Sachverhalt zu einem **Ansatz dem Grunde nach** führt, ist wie folgt vorzugehen: Nach der Überprüfung der **abstrakten Bilanzierungsfähigkeit** ist zu untersuchen, ob auch die **konkrete Bilanzierungsfähigkeit** vorliegt.

142 *(2) Abstrakte Bilanzierungsfähigkeit:* Bei der abstrakten Bilanzierungsfähigkeit ist zu klären, ob der betrachtete wirtschaftliche Sachverhalt **inhaltlich unter eine bestimmte Bilanzposition subsumiert** werden kann. In diesem Zusammenhang ist festzulegen, ob er die Begriffsmerkmale dieser Position erfüllt. Hierbei kommt es insbesondere zu einer Konkretisierung der Begriffe „aktives Wirtschaftsgut" und „passives Wirtschaftsgut". Darüber hinaus ist der Inhalt von Rechnungsabgrenzungsposten sowie von steuerfreien Rücklagen zu bestimmen.

143 *(3) Konkrete Bilanzierungsfähigkeit:* Bei der konkreten Bilanzierungsfähigkeit ist anhand der speziellen gesetzlichen Regelungen und der im Einzelfall geltenden Verhältnisse zu prüfen, ob ein wirtschaftlicher **Sachverhalt**, bei dem die abstrakte Bilanzierungsfähigkeit gegeben ist, **tatsächlich in der Steuerbilanz angesetzt** wird. Die konkrete Bilanzierungsfähigkeit unterteilt sich in zwei Bereiche:

- Ansatzpflicht, -wahlrecht oder -verbot,
- persönliche und sachliche Zurechnung.

144 *(a) Ansatzpflicht, -wahlrecht oder -verbot:* Für jeden abstrakt bilanzierungsfähigen Sachverhalt ist festzulegen, ob die für die steuerrechtliche Gewinnermittlung geltenden Vorschriften die **Bilanzierung verbindlich** regeln (Ansatzpflicht oder Ansatzverbot) **oder** ob sie **dem Steuerpflichtigen** die Entscheidung **überlassen** (Ansatzwahlrecht).

In Teilbereichen sind die gesetzlichen Regelungen zum Ansatz dem Grunde nach in der Form differenziert ausgestaltet, dass die **Bilanzierung nur unter bestimmten Bedingungen** zwingend oder wahlweise zulässig ist. Liegen die zusätzlich geforderten Kriterien nicht vor, darf der Sachverhalt nicht in die Steuerbilanz aufgenommen werden.

Beispiel: Immaterielle Wirtschaftsgüter des Anlagevermögens sind abstrakt bilanzierungsfähig, da sie die begrifflichen Merkmale eines Wirtschaftsguts erfüllen. Sie dürfen in der Steuerbilanz aber nur aktiviert werden, wenn der Steuerpflichtige sie entgeltlich erworben hat. Liegt das Zusatzkriterium „entgeltlicher Erwerb" vor, besteht für die steuerliche Gewinnermittlung eine Ansatzpflicht. Fehlt diese zusätzliche Voraussetzung, dh es handelt sich um ein selbst erstelltes immaterielles Wirtschaftsgut des Anlagevermögens, gilt steuerrechtlich ein Aktivierungsverbot (§ 5 Abs. 2 EStG).[88]

145 *(b) Persönliche und sachliche Zurechnung:* Bei einem abstrakt bilanzierungsfähigen Sachverhalt, der entweder ansatzpflichtig ist oder bei dem sich der Steuerpflichtige dazu entschieden hat, das Ansatzwahlrecht auszuüben, ist zusätzlich die Zurechnung zu prüfen. Die Zurechnungsprüfung lässt sich mit folgender Frage gleichsetzen: „**Bei wem** ist der abstrakt bilanzierungsfähige Sachverhalt **im Betriebsvermögen** zu bilanzieren?"

Die Zurechnungsproblematik weist also zwei Merkmale auf:

- **persönliche Zurechnung: Wer** hat das Wirtschaftsgut zu aktivieren?
- **sachliche Zurechnung:** Ist das Wirtschaftsgut im **Betriebsvermögen** zu erfassen, oder ist es dem Privatvermögen zuzuordnen? Bei einer Zuordnung zum Privatvermögen ist eine Bilanzierung in der Steuerbilanz nicht möglich.

---

88 Handelsbilanziell wird ein Ansatzwahlrecht eingeräumt (§ 248 Abs. 2 S. 1 HGB).

Während die abstrakte Bilanzierungsfähigkeit sowie die gesetzlichen Regelungen zum Ansatz bei jeder Bilanzposition im Einzelnen zu untersuchen sind, stellt sich die Zurechnungsfrage in erster Linie für den Ansatz von aktiven Wirtschaftsgütern und Verbindlichkeiten. Bei den anderen Bilanzpositionen (Rechnungsabgrenzungsposten, Rückstellungen, steuerfreie Rücklagen) ist die Zurechnung im Regelfall eindeutig.

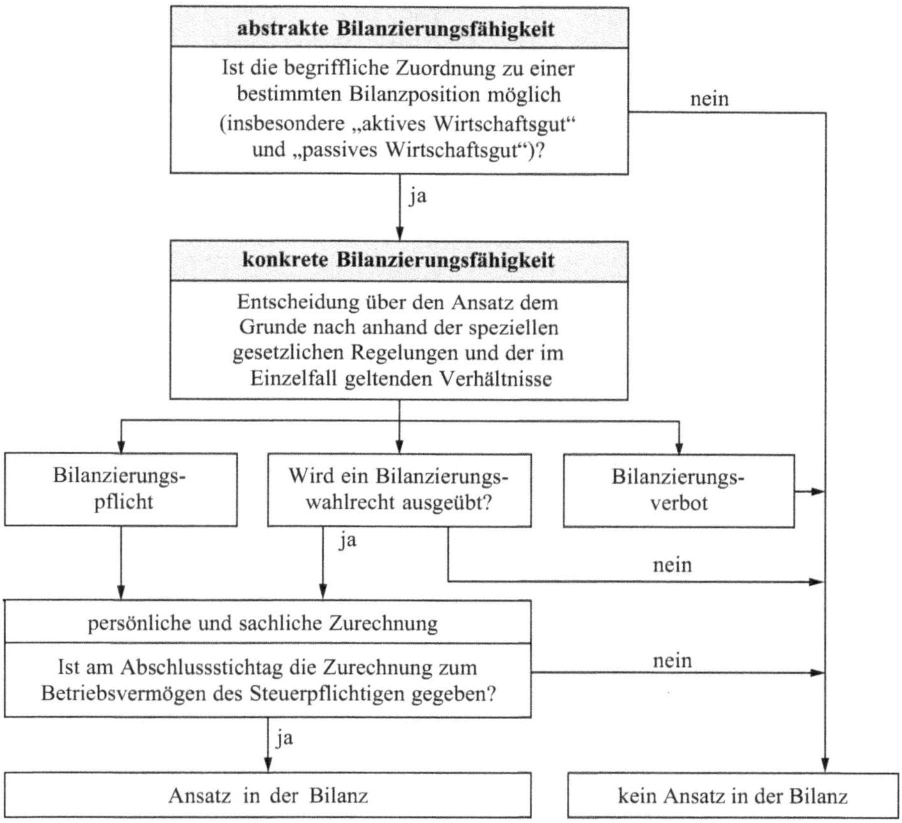

Abb. 12: Prüfkriterien für die abstrakte und konkrete Bilanzierungsfähigkeit

II. Abstrakte Bilanzierungsfähigkeit

1. Begriff des aktiven Wirtschaftsguts

(1) Begriffsinterpretation durch die Finanzrechtsprechung: Der Begriff des aktiven Wirtschaftsguts ist **gesetzlich nicht definiert**. Der in § 4 Abs. 1 S. 2 EStG enthaltene Klammerzusatz, wonach als Wirtschaftsgüter Barentnahmen, Waren, Erzeugnisse, Nutzungen und Leistungen anzusehen sind, ist zu unbestimmt, um als allgemein verbindliche Interpretation der abstrakten Bilanzierungsfähigkeit von wirtschaftlichen Werten verwendet werden zu können. Der Begriff des Wirtschaftsguts wurde viel- **146**

mehr **von der Rechtsprechung** des Reichsfinanzhofs **eingeführt** und vom Bundesfinanzhof weiterentwickelt. Der Begriff des Wirtschaftsguts wird sowohl für Vermögensvorteile als auch für Belastungen verwendet, sodass von aktiven (positiven) Wirtschaftsgütern bzw von passiven (negativen) Wirtschaftsgütern gesprochen wird.[89]

Nach ständiger Rechtsprechung fallen unter den Begriff des Wirtschaftsguts (1) **Sachen und Rechte im Sinne des Bürgerlichen Gesetzbuchs sowie** (2) **sonstige wirtschaftliche Vorteile**, die nach der Verkehrsauffassung **selbständig bewertbar** sind:[90]

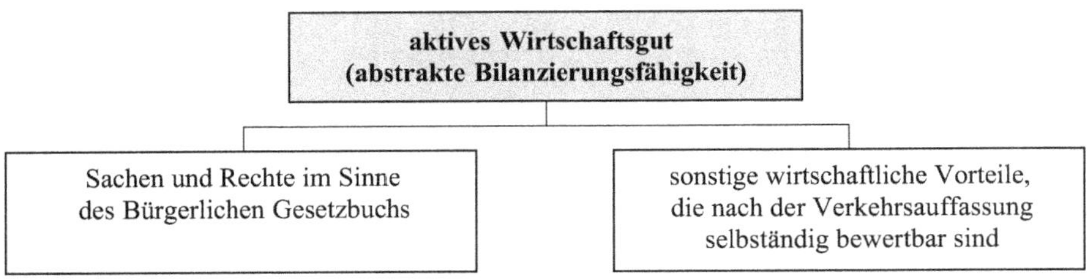

Abb. 13: Definition des aktiven Wirtschaftsguts

147 *(2) Sachen und Rechte im Sinne des Bürgerlichen Gesetzbuchs:* Das Vorliegen eines Wirtschaftsguts ist unstrittig gegeben, wenn es sich um einen körperlichen (materiellen) Gegenstand handelt, also um eine **Sache im Sinne des § 90 BGB**. Die abstrakte Bilanzierungsfähigkeit ist darüber hinaus bei immateriellen Werten gegeben, sofern diese **nach** dem **Bürgerlichen Gesetzbuch als Recht** (unkörperlicher Gegenstand) angesehen werden.

Zu den Wirtschaftsgütern gehören auch **finanzielle Vermögenswerte**, wie Kassenbestände, Bankguthaben, Schecks, Forderungen, Beteiligungen (Aktien, GmbH-Anteile, Anteile an Genossenschaften) oder festverzinsliche Wertpapiere, da sie jeweils bestimmte Rechtspositionen repräsentieren.

148 *(3) Sonstige selbständig bewertbare wirtschaftliche Vorteile:* Durch die Erweiterung des Begriffs des Wirtschaftsguts um sonstige wirtschaftliche Vorteile gelten auch **tatsächliche Zustände, konkrete Möglichkeiten und sonstige vermögenswerte Vorteile** als abstrakt bilanzierungsfähig, sofern diese nach der Verkaufsauffassung selbständig bewertbar sind.

89 Zum Begriff des passiven Wirtschaftsguts siehe Dritter Abschnitt, Kapitel A.I., Rn. 455–473. Wird im Folgenden der Begriff „Wirtschaftsgut" ohne Zusatz verwendet, sind aktive Wirtschaftsgüter gemeint.

90 Vgl zB RFH vom 27.3.1928, RStBl. 1928, S. 260; BFH vom 29.4.1965, BStBl. 1965 III, S. 414; BFH vom 6.12.1990, BStBl. 1991 II, S. 346; BFH vom 19.6.1997, BStBl. 1997 II, S. 808. In der Literatur finden sich zahlreiche unterschiedliche Erläuterungen des Begriffs „Wirtschaftsgut". Die folgenden Erläuterungen lehnen sich an Blümich, EStG, KStG, GewStG, München (Loseblattausgabe), § 5 EStG, Rz. 303–314; Herrmann/Heuer/Raupach, Einkommensteuer- und Körperschaftsteuergesetz, Köln (Loseblattausgabe), § 5 EStG, Anm 550–555; Kirchhof/Söhn/Mellinghoff, Einkommensteuergesetz, Heidelberg (Loseblattausgabe), § 5 EStG, Rdnr. B 169–175, an.

Selbständige Bewertbarkeit liegt vor, wenn der wirtschaftliche Vorteil bei einer Übertragung **als Einzelheit** von Bedeutung und als solcher **greifbar** ist. Es wird darauf abgestellt, ob sich dem sonstigen wirtschaftlichen Vorteil ein Betrag zuordnen lässt, der im Rahmen des Unternehmens nicht unbedeutend ist und der sich von den übrigen Vermögenswerten des Betriebs abgrenzen lässt. Der betrachtete wirtschaftliche Wert muss sich insbesondere gegenüber dem Geschäfts- oder Firmenwert abheben. Die abstrakte Bilanzierungsfähigkeit ist zu verneinen, wenn sich der wirtschaftliche Vorteil ins Allgemeine verflüchtigt, sodass er nur indirekt über eine Steigerung des Geschäfts- oder Firmenwerts in Erscheinung tritt.

Die selbständige Bewertbarkeit wird aus Sicht eines potenziellen Erwerbers beurteilt. Es wird darauf abgestellt, ob ein gedachter Erwerber für den untersuchten wirtschaftlichen Vorteil ein ins Gewicht fallendes gesondertes Entgelt ansetzen würde. Es muss eine nachvollziehbare Relation zwischen dem Vorliegen eines bestimmten wirtschaftlichen Vorteils und der Höhe des Kaufpreises hergestellt werden können. Ein Anhaltspunkt dafür ist, ob der Steuerpflichtige sich die Erlangung des wirtschaftlichen Vorteils etwas hat kosten lassen oder – bei unentgeltlichem Erwerb – kosten lassen würde.

Für das Vorliegen eines Wirtschaftsguts wird **nicht gefordert**, dass der wirtschaftliche Wert **einzeln veräußert** oder durch Nutzungsüberlassung einzeln verwertet werden kann. Es ist **ausreichend, wenn** der wirtschaftliche Vorteil **zusammen mit dem gesamten Unternehmen übertragbar** ist.

(4) Beispiele: Die abstrakte Bilanzierungsfähigkeit lässt sich bei materiellen Wirtschaftsgütern sowie bei finanziellen Vermögenswerten anhand zivilrechtlicher Kriterien prüfen. Das Vorliegen eines Wirtschaftsguts ist in folgenden Fällen **unstrittig**: 149

- **körperliche Gegenstände**, dh Sachen iSd § 90 BGB (zB Grundstücke, Gebäude, Maschinen, Fahrzeuge, Betriebs- und Geschäftsausstattung, Rohstoffe oder Fertigerzeugnisse) und Tiere (§ 90a BGB)
- **finanzielle Vermögenswerte** (nominalgüterliche Wirtschaftsgüter), wie Kassenbestände, Bankguthaben, Schecks, Forderungen, Beteiligungen (Aktien, GmbH-Anteile, Anteile an Genossenschaften) oder festverzinsliche Wertpapiere.

Obwohl bei **immateriellen wirtschaftlichen Werten** hinsichtlich der abstrakten Bilanzierungsfähigkeit in Teilbereichen Meinungsverschiedenheiten bestehen, ist es allgemein anerkannt, dass folgende Rechte, Rechtspositionen und wirtschaftliche Werte **Wirtschaftsgüter sind**: 150

- Zahlungen für den Erwerb sonstiger Rechte von Dritten, insbesondere Erbbaurechte, Anzahlungen auf bestellte Anlagen oder Vorräte, Gehalts- oder Honorarvorschüsse
- gewerbliche Schutzrechte, insbesondere Patente, Warenzeichen, Gebrauchsmuster sowie Urheber- und Verlagsrechte, Domain-Namen
- Nutzungsrechte, wie Nießbrauch (§ 1030, § 1068 BGB)
- Optionsrechte (das Recht, Wertpapiere zu erwerben oder zu verkaufen)
- Konzessionen (öffentlich-rechtliche Befugnisse), wie Güterfernverkehrslizenzen, Taxikonzessionen, Fischereirechte, Start- und Landerechte, UMTS-Lizenzen

– selbständig bewertbare Vorteile, wie Ergebnisse von Entwicklungsaufträgen (einschließlich Prototypen), Software, Datenbanken (einschließlich Ausgaben zur Implementierung eines Internetauftritts), Adresssammlungen, ungeschützte Erfindungen, Geheimverfahren, Rezepte, Film- und Tonaufzeichnungen, Werbefilme, Kundenlisten.

151 **Kein Wirtschaftsgut** stellen beispielsweise die erwarteten Vorteile eines Werbefeldzugs oder von Public-Relations-Maßnahmen dar. Da ihr Wert nicht mit hinreichender Sicherheit zu quantifizieren ist, liegt das zur Objektivierung herangezogene Kriterium der selbständigen Bewertbarkeit nicht vor. Bei den Vorteilen aus einem hohen Ausbildungsstand der Mitarbeiter, der Organisationsstruktur des Unternehmens und den Standortbedingungen ist gleichfalls die abstrakte Bilanzierungsfähigkeit abzulehnen. Diese wirtschaftlichen Vorteile gelten nicht als Wirtschaftsgut, vielmehr sind sie als unselbständige Teile des Geschäfts- oder Firmenwerts anzusehen.

152 Obwohl in weiten Bereichen die Prüfung, ob die abstrakte Bilanzierungsfähigkeit gegeben ist, zu einem eindeutigen Ergebnis führt, verbleiben zahlreiche Fälle, in denen das **Vorliegen eines Wirtschaftsguts** kontrovers diskutiert wird. Dies gilt insbesondere deshalb, weil die Interpretation des Kriteriums „selbständige Bewertbarkeit" **von subjektiven Einschätzungen abhängt**. Im Kern lassen sich die Meinungsverschiedenheiten darauf zurückführen, welches Gewicht dem Gedanken einer objektivierten Vermögensermittlung beigemessen wird:

– Je mehr gefordert wird, dass die abstrakte Bilanzierungsfähigkeit intersubjektiv nachprüfbar sein muss, umso höhere Anforderungen werden an den Nachweis der selbständigen Bewertbarkeit gestellt und umso kleiner fällt der Kreis der wirtschaftlichen Vorteile aus, bei denen die Wirtschaftsguteigenschaft bejaht wird.
– Umgekehrt gilt: Je weniger gefordert wird, dass die abstrakte Bilanzierungsfähigkeit intersubjektiv nachprüfbar sein muss, umso geringere Anforderungen werden an den Nachweis der selbständigen Bewertbarkeit gestellt und umso größer fällt der Kreis der wirtschaftlichen Vorteile aus, bei denen die Wirtschaftsguteigenschaft angenommen wird.

Da für diesen Abwägungsprozess **kein eindeutiger Beurteilungsmaßstab** zur Verfügung steht, bleibt der Umfang der Aktiva unbestimmt. Dies ist insbesondere deshalb unbefriedigend, weil bei einer Gewinnermittlung durch einen Betriebsvermögensvergleich die Höhe der in den einzelnen Perioden ausgewiesenen Einkünfte aus Gewerbebetrieb in starkem Maße davon abhängt, welche Vermögenswerte in die Berechnung des Reinvermögens einbezogen werden (Wirtschaftsguteigenschaft wird bejaht) und welche Ausgaben sofort als Betriebsausgabe verrechnet werden (Vorliegen eines Wirtschaftsguts wird verneint).

2. Abgrenzung zwischen Wirtschaftsgut und Vermögensgegenstand

153 Die steuerrechtliche Gewinnermittlung ist zwar über das Maßgeblichkeitsprinzip mit der handelsrechtlichen Rechnungslegung verbunden. Dennoch bestimmt sich die abstrakte Bilanzierungsfähigkeit auf der Aktivseite für die Steuerbilanz anhand des Begriffs „Wirtschaftsgut" und nicht anhand des im Handelsgesetzbuch verwendeten Begriffs „Vermögensgegenstand". Im Folgenden wird im ersten Schritt die Definition

des handelsrechtlichen **Begriffs des Vermögensgegenstands** vorgestellt. Im zweiten Schritt werden die zwischen den beiden Begriffen bestehenden **Gemeinsamkeiten und Unterschiede** herausgearbeitet.

a) Begriff des Vermögensgegenstands

Das **Handelsgesetzbuch** enthält keine **allgemeine Definition** des Begriffs des **Vermögensgegenstands**, sondern lediglich eine Untergliederung in Grundstücke, Forderungen, bares Geld und sonstige Vermögensgegenstände (§ 240 Abs. 1 HGB) sowie in Anlagevermögen und Umlaufvermögen (§ 247 Abs. 1, 2 HGB). Die Kriterien, anhand derer die abstrakte Bilanzierungsfähigkeit zu beurteilen ist, müssen deshalb aus dem Zweck des handelsrechtlichen Einzelabschlusses abgeleitet werden. Nach traditionellem Verständnis wird in diesem Zusammenhang in erster Linie auf den Gläubigerschutz abgestellt. Die Handelsbilanz soll Aussagen darüber erlauben, ob das Vermögen ausreicht, um die Schulden des Unternehmens zu decken. Bei der **Definition** des Begriffs „Vermögensgegenstand" wird deshalb darauf abgestellt, ob ein wirtschaftlicher Vorteil geeignet ist, einen **Beitrag zur Deckung der Zahlungsverpflichtungen des Unternehmens** zu leisten. 154

Über die Kriterien, anhand derer sich für die Handelsbilanz die abstrakte Bilanzierungsfähigkeit bestimmt, besteht zwar keine einheitliche Auffassung. Überwiegend wird jedoch davon ausgegangen, dass ein Vermögensgegenstand dann vorliegt, wenn ein **wirtschaftlicher Vorteil selbständig verwertbar** ist.[91] Entscheidend ist, ob es möglich ist, durch den wirtschaftlichen Vorteil einen Zufluss an finanziellen Mitteln zu generieren.

Die **selbständige Verwertbarkeit** unterteilt sich in:
- Verwertung durch Veräußerung,
- Verwertung durch Nutzungsüberlassung,
- Verwertung durch bedingten Verzicht und
- Verwertung durch Zwangsvollstreckung.

Eine **Verwertung durch Veräußerung** liegt vor, wenn die Sache, das Recht oder der sonstige wirtschaftliche Vorteil als solcher an einen Außenstehenden veräußert werden kann, dh im Rechtsverkehr allein übertragen werden kann. Die selbständige Verwertbarkeit ist auch erfüllt, wenn der wirtschaftliche Vorteil dadurch zu Geld gemacht werden kann, dass er an Außenstehende zur Nutzung überlassen wird (**Verwertung durch Nutzungsüberlassung**). Ein Beitrag zur Deckung der Zahlungsverpflichtungen des Unternehmens kann des Weiteren dadurch geleistet werden, dass der Inhaber eines Rechts unter der Bedingung auf dieses Recht verzichtet, dass das Recht einer anderen Person eingeräumt wird. Die **Verwertung durch bedingten Verzicht** ist insbesondere für Konzessionen bedeutsam. Wirtschaftliche Vorteile, die zwar ihrer Natur nach einzeln veräußerbar sind oder zur Nutzung überlassen werden können, aber aufgrund gesetzlicher oder vertraglicher Beschränkungen nicht übertragen oder

91 Vgl Adler/Düring/Schmaltz, Rechnungslegung und Prüfung der Unternehmen, 6. Aufl., Stuttgart 1998, § 246 HGB, Tz. 9–33; Baetge/Kirsch/Thiele, Bilanzen, 14. Aufl., Düsseldorf 2017, S. 158–166; Ballwieser, Grundsätze der Aktivierung und Passivierung, in: Böcking/Castan/Heymann ua (Hrsg.), Beck'sches Handbuch der Rechnungslegung, München (Loseblattausgabe), B 131, Rz. 10–15.

überlassen werden dürfen, können möglicherweise im Rahmen einer Zwangsvollstreckung verwertet werden (**Verwertung durch Zwangsvollstreckung**).

b) Vergleich von Wirtschaftsgut und Vermögensgegenstand

155 *(1) Grundsätzliche Analyse:* Ausgangspunkt des Vergleichs zwischen den beiden Begriffen (aktives) Wirtschaftsgut und Vermögensgegenstand bildet § 5 Abs. 1 S. 1 HS 1 EStG, wonach in der Steuerbilanz das Betriebsvermögen anzusetzen ist, das nach den handelsrechtlichen Grundsätzen ordnungsmäßiger Buchführung auszuweisen ist. Der Ansatz dem Grunde nach richtet sich ausschließlich nach § 5 EStG, denn aus dem Einleitungssatz des § 6 Abs. 1 EStG geht ausdrücklich hervor, dass sich diese Vorschrift nur auf die Bewertung des Betriebsvermögens bezieht.

Wird das **Maßgeblichkeitsprinzip wörtlich** interpretiert, ist der Inhalt des steuerrechtlich für die abstrakte Bilanzierungsfähigkeit geltenden Begriffs Wirtschaftsgut aus dem handelsrechtlichen Aktivierungskriterium Vermögensgegenstand abzuleiten, m.a.W. die beiden **Begriffe Wirtschaftsgut und Vermögensgegenstand** sind **gleichzusetzen**. Da aber der Gesetzgeber bei der Umsetzung der europäischen Bilanzrichtlinien in nationales Recht im Handelsgesetzbuch ausdrücklich am Begriff Vermögensgegenstand festgehalten hat und die Definitionen der Begriffe Vermögensgegenstand und Wirtschaftsgut unterschiedlich formuliert sind, ist eine genauere Analyse erforderlich, ob es sich nur um eine begriffliche oder auch um eine inhaltliche Unterscheidung handelt.

Unproblematisch sind **Sachen und Rechte iSd bürgerlichen Rechts sowie finanzielle Vermögenswerte**. Bei diesen Werten handelt es sich zweifellos **sowohl** um **Vermögensgegenstände als auch** um **Wirtschaftsgüter**. Die abstrakte Bilanzierungsfähigkeit ist handelsrechtlich und steuerrechtlich unstrittig.

Schwieriger zu beurteilen sind die **sonstigen wirtschaftlichen Vorteile**. Der Vergleich zwischen einem Wirtschaftsgut und einem Vermögensgegenstand konzentriert sich auf die Gegenüberstellung der Kriterien „selbständige Bewertbarkeit“ sowie „selbständige Verwertbarkeit“ bei sonstigen wirtschaftlichen Vorteilen. Aus dieser Formulierung wird unmittelbar deutlich, dass das **steuerrechtliche Kriterium der selbständigen Bewertbarkeit** den Kreis der abstrakt bilanzierungsfähigen wirtschaftlichen Vorteile **weiter** abgrenzt **als das handelsbilanzielle Merkmal der selbständigen Verwertbarkeit**. Ein wirtschaftlicher Vorteil gilt bereits dann als Wirtschaftsgut, wenn er bei einer Veräußerung des gesamten Unternehmens als Einzelheit ins Gewicht fällt, dh der gedachte Erwerber des ganzen Betriebs würde für den betrachteten Vorteil ein gesondertes Entgelt ansetzen, m.a.W. der Gesamtkaufpreis würde sich verringern, wenn der betrachtete wirtschaftliche Vorteil nicht vorhanden wäre. Da handelsrechtlich auf das Merkmal der selbständigen Verwertbarkeit abgestellt wird, ist für das Vorliegen eines Vermögensgegenstands die Übertragbarkeit mit dem gesamten Unternehmen nicht ausreichend, vielmehr muss der wirtschaftliche Vorteil als solcher, dh einzeln, verwertbar sein.

Damit besteht offensichtlich ein **Widerspruch**: Einerseits wird mit Hinweis auf das Maßgeblichkeitsprinzip von einer Identität von Wirtschaftsgut und Vermögensgegenstand ausgegangen, andererseits geht das Merkmal „selbständige Bewertbarkeit“, anhand dessen die Aktivierungsfähigkeit für die steuerliche Gewinnermittlung beurteilt wird, weiter als das handelsrechtliche Aktivierungskriterium „selbständige Verwertbarkeit". **Selbständige Bewertbarkeit beinhaltet als Untermenge selbständig verwertbare Vorteile**. Aber nicht jeder selbständig bewertbare wirtschaftliche Vorteil kann für sich (eigenständig) Gegenstand des Rechtsverkehrs sein.

Um diesen **Widerspruch aufzuheben**, hat der Bundesfinanzhof im Zeitablauf seine Rechtsprechung in zweifacher Weise geändert:

- 1. Modifikation. Der **Begriff des Wirtschaftsguts** wurde dadurch **enger gefasst**, dass an das Vorliegen des Kriteriums „Einzelbewertbarkeit" höhere Anforderungen gestellt werden, m.a.W. dem Gedanken einer objektivierten Vermögensermittlung wird eine größere Bedeutung beigemessen.
- 2. Modifikation. Das handelsrechtliche Kriterium der selbständigen Verwertbarkeit wird vom Bundesfinanzhof im Sinne einer „bilanziellen Greifbarkeit" interpretiert. Dies führt dazu, dass der **Begriff Vermögensgegenstand** von der Finanzrechtsprechung **weit ausgelegt** wird. Die Aktivierungsfähigkeit eines wirtschaftlichen Vorteils ist bei dieser Interpretation handelsrechtlich bereits dann erfüllt, wenn dieser Vorteil bei einer Veräußerung des ganzen Unternehmens als Einzelheit ins Gewicht fällt und sich nicht ins Allgemeine verflüchtigt.

Die stärkere Betonung des Objektivierungsgedankens bei der Interpretation des steuerrechtlichen Merkmals „selbständige Bewertbarkeit" (1. Modifikation) führt lediglich zu einer Annäherung der Begriffe Wirtschaftsgut und Vermögensgegenstand. Eine **vollständige Identität** der **handels- und steuerrechtlichen Bilanzierungsfähigkeit** lässt sich **nur** dann erreichen, **wenn** zusätzlich der **Begriff des Vermögensgegenstands weiter ausgelegt** wird (2. Modifikation). Diese von der Finanzrechtsprechung vertretene weite Interpretation des Merkmals „selbständige Verwertbarkeit" wird jedoch **von der** handelsrechtlichen **Literatur** weitgehend **abgelehnt**. Damit ist – entgegen der vom Bundesfinanzhof formulierten Deckungsgleichheit der beiden Begriffe[92] – davon auszugehen, dass der **Kreis der in der Steuerbilanz aktivierten wirtschaftlichen Vorteile über den Kreis der handelsrechtlichen Vermögensgegenstände hinausgeht**. Aufgrund der in der Rechtsprechung des Bundesfinanzhofs weiterhin feststellbaren Tendenz, dem Objektivierungsgedanken ein hohes Gewicht beizumessen, erscheint es aber nicht ausgeschlossen, dass es zu einer noch stärkeren Eingrenzung des Begriffs „Wirtschaftsgut" kommen wird. Trifft diese Erwartung zu, werden sich die Unterschiede zwischen den Begriffen Wirtschaftsgut und Vermögensgegenstand (weiter) reduzieren. Folgt man dieser Auffassung, liegen mit dem Aktivierungsgrundsatz „Vermögensgegenstand" bzw „Wirtschaftsgut" für beide Bilanzen verbindliche Regelungen vor, die in der praktischen Handhabung regelmäßig zum gleichen Ergebnis führen. Dies entspricht dem Fall 2a der für die Auswirkungen des Maßgeblichkeitsprinzips vorgenommenen Einteilung.

(2) Besonderheiten beim Geschäfts- oder Firmenwert: Dass der Begriff des Wirt- **156**
schaftsguts in der praktischen Handhabung aber dennoch weiter gehen kann als der Begriff des Vermögensgegenstands, wird insbesondere beim Geschäfts- oder Firmen-

92 Vgl zB BFH vom 26.10.1987, BStBl. 1988 II, S. 348; BFH vom 26.8.1992, BStBl. 1992 II, S. 977; BFH vom 7.8.2000, BStBl. 2000 II, S. 632.

wert deutlich. Der Geschäfts- oder Firmenwert ist definiert als die Differenz zwischen dem Gesamtunternehmenswert und der Summe der Zeitwerte der einzelnen Aktiva und Passiva. Der Geschäfts- oder Firmenwert repräsentiert die Gewinnchancen eines Unternehmens, soweit diese nicht aus einzelnen (materiellen und immateriellen) Wirtschaftsgütern oder der Person des Unternehmers hervorgehen, sondern aus dem Betrieb des Unternehmens in seiner Gesamtheit.[93] Seine Höhe wird entscheidend durch nicht oder nur schwer greifbare Faktoren bestimmt, wie Ruf der Firma, Kundenstamm, Organisationsstruktur, Produktionsverfahren, Absatzmärkte, Standortbedingungen, Kreditwürdigkeit, technische und kaufmännische Erfahrungen sowie Fähigkeiten der Belegschaft. Der Geschäfts- oder Firmenwert besteht im Wesentlichen aus dem Kapitalisierungsmehrwert, der daraus resultiert, dass die aus der Kombination der eingesetzten Wirtschaftsgüter resultierende Ertragsfähigkeit des Unternehmens den Reproduktionswert der einzelnen (materiellen und immateriellen) Wirtschaftsgüter übersteigt (Synergieeffekte).

Der Geschäfts- oder Firmenwert stellt aus steuerrechtlicher Sicht ein **Wirtschaftsgut** dar, weil es bei der Prüfung des Kriteriums der selbständigen Bewertbarkeit als ausreichend angesehen wird, wenn sich für den Geschäfts- oder Firmenwert im Rahmen der Gesamtunternehmensbewertung ein Wert ermitteln lässt. Da im Handelsrecht auf das Kriterium „selbständige Verwertbarkeit" abgestellt wird, dürfte es sich bei dem Geschäfts- oder Firmenwert nicht um einen Vermögensgegenstand handeln, da er nicht losgelöst vom Unternehmen verkauft oder zur Nutzung überlassen werden kann. In § 246 Abs. 1 S. 4 HGB wird allerdings fingiert, dass es sich beim Geschäfts- oder Firmenwert um einen Vermögensgegenstand handelt. Damit ist der Geschäfts- oder Firmenwert nicht nur ein Wirtschaftsgut, gleichzeitig wird er **aufgrund einer gesetzlichen Fiktion als Vermögensgegenstand angesehen**. Im Ergebnis bestehen damit zwei inhaltlich übereinstimmende verbindliche Regelungen. Aus Sicht des Maßgeblichkeitsprinzips liegt der Fall 2a vor.

157 *(3) Besonderheiten bei der Beteiligung an einer Personengesellschaft:* Zu einer Abweichung zwischen Handels- und Steuerbilanz hinsichtlich der abstrakten Bilanzierungsfähigkeit kommt es bei der Beteiligung an einer Personengesellschaft. Nach § 15 Abs. 1 S. 1 Nr 2 EStG hat der Gesellschafter die Gewinnanteile, die ihm von der Personengesellschaft zugerechnet werden, als eigene Einkünfte zu versteuern (Transparenzprinzip, Mitunternehmerkonzeption). Dieser Gewinnanteil wird auf Ebene der Personengesellschaft ermittelt. Der Beteiligung des Gesellschafters an der Personengesellschaft kommt in der Steuerbilanz des Gesellschafters keine eigenständige Bedeutung zu. Demgegenüber wird die Beteiligung an einer Personengesellschaft in der Handelsbilanz wie die Beteiligung an einer Kapitalgesellschaft beim Gesellschafter als Vermögensgegenstand aktiviert und nach den üblichen Bewertungsvorschriften bewertet.[94] Die speziellen Grundsätze zur Besteuerung von Personengesellschaften führen zu einer konzeptionellen Abweichung zwischen handels- und steuerrechtlicher Rechnungslegung. Bei der Einteilung der Auswirkungen des Maßgeblichkeitsprinzips wurde diese Situation dem Fall 9 zugeordnet.

---

93 Vgl BFH vom 26.11.2009, BStBl. 2010 II, S. 609.
94 Siehe hierzu IDW RS HFA 18, FN-IDW 2012, S. 24, FN-IDW 2014, S. 417.

3. Abgrenzung zwischen selbständigen Wirtschaftsgütern

(1) Selbständige Bewertbarkeit und selbständige Nutzungsfähigkeit: Aus dem **Grundsatz der Einzelerfassung und Einzelbewertung** folgt, dass bei der Prüfung der abstrakten Bilanzierungsfähigkeit auf jedes einzelne Wirtschaftsgut abzustellen ist (§ 252 Abs. 1 Nr 3 HGB, § 6 Abs. 1 Einleitungssatz EStG). Im Rahmen dieser Prüfung ist das für den Begriff des Wirtschaftsguts charakteristische Merkmal **„selbständige Bewertbarkeit"** von besonderer Bedeutung. 158

Bei **immateriellen Wirtschaftsgütern** wirkt sich das Kriterium der selbständigen Bewertbarkeit bei der **Abgrenzung** von einzelnen wirtschaftlichen Vorteilen **gegenüber dem** (allgemeinen) **Geschäfts- oder Firmenwert** aus.[95]

Bei **materiellen Gegenständen** (Sachen iSd BGB), die wirtschaftlich miteinander verbunden sind, ist zu untersuchen, ob sie ihre **Eigenständigkeit als einzelnes Wirtschaftsgut** behalten oder ob sie nur zusammen mit weiteren Teilen einer Gesamtheit als Wirtschaftsgut angesehen werden können.

Entsprechend den allgemeinen Kriterien der selbständigen Bewertbarkeit ist bei der 159
Prüfung, ob es sich um ein eigenständiges Wirtschaftsgut handelt, darauf abzustellen, ob der betrachtete Gegenstand als Einzelheit von Bedeutung ist und bei einer Veräußerung greifbar ist. Ein einheitliches Wirtschaftsgut entsteht nicht schon dann, wenn mehrere Gegenstände einem gemeinsamen Zweck dienen. Der **einheitliche Zweck dient** zwar **als Indiz**, die Würdigung muss aber anhand weiterer Kriterien beurteilt werden. Maßstab, ob bilanzrechtlich ein Wirtschaftsgut vorliegt oder ob von mehreren Wirtschaftsgütern auszugehen ist, sind (a) der **Grad der Festigkeit der Verbindung** (§ 93 BGB), (b) der **Zeitraum**, auf den eine eventuelle Verbindung bzw gemeinsame Nutzung der Sachen angelegt ist, und (c) das **äußere Erscheinungsbild**.[96] Sind Gegenstände für sich allein unvollständig oder erhält ein Gegenstand ohne den anderen ein negatives Gepräge, ist von einem einheitlichen Wirtschaftsgut auszugehen.

Beispiele: Eine Schreibtischkombination besteht aus einem Haupttisch, einem Ecktisch und einem Besprechungstisch. Jedes Teil ist selbständig bewertbar. Dies gilt auch dann, wenn die drei Teile miteinander verschraubt sind. Ein gedachter Erwerber wäre in der Lage, die Einzelteile in einer anderen Zusammenstellung zu nutzen. Die Festigkeit der Verbindung ist gering, da Schrauben einfach zu lösen sind.

Die Fenster eines Fahrzeugs sind keine selbständigen Wirtschaftsgüter. Das äußere Erscheinungsbild des Fahrzeugs wäre ohne die Fenster unvollständig und das Fahrzeug wäre negativ geprägt. Bei den Fenstern handelt es sich um unselbständige Teile eines anderen Wirtschaftsguts, dem Fahrzeug. Handelt es sich bei dem Autofenster allerdings um ein Ersatzteil, das sich im Lager eines Kfz-Händlers befindet, liegt ein eigenständiges Wirtschaftsgut vor. Wird das Fenster im Rahmen einer Reparatur in ein Fahrzeug eingebaut, verliert es die Eigenschaft als eigenständiges Wirtschaftsgut. Es handelt sich wieder um einen unselbständigen Teil des Fahrzeugs.

---

95 Vgl BFH vom 26.11.2009, BStBl. 2010 II, S. 609.
96 Vgl BFH vom 9.8.2001, BStBl. 2002 II, S. 100.

Bei ERP-Software (Softwaresysteme, die zur Optimierung von Geschäftsprozessen eingesetzt werden, zB Programme der SAP SE) bilden alle Module zusammen ein einheitliches Wirtschaftsgut, da sie in einem einheitlichen Nutzungs- und Funktionszusammenhang stehen.[97]

Die baurechtliche Erlaubnis, auf einem Grundstück einen Windpark zu errichten, stellt einen wertbildenden Faktor dar, der untrennbar mit dem Grund und Boden verbunden ist. Die durch die Erteilung der Genehmigung bei dem Grund und Boden eingetretene Werterhöhung führt nicht zur Entstehung eines (neuen) eigenständigen Wirtschaftsguts.[98]

Vom Grund und Boden zu trennen ist der Windpark. Darüber hinaus ist in einem Windpark jede Windkraftanlage für sich zu betrachten. Bei jeder einzelnen Windkraftanlage ist zusätzlich eine Aufteilung in (mindestens) drei selbständige Wirtschaftsgüter vorzunehmen, die sich wiederum aus mehreren Komponenten zusammensetzen: (1) Fundament und Transformatoren mit der dazu gehörenden internen Verkabelung, (2) externe Verkabelung zwischen den Transformatoren und dem Stromnetz des Energieversorgers einschließlich Übergabestation und (3) Zuwegung.[99]

160 Während das Merkmal „selbständige Bewertbarkeit“ im Zusammenhang mit dem Begriff des Wirtschaftsguts steht, bestimmt sich das Kriterium „selbständige Nutzungsfähigkeit“ danach, ob Wirtschaftsgüter isoliert für den Zweck eingesetzt werden können, dem sie zu dienen bestimmt sind. Über das Kriterium der selbständigen Nutzungsfähigkeit wird nicht darüber entschieden, was als einzelnes oder als einheitliches Wirtschaftsgut anzusehen ist, sondern darüber, ob die Sonderregelungen für geringwertige Wirtschaftsgüter nach § 6 Abs. 2, 2a EStG (sofortiger Abzug als Betriebsausgabe bzw Bildung eines Sammelpostens) zur Anwendung kommen. Da für geringwertige Wirtschaftsgüter keine Investitionszulage gewährt wird (§ 2 Abs. 1 S. 2 InvZulG 2010, für Investitionen vor dem 1.1.2014), ist das Merkmal „selbständige Nutzungsfähigkeit“ auch für die Möglichkeiten zur Inanspruchnahme von Investitionsförderungsmaßnahmen von Bedeutung. Im Rahmen der Prüfung der selbständigen Bewertbarkeit – also für die Entscheidung, ob ein oder mehrere Wirtschaftsgüter vorliegen – hat das Merkmal der selbständigen Nutzungsfähigkeit jedoch keine Bedeutung (H 6.13 EStH).

Hinsichtlich der Abgrenzung der einzelnen Wirtschaftsgüter bzw Vermögensgegenstände untereinander besteht zwischen handels- und steuerrechtlicher Vorgehensweise grundsätzlich Übereinstimmung. Die von der Finanzrechtsprechung aufgestellten Regeln können als mit den handelsrechtlichen Grundsätzen ordnungsmäßiger Buchführung vereinbar angesehen werden (Fall 2a der Auswirkungen des Maßgeblichkeitsprinzips).

161 *(2) Besonderheiten bei bebauten Grundstücken:* Grundsätzlich stellt jede Sache im Sinne des bürgerlichen Rechts bilanzrechtlich ein selbständiges Wirtschaftsgut dar. Diese Aussage wird bei bebauten Grundstücken durchbrochen:

– Bürgerlich-rechtlich bilden der **Grund und Boden und** das darauf errichtete **Gebäude** eine einheitliche Sache, während sie für die Steuerbilanz jeweils als **eigenständige Wirtschaftsgüter** gelten.

97 Vgl BMF-Schreiben vom 18.11.2005, BStBl. 2005 I, S. 1025.
98 Vgl BFH vom 10.3.2016, BStBl. 2016 II, S. 984.
99 Vgl BFH vom 14.4.2011, BStBl. 2011 II, S. 696.

– Bei **Gebäudeteilen** ist zu **prüfen**, ob diese **selbständig** sind und deshalb als eigenständiges Wirtschaftsgut gelten oder ob der Gebäudeteil in einem einheitlichen Nutzungs- und Funktionszusammenhang mit dem Gebäude steht und nur zusammen mit diesem aktiviert werden kann.

Grund und Boden nicht abnutzbares unbewegliches Wirtschaftsgut	Gebäude abnutzbares unbewegliches Wirtschaftsgut				
	Betriebsvorrichtung	Scheinbestandteil	Ladeneinbauten	sonstige Mietereinbauten (unmittelbarer Bezug zum Betrieb des Mieters, Mieter ist wirtschaftlicher Eigentümer)	sonstige selbständige Gebäudeteile (eigene betriebliche Zwecke, eigene Wohnzwecke, fremde betriebliche Zwecke, fremde Wohnzwecke)
	abnutzbares bewegliches Wirtschaftsgut		abnutzbares unbewegliches Wirtschaftsgut		

Abb. 14: Aufteilung eines bebauten Grundstücks in eigenständige Wirtschaftsgüter

Die Aufteilung von Gebäuden ist sehr differenziert geregelt. Nach Ansicht der Fi- 162
nanzverwaltung gelten folgende Gebäudeteile als selbständige Wirtschaftsgüter, die steuerrechtlich nicht mit dem Gebäude zusammengefasst werden, sondern als **selbständige Gebäudeteile** getrennt vom Gebäude bilanziert werden:

– **Betriebsvorrichtungen** sind Gebäudeteile, die nicht mit der Nutzung des Gebäu- 163
des selbst zusammenhängen, sondern Maschinen und sonstige Vorrichtungen aller Art, die unmittelbar dem in dem Gebäude ausgeübten Betrieb dienen (§ 68 Abs. 2 S. 1 Nr 2 BewG, R 4.2 Abs. 3 S. 3 Nr 1, R 7.1 Abs. 3 EStR). Typische Beispiele für Betriebsvorrichtungen sind Lastenaufzüge und Förderbänder. Lüftungs- und Kühlanlagen zählen dann zu den Betriebsvorrichtungen, wenn sie einen betriebsspezifischen Bezug aufweisen, dh wenn sie erforderlich sind, um einen störungsfreien Betriebsablauf zu gewährleisten. Betriebsvorrichtungen gelten bilanzrechtlich auch dann als **bewegliche Wirtschaftsgüter**, wenn sie mit dem Gebäude fest verbunden sind, wie Maschinen, die auf einem betonierten Fundament stehen. Zur Abgrenzung zwischen Betriebsvorrichtungen und dem Gebäude siehe ausführlich den nachfolgenden Unterabschnitt (3).

– **Scheinbestandteile** sind Wirtschaftsgüter, die nur zu einem vorübergehenden 164
Zweck in ein Gebäude eingefügt werden (§ 95 BGB). Eine Einfügung zu einem vorübergehenden Zweck liegt vor, wenn die Nutzungsdauer der eingefügten Wirtschaftsgüter über die Dauer hinausgeht, für die sie eingebaut werden, die eingefügten Wirtschaftsgüter auch nach ihrem Ausbau noch einen beachtlichen Wiederverwendungswert haben und nach Art und Zweck des Einbaus davon ausgegangen werden kann, dass sie später wieder entfernt werden (R 4.2 Abs. 3 S. 3

Nr 2, R 7.1 Abs. 4 EStR).[100] Scheinbestandteile werden als materielle **bewegliche Wirtschaftsgüter** angesehen.

165 – **Ladeneinbauten**, Schaufensteranlagen, Gaststätteneinrichtungen, Schalterhallen von Kreditinstituten und ähnliche Einbauten, die einem schnellen modischen Wandel unterliegen, gelten als selbständige Gebäudeteile, sofern sie statisch für das Gebäude unwesentlich sind (R 4.2 Abs. 3 S. 3 Nr 3, R 7.1 Abs. 6 EStR). Sie werden als **unbewegliche Wirtschaftsgüter** eingeordnet.

166 – **Sonstige Mietereinbauten** sind Einbauten des Mieters, die nicht Betriebsvorrichtungen, Scheinbestandteile, Ladeneinbauten oder Schaufensteranlagen sind, sofern (a) sie den besonderen betrieblichen Zwecken des Mieters dienen und mit dem Gebäude nicht in einem einheitlichen Nutzungs- und Funktionszusammenhang stehen oder (b) wenn die Wirtschaftsgüter zwar einen einheitlichen Nutzungs- und Funktionszusammenhang mit dem Gebäude aufweisen, sie sich aber im wirtschaftlichen Eigentum des Mieters befinden (R 4.2 Abs. 3 S. 3 Nr 4, R 7.1 Abs. 6 EStR). Bei sonstigen Mietereinbauten handelt es sich um **unbewegliche Wirtschaftsgüter**.[101]

Beispiele: Der Mieter entfernt Zwischenwände, um ein Großraumbüro zu schaffen. Der Mieter ersetzt eine Treppe durch eine Rolltreppe.

Der Mieter baut das Dachgeschoss als Arbeitszimmer aus.[102]

167 – **Sonstige selbständige Gebäudeteile** sind Gebäudeteile, die einem anderen Zweck dienen als das übrige Gebäude. In diesem Zusammenhang wird danach unterschieden, ob der jeweilige Gebäudeteil für **eigene betriebliche Zwecke**, für **eigene Wohnzwecke**, für **fremde betriebliche Zwecke** oder für **fremde Wohnzwecke** genutzt wird. Die unterschiedlich genutzten Gebäudeteile stellen jeweils ein eigenes, **unbewegliches Wirtschaftsgut** dar (R 4.2 Abs. 3 S. 3 Nr 5, Abs. 4, R 7.1 Abs. 6 EStR).

Beispiel: Der Einzelunternehmer E besitzt ein Grundstück mit einem Wohn- und Geschäftshaus. Im Erdgeschoss befindet sich sein eigener Betrieb. Den ersten Stock hat er an einen Meister aus seinem Unternehmen vermietet. Die zweite und dritte Etage sind an Personen vermietet, die nicht in seinem Betrieb angestellt sind. Im Dachgeschoss wohnt E selbst. Den Keller des Hauses hat er an die N-GmbH vermietet, die dort ihre Waren lagert.

Zum eigenbetrieblich genutzten Gebäudeteil gehören das Erdgeschoss sowie der erste Stock, sofern für die Vermietung an den Arbeitnehmer betriebliche Gründe ausschlaggebend sind. Zu dem Gebäudeteil, der für fremde Wohnzwecke genutzt wird, zählen die zweite und dritte Etage. Der Keller wird zu fremden betrieblichen Zwecken genutzt. Das Dachgeschoss bildet einen selbständigen Gebäudeteil, der für eigene Wohnzwecke genutzt wird.

– Ein **Gebäudeteil** ist **unselbständig, wenn er der eigentlichen Nutzung des Gebäudes dient** und sich sein Fehlen für die Nutzung des Gebäudes negativ bemerkbar machen würde. Beispielsweise stehen Fahrstuhl-, Heizungs-, sanitäre Anla-

100 Siehe hierzu auch BFH vom 24.11.1970, BStBl. 1971 II, S. 157; BFH vom 4.12.1970, BStBl. 1971 II, S. 165.

101 Zu Einzelheiten siehe BMF-Schreiben vom 15.1.1976, BStBl. 1976 I, S. 66. Siehe auch Maus, SteuerStud 2009, S. 364.

102 Vgl BFH vom 11.6.1997, BStBl. 1997 II, S. 774.

gen, Be- und Entlüftungsanlagen (Regelfall) oder die Umzäunung und Garage eines Wohngebäudes in einem einheitlichen Nutzungs- und Funktionszusammenhang mit dem Gebäude (H 4.2 Abs. 5 EStH).

(3) Abgrenzung zwischen Gebäude und Betriebsvorrichtung: Die **Abgrenzung zwischen dem Gebäude und den Betriebsvorrichtungen** ist nicht nur für die Ertragsteuern sehr wichtig, sondern auch **für zahlreiche** weitere **Steuerarten bedeutsam**. Die Unterscheidung zwischen diesen beiden Arten von Wirtschaftsgütern erfolgt für die einzelnen Steuerarten nach den gleichen Grundsätzen. Die Einzelheiten sind in den Gleich lautenden Erlassen der obersten Finanzbehörden der Länder betreffend die Abgrenzung des Grundvermögens von den Betriebsvorrichtungen vom 5.6.2013, BStBl. 2013 I, S. 734 (kurz: **Abgrenzungsrichtlinie**) geregelt. **168**

Ertragsteuerlich wirkt sich die Abgrenzung auf die Art und Weise der Berechnung der Absetzung für Abnutzung aus: Zu unterscheiden sind die lineare Abschreibung nach § 7 Abs. 4 EStG (Gebäude) bzw die lineare Abschreibung und die Leistungsabschreibung nach § 7 Abs. 1 EStG (Betriebsvorrichtungen).[103] Bei Gebäuden ist die Abschreibungsdauer gesetzlich normiert. In Abhängigkeit von der Art der Nutzung und dem Erwerbszeitpunkt beläuft sie sich auf 33 1/3, 40 oder 50 Jahre. Bei beweglichen Wirtschaftsgütern wird die betriebsgewöhnliche Nutzungsdauer für jedes Wirtschaftsgut individuell festgelegt. Im Regelfall liegt die Abschreibungsdauer bei beweglichen Wirtschaftsgütern deutlich unter der von Gebäuden. Bei Grundstücken kommt es im Bereich der **Gewerbesteuer** zu einer (pauschalen) Kürzung der darauf entfallenden Erträge (§ 9 Nr 1 GewStG). Die Hinzurechnung bei der Gewerbesteuer beträgt bei unbeweglichen Wirtschaftsgütern ein Viertel von 50% der Miet- und Pachtzinsen (einschließlich Leasingraten) und bei beweglichen Wirtschaftsgütern ein Viertel von 20% der Miet- und Pachtzinsen (einschließlich Leasingraten, § 8 Nr 1 Buchst. d, e GewStG). Damit mindern bei unbeweglichen Wirtschaftsgütern nur 87,50% und bei beweglichen Wirtschaftsgütern 95% der Mieten und Pachten den Gewerbeertrag des Mieters bzw Pächters. **169**

Für die **Erbschaft- und Schenkungsteuer** ist die Abgrenzung zwischen Grundstücken und Betriebsvorrichtungen grundsätzlich nicht erforderlich, da der Wert des Unternehmens bzw Gesellschaftsanteils regelmäßig durch eine Gesamtbewertung bestimmt wird. Besonderheiten treten nur dann auf, wenn ausnahmsweise eine gesonderte Bewertung einzelner Wirtschaftsgüter vorzunehmen ist. In diesem Fall ist bei Betriebsgrundstücken der Grundbesitzwert nach § 151 BewG heranzuziehen, während bei Betriebsvorrichtungen der gemeine Wert nach allgemeinen Grundsätzen bestimmt wird (§ 9 BewG). Grundstücke unterliegen der **Grundsteuer** und beim Verkauf der **Grunderwerbsteuer**, während Betriebsvorrichtungen von diesen beiden Steuerarten nicht erfasst werden (§ 2 GrStG, § 1, § 2 GrEStG). Die Veräußerung sowie die Vermietung und Verpachtung von Grundstücken sind grundsätzlich von der **Umsatzsteuer** befreit. Für Betriebsvorrichtungen kommen die Befreiungen nach § 4 Nr 9 Buchst. a, Nr 12 UStG nicht zur Anwendung.[104] **170**

103 Darüber hinaus ist bei Betriebsvorrichtungen zum Teil die geometrisch-degressive Abschreibung zulässig, so zB bei Erwerb in den Jahren 2009 und 2010 (§ 7 Abs. 2, 3 EStG).

104 Auf diese Umsatzsteuerbefreiung kann unter bestimmten Voraussetzungen verzichtet werden. Zur Umsatzsteueroption nach § 9 UStG siehe Band I, Rn. 776 ff.

	Gebäude	Betriebsvorrichtung
Steuerbilanz (Einkommen-, Körperschaft-, Gewerbesteuer)	• lineare Abschreibung nach § 7 Abs. 4 EStG • Nutzungsdauer: gesetzlich geregelt (33 1/3, 40 oder 50 Jahre)	• lineare Abschreibung oder Leistungsabschreibung nach § 7 Abs. 1 EStG • Nutzungsdauer: in Abhängigkeit von der Art des Wirtschaftsguts (AfA-Tabellen)
Besonderheiten bei der Gewerbesteuer (Hinzurechnungen und Kürzungen)	• Hinzurechnung von 12,50% der gezahlten Mieten (Leasingraten) • (pauschale) Kürzung von Grundstückserträgen: ja	• Hinzurechnung von 5,00% der gezahlten Mieten (Leasingraten) • (pauschale) Kürzung von Grundstückserträgen: nein
Erbschaft- und Schenkungsteuer (nur wenn getrennte Bewertung)	gemeiner Wert (eigenständiges Bewertungsverfahren)	gemeiner Wert
Grundsteuer	ja	nein
Grunderwerbsteuer	ja	nein
Umsatzsteuer	• Verkauf: nein (Grundsatz) • Vermietung: nein (Grundsatz)	• Verkauf: ja • Vermietung: ja

Abb. 15: Bedeutung der Abgrenzung zwischen Gebäude und Betriebsvorrichtung

171 Die **schwierige Abgrenzungsfrage** zwischen dem Gebäude und den Betriebsvorrichtungen wird **mit Hilfe von zwei Grundsätzen gelöst**: Zum einen wird für Betriebsvorrichtungen eine besondere Beziehung zum betreffenden Betrieb gefordert, zum anderen wird der Begriff des Gebäudes durch fünf Kriterien umschrieben.

172 – *Definition des Begriffs „Betriebsvorrichtung“:* Zu den Betriebsvorrichtungen gehören nicht nur Maschinen und maschinenähnliche Vorrichtungen, sondern **alle Vorrichtungen, mit denen ein Gewerbe unmittelbar betrieben wird** (§ 68 Abs. 2 S. 1 Nr 2 BewG). Betriebsvorrichtungen können auch selbständige Bauwerke sein, die nach den Regeln der Baukunst geschaffen sind, wie Schornsteine, Öfen und Kanäle (Tz. 1.3, 3 der Abgrenzungsrichtlinie). Verstärkungen von Decken und die nicht ausschließlich zu einer Betriebsanlage gehörenden Stützen und sonstigen Bauteile, wie Mauervorlagen und Verstrebungen, werden allerdings dem Grundstück zugerechnet (§ 68 Abs. 2 S. 2 BewG).

173 – *Gebäudebegriff:* Die Definition des Begriffs „Betriebsvorrichtung“ ist sehr unbestimmt. Für die praktische Anwendung hilfreicher ist die Konkretisierung des Gebäudebegriffs. Nicht jedes Bauwerk ist als Gebäude anzusehen, sondern nur die **Bauwerke, die Menschen oder Sachen durch räumliche Umschließung Schutz gegen Witterungseinflüsse gewähren, den Aufenthalt von Menschen gestatten, fest mit dem Grund und Boden verbunden, von einiger Beständigkeit und ausreichend standfest sind.**[105]

105 Vgl Tz. 2 der Abgrenzungsrichtlinie iVm BFH vom 15.6.2005, BStBl. 2005 II, S. 688; BFH vom 24.5.2007, BStBl. 2008 II, S. 12; BFH vom 23.9.2008, BStBl. 2009 II, S. 986.

Ein **Gebäude** weist somit **fünf Merkmale** auf:

- Schutz gegen Witterungseinflüsse durch räumliche Umschließung
- Möglichkeit des nicht nur vorübergehenden Aufenthalts von Menschen
- feste Verbindung mit dem Grund und Boden
- Beständigkeit des Bauwerks
- Standfestigkeit.

Liegen alle fünf Merkmale eines Gebäudes vor, kann das Bauwerk keine Betriebsvorrichtung sein. Ist das Bauwerk nicht als Gebäude einzustufen, ist zu prüfen, ob es sich um einen Gebäudebestandteil bzw eine Außenanlage oder um eine Betriebsvorrichtung handelt (Tz. 1.2 der Abgrenzungsrichtlinie).

(4) Abgrenzung von Betriebsvorrichtungen gegenüber Gebäudebestandteilen: Die **einzelnen Bestandteile eines Bauwerks** iSd bürgerlichen Rechts sind **daraufhin zu untersuchen, ob** sie steuerrechtlich als **Gebäudebestandteil** (unbewegliches Wirtschaftsgut) **oder** als **Betriebsvorrichtung** (bewegliches Wirtschaftsgut) gelten. Die Abgrenzung bestimmt sich danach, ob der Bestandteil (unabhängig von dem gegenwärtig darin ausgeübten Betrieb) der Nutzung des Gebäudes dient oder ob er in einer besonderen Beziehung zu diesem Betrieb steht. Als Betriebsvorrichtungen können nur Vorrichtungen angesehen werden, mit denen das Gewerbe unmittelbar betrieben wird (Tz. 3.1 der Abgrenzungsrichtlinie). **174**

Als unselbständiger **Gebäudebestandteil** gelten beispielsweise: **175**

- Bauten innerhalb des Gebäudes, sofern mehr als ein nur vorübergehender Aufenthalt von Menschen möglich ist (Meisterbüro, Materiallager),
- Verstärkung von Decken,
- Personenaufzüge und Rolltreppen, die zur Bewältigung des Publikumsverkehrs dienen,
- Beleuchtungsanlagen, Sammelheizungsanlagen, Be- und Entlüftungsanlagen, Klimaanlagen, Warmwasseranlagen und Müllschluckanlagen (Regelfall),
- Sprinkleranlagen, Brandmeldeanlagen und Schallschutzvorrichtungen (Regelfall),
- Bäder, die der Körperpflege dienen,
- Schwimmbäder in Hotels.

Als **Betriebsvorrichtung** sind unter anderem anzusehen: **176**

- Bauten innerhalb des Gebäudes, sofern diese nicht zum dauernden Aufenthalt von Menschen geeignet sind (Spritzboxen in Karosseriewerken, Transformatorenräume),
- Spezialfußboden in Tennishallen oder in „Reinräumen" der Computerindustrie,
- Satellitenempfangsanlagen,
- Einzelfundamente von Maschinen,
- Bedienungsvorrichtungen (Arbeitsbühnen und Galerien, die ausschließlich der Bedienung und Wartung von Maschinen dienen),
- Akten- und Lastenaufzüge in gewerblich genutzten Räumen, Förderbänder,
- auf dem Wasser schwimmende Anlagen, die als Gaststätte oder als Hotel genutzt werden,

- Spezialbeleuchtungen, die nicht zur Beleuchtung des Gebäudes benötigt werden (Schaufensterbeleuchtung),
- Tresoranlagen und Einbruchmeldeanlagen einer Bank,
- Klimaanlagen, die überwiegend einem Betriebsvorgang dienen (Chemiefaser-, Tabakwarenfabrik),
- Lüftungs- und Kühlanlagen, sofern diese einen betriebsspezifischen Bezug aufweisen, dh soweit sie erforderlich sind, um einen störungsfreien Betriebsablauf zu gewährleisten,
- Bäder, die Heilzwecken dienen (Kur- und Krankenhäuser) oder in denen ein Gewerbe betrieben wird (Badeanstalt).

Zu weiteren Einzelheiten siehe Tz. 3 der Abgrenzungsrichtlinie einschließlich der dazu gehörenden Anlagen.

177 *(5) Abgrenzung von Betriebsvorrichtungen gegenüber Außenanlagen:* Außenanlagen **gehören grundsätzlich zum Grundstück**. Sie sind nur dann als Betriebsvorrichtung zu behandeln, wenn mit ihnen das Gewerbe unmittelbar betrieben wird (Tz. 4 der Abgrenzungsrichtlinie).[106]

Einfriedungen und Befestigungen (zB Straßen, Wege und Plätze) sind Bestandteil des Grundstücks. Als Betriebsvorrichtungen gelten beispielsweise Bodenbefestigungen, Rohrleitungen und Tanks einer Tankstelle, Teststrecken eines Automobilherstellers oder Gleisanlagen.

4. Einteilung der Wirtschaftsgüter entsprechend ihrer steuerlichen Relevanz

178 Aktive Wirtschaftsgüter lassen sich nach **vier Kriterien** unterteilen:

- Wirtschaftsgüter des Anlagevermögens und Wirtschaftsgüter des Umlaufvermögens,
- materielle Wirtschaftsgüter, nominalgüterliche Wirtschaftsgüter (finanzielle Vermögenswerte) und immaterielle Wirtschaftsgüter,
- abnutzbare und nicht abnutzbare Wirtschaftsgüter,
- bewegliche und unbewegliche Wirtschaftsgüter.

Diese Unterscheidungen sind sowohl für den handelsrechtlichen Jahresabschluss als auch für die steuerliche Gewinnermittlung von Bedeutung. Sie werden vorgestellt, weil in zahlreichen handels- und steuerrechtlichen Vorschriften (insbesondere Ansatz dem Grunde nach, Verrechnung der Absetzung für Abnutzung, außerplanmäßige Abschreibungen, Sonderabschreibungen, erhöhte Absetzungen und Investitionszulagen) **für die einzelnen Gruppen unterschiedliche Regelungen** gelten. Bei der Anwendung von Normen, die sich auf die Handels- oder Steuerbilanz beziehen, ist also immer darauf zu achten, ob diese für alle Wirtschaftsgüter gelten oder ob sie sich nur auf einen bestimmten Kreis von Wirtschaftsgütern beziehen.

Die Begriffe werden im Folgenden isoliert erläutert. Bei der praktischen Anwendung sind zum Teil mehrere Abgrenzungskriterien nebeneinander zu beachten.

106 Siehe auch BFH vom 10.10.1990, BStBl. 1991 II, S. 59.

a) Abgrenzung zwischen Wirtschaftsgütern des Anlagevermögens und Wirtschaftsgütern des Umlaufvermögens

(1) Einteilungskriterien: Im **Anlagevermögen sind** nur die **Wirtschaftsgüter** auszuweisen, **die** dazu bestimmt sind, **dem Geschäftsbetrieb dauernd** zu **dienen** (§ 247 Abs. 2 HGB, R 6.1 Abs. 1 EStR). Aus der für die Handelsbilanz von Kapitalgesellschaften geltenden Gliederungsvorschrift geht hervor, dass sich das Anlagevermögen aus folgenden Wirtschaftsgütern zusammensetzt (§ 266 Abs. 2 HGB): **179**

- immaterielle Vermögenswerte, insbesondere gewerbliche Schutzrechte, Konzessionen, Lizenzen und der Geschäfts- oder Firmenwert,
- Sachanlagen, wie Grundstücke, technische Anlagen und Maschinen, Betriebs- und Geschäftsausstattung, sowie
- Finanzanlagen, zB Anteile und Ausleihungen an verbundene Unternehmen, Beteiligungen und Wertpapiere des Anlagevermögens.

Die **Abgrenzung** zwischen Wirtschaftsgütern des Anlagevermögens und Wirtschaftsgütern des Umlaufvermögens wird **anhand** der beiden Kriterien **Zweckbestimmung** („dem Geschäftsbetrieb dienen") und **Bindungsdauer** („dauernd") getroffen. Das größere Gewicht kommt der Zweckbestimmung zu, dh in welcher Weise das Wirtschaftsgut im Unternehmen eingesetzt werden soll.[107] Das zweite Kriterium „Bindungsdauer" ist insbesondere bei der Einordnung von **Finanzanlagen** relevant. Bei Wertpapieren und Ausleihungen stellt die Laufzeit ein wichtiges Indiz für die Art des Bilanzausweises dar. Üblicherweise erfolgt **dann** eine Zuordnung zum **Anlagevermögen, wenn** die **ursprüngliche Laufzeit mehr als ein Jahr beträgt**. **180**

Beispiele: Ein Grundstück, das mit den Produktionsstätten des Unternehmens bebaut ist, gehört zum Anlagevermögen. Ein Grundstück, das in absehbarer Zeit verkauft werden soll, kann nicht dem Anlagevermögen zugeordnet werden. Dies gilt auch dann, wenn das Grundstück aufgrund der Marktlage längere Zeit nicht veräußert werden kann.

Ein Personenkraftwagen ist auch dann im Anlagevermögen zu bilanzieren, wenn er kurz nach dem Erwerb aufgrund eines Unfalls aus dem Unternehmen ausscheidet. Die Verhinderung der ursprünglich beabsichtigten Nutzung durch äußere Umstände führt zu keiner Änderung der Zuordnung.

Vorführwagen eines Kraftfahrzeughändlers oder Musterküchen werden zwar regelmäßig nach einiger Zeit verkauft. Während ihrer Zugehörigkeit zum Betrieb dienen sie aber dazu, Kunden zum Kauf von entsprechenden Wirtschaftsgütern zu überzeugen. Sie sind deshalb im Anlagevermögen auszuweisen, weil der Zweckbestimmung eine höhere Bedeutung zukommt als der Bindungsdauer.

Im Gegensatz zum Anlagevermögen ist das **Umlaufvermögen** gesetzlich nicht definiert. Der Begriff des Umlaufvermögens kann indirekt durch einen Umkehrschluss aus § 247 Abs. 2 HGB abgeleitet werden. Danach besteht das Umlaufvermögen aus denjenigen Wirtschaftsgütern, die nicht dazu bestimmt sind, dem Betrieb dauernd zu dienen. Dies sind insbesondere **Wirtschaftsgüter**, die zur **Veräußerung, Verarbeitung oder** zum **Verbrauch** angeschafft oder hergestellt worden sind, also zum „Umlauf" bestimmt sind (R 6.1 Abs. 2 EStR). Typische Beispiele für Wirtschaftsgüter des **181**

107 Vgl BFH vom 16.12.2009, BStBl. 2010 II, S. 799.

Umlaufvermögens sind Vorräte (Roh-, Hilfs- und Betriebsstoffe, unfertige und fertige Erzeugnisse), kurzfristige Forderungen (wie Forderungen aus Lieferungen und Leistungen), Wertpapiere, die nur für kurze Zeit im Unternehmen verbleiben sollen, sowie Kassenbestände, Bankguthaben und Scheckbestände (§ 266 Abs. 2 HGB).

182 *(2) Steuerliche Relevanz:* Die Unterscheidung zwischen Anlage- oder Umlaufvermögen ist insofern für die **Bilanzierung** relevant, als für selbst geschaffene immaterielle Wirtschaftsgüter **des Anlagevermögens** in der Handelsbilanz ein Aktivierungswahlrecht (§ 248 Abs. 2 S. 1 HGB) und in der Steuerbilanz ein Ansatzverbot (§ 5 Abs. 2 EStG) besteht. Für selbst erstellte immaterielle Wirtschaftsgüter **des Umlaufvermögens** gilt dieses Ansatzwahlrecht bzw Aktivierungsverbot nicht (§ 246 Abs. 1 S. 1 HGB, § 5 Abs. 1 S. 1 EStG).

Im Zusammenhang mit der **Bewertung** ist die Abgrenzung deshalb zu beachten, weil planmäßige Abschreibungen und zahlreiche Investitionsförderungsmaßnahmen (Sonderabschreibungen, erhöhte Absetzungen, Investitionszulagen) nur für Wirtschaftsgüter **des Anlagevermögens** möglich sind und bei außerplanmäßigen Abschreibungen insbesondere in der Handelsbilanz unterschiedliche Regelungen gelten.

b) Abgrenzung zwischen materiellen, nominalgüterlichen und immateriellen Wirtschaftsgütern

183 **Materielle Güter** sind alle Sachen im Sinne des Bürgerlichen Gesetzbuchs, also alle körperlichen Gegenstände (§ 90 einschließlich Tiere § 90a BGB). Zu den **nominalgüterlichen Wirtschaftsgütern** gehören finanzielle Vermögenswerte, wie Kassenbestände, Bankguthaben, Schecks, Forderungen, festverzinsliche Wertpapiere, Beteiligungen, Anteile an verbundenen Unternehmen oder geleistete Anzahlungen. **Immaterielle Wirtschaftsgüter** sind insbesondere Rechte, Rechtspositionen und rein wirtschaftliche Werte. Kennzeichen von immateriellen Wirtschaftsgütern ist ihre „Unkörperlichkeit". Bei der Abgrenzung zwischen materiellen und immateriellen Wirtschaftsgütern wird vorrangig auf das wirtschaftliche Interesse abgestellt, dh wofür der Kaufpreis bezahlt wird und ob es dem Erwerber überwiegend auf den materiellen oder den immateriellen Gehalt ankommt (R 5.5 Abs. 1 S. 1 EStR, H 5.5 EStH).[108]

Beispiel: Computerprogramme stellen immaterielle Wirtschaftsgüter dar. Dies gilt grundsätzlich auch dann, wenn es sich um Standardsoftware handelt, die auf einem Datenträger gespeichert ist. Datenbanken und Applikationen im Rahmen der Implementierung eines Internetauftritts sind gleichfalls als immaterielle Wirtschaftsgüter anzusehen. Bei Datensammlungen, die keine Befehlselemente enthalten, sondern lediglich Daten, die allgemein bekannt und jedermann zugänglich sind, handelt es sich um materielle Wirtschaftsgüter.[109]

Die Unterscheidung zwischen materiellen, nominalgüterlichen und immateriellen Wirtschaftsgütern ist deshalb steuerlich **bedeutsam**, weil selbst geschaffene **immaterielle** Wirtschaftsgüter des Anlagevermögens in die Steuerbilanz nicht aufgenommen

108 Vgl BFH vom 30.10.2008, BStBl. 2009 II, S. 421 mwN.

109 Vgl BFH vom 5.2.1988, BStBl. 1988 II, S. 737; BFH vom 2.9.1988, BStBl. 1989 II, S. 160; BFH vom 18.5.2011, BStBl. 2011 II, S. 865. Die Finanzverwaltung geht vereinfachend davon aus, dass es sich bei Software, deren Anschaffungskosten nicht mehr als 410 € betragen, um abnutzbare bewegliche und damit um materielle Wirtschaftsgüter handelt (Trivialprogramme, R 5.5 Abs. 1 S. 2 EStR).

werden dürfen (§ 5 Abs. 2 EStG). Die Inanspruchnahme von Investitionsförderungsmaßnahmen ist bei nominalgüterlichen Wirtschaftsgütern und immateriellen Wirtschaftsgütern zumeist nicht möglich, weil die Möglichkeit zur Verrechnung überhöhter Abschreibungen und zur Inanspruchnahme von Investitionszulagen im Regelfall auf bestimmte **materielle** Wirtschaftsgüter beschränkt ist (zB § 2 InvZulG 2010, für Investitionen vor dem 1.1.2014).

c) Abgrenzung zwischen abnutzbaren und nicht abnutzbaren Wirtschaftsgütern

Ein **Wirtschaftsgut** ist **abnutzbar**, wenn die **Dauer, während der es bestimmungsgemäß genutzt werden kann**, durch seinen wirtschaftlichen oder technischen Wertverzehr erfahrungsgemäß **begrenzt** ist. Zu den abnutzbaren Wirtschaftsgütern gehören typischerweise Gebäude und Gebäudeteile, technische Anlagen und Maschinen, die Betriebs- und Geschäftsausstattung sowie immaterielle Werte (zB Nutzungsrechte, Lizenzen, R 7.1 Abs. 1 EStR). **Nicht abnutzbare Wirtschaftsgüter verlieren im Zeitablauf nicht an Wert.** Es handelt sich dabei insbesondere um Grund und Boden, Beteiligungen, finanzielle Vermögenswerte sowie Wirtschaftsgüter des Umlaufvermögens. 184

Die Unterscheidung zwischen **abnutzbaren** Wirtschaftsgütern des Anlagevermögens und den anderen Wirtschaftsgütern (nicht abnutzbare Wirtschaftsgüter des Anlagevermögens, Wirtschaftsgüter des Umlaufvermögens) ist deshalb von erheblicher **Bedeutung**, weil sie darüber entscheidet, ob die Anschaffungs- oder Herstellungskosten in Form der Absetzung für Abnutzung (AfA) oder Absetzung für Substanzverringerung (AfS) auf die betriebsgewöhnliche Nutzungsdauer des Wirtschaftsguts verteilt werden können (§ 6 Abs. 1 Nr 1 iVm § 7 EStG). Bei nicht abnutzbaren Wirtschaftsgütern ist eine planmäßige Aufwandsverrechnung nicht möglich. Bei diesen Wirtschaftsgütern sind Wertverluste nur durch eine außerplanmäßige Abschreibung auf den niedrigeren Teilwert verrechenbar (§ 6 Abs. 1 Nr 2 EStG).

Darüber hinaus sind zahlreiche Investitionsförderungsmaßnahmen (Sonderabschreibungen, erhöhte Absetzungen, Investitionszulagen) auf **abnutzbare** Wirtschaftsgüter beschränkt.

d) Abgrenzung zwischen beweglichen und unbeweglichen Wirtschaftsgütern

Bewegliche Wirtschaftsgüter können nur materielle Gegenstände sein (R 7.1 Abs. 2 EStR). Beispiele für bewegliche Wirtschaftsgüter sind Maschinen und maschinelle Anlagen, sonstige Betriebsvorrichtungen, Werkzeuge, Einrichtungsgegenstände, Schiffe und Flugzeuge. Die übrigen Wirtschaftsgüter sind **unbewegliche** bzw nicht bewegliche **Wirtschaftsgüter**, so zB Grund und Boden, Gebäude, Bodenschätze, finanzielle Vermögenswerte und immaterielle Wirtschaftsgüter. 185

Die Abgrenzung zwischen beweglichen und unbeweglichen Wirtschaftsgütern ist in erster Linie für die Wahl der Abschreibungsmethode von **Bedeutung**. Die Absetzung für Abnutzung nach Maßgabe der Leistung ist nur bei beweglichen Wirtschaftsgütern zulässig (§ 7 Abs. 1 S. 6 EStG). Für Gebäude, für Gebäudeteile, die selbständige unbewegliche Wirtschaftsgüter sind, und für Eigentumswohnungen gelten im Zusammenhang mit der Verrechnung der Absetzung für Abnutzung spezielle Regelungen

(§ 7 Abs. 4–5a EStG). Die Einordnung als bewegliches Wirtschaftsgut ist auch für die Möglichkeit zur Inanspruchnahme von Vereinfachungsregelungen, von Sonderabschreibungen und von erhöhten Absetzungen von Bedeutung (zB § 6 Abs. 2, 2a, § 7g Abs. 5, 6 EStG).

III. Konkrete Bilanzierungsfähigkeit

186 Im Rahmen der konkreten Bilanzierungsfähigkeit müssen die gesetzlichen Regelungen zum Ansatz daraufhin untersucht werden, ob das grundsätzlich geltende Aktivierungsgebot durch ein Ansatzverbot oder ein Ansatzwahlrecht aufgehoben wird. Ist die Bilanzierung dem Grunde nach möglich (Ansatzgebot, Ansatzwahlrecht wird ausgeübt), ist zu untersuchen, ob das Wirtschaftsgut im wirtschaftlichen Eigentum des Steuerpflichtigen steht (persönliche Zurechnung) und ob es zu seinem Betriebsvermögen gehört (sachliche Zurechnung).

1. Gesetzliche Regelungen zum Ansatz

a) Grundsatz: Aktivierungspflicht

187 Für aktive Wirtschaftsgüter besteht **grundsätzlich Ansatzpflicht** (§ 246 Abs. 1 S. 1 HGB, § 5 Abs. 1 S. 1 HS 1 EStG). Wirtschaftliche Vorteile, die die Kriterien eines Wirtschaftsguts erfüllen, müssen aufgrund des **Grundsatzes der Vollständigkeit** in die Bilanz aufgenommen werden. Bei aktiven Wirtschaftsgütern besteht zwischen der abstrakten Bilanzierungsfähigkeit und der gesetzlichen Regelung zum Ansatz prinzipiell Übereinstimmung. Insoweit handelt es sich um den Grundfall der Maßgeblichkeit der Handelsbilanz für die Steuerbilanz (Fall 1).

Die grundsätzlich bestehende Ansatzpflicht gilt allerdings nur für materielle Vermögenswerte sowie für immaterielle Wirtschaftsgüter des Umlaufvermögens. **Für selbst erstellte immaterielle Wirtschaftsgüter des Anlagevermögens** besteht eine **Ausnahme** von der allgemeinen Aktivierungspflicht. Beim Geschäfts- oder Firmenwert sind weitere Besonderheiten zu beachten.

b) Besonderheiten bei immateriellen Wirtschaftsgütern

188 *(1) Entgeltlicher Erwerb als Aktivierungsvoraussetzung bei immateriellen Wirtschaftsgütern des Anlagevermögens:* **Immaterielle Wirtschaftsgüter des Anlagevermögens** sind nur aktivierungspflichtig, wenn sie **entgeltlich erworben** wurden. Für beide Bilanzen gelten verbindliche Vorschriften: Vollständigkeitsgebot nach § 246 Abs. 1 S. 1 HGB sowie Umkehrschluss aus § 248 Abs. 2 HGB bzw § 5 Abs. 2 EStG. Da die gesetzlichen Regelungen übereinstimmen, liegt der Fall 2a des Maßgeblichkeitsprinzips vor.

Für **selbst geschaffene** (originäre) **immaterielle Wirtschaftsgüter des Anlagevermögens** besteht im handelsrechtlichen Einzelabschluss ein Aktivierungswahlrecht (§ 248 Abs. 2 S. 1 HGB) und im Rahmen der steuerlichen Gewinnermittlung ein Ansatzverbot (§ 5 Abs. 2 EStG, R 5.5 Abs. 2, 3 EStR). Das Nebeneinander von handelsrechtlichem Wahlrecht und verbindlicher steuerrechtlicher Regelung führt zu einer

Einschränkung der Maßgeblichkeit. Diese Situation wurde bei der Erläuterung des Inhalts des Maßgeblichkeitsprinzips dem Fall 4 zugeordnet.

Das für den (wahlweisen bzw verbindlichen) Ansatz von immateriellen Wirtschafts- **189**
gütern des Anlagevermögens erforderliche **Merkmal des entgeltlichen Erwerbs** liegt vor, wenn das Wirtschaftsgut als solches durch ein Rechtsgeschäft oder durch einen Hoheitsakt von einem Dritten übertragen wird, dh der Steuerpflichtige muss Ausgaben dafür leisten, dass das betrachtete Wirtschaftsgut aus dem Vermögen des Vertragspartners in sein Vermögen übergeht. Besteht kein unmittelbarer Zweckzusammenhang zwischen den Ausgaben des Steuerpflichtigen und dem Erwerb eines immateriellen Wirtschaftsguts, handelt es sich nicht um einen entgeltlichen Erwerb.

Beispiel 1: Ein Pharma-Unternehmen unterhält eine eigene Forschungs- und Entwicklungsabteilung, in der Rezepturen für Medikamente entwickelt werden. Die Rezepturen stellen immaterielle Wirtschaftsgüter des Anlagevermögens dar. Die Bezahlung von Gehältern an die Mitarbeiter dieser Abteilung sowie der Einkauf der notwendigen Apparate und des Verbrauchsmaterials gelten nicht als entgeltlicher Erwerb. Diese Ausgaben werden nicht für die Rezepturen als solche geleistet, sondern für das Erbringen von Dienstleistungen bzw die Lieferung von materiellen Wirtschaftsgütern.

Kauft das Unternehmen eine Rezeptur von einem Außenstehenden, liegt ein entgeltlicher Erwerb vor, da das Entgelt unmittelbar für die Rezeptur entrichtet wird und nicht für die Bereitstellung von Arbeitskraft oder für die Lieferung der einzelnen Inhaltsstoffe.

Beispiel 2: Schließt ein Unternehmen mit einem Softwareanbieter einen Vertrag, nach dem der Softwareanbieter ein Softwaresystem einzurichten hat, liegt ein entgeltlicher Erwerb vor. Dies gilt auch dann, wenn die erworbene Software zum Teil mit eigenem Personal implementiert wird. Demgegenüber liegt kein entgeltlicher Erwerb vor, wenn das Unternehmen die Software durch eigenes Personal oder durch Subunternehmer, die im Rahmen von Dienstverträgen tätig werden, herstellt.[110]

Es ist ausreichend, wenn das Wirtschaftsgut – wie bei Belieferungsrechten – erst bei der Übertragung entsteht. Es muss nicht bereits vorher bestanden haben.

Die Ursache für den Unterschied zwischen Handels- und Steuerbilanz bei selbst er- **190**
stellten (originären) immateriellen Wirtschaftsgütern des Anlagevermögens liegt darin, dass im Rahmen der steuerlichen Gewinnermittlung der **Objektivierungsgedanke** sowie der **Grundsatz der Bewertungsvorsicht** stärker gewichtet werden als in der Handelsbilanz. Da die Wertfindung von immateriellen Wirtschaftsgütern häufig unsicher ist, wird in der Steuerbilanz eine Bilanzierung nur zugelassen, wenn der Wert durch eine Markttransaktion konkretisiert wurde (§ 5 Abs. 2 EStG). Wenn ein wirtschaftlicher Wert Gegenstand des Rechtsverkehrs war, ist zu vermuten, dass das bei immateriellen Vermögenswerten besonders schwer zu bestimmende Kriterium der abstrakten Bilanzierungsfähigkeit (selbständige Bewertbarkeit) erfüllt ist.[111] Für die handelsrechtliche Rechnungslegung kommt demgegenüber der Informationsfunktion eine höhere Bedeutung zu. Der Zielkonflikt zwischen Zahlungsbemessungsfunktion und Informationsfunktion wird im handelsrechtlichen Jahresabschluss dadurch

110 Vgl BMF-Schreiben vom 18.11.2005, BStBl. 2005 I, S. 1025.
111 Zu den Kriterien des Begriffs des Wirtschaftsguts siehe Kapitel II.1., Rn. 146–152.

berücksichtigt, dass für selbst geschaffene immaterielle Wirtschaftsgüter des Anlagevermögens ein Aktivierungswahlrecht eingeräumt wird (§ 248 Abs. 2 S. 1 HGB), sich die Höhe der maximal möglichen Gewinnausschüttungen aber so bestimmt, als ob diese Wirtschaftsgüter nicht aktiviert worden wären (Ausschüttungssperre, § 268 Abs. 8 S. 1 HGB).

Die Beschränkung der Aktivierung auf entgeltlich erworbene immaterielle Wirtschaftsgüter des Anlagevermögens hat für die Bilanzierungspraxis den Vorteil, dass die Diskussion um den Inhalt des Begriffs des Wirtschaftsguts im Rahmen der steuerlichen Gewinnermittlung erheblich an Bedeutung verliert: Bei materiellen Wirtschaftsgütern und finanziellen Vermögenswerten ist die Wirtschaftsguteigenschaft unstreitig gegeben. Immaterielle Vermögenswerte sind in der Steuerbilanz nur zu aktivieren, wenn sie entgeltlich erworben wurden. Originäre immaterielle Vermögenswerte dürfen hingegen im Rahmen des steuerlichen Betriebsvermögensvergleichs nicht aktiviert werden: Für die Besteuerungspraxis ist es unerheblich, ob die Wirtschaftsguteigenschaft verneint wird oder ob von einem Wirtschaftsgut ausgegangen wird, für das aber deshalb ein Bilanzierungsverbot besteht, weil kein entgeltlicher Erwerb vorliegt. In beiden Fällen scheidet eine Aktivierung aus: Entweder ist die abstrakte Bilanzierungsfähigkeit (kein Wirtschaftsgut) oder die konkrete Bilanzierungsfähigkeit (zwar Wirtschaftsgut, aber kein entgeltlicher Erwerb) nicht gegeben. Für die Lösung von Bilanzierungsfällen ist diese systematische Unterscheidung jedoch immer zu beachten. Aufgrund des Ansatzwahlrechts nach § 248 Abs. 2 S. 1 HGB ist diese Differenzierung auch für die handelsrechtliche Rechnungslegung von Relevanz.

191 Die **Regelungen** zum Ansatz immaterieller Wirtschaftsgüter des Anlagevermögens haben über die Gewinndefinition nach § 4 Abs. 1 S. 1 EStG unmittelbar **Einfluss auf die zeitliche Verteilung der steuerpflichtigen Einkünfte**: (a) Ist das Wirtschaftsgut aufgrund eines entgeltlichen Erwerbs zu aktivieren, wird sein Erwerb erfolgsneutral verbucht. Gewinnwirkungen ergeben sich erst in den Perioden, in denen das Wirtschaftsgut genutzt wird. Der in der Steuerbilanz ausgewiesene Wert ist während seiner voraussichtlichen Nutzungsdauer in Form der Absetzung für Abnutzung aufwandswirksam zu verrechnen. Dies entspricht dem Grundgedanken der steuerrechtlichen Gewinnermittlung, den Zugang eines Wirtschaftsguts erfolgsneutral zu behandeln und die Aufwendungen entsprechend den Periodisierungsgrundsätzen den damit erzielten Erträgen zuzurechnen. (b) Bei selbst geschaffenen immateriellen Wirtschaftsgütern des Anlagevermögens mindern die im Zusammenhang mit ihrer Herstellung angefallenen Ausgaben sofort den Gewinn des Unternehmens. In den Folgeperioden fallen keine Aufwendungen mehr an. Dies entspricht zwar dem Grundsatz der Bewertungsvorsicht. Die Periodisierungsgrundsätze, insbesondere der Grundsatz der Abgrenzung von Aufwendungen der Sache nach, werden jedoch zurückgedrängt.

Beispiel für die Anschaffung eines immateriellen Wirtschaftsguts: Die A-KG darf auf der Grundlage einer Lizenz in den nächsten fünf Jahren ein von der P-AG entwickeltes Produktionsverfahren nutzen. Die A-KG zahlt für die Lizenz einmalig ein Entgelt von 100 000 €.

Das Recht, das von der P-AG entwickelte Produktionsverfahren einzusetzen, erfüllt die Kriterien eines Wirtschaftsguts. Da die Lizenz gegen Entgelt von einem Dritten erworben wurde, besteht für die Lizenz nach § 5 Abs. 2 EStG Aktivierungspflicht. Nicht nur die abstrakte Bilanzierungsfähigkeit ist zu bejahen, sondern auch die betreffende gesetzliche Vorschrift sieht einen Ansatz dem Grunde nach vor.

Die Ausgaben für die Lizenz sind im Erwerbszeitpunkt aufgrund der Aktivierung als Wirtschaftsgut erfolgsneutral. Während der fünfjährigen Nutzungsdauer verrechnet die A-KG bei linearer Abschreibung jeweils Aufwendungen von 20 000 €, die den mit der Lizenz erzielten Umsatzerlösen gegenüber zu stellen sind.[112]

Beispiel für die Eigenerstellung eines immateriellen Wirtschaftsguts: Die E-GmbH entwickelt ein neuartiges Produkt, für das ihr ein Patent eingeräumt wird. Zur Entwicklung dieses Produkts fallen Ausgaben von 90 000 € an, die sich auf die Entlohnung der Mitarbeiter in der Forschungsabteilung sowie auf Materialeinkäufe verteilen.

Für das Patent gilt ein Aktivierungsverbot. Der selbst geschaffene Vermögenswert ist zwar als Wirtschaftsgut anzusehen, sodass die abstrakte Bilanzierungsfähigkeit gegeben ist. Da aber kein Erwerb von einem Dritten vorliegt, darf das Patent aufgrund des Aktivierungsverbots nach § 5 Abs. 2 EStG nicht in die Steuerbilanz aufgenommen werden (fehlende konkrete Bilanzierungsfähigkeit).

In den Jahren, in denen das durch das Patent geschützte Wissen genutzt wird, stehen den damit erzielten Umsatzerlösen keine Aufwendungen (mehr) gegenüber. Die im Zusammenhang mit der Entwicklung angefallenen Aufwendungen sind bei der E-GmbH bereits während der (umsatzlosen) Entwicklungsphase in die Gewinn- und Verlustrechnung eingegangen.

(2) Ausnahmen vom Aktivierungsverbot für selbst erstellte immaterielle Wirtschaftsgüter: Das Aktivierungsverbot für selbst erstellte immaterielle Wirtschaftsgüter nach § 5 Abs. 2 EStG gilt nur dann, wenn diese dem Anlagevermögen zuzurechnen sind. **Immaterielle Wirtschaftsgüter des Umlaufvermögens** sind demgegenüber nach dem Grundsatz der materiellen Vollständigkeit in sachlicher Hinsicht sowohl in der Handelsbilanz als auch in der Steuerbilanz **zu aktivieren** (§ 246 Abs. 1 S. 1 HGB, § 5 Abs. 1 S. 1 HS 1 EStG). Bei immateriellen Wirtschaftsgütern des Umlaufvermögens ist die konkrete Bilanzierungsfähigkeit unabhängig davon gegeben, ob sie entgeltlich erworben oder ob sie selbst erstellt wurden (Fall 1 des Maßgeblichkeitsprinzips). **192**

Immaterielle Wirtschaftsgüter sind dann dem Umlaufvermögen zuzurechnen, wenn sie nicht dauernd dem Geschäftsbetrieb des Bilanzierenden dienen, sondern zum Zweck der Veräußerung oder im Rahmen eines Kundenauftrags hergestellt werden (Umkehrschluss aus § 247 Abs. 2 HGB).

Beispiele: Der Filmproduzent F erstellt im Auftrag eines Fernsehsenders Spielfilme. Die Filme sind als immaterielle Wirtschaftsgüter des Umlaufvermögens in der Steuerbilanz des Filmproduzenten F zu aktivieren.

Der Softwareentwickler S entwickelt im Auftrag eines Kunden dessen Internetauftritt. Im Rahmen der Entwicklung entsteht ein immaterielles Wirtschaftsgut, das dem Umlaufvermögen zuzurechnen ist und für das deshalb eine Ansatzpflicht besteht.

Da selbst geschaffene Wirtschaftsgüter des Umlaufvermögens zur baldigen Veräußerung bestimmt sind bzw der Auftraggeber sich bereits vertraglich zur Abnahme verpflichtet hat, ist im Hinblick auf das Prinzip der vorsichtigen und objektivierten Gewinnermittlung kein Ansatzverbot notwendig. Durch den Marktpreis bzw die in dem

112 Wird kein Einmalentgelt bezahlt, sondern eine Lizenzgebühr, die sich nach der Anzahl der produzierten Erzeugnisse oder erzielten Umsätze berechnet (Produktions- oder Umsatzlizenz), unterbleibt eine Bilanzierung aufgrund des Grundsatzes der Nichterfassung schwebender Geschäfte.

Auftrag getroffenen Vereinbarungen stehen die potenziell erzielbaren Erträge fest oder lassen sich zumindest mit hinreichender Sicherheit schätzen. Sofern die voraussichtlich erzielbaren Erlöse unter den Herstellungskosten liegen, lässt sich dies durch eine Abwertung auf den niedrigeren Stichtagswert bilanziell erfassen.

193 Bei **selbst erstellten immateriellen Wirtschaftsgütern des Anlagevermögens** besteht **in zwei Fällen** eine **Ausnahme vom Aktivierungsverbot** nach § 5 Abs. 2 EStG, m.a.W. in diesen beiden Fällen wird von einer Aktivierungspflicht ausgegangen (R 5.5 Abs. 3 EStR):

– **Einlage eines immateriellen Wirtschaftsguts.** Das Aktivierungsverbot für selbst erstellte immaterielle Wirtschaftsgüter des Anlagevermögens gilt nicht, wenn das Wirtschaftsgut von einem Steuerpflichtigen in seinen Betrieb eingelegt wird. Das eingelegte immaterielle Wirtschaftsgut ist nach § 6 Abs. 1 Nr 5 EStG grundsätzlich mit dem Teilwert anzusetzen. Die Begründung für die Aktivierungspflicht liegt darin, dass die mit den Einlagevorschriften verbundene Zielsetzung der Abgrenzung zwischen Vorgängen, die den betrieblichen Bereich betreffen, und Vorgängen, die sich auf die private Sphäre beziehen, im Rahmen der steuerlichen Gewinnermittlung höher gewichtet wird als der Grundsatz der Bewertungsvorsicht (keine Maßgeblichkeit: konzeptionelle Abweichung, Fall 9). Für die Abgrenzung zwischen diesen beiden Prinzipien lassen sich keine allgemein verbindlichen Kriterien finden, sodass gegen die von der Finanzverwaltung im Anschluss an die Rechtsprechung des Bundesfinanzhofs[113] vorgenommene Wertentscheidung keine grundlegenden Bedenken formuliert werden können. Für den Steuerpflichtigen hat sie den Vorteil, dass der Wertverzehr des immateriellen Wirtschaftsguts über die Nutzungsdauer durch Absetzung für Abnutzung als Betriebsausgabe abgezogen werden darf. Bei einem Aktivierungsverbot für eingelegte immaterielle Wirtschaftsgüter würden sich die mit deren Entwicklung verbundenen Aufwendungen ertragsteuerlich nicht auswirken.
– **Unentgeltliche Übertragung.** Bei der unentgeltlichen Übertragung **eines Betriebs, Teilbetriebs oder Mitunternehmeranteils** hat der Erwerber die bisherigen Buchwerte fortzuführen (§ 6 Abs. 3 EStG). Sind in dem übertragenen Betriebsvermögen immaterielle Wirtschaftsgüter des Anlagevermögens aktiviert (der Übertragende hatte sie entgeltlich erworben), sind diese auch in der Steuerbilanz des Erwerbers anzusetzen, obwohl der Erwerber dafür keine Ausgaben tätigt. Das Aktivierungsverbot nach § 5 Abs. 2 EStG kommt nicht zur Anwendung, weil der entgeltliche Erwerb des Übertragenden (des bisherigen Betriebsinhabers) für die Aktivierung als ausreichend angesehen wird.

194 Wird ein **einzelnes** immaterielles **Wirtschaftsgut** des Anlagevermögens aus betrieblichem Anlass unentgeltlich aus einem Betrieb in den Betrieb eines anderen Steuerpflichtigen übertragen, ist es beim Erwerber mit dem gemeinen Wert zu aktivieren (§ 6 Abs. 4 EStG). In diesem Fall wird das Ziel einer korrekten Abgrenzung zwischen den Vermögensbereichen von verschiedenen Steuerpflichtigen höher gewichtet als der Gedanke einer vorsichtigen Gewinnermittlung (keine Maßgeblichkeit: konzeptionelle Abweichung, Fall 9).

---

113 Vgl R 5.5 Abs. 3 S. 3 EStR sowie BFH vom 22.1.1980, BStBl. 1980 II, S. 244; BFH vom 20.8.1986, BStBl. 1987 II, S. 455; BFH vom 26.10.1987, BStBl. 1988 II, S. 348.

c) Zusätzliche Besonderheiten beim Geschäfts- oder Firmenwert

Der Geschäfts- oder Firmenwert wird in der Handelsbilanz als Vermögensgegenstand angesehen (gesetzliche Fiktion des Vorliegens eines Vermögensgegenstands nach § 246 Abs. 1 S. 4 HGB). Bei einem entgeltlichen Erwerb besteht – wie bei allen immateriellen Vermögensgegenständen des Anlagevermögens – eine Aktivierungspflicht (§ 246 Abs. 1 S. 1 HGB). Für den **selbst geschaffenen (originären) Geschäfts- oder Firmenwert** besteht ein Aktivierungsverbot (§ 248 Abs. 2 S. 2 HGB). Das für selbst erstellte immaterielle Vermögensgegenstände des Anlagevermögens ansonsten gewährte handelsrechtliche Aktivierungswahlrecht (§ 248 Abs. 2 S. 1 HGB) gilt für den originären Geschäfts- oder Firmenwert nicht. **195**

Steuerrechtlich stellt der Geschäfts- oder Firmenwert ein immaterielles Wirtschaftsgut des Anlagevermögens dar. Damit darf er in der Steuerbilanz nur dann aktiviert werden, wenn er entgeltlich erworben wurde (derivativer Geschäfts- oder Firmenwert). Für den originären Geschäfts- oder Firmenwert besteht ein Aktivierungsverbot (§ 5 Abs. 2 EStG). Im Rahmen der steuerlichen Gewinnermittlung ergeben sich hinsichtlich der konkreten Bilanzierungsfähigkeit des Geschäfts- oder Firmenwerts gegenüber den anderen immateriellen Wirtschaftsgütern des Anlagevermögens keine Unterschiede.

Für den originären Geschäfts- oder Firmenwert besteht also **sowohl in der Handelsbilanz als auch in der Steuerbilanz** ein **Ansatzverbot** (§ 248 Abs. 2 S. 2 HGB, § 5 Abs. 2 EStG). Das Nebeneinander von zwei verbindlichen Regelungen, die inhaltlich gleich sind, wurde bei der Abgrenzung des Inhalts des Maßgeblichkeitsprinzips dem Fall 2a zugeordnet. **196**

Beim Geschäfts- oder Firmenwert wird das Kriterium **„entgeltlicher Erwerb"** anhand von **zwei Voraussetzungen** geprüft (§ 246 Abs. 1 S. 4 HGB): **197**

- Der Bilanzierende muss ein anderes **Unternehmen als Ganzes** erwerben, dh es dürfen nicht nur einzelne Wirtschaftsgüter erworben werden.
- Der **Kaufpreis muss** den **Wert der** erhaltenen **aktiven Wirtschaftsgüter vermindert um** den **Wert der** übernommenen **passiven Wirtschaftsgüter übersteigen**.

Die aktiven und passiven Wirtschaftsgüter werden mit ihrem beizulegenden Wert (= Teilwert) bewertet, dh die bisherigen Buchwerte des Veräußerers sind für die Ermittlung der Höhe des Geschäfts- oder Firmenwerts auf Ebene des Erwerbers irrelevant (§ 6 Abs. 1 Nr 7 EStG).

Bei der Definition des derivativen Geschäfts- oder Firmenwerts besteht zwischen der Handelsbilanz und der Steuerbilanz Übereinstimmung (aufgrund des Fehlens einer steuerrechtlichen Regelung: Maßgeblichkeitsprinzip nach § 5 Abs. 1 S. 1 HS 1 EStG, Fall 1). Übereinstimmung liegt grundsätzlich auch bei der Ableitung des Zeitwerts vor, da sich beim Erwerb eines Unternehmens der beizulegende Wert prinzipiell mit dem Teilwert deckt (übereinstimmende gesetzliche Regelungen zur Bewertung: Fall 2a).

Der derivative Geschäfts- oder Firmenwert stellt den beim Kauf eines anderen Unternehmens bezahlten Mehrpreis gegenüber dem Teilwert der übernommenen, einzeln bilanzierungsfähigen Wirtschaftsgüter dar. Der **Geschäfts- oder Firmenwert setzt sich aus** den im Kaufpreis vergüteten, aber aufgrund fehlender selbständiger Bewertbarkeit steuerrechtlich **nicht bilanzierungsfähigen wirtschaftlichen Vorteilen sowie** dem **vergüteten Kapitalisierungsmehrwert** (Synergieeffekte) **zusammen**:

	Kaufpreis
–	Zeitwert des Nettovermögens (Reinvermögen, Eigenkapital)
=	Geschäfts- oder Firmenwert

mit

	Teilwert der erhaltenen aktiven Wirtschaftsgüter
–	Teilwert der übernommenen passiven Wirtschaftsgüter (Schulden)
=	Zeitwert des Nettovermögens

Beispiel: Die K-GmbH erwirbt das gesamte betriebliche Vermögen des Einzelkaufmanns V zu einem Kaufpreis von 5 000 000 €. Für die einzelnen Positionen werden folgende Werte ermittelt:

	Buchwert	Teilwert
Grundstücke und Gebäude	3 000 000 €	5 700 000 €
Maschinen	1 600 000 €	2 600 000 €
Betriebs- und Geschäftsausstattung	400 000 €	700 000 €
Vorratsvermögen	1 100 000 €	1 400 000 €
Forderungen	1 200 000 €	1 200 000 €
Verbindlichkeiten aus Warenlieferungen	2 000 000 €	2 000 000 €
Verbindlichkeiten gegenüber Kreditinstituten	4 000 000 €	4 000 000 €
sonstige passive Wirtschaftsgüter	1 000 000 €	1 000 000 €

Die K-GmbH setzt die übernommenen Wirtschaftsgüter in ihrer Bilanz zum Zeitwert (= Teilwert) an. Der derivative Geschäfts- oder Firmenwert beträgt 400 000 €:

	Kaufpreis		5 000 000 €
–	Nettovermögen		
	Teilwert der aktiven Wirtschaftsgüter	11 600 000 €	
	– Teilwert der passiven Wirtschaftsgüter	7 000 000 €	4 600 000 €
=	Geschäfts- oder Firmenwert		400 000 €

Die beiden Voraussetzungen für eine Aktivierung – Übernahme eines Unternehmens als Ganzes sowie Kaufpreis übersteigt den Nettowert des übernommenen Reinvermögens – liegen vor. Die K-GmbH muss in der Steuerbilanz den Geschäfts- oder Firmenwert aktivieren. Damit ist der Erwerb des Unternehmens erfolgsneutral. Der Abgang finanzieller Mittel (eigenfinanzierter Kauf) bzw die Aufnahme eines Darlehens (Fremdfinanzierung) von 5 000 000 € wird durch Bilanzierung der übernommenen Wirtschaftsgüter mit einem Nettowert von 4 600 000 € und durch Aktivierung des Geschäfts- oder Firmenwerts in Höhe von 400 000 € neutralisiert.

Der Geschäfts- oder Firmenwert mindert in den folgenden 15 Wirtschaftsjahren über eine lineare Abschreibung den steuerlichen Gewinn der übernehmenden K-GmbH (§ 7 Abs. 1 S. 3 EStG).

Zusatzinformation: Für den Einzelkaufmann V entsteht durch die Veräußerung ein steuerpflichtiger Betriebsveräußerungsgewinn von 4 700 000 €. Dieser ergibt sich daraus, dass vom Veräußerungserlös von 5 000 000 € der Wert seines bilanziellen Eigenkapitals von 300 000 € subtrahiert wird: 7 300 000 € (Buchwert der aktiven Wirtschaftsgüter) – 7 000 000 € (Buchwert der passiven Wirtschaftsgüter).

Liegt der **Kaufpreis unter dem Teilwert der übernommenen Wirtschaftsgüter**, wird **kein negativer Geschäfts- oder Firmenwert** passiviert. Vielmehr werden die übernommenen Wirtschaftsgüter so bewertet, dass der Wert der bilanzierten Wirtschaftsgüter mit dem beim Kauf des Unternehmens bezahlten Preis übereinstimmt, m.a.W. die übernommenen Wirtschaftsgüter werden mit einem Wert aktiviert, der unter dem Teilwert liegt. Die Begründung liegt darin, dass für aktive Wirtschaftsgüter die Anschaffungskosten die Bewertungsobergrenze darstellen (§ 6 Abs. 1 Nr 7 EStG).

2. Persönliche Zurechnung (wirtschaftliches Eigentum)

a) Der Begriff des wirtschaftlichen Eigentums

Nach Prüfung der gesetzlichen Regelungen zum Ansatz ist zu untersuchen, ob das Wirtschaftsgut dem Steuerpflichtigen persönlich zuzurechnen ist. Diese Zurechnungsfrage wird anhand des Merkmals **„wirtschaftliches Eigentum“** beantwortet. **198**

Wirtschaftsgüter sind grundsätzlich dem Eigentümer zuzurechnen (§ 39 Abs. 1 AO). Es wird also von der Vermutung ausgegangen, dass das wirtschaftliche Eigentum mit dem zivilrechtlichen Eigentum übereinstimmt. Die Aktivierung von Sachen erfolgt beim Eigentümer, die von Forderungen beim Gläubiger, die von Rechten und sonstigen wirtschaftlichen Werten beim Berechtigten.

Von der Vermutung, dass der rechtliche Eigentümer auch wirtschaftlicher Eigentümer ist, wird abgewichen, wenn ein anderer als der rechtliche Eigentümer die **tatsächliche Herrschaft über das Wirtschaftsgut** ausübt und den zivilrechtlichen Eigentümer **im Regelfall für die gewöhnliche Nutzungsdauer von der Einwirkung auf das Wirtschaftsgut ausschließen kann** oder der Herausgabeanspruch wirtschaftlich wertlos ist (§ 39 Abs. 2 Nr 1 S. 1 AO). **199**

Bei der Prüfung, ob ein anderer als der rechtliche Eigentümer über eine eigentümerähnliche wirtschaftliche Sachherrschaft über das Wirtschaftsgut verfügt, wird auf folgende **Kriterien** abgestellt:

- Verfügung über das mit dem Wirtschaftsgut verbundene Nutzungspotenzial
- Übernahme der damit zusammenhängenden Lasten
- Auftreten nach außen wie der rechtliche Eigentümer
- Übernahme des Risikos von Wertverlusten sowie der Chance von Wertsteigerungen. Dabei ist die Möglichkeit, von Wertsteigerungen zu profitieren, für die Zurechnung bedeutsamer als das Kriterium der Risikoübernahme.

b) Abgrenzung des wirtschaftlichen Eigentums vom handelsrechtlichen Begriff der wirtschaftlichen Zurechnung

(1) Der handelsrechtliche Begriff der wirtschaftlichen Zurechnung: Der Kaufmann hat in der Handelsbilanz **„seine“ Vermögensgegenstände und „seine“ Schulden** zu erfassen (§ 240 Abs. 1, § 242 Abs. 1 HGB). Um ein den tatsächlichen Verhältnissen entsprechendes Bild der wirtschaftlichen Lage des Kaufmanns zu vermitteln, darf bei der Entscheidung über die persönliche Zurechnung nicht nur auf zivilrechtliche Kriterien abgestellt werden, vielmehr ist auch der **Grundsatz der wirtschaftlichen Zurechnung** zu beachten. **200**

Die Auslegung des Grundsatzes der wirtschaftlichen Zurechnung steht in **engem Zusammenhang mit der Definition eines Vermögensgegenstands** als selbständig verwertbarer Vermögensvorteil. Die wirtschaftliche Zurechnung zum Vermögen des Kaufmanns ist Teil der selbständigen Verwertbarkeit. Nur Vermögensgegenstände, die – aus wirtschaftlicher Sicht – zum Vermögen des Unternehmens gehören, können einen Beitrag zur Deckung der Schulden leisten.

Da davon ausgegangen werden kann, dass im Regelfall der zivilrechtliche Eigentümer die Verwertungsrechte besitzt, dh den Vermögensgegenstand veräußern oder zur Nutzung überlassen kann, bildet auch in der Handelsbilanz das **zivilrechtliche Eigentum den Ausgangspunkt** für die persönliche Zurechnung. Eine vom zivilrechtlichen Eigentum abweichende Zurechnung ist nur vorzunehmen, wenn der Besitzer wirtschaftlich betrachtet über den Vermögensgegenstand weitgehend unabhängig vom rechtlichen Eigentümer verfügen kann (§ 246 Abs. 1 S. 2 HGB).[114]

Beurteilungsmaßstab für die persönliche Zurechnung bildet die Verteilung der mit einem Vermögensgegenstand verbundenen Chancen und Risiken. Ein **Vermögensgegenstand** ist dann **nicht dem rechtlichen Eigentümer zuzurechnen, wenn einer anderen Person** auf Dauer folgende Rechte **zustehen**:

- **Verfügungsrecht über Substanz und Ertrag** des Gegenstands sowie
- **Verwertungsrecht**, sofern dieses wirtschaftlich von Bedeutung ist.

201 *(2) Gegenüberstellung der handels- und steuerrechtlichen Kriterien für die persönliche Zurechnung:* Sowohl das handelsrechtliche Kriterium der wirtschaftlichen Zurechnung als auch der steuerrechtliche Begriff des wirtschaftlichen Eigentums gehen vom zivilrechtlichen Eigentum aus und treffen die endgültige Entscheidung über die **persönliche Zurechnung anhand der tatsächlichen Verhältnisse**. Bei Berücksichtigung der wirtschaftlichen Verhältnisse wird jedoch eine **andere Blickrichtung** gewählt: Während § 39 AO negativ formuliert ist (entscheidend ist, ob der Eigentümer von der Herrschaft über das Wirtschaftsgut wirtschaftlich ausgeschlossen wird), ist handelsrechtlich die positive Machtmöglichkeit entscheidend (geprüft wird, wer über die mit dem Eigentum an einem Vermögensgegenstand üblicherweise verbundenen Vorteile verfügt). Trotz dieses unterschiedlichen Ansatzes **führen** die **beiden Kriterien** „wirtschaftliche Zurechnung" und „wirtschaftliches Eigentum" **weitgehend zum gleichen Ergebnis**.[115]

Eine **Ausnahme** besteht **beim unberechtigten bösgläubigen Eigenbesitz**:[116] Der Eigenbesitzer betrachtet fremdes Eigentum als ihm gehörig (§ 872 BGB). Er übt die tatsächliche Gewalt über das Wirtschaftsgut aus und schließt den zivilrechtlichen Eigentümer vom Zugriff aus. Der rechtmäßige Eigenbesitzer hat das Recht, den Eigentümer von der Nutzung auszuschließen (zB der Erwerber eines Grundstücks nach Übergang der Nutzen und der Lasten, aber vor Eintragung des Eigentumsübergangs in das Grundbuch). Dem unberechtigten Eigenbesitzer fehlt hingegen ein derartiger Anspruch. Da sowohl dem rechtmäßigen als auch dem unberechtigten Eigenbesitzer Nutzen und Lasten aus dem Wirtschaftsgut zufließen und auch der unberechtigte Eigenbesitzer von Wertsteigerungen und Wertverlusten betroffen ist, wird er als wirtschaftli-

114 Siehe hierzu zB Kühne/Melcher, DB 2009, Beilage 5, S. 15; Küting/Tesche, GmbHR 2008, S. 953.
115 Vgl Bundesrat-Drucksache 344/08, S. 101–102.
116 Vgl Knobbe-Keuk, Bilanz- und Unternehmenssteuerrecht, 9. Aufl., Köln 1993, S. 73–74.

cher Eigentümer des Wirtschaftsguts angesehen (§ 39 Abs. 2 Nr 1 S. 2 AO). Für die Handelsbilanz ist dagegen eine persönliche Zurechnung zum unberechtigten bösgläubigen Eigenbesitzer aufgrund des Prinzips einer vorsichtigen Vermögensermittlung abzulehnen, da dieser davon auszugehen hat, dass er den Besitz aufgrund seiner fehlenden Berechtigung wieder verliert. Deshalb ist es nicht sicher, ob der Vermögensgegenstand einen Beitrag zur Deckung der Zahlungsverpflichtungen leisten kann.

(3) Bedeutung der Differenzierung zwischen wirtschaftlichem Eigentum und wirtschaftlicher Zurechnung: Aufgrund des Maßgeblichkeitsprinzips bestimmt sich die Zuordnung des wirtschaftlichen Eigentums in der Steuerbilanz nach dem Kriterium der wirtschaftlichen Zurechnung. Die spezielle Gewinnermittlungsvorschrift im Einkommensteuergesetz (§ 5 Abs. 1 S. 1 HS 1 EStG) geht der allgemeinen, für alle Steuerarten geltenden Regelung des wirtschaftlichen Eigentums in § 39 AO vor. Es liegt der Fall 1 des Maßgeblichkeitsprinzips vor.[117] **202**

Dieser rechtlich sehr bedeutsamen Abgrenzung zwischen spezieller Vorschrift (§ 5 Abs. 1 S. 1 HS 1 EStG) und allgemeiner Vorschrift (§ 39 AO) kommt für die persönliche Zurechnung aber **nur geringe praktische Bedeutung** zu, da die handels- und steuerrechtlichen Kriterien „wirtschaftliche Zurechnung" und „wirtschaftliches Eigentum" im Regelfall zum gleichen Ergebnis führen.[118] Der unberechtigte bösgläubige Eigenbesitzer kann als ungewöhnlicher Ausnahmefall vernachlässigt werden. Der konzeptionelle Unterschied beim unberechtigten bösgläubigen Eigenbesitzer beruht auf speziellen steuerlichen Überlegungen (Fall 9: keine Maßgeblichkeit). Einkünfte sind auch dann steuerpflichtig, wenn sie durch rechtswidriges Handeln erzielt werden (§ 40 AO).

c) Abweichungen zwischen zivilrechtlichem und wirtschaftlichem Eigentum

Bedeutender als die begrifflichen Unterschiede zwischen den Kriterien wirtschaftliche Zurechnung und wirtschaftliches Eigentum ist die inhaltliche Frage, in welchen Fällen bei der persönlichen Zurechnung vom zivilrechtlichen Eigentum abgewichen wird. **Zivilrechtliches Eigentum und persönliche Zurechnung stimmen** in folgenden Situationen **nicht überein**: **203**

- Zugang eines Wirtschaftsguts vor Übertragung des zivilrechtlichen Eigentums (insbesondere Eigentumsvorbehalt),
- Sicherungsübereignung,
- Verpfändung als Kreditsicherheit,
- Treuhandverhältnisse,
- Factoring,
- Nießbrauch,
- Gebäude auf fremdem Grund und Boden,
- Kommissionsgeschäfte,
- Pensionsgeschäfte,
- Leasingverträge.

---

117 Vgl zB Wüstemann/Wüstemann, BB 2012, S. 3127.

118 Es könnte deshalb auch die Auffassung vertreten werden, die persönliche Zurechnung dem Fall 2a des Maßgeblichkeitsprinzips (inhaltlich übereinstimmende Regelungen) zuzuordnen.

204 *(1) Zugang eines Wirtschaftsguts vor Übertragung des zivilrechtlichen Eigentums (insbesondere Eigentumsvorbehalt):* Ein Wirtschaftsgut ist grundsätzlich von dem Zeitpunkt an zu aktivieren, zu dem es in das wirtschaftliche Eigentum des Steuerpflichtigen übergeht. Es verbleibt so lange in der Steuerbilanz, bis das wirtschaftliche Eigentum des Steuerpflichtigen an dem Wirtschaftsgut erlischt. **Bewegliche Wirtschaftsgüter** sind ab dem Zeitpunkt zu aktivieren, zu dem sie in den Besitz des Steuerpflichtigen übergehen oder zu dem der Steuerpflichtige auf andere Weise die Verfügungsmacht über das Wirtschaftsgut erlangt (zB durch Aushändigung eines Frachtbriefs oder eines Auslieferungsscheins). Dies ist insbesondere beim **Eigentumsvorbehalt** von Bedeutung. Der Eigentumsvorbehalt ist dadurch gekennzeichnet, dass sich der Veräußerer eines Wirtschaftsguts das Eigentum an dem Wirtschaftsgut bis zum Eintritt einer Bedingung (idR Entrichtung des Kaufpreises) vorbehält, der Erwerber jedoch schon im Besitz des Wirtschaftsguts ist (§ 449 BGB). Das **wirtschaftliche Eigentum wird grundsätzlich dem Erwerber zugerechnet**, obwohl er (noch) nicht zivilrechtlicher Eigentümer ist. Durch die vollständige Bezahlung des Kaufpreises kann der Käufer jederzeit das Eigentum an dem Wirtschaftsgut erlangen und so den Verkäufer von der Einwirkung auf das Wirtschaftsgut auf Dauer ausschließen. Bei einer planmäßigen Abwicklung des Erwerbsvorgangs verfügt der Käufer in vollem Umfang über die mit dem Wirtschaftsgut verbundenen Nutzungs- und Verfügungsrechte.

Das Wirtschaftsgut ist nur dann dem **Verkäufer** als **zivilrechtlichem Eigentümer** zuzurechnen, wenn damit zu rechnen ist, dass der Verkäufer aufgrund der fehlenden Zahlungsbereitschaft oder der mangelnden Zahlungsfähigkeit des Käufers von seinem Recht des Eigentumsvorbehalts Gebrauch machen wird oder er den Eigentumsvorbehalt bereits geltend gemacht hat.

Grundstücke sind ab dem Zeitpunkt in der Steuerbilanz des Erwerbers auszuweisen, ab dem der Erwerber nach dem Willen der beiden Vertragspartner wirtschaftlich über das Grundstück verfügen kann, dh mit Übergang sämtlicher Rechte und Pflichten an dem Grundstück. Das Grundstück kann allerdings nicht vor Abschluss des Notarvertrags beim Erwerber aktiviert werden, da der Erwerb eines Grundstücks eine notarielle Beurkundung des Kaufvertrags voraussetzt (§ 873 BGB). Es ist spätestens in dem Zeitpunkt beim Erwerber zu aktivieren, in dem der Übergang des zivilrechtlichen Eigentums in das Grundbuch eingetragen wird.

205 *(2) Sicherungsübereignung:* Die **Sicherungsübereignung** ist ein Instrument zur Absicherung von (Darlehens-)Forderungen. Der Schuldner überträgt das **zivilrechtliche Eigentum** an dem Sicherungsgut auf den **Gläubiger**, er nutzt es aber weiterhin selbst (§ 868, § 930 BGB). Solange der Schuldner seinen Verpflichtungen gegenüber dem Gläubiger nachkommt, darf der Gläubiger das zur Sicherung übereignete Wirtschaftsgut nicht verwerten. Da der Schuldner das Wirtschaftsgut weiterhin wie ein rechtlicher Eigentümer nutzen kann und ihm nach Bezahlung der Forderung das rechtliche Eigentum zurück übertragen wird, gilt der **Schuldner** bilanzrechtlich als **wirtschaftlicher Eigentümer** des sicherungsübereigneten Wirtschaftsguts (§ 39 Abs. 2 Nr 1 S. 2 AO).

206 *(3) Verpfändung als Kreditsicherheit:* Die **Verpfändung** von Wertpapieren und anderen Wirtschaftsgütern (§ 232, § 868 BGB) wird wie die Sicherungsübereignung behandelt. Der **Pfandgeber** aktiviert das verpfändete Wirtschaftsgut so lange als **(rechtlicher und) wirtschaftlicher Eigentümer**, wie er seinen Verpflichtungen aus dem Kreditverhältnis nachkommt.

(4) Treuhandverhältnis: Ein **Treuhänder** erhält das **zivilrechtliche Eigentum** an einem Wirtschaftsgut (Treugut) vom Treugeber übertragen oder erwirbt ein Wirtschaftsgut im Namen des Treugebers. Der Treuhänder nutzt das Wirtschaftsgut nicht für seine eigenen Interessen, sondern verwaltet es im Namen und für Rechnung des Treugebers. Obwohl der Treugeber keine direkte Verfügungsmacht über das Wirtschaftsgut hat, stehen ihm der Nutzen und die Lasten aus dem Treugut zu. Auch das Risiko von Wertverlusten sowie die Chance von Wertsteigerungen betreffen den Treugeber; darüber hinaus kann der Treugeber vom Treuhänder die Herausgabe des Treuguts verlangen. Das **Treugut** ist deshalb **in der Steuerbilanz des Treugebers zu aktivieren** (§ 39 Abs. 2 Nr 1 S. 2 AO). **207**

(5) Factoring: Ein Spezialfall des Treuhandverhältnisses ist das **Factoring**. Der Treugeber (Forderungsverkäufer) tritt Forderungen zu treuen Händen an den Treuhänder (Factor) ab, damit dieser die Forderungen auf Rechnung des Forderungsverkäufers einzieht. Ein Factoringvertrag wird beispielsweise abgeschlossen, weil der Forderungsverkäufer nicht selbst gegen den Schuldner vorgehen will oder weil er einen früheren Zufluss von liquiden Mitteln erreichen möchte oder um die Forderungsverwaltung zu rationalisieren. **208**

Beim Factoring handelt es sich in erster Linie um einen Dienstleistungsvertrag. Für die persönliche Zurechnung der Forderung ist entscheidend, ob der Factor zusätzlich das Ausfallrisiko übernimmt:

- **echtes Factoring.** Trägt der **Factor** das Risiko des Forderungsverlusts, ist er nicht nur zivilrechtlicher, sondern auch wirtschaftlicher Eigentümer der Forderungen.
- **unechtes Factoring.** Verbleibt das Ausfallrisiko beim **Forderungsverkäufer**, wird dieser als wirtschaftlicher Eigentümer der Forderungen angesehen, sodass das wirtschaftliche und das zivilrechtliche Eigentum auseinanderfallen.

(6) Nießbrauch: Beim **Nießbrauch** wird ein Wirtschaftsgut in der Form belastet, dass derjenige, zu dessen Gunsten die Belastung erfolgt, berechtigt ist, die Nutzungen aus dem Wirtschaftsgut zu ziehen (§ 1030, § 1068 BGB). Der Nießbrauchsberechtigte kann in der Regel das Wirtschaftsgut nur nutzen, über das Wirtschaftsgut selbst darf er jedoch nicht verfügen. Deshalb wird das mit einem Nießbrauch belastete **Wirtschaftsgut grundsätzlich dem zivilrechtlichen Eigentümer zugerechnet (Nießbrauchsbesteller).** **209**

Der **Nießbrauchsberechtigte** gilt **ausnahmsweise** dann als **wirtschaftlicher Eigentümer**, wenn die Laufzeit des Nießbrauchsrechts mit der gewöhnlichen Nutzungsdauer des Wirtschaftsguts vollständig oder annähernd übereinstimmt und der Nießbraucher über den Substanzwert verfügen kann sowie Wertminderungen und Wertsteigerungen zu tragen hat.[119] In diesem Fall kann der Nießbrauchsberechtigte den zivilrechtlichen Eigentümer (den Nießbrauchsbesteller) über die gewöhnliche Nut-

119 Vgl BFH vom 28.7.1999, BStBl. 2000 II, S. 653; siehe auch Tipke/Kruse, Abgabenordnung, Köln (Loseblattausgabe), § 39 AO, Tz. 59.

zungsdauer von der Einwirkung auf das Wirtschaftsgut ausschließen. Ein weiteres Indiz dafür, dass der Nießbrauchsberechtigte wirtschaftlicher Eigentümer ist, besteht darin, dass in dieser Situation der Herausgabeanspruch des Nießbrauchsbestellers nach Ablauf des Nießbrauchsrechts wirtschaftlich wertlos ist.

210 *(7) Gebäude auf fremdem Grund und Boden:* Bauten, die auf fremdem Grund und Boden errichtet werden und fest mit dem Grund und Boden verbunden sind, gehen **zivilrechtlich** in das **Eigentum desjenigen** über, **dem der Grund und Boden gehört** (§ 93, § 94 BGB). Die Entscheidung, wem ein Gebäude, das auf fremdem Grund und Boden errichtet wird, persönlich zuzurechnen ist, richtet sich nach den allgemeinen Kriterien des **wirtschaftlichen Eigentums**:[120] (a) Der Errichter des Gebäudes übt die tatsächliche Herrschaft über das Gebäude aus. (b) Er kann den zivilrechtlichen Eigentümer des Grund und Bodens von der Einwirkung auf das Gebäude ausschließen, sofern dieser ihm den Grund und Boden beispielsweise durch Einräumung eines Erbbaurechts zur Verfügung stellt. (c) Der Ausschluss des rechtlichen Eigentümers ist auch über die gewöhnliche Nutzungsdauer des Gebäudes gegeben, wenn die Nutzungsdauer des erstellten Gebäudes unter dem Zeitraum liegt, in dem der Errichter den Grund und Boden nutzen kann. Das Gleiche gilt, wenn der Errichter dazu verpflichtet ist, das Gebäude nach Auslaufen des Nutzungsrechts an dem Grund und Boden abzureißen.

211 *(8) Kommissionsgeschäft:* Ein **Kommissionsgeschäft** liegt vor, wenn ein Kaufmann (Kommissionär, Beauftragter) es gewerbsmäßig übernimmt, Waren oder Wertpapiere eines anderen Kaufmanns (Kommittent, Auftraggeber) in eigenem Namen zu kaufen oder zu verkaufen (§ 383 HGB). Da der Nutzen und die Lasten aus den **Wirtschaftsgütern** sowie das Risiko und die Chance von Wertänderungen den Auftraggeber treffen, werden die Waren oder Wertpapiere **dem Auftraggeber zugerechnet**. Dies gilt auch für Einkaufskommissionen, bei denen der Kommissionär zunächst zivilrechtlich Eigentümer der Wirtschaftsgüter wird.

212 *(9) Pensionsgeschäft:* Bei einem **Pensionsgeschäft** (Repo-Geschäft: Repurchase Agreement) verkauft der Eigentümer (Pensionsgeber) ein Wirtschaftsgut an den Pensionsnehmer, wobei gleichzeitig vereinbart wird, dass der Pensionsnehmer das Wirtschaftsgut zu einem bestimmten Zeitpunkt und zu einem festgesetzten Preis zurückverkaufen muss (echtes Pensionsgeschäft) oder darf (unechtes Pensionsgeschäft, § 340b HGB). Der Hauptanwendungsbereich von Pensionsgeschäften betrifft Wertpapiere. **Während** der **Pensionsdauer** (Zeitraum zwischen Verkauf des Wirtschaftsguts und dessen Rückübertragung) liegt das **zivilrechtliche Eigentum beim Pensionsnehmer**.[121]

213 Da beim **unechten Pensionsgeschäft** der Pensionsnehmer nicht verpflichtet ist, das Wirtschaftsgut wieder an den Pensionsgeber zurückzuübertragen, kann der Pensionsnehmer den Pensionsgeber endgültig von der Einwirkung auf das Wirtschaftsgut und

---

120 Vgl BFH vom 22.8.1984, BStBl. 1985 II, S. 126; BFH vom 27.2.1991, BStBl. 1991 II, S. 628; BFH vom 21.5.1992, BStBl. 1992 II, S. 944; BFH vom 27.11.1996, BStBl. 1998 II, S. 97; siehe hierzu auch Blümich, EStG, KStG, GewStG, München (Loseblattausgabe), § 4 EStG, Rz. 321–325; Tipke/Kruse, Abgabenordnung, Köln (Loseblattausgabe), § 39 AO, Tz. 77–79.

121 Zur Wertpapierleihe (Wertpapierdarlehen) siehe BFH vom 18.8.2015, BStBl. 2016 II, S. 961; BMF-Schreiben vom 11.11.2016, BStBl. 2016 I, S. 1324.

seiner Nutzung ausschließen. Der Pensionsnehmer kann entscheiden, ob er die erworbenen Wirtschaftsgüter wieder zurücküberträgt. Er kann von Wertsteigerungen profitieren, ohne dass er das Risiko eines Wertverlusts zu tragen hat. Die **Rückübertragung** ist ein (zukünftiges) wertbegründendes Ereignis, das zu diesem Zeitpunkt die **Eigentumsverhältnisse verändert**. Dies bedeutet, dass beim unechten Pensionsgeschäft die **Zurechnung zum Pensionsnehmer** erfolgt, dh das Wirtschaftsgut wird beim zivilrechtlichen Eigentümer bilanziert (§ 340b Abs. 5 HGB). Hieraus ergeben sich folgende steuerliche Konsequenzen: (1) Im Zeitpunkt der Begründung des Pensionsgeschäfts hat der Pensionsgeber in Höhe der Differenz zwischen dem vereinbarten Preis und dem Buchwert des übertragenen Wirtschaftsguts einen Gewinn oder einen Verlust auszuweisen. (2) Im Zeitpunkt der Rückübertragung entsteht beim Pensionsnehmer in Höhe des Unterschiedsbetrags zwischen dem bei Beendigung des Pensionsgeschäfts erzielten Preis und dem bei der Begründung des Pensionsgeschäfts bezahlten Preis ein Ertrag oder Aufwand. Der Pensionsgeber hat die zurückübertragenen Wirtschaftsgüter mit dem dafür bezahlten Preis als Anschaffungskosten zu aktivieren.

Beim **echten Pensionsgeschäft** wird der **Pensionsgeber nach Ablauf des** vereinbar- **214**
ten **Zeitraums** durch die Rückübertragung der Wirtschaftsgüter **wieder** zum **zivilrechtlichen Eigentümer**. Da der Pensionsnehmer die Wirtschaftsgüter wieder dem Pensionsgeber übertragen muss, kann der Pensionsnehmer den Pensionsgeber nicht auf Dauer von der Einwirkung auf das Wirtschaftsgut ausschließen. Damit treffen den Pensionsgeber sämtliche (positiven und negativen) Wertänderungen an den übereigneten Wirtschaftsgütern. Deshalb ist der **Pensionsgeber** als **wirtschaftlicher Eigentümer** anzusehen (§ 340b Abs. 4 HGB). Wie bei einer Sicherungsübereignung fallen zivilrechtliches und wirtschaftliches Eigentum vorübergehend auseinander. Da die übertragenen Wirtschaftsgüter über den gesamten Zeitraum beim Pensionsgeber bilanziert werden, verändert sich dessen Buchwert nicht. Weder für den Pensionsgeber noch für den Pensionsnehmer entsteht ein Veräußerungserfolg.

Die beschriebenen Zurechnungsregeln für Pensionsgeschäfte gelten unmittelbar nur für die Handelsbilanz von Kreditinstituten. Da die in § 340b HGB formulierten Grundsätze jedoch mit den allgemeinen Kriterien der wirtschaftlichen Zurechnung bzw des wirtschaftlichen Eigentums übereinstimmen, können sie als ein Grundsatz ordnungsmäßiger Buchführung angesehen werden, der von allen Kaufleuten zu beachten ist.[122] Folgt man dieser (strittigen) Auffassung, ist § 340b HGB über das Maßgeblichkeitsprinzip (Fall 1) mittelbar auch bei der Aufstellung einer Steuerbilanz zu beachten.[123]

(10) Leasingvertrag: Leasingverträge lassen sich aus rechtlicher Sicht als eine be- **215**
sondere Form von Mietverträgen bezeichnen, bei denen innerhalb eines fest vereinbarten Zeitraums (der Grundmietzeit) sowohl für den Leasingnehmer (Mieter) als auch für den Leasinggeber (Vermieter) eine ordentliche Kündigung ausgeschlossen ist. Die **Kennzeichen des (Finanzierungs-)Leasings** bestehen darin, dass der Lea-

122 Vgl Federmann, Bilanzierung nach Handelsrecht und Steuerrecht, 12. Aufl., Berlin 2010, S. 298.
123 Vgl Schmid/Stoll, DStR 2001, S. 2142; Schmidt, Einkommensteuergesetz, Kommentar, 37. Aufl., München 2018, § 5 EStG, Rz. 270.

singgeber das Wirtschaftsgut erst nach Abschluss des Leasingvertrags beschafft und dieses entsprechend den Wünschen des Leasingnehmers auswählt, sich die Leasingrate aus den Anschaffungs- oder Herstellungskosten des überlassenen Wirtschaftsguts ableitet, der Leasingnehmer verpflichtet ist, die erforderlichen Instandhaltungs- und Reparaturmaßnahmen zu übernehmen und sämtliche Eigentümerrisiken (Gefahr des zufälligen Untergangs, des Verlusts, des Diebstahls, der Beschädigung, der Zerstörung und des vorzeitigen Verschleißes) zu tragen hat, dh der Leasingnehmer hat die Leasingrate unabhängig davon zu entrichten, ob das überlassene Wirtschaftsgut funktionsfähig ist. Aufgrund dieser Regelungen trägt beim (Finanzierungs-)Leasing der **Leasingnehmer das Investitionsrisiko**. Der Leasinggeber übernimmt im Wesentlichen nur die Finanzierungsfunktion: Er beschafft das Wirtschaftsgut mit seinen Mitteln und stellt es dem Leasingnehmer entgeltlich zur Verfügung. Der Leasinggeber trägt wirtschaftlich nur das Delkredererisiko, dh das Risiko, dass der Leasingnehmer zahlungsunfähig wird. Aus betriebswirtschaftlicher Sicht kann das **Leasing als eine Art Sachdarlehen angesehen werden**.

216 Über die **persönliche Zurechnung** eines Wirtschaftsguts, das im Wege eines Leasingvertrags überlassen wird, wurde in den 1960iger und 1970iger Jahren, dh zu der Zeit, als das Leasing in Deutschland als Finanzierungsinstrument wirtschaftlich an Bedeutung gewann, kontrovers diskutiert. Von der Finanzrechtsprechung wurden für die Zurechnung des überlassenen Wirtschaftsguts zum Leasinggeber oder zum Leasingnehmer Kriterien aufgestellt, die im Jahre 1977 nahezu unverändert in § 39 Abs. 2 Nr 1 S. 1 AO aufgenommen wurden.[124] Die Finanzverwaltung hat diese allgemeinen Formulierungen in mehreren Erlassen konkretisiert.[125] Diese Erlasse gelten nicht nur für die steuerliche Gewinnermittlung. Nach weit verbreiteter Auffassung können sie auch für die persönliche Zurechnung in der Handelsbilanz herangezogen werden. In der Praxis haben die Leasinggeber idR ihre Vertragsbedingungen so ausgestaltet, dass das Wirtschaftsgut beim Leasinggeber zu bilanzieren ist.

---

124 Vgl BFH vom 26.1.1970, BStBl. 1970 II, S. 264. Diese Definition geht zurück auf Seeliger, Der Begriff des wirtschaftlichen Eigentums im Steuerrecht, Stuttgart 1962, S. 89.

125 Vgl BMF-Schreiben vom 19.4.1971, BStBl. 1971 I, S. 264; BMWF-Schreiben vom 21.3.1972, BStBl. 1972 I, S. 188; BMF-Schreiben vom 22.12.1975, BB 1976, S. 72; BMF-Schreiben vom 23.12.1991, BStBl. 1992 I, S. 13.

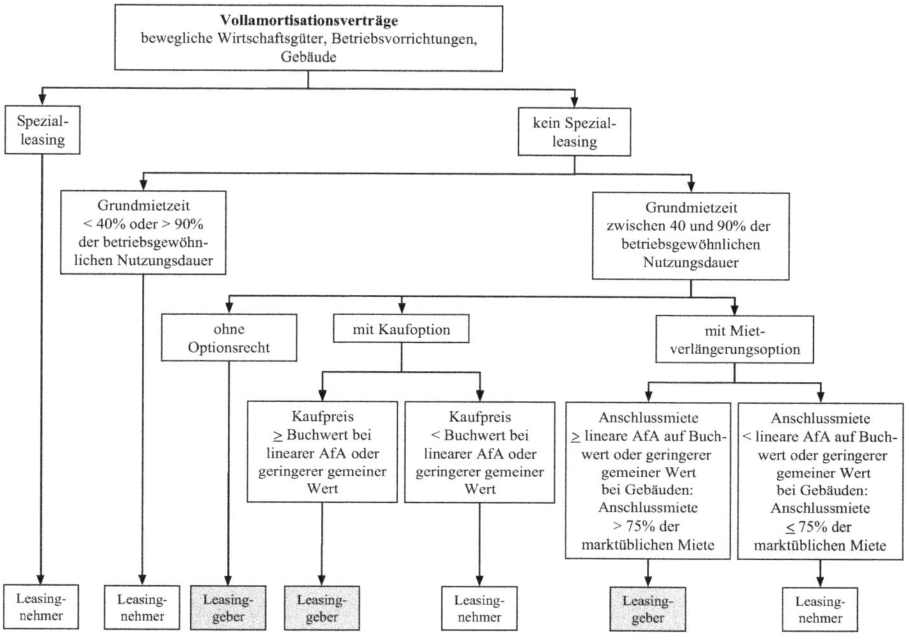

Abb. 16: Zurechnung des Leasinggegenstands bei einem Vollamortisationsvertrag über bewegliche Wirtschaftsgüter, Betriebsvorrichtungen und Gebäude

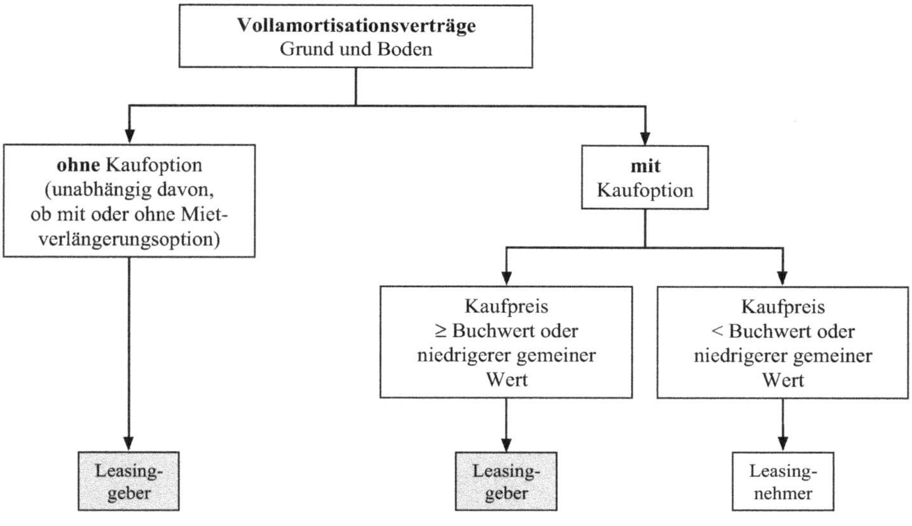

Abb. 17: Zurechnung des Leasinggegenstands bei einem Vollamortisationsvertrag über Grund und Boden

Eine Analyse der Leasingerlasse zeigt, dass die **Kernfrage** lautet, ob die Verteilung der Rechte und Pflichten so ungewöhnlich ist, dass zwar das rechtliche Eigentum beim Leasinggeber verbleibt, jedoch der Leasingnehmer das Wirtschaftsgut als wirtschaftlicher Eigentümer zu aktivieren hat, oder ob die Vergleichbarkeit mit einem Miet- oder Pachtvertrag nach dem Leitbild des Bürgerlichen Gesetzbuchs noch in dem Umfang gegeben ist, dass der Leasinggeber nicht nur rechtlicher Eigentümer, sondern auch wirtschaftlicher Eigentümer bleibt. Im Einzelnen sind die Zurechnungskriterien sehr differenziert ausgestaltet: Bei Vollamortisationsverträgen ist zwischen beweglichen Wirtschaftsgütern, Gebäuden sowie Grund und Boden zu unterscheiden (Abb. 16 und 17). Bei Teilamortisationsverträgen wird zwischen beweglichen und unbeweglichen Wirtschaftsgütern differenziert (Abb. 18 und 19).

217 In den Leasingerlassen schlagen sich die allgemeinen Kriterien des wirtschaftlichen Eigentums, wie sie in § 39 Abs. 2 Nr 1 S. 1 AO formuliert sind, in mehrfacher Weise nieder:

- Die Differenzierung zwischen **Voll- und Teilamortisationsverträgen** ergibt sich daraus, ob der Leasingnehmer innerhalb der Grundmietzeit die beim Leasinggeber anfallenden Anschaffungsausgaben für das Wirtschaftsgut, die Finanzierungsaufwendungen, die Verwaltungs- und Vertriebskosten sowie einen Gewinnaufschlag in vollem Umfang oder nur zum Teil abdeckt. Diese Einteilung bestimmt zusammen mit den Vereinbarungen, die über die Verwertung des Wirtschaftsguts nach Ablauf des Leasingvertrags (der Grundmietzeit) getroffen werden, wer die Chancen von Wertsteigerungen besitzt bzw wer die Risiken von Wertminderungen zu tragen hat. Der Leasinggeber bleibt wirtschaftlicher Eigentümer, solange diese Aspekte für ihn wirtschaftlich ins Gewicht fallen. Dies trifft beispielsweise bei Verträgen ohne Verlängerungs- oder Kaufoption zu, da der Leasinggeber für die weitere Verwertung des Wirtschaftsguts verantwortlich ist.
- Die Unterscheidung zwischen **Mobilien- und Immobilienleasing** ist deshalb erforderlich, weil (a) bewegliche und unbewegliche Wirtschaftsgüter eine unterschiedliche betriebsgewöhnliche Nutzungsdauer besitzen bzw der Grund und Boden ein nicht abnutzbares Wirtschaftsgut darstellt und weil (b) das Verhältnis der betriebsgewöhnlichen Nutzungsdauer des Wirtschaftsguts zur Grundmietzeit ein bedeutsames Kriterium für die persönliche Zurechnung darstellt.
- Das Verhältnis der betriebsgewöhnlichen Nutzungsdauer des Wirtschaftsguts zur Grundmietzeit ist deshalb entscheidend, weil in dem Fall, in dem sich die **Laufzeit des Leasingvertrags** auf **mehr als 90% der betriebsgewöhnlichen Nutzungsdauer** des Wirtschaftsguts erstreckt, davon auszugehen ist, dass der Leasingnehmer den Leasinggeber auf Dauer von der Einwirkung auf das Wirtschaftsgut ausschließen kann oder der Herausgabeanspruch des Leasinggebers wirtschaftlich wertlos ist. Zur Ermittlung der betriebsgewöhnlichen Nutzungsdauer ist der in den AfA-Tabellen angegebene Zeitraum bzw der in § 7 Abs. 4, 5 EStG normierte Zeitraum zugrunde zu legen.
- Bei Vollamortisationsverträgen, deren **Laufzeit weniger als 40% der betriebsgewöhnlichen Nutzungsdauer** des Wirtschaftsguts ausmacht, wird von einem „versteckten“ Ratenkauf ausgegangen, sodass das Wirtschaftsgut dem Leasingnehmer zuzurechnen ist.
- Ist das Wirtschaftsgut auf die besonderen Einsatzbedingungen beim Leasingnehmer ausgerichtet (**Spezialleasing**), ist der Leasingnehmer wirtschaftlicher Eigen-

tümer. Der Herausgabeanspruch ist für den Leasinggeber wirtschaftlich ohne besondere Bedeutung, da das Wirtschaftsgut von ihm nach Ablauf des Leasingvertrags nicht gewinnbringend verwertet werden kann.

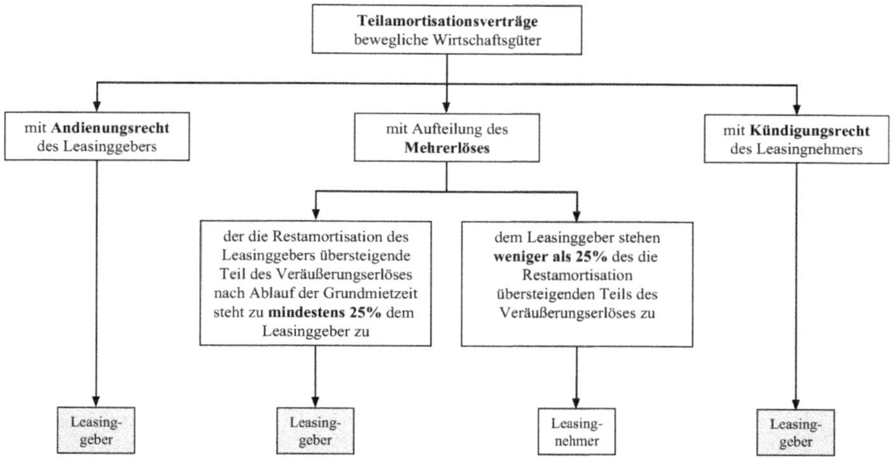

Abb. 18: Zurechnung des Leasinggegenstands bei einem Teilamortisationsvertrag über bewegliche Wirtschaftsgüter

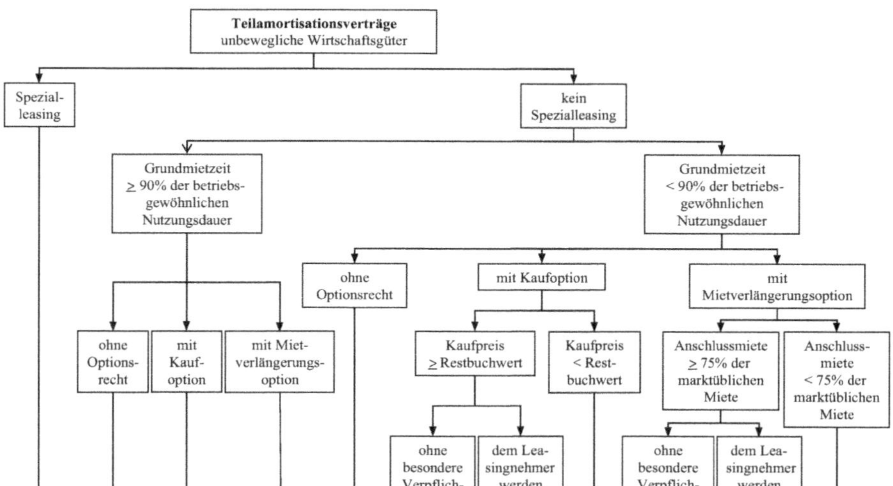

Abb. 19: Zurechnung des Leasinggegenstands bei einem Teilamortisationsvertrag über unbewegliche Wirtschaftsgüter

- Liegt die **Grundmietzeit zwischen 40 und 90% der betriebsgewöhnlichen Nutzungsdauer und** liegt **kein Spezialleasing** vor, hängt die Zurechnung davon ab, welche Rechte und Pflichten die beiden Vertragspartner nach Ablauf des Leasingvertrags haben. In diesem Zusammenhang ist erneut die Unterscheidung zwischen Voll- und Teilamortisationsverträgen bedeutsam.

Beispiel: Der Einzelunternehmer N (Leasingnehmer) least bei der Leasinggesellschaft G (Leasinggeber) ein bebautes Grundstück. Der Leasingvertrag ist als Teilamortisationsvertrag ausgestaltet und hat eine Grundmietzeit von 20 Jahren. Die Anschaffungskosten des Gebäudes betragen 2 000 000 €, die des Grund und Bodens 400 000 €. Aus dem Abschreibungsprozentsatz von 3% errechnet sich für das Gebäude eine betriebsgewöhnliche Nutzungsdauer von 33 1/3 Jahren (§ 7 Abs. 4 S. 1 Nr 1 EStG). Dem Leasingnehmer N wird das Recht eingeräumt, nach Ablauf der Grundmietzeit das bebaute Grundstück zu einem Preis von 1 400 000 € zu erwerben.

Bei Entscheidung über die Zurechnung des Leasinggegenstands sind die Zurechnungskriterien schrittweise zu prüfen:

- Es handelt sich um einen *Teilamortisationsvertrag.*
- Der Leasinggegenstand ist ein *unbewegliches Wirtschaftsgut.*
- Die *Grundmietzeit* beträgt 60% der betriebsgewöhnlichen Nutzungsdauer des Gebäudes: 20 Jahre Laufzeit des Leasingvertrags bezogen auf die (steuerrechtliche) Nutzungsdauer des Leasinggegenstands von 33 1/3 Jahren. Dieser Wert liegt *zwischen 40 und 90% der betriebsgewöhnlichen Nutzungsdauer des Gebäudes.*
- Es liegt *kein Spezialleasing* vor.
- Der Leasingnehmer N besitzt eine *Kaufoption.*
- Der Restbuchwert des Gebäudes am Ende der Grundmietzeit beträgt 800 000 € (= 2 000 000 € – 20 × 3% × 2 000 000 €). Der *Preis bei Ausübung der Kaufoption übersteigt* mit 1 400 000 € *die Summe der Restbuchwerte* des Gebäudes und des Grund und Bodens nach Ablauf der Grundmietzeit: 1 200 000 € = 800 000 € + 400 000 €.
- Es wird *keine zusätzliche Verpflichtung des Leasingnehmers* N vereinbart.

Ergebnis: Sowohl das Gebäude als auch der Grund und Boden sind dem Leasinggeber zuzurechnen.

3. Sachliche Zurechnung (Abgrenzung des Umfangs des Betriebsvermögens)

a) Grundsätzliche Regelungen

218 Durch die **sachliche Zurechnung** wird entschieden, welche Vermögensgegenstände bzw Wirtschaftsgüter bilanziert werden. Handelsrechtlich geht es um die Abgrenzung des Unternehmensvermögens gegenüber dem Privatvermögen. Bei den Ertragsteuern lautet das Begriffspaar Betriebsvermögen – Privatvermögen.

219 In der **Handelsbilanz** ist die sachliche Zurechnung weitgehend unproblematisch: (1) Bei **Einzelunternehmern** ist die Differenzierung zwischen Unternehmensvermögen und Privatvermögen insoweit ohne größere Bedeutung, als der Einzelunternehmer für die Zahlungsverpflichtungen mit seinem gesamten Vermögen haftet und der handelsrechtliche Jahresabschluss grundsätzlich nicht offengelegt werden muss. (2) Bei **Personen- und Kapitalgesellschaften** ist die sachliche Zurechnung im Regelfall eindeutig: In der Handelsbilanz ist das Gesellschaftsvermögen auszuweisen. Sämtliche Vermögensgegenstände, die im Eigentum der Gesellschaft stehen (Gesamthandsvermögen einer Personengesellschaft, Gesellschaftsvermögen einer Kapitalgesellschaft), sind Unternehmensvermögen. Eine Zurechnung zum Privatvermögen einer Personen- oder Kapitalgesellschaft scheidet aus.

Die rechtliche Trennung der Sphäre einer Kapitalgesellschaft und der ihrer Gesellschafter verhindert, dass Vermögensgegenstände, die einem der Gesellschafter gehören, in die Handelsbilanz einer Kapitalgesellschaft aufgenommen werden können. Aufgrund der relativen Rechtsfähigkeit einer Personengesellschaft (§ 124 HGB) können Vermögenswerte, die im Eigentum des Gesellschafters einer Personengesellschaft stehen, in der Gesamthandsbilanz der Personengesellschaft nicht aktiviert werden. Dies ergibt sich allerdings nicht aus den Kriterien für die sachliche Zurechnung, sondern aus der persönlichen Zurechnung. Wirtschaftsgüter, die dem Gesellschafter einer Personen- oder Kapitalgesellschaft gehören, sind diesem persönlich zuzurechnen. Bei den Gesellschaftern ist eigenständig zu prüfen, ob die ihnen gehörenden Wirtschaftsgüter handelsrechtlich dem Unternehmens- oder Privatvermögen zuzurechnen sind.

Für die **Steuerbilanz** ist die sachliche Zurechnung für die **Ermittlung der Einkünfte** **220**
aus Gewerbebetrieb von grundlegender Bedeutung, da in der Gewinn- und Verlustrechnung nur Aufwendungen und Erträge erfasst werden dürfen, die im Zusammenhang mit Wirtschaftsgütern stehen, die dem Betriebsvermögen zugeordnet werden. Wertänderungen von Wirtschaftsgütern (Veräußerungsgewinne, Veräußerungsverluste, Abschreibungen auf den niedrigeren Teilwert) sind bei Ermittlung der Einkünfte aus Gewerbebetrieb grundsätzlich nur relevant, wenn die Wirtschaftsgüter in der Steuerbilanz aktiviert sind. Steuerliche Investitionsförderungsmaßnahmen (Sonderabschreibungen, erhöhte Absetzungen, Bewertungsabschläge, Investitionszulagen) können in der Regel nur in Anspruch genommen werden, wenn die begünstigten Investitionsgüter dem Betriebsvermögen zugerechnet werden.

Für die Einkommen- bzw Körperschaftsteuer gelten grundsätzlich die gleichen Regelungen wie für die Gewerbesteuer. Die sachliche Zurechnung wirkt sich außerdem mittelbar auf die Erbschaft- und Schenkungsteuer aus, da die für Unternehmensvermögen vorgesehenen Begünstigungen (85%iger Verschonungsabschlag und Abzugsbetrag von bis zu 150 000 € bzw 100%iger Verschonungsabschlag, Tarifbegrenzung für Steuerpflichtige der Steuerklassen II und III, Stundung, Verschonungsbedarfsprüfung) nur für die Wirtschaftsgüter gewährt werden, die dem Betriebsvermögen zugerechnet werden (§ 13a – § 13c, § 19a, § 28, § 28a ErbStG).[126]

Für die Umsatzsteuer ist zwischen Unternehmensgegenstand und Privatgegenstand zu unterscheiden. Diese Differenzierung entscheidet darüber, ob beim Erwerb für die in Rechnung gestellte Umsatzsteuer ein Vorsteuerabzugsrecht besteht und ob der Verkauf des Wirtschaftsguts ein umsatzsteuerpflichtiger Vorgang ist (§ 15, § 1 Abs. 1 Nr 1 UStG). Die ertragsteuerlich bedeutsame Abgrenzung zwischen Betriebs- und Privatvermögen orientiert sich allerdings an anderen Kriterien als die für umsatzsteuerliche Zwecke vorgenommene Abgrenzung zwischen Unternehmensgegenstand und Privatgegenstand (§ 15 Abs. 1 S. 2 UStG). Es ist deshalb beispielsweise möglich, dass ein Wirtschaftsgut ertragsteuerlich als Privatvermögen gilt und umsatzsteuerlich als Unternehmensgegenstand behandelt wird.[127]

126 Siehe hierzu Band I, Rn. 581 ff.
127 Siehe hierzu Abschnitt 15.2c UStAE sowie Band I, Rn. 713 ff.

221 Für **Einzelunternehmen** sind **spezielle steuerliche Regelungen** zur sachlichen Zurechnung **erforderlich**. Aufgrund der nicht bestehenden rechtlichen Verselbständigung eines Einzelunternehmens und des Fehlens von konkreten handelsbilanziellen Abgrenzungsregeln muss das Ziel der Ertragsteuern – Trennung von Einkommenserzielung und Einkommensverwendung – durch die Differenzierung zwischen dem (ertragsteuerlich relevanten) betrieblichen Bereich und dem (ertragsteuerlich auszuklammernden) privaten Bereich des gewerblich tätigen Inhabers erreicht werden (keine Maßgeblichkeit: Fall 9).

222 Bei **Kapitalgesellschaften** ist die sachliche Zurechnung auch im Steuerrecht einfach zu lösen. In die Steuerbilanz einer Kapitalgesellschaft können (wie in die Handelsbilanz) nur die Wirtschaftsgüter aufgenommen werden, die nach den Kriterien der persönlichen Zurechnung der Kapitalgesellschaft gehören. Da bei einer unbeschränkt steuerpflichtigen Kapitalgesellschaft alle Einkünfte als Einkünfte aus Gewerbebetrieb behandelt werden (§ 8 Abs. 2 KStG) und eine Kapitalgesellschaft keine private Sphäre besitzt, stellen diese Wirtschaftsgüter **generell Betriebsvermögen** dar. Wirtschaftsgüter, die einem Gesellschafter gehören, werden ertragsteuerlich grundsätzlich dem Privatvermögen des Gesellschafters zugerechnet. Dies gilt auch dann, wenn der Anteilseigner die Wirtschaftsgüter der Kapitalgesellschaft zur Nutzung überlässt (Maßgeblichkeitsprinzip: Fall 2a).

223 Bei **Personengesellschaften** ist die sachliche Zurechnung in zwei Schritten vorzunehmen:[128]

- Wirtschaftsgüter, die einer gewerblich tätigen Personengesellschaft gehören, sind in ihrer Steuerbilanz auszuweisen. Auf der **ersten Stufe** der Gewinnermittlung führt dies dazu, dass die **Wirtschaftsgüter des Gesamthandsvermögens** grundsätzlich Betriebsvermögen bilden (§ 15 Abs. 3 EStG). Da eine Personengesellschaft keinen privaten Bereich hat, stellt sich für das Gesellschaftsvermögen die Abgrenzungsproblematik zwischen Betriebsvermögen und Privatvermögen nicht (Maßgeblichkeitsprinzip: Fall 2a).
- Zu den Einkünften aus Gewerbebetrieb des Gesellschafters einer Personengesellschaft gehören auch die Einnahmen, die der Gesellschafter von der Personengesellschaft bezieht, sofern diese Leistungen einen Beitrag zur Förderung des gemeinsamen Gesellschaftszwecks darstellen (beispielsweise Vergütungen für die Geschäftsführungstätigkeit, Entgelt für die Vermietung oder Verpachtung eines Wirtschaftsguts an die Personengesellschaft, Zinsen für ein Gesellschafterdarlehen, § 15 Abs. 1 S. 1 Nr 2 EStG). Um die Einkünfte aus Gewerbebetrieb berechnen zu können, sind auf der **zweiten Stufe** der Gewinnermittlung die Wirtschaftsgüter, die einem der Gesellschafter einer Personengesellschaft (Mitunternehmer) gehören und die unmittelbar dazu geeignet oder bestimmt sind, dem Betrieb der Personengesellschaft zu dienen, dem Betriebsvermögen zuzurechnen **(Sonderbetriebsvermögen I)**. Zum Betriebsvermögen zählen auch die Wirtschaftsgüter, die einem der Gesellschafter gehören und die dazu geeignet oder bestimmt sind, der Beteiligung des Gesellschafters an der Personengesellschaft zu dienen (**Sonder-**

128 Siehe hierzu zB Jacobs/Scheffler/Spengel, Unternehmensbesteuerung und Rechtsform, 5. Aufl., München 2015, S. 237–240, S. 262–265.

betriebsvermögen II, R 4.2 Abs. 2 EStR). Die für Personengesellschaften geltende Besteuerungskonzeption führt dazu, dass sich für die sachliche Zurechnung spezielle steuerliche Grundsätze entwickelt haben. Wie bei einem Einzelunternehmer besteht keine Maßgeblichkeit (Fall 9).[129]

In der folgenden Übersicht ist der Einfluss der Rechtsform des Unternehmens auf den Umfang des Betriebsvermögens erkennbar: **224**

	Einzel-unternehmen	**Personen-gesellschaften**	**Kapital-gesellschaften**
Wirtschaftsgüter, die **Eigentum des Unternehmens** sind	–.–	Betriebsvermögen (Gesamthandsbilanz der Personengesellschaft)	Betriebsvermögen (Gesellschaftsbilanz der Kapitalgesellschaft)
Wirtschaftsgüter, die **Eigentum des Unternehmers** bzw Gesellschafters sind, soweit sie für **Zwecke des Unternehmens** genutzt werden	Betriebsvermögen (Bilanz des Einzelunternehmers)	• handelsrechtlich Privatvermögen • steuerrechtlich Betriebsvermögen (Sonderbetriebsvermögen des Gesellschafters)	Privatvermögen
Wirtschaftsgüter, die Eigentum des Unternehmers bzw Gesellschafters sind, soweit sie für **private Zwecke des Unternehmers bzw Gesellschafters** genutzt werden	Privatvermögen	Privatvermögen	Privatvermögen

Abb. 20: Einfluss der Rechtsform auf den Umfang des Betriebsvermögens

Die im folgenden Abschnitt erläuterten Kriterien zur sachlichen Zurechnung beziehen sich insbesondere auf Einzelunternehmer. Sie können sinngemäß auf die Abgrenzung des Sonderbetriebsvermögens des Gesellschafters einer Personengesellschaft übertragen werden.[130]

---

129 Gehört ein Wirtschaftsgut nach den allgemeinen Abgrenzungskriterien bereits zu einem Betriebsvermögen des Gesellschafters einer Personengesellschaft (zB der Gesellschafter betreibt unabhängig von seiner Beteiligung an der Personengesellschaft ein Einzelunternehmen), wird es für den Fall, dass gleichzeitig die Voraussetzungen für die Aktivierung als Sonderbetriebsvermögen erfüllt sind, auf Ebene der Personengesellschaft als Sonderbetriebsvermögen des Gesellschafters ausgewiesen (BFH vom 18.7.1979, BStBl. 1979 II, S. 750). Die Mitunternehmerkonzeption geht der Zurechnung zum eigenen Betriebsvermögen des Gesellschafters vor.

130 Ein inländisches Unternehmen kann seine Geschäftstätigkeit zum Teil in einer ausländischen Niederlassung (steuerlich: Betriebsstätte) ausüben. Vermögen, das in einer **ausländischen Betriebsstätte** genutzt wird, bleibt in der Steuerbilanz des inländischen Unternehmens (Stammhaus) unberücksichtigt, wenn die Betriebsstättenerfolge nach einem Doppelbesteuerungsabkommen mit dem Belegenheitsstaat von der deutschen Besteuerung freigestellt werden und die Gewinnabgrenzung nach der direkten Methode vorgenommen wird (Art. 7 OECD-MA). Die handelsrechtliche Buchführungspflicht erstreckt sich demgegenüber auf das gesamte Vermögen des Kaufmanns. Ob die Wirtschaftsgüter im Inland (beim Stammhaus) oder im Ausland (bei der Betriebsstätte) eingesetzt werden, ist für die Handelsbilanz irrelevant (konzeptionelle Abweichung, Fall 9: keine Maßgeblichkeit).

b) Spezielle Regelungen

225 Für die sachliche Zurechnung zum Betriebsvermögen oder zum Privatvermögen sind die Wirtschaftsgüter in **drei Gruppen** einzuteilen:

- einheitlich genutzte Wirtschaftsgüter,
- gemischt genutzte bewegliche Wirtschaftsgüter,
- gemischt genutzte unbewegliche Wirtschaftsgüter.

226 *(1) Einheitlich genutzte Wirtschaftsgüter:* Bei einheitlich genutzten Wirtschaftsgütern ist zwischen notwendigem Betriebsvermögen, notwendigem Privatvermögen sowie neutralem Vermögen zu differenzieren. Das neutrale Vermögen wird weiter in gewillkürtes Betriebsvermögen und gewillkürtes Privatvermögen unterteilt. Diese Einteilung gilt sowohl für bewegliche Wirtschaftsgüter als auch für unbewegliche Wirtschaftsgüter.

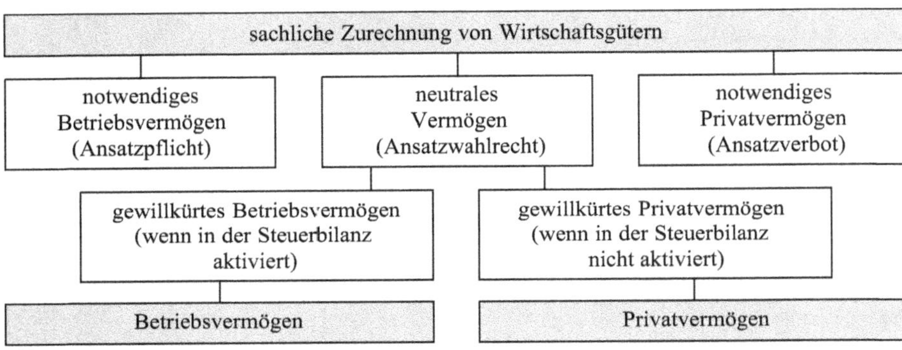

Abb. 21: Sachliche Zurechnung von Wirtschaftsgütern

227 Als **notwendiges Betriebsvermögen** werden die Wirtschaftsgüter bezeichnet, die ausschließlich und unmittelbar für eigenbetriebliche Zwecke des Steuerpflichtigen genutzt werden oder objektiv erkennbar zum Einsatz im Betrieb bestimmt sind. Zum notwendigen Betriebsvermögen gehören die Wirtschaftsgüter, die (a) ihrer Art nach nur betrieblich verwendet werden können und die (b) überwiegend dem Betrieb dienen, obwohl auch eine private Nutzung möglich ist. Diese Wirtschaftsgüter bilden zwingend Betriebsvermögen (R 4.2 Abs. 1 S. 1, 2 EStR).

228 Zum **notwendigen Privatvermögen** gehören – spiegelbildlich zum notwendigen Betriebsvermögen – die Wirtschaftsgüter, die ausschließlich privaten Zwecken dienen und die in keinem unmittelbaren oder mittelbaren Zusammenhang mit dem Betrieb stehen und bei denen die private Zweckbestimmung objektiv erkennbar ist.

229 Zum **neutralen Vermögen** zählen die Wirtschaftsgüter, die sich weder als notwendiges Betriebsvermögen noch als notwendiges Privatvermögen einordnen lassen. Das neutrale Vermögen unterteilt sich in gewillkürtes Betriebsvermögen und gewillkürtes Privatvermögen. Zum **gewillkürten Betriebsvermögen** gehören die Wirtschaftsgüter, die zwar nicht notwendiges Betriebsvermögen sind, die aber in einem gewissen objektiven Zusammenhang mit dem Betrieb stehen und die dazu geeignet und dazu bestimmt sind, dem Betrieb zu dienen. Da diese Wirtschaftsgüter nur dann zum Be-

triebsvermögen gehören, wenn sie in der Steuerbilanz ausgewiesen werden, hat der Steuerpflichtige ein **Ansatzwahlrecht**, ob er sie als Betriebsvermögen oder als Privatvermögen behandeln will (R 4.2 Abs. 1 S. 3 EStR). Zum **gewillkürten Privatvermögen** gehören die Wirtschaftsgüter des neutralen Vermögens, die zwar dazu geeignet sind, den Betrieb zu fördern, die jedoch nicht durch eine deutlich zum Ausdruck kommende Entscheidung des Steuerpflichtigen (dh durch Verbuchung einer Einlage) dem Betriebsvermögen zugeordnet werden.

Beispiel: Ein Einzelunternehmer erwirbt ein unbebautes Grundstück, das er in späteren Jahren zur Erweiterung seines Geschäftsbetriebs nutzen möchte (Vorratsgelände). Er besitzt Wertpapiere, die er als Sicherheit für einen betrieblich veranlassten Kredit zur Verfügung stellt.

Das Grundstück und die Wertpapiere stehen (noch) nicht in *unmittelbarem* Zusammenhang mit dem eigentlichen Betriebszweck. Sie sind deshalb nicht notwendiges Betriebsvermögen. Da sie allerdings *mittelbar* dem Betrieb dienen, können sie durch die Einbuchung als gewillkürtes Betriebsvermögen bei der Ermittlung der Einkünfte aus Gewerbebetrieb berücksichtigt werden. Unterbleibt eine Aktivierung in der Steuerbilanz, gehören die Wirtschaftsgüter zum (gewillkürten) Privatvermögen.

(2) Gemischt genutzte bewegliche Wirtschaftsgüter: Bewegliche Wirtschaftsgüter, **230**
die **sowohl für betriebliche als auch für private Zwecke genutzt** werden, werden nicht entsprechend ihrem Nutzungsanteil aufgeteilt. Sie stellen vielmehr **entweder in vollem Umfang Betriebsvermögen oder in vollem Umfang Privatvermögen** dar. Die Entscheidung wird anhand des Anteils der eigenbetrieblichen Nutzung an der Gesamtnutzung getroffen (R 4.2 Abs. 1 S. 4–7 EStR):

- Bewegliche Wirtschaftsgüter, die zu **mehr als 50%** für **eigenbetriebliche Zwecke** genutzt werden, sind als **notwendiges Betriebsvermögen** in die Steuerbilanz aufzunehmen.
- Liegt der **eigenbetriebliche Nutzungsanteil unter 10%**, gehören die Wirtschaftsgüter zum **notwendigen Privatvermögen**.
- Bei einem **betrieblichen Nutzungsanteil zwischen 10 und 50%** besitzt der Steuerpflichtige ein **Wahlrecht**, die Wirtschaftsgüter durch eine Einlage als gewillkürtes Betriebsvermögen in die Steuerbilanz aufzunehmen oder durch Nichtaktivierung dem gewillkürten Privatvermögen zuzurechnen.

	Zurechnung zum Betriebsvermögen	**Zurechnung zum Privatvermögen**
Aktivierung des Wirtschaftsguts in der Steuerbilanz	ja (in vollem Umfang)	nein (auch nicht hinsichtlich des betrieblichen Nutzungsanteils)
laufende Aufwendungen (betrieblicher Nutzungsanteil)	gewinnmindernd	gewinnmindernd (betrieblicher Nutzungsanteil gilt als Betriebsausgabe)
laufende Aufwendungen (privater Nutzungsanteil)	nicht gewinnmindernd zu berücksichtigen (Nutzungsentnahme)	nicht gewinnmindernd zu berücksichtigen

	Zurechnung zum Betriebsvermögen	**Zurechnung zum Privatvermögen**
Veräußerungserfolge	Gewinne: steuerpflichtig Verluste: abziehbar	Gewinne: nicht steuerbar (Grundsatz) Verluste: nicht verrechenbar (Grundsatz)
steuerliche Investitionsförderungsmaßnahmen	Inanspruchnahme möglich (Grundsatz)[131]	Inanspruchnahme nicht möglich
Gewerbesteuer	wie Einkommensteuer	wie Einkommensteuer
Erbschaft- und Schenkungsteuer	Begünstigung nach § 13a – § 13c, § 19a, § 28, § 28a ErbStG	volle Erfassung des Werts des Wirtschaftsguts
Umsatzsteuer	Erwerb: Erstattung der Vorsteuer Verkauf: umsatzsteuerpflichtig	Erwerb: keine Erstattung der Vorsteuer Verkauf: nicht umsatzsteuerbar

Hinweis: Die Tabelle enthält nur die wichtigsten Regelungen. Es wird davon ausgegangen, dass ertrag- und umsatzsteuerlich die Abgrenzung in gleicher Weise getroffen wird.

Abb. 22: Auswirkungen der sachlichen Zurechnung bei gemischt genutzten beweglichen Wirtschaftsgütern

Die vorstehende Übersicht verdeutlicht, dass sich die Zurechnungsentscheidung bei gemischt genutzten beweglichen Wirtschaftsgütern auf die Besteuerung der Veräußerungserfolge, die Möglichkeiten zur Inanspruchnahme von steuerlichen Erleichterungen, die Gewerbesteuer, die Erbschaft- und Schenkungsteuer sowie die Umsatzsteuer in gleicher Weise auswirkt wie bei einheitlich genutzten Wirtschaftsgütern. Für die **ertragsteuerliche Erfassung der laufenden Aufwendungen** ist die **Zurechnung** zum Betriebsvermögen oder zum Privatvermögen **nicht bedeutsam**, da über die Erfassung des privaten Nutzungsanteils (Zurechnung zum Betriebsvermögen) bzw die Einordnung des betrieblichen Nutzungsanteils als Betriebsausgabe (Zurechnung zum Privatvermögen) jeweils gewährleistet wird, dass sich (nur) der Teil der Aufwendungen gewinnmindernd auswirkt, der auf die betriebliche Nutzung entfällt.

231 *(3) Gemischt genutzte unbewegliche Wirtschaftsgüter:* Bebaute Grundstücke werden zum einen in Grund und Boden sowie in Gebäude, zum anderen entsprechend ihrer Nutzung bzw Funktion in selbständige Wirtschaftsgüter aufgeteilt.[132] Die **sachliche Zurechnung** wird nicht einheitlich für das gesamte bebaute Grundstück vorgenommen, vielmehr ist **für die** entsprechend ihrer Nutzung bzw Funktion als eigenständige Wirtschaftsgüter **abgegrenzten Grundstücksteile jeweils zu prüfen**, ob sie dem Betriebs- oder dem Privatvermögen zuzurechnen sind.

131 Eine Ausnahme besteht, wenn der für die Gewährung der Investitionszulage maximal zulässige private Nutzungsanteil überschritten wird (§ 2 Abs. 1 S. 1 Nr 2 Buchst. c InvZulG 2010, für Investitionen vor dem 1.1.2014).

132 Zur Erläuterung siehe Kapitel II.3., Rn. 158–177.

Betriebsvorrichtungen, Scheinbestandteile, Ladeneinbauten, Schaufensteranlagen, Gaststätteneinrichtungen und ähnliche Einbauten sowie sonstige Mietereinbauten stellen aufgrund ihrer betrieblichen Nutzung generell notwendiges Betriebsvermögen dar. **232**

Wirtschaftsgut	sachliche Zurechnung	konkrete Bilanzierungsfähigkeit
Betriebsvorrichtungen, Scheinbestandteile, Ladeneinbauten, sonstige Mietereinbauten	notwendiges Betriebsvermögen	Ansatzpflicht
sonstige selbständige Gebäudeteile		
• eigene betriebliche Zwecke	notwendiges Betriebsvermögen	Grundsatz: Ansatzpflicht Ausnahme: § 8 EStDV
• fremde betriebliche Zwecke	neutrales Vermögen	Ansatzwahlrecht
• fremde Wohnzwecke	neutrales Vermögen	Ansatzwahlrecht
• eigene Wohnzwecke	notwendiges Privatvermögen	Ansatzverbot

Abb. 23: Sachliche Zurechnung bei gemischt genutzten Gebäuden

Für **sonstige selbständige Gebäudeteile** ist die Zurechnung differenziert geregelt:[133] **233**

- Gebäudeteile, die für **eigene betriebliche Zwecke** genutzt werden, gehören grundsätzlich zum notwendigen Betriebsvermögen. Der Grund und Boden, auf dem das Gebäude errichtet wurde, wird anteilig dem notwendigen Betriebsvermögen zugerechnet (R 4.2 Abs. 7 EStR). Für eigenbetrieblich genutzte Grundstücksteile, deren Wert (= der Wert des Gebäudeteils zuzüglich des dazugehörenden Grund und Bodens) nicht mehr als 20% des gemeinen Werts des Grundstücks und nicht mehr als 20 500 € beträgt, besteht ein Wahlrecht, sie in der Steuerbilanz anzusetzen oder dem Privatvermögen zuzurechnen (§ 8 EStDV, R 4.2 Abs. 8 EStR). Aufteilungsmaßstab bildet grundsätzlich das Verhältnis der Nutzflächen.
- Zu **eigenen Wohnzwecken** genutzte Gebäudeteile sind stets notwendiges Privatvermögen. Der Grund und Boden ist gleichfalls anteilig dem notwendigen Privatvermögen zuzurechnen.
- Gebäudeteile, die zu **fremden betrieblichen Zwecken** oder zu **fremden Wohnzwecken** genutzt werden, stellen neutrales Vermögen dar. Sie können als gewillkürtes Betriebsvermögen in die Steuerbilanz aufgenommen werden, wenn sie in einem gewissen objektiven Zusammenhang mit dem Betrieb stehen und ihn zu fördern bestimmt und geeignet sind (R 4.2 Abs. 9 EStR). Wird ein zu fremden betrieblichen Zwecken oder zu fremden Wohnzwecken genutzter Gebäudeteil als gewillkürtes Betriebsvermögen behandelt, gehört auch der darauf entfallende Anteil am Grund und Boden zum Betriebsvermögen.

133 Hinweise zur Ausübung des Zurechnungswahlrechts bei Gebäuden finden sich in Siegmund, DB 2007, S. 1149.

Sofern das Gebäude vor dem 1.1.1999 erworben wurde, können Gebäudeteile, die zu fremden betrieblichen Zwecken oder zu fremden Wohnzwecken vermietet werden, auch dann als gewillkürtes Betriebsvermögen behandelt werden, wenn das gesamte Grundstück zu mehr als 50% die Voraussetzungen zur Aufnahme in das Betriebsvermögen erfüllt. Bei diesen Altfällen müssen die Gebäudeteile nicht in einem gewissen objektiven Zusammenhang mit dem Betrieb stehen und ihn zu fördern bestimmt und geeignet sein (R 4.2 Abs. 10 EStR).

Die bei Personengesellschaften für die Zurechnung von Grundstücken und Grundstücksteilen geltenden Besonderheiten sind in R 4.2 Abs. 11, 12 EStR geregelt.

B. Bewertung von Wirtschaftsgütern

I. Bewertungskonzeption (PIL-Konzept)

1. Überblick über die relevanten Bewertungsmaßstäbe

234 Die der Bewertung von Wirtschaftsgütern in der Steuerbilanz zugrunde liegende Konzeption lässt sich schlagwortartig als **PIL-Konzept** bezeichnen:

P Periodisierungsgrundsätze

I Imparitätsprinzip

L Lenkungsfunktion der Steuerbilanz

Nach dem „PIL-Konzept" sind die für die Steuerbilanz relevanten Bewertungsmaßstäbe in drei Gruppen einzuteilen: Nach dem Ertragsantizipationsverbot der **Periodisierungsgrundsätze (P)** bilden die (modifizierten) Basiswerte für die Bewertung die Wertobergrenze. Vergleichswerte bzw niedrigere Stichtagswerte werden aufgrund des zu den Kapitalerhaltungsgrundsätzen gehörenden **Imparitätsprinzips (I)** den (modifizierten) Basiswerten gegenübergestellt. Aufgrund der **Lenkungsfunktion der Steuerbilanz (L)** besteht für den Steuerpflichtigen das Wahlrecht, als Wertansatz einen niedrigeren steuerlichen Wert zu wählen.

235 Ausgangspunkt zur Bewertung von Wirtschaftsgütern bilden die **Basiswerte**. Sie sind dadurch charakterisiert, dass sie sich aus dem Rechnungswesen ableiten lassen. Im Zeitpunkt des Zugangs werden Wirtschaftsgüter nach den **Periodisierungsgrundsätzen** mit den Anschaffungs- oder Herstellungskosten bewertet (Kapitel II.). Dabei handelt es sich um die Ausgaben, die anfallen, um ein Wirtschaftsgut von einem Dritten zu erwerben (**Anschaffungskosten**, § 255 Abs. 1 HGB, § 6 Abs. 1 Nr 1, 2 EStG) bzw selbst zu erstellen (**Herstellungskosten**, § 255 Abs. 2–3 HGB, § 6 Abs. 1 Nr 1, 2 EStG). Die Anschaffung bzw Herstellung eines Wirtschaftsguts wird erfolgsneutral behandelt. Ausgaben, die im Zusammenhang mit der Anschaffung bzw Herstellung eines Wirtschaftsguts stehen, werden nach den Periodisierungsgrundsätzen den Perioden zugerechnet, in denen mit diesem Wirtschaftsgut Erträge erzielt werden (Abgrenzung von Aufwendungen der Sache nach). Bei Wirtschaftsgütern des Anlagevermögens, die der Abnutzung unterliegen, und bei Betrieben, die einen Verbrauch der Substanz mit sich bringen, sind die Anschaffungs- oder Herstellungskosten deshalb um planmäßige Abschreibungen (Absetzung für Abnutzung: AfA, Absetzung für Substanzverringerung: AfS) zu vermindern (§ 253 Abs. 3 S. 1, 2 HGB, § 6 Abs. 1 Nr 1

iVm § 7 EStG). Auf diese Weise wird der während des Einsatzes des Wirtschaftsguts eintretende Wertverzehr erfasst. Die Verteilung der Anschaffungs- oder Herstellungskosten auf die betriebsgewöhnliche Nutzungsdauer des Wirtschaftsguts beruht gleichfalls auf den Periodisierungsgrundsätzen (modifizierte Basiswerte: **fortgeführte Anschaffungs- oder Herstellungskosten**, Kapitel III.).

Zur zweiten Gruppe des „PIL-Konzepts" zählen die **Vergleichswerte** (Kapitel IV.). **236**
Die (modifizierten) Basiswerte bilden nicht nur die Ausgangsgröße, sondern aufgrund des Anschaffungswertprinzips (eine Unterform des Realisationsprinzips) auch die Wertobergrenze für die Bewertung. Sie sind an jedem Abschlussstichtag einem Vergleichswert gegenüberzustellen. Beim Vergleichswert handelt es sich um den aktuellen Tageswert. Ist durch außergewöhnliche Umstände der Wert eines Wirtschaftsguts unter die (fortgeführten) Anschaffungs- oder Herstellungskosten gesunken, ist nach dem **Imparitätsprinzip** (Niederstwertprinzip) eine außerplanmäßige Abschreibung auf den niedrigeren Stichtagswert vorzunehmen.[134] Der für die Steuerbilanz wichtigste Vergleichswert ist der **Teilwert** (§ 6 Abs. 1 Nr 1 S. 2, Nr 2 S. 2 EStG).

Absetzungen für außergewöhnliche technische oder wirtschaftliche Abnutzung (AfaA) dürfen bei abnutzbaren Wirtschaftsgütern des Anlagevermögens vorgenommen werden, wenn die Nutzbarkeit des Wirtschaftsguts durch außergewöhnliche Umstände stärker gesunken ist, als es durch die planmäßigen Abschreibungen (AfA) berücksichtigt wurde. Abschreibungen für außergewöhnliche Abnutzung sind den Periodisierungsgrundsätzen zuzuordnen. Sie sind ein Anwendungsfall für die Verrechnung von aperiodischen Geschäftsvorfällen nach dem Grundsatz der Abgrenzung von Aufwendungen der Zeit nach. Materiell führen die AfaA zum gleichen Ergebnis wie die nach dem Imparitätsprinzip vorzunehmenden außerplanmäßigen Abschreibungen auf den niedrigeren Teilwert. Aufgrund dieser Zwischenstellung werden die AfaA im Rahmen der Vergleichswerte in Kapitel IV.5. behandelt.

Die dritte Bewertungsgruppe des „PIL-Konzepts" bildet der **niedrigere steuerliche** **237**
Wert (Kapitel V.). Während sich die Basiswerte und Vergleichswerte aus dem Nebeneinander von Periodisierungsgrundsätzen und Imparitätsprinzip (Kapitalerhaltungsgrundsätze) ableiten, wird mit Hinweis auf den **Lenkungszweck** der Steuerbilanz dem Steuerpflichtigen die Möglichkeit eingeräumt, durch die Inanspruchnahme von Sonderabschreibungen, erhöhten Absetzungen und Bewertungsabschlägen stille Reserven zu bilden. Durch diese steuerlichen Sondervorschriften werden die Anschaffungs- oder Herstellungskosten eines Wirtschaftsguts früher aufwandswirksam verrechnet, als es den Periodisierungsgrundsätzen oder dem Imparitätsprinzip entspricht. Die überhöhten Abschreibungen lösen einen Steuerstundungseffekt, dh einen positiven Zeiteffekt, aus.

Finanzinstrumente, die von Kreditinstituten zu Handelszwecken gehalten wer- **238**
den, sind sowohl in der Handelsbilanz als auch in der Steuerbilanz mit dem beizulegenden Zeitwert abzüglich eines Risikoabschlags zu bewerten (§ 340e Abs. 3 HGB, § 6 Abs. 1 Nr 2b EStG). Der beizulegende Zeitwert entspricht grundsätzlich dem Marktpreis (§ 255 Abs. 4 HGB). Die Besonderheit besteht darin, dass bei diesen Wirtschaftsgütern die Begrenzung auf die Bewertung mit den Anschaffungskosten nicht gilt. Insoweit wird bei der Interpretation des Realisationsprinzips nicht auf am

134 Zur konkreten gesetzlichen Umsetzung des Niederstwertprinzips (Abwertungsgebot, -wahlrecht oder -verbot) siehe Kapitel IV.2., Rn. 372–395.

Markt realisierte Wertsteigerungen, sondern auf am Markt realisierbare Wertsteigerungen abgestellt. Eine weitere Sonderregelung gilt für auf fremde Währung lautende Wirtschaftsgüter, bei denen in der Handelsbilanz bei einer Restlaufzeit von weniger als einem Jahr der Stichtagswert gleichfalls auch dann anzusetzen ist, wenn er die Anschaffungs- oder Herstellungskosten übersteigt (**Währungsumrechnung** nach § 256a S. 2 HGB).[135]

Zusammenfassend: Bei aktiven Wirtschaftsgütern sind für die **Steuerbilanz** folgende **Bewertungsmaßstäbe** relevant:

P Periodisierungsgrundsätze **(fortgeführte) Basiswerte**	**I** Imparitätsprinzip **Vergleichswert**	**L** Lenkungszweck **steuerliche Sondervorschriften**
Anschaffungskosten § 253 Abs. 1, § 255 Abs. 1 HGB, § 6 Abs. 1 Nr 1, 2 EStG	**Teilwert** § 6 Abs. 1 Nr 1, 2 EStG	**niedrigerer steuerlicher Wert** § 6 Abs. 1 Nr 1, 2 EStG iVm § 7g Abs. 5, § 7h, § 7i EStG sowie § 6b EStG, R 6.6 EStR
Herstellungskosten § 253 Abs. 1, § 255 Abs. 2–3 HGB, § 6 Abs. 1 Nr 1, 2 EStG		
fortgeführte Anschaffungs- oder Herstellungskosten § 253 Abs. 3 HGB, § 6 Abs. 1 Nr 1, § 7 EStG		
Besonderheiten: keine Begrenzung auf die (fortgeführten) Basiswerte • Finanzinstrumente, die von Kreditinstituten zu Handelszwecken gehalten werden: **beizulegender Zeitwert** (§ 340e Abs. 3 HGB, § 6 Abs. 1 Nr 2b EStG) • Währungsumrechnung (§ 256a S. 2 HGB)		

Abb. 24: Relevante Wertmaßstäbe für die Steuerbilanz

In den beiden nächsten Kapiteln werden vorab die für Wirtschaftsgüter des Anlagevermögens sowie für Wirtschaftsgüter des Umlaufvermögens geltenden Bewertungsvorschriften überblicksartig vorgestellt. Die detaillierte Erläuterung dieser Wertmaßstäbe und deren Anwendung erfolgt in den weiteren Kapiteln.

2. Überblick über die Bewertung von Wirtschaftsgütern des Anlagevermögens

239 Für die Bewertung ist **zwischen** Wirtschaftsgütern des **Anlagevermögens und** Wirtschaftsgütern des **Umlaufvermögens zu differenzieren**. Zwar stimmen die Bewertungsvorschriften bei den aktiven Wirtschaftsgütern von der Konzeption her überein, hinsichtlich ihres Anwendungsbereichs ergeben sich jedoch einige Unterschiede. Die wichtigsten Vorschriften zur **Bewertung von Wirtschaftsgütern des Anlagevermögens** sind in Abb. 25 zusammengestellt.

135 Zu diesen beiden Sonderregelungen siehe Kapitel VI., Rn. 452–453.

Ausgangsgröße für die Bewertung von Wirtschaftsgütern des Anlagevermögens bilden die **Anschaffungs- oder Herstellungskosten** (§ 253 Abs. 1 HGB, § 6 Abs. 1 Nr 1 S. 1, Nr 2 S. 1 EStG). Diese Bewertungsmaßstäbe gelten nicht nur als Basiswert, sondern **gleichzeitig** als **Wertobergrenze**. Das auf dem Realisationsprinzip beruhende Ertragsantizipationsverbot (Anschaffungswertprinzip) schließt einen Ansatz über den Anschaffungs- oder Herstellungskosten aus (Fall 2a des Maßgeblichkeitsprinzips: übereinstimmende verbindliche Regelungen). **240**

Bei **abnutzbaren Wirtschaftsgütern** des Anlagevermögens sind in den Folgeperioden die Anschaffungs- oder Herstellungskosten um **planmäßige Abschreibungen** zu vermindern (§ 253 Abs. 3 S. 1, 2 HGB, § 6 Abs. 1 Nr 1 S. 1 EStG). Bei Zugang gelten wie bei allen aktiven Wirtschaftsgütern die Anschaffungs- oder Herstellungskosten als Ausgangsgröße. In den nachfolgenden Jahren entspricht die **Wertobergrenze** den **fortgeführten Anschaffungs- oder Herstellungskosten**, dh den um die Absetzung für Abnutzung oder um die Absetzung für Substanzverringerung (§ 7 EStG) verminderten Anschaffungs- oder Herstellungskosten. **241**

Das Maßgeblichkeitsprinzip wirkt auf die Ausgestaltung des Abschreibungsplans (Abschreibungssumme, Nutzungsdauer, Abschreibungsmethode) in unterschiedlicher Weise. Deshalb ist keine einheitliche Zuordnung zu einem der Fälle des Maßgeblichkeitsprinzips möglich. Vielmehr können bei der Verteilung der Anschaffungs- oder Herstellungskosten auf die betriebsgewöhnliche Nutzungsdauer eines Wirtschaftsguts insbesondere vier Fälle auftreten: Fall 2a (übereinstimmende verbindliche Regelungen), Fall 8b (handelsrechtlicher Ermessensspielraum geht weiter als der im Steuerrecht zulässige Rahmen), Fall 6 (für beide Bilanzen besteht ein Wahlrecht) und Fall 4 (dem handelsrechtlichen Wahlrecht steht eine verbindliche steuerrechtliche Regelung gegenüber).

Fällt der Wert eines Wirtschaftsguts aufgrund einer voraussichtlich **dauernden Wertminderung** unter den (modifizierten) Basiswert, sind in der Handelsbilanz nach dem Imparitätsprinzip (Niederstwertprinzip) die Wertverluste zwingend durch eine **außerplanmäßige Abschreibung** auf den niedrigeren Stichtagswert zu antizipieren (§ 253 Abs. 3 S. 5 HGB). Demgegenüber besteht für die Steuerbilanz ein Abwertungswahlrecht (§ 6 Abs. 1 Nr 1 S. 2, Nr 2 S. 2 EStG). Die handelsrechtliche Abwertung auf den niedrigeren Stichtagswert muss in der Steuerbilanz nicht nachvollzogen werden. Es liegt Fall 3 des Maßgeblichkeitsprinzips vor (verbindliche handelsrechtliche Regelung – steuerliches Wahlrecht).[136] Bei **vorübergehenden Wertminderungen** gilt sowohl in der Handelsbilanz als auch in der Steuerbilanz ein **Abwertungsverbot**. Da das gemilderte Niederstwertprinzip sowohl in der Handelsbilanz als auch für die steuerliche Gewinnermittlung zur Anwendung kommt, liegt Fall 2a des Maßgeblichkeitsprinzips (übereinstimmende verbindliche Regelungen) vor.[137] Bei der Prüfung einer dauernden Wertminderung ist im Rahmen der steuerlichen Gewinnermittlung der Teilwert als Vergleichswert heranzuziehen. Die handelsrechtlichen Vergleichswerte (beizulegender Wert, der sich aus dem Börsenpreis ergebende Wert und **242**

---

136 Vgl BMF-Schreiben vom 12.3.2010, BStBl. 2010 I, S. 239, Tz. 15.

137 Eine Ausnahme gilt für Finanzanlagen, bei denen in der Handelsbilanz bei vorübergehenden Wertminderungen ein Abwertungswahlrecht besteht (§ 253 Abs. 3 S. 6 HGB), das jedoch aufgrund einer verbindlichen Vorschrift in der Steuerbilanz nicht gewährt wird (§ 6 Abs. 1 Nr 1 S. 2, Nr 2 S. 2 EStG, Fall 4 des Maßgeblichkeitsprinzips).

der sich aus dem Marktpreis ergebende Wert) sind für die Steuerbilanz aus rechtlicher Sicht grundsätzlich nicht relevant.

Entfallen die Gründe, die zu einer außerplanmäßigen Abschreibung auf den niedrigeren Vergleichswert geführt haben, ist sowohl handelsrechtlich als auch ertragsteuerlich eine **Zuschreibung zwingend** vorzunehmen (§ 253 Abs. 5 S. 1 HGB bzw § 6 Abs. 1 Nr 1 S. 4, Nr 2 S. 3 EStG). Da zwei übereinstimmende verbindliche Regelungen vorliegen, entspricht diese Situation dem Fall 2a des Maßgeblichkeitsprinzips.[138]

243

		Handelsbilanz	Steuerbilanz	Fall
P (modifizierte) Basiswerte	Ausgangsgröße und Wertobergrenze	Anschaffungs- oder Herstellungskosten	Anschaffungs- oder Herstellungskosten	2a
	bei abnutzbaren Wirtschaftsgütern des Anlagevermögens: modifizierte Wertobergrenze	fortgeführte Anschaffungs- oder Herstellungskosten (Anschaffungs- oder Herstellungskosten vermindert um planmäßige Abschreibungen)	fortgeführte Anschaffungs- oder Herstellungskosten (Anschaffungs- oder Herstellungskosten vermindert um planmäßige Abschreibungen)	2a, 8b, 6, 4
I Vergleichswert	dauernde Wertminderung	Abwertungspflicht	Abwertungswahlrecht	3
	vorübergehende Wertminderung	Grundsatz: Abwertungsverbot Ausnahme für Finanzanlagen: Abwertungswahlrecht	Abwertungsverbot	2a 4
	Wertaufholung	Zuschreibungspflicht	Zuschreibungspflicht	2a
L steuerliche Sondervorschriften	überhöhte Abschreibung auf den niedrigeren steuerlichen Wert	nicht zulässig	Wahlrecht	3

Abb. 25: Bewertung von Wirtschaftsgütern des Anlagevermögens

Im Zusammenhang mit dem Lenkungszweck des Steuerrechts wird den Unternehmen unter bestimmten Voraussetzungen das Wahlrecht eingeräumt, **Sonderabschreibungen, erhöhte Absetzungen oder Bewertungsabschläge** zu verrechnen. Diese überhöhten Abschreibungen führen zu einem Wertansatz, der unter den (fortgeführten) Anschaffungs- oder Herstellungskosten bzw dem niedrigeren Vergleichswert liegt. Diese Form der Bildung von stillen Reserven ist nur im Rahmen der steuerlichen Gewinnermittlung zulässig (Fall 3 des Maßgeblichkeitsprinzips: spezielles steuerliches Wahlrecht).

138 Eine Besonderheit gilt für den derivativen Geschäfts- oder Firmenwert, für den handelsrechtlich ein Zuschreibungsverbot besteht (§ 253 Abs. 5 S. 2 HGB).

3. Überblick über die Bewertung von Wirtschaftsgütern des Umlaufvermögens

Die **Bewertungskonzeption** für Wirtschaftsgüter des Umlaufvermögens **stimmt weitgehend** mit der für Wirtschaftsgüter des Anlagevermögens **überein**. **Abweichungen** ergeben sich in folgenden Teilbereichen: 244

- Bei Wirtschaftsgütern des Umlaufvermögens fällt **keine Absetzung für Abnutzung oder Substanzverringerung** an. Damit scheiden die fortgeführten Anschaffungs- oder Herstellungskosten als Bewertungsmaßstab aus.
- Bei der nach dem Imparitätsprinzip vorzunehmenden Aufwandsantizipation gilt für Wirtschaftsgüter des Umlaufvermögens **handelsrechtlich** das **Niederstwertprinzip ohne Einschränkung**, sodass in der Handelsbilanz alle Wertminderungen durch eine außerplanmäßige Abschreibung auf den niedrigeren Vergleichswert zu erfassen sind (§ 253 Abs. 4 HGB). Im Gegensatz zur Handelsbilanz ist für die steuerliche Gewinnermittlung eine Differenzierung zwischen einer voraussichtlich dauernden und einer voraussichtlich vorübergehenden Wertminderung erforderlich. Bei voraussichtlich **dauernden Wertminderungen** besteht in der **Steuerbilanz** im Gegensatz zur Handelsbilanz ein Abwertungswahlrecht (§ 6 Abs. 1 Nr 2 S. 2 EStG). Die handelsrechtliche Abwertung muss in der Steuerbilanz nicht nachvollzogen werden (Fall 3 des Maßgeblichkeitsprinzips: verbindliche handelsrechtliche Regelung – steuerliches Wahlrecht).[139] Bei voraussichtlich **vorübergehenden Wertminderungen** kommt es zu einer Durchbrechung des Maßgeblichkeitsprinzips, da nach § 6 Abs. 1 Nr 2 S. 2 EStG in der Steuerbilanz ein **Abwertungsverbot** besteht (Fall 2b des Maßgeblichkeitsprinzips: zwei verbindliche Regelungen, die sich inhaltlich unterscheiden).
- **Finanzinstrumente, die von Kreditinstituten zu Handelszwecken gehalten werden**, sind sowohl in der Handelsbilanz als auch in der Steuerbilanz mit dem **beizulegenden Zeitwert abzüglich eines Risikoabschlags** zu bewerten (§ 340e Abs. 3 HGB, § 6 Abs. 1 Nr 2b EStG). Der beizulegende Zeitwert entspricht grundsätzlich dem Marktpreis (§ 255 Abs. 4 HGB). Die Besonderheit besteht darin, dass bei diesen Wirtschaftsgütern die Begrenzung auf die Bewertung mit den Anschaffungskosten nicht gilt. Insoweit wird bei der Interpretation des Realisationsprinzips nicht auf am Markt realisierte Wertsteigerungen, sondern auf am Markt realisierbare Wertsteigerungen abgestellt. Darüber hinaus sind die bei diesen Finanzinstrumenten eingetretenen Wertminderungen in beiden Bilanzen unabhängig davon zu berücksichtigen, ob die Wertminderung voraussichtlich dauernd oder voraussichtlich vorübergehend ist.[140]

In der folgenden Übersicht sind die für **Wirtschaftsgüter des Umlaufvermögens** geltenden **Bewertungsregeln** zusammengefasst:

---

139 Vgl BMF-Schreiben vom 12.3.2010, BStBl. 2010 I, S. 239, Tz. 15.

140 Eine weitere Sonderregelung gilt für auf fremde Währung lautende Wirtschaftsgüter, bei denen in der Handelsbilanz bei einer Restlaufzeit von weniger als einem Jahr der Stichtagswert gleichfalls auch dann anzusetzen ist, wenn er die Anschaffungs- oder Herstellungskosten übersteigt (Währungsumrechnung nach § 256a S. 2 HGB).

		Handelsbilanz	Steuerbilanz	Fall
P Basiswerte	Ausgangsgröße und Wertobergrenze	Anschaffungs- oder Herstellungskosten	Anschaffungs- oder Herstellungskosten	2a
I Vergleichswert	dauernde Wertminderung	Abwertungspflicht	Abwertungswahlrecht	3
	vorübergehende Wertminderung	Abwertungspflicht	Abwertungsverbot	2b
	Wertaufholung	Zuschreibungspflicht	Zuschreibungspflicht	2a
L steuerliche Sondervorschriften	überhöhte Abschreibung auf den niedrigeren steuerlichen Wert	nicht zulässig	idR nicht zulässig	-.-
Besonderheit für Finanzinstrumente, die von Kreditinstituten zu Handelszwecken gehalten werden	Bewertung mit dem beizulegenden Zeitwert abzüglich eines Risikoabschlags	Aufwertungs- bzw Abwertungspflicht	Aufwertungs- bzw Abwertungspflicht	2a

Abb. 26: Bewertung von Wirtschaftsgütern des Umlaufvermögens

II. Basiswerte (Bewertung bei Zugang auf der Grundlage der Periodisierungsgrundsätze)

245 Für die Bewertung im Zeitpunkt des Zugangs eines Wirtschaftsguts stehen zwei Basiswerte zur Verfügung: Anschaffungskosten (beim Erwerb von Dritten) und Herstellungskosten (bei Eigenerstellung). Im Folgenden werden zuerst die grundsätzlichen Bestandteile der Anschaffungskosten und der Herstellungskosten vorgestellt. Danach werden ausgewählte Sonderfragen behandelt: Besonderheiten bei Anschaffungskosten, Besonderheiten bei Herstellungskosten, Spezialfragen bei Gebäuden, steuerbilanzielle Behandlung von Investitionszulagen und -zuschüssen sowie Bewertungsvereinfachungen (Festbewertung, Gruppenbewertung sowie Sammelbewertung).

1. Anschaffungskosten

246 Die **Bestimmung** der Anschaffungskosten bereitet im Regelfall **wenig Schwierigkeiten**. Zum einen besteht bei den Anschaffungskosten zwischen der handels- und steuerrechtlichen Rechnungslegung grundsätzlich Übereinstimmung. Zum anderen ist die Abgrenzung der einzelnen Komponenten der Anschaffungskosten weitgehend unstrittig.

a) Definition

Anschaffungskosten sind die Aufwendungen, die geleistet werden, **um ein Wirtschaftsgut zu erwerben und in** einen **betriebsbereiten Zustand zu versetzen, soweit** sie dem Wirtschaftsgut **einzeln zugeordnet** werden können (§ 255 Abs. 1 S. 1 HGB). Im Einkommensteuergesetz ist der Begriff der Anschaffungskosten nicht explizit definiert. Aus der Formulierung in § 6 Abs. 1 Nr 1, 2 EStG, wonach eine Bewertung mit „den" Anschaffungskosten zu erfolgen hat, schließt die Finanzverwaltung, dass alle mit der Anschaffung zusammenhängenden Aufwendungen in die Anschaffungskosten einzubeziehen sind.[141] Nach dieser Auffassung stimmt die handelsrechtliche **Begriffsdefinition mit der Interpretation der Anschaffungskosten für die Steuerbilanz überein** (H 6.2 EStH). Damit liegen zwei übereinstimmende verbindliche Regelungen vor. Diese Situation wurde bei der Erläuterung des Inhalts des Maßgeblichkeitsprinzips dem Fall 2a zugeordnet. 247

Die Bewertung mit den Anschaffungskosten stellt sicher, dass der **Anschaffungsvorgang erfolgsneutral** erfasst wird. Das Reinvermögen des Unternehmens ändert sich durch den Erwerb eines Wirtschaftsguts nicht. Das gilt sowohl für den Fall, dass der Kaufpreis mit vorhandenen Zahlungsmitteln beglichen wird, als auch dann, wenn die Erwerbsaufwendungen mit Fremdkapital finanziert werden. Bei einer Eigenfinanzierung handelt es sich bilanztechnisch um einen (erfolgsneutralen) **Aktivtausch**. Die Fremdfinanzierung führt zu einer **Bilanzverlängerung**, die gleichfalls erfolgsneutral ist:

Buchung bei Eigenfinanzierung:	Wirtschaftsgut	an	Zahlungsmittel
Buchung bei Fremdfinanzierung:	Wirtschaftsgut	an	Verbindlichkeiten

Bei den Anschaffungskosten handelt es sich nicht um Kosten im Sinne der Kostenrechnung. Nach dem **Grundsatz der Pagatorik** (Grundsatz der Zahlungsverrechnung) dürfen nur aufwandsgleiche Kosten angesetzt werden. Für Zusatzkosten, zB kalkulatorische Wagnisse für den Transport des Wirtschaftsguts vom Lieferanten, besteht ein Einbeziehungsverbot. Obwohl die Bezeichnung Anschaffungsaufwand zutreffend wäre, wird allgemein der Begriff Anschaffungskosten verwendet.

Die erfolgsneutrale Behandlung des Investitionsvorgangs beruht auf den **Periodisierungsgrundsätzen**. Die beim Erwerb anfallenden Ausgaben sind den Perioden zuzurechnen, in denen mit dem Wirtschaftsgut Erträge erzielt werden (Abgrenzung von Aufwendungen der Sache nach). Der Anschaffungsvorgang darf den Gewinn weder erhöhen noch schmälern: 248

- Die Anschaffung eines Wirtschaftsguts muss auch dann **gewinnneutral** erfasst werden, wenn der Bilanzierende im Erwerbszeitpunkt davon ausgeht, dass er mit dem Wirtschaftsgut Gewinne erzielen wird, zB durch Veräußerung dieses Wirtschaftsguts. Aufgrund des Anschaffungswertprinzips dürfen aktive Wirtschaftsgüter höchstens mit den Anschaffungskosten bewertet werden (§ 253 Abs. 1 S. 1 HGB, § 6 Abs. 1 Nr 1 S. 1, Nr 2 S. 1 EStG). Ein Wertzuwachs darf nach dem Rea-

141 Vgl BMF-Schreiben vom 12.3.2010, BStBl. 2010 I, S. 239, Tz. 8 (Übertragung der für die Konkretisierung des Herstellungskostenbegriffs von der Finanzverwaltung vertretenen Auffassung).

lisationsprinzip erst in dem Zeitpunkt bilanziell berücksichtigt werden, in dem er durch einen Umsatzakt am Markt bestätigt ist.

- Die Forderung nach **Verlustneutralität** des Anschaffungsvorgangs ergibt sich aus der Vermutung, dass der Bilanzierende ein Wirtschaftsgut nur dann beschafft, wenn er im Erwerbszeitpunkt davon ausgeht, dass er damit keine Verluste erwirtschaften wird. Es wird also davon ausgegangen, dass im Zeitpunkt des Zugangs der Wert eines Wirtschaftsguts mindestens dem Betrag entspricht, den der Bilanzierende beim Erwerb aufwendet.[142] Das Ziel der Verlustneutralität lässt sich nur erreichen, wenn die mit dem Erwerb eines Wirtschaftsguts verbundenen Ausgaben vollständig in den Anschaffungskosten erfasst werden. Sämtliche Ausgaben, die in die Anschaffungskosten nicht eingehen würden, würden im Zeitpunkt des Zugangs den Erfolg des Unternehmens schmälern.

  Die Forderung nach Verlustneutralität des Erwerbs eines Wirtschaftsguts ergibt sich aus den Periodisierungsgrundsätzen. Sofern erkennbar ist, dass der Wert des Wirtschaftsguts objektiv unter die Anschaffungskosten gesunken ist, erfolgt nach dem zu den Kapitalerhaltungsgrundsätzen zählenden Imparitätsprinzip (in seiner Unterform Niederstwertprinzip) eine Abschreibung auf den niedrigeren Vergleichswert.

Die Erläuterung der einzelnen Bestandteile der Anschaffungskosten wird zeigen, dass durch die gesetzliche Definition das Ziel einer **erfolgsneutralen Behandlung** des Investitionsvorgangs **weitgehend erfüllt** wird.

b) Bestandteile

249 *(1) Überblick:* Die Anschaffungskosten setzen sich aus folgenden **Teilgrößen** zusammen (§ 255 Abs. 1 HGB):

	Anschaffungspreis
+	Anschaffungsnebenkosten, soweit direkt zurechenbar (einschließlich Aufwendungen für die Versetzung in die Betriebsbereitschaft)
–	Anschaffungspreisminderungen, soweit direkt zurechenbar
+	Fremdkapitalzinsen (unter bestimmten Voraussetzungen)
=	**ursprüngliche Anschaffungskosten**
+	nachträgliche Erhöhungen der Anschaffungskosten
–	nachträgliche Minderungen der Anschaffungskosten
=	**Anschaffungskosten**

250 *(2) Anschaffungspreis:* Als Anschaffungspreis gilt das **vertraglich vereinbarte Hauptentgelt**. Der Anschaffungspreis stimmt im Regelfall mit dem Rechnungspreis überein. Ist der Erwerber zum Vorsteuerabzug berechtigt, ist die Umsatzsteuer herauszurechnen (§ 9b EStG iVm § 15 UStG).

Lautet der Anschaffungspreis auf eine fremde Währung, ist er auf Basis des Kurses umzurechnen, der an dem Tag gilt, an dem das Wirtschaftsgut in der Finanzbuchhaltung als Zugang zu verbuchen ist, dh an dem Tag, an dem das (wirtschaftliche) Eigentum auf den Bilanzierenden übergeht.

---

142 Vgl R 6.7 EStR sowie BFH vom 13.10.1976, BStBl. 1977 II, S. 540.

(3) Anschaffungsnebenkosten: Die Anschaffungsnebenkosten umfassen alle **Aufwendungen,** die **in unmittelbarem wirtschaftlichen Zusammenhang mit dem Erwerb** und der **Überführung eines Wirtschaftsguts von der fremden in die eigene Verfügungsmacht** stehen. Bei einem Wirtschaftsgut des Anlagevermögens ist der Anschaffungsvorgang erst abgeschlossen, wenn sich das erworbene Wirtschaftsgut in einem betriebsbereiten Zustand befindet. Dies ist dann der Fall, wenn das Wirtschaftsgut für die von dem Unternehmen vorgesehenen Zwecke eingesetzt werden kann (§ 255 Abs. 1 S. 1, 2 HGB).[143] Bei Roh-, Hilfs- und Betriebsstoffen sowie Waren, die zur Weiterverarbeitung oder zum Verkauf bestimmt sind, gehören zu den Anschaffungsnebenkosten auch die Aufwendungen, die erforderlich sind, um diese Wirtschaftsgüter auf Lager zu nehmen. 251

Zu den Anschaffungsnebenkosten gehören typischerweise Ausgaben für die Verpackung, den Transport vom Lieferanten zum Unternehmen, Transportversicherungen, Provisionen, Vermittlergebühren, Maklergebühren, Notar- und Grundbuchkosten, Zölle sowie Verbrauchsteuern und die Grunderwerbsteuer.

Voraussetzung für den Einbezug als Anschaffungsnebenkosten ist, dass die Ausgaben dem erworbenen Wirtschaftsgut **einzeln zugeordnet** werden können. Gemeinkosten werden in die Anschaffungskosten nicht einbezogen. Dies hat zur Konsequenz, dass sich insoweit der Anschaffungsvorgang (ausnahmsweise) nicht erfolgsneutral auswirkt: Da Gemeinkosten nicht einbezogen werden dürfen, verbleibt nur eine Verrechnung als Aufwand. So sind beispielsweise die Gehälter der Mitarbeiter der Einkaufsabteilung nicht als Anschaffungsnebenkosten einzubeziehen, da es regelmäßig nicht möglich ist, sie einem bestimmten Beschaffungsvorgang unmittelbar zuzurechnen.

Beispiel: Aufwendungen für die rechtliche, steuerliche und betriebswirtschaftliche Beratung im Zusammenhang mit dem geplanten Erwerb eines Unternehmens oder eines Grundstücks sind ab dem Zeitpunkt als Anschaffungsnebenkosten zu aktivieren, zu dem die grundsätzliche Entscheidung für den Kauf getroffen wurde. Aufwendungen, die vor diesem Zeitpunkt anfallen, sind keinem konkreten Anschaffungsvorgang direkt zurechenbar und damit sofort als Betriebsausgabe abziehbar.[144]

Das Einbezugsverbot betrifft nur echte Gemeinkosten (tatsächlich nur mittelbare Zurechnung möglich). Bei **unechten Gemeinkosten** (direkte Zurechnung theoretisch denkbar, aber praktisch schwierig durchzuführen) kann eine **Pauschalierung** vorgenommen werden, wenn die Einzelerfassung mit einem erheblichen Arbeitsaufwand verbunden ist und die Pauschalierung zu keinem wesentlich anderen Ergebnis führt. Eine Pauschalierung der Anschaffungsnebenkosten ist insbesondere bei Beschaffungsvorgängen zulässig, die sich häufig wiederholen. Dies trifft in erster Linie für Wirtschaftsgüter des Umlaufvermögens zu. Beim Erwerb von Wirtschaftsgütern des Anlagevermögens liegen die Voraussetzungen für eine Pauschalierung der Anschaffungsnebenkosten nur in Ausnahmefällen vor.

---

143 Vgl BFH vom 25.9.1996, BStBl. 1998 II, S. 70.

144 Zur Diskussion um die Behandlung des Due Diligence-Aufwands siehe FG Köln vom 6.10.2010 (rechtskräftig), EFG 2011, S. 264 sowie Ettinger, Ubg 2017, S. 41; Peter/Graser, DStR 2009, S. 2032; Prinz/Ludwig, DB 2017, S. 213.

Zu den Anschaffungsnebenkosten gehören die Aufwendungen, die im Zeitraum zwischen Kaufentscheidung und Schaffung eines betriebsbereiten Zustands anfallen.[145] Zu den **Aufwendungen zur Versetzung in die Betriebsbereitschaft** zählen insbesondere Ausgaben für die Aufstellung und Montage des Wirtschaftsguts, für die Errichtung eines Fundaments sowie die Ausgaben für Probeläufe und die Abnahme des Wirtschaftsguts.

Beispiel: Beim Erwerb einer ERP-Software (zB Programme der SAP SE) gehören zu den Anschaffungsnebenkosten auch die Planungskosten, die Implementierungskosten sowie die Eigenleistungen, die mit der Anschaffung und Implementierung des Softwaresystems im direkten Zusammenhang stehen und dem Softwaresystem einzeln zurechenbar sind.

Nach der Implementierung ist die ERP-Software betriebsbereit. Deshalb gehören Schulungskosten, die Aufwendungen für Piloteinsätze sowie die Wartungskosten nicht zur Anschaffung, sondern zum laufenden Betrieb. Diese Aufwendungen sind nicht als Anschaffungsnebenkosten zu aktivieren, sondern sofort als Betriebsausgaben abzuziehen.[146]

Für **Anschaffungsnebenkosten** besteht grundsätzlich eine **Einbezugspflicht**. Nach dem Grundsatz der Wesentlichkeit bzw dem Grundsatz der Relevanz kann auf die Zurechnung von den Anschaffungsnebenkosten verzichtet werden, die im Verhältnis zum Anschaffungspreis unbedeutend sind und deren Einzelerfassung einen unverhältnismäßig hohen Aufwand erfordert. Die damit verbundenen Abweichungen vom Ziel der Erfolgsneutralität eines Anschaffungsvorgangs können im Hinblick auf Wirtschaftlichkeitsüberlegungen akzeptiert werden.

Beispiel: Porto- und Telefongebühren im Zusammenhang mit dem Erwerb einer maschinellen Anlage im Wert von 100 000 € können sofort als Aufwand verrechnet werden, weil der mit einer Erfassung dieser Anschaffungsnebenkosten verbundene Aufwand sehr hoch ist und die Aussagefähigkeit der externen Rechnungslegung nur unwesentlich eingeschränkt wird.

252 *(4) Anschaffungspreisminderungen:* Da die Anschaffungskosten nur die tatsächlich angefallenen Ausgaben umfassen, sind Anschaffungspreisminderungen zu kürzen (§ 255 Abs. 1 S. 3 HGB). Von den Anschaffungskosten sind beispielsweise Rabatte, Skonti, Boni und Rückvergütungen abzusetzen. Dies gilt auch dann, wenn sie erst einige Zeit nach dem Anschaffungsvorgang oder unter bestimmten Voraussetzungen gewährt werden, wie zB die Überweisung eines Bonus nach Ablauf des Wirtschaftsjahres, der aufgrund des Überschreitens eines vereinbarten Mindestumsatzes gewährt wird (nachträgliche Anschaffungspreisminderungen).

Anschaffungspreisminderungen werden nur abgezogen, als sie dem erworbenen Wirtschaftsgut direkt zugerechnet werden können. Insoweit gelten die gleichen Überlegungen wie bei Anschaffungsnebenkosten.

253 *(5) Fremdkapitalaufwendungen:* Finanzierungsaufwendungen **gehören** prinzipiell **nicht zu den Anschaffungskosten**. Das Einbezugsverbot gilt für (kalkulatorische) Eigenkapitalzinsen ohne Einschränkung, da diese nicht mit Ausgaben verbunden sind (Grundsatz der Zahlungsverrechnung). Zinsen für einen Kredit, der zur Anschaffung eines Wirtschaftsguts aufgenommen wird, zählen deshalb nicht zu den Anschaffungs-

---

145 Vgl BFH vom 27.3.2007, BStBl. 2010 II, S. 159.

146 Vgl BMF-Schreiben vom 18.11.2005, BStBl. 2005 I, S. 1025.

kosten, weil die Finanzierungsaufwendungen nicht in einem unmittelbaren Zusammenhang mit der Anschaffung des Wirtschaftsguts stehen.[147] Vielmehr handelt es sich um zwei selbständige Vertragsbeziehungen. Der Kreditvertrag ist rechtlich nicht mit dem Kaufvertrag verbunden. Fremdkapitalaufwendungen sind nach den Periodisierungsgrundsätzen (zeitraumbezogen) als Betriebsausgaben zu verrechnen.

Für **Fremdkapitalaufwendungen** besteht **ausnahmsweise** die Möglichkeit, diese in die Anschaffungskosten einzubeziehen, wenn eine der beiden folgenden Voraussetzungen erfüllt ist:[148]

- Die Aufnahme von Fremdkapital dient der **Finanzierung von Anzahlungen auf bestellte Wirtschaftsgüter mit langfristiger Fertigung**. Durch die ersparten Zinsaufwendungen auf Ebene des Lieferanten fällt für den Käufer der Anschaffungspreis geringer aus.
- Die Aufnahme des Fremdkapitals dient dazu, den **Skontoabzug** in Anspruch nehmen zu können. Da die durch den Skontoabzug mögliche Minderung des Rechnungspreises regelmäßig höher ausfällt als die mit einer zwischenzeitlichen Fremdfinanzierung verbundenen Zinsaufwendungen, reduzieren sich per Saldo die Anschaffungskosten.

Der ausnahmsweise zulässige Einbezug von Fremdkapitalaufwendungen in die Anschaffungskosten wird handelsrechtlich als Bilanzierungshilfe qualifiziert, die aus Billigkeitsgründen in die Steuerbilanz übernommen werden darf. Es liegt Fall 7 des Maßgeblichkeitsprinzips vor (handelsrechtlicher Ermessensspielraum – steuerlich keine eigene Regelung).[149]

(6) Nachträgliche Anschaffungskosten: Bei nachträglichen Anschaffungskosten **254**
handelt es sich um Ausgaben, die zwar erst **nach dem Erwerb** und der Inbetriebnahme eines Wirtschaftsguts anfallen, die aber einen **unmittelbaren sachlichen und wirtschaftlichen Zusammenhang mit dem ursprünglichen Anschaffungsvorgang** aufweisen. Zu den nachträglichen Anschaffungskosten gehören zum Beispiel beim Kauf von Grundstücken die Erschließungs- und Anliegerbeiträge. Auch nachträgliche Erhöhungen des Kaufpreises, zB aufgrund einer erst später eintretenden Bedingung, stellen nachträgliche Anschaffungskosten dar. Bei Beteiligungen an Kapitalgesellschaften führen Vermögensmehrungen auf Ebene der Gesellschaft, die ihre Ursache im Gesellschaftsverhältnis haben und zu einer Werterhöhung der Beteiligung führen (zB eine verdeckte Einlage), bei den Anteilen zu nachträglichen Anschaffungskosten.[150]

Ein Beispiel für die **nachträgliche Minderung der Anschaffungskosten** bildet die Reduzierung des Kaufpreises aufgrund eines Mangels des Wirtschaftsguts.

---

147 Vgl BFH vom 24.5.1968, BStBl. 1968 II, S. 574.

148 Vgl Oestreicher, Handels- und Steuerbilanzen, 6. Aufl., Heidelberg 2003, S. 94.

149 Vgl BMF-Schreiben vom 12.3.2010, BStBl. 2010 I, S. 239, Tz. 6 (Übertragung der für den Einbezug von Fremdkapitalaufwendungen in die Herstellungskosten von der Finanzverwaltung vertretenen Meinung). Folgt man dieser Interpretation, ergibt sich die Forderung nach übereinstimmender Vorgehensweise beim Einbezug von Fremdkapitalzinsen aus § 5 Abs. 1 S. 1 HS 1 EStG.

150 Vgl BFH vom 12.2.1980, BStBl. 1980 II, S. 494.

255 *(7) Zusammenfassendes Beispiel:* Das folgende Beispiel verdeutlicht nochmals die Vorgehensweise bei Ermittlung der Anschaffungskosten:

Beispiel: Beim Erwerb einer Produktionsanlage fallen folgende Ausgaben an (alle Werte ohne Umsatzsteuer):

1.	Rechnungspreis	180 000 €
2.	Rechnung des Spediteurs	2 000 €
3.	Transportversicherung	1 800 €
4.	Errichtung eines Fundaments für die Maschine	3 000 €
5.	Umrüstung der Maschine zur Anpassung an die im Unternehmen geltenden Produktionsbedingungen	1 200 €
6.	Erwerb neuer Werkzeuge zur Einstellung und Wartung der Maschine	5 000 €
7.	anteilige Verwaltungskosten (zB Auftragserteilung, Rechnungsprüfung)	300 €
8.	direkt zurechenbare Fahrtkosten für die Besichtigung der Maschine beim Lieferanten	100 €
9.	Skontoabzug (bei sofortiger Bezahlung 3% des Rechnungspreises; ansonsten zahlbar innerhalb von 30 Tagen ohne Abzug)	5 400 €
10.	Fremdkapitalzinsen zur Nutzung des Skontos (= 180 000 € × 10% × 30/360)	1 500 €

Die Anschaffungskosten belaufen sich auf mindestens 182 600 €. Sie setzen sich aus dem Anschaffungspreis von 180 000 € (Nr 1) vermindert um die Anschaffungspreisminderungen von 5400 € (Nr 9) und erhöht um die Anschaffungsnebenkosten von 8000 € (Nr 2, 3, 4, 5) zusammen.

Die Ausgaben für die neuen Werkzeuge (Nr 6) bilden keinen Bestandteil der Anschaffungskosten der Maschine, da die Werkzeuge eigenständige Wirtschaftsgüter darstellen. Für die Verwaltungskosten (Nr 7) besteht ein Einbezugsverbot, da es sich um Gemeinkosten handelt. Für den Einbezug der Fahrtkosten (Nr 8) besteht nach dem Grundsatz der Wesentlichkeit ein Ermessensspielraum, da sie im Verhältnis zum Kaufpreis von untergeordneter Bedeutung sind.

Die Möglichkeit, die Fremdkapitalzinsen (Nr 10) entweder sofort als Aufwand zu verrechnen oder in die Anschaffungskosten einzubeziehen, gilt nur für die Fremdkapitalzinsen, die in dem Zeitraum zwischen der Bezahlung der Rechnung und dem Zeitpunkt anfallen, zu dem die Rechnung ohne Skontoabzug spätestens bezahlt werden muss. Für die nach Ablauf des Zahlungsziels anfallenden Fremdkapitalzinsen besteht ein Einbezugsverbot.

Werden die beiden Ermessensspielräume zur Einbeziehung in die Anschaffungsnebenkosten (Nr 8, 10) ausgeübt, erhöhen sich die Anschaffungskosten der Maschine auf 184 200 € (= 182 600 € + 100 € + 1500 €).

c) Besonderheiten bei Ermittlung der Anschaffungskosten

256 *(1) Retrograde Ermittlung der Anschaffungskosten:* Die Anschaffungskosten von **Handelswaren**, die bereits mit den Verkaufspreisen ausgezeichnet sind und bei denen die Handelsspanne bekannt ist, können nach dem Grundsatz der Wesentlichkeit durch eine Rückrechnung bestimmt werden. Die Anschaffungskosten werden vereinfachend dadurch ermittelt, dass vom Verkaufspreis die Handelsspanne abgezogen wird.[151] Diese Form der **retrograden Ermittlung der Anschaffungskosten** wird insbesondere im Einzelhandel angewendet.

151 Vgl BFH vom 27.10.1983, BStBl. 1984 II, S. 35.

Beispiel: Die V-KG ermittelt im Rahmen der Inventur die Verkaufspreise von Handelswaren mit 59,50 €/Stück (einschließlich 19% Umsatzsteuer). Die V-KG kalkuliert ihre Verkaufspreise mit einem branchenüblichen Aufschlag von 25% auf die Einkaufspreise. Der Kalkulationsaufschlag von 25% entspricht einer Handelsspanne von 20%. Die Anschaffungskosten der Handelswaren belaufen sich auf 40,00 €:

	Verkaufspreis einschließlich Umsatzsteuer	59,50 €
–	Umsatzsteuer = 59,50 € × 0,19/1,19	9,50 €
=	Nettoverkaufspreis	50,00 €
–	Handelsspanne (20%)	10,00 €
=	Anschaffungskosten	40,00 €
Probe:		
	Anschaffungskosten	40,00 €
+	Kalkulationsaufschlag (25%)	10,00 €
=	Nettoverkaufspreis	50,00 €
+	Umsatzsteuer (19%)	9,50 €
=	Verkaufspreis einschließlich Umsatzsteuer	59,50 €

(2) Forderungen aus Lieferungen und Leistungen: Bei **Forderungen aus Lieferungen und Leistungen** gilt der **Rechnungspreis einschließlich** der **Umsatzsteuer** als Anschaffungskosten. Dies ergibt sich daraus, dass der Abnehmer dem Veräußerer zivilrechtlich den Bruttopreis schuldet. Das möglicherweise vom Kunden abgezogene Skonto ist ebenfalls in den Anschaffungskosten der Forderungen enthalten. Es wird erst bei der tatsächlichen Inanspruchnahme durch den Kunden als Erwerbsminderung erfasst. **257**

Eine Bewertung mit dem Buchwert des hingegebenen Wirtschaftsguts scheidet aufgrund des Realisationsprinzips aus. Das Realisationsprinzip dient der Trennung von erfolgsneutralen Vorgängen und Geschäftsvorfällen, die durch einen Umsatzakt bewirkt wurden und deshalb erfolgswirksam zu behandeln sind.

Bei Forderungen, die auf eine ausländische Währung lauten, ist zur Zugangsbewertung auf den Umrechnungskurs abzustellen, der am Tag der Entstehung der Forderung gilt.

Begleicht der Käufer den Kaufpreis nicht als Einmalbetrag, sondern sukzessive in Raten, liegen zwei Leistungen vor: Verkauf des Wirtschaftsguts und Stundung des Kaufpreises. Die Forderung aus Lieferung und Leistung ist mit dem Barwert der Kaufpreisraten zu aktivieren. Zu dem Zeitpunkt, zu dem das Wirtschaftsgut an den Käufer übergeht, ist lediglich ein Gewinn in Höhe der Differenz zwischen dem **Barwert der Kaufpreisraten** und dem Buchwert des veräußerten Wirtschaftsguts realisiert (Realisationsprinzip). Der in den Kaufpreisraten enthaltene Zinsanteil wird sukzessive erfolgswirksam (Abgrenzung von Erträgen der Zeit nach).

(3) Tausch: Ein **Tausch** ist dadurch gekennzeichnet, dass die Gegenleistung für die Lieferung eines Wirtschaftsguts nicht in Zahlungsmitteln besteht, sondern ein anderes Wirtschaftsgut geliefert wird. Der Tausch stellt aus steuerlicher Sicht eine Veräuße- **258**

rung des hingegebenen Wirtschaftsguts und den entgeltlichen Erwerb des erhaltenen Wirtschaftsguts dar.[152]

Die Anschaffungskosten des erhaltenen Wirtschaftsguts entsprechen dem **gemeinen Wert des hingegebenen Wirtschaftsguts**. Da es sich beim Tausch um einen Umsatzakt handelt, sind nach dem Realisationsprinzip die stillen Reserven des hingegebenen Wirtschaftsguts ertragswirksam aufzulösen. Die stillen Reserven entsprechen der Differenz zwischen dem gemeinen Wert des übertragenen Wirtschaftsguts und seinem bisherigen Buchwert (§ 6 Abs. 6 EStG).

In der handelsrechtlichen Literatur wird teilweise davon ausgegangen, dass der Bilanzierende ein Wahlrecht zwischen Gewinnrealisierung (wie im Steuerrecht) und Fortführung des Buchwerts (Abweichung von der steuerlichen Regelung) hat.[153] Da das handelsrechtliche Wahlrecht strittig ist, kann auch von einem Ermessensspielraum ausgegangen werden. Folgt man dieser Auffassung, liegt Fall 8b des Maßgeblichkeitsprinzips vor: handelsrechtlich Ermessensspielraum – steuerrechtlich verbindliche Vorschrift.[154]

Beispiel: Der Gewerbetreibende A erwirbt vom Gewerbetreibenden B das Wirtschaftsgut 2 zum gemeinen Wert von 90 000 € (Buchwert 25 000 €) gegen Hingabe von Wirtschaftsgut 1 (Buchwert 20 000 €, gemeiner Wert 80 000 €):

Buchung beim Gewerbetreibenden A:				
Wirtschaftsgut 2	80 000 €	an	Wirtschaftsgut 1	20 000 €
			Ertrag	60 000 €
Buchung beim Gewerbetreibenden B:				
Wirtschaftsgut 1	90 000 €	an	Wirtschaftsgut 2	25 000 €
			Ertrag	65 000 €

Zusatzinformation: Beim Gewerbetreibenden B wird das Wirtschaftsgut 1 nach dem Tausch (Anschaffungskosten 90 000 €) mit einem Wert bewertet, der über dem Tageswert dieses Wirtschaftsguts liegt (gemeiner Wert 80 000 €). Dennoch kann der Gewerbetreibende B keine Abschreibung auf den niedrigeren Stichtagswert vornehmen, da die Finanzverwaltung davon aus-

152 Auf die Besonderheiten der steuerlichen Behandlung von Umwandlungen nach dem Umwandlungssteuergesetz (unter bestimmten Voraussetzungen Wahlrecht zum Ansatz des gemeinen Werts oder zur Buchwertfortführung) sowie der Überführung von Wirtschaftsgütern in einen anderen Betrieb des Steuerpflichtigen bzw innerhalb von Personengesellschaften (nach § 6 Abs. 5 EStG Pflicht zur Buchwertfortführung) sowie der Realteilung von Personengesellschaften (nach § 16 Abs. 3 S. 2–4 EStG im Regelfall Pflicht zur Buchwertfortführung) wird nicht eingegangen. Siehe hierzu zB Jacobs/Scheffler/Spengel, Unternehmensbesteuerung und Rechtsform, 5. Aufl., München 2015.

153 Vgl zB Adler/Düring/Schmaltz, Rechnungslegung und Prüfung der Unternehmen, 6. Aufl., Stuttgart 1995, § 255 HGB, Tz. 89–94; Baetge/Kirsch/Thiele, Bilanzrecht, Bonn (Loseblattausgabe), § 255 HGB, Rz. 72; Beck'scher Bilanz-Kommentar, 11. Aufl., München 2018, § 255 HGB, Anm 40; Küting/Pfitzer/Weber, Handbuch der Rechnungslegung – Einzelabschluss, Stuttgart (Loseblattausgabe), § 255 HGB, Rn. 109–115; für eine Pflicht zur Gewinnrealisierung auch in der Handelsbilanz Wohlgemuth/Radde, Anschaffungskosten, in: Böcking/Castan/Heymann ua (Hrsg.), Beck'sches Handbuch der Rechnungslegung, München (Loseblattausgabe), B 162, Rz. 52–57.

154 Eine Zuordnung zum Fall 4 des Maßgeblichkeitsprinzips (handelsrechtlich Wahlrecht – steuerrechtlich verbindliche Vorschrift) unterbleibt, weil es sich handelsrechtlich um eine ungeklärte Rechtslage handelt.

geht, dass im Zeitpunkt der Anschaffung oder Herstellung eines Wirtschaftsguts sein Teilwert mit den (tatsächlichen) Anschaffungs- oder Herstellungskosten übereinstimmt.[155]

Beim Gewerbetreibenden A scheidet eine Zuschreibung auf den aktuellen Tageswert des Wirtschaftsguts 2 (gemeiner Wert 90 000 €) wegen des Anschaffungswertprinzips (Unterform des Realisationsprinzips) aus.

(4) Erwerb von Sachgesamtheiten: Beim Erwerb von **Sachgesamtheiten** (zB ein Unternehmen oder ein bebautes Grundstück) ist der Gesamtkaufpreis im **Verhältnis der Teilwerte** auf die einzelnen Wirtschaftsgüter aufzuteilen. Zu den Besonderheiten beim Geschäfts- oder Firmenwert siehe Kapitel A.III.1.b) und c). **259**

(5) Erwerb vom Gesellschafter (bei Kapitalgesellschaften): **Erwirbt** eine Kapitalgesellschaft ein Wirtschaftsgut **von einem** ihrer **Gesellschafter**, ist nach dem Grundsatz des Drittvergleichs der Kaufpreis auf seine **Angemessenheit** zu **überprüfen**. Als Anschaffungskosten gilt der Preis, den ein ordentlicher und gewissenhafter Geschäftsleiter einem fremden Dritten bezahlen würde. Der gemessen am tatsächlichen Wert des Wirtschaftsguts überhöhte Teil des Kaufpreises ist als **verdeckte Gewinnausschüttung** zu werten (§ 8 Abs. 3 S. 2 KStG). Ein zu niedriger Preis ist nach den Grundsätzen einer **verdeckten Einlage** zu korrigieren (§ 8 Abs. 3 S. 3–6 KStG).[156] **260**

(6) Anschaffung gegen Übernahme einer Rentenverpflichtung: Wird ein Wirtschaftsgut gegen Übernahme einer Rentenverpflichtung erworben, entspricht der **Barwert dieser Rentenverpflichtung** den **Anschaffungskosten**. Der Barwert ist grundsätzlich nach § 12–§ 16 BewG zu bestimmen. Alternativ besteht das Wahlrecht, die Anschaffungskosten nach versicherungsmathematischen Grundsätzen zu berechnen (R 6.2 S. 1 EStR). **261**

2. Herstellungskosten

a) Definition

(1) Gesetzliche Grundlagen: **Herstellungskosten** sind die **Aufwendungen, die durch den Verbrauch von Gütern und die Inanspruchnahme von Diensten für die Herstellung** eines Wirtschaftsguts **entstehen** (§ 255 Abs. 2 S. 1 HGB). Dieser Wertmaßstab kommt zur Anwendung, wenn ein Unternehmen ein Wirtschaftsgut selbst erstellt. **262**

Der Herstellungsvorgang lässt sich in allgemeiner Form als ein **Nebeneinander von Wertverzehr und Wertentstehung** kennzeichnen. Der Wertverzehr setzt sich vereinfachend aus den drei Gruppen Materialaufwand, Personalaufwand und Abschreibungen (Wertminderungen bei den für die Herstellung eingesetzten Maschinen) zusammen. Die Wertentstehung entspricht der Erhöhung des Bestands an unfertigen Er-

155 Vgl R 6.7 EStR sowie BFH vom 13.10.1976, BStBl. 1977 II, S. 540. Diese Vorgehensweise folgt aus dem Grundsatz, dass der Erwerb eines Wirtschaftsguts den Gewinn des Steuerpflichtigen nicht beeinflussen darf. Der Grundsatz der Erfolgsneutralität des Anschaffungsvorgangs umfasst nicht nur die Forderung nach Gewinnneutralität, sondern auch den Grundsatz der Verlustneutralität des Anschaffungsvorgangs.

156 Zu verdeckten Gewinnausschüttungen und verdeckten Einlagen siehe Fünfter Abschnitt, Kapitel D. und E., Rn. 602–610.

zeugnissen und Fertigerzeugnissen. Die Wertentstehung wirkt über das Erfolgskonto „Bestandserhöhungen“ gewinnerhöhend.

Beispiel: Bei der Herstellung eines Produkts fallen folgende Aufwendungen an: Materialaufwand 100, Personalaufwand 40, Abschreibungen auf im Rahmen der Fertigung eingesetzte Maschinen 10. Im Laufe des Jahres werden folgende Buchungen vorgenommen:

Materialaufwand (GuV)	100	an	Roh-, Hilfs- und Betriebsstoffe	100
Personalaufwand (GuV)	40	an	Bank	40
Abschreibungen (GuV)	10	an	Maschinen	10

Bei der Aufstellung der Handels- und Steuerbilanz werden die bei der Herstellung des Wirtschaftsguts angefallenen Aufwendungen von insgesamt 150 durch eine (erfolgserhöhende) Aktivierung als Fertigerzeugnisse neutralisiert:

Fertigerzeugnisse	150	an	Bestandserhöhungen (GuV)	150

263 Die Herstellungskosten der handels- und steuerrechtlichen Rechnungslegung unterscheiden sich vom kostenrechnerischen Begriff der **Herstellkosten** in zwei Punkten. Erstens werden die verwendeten Rechengrößen unterschiedlich abgegrenzt: Die Herstellungskosten setzen sich aus Aufwendungen (periodisierte Zahlungen), die Herstellkosten aus Kosten (einschließlich kalkulatorischer Größen) zusammen. Zweitens umfassen die Herstellungskosten auch die Verwaltungsgemeinkosten, die in die Herstellkosten nicht eingehen. Rechnet man zu den Herstellungskosten die Vertriebskosten hinzu, ergeben sich die **Selbstkosten**:

	Materialkosten
+	Fertigungskosten
=	Herstellkosten
+	Verwaltungsgemeinkosten
=	**Herstellungskosten**
+	Vertriebskosten
=	Selbstkosten

264 *(2) Zielkonflikt zwischen den Periodisierungsgrundsätzen und dem Grundsatz der Bewertungsvorsicht:* **Bei** der Konkretisierung des für die Bewertung von **selbst erstellten Wirtschaftsgütern** benötigten Wertmaßstabs tritt ein **Zielkonflikt** auf:

265 – Nach den Periodisierungsgrundsätzen soll die Eigenerstellung wie die Anschaffung eines Wirtschaftsguts erfolgsneutral verbucht werden. Bei der Herstellung eines Wirtschaftsguts handelt es sich um eine **Vermögensumschichtung** (Aktivtausch). Dem Wertverzehr in Form von Material- und Personalaufwand sowie anderen Aufwandsarten steht eine Wertentstehung in Form des hergestellten Wirtschaftsguts gegenüber. Eine **erfolgsneutrale Behandlung** des Herstellungsvorgangs ist **nur** sichergestellt, wenn der verrechnete Wertverzehr mit der ausgewiesenen Wertentstehung übereinstimmt. Damit der Herstellungsvorgang erfolgsneutral verbucht wird, sind die selbst erstellten Wirtschaftsgüter **mit** ihren **Vollkosten** zu bewerten. Sämtliche durch die Eigenerstellung verursachten Aufwendungen müssen über die Bestandserhöhung neutralisiert werden. Die Aufwendungen, die mit der Herstellung eines Wirtschaftsguts verbunden sind, dürfen erst dann gewinnmindernd berücksichtigt werden, wenn das selbst erstellte Wirtschaftsgut ver-

äußert oder für Produktionszwecke verbraucht wird (**Periodisierungsgrundsätze**).

- Nach dem **Grundsatz der Bewertungsvorsicht** soll der Wert des hergestellten Wirtschaftsguts tendenziell niedriger ausgewiesen werden. Dies gilt insbesondere dann, wenn ungewiss ist, ob die bei der Herstellung angefallenen Aufwendungen bei dem produzierten Wirtschaftsgut zu einer Werterhöhung führen. Zieht man ergänzend den **Objektivierungsgedanken** heran, sind die Aufwendungen nur insoweit einzubeziehen, als sie in intersubjektiv nachprüfbarer Weise dem Wirtschaftsgut zurechenbar sind. Unter diesem Gesichtspunkt darf **nur ein Teil der** durch die Herstellung verursachten **Aufwendungen** in die Herstellungskosten einbezogen werden. Dies gilt insbesondere dann, wenn die Höhe der auf die Herstellung entfallenden Gemeinkosten im Verhältnis zu den übrigen Teilen der Herstellungskosten gering ist (**Grundsatz der Wirtschaftlichkeit**). Offen ist allerdings, welcher Teil einzubeziehen ist und welche Aufwendungen unter Hinweis auf die vorsichtige und objektivierte Vermögensermittlung nicht in die Herstellungskosten eingehen. Bei einer nur teilweisen Einbeziehung der angefallenen Aufwendungen (**Teilkostenansatz**) wirkt sich die Eigenerstellung in Höhe der nicht in die Herstellungskosten einbezogenen Bestandteile (sofort) gewinnmindernd aus. Insoweit wird die Forderung nach Erfolgsneutralität der Eigenerstellung verletzt.

(3) Auswirkungen von Einbezugswahlrechten auf den Gewinn: Durch die Wahlrechte im Zusammenhang mit der Ermittlung der Herstellungskosten ergeben sich **Verschiebungen** zwischen dem **Erfolgsausweis** im Jahr der Herstellung und dem Gewinn des Jahres, in dem das Produkt veräußert wird. Dabei gilt folgender Zusammenhang: **266**

Je niedriger die Herstellungskosten angesetzt werden,

- umso geringer ist der Erfolg in den Jahren, in denen auf Lager produziert wird, und
- umso höher ist der Gewinn in den Perioden, in denen die abgesetzte Menge höher ist als die produzierte Stückzahl,

bzw umgekehrt,
je mehr Komponenten in die Herstellungskosten einbezogen werden,

- umso höher ist der Erfolg in den Jahren, in denen auf Lager produziert wird, und
- umso geringer fällt der Gewinn in den Jahren aus, in denen die abgesetzte Menge höher ist als die produzierte Stückzahl.

Der von einem Unternehmen erzielte **Gewinn** entspricht **immer** der **Differenz zwischen** dem **beim Verkauf erzielten Erlös und** den **für die Herstellung** dieses Wirtschaftsguts **angefallenen Aufwendungen**. Die Art und Weise der Berechnung der Herstellungskosten hat auf den Gesamterfolg keinen Einfluss. Das Wahlrecht, bei Ermittlung der Herstellungskosten nur einen Teil der angefallenen Aufwendungen einzubeziehen, bewirkt lediglich eine Gewinnverlagerung, aber keine endgültige Erfolgsminderung. Die Auswirkung der unterschiedlichen Ausübung der bei der Ermittlung der Herstellungskosten eingeräumten Wahlrechte beschränkt sich darauf, wie sich der Erfolg des Unternehmens zwischen der Periode, in der das Wirtschaftsgut hergestellt wird, und der Periode, in der das Wirtschaftsgut veräußert wird, aufteilt (Zeiteffekt).

Beispiel: Im Jahr 01 wird ein Erzeugnis produziert, das im zweiten Jahr zu einem Preis von 15 000 € verkauft wird.

Die Vollkosten zur Herstellung des Erzeugnisses belaufen sich auf 12 000 €. Die Teilkosten, die mit der Untergrenze der bilanziellen Herstellungskosten zusammenfallen, betragen 10 000 €.

Vollkostenansatz		1. Jahr	2. Jahr	Summe
	Erlöse	0 €	15 000 €	15 000 €
–	diverse Aufwendungen	12 000 €	0 €	12 000 €
±	Bestandsveränderungen	**+ 12 000 €**	– 12 000 €	0 €
=	Gewinn	0 €	3 000 €	3 000 €

Teilkostenansatz				
	Erlöse	0 €	15 000 €	15 000 €
–	diverse Aufwendungen	12 000 €	0 €	12 000 €
±	Bestandsveränderungen	**+ 10 000 €**	– 10 000 €	0 €
=	Gewinn	– 2 000 €	5 000 €	3 000 €

In einer Zusammenfassung der beiden Jahre errechnet sich bei beiden Vorgehensweisen ein Gewinn von 3000 € (= Verkaufserlös 15 000 € – insgesamt anfallende Aufwendungen 12 000 €).

Beim Vollkostenansatz wird der Herstellungsvorgang im Jahresabschluss erfolgsneutral behandelt. Der Gewinn entsteht in vollem Umfang im zweiten Jahr, dh in der Periode, in der das Erzeugnis veräußert wird.

Wird lediglich ein Teil der Aufwendungen in die Herstellungskosten einbezogen, verringert sich im ersten Jahr der Gewinn in Höhe der nicht einbezogenen Aufwandskomponenten, dh um 2000 €. Da die Bestandsabgänge um diesen Betrag geringer bewertet werden, weist das Unternehmen im zweiten Jahr einen entsprechend höheren Gewinn aus: 5000 € anstatt 3000 €.

267 *(4) Auswirkungen von Aktivierungsverboten auf den Gewinn:* Die Herstellungskosten sind insbesondere für selbst erstellte materielle Wirtschaftsgüter des Anlage- und Umlaufvermögens relevant. Für selbst geschaffene immaterielle Wirtschaftsgüter werden die Herstellungskosten nur benötigt, wenn diese ausnahmsweise dem Umlaufvermögen zugeordnet werden. Für selbst geschaffene immaterielle Wirtschaftsgüter des Anlagevermögens sind im Rahmen der steuerlichen Gewinnermittlung keine Herstellungskosten zu ermitteln, da für diese in der Steuerbilanz ein Aktivierungsverbot besteht (§ 5 Abs. 2 EStG).[157] Damit können die mit der Herstellung von immateriellen Wirtschaftsgütern des Anlagevermögens zusammenhängenden Aufwendungen steuerlich bereits in den Jahren als Betriebsausgabe verrechnet werden, in denen diese immateriellen Wirtschaftsgüter geschaffen werden. In den Jahren, in denen mit den selbst geschaffenen immateriellen Wirtschaftsgütern des Anlagevermögens Er-

157 Im Rahmen der handelsrechtlichen Rechnungslegung gilt ein Ansatzwahlrecht (§ 248 Abs. 2 S. 1 HGB, Fall 4 des Maßgeblichkeitsprinzips).

träge erwirtschaftet werden, werden keine Aufwendungen mehr verrechnet. Im Vergleich zur Erstellung von materiellen Wirtschaftsgütern kommt es bei selbst geschaffenen immateriellen Wirtschaftsgütern des Anlagevermögens zu einem aus Sicht des Steuerpflichtigen positiven Zeiteffekt.

b) Bestandteile

(1) Ausgangspunkt: produktionsbezogener Vollkostenbegriff: Das **Handelsgesetzbuch** geht von einem produktionsbezogenen Vollkostenbegriff aus. Soweit die Aufwendungen durch die Produktion (Fertigung) eines Wirtschaftsguts verursacht sind, sind diese in die Herstellungskosten einzubeziehen. Bei den Aufwendungen, bei denen der Bezug zur Herstellung eines Wirtschaftsguts nicht eindeutig ist und bei denen nicht eindeutig angegeben werden kann, ob sie bei dem selbst erstellten Wirtschaftsgut zu einer Werterhöhung führen, lässt sich allerdings mit dem Gedanken einer vorsichtigen und objektivierten Vermögensermittlung sowie mit dem Grundsatz der Wesentlichkeit begründen, dass diese nicht in die Herstellungskosten einbezogen werden müssen. § 255 Abs. 2–3 HGB sieht für die meisten Kostenbestandteile eine Einbezugspflicht vor. Lediglich bei einigen Aufwandskategorien wird ein Einbezugswahlrecht eingeräumt. 268

Einbezugspflicht besteht für: 269

- Materialeinzelkosten, Fertigungseinzelkosten, Sondereinzelkosten der Fertigung,
- Materialgemeinkosten, Fertigungsgemeinkosten,
- Wertverzehr des Anlagevermögens (als explizit genannter Teil der Fertigungsgemeinkosten).

Die Besonderheiten für Forschungs- und Entwicklungskosten ergeben sich daraus, dass für selbst erstellte immaterielle Wirtschaftsgüter des Anlagevermögens in der Handelsbilanz ein Aktivierungswahlrecht besteht (§ 248 Abs. 2 S. 1 HGB), während für diese Wirtschaftsgüter in der Steuerbilanz ein Ansatzverbot besteht (§ 5 Abs. 2 EStG).

Folgende Größen **können** in die handelsrechtlichen Herstellungskosten einbezogen werden: 270

- allgemeine Verwaltungsgemeinkosten,
- Aufwendungen im sozialen Bereich (als explizit genannter Teil der Fertigungsgemeinkosten)[158],
- Fremdkapitalzinsen, soweit sie die Fertigung betreffen und auf den Zeitraum der Herstellung entfallen.

In die Herstellungskosten dürfen **nicht** eingehen: 271

- Einzel- und Gemeinkosten im Vertriebsbereich,
- Forschungskosten,
- Gemeinkosten, die nicht notwendig sind, die unangemessen sind oder die nicht auf die Herstellung entfallen,
- kalkulatorische Kosten.

158 Diese umfassen die Aufwendungen für soziale Einrichtungen des Betriebs, für freiwillige soziale Leistungen und für die betriebliche Altersversorgung.

272 Wie bei den Anschaffungskosten verwendet das Einkommensteuergesetz den Wertmaßstab „Herstellungskosten", ohne diesen im Einzelnen zu konkretisieren. Aus dem Wortlaut des § 6 Abs. 1 Nr 1, 2 EStG, nach dem selbst erstellte Wirtschaftsgüter mit *den* Herstellungskosten zu bewerten sind, folgert die Finanzverwaltung, dass in der **Steuerbilanz** die Herstellungskosten grundsätzlich alle mit dem Herstellungsvorgang zusammenhängenden Aufwendungen umfassen. Die **Finanzverwaltung** geht also bei der Abgrenzung der steuerbilanziellen Herstellungskosten gleichfalls von einem **produktionsbezogenen Vollkostenbegriff** aus (R 6.3 Abs. 1 EStR).

Aufwandsart	Handelsbilanz	Steuerbilanz	Vergleich	Fall
Materialeinzelkosten, Fertigungseinzelkosten, Sondereinzelkosten der Fertigung	Einbezugspflicht	Einbezugspflicht	Übereinstimmung	2a
Materialgemeinkosten, Fertigungsgemeinkosten, Wertverzehr des Anlagevermögens	Einbezugspflicht	Einbezugspflicht	Übereinstimmung	2a
Besonderheiten bei selbst geschaffenen immateriellen Vermögensgegenständen des Anlagevermögens	• Entwicklungskosten: Einbezugsgebot • Forschungskosten: Einbezugsverbot	aufgrund des Aktivierungsverbots für selbst erstellte immaterielle Wirtschaftsgüter des Anlagevermögens (§ 5 Abs. 2 EStG) nicht relevant	• isoliert: Durchbrechung der Maßgeblichkeit • im Zusammenhang mit dem handelsrechtlichen Ansatzwahlrecht: Einschränkung der Maßgeblichkeit	2b 4
allgemeine Verwaltungsgemeinkosten, Aufwendungen im sozialen Bereich	Einbezugswahlrecht (gesetzliche Regelung des Grundsatzes der Wesentlichkeit bzw des Grundsatzes der Bewertungsvorsicht)	Einbezugswahlrecht (muss in Übereinstimmung mit der Handelsbilanz ausgeübt werden, § 6 Abs. 1 Nr 1b EStG)	Übereinstimmung	8a
Fremdkapitalzinsen, soweit sie die Fertigung betreffen und auf den Zeitraum der Herstellung entfallen	Einbezug als Bilanzierungshilfe möglich	Übernahme aus Billigkeitsgründen akzeptiert	Übereinstimmung	7
Einzel- und Gemeinkosten des Vertriebs	Einbezugsverbot	Einbezugsverbot	Übereinstimmung	2a

Aufwandsart	Handelsbilanz	Steuerbilanz	Vergleich	Fall
Gemeinkosten, die nicht notwendig sind, die unangemessen sind oder die nicht auf die Herstellung entfallen	Einbezugsverbot	Einbezugsverbot	Übereinstimmung	2a
kalkulatorische (nicht auszahlungswirksame) Kosten	Einbezugsverbot	Einbezugsverbot	Übereinstimmung	2a

Abb. 27: Bestandteile der Herstellungskosten in Handels- und Steuerbilanz

In der vorstehenden Übersicht ist die Behandlung der verschiedenen Aufwandskategorien in Handels- und Steuerbilanz zusammengestellt. Die Einzelheiten werden in den weiteren Unterabschnitten beschrieben. Bei diesen Erläuterungen werden die Gemeinsamkeiten und Unterschiede zwischen den Regelungen in § 255 Abs. 2–3 HGB und der Interpretation des steuerrechtlichen Herstellungskostenbegriffs durch die Finanzverwaltung herausgearbeitet. Es wird insbesondere analysiert, wie in der Handelsbilanz und im Rahmen der steuerlichen Gewinnermittlung der Zielkonflikt zwischen den Periodisierungsgrundsätzen (Einbezug sämtlicher Aufwendungen) und dem Grundsatz der Bewertungsvorsicht bzw den Wirtschaftlichkeitsüberlegungen (Nichteinbezug von bestimmten Aufwandskategorien) aufgelöst wird.

(2) Material- und Fertigungseinzelkosten: Die **Materialeinzelkosten** umfassen die **273**
unmittelbar für die Herstellung verbrauchten Rohstoffe sowie den Verbrauch von fremdbezogenen Teilen. Die **Fertigungseinzelkosten** beinhalten die direkt zurechenbaren Fertigungslöhne. Die Kosten für Entwürfe, Modelle und Spezialwerkzeuge sowie die Entwicklungs-, Versuchs- und Konstruktionskosten werden in den **Sondereinzelkosten der Fertigung** zusammengefasst, soweit sie einem konkreten Herstellungsvorgang zurechenbar sind. Diese Einzelkosten **müssen** in die Herstellungskosten **einbezogen werden** (§ 255 Abs. 2 S. 2 HGB). Die Verpflichtung, Einzelkosten in die Herstellungskosten einzubeziehen, ergibt sich aus der Zielsetzung, den Herstellungsvorgang erfolgsneutral zu behandeln. Da diese Aufwandskategorien durch direkte Zurechnung bestimmbar sind und prinzipiell zu einer Werterhöhung bei dem erstellten Wirtschaftsgut führen, ist ihr Einbezug auch mit dem Grundgedanken einer objektivierten und vorsichtigen Gewinnermittlung vereinbar.

Das Einbezugsgebot für Material- und Fertigungseinzelkosten sowie für Sondereinzelkosten der Fertigung ist unstrittig. Handelsrechtliche und steuerrechtliche Gewinnermittlung stimmen insoweit überein (Fall 2a: zwei übereinstimmende verbindliche Regelungen).

(3) Material- und Fertigungsgemeinkosten: **Materialgemeinkosten** sind die Kos- **274**
ten der Material- und Rechnungsprüfung sowie die Kosten der Lager- und Materialverwaltung. Unter dem Begriff **Fertigungsgemeinkosten** werden insbesondere die Fertigungsbetriebs- und die Fertigungsverwaltungskosten zusammengefasst. Hierzu

gehören beispielsweise die nicht direkt zurechenbaren Teile der Energiekosten sowie des Hilfsstoff- und Betriebsstoffverbrauchs, Reparatur- und Instandhaltungsaufwendungen, Versicherungen, Aufwendungen für die Werkstattverwaltung, das Lohnbüro und die Arbeitsvorbereitung, die Gehälter von Meistern, Raumkosten sowie Aufwendungen für den Unfallschutz. Als Teil der Fertigungsgemeinkosten wird der **Wertverzehr des Anlagevermögens** im Handelsgesetzbuch explizit genannt. Der Wertverzehr des Anlagevermögens entspricht den planmäßigen Abschreibungen der abnutzbaren Wirtschaftsgüter des Anlagevermögens, die für die Fertigung eingesetzt werden. In § 255 Abs. 2 S. 2 HGB wird nicht zwischen Einzel- und Gemeinkosten differenziert. Dies bedeutet, dass für diese drei Komponenten wie bei Einzelkosten ein **Einbezugsgebot** besteht.

Um das Ziel zu erreichen, den Herstellungsvorgang erfolgsneutral zu behandeln, müssen Gemeinkosten in die Herstellungskosten aufgenommen werden. Ein Wahlrecht, die Material- und Fertigungsgemeinkosten nicht in die Herstellungskosten einzubeziehen, ist damit nicht vereinbar. Auch der Grundsatz einer vorsichtigen und objektivierten Gewinnermittlung steht dem Einbezug nicht entgegen. Ein Einbezugswahlrecht würde zur Bildung von stillen Reserven führen, ohne dass dafür eine ausreichende Begründung angeführt werden könnte. Das Einbezugsgebot gilt unstrittig für **beschäftigungsabhängige** (variable) **Gemeinkosten**.

Beschäftigungsunabhängige Gemeinkosten **(Fixkosten)** hängen gleichfalls mit der Erstellung der Wirtschaftsgüter zusammen. Die Bereitstellung von Produktionskapazitäten schafft die Voraussetzung für die Herstellung einzelner Wirtschaftsgüter. Damit ist die Bereitstellung von Produktionskapazitäten durch die Herstellung veranlasst. Das Ziel, den Herstellungsvorgang erfolgsneutral zu behandeln, lässt sich nur erreichen, wenn die mit den Fixkosten in Verbindung stehende Wertumschichtung berücksichtigt wird.

Aufgrund der zunehmenden Bedeutung der Gemeinkosten lässt sich für diese Aufwandskomponenten ein Einbezugswahlrecht auch nicht mit dem Grundsatz der Wesentlichkeit begründen.

275 Das Einbezugsgebot für die Material- und Fertigungsgemeinkosten sowie den Wertverzehr des Anlagevermögens gilt auch für die Steuerbilanz (R 6.3 Abs. 1, 2, 4 EStR). Die Behandlung dieser Gemeinkosten lässt sich wie bei den Material- und Fertigungseinzelkosten dem Fall 2a (zwei übereinstimmende verbindliche Regelungen) zuordnen: Ein Nichteinbezug oder ein Einbezugswahlrecht ist mit dem Periodisierungsgedanken nicht vereinbar. Es würde zu einem Verstoß gegen den Grundsatz der Gleichmäßigkeit der Besteuerung sowie gegen den Grundsatz der Tatbestandsmäßigkeit und Tatbestandsbestimmtheit kommen. Durch das Einbezugsgebot für Material- und Fertigungsgemeinkosten sowie den Wertverzehr des Anlagevermögens werden die Möglichkeiten des Bilanzierenden eingeschränkt, durch die sofortige aufwandswirksame Verrechnung der (variablen und fixen) Gemeinkosten Gewinne in die Zukunft zu verlagern.

276 *(4) Forschungs- und Entwicklungskosten bei selbst erstellten immateriellen Wirtschaftsgütern des Anlagevermögens:* In der Handelsbilanz besteht bei der Ermittlung der Herstellungskosten für selbst erstellte immaterielle Wirtschaftsgüter des Anlagevermögens für Forschungskosten ein Einbezugsverbot (§ 255 Abs. 2 S. 4 HGB) und für Entwicklungskosten ein Einbezugsgebot (§ 255 Abs. 2a HGB). Diese handelsrechtliche Regelung ist für die Steuerbilanz nicht relevant, da für selbst erstellte immaterielle Wirtschaftsgüter des Anlagevermögens steuerrechtlich ein Ansatzverbot gilt (§ 5 Abs. 2 EStG).

Isoliert betrachtet liegt eine Durchbrechung der Maßgeblichkeit vor. Da handelsrechtlich für selbst erstellte immaterielle Wirtschaftsgüter des Anlagevermögens ein Ansatzwahlrecht gewährt wird (§ 248 Abs. 2 S. 1 HGB) und steuerlich ein Aktivierungsverbot besteht (§ 5 Abs. 2 EStG), kommt es in einer Gesamtbetrachtung zu einer Einschränkung der Maßgeblichkeit. Es liegt Fall 4 des Maßgeblichkeitsprinzips vor: handelsrechtlich Ansatzwahlrecht und steuerrechtlich verbindliche Vorschrift.

(5) Allgemeine Verwaltungskosten und Kosten im sozialen Bereich: Die **Kosten der** 277
allgemeinen Verwaltung umfassen unter anderem die Gehälter und Löhne für die kaufmännische Geschäftsleitung, die Aufwendungen für den Einkauf und die Warenannahme, die Absetzung für Abnutzung der im Verwaltungsbereich eingesetzten Wirtschaftsgüter sowie die Aufwendungen für das Rechnungswesen, die Steuerabteilung, den Werkschutz und den Betriebsrat. Die **Kosten für die sozialen Einrichtungen des Betriebs** (zB Kantine, Essenszuschüsse), **die freiwilligen sozialen Leistungen** (zB Jubiläumsgeschenke, Wohnungsbeihilfen) sowie **die betriebliche Altersversorgung** (zB Zuführungen zu den Pensionsrückstellungen, Beiträge zu Direktversicherungen, Zuwendungen an Pensionskassen) stellen, soweit sie auf Beschäftigte im Fertigungsbereich entfallen, im Handelsgesetzbuch explizit genannte Teile der Fertigungsgemeinkosten dar.

Für die Verwaltungsgemeinkosten und die Aufwendungen im sozialen Bereich besteht bei Ermittlung der in der **Handelsbilanz** anzusetzenden Herstellungskosten ein **Einbezugswahlrecht** (§ 255 Abs. 2 S. 3 HGB). Dieses Wahlrecht verdeutlicht nochmals den bei der Ermittlung der Herstellungskosten auftretenden Zielkonflikt zwischen den Periodisierungsgrundsätzen und dem Grundsatz der Bewertungsvorsicht. Bei den Kosten der allgemeinen Verwaltung, den Kosten für freiwillige soziale Einrichtungen des Betriebs, freiwilligen sozialen Leistungen und den Kosten der betrieblichen Altersversorgung ist der Bezug zum Herstellungsvorgang wesentlich weniger eng als bei den Material- und Fertigungskosten. Das vom Gesetzgeber eingeräumte Wahlrecht lässt sich zum einen damit begründen, dass nicht mit hinreichender Verlässlichkeit festgestellt werden kann, ob die allgemeinen Verwaltungskosten und die Aufwendungen im sozialen Bereich den Wert des hergestellten Wirtschaftsguts erhöhen. Zum anderen fallen diese Aufwendungen im Vergleich zu den übrigen Teilen der Herstellungskosten verhältnismäßig gering aus, sodass auf ihren Einbezug aus Vereinfachungsgründen verzichtet werden kann (Grundsatz der Wesentlichkeit).

Die Argumente für das handelsrechtliche Wahlrecht – Schwierigkeiten bei der Feststellbarkeit einer Werterhöhung bei dem erstellten Wirtschaftsgut sowie der Grundsatz der Wesentlichkeit – lassen sich in das System der GoB einordnen. Das Wahlrecht, die Verwaltungsgemeinkosten und die Aufwendungen im sozialen Bereich in die Herstellungskosten einzubeziehen oder sofort gewinnmindernd zu verbuchen, kann damit auf die **Steuerbilanz** übertragen werden. Die Besonderheit besteht darin, dass dieses **Einbezugswahlrecht in Übereinstimmung mit der handelsrechtlichen**

Rechnungslegung auszuüben ist (§ 6 Abs. 1 Nr 1b EStG). Durch diese gesetzliche Regelung der Maßgeblichkeit der Handelsbilanz für die Steuerbilanz wird von dem Grundsatz abgewichen, dass steuerliche Wahlrechte unabhängig von der Vorgehensweise in der Handelsbilanz ausgeübt werden dürfen (§ 5 Abs. 1 S. 1 HS 2 EStG). Die gesetzliche Vorgabe einer übereinstimmenden Vorgehensweise in der Handelsbilanz und in der Steuerbilanz lässt sich dann begründen, wenn man das Einbezugswahlrecht für Verwaltungsgemeinkosten und Aufwendungen im sozialen Bereich als Ermessensspielraum interpretiert. Folgt man dieser Auffassung, liegt Fall 8a des Maßgeblichkeitsprinzips vor (in beiden Bilanzen übereinstimmender Ermessensspielraum und gesetzliche Bestätigung der Maßgeblichkeit der Handelsbilanz für die Steuerbilanz).

Für die Praxis ist die Gewährung eines Einbezugswahlrechts für allgemeine Verwaltungsgemeinkosten und für Aufwendungen im sozialen Bereich nicht deshalb bedeutsam, weil sich damit steuerplanerische Gestaltungsmöglichkeiten eröffnen. Wichtiger ist vielmehr, dass sich das Einbezugswahlrecht – wie vorstehend erläutert – in erster Linie auf Wirtschaftlichkeitsüberlegungen stützt.

278 *(6) Fremdkapitalaufwendungen:* Fremdkapitalaufwendungen gehören prinzipiell nicht zu den Herstellungskosten. Dennoch dürfen Zinsen für Fremdkapital, das zur Finanzierung der Herstellung eines Wirtschaftsguts verwendet wird, das im Rahmen der Fertigung eingesetzt wird, ausnahmsweise in die Herstellungskosten einbezogen werden, soweit die Zinsen auf den Zeitraum der Herstellung entfallen. In diesem Fall gelten die Fremdkapitalzinsen als Herstellungskosten (§ 255 Abs. 3 HGB). In der gesetzlichen Fiktion kommt zum Ausdruck, dass es sich hierbei um eine Bilanzierungshilfe handelt. Wie bei der Ermittlung der Anschaffungskosten kann in einem eng umgrenzten Ausnahmebereich durch den Einbezug in die Herstellungskosten eine sofortige aufwandswirksame Verrechnung von Fremdkapitalzinsen vermieden werden.

Die Finanzverwaltung gestattet, diese handelsrechtliche Bilanzierungshilfe in die Steuerbilanz zu übernehmen (R 6.3 Abs. 5 EStR). Voraussetzung ist allerdings eine korrespondierende Ausübung dieser Ermessensentscheidung in Handels- und Steuerbilanz (Fall 7 des Maßgeblichkeitsprinzips: handelsrechtlicher Ermessensspielraum – steuerlich keine eigene Regelung). Die Forderung nach übereinstimmender Vorgehensweise lässt sich nachvollziehen, wenn der ausnahmsweise zulässige Einbezug von Fremdkapitalzinsen als Billigkeitsregelung verstanden wird. Akzeptiert man eine derartige Interpretation, ergibt sich die Forderung nach einem übereinstimmenden Vorgehen aus § 5 Abs. 1 S. 1 HS 1 EStG.

279 *(7) Vertriebskosten:* Für Vertriebskosten besteht ein **Verbot**, diese in die Herstellungskosten einzubeziehen (§ 255 Abs. 2 S. 4 HGB). Zu den Vertriebskosten gehören beispielsweise Ausgaben für die (Außen-)Verpackung, Werbeaufwendungen, Provisionen, Frachten, Transportversicherungen, Kosten für die Lagerung von Fertigerzeugnissen, Kosten für Verkaufsbüros, Kosten für Ausstellungen und Messen, Kosten für Verkäuferschulungen und Marktforschung. Das Einbezugsverbot geht von der Vermutung aus, dass durch die Vertriebskosten bei dem hergestellten Wirtschaftsgut keine Werterhöhung eintritt. Es folgt aus dem produktionsbezogenen (fertigungsbezogenen) Herstellungskostenbegriff, wonach der Vertrieb nicht mehr dem Herstellungsvorgang zugeordnet wird. Dieser starken Betonung des Grundsatzes der Bewertungsvorsicht kann zugestimmt werden, da sich durch Vertriebskosten in den meisten Fällen der Wert des einzelnen Wirtschaftsguts nicht erhöht oder eine eventuell eintretende Werterhöhung sich nicht in nachvollziehbarer Weise feststellen lässt. Daraus folgt unmittelbar, dass Vertriebskosten auch im Rahmen der steuerlichen Gewinnermittlung nicht in die Herstellungskosten einbezogen werden dürfen (Fall 2a: zwei übereinstimmende verbindliche Regelungen).

(8) Gemeinkosten, die nicht notwendig sind, die unangemessen sind oder die nicht **280**
auf den Zeitraum der Herstellung entfallen: Die für Vertriebskosten geltende Argumentation lässt sich auf sämtliche Gemeinkosten übertragen, die nicht notwendig sind, die unangemessen sind oder die nicht auf die Herstellung entfallen: Entweder kommt es eindeutig nicht zu einer Erhöhung des Werts des hergestellten Wirtschaftsguts oder eine eventuell eintretende Werterhöhung lässt sich nicht in nachvollziehbarer Weise quantifizieren. Beispielsweise dürfen außerplanmäßige Abschreibungen auf Fertigungsanlagen nicht in die Herstellungskosten einbezogen werden. Das **Einbezugsverbot** entspricht den Zielen der steuerlichen Gewinnermittlung. Es lässt sich dem Fall 2a des Maßgeblichkeitsprinzips (übereinstimmende verbindliche handels- und steuerrechtliche Regelungen) zuordnen.

(9) Kalkulatorische Kosten: Hinsichtlich der kalkulatorischen Kosten, wie kalkula- **281**
torischer Unternehmerlohn, kalkulatorische Mieten, kalkulatorische Zinsen, kalkulatorische Abschreibungen und kalkulatorische Wagnisse, die über die tatsächlich angefallenen Aufwendungen hinausgehen, scheitert der Einbezug in die Herstellungskosten daran, dass in der handelsrechtlichen Rechnungslegung über die Aktivierung der selbst erstellten Wirtschaftsgüter nur der Wertverzehr neutralisiert werden kann, der zuvor als Aufwand verrechnet wurde (Grundsatz der Zahlungsverrechnung). Die auf den Grundsatz der Zahlungsverrechnung zurückgehende Nichterfassung von kalkulatorischen Kosten ist auch für die steuerliche Gewinnermittlung unstrittig. Es liegt wiederum der Fall 2a des Maßgeblichkeitsprinzips (zwei übereinstimmende verbindliche Regelungen) vor.

(10) Zusammenfassendes Beispiel: Das folgende Beispiel verdeutlicht nochmals die **282**
Vorgehensweise bei der Ermittlung der Herstellungskosten in der Handelsbilanz und im Rahmen der steuerlichen Gewinnermittlung.

Beispiel: Mit der Herstellung eines Produkts stehen folgende Größen im Zusammenhang:

1.	Zukaufteile und Bauelemente	3000 €
2.	Fertigungslöhne laut Akkordschein	2500 €
3.	kalkulatorische Wagniskosten	500 €
4.	Verbrauch von Schmierölen	300 €
5.	anteilige Zeitlöhne der Meister	3000 €
6.	anteilige Abschreibungen von Fertigungsanlagen	1000 €
7.	zurechenbare Verwaltungskosten	1500 €
8.	anteilige Aufwendungen für die Unterhaltung der Betriebskantine	300 €
9.	auf die Herstellung entfallende Fremdkapitalzinsen	100 €
10.	Aufwendungen für Prospektmaterial	1000 €

Diese Aufwands- und Kostenarten lassen sich der gesetzlichen Regelung des Herstellungskostenbegriffs wie folgt zuordnen:

Nr	Aufwands-/Kostenart	Handelsbilanz	Steuerbilanz
1	Materialeinzelkosten	Pflicht	Pflicht
2	Fertigungseinzelkosten	Pflicht	Pflicht
3	kalkulatorische Kosten	Verbot	Verbot
4	Materialgemeinkosten	Pflicht	Pflicht
5	Fertigungsgemeinkosten	Pflicht	Pflicht
6	Wertverzehr des Anlagevermögens (Fertigungsgemeinkosten)	Pflicht	Pflicht
7	allgemeine Verwaltungskosten	Einbezug möglich	Einbezug möglich
8	Kosten für soziale Einrichtungen	Einbezug möglich	Einbezug möglich
9	Fremdkapitalzinsen	Einbezug möglich	Einbezug möglich
10	Vertriebskosten	Verbot	Verbot

Für die Material- und Fertigungskosten besteht ein Einbezugsgebot. Dies gilt unabhängig davon, ob es sich um Einzelkosten (Nr 1, 2) oder um Gemeinkosten (Nr 4, 5, 6) handelt (Fall 2a: übereinstimmende verbindliche Regelungen).

Für die Verwaltungsgemeinkosten und die Aufwendungen für die Betriebskantine (Nr 7, 8) besteht ein Einbezugswahlrecht. Das steuerliche Wahlrecht ist in Übereinstimmung mit der Vorgehensweise in der Handelsbilanz auszuüben (Fall 8a: in beiden Bilanzen übereinstimmender Ermessensspielraum).

Die auf die Herstellung entfallenden Fremdkapitalzinsen (Nr 9) können in die Herstellungskosten einbezogen werden. Diese auf Billigkeitsüberlegungen beruhende Ermessensentscheidung ist in der Handels- und Steuerbilanz in übereinstimmender Weise zu treffen (Fall 7 des Maßgeblichkeitsprinzips).

In Abhängigkeit von der Auslegung dieses Ermessensspielraums betragen die Herstellungskosten in der Steuerbilanz zwischen 9800 € (Untergrenze: ohne die Nr 7 bis 9) und 11 700 € (Obergrenze: bei Ausübung aller Einbezugswahlrechte).

Für die Vertriebskosten (Nr 10) gilt ein Einbezugsverbot, da der Produktionsvorgang mit der Fertigstellung des Produkts als abgeschlossen gilt (produktionsbezogener Herstellungskostenbegriff). Der Nichteinbezug der kalkulatorischen Kosten (Nr 3) resultiert aus dem Grundsatz der Zahlungsverrechnung. Handelsbilanz und Steuerbilanz stimmen aufgrund von zwei identischen verbindlichen Vorschriften überein (Fall 2a des Maßgeblichkeitsprinzips).

c) Besonderheiten bei Ermittlung der Herstellungskosten

283 *(1) Kriterium der Angemessenheit bzw Notwendigkeit der Aufwendungen:* In die Herstellungskosten gehen nur die **angemessenen Teile** der **notwendigen** Materialgemeinkosten und die angemessenen Teile der notwendigen Fertigungsgemeinkosten ein (§ 255 Abs. 2 S. 2 HGB, § 6 Abs. 1 Nr 1, 2 EStG, R 6.3 Abs. 1 EStR). Die beschäftigungsunabhängigen Gemeinkosten **(Fixkosten)** sind deshalb grundsätzlich **auf Basis der Ist- oder Normalbeschäftigung** zu **verrechnen**. Der Verteilungsschlüssel darf nicht willkürlich gewählt werden, sondern muss eine Schätzung des durch die Herstellung verursachten Wertverzehrs darstellen.

Wird ein Unternehmen aufgrund teilweiser Stilllegung oder mangelnder Auftragslage nicht voll ausgelastet, dürfen die dadurch entstehenden **Leerkosten nicht** in die Herstellungskosten einbezogen werden (R 6.3 Abs. 7 EStR). Ein Einbezug von Fixkosten, die auf die nicht ausgenutzte Kapazität entfallen, führt zu überhöhten Herstellungskosten. Bei der Berechnung der anteiligen Fixkosten muss deshalb mindestens der Beschäftigungsgrad angesetzt werden, der bei den üblicherweise zu erwartenden Beschäftigungsschwankungen nicht unterschritten wird. Sinkt die Istbeschäftigung in einer Periode unter diesen Grenzwert, sind die Fixkosten nicht entsprechend der Istbeschäftigung zu verteilen, sondern entsprechend der üblicherweise zu erwartenden Mindestbeschäftigung.[159]

Beispiel: Die Fixkosten im Fertigungsbereich betragen jährlich 120 000 €. Aufgrund der Erfahrungen aus der Vergangenheit ist davon auszugehen, dass die jährliche Produktionsmenge zwischen 4000 und 6000 Einheiten schwankt. Im Jahr 01 werden 5000 Einheiten produziert. Im Jahr 02 sinkt die Produktionsmenge aufgrund von nicht vorhersehbaren Nachfragerückgängen auf 3000 Einheiten.

Da im Jahr 01 die Istbeschäftigung innerhalb der zu erwartenden Bandbreite liegt, sind in die Herstellungskosten Fertigungsgemeinkosten von 24 €/Einheit (= 120 000 €/5000 Einheiten) einzubeziehen. Im Jahr 02 sind nicht anteilige Fixkosten von 40 €/Einheit (= 120 000 €/3000 Einheiten) zu verrechnen, sondern nur von 30 €/Einheit (= 120 000 €/4000 Einheiten). Es ist nicht die Istbeschäftigung heranzuziehen (3000 Einheiten), sondern der Beschäftigungsgrad, der üblicherweise nicht unterschritten wird (4000 Einheiten).

Bei der Berechnung der Herstellungskosten ist **grundsätzlich** auf die **Istkosten** abzustellen. Die Istkosten ergeben sich aus den tatsächlich benötigten Mengen der Inputfaktoren **(Istmengen)**, die mit den tatsächlich bezahlten Preisen bewertet werden **(Istpreisen)**. Da der Wertverzehr nur insoweit in die Herstellungskosten einbezogen werden darf, als er bei dem erstellten Wirtschaftsgut zu einem Wertzuwachs führt, können **alternativ** auch die **Plankosten** (= geplante Mengen multipliziert mit den geplanten Preisen) oder die **Sollkosten** (= Produkt aus Istmenge und Planpreis) angesetzt werden. Bei einer Bewertung zu Plankosten wird verhindert, dass sich durch Unwirtschaftlichkeiten die Herstellungskosten erhöhen. Aufgrund des Grundsatzes der Zahlungsverrechnung bilden die **Istkosten** die **Obergrenze**. Die Plan- oder Sollkosten dürfen also nur herangezogen werden, wenn sie niedriger sind als die Istkosten.

(2) Kriterium der Veranlassung durch die Fertigung: Der Wertverzehr des Anlage- **284**
vermögens geht nur insoweit in die Herstellungskosten ein, als er durch die Fertigung veranlasst ist (§ 255 Abs. 2 S. 2 HGB). Die Abschreibungen der abnutzbaren Wirtschaftsgüter des Anlagevermögens, die für die Fertigung eingesetzt werden, dürfen in die Herstellungskosten der damit erstellten Wirtschaftsgüter **nur** einfließen, soweit sie durch einen **wirtschaftlich, technisch oder rechtlich bedingten Wertverzehr** begründet sind.

Die Finanzverwaltung gibt vor, dass als Wertverzehr des Anlagevermögens **grundsätzlich** der Betrag anzusetzen ist, der sich aus den **planmäßigen Abschreibungen** ergibt (R 6.3 Abs. 4 EStR). Damit ist nicht nur die lineare Abschreibung zulässig, sondern auch die geometrisch-degressive Abschreibung (nur bei abnutzbaren Wirtschaftsgütern des Anlagevermögens möglich, die vor dem 1.1.2008 oder in den Jahren 2009 und 2010 angeschafft oder hergestellt wurden) und die Abschreibung nach

159 Vgl BFH vom 15.2.1966, BStBl. 1966 III, S. 468 sowie Köhler, StBp 2012, S. 15, 45; Oestreicher, Herstellungskosten, in: Böcking/Castan/Heymann ua (Hrsg.), Beck'sches Handbuch der Rechnungslegung, München (Loseblattausgabe), B 163, Rz. 118–123.

der in Anspruch genommenen Leistung. Werden die Fertigungsanlagen nach § 7 Abs. 2 EStG geometrisch-degressiv abgeschrieben, kann bei der Berechnung der Herstellungskosten der Wertverzehr des Anlagevermögens alternativ nach der linearen Methode ermittelt werden, sofern die lineare Abschreibung über die gesamte Nutzungsdauer des für die Fertigung eingesetzten abnutzbaren Wirtschaftsguts des Anlagevermögens verwendet wird.

Hat der Steuerpflichtige **Sonderabschreibungen, erhöhte Absetzungen oder Bewertungsabschläge** in Anspruch genommen und diese **nicht in die Herstellungskosten** seiner Erzeugnisse einbezogen, muss er den Wertverzehr des Anlagevermögens nach der linearen Abschreibungsmethode ermitteln. Der Werteverzehr von geringwertigen Wirtschaftsgütern (§ 6 Abs. 2, 2a EStG) sowie **Teilwertabschreibungen** sowie Absetzungen für außergewöhnliche technische und wirtschaftliche Abnutzung dürfen bei Ermittlung der Herstellungskosten **nicht berücksichtigt** werden, da sie nicht den durch die Herstellung verursachten Wertverzehr darstellen, sondern außerplanmäßige Wertminderungen der Fertigungsanlagen.

285 *(3) Kriterium des Zeitraums der Herstellung:* Aufwendungen gehören **nur** insoweit zu den Herstellungskosten, als sie auf den **Zeitraum der Herstellung** entfallen. Diese zeitliche Abgrenzung ist insbesondere beim Wertverzehr des Anlagevermögens und bei den Fremdkapitalaufwendungen zu beachten. Der Herstellungsprozess wird zu dem Zeitpunkt begonnen, zu dem zum ersten Mal ein sachlicher Zusammenhang mit der Leistungserstellung gegeben ist. Diese Voraussetzung ist spätestens beim erstmaligen Anfall von Einzelkosten erfüllt. Die Herstellung ist mit der Fertigstellung beendet, dh wenn eine bestimmungsgemäße Nutzung des Wirtschaftsguts möglich ist bzw wenn es sich in einem absatzfähigen Zustand befindet. Aufwendungen nach Abschluss der Herstellung gehören nicht zu den Herstellungskosten.[160]

Beispiel: Bestimmte Käsesorten sind für einige Zeit zu lagern, damit sie ihren sortentypischen Reifegrad erhalten. Die dabei anfallenden Kosten zählen zu den Herstellungskosten, da es sich insoweit nicht um die Lagerung von Fertigerzeugnissen handelt. Vielmehr ist die Lagerung des Käses ein wesentlicher Bestandteil der „Fertigung" des Käses in der entsprechenden Qualitätsstufe. Der Herstellungsvorgang ist erst zu dem Zeitpunkt abgeschlossen, zu dem der Käse verkaufsfertig verpackt wird.

286 *(4) Einbezug von Steuern:* Die **Gewerbesteuer**, die **Einkommensteuer** und die **Körperschaftsteuer** sowie der Solidaritätszuschlag und die Kirchensteuer sind nicht als Betriebsausgaben abziehbar (§ 4 Abs. 5b, § 12 Nr 3 EStG, § 10 Nr 2 KStG). Diese Ertragsteuern dürfen deshalb den Herstellungskosten nicht zugerechnet werden. Die **Umsatzsteuer** gehört zu den Vertriebskosten, sodass sie bei der Ermittlung der Herstellungskosten gleichfalls außer Ansatz bleiben muss (R 6.3 Abs. 6 EStR).

287 *(5) Herstellungskosten bei unfertigen Erzeugnissen:* Wirtschaftsgüter, die am Bilanzstichtag noch nicht fertiggestellt sind, werden mit ihren **bis zum Abschlussstichtag angefallenen Herstellungskosten** aktiviert. Für die Berechnung der Herstellungskosten ist es unerheblich, ob die bis zum Stichtag angefallenen Aufwendungen bereits zur Entstehung eines als Einzelheit greifbaren Wirtschaftsguts geführt haben.

160 Vgl BFH vom 17.10.2001, BStBl. 2002 II, S. 349.

Deshalb sind beispielsweise Planungskosten für die Errichtung eines Gebäudes (wie Architektenhonorare oder Genehmigungsgebühren) auch dann bereits als Herstellungskosten für das Gebäude zu aktivieren, wenn mit den Bauarbeiten noch nicht begonnen wurde (R 6.3 Abs. 8 EStR).

(6) Abgrenzung zwischen Herstellungs- und Erhaltungsaufwand: Aufwendungen, **288** die für den Erwerb eines Wirtschaftsguts anfallen, sind grundsätzlich erfolgsneutral zu behandeln, dh als Anschaffungs- bzw Herstellungskosten zu aktivieren. In den Fällen, in denen ein Wirtschaftsgut bereits im Unternehmen genutzt wird, ist bei Baumaßnahmen und damit vergleichbaren Tätigkeiten (wie Ersatz von Teilen oder das Hinzufügen neuer Komponenten) zu prüfen,

- ob dadurch ein neues Wirtschaftsgut entsteht **(Herstellungskosten)**,
- ob ein bestehendes Wirtschaftsgut nachträglich verändert wird (nachträgliche Herstellungskosten, **Herstellungsaufwand**) oder
- ob die Maßnahmen lediglich dem Erhalt eines bereits genutzten Wirtschaftsguts dienen **(Erhaltungsaufwand)**.

Die **materielle Bedeutung dieser Abgrenzungsfrage** liegt darin, dass bei der Qualifikation als Herstellungskosten oder Herstellungsaufwand die Ausgaben in der Periode ihres Anfalls zu aktivieren sind und über die Nutzungsdauer des neuen Wirtschaftsguts bzw über die (ggf nach der Baumaßnahme neu festgelegte) Restnutzungsdauer des bereits aktivierten Wirtschaftsguts aufwandswirksam werden (R 7.3 Abs. 5, R 7.4 Abs. 9 EStR). Demgegenüber sind die Ausgaben bei einer Einordnung als Erhaltungsaufwand in dem Jahr, in dem die Maßnahme durchgeführt wird, (sofort) als Betriebsausgaben abziehbar. Bei einer Einordnung als Erhaltungsaufwand entsteht also im Vergleich zur Behandlung als Herstellungskosten oder -aufwand ein positiver Zeiteffekt.

Die Abgrenzung zwischen Herstellungskosten, Herstellungsaufwand und Erhaltungsaufwand ist bei allen Wirtschaftsgütern vorzunehmen, wenn Aufwendungen nachträglich anfallen und die Maßnahmen in keinem Zusammenhang zum ursprünglichen Anschaffungs- oder Herstellungsvorgang stehen. Sie ist allerdings bei Baumaßnahmen an bestehenden Gebäuden von besonderer Bedeutung.

Von der **Herstellung eines neuen Wirtschaftsguts** ist auszugehen, wenn das bereits **289** vorhandene Wirtschaftsgut so stark abgenutzt ist, dass es unbrauchbar geworden ist (Vollverschleiß) und dieses Wirtschaftsgut unter Verwendung von neuen Teilen so umfassend umgestaltet oder in einem solchen Ausmaß erweitert wird, dass die eingefügten Teile der Gesamtsache das Gepräge geben und die verwendeten Altteile von ihrer Bedeutung und von ihrem Wert untergeordnet sind.

Herstellungsaufwand (nachträgliche Herstellungskosten) wird angenommen, wenn **290** durch die Maßnahme

- das Wirtschaftsgut **erweitert** wird oder
- sich der bisherige Zustand des Wirtschaftsguts **wesentlich verbessert** (§ 255 Abs. 2 S. 1 HGB).

Der Begriff **Erhaltungsaufwand** ist gesetzlich nicht definiert und liegt in einer **Ne-** **291** **gativabgrenzung** dann vor, wenn es sich bei den nachträglich anfallenden Ausgaben weder um Herstellungskosten noch um Herstellungsaufwand handelt. Erhaltungsaufwendungen sind typischerweise anzunehmen, wenn sich durch die nachträglichen Maßnahmen die Wesensart des Wirtschaftsguts nicht verändert, sondern die Maßnahmen dazu dienen, das Wirtschaftsgut in einem ordnungsmäßigen Zustand zu erhalten, oder wenn die Ausgaben regelmäßig in gleicher Höhe wiederkehren.

Die Kriterien zur Abgrenzung zwischen Herstellungsaufwand und Erhaltungsaufwand lassen sich nur abstrakt eindeutig formulieren. Ihre Anwendung auf den konkreten Einzelfall bereitet zum Teil erhebliche praktische Schwierigkeiten. Die Grenze zwischen Herstellungs- und Erhaltungsaufwand ist teilweise fließend.[161] Klare Leitlinien wurden nur für Gebäude entwickelt.[162]

3. Spezialfragen bei Gebäuden

292 Baumaßnahmen an bestehenden Gebäuden sind in fünf Fällen aktivierungspflichtig.[163] (1) Bei einem Vollverschleiß wird von der Herstellung eines neuen Gebäudes ausgegangen, die Aufwendungen sind als Herstellungskosten zu aktivieren. Bei Aufwendungen im Zusammenhang mit einem Anschaffungsvorgang kann es sich um (2) „echte" Anschaffungskosten oder um (3) anschaffungsnahe Herstellungskosten handeln. Herstellungsaufwand liegt bei einer (4) Erweiterung oder einer (5) wesentlichen Verbesserung des Wirtschaftsguts vor.

Liegen weder Herstellungskosten, Anschaffungskosten, anschaffungsnahe Herstellungskosten noch Herstellungsaufwand vor, handelt es sich um (sofort abziehbaren) Erhaltungsaufwand.

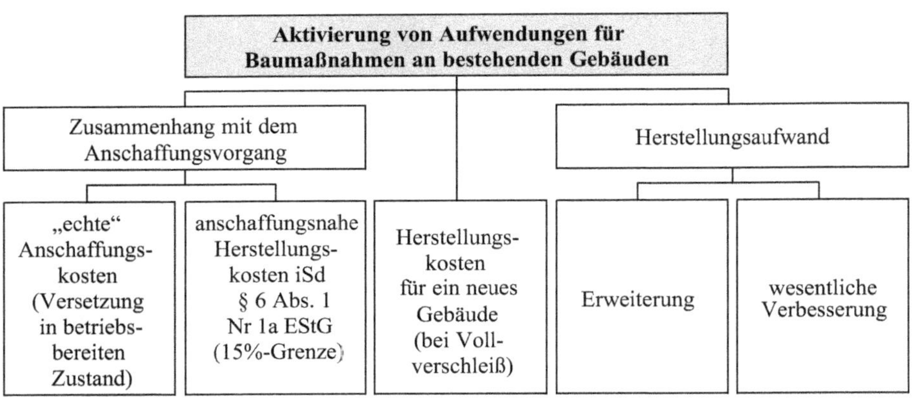

Abb. 28: Einordnung von Ausgaben für Baumaßnahmen an bestehenden Gebäuden

Zur Konkretisierung der Zuordnungsfrage liegt eine umfangreiche Rechtsprechung des Bundesfinanzhofs vor. Obwohl es sich hierbei um Entscheidungen handelt, die für die steuerliche Gewinnermittlung verbindlich sind, kann davon ausgegangen wer-

161 Vgl BFH vom 8.3.1966, BStBl. 1966 III, S. 324; BFH vom 30.5.1974, BStBl. 1974 II, S. 520.
162 Siehe hierzu im folgenden Kapitel den Unterabschnitt (2)., Rn. 296–302.
163 Vgl Kahle, StuB 2013, S. 490; Scheffler/Glaschke, StuB 2006, S. 491.

den, dass bei der Zuordnung von Aufwendungen für Baumaßnahmen an bestehenden Gebäuden zwischen der Handelsbilanz und der Steuerbilanz grundsätzlich Übereinstimmung besteht, da es sich hierbei um eine Konkretisierung des Umfangs der Anschaffungs- bzw Herstellungskosten nach § 255 Abs. 1–3 HGB handelt. Sofern es sich nicht um den Fall 2a des Maßgeblichkeitsprinzips (übereinstimmende verbindliche Regelungen) handelt, wird bei den folgenden Erläuterungen darauf hingewiesen. Eine Ausnahme gilt für die „anschaffungsnahen Herstellungskosten". Diese steuerliche Sonderregelung ist zusätzlich zu den allgemeinen Kriterien zu prüfen.

(1) Baumaßnahmen in zeitlichem Zusammenhang mit der Anschaffung eines Gebäudes: Bei Baumaßnahmen in zeitlichem Zusammenhang mit der Anschaffung eines bestehenden Gebäudes ist zu differenzieren, **293**

- ob es sich um Maßnahmen handelt, die das Gebäude für den Erwerber erst subjektiv oder objektiv betriebsbereit machen, und es sich deshalb um **(„echte") Anschaffungskosten** handelt, oder
- ob das Gebäude zwar betriebsbereit ist, aber das Einkommensteuergesetz aufgrund eines zeitlichen Zusammenhangs zur Anschaffung von **„anschaffungsnahen Herstellungskosten"** ausgeht (§ 6 Abs. 1 Nr 1a EStG).[164]

– **Anschaffungskosten** eines Gebäudes sind analog zur allgemeinen Definition des Anschaffungskostenbegriffs alle einzeln zurechenbaren Aufwendungen, die geleistet werden, um das Gebäude zu erwerben und in einen betriebsbereiten Zustand zu versetzen. Bei Baumaßnahmen, die im zeitlichen Zusammenhang mit der Anschaffung eines Gebäudes vorgenommen werden, ist deshalb zu unterscheiden, ob das Gebäude aus Sicht des Erwerbers bereits vor Durchführung dieser Maßnahmen betriebsbereit war oder ob es erst durch diese Maßnahmen in einen betriebsbereiten Zustand versetzt wird. Wird durch die Baumaßnahmen die Betriebsbereitschaft erlangt, handelt es sich um (aktivierungspflichtige) Anschaffungskosten. **294**

Die Betriebsbereitschaft eines Gebäudes liegt vor, wenn es entsprechend seiner Zweckbestimmung genutzt werden kann. Bei dieser Prüfung ist danach zu differenzieren, ob das Gebäude im Anschaffungszeitpunkt genutzt wird oder ob es leer steht:[165]

- **Nutzt** der **Erwerber** das **Gebäude** im Zeitpunkt der Anschaffung zur Erzielung von Einkünften („vermietetes Gebäude") oder zu eigenen betrieblichen Zwecken, ist das Gebäude im Zeitpunkt des Kaufs **grundsätzlich in betriebsbereitem Zustand**. Instandsetzungs- und Modernisierungsaufwendungen können deshalb keine Anschaffungskosten darstellen, dh sie sind sofort als Betriebsausgaben abziehbar. Ausnahmen gelten, wenn die Mietverträge umgehend nach Erwerb gekündigt werden, weil der Käufer nicht weiter durch die bisherige Form der Vermietungstätigkeit Einkünfte beziehen möchte.

---

164 Wird ein Gebäude in unterschiedlicher Weise genutzt und deshalb in verschiedene Wirtschaftsgüter aufgeteilt, sind die Abgrenzungen für jeden Gebäudeteil getrennt vorzunehmen, vgl BFH vom 25.9.2007, BStBl. 2008 II, S. 218; BFH vom 14.6.2016, BStBl. 2016 II, S. 999.

165 Vgl BMF-Schreiben vom 18.7.2003, BStBl. 2003 I, S. 386; BFH vom 12.9.2001, BStBl. 2003 II, S. 574.

- Wird das **Gebäude** im Anschaffungszeitpunkt **nicht genutzt**, ist offen, ob es aus Sicht des Erwerbers betriebsbereit ist. Betriebsbereitschaft setzt die objektive und subjektive Funktionstüchtigkeit voraus. Funktionstüchtigkeit ist negativ definiert: Ein Gebäude ist *objektiv* funktionsuntüchtig, wenn wesentliche Teile für den Gebrauch untauglich sind. *Subjektive* Funktionsuntüchtigkeit liegt vor, wenn das erworbene Gebäude nicht für die Zweckbestimmung nutzbar ist, die der Erwerber vorgesehen hat.

Zweckbestimmung bedeutet die konkrete Art und Weise, in der der Erwerber das Gebäude nutzen will. Subjektive Funktionstüchtigkeit fehlt beispielsweise, wenn ein erworbenes Wohngebäude zu Büroräumen umgebaut werden soll. Zu der Frage, ob das Gebäude vom Erwerber entsprechend seiner Zweckbestimmung einsetzbar ist, gehört auch die Entscheidung, welchen Standard das Gebäude aufweisen soll. Wohngebäude sind in die Kategorien sehr einfacher, mittlerer oder sehr anspruchsvoller Standard einzuteilen. Der Standard einer Wohnung wird anhand von **vier zentralen Ausstattungsmerkmalen** beurteilt: Umfang und Qualität der **Heizungs-, Sanitär- und Elektroinstallation** sowie der **Fenster**.[166] Beim **sehr einfachen Standard** sind die Ausstattungsmerkmale nur im nötigsten Zustand vorhanden. Er wird beispielsweise angenommen, wenn das Bad kein Waschbecken besitzt, nicht beheizbar ist, keine Entlüftung aufweist, die Wände nicht überwiegend gefliest sind oder nur Badeöfen vorhanden sind, die Fenster Einfachverglasung haben, als Heizung nur Kohleöfen vorhanden sind oder eine unzureichende Elektroversorgung vorliegt. Bei einem **sehr anspruchsvollen Standard** ist nicht nur das Zweckmäßige, sondern das irgendwie Mögliche verwirklicht (zB Luxusausstattung des Bads, Vorhandensein eines Whirlpools, Marmorböden). Zwischen diesen beiden Extrempunkten hat eine Wohnung **mittleren Standard**. Das sind Wohnungen, die durchschnittlichen und teilweise auch höheren Ansprüchen genügen. Im Regelfall liegt in Deutschland bei Wohnungen der mittlere Standard vor. Wird bei **drei der vier Ausstattungsmerkmale** der **Gebrauchswert erhöht** oder erweitert, steigt der Standard des Gebäudes und die Aufwendungen sind **Anschaffungskosten**. Anschaffungskosten liegen auch vor, wenn ein Gebäude erweitert wird (zB Anbau, Aufstockung, Dachausbau, Einbau eines zusätzlichen Bads) und gleichzeitig mindestens zwei zentrale Ausstattungsmerkmale verbessert werden.

295 – Für die Behandlung von **Modernisierungs- und Instandsetzungsmaßnahmen, die innerhalb von drei Jahren nach Anschaffung eines Gebäudes durchgeführt werden**, gilt im Rahmen der steuerlichen Gewinnermittlung eine Sonderregelung. Diese Aufwendungen gehören zu den aktivierungspflichtigen Herstellungskosten des Gebäudes, wenn ihr Nettobetrag (Rechnungsbetrag ohne Umsatzsteuer) 15% der Anschaffungskosten des Gebäudes übersteigt **(anschaffungsnahe Herstellungskosten)**. Hierbei handelt es sich um eine gesetzliche Fiktion.

Unter Instandsetzung und Modernisierung eines Gebäudes sind bauliche Maßnahmen zu verstehen, durch die Mängel oder Schäden an vorhandenen Einrichtungen eines bestehenden Gebäudes oder am Gebäude selbst beseitigt werden oder das Gebäude

166 Handelsrechtlich wird zusätzlich die Wärmedämmung als zentrales Ausstattungsmerkmal angesehen und bei der Elektroinstallation die Informationstechnik einbezogen, vgl IDW RS IFA 1, FN-IDW 2014, S. 246.

durch Erneuerung in einen zeitgemäßen Zustand versetzt wird. Zu diesen Aufwendungen gehören unabhängig von ihrer handelsrechtlichen Einordnung sämtliche Aufwendungen für bauliche Maßnahmen, die im Rahmen einer im Zusammenhang mit der Anschaffung des Gebäudes vorgenommenen Instandsetzung und Modernisierung anfallen. Bei der Prüfung, ob die 15%-Grenze erreicht wird, werden nur die Aufwendungen nicht berücksichtigt, die für die Erweiterung des Gebäudes sowie für jährlich üblicherweise anfallende Erhaltungsarbeiten entstehen.[167]

Diese spezielle steuerliche Regelung dient grundsätzlich der Objektivierung. Sie ist zusätzlich zu dem allgemein gültigen Begriff der Anschaffungskosten zu prüfen.[168] Sofern § 6 Abs. 1 Nr 1a EStG im Ausnahmefall im Vergleich mit der Handelsbilanz zu einem abweichenden Ergebnis führt, wirkt diese Sonderregelung rechtsbegründend. In dieser Situation liegt Fall 2b des Maßgeblichkeitsprinzips vor: Die Definition der Anschaffungskosten in § 255 Abs. 1 HGB wird für die Handelsbilanz anders ausgelegt als für die steuerliche Gewinnermittlung, dh es bestehen zwei verbindliche Vorschriften, die sich in der praktischen Handhabung unterscheiden.

(2) Abgrenzung zwischen Herstellungskosten, Herstellungs- und Erhaltungsaufwand bei Gebäuden: Die Abgrenzungsfrage zwischen Herstellungs- und Erhaltungsaufwand ist im Zusammenhang mit Immobilien besonders bedeutsam, da bei diesen wegen der langen Einsatzfähigkeit nachträgliche Ausgaben häufig und in signifikanter Höhe anfallen. Die Rechtsprechung hat eine Systematik entwickelt, in welchen Fällen Baumaßnahmen als (aktivierungspflichtiger) Herstellungsaufwand oder als (sofort abziehbarer) Erhaltungsaufwand angesehen werden. Diese Leitlinien wurden von der Finanzverwaltung im Wesentlichen übernommen:[169] **296**

– Analog zu den Regelungen für alle Wirtschaftsgüter liegen bei Instandsetzungs- und Modernisierungsarbeiten an Gebäuden, die wegen **Vollverschleiß** unbrauchbar sind, **Herstellungskosten für** ein **neues Gebäude** vor. **297**

– **Herstellungsaufwand** liegt bei einer **Erweiterung** iSd § 255 Abs. 2 S. 1 HGB vor. **298** Bei Gebäuden sind hierunter insbesondere (a) die Aufstockung oder die Errichtung eines Anbaus, (b) die (geringfügige) Vergrößerung der nutzbaren Fläche und (c) die Vermehrung der Substanz einzuordnen. Vereinfachend gesprochen ist eine Erweiterung dadurch gekennzeichnet, dass etwas hinzugefügt wird, was bislang noch nicht vorhanden war. Beispiele für eine Erweiterung sind: Anbau eines Balkons, Umbau eines Kellerraumes in ein Bad, Ausbau des Dachgeschosses zu Wohnzwecken, Umgestaltung einer Dachterrasse zu einem Wintergarten, Errichtung einer Außentreppe,

167 Siehe hierzu BFH vom 14.6.2016, BStBl. 2016 II, S. 992; BFH vom 14.6.2016, BStBl. 2016 II, S. 997; BFH vom 14.6.2016, BStBl. 2016 II, S. 999 sowie Kowanda, DStR 2017, S. 2640. Kosten für (unvermutete) Instandsetzungsmaßnahmen zur Beseitigung eines Substanzschadens, der nachweislich erst nach Anschaffung des Gebäudes durch das schuldhafte Handeln eines Dritten verursacht worden ist, sind auch dann nicht den anschaffungsnahen Herstellungskosten zuzuordnen, wenn die Maßnahmen vom Steuerpflichtigen innerhalb von drei Jahren seit Anschaffung zur Wiederherstellung der Betriebsbereitschaft des Gebäudes durchgeführt werden, vgl BFH vom 9.5.2017, BStBl. 2018 II, S. 9.

168 Vgl OFD Frankfurt am Main, Verfügung vom 31.1.2006, DStR 2006, S. 567.

169 Vgl H 6.4 EStH, R 21.1 EStR sowie BMF-Schreiben vom 18.7.2003, BStBl. 2003 I, S. 386 mit zahlreichen Hinweisen auf die Rechtsprechung des Bundesfinanzhofs.

Einbau einer Alarmanlage, eines Kamins oder einer Markise sowie Einsetzen von zusätzlichen Trennwänden.

Auch eine **wesentliche Verbesserung** des Gebäudes **über seinen ursprünglichen Zustand** hinaus stellt **Herstellungsaufwand** dar. Als **ursprünglicher Zustand** gilt grundsätzlich der Zustand des Gebäudes im Zeitpunkt seiner Herstellung oder Anschaffung. Eine **wesentliche Verbesserung** ist gegeben, wenn die Maßnahmen zur Instandsetzung und Modernisierung des Gebäudes in ihrer Gesamtheit über eine zeitgemäße, substanzerhaltende Erneuerung hinausgehen. Es muss sich also der **Gebrauchswert des Gebäudes deutlich erhöhen** und damit eine erweiterte Nutzungsmöglichkeit geschaffen werden.

Bei Betriebsgebäuden liegt Herstellungsaufwand vor, wenn die durch die Baumaßnahme bewirkten Veränderungen im Hinblick auf die geplante betriebliche Nutzung zu einer höherwertigen (verbesserten) Nutzbarkeit des Gebäudes führen.[170] Bei Wohngebäuden ist beispielsweise von einer deutlichen Gebrauchswerterhöhung auszugehen, wenn der Gebrauchswert des Gebäudes und damit sein Nutzungspotenzial von einem sehr einfachen auf einen mittleren oder von einem mittleren auf einen sehr anspruchsvollen **Standard erhöht** wird. Der Standard von Wohngebäuden wird anhand seiner zentralen Ausstattungsmerkmale bestimmt. Wesentlich sind insbesondere Umfang und Qualität der Heizungs-, Sanitär-, Elektroinstallation und der Fenster. Baumaßnahmen, die bei mindestens drei dieser vier zentralen Ausstattungsmerkmale zu einer Erhöhung des Gebrauchswerts führen, heben den Standard eines Gebäudes. Die dafür angefallenen Aufwendungen gelten als **Herstellungsaufwand**. Diese Begriffe wurden bereits bei den Ausführungen zur Standardhebung im Zusammenhang mit der Anschaffung eines Gebäudes in Unterabschnitt (1). erläutert.

Da die Prüfung, ob eine deutliche Verbesserung vorliegt, anhand der vom Steuerpflichtigen beabsichtigten Nutzung entschieden wird, wird eine wesentliche Verbesserung des Gebäudes auch in den Fällen angenommen, in denen eine andere Gebrauchs- oder Verwendungsmöglichkeit geschaffen wird (zB Ausbau einer Mühle zu einem Wohnhaus oder Umbau eines Lagerhauses in ein Verwaltungsgebäude).

Eine **wesentliche Verbesserung** liegt dagegen **nicht** vor bei Aufwendungen, die für sich genommen als Erhaltungsaufwand zu beurteilen sind. Dies gilt auch dann, wenn sie in ungewöhnlicher Höhe zusammengeballt in einem Veranlagungszeitraum anfallen **(Generalüberholung)**.

Bei Erhaltungsaufwendungen für Gebäude in Sanierungsgebieten und städtebaulichen Entwicklungsbereichen und für Baudenkmäler hat der Steuerpflichtige ein Wahlrecht zwischen sofortigem Abzug als Betriebsausgabe oder einer gleichmäßigen Verteilung der Aufwendungen auf einen Zeitraum von zwei bis fünf Jahren (§ 4 Abs. 8 iVm § 11a, § 11b EStG). Insoweit kommt es zu einer Abweichung zwischen der Handelsbilanz und der steuerlichen Gewinnermittlung. In der Handelsbilanz sind die Aufwendungen in voller Höhe im Jahr ihres Anfalls gewinnmindernd zu verrechnen. Die für die Besteuerung auf Antrag außerhalb der Buchführung vorgenommene Verteilung auf mehrere Jahre beruht auf Billigkeitsüberlegungen (Fall 3 des Maßgeblichkeitsprinzips; bei steuerlichen Wahlrechten keine Bindung an die Vorgehensweise

170 Vgl BFH vom 25.9.2007, BStBl. 2008 II, S. 218.

in der Handelsbilanz).[171] Durch die Verteilung auf mehrere Perioden soll ein negativer Progressionseffekt vermieden werden, der sich ergeben kann, wenn die Einkünfte eines einkommensteuerpflichtigen Gewerbetreibenden im Zeitablauf stark schwanken. Das Verteilungswahlrecht ist deshalb insbesondere bei hohen Erhaltungsaufwendungen bedeutsam (Vermeidung eines negativen Steuersatzeffekts durch „Glättung" des zu versteuernden Einkommens).[172]

Bei anderen Gebäuden kann das Wahlrecht, größere Aufwendungen für die Erhaltung von Gebäuden auf zwei bis fünf Jahre zu verteilen, nur in Anspruch genommen werden, wenn das Gebäude im Zeitpunkt der Baumaßnahmen nicht zu einem Betriebsvermögen gehört und wenn es zu mehr als 50% der Nutzfläche Wohnzwecken dient (§ 82b EStDV, R 21.1 Abs. 6 EStR).

Wird eine **„Sanierung auf Raten"** durchgeführt, liegt **Herstellungsaufwand** vor. Von einer „Sanierung auf Raten" ist auszugehen, wenn die einzelnen Baumaßnahmen zwar für sich gesehen noch nicht zu einer wesentlichen Verbesserung führen, sie jedoch Teil einer Gesamtmaßnahme sind, die insgesamt zu einer Hebung des Standards der Wohnung führt. Bei der Prüfung, ob eine „Sanierung auf Raten" vorliegt, sind Baumaßnahmen zusammenzufassen, die innerhalb eines Fünfjahreszeitraums durchgeführt werden.

– Die **Erneuerung von einzelnen Gebäudebestandteilen**, die eine kürzere Nut- **299**
zungsdauer haben als das gesamte Gebäude (zB Heizung, Fenster, Fahrstuhl), wird prinzipiell als **Erhaltungsaufwand** eingeordnet. Die Begründung liegt darin, dass das Gebäude einheitlich über dessen Nutzungsdauer abgeschrieben wird, obwohl bereits bei Beginn der Nutzung feststeht, dass einzelne Bestandteile eine kürzere Nutzungsdauer haben.[173] Erhaltungsaufwand liegt auch vor, wenn im Zusammenhang mit dem Ersatz der Gebäudebestandteile diese entsprechend dem technischen Fortschritt modernisiert werden, **sofern der neue Gebäudebestandteil** oder die neue Anlage **die Funktion des bisherigen Gebäudebestandteils im Wesentlichen in gleicher Weise erfüllt**. Dies gilt beispielsweise bei Ersatz von Einzelöfen durch eine Zentralheizung, Renovierung eines Bads, Anbringen einer zusätzlichen Fassadenverkleidung zu Wärme- oder Schallschutzzwecken, Vergrößerung eines vorhandenen Fensters und Versetzen von Wänden.

– Wurde bei einem Gebäude aufgrund seiner Reparaturbedürftigkeit eine **Abschrei- 300**
bung auf den **niedrigeren Teilwert** oder eine Absetzung für außergewöhnliche technische oder wirtschaftliche Abnutzung verrechnet, gilt der Zustand nach der außerplanmäßigen Abschreibung als ursprünglicher Zustand. **Baumaßnahmen, die dazu dienen**, diese **Mängel zu beheben**, stellen deshalb (aktivierungspflichtigen) **Herstellungsaufwand** dar. Durch die Durchführung der Maßnahmen kommt es zu einer wesentlichen Verbesserung über den bisherigen Zustand des Wirtschaftsguts hinaus. Gleichzeitig entfällt der Grund für die außerplanmäßige Abschreibung (Wertaufholungsgebot).

– Werden Erhaltungs- und Herstellungsmaßnahmen gleichzeitig vorgenommen, sind **301**
die damit verbundenen Aufwendungen (ggf durch Schätzung) aufzuteilen. **Erhaltungsmaßnahmen**, die **in einem sachlichen Zusammenhang mit Herstellungs-**

171 Vgl BMF-Schreiben vom 12.3.2010, BStBl. 2010 I, S. 239, Tz. 13.
172 Zu den Auswirkungen auf die Steuerbilanzpolitik siehe Band III: Steuerplanung, Sechster Teil.
173 Vgl BFH vom 26.11.1973, BStBl. 1974 II, S. 132.

maßnahmen vorgenommen werden, **gelten** jedoch **als Herstellungsaufwand**. Ein sachlicher Zusammenhang liegt vor, wenn die Baumaßnahmen bautechnisch ineinander greifen, dh wenn die Erhaltungsarbeiten Vorbedingung für die Herstellungsarbeiten oder durch diese verursacht sind.

302 – Betragen die Aufwendungen für die einzelne Baumaßnahme **nicht mehr als 4000 €** (Rechnungsbetrag ohne Umsatzsteuer), werden sie auf Antrag grundsätzlich als **Erhaltungsaufwand** behandelt. Diese Vereinfachungsregelung gilt nur für Baumaßnahmen an bestehenden Gebäuden, jedoch nicht für Aufwendungen, die der endgültigen Fertigstellung eines neu errichteten Gebäudes dienen (R 21.1 Abs. 2 EStR).

303 *(3) Zusammenfassendes Beispiel:*

Die K-AG erwirbt im Jahr 01 eine Lagerhalle (Anschaffungskosten 1 000 000 €). Im Jahr 07 wird das Dach der Lagerhalle vollständig erneuert. Die Kosten für die Dachreparatur betragen 130 000 €. Gleichzeitig wird die Lagerhalle um 40 Meter verlängert. Für die Verlängerung der Lagerhalle fallen 300 000 € an. Während der Bauarbeiten wird festgestellt, dass die Verlängerung der Lagerhalle nur möglich ist, wenn die Fundamente der Lagerhalle verstärkt werden (Aufwendungen 120 000 €). Um in Zukunft kälteempfindliche Waren lagern zu können, wird die Außenisolierung der Halle zur Wärmedämmung wesentlich verbessert (Aufwendungen 160 000 €). Zusätzlich werden in dem bereits bestehenden Teil der Lagerhalle die elektrischen Leitungen erneuert (Aufwendungen 30 000 €) und die gesamte Lagerhalle innen neu verputzt und gestrichen (Aufwendungen 60 000 €). An den Architekten werden für die Planung und Betreuung dieser Maßnahmen 100 000 € gezahlt.

Da zwischen *Erwerb der Lagerhalle und der Durchführung der Baumaßnahmen mehr als drei Jahre* liegen, sind die angefallenen Aufwendungen nicht nach § 6 Abs. 1 Nr 1a EStG (anschaffungsnahe Herstellungskosten) zu beurteilen, sondern nach den allgemeinen Abgrenzungsregeln des § 255 Abs. 2 HGB bzw § 6 Abs. 1 Nr 1 EStG (Herstellungskostenbegriff):

- Durch die Dachreparatur wird weder die Substanz der vorhandenen Lagerhalle vermehrt noch ihr Zustand erheblich geändert oder wesentlich verbessert. Vielmehr dient die Dachreparatur dazu, die Lagerhalle in ordnungsmäßigem Zustand zu erhalten. Die Aufwendungen für die Dachreparatur in Höhe von 130 000 € stellen Erhaltungsaufwand dar.
- Die Verlängerung der Lagerhalle stellt eine Erweiterung der Substanz des Gebäudes dar und ist deshalb als Herstellungsaufwand zu erfassen. Der Steuerbilanzwert der Lagerhalle ist um 300 000 € zu erhöhen. Die Verstärkung der Fundamente steht in sachlichem Zusammenhang mit der Verlängerung der Lagerhalle. Die Aufwendungen von 120 000 € sind ebenfalls als Herstellungsaufwand einzuordnen.
- Aufgrund der verbesserten Außenisolierung erhöht sich der Gebrauchswert der Halle, weil in Zukunft eine erweiterte Nutzungsmöglichkeit gegeben ist. Damit liegt eine wesentliche Verbesserung des Gebäudes vor. Die Aufwendungen von 160 000 € sind als Herstellungsaufwand zu aktivieren.
- Die Aufwendungen für den Austausch der elektrischen Leitungen (30 000 €) gelten als Erhaltungsaufwand.
- Bei der Erneuerung des Innenanstrichs handelt es sich zwar gleichfalls um eine Instandhaltungsmaßnahme. Da jedoch auch der neue Teil der Lagerhalle verputzt und gestrichen wird, sind die 60 000 € nach Anzahl der gestrichenen Quadratmeter auf den alten Gebäudeteil (Erhaltungsaufwand) und den neuen Gebäudeteil (Herstellungsaufwand) aufzuteilen. Bei einem Verhältnis der alten zur neuen Wandfläche von 3: 1 sind 45 000 € Erhaltungsaufwand und 15 000 € Herstellungsaufwand.
- Vor Einbezug des Architektenhonorars belaufen sich die Herstellungsaufwendungen auf 595 000 € (= 300 000 € + 120 000 € + 160 000 € + 15 000 €) und die Erhaltungsaufwen-

dungen auf 205 000 € (= 130 000 € + 30 000 € + 45 000 €). Das Architektenhonorar von 100 000 € ist im Verhältnis der Herstellungs- und Erhaltungsaufwendungen aufzuteilen.

- *Ergebnis:* Der Buchwert des Gebäudes erhöht sich um 669 375 € (= 595 000 € + 100 000 € × 595 000 €/800 000 €). Sofort als Betriebsausgaben abziehbar sind Aufwendungen in Höhe von 230 625 € = 205 000 € + 25 625 € (anteiliges Architektenhonorar).

– *Fallmodifikation (zwischen Erwerb der Lagerhalle und der Durchführung der Baumaßnahmen liegen weniger als drei Jahre):* Wird das Gebäude bereits im Jahr 03 (anstatt im Jahr 07) umgebaut, sind zwischen dem Erwerb und den Baumaßnahmen weniger als drei Jahre vergangen. Damit ist zu prüfen, ob die Aufwendungen für Modernisierung und Instandsetzung insgesamt 15% der Anschaffungskosten des Gebäudes übersteigen (§ 6 Abs. 1 Nr 1a EStG). Bei dieser 15%-Grenze sind die zu aktivierenden Aufwendungen für die Erweiterung nicht zu berücksichtigen. Zu den Erweiterungsaufwendungen gehört die Vergrößerung der Lagerhalle. Unter Einbezug der Aufwendungen für die Verstärkung des Fundaments sowie des anteiligen Architektenhonorars sind es insgesamt 489 375 € (= 300 000 € + 120 000 € + 15 000 € + 100 000 € × 435 000 €/800 000 €).

Bei der Prüfung, ob anschaffungsnahe Herstellungskosten vorliegen, sind die verbleibenden Aufwendungen zu betrachten: 410 625 € (= 130 000 € + 160 000 € + 30 000 € + 45 000 € + 100 000 € × 365 000 €/800 000 €). Diese Aufwendungen übersteigen die gesetzlich normierte Grenze von 15% der Anschaffungskosten des Gebäudes von 150 000 € (= 15% × 1 000 000 €). Dies bedeutet, dass auch diese Aufwendungen zu aktivieren sind. Im Vergleich zum Ausgangsfall, bei dem die Baumaßnahmen erst im Jahr 07 durchgeführt werden, sind zusätzlich Aufwendungen in Höhe von 230 625 € zu aktivieren. Während diese Aufwendungen im Ausgangsfall sofort als Betriebsausgabe verrechnet werden können, mindern sie in der Fallmodifikation den Jahreserfolg nicht in dem Jahr, in dem die Baumaßnahmen durchgeführt werden, sondern über die planmäßige Abschreibung erst während der verbleibenden Restnutzungsdauer des Gebäudes.

– *Fallerweiterung (Aufwendungen, die üblicherweise jährlich anfallen):* Das an der Außenfassade des Gebäudes angebrachte Firmenlogo muss aufgrund der starken Sonneneinstrahlung jährlich neu gestrichen werden (Aufwendungen 2000 €). Diese Ausgaben können sofort als Betriebsausgabe verrechnet werden. Da kein sachlicher Zusammenhang mit den anderen Maßnahmen besteht, gilt dies auch dann, wenn die Farbauffrischung im zeitlichen Zusammenhang mit anderen Baumaßnahmen durchgeführt wird.

Die Behandlung als Erhaltungsaufwand ist unabhängig davon, zu welchem Zeitpunkt die Farbauffrischung vorgenommen wird, da bei der Prüfung, ob bei Baumaßnahmen innerhalb von drei Jahren nach Erwerb eines Gebäudes anschaffungsnaher Herstellungsaufwand vorliegt, die Aufwendungen unberücksichtigt bleiben, die üblicherweise jährlich anfallen (§ 6 Abs. 1 Nr 1a EStG).

(4) Gebäudeabbruch: Beim Abbruch eines Gebäudes wird unterstellt, dass ein **304**
Steuerpflichtiger dieses nur dann abreißt, wenn es wirtschaftlich verbraucht ist. Deshalb sind die Kosten für den **Abbruch eines Gebäudes** sowie der Restbuchwert des Gebäudes **grundsätzlich** sofort als **Betriebsausgabe** abziehbar.

Wird ein **Gebäude kurz nach Erwerb eines bebauten Grundstücks abgerissen**, stellt sich allerdings die Frage, ob sowohl der Grund und Boden als auch das darauf stehende Gebäude erworben werden (Aufteilung des Kaufpreises auf Anschaffungskosten des Grund und Bodens und Anschaffungskosten des Gebäudes), ob der Abbruch dazu dient, dass der Grund und Boden ohne Beeinträchtigung durch das Bauwerk genutzt werden kann (der Kaufpreis bildet ausschließlich Anschaffungskosten des Grund und Bodens), oder ob der Abbruch als Beginn der Herstellung eines neuen Gebäudes zu beurteilen ist (Herstellungskosten für ein neues Wirtschaftsgut).

Die Antwort auf diese Frage hängt davon ab, mit welchem Ziel der Bilanzierende das (abgebrochene) Gebäude erworben hat, wie er den freigewordenen Grund und Boden nutzt und in welchem Zustand sich das abgebrochene Gebäude im Zeitpunkt des Erwerbs befindet (H 6.4 EStH):

- Hat der Steuerpflichtige das Gebäude **ohne Abbruchabsicht erworben**, ist der Kaufpreis im Verhältnis der Teilwerte auf die Anschaffungskosten des Grund und Bodens und die Anschaffungskosten des Gebäudes zu verteilen. Die Abbruchkosten sowie die (um zwischenzeitliche planmäßige Abschreibungen geminderten) Anschaffungskosten des Gebäudes sind sofort als Betriebsausgaben abziehbar. Bei einem Erwerb ohne Abbruchabsicht besteht kein Unterschied gegenüber dem Fall, in dem das bebaute Grundstück bereits seit längerer Zeit im Unternehmen genutzt wurde.
- **Erwirbt** der Steuerpflichtige **das Grundstück mit der Absicht, das** sich darauf befindende **Bauwerk abzureißen, und errichtet** er **nach dem Abriss kein neues Gebäude**, wird vom Erwerb eines unbebauten Grundstücks ausgegangen. Die Anschaffungskosten des Grund und Bodens setzen sich aus dem Gesamtkaufpreis und den Abbruchkosten zusammen. Ein Erwerb mit **Abbruchabsicht wird vermutet, wenn** mit dem **Abbruch des Gebäudes innerhalb von drei Jahren nach Erwerb** des bebauten Grundstücks begonnen wird.
- Liegt ein **Erwerb mit Abbruchabsicht** vor **und** wird im wirtschaftlichen Zusammenhang mit dem Abbruch **ein neues Gebäude errichtet**, ist zusätzlich nach dem Zustand des bisherigen Gebäudes zu differenzieren: (a) Ist das **bisherige Gebäude** technisch und wirtschaftlich **verbraucht**, entfällt der Gesamtkaufpreis auf die Anschaffungskosten des Grund und Bodens. Der Abbruch des Gebäudes wird als Beginn des Herstellungsvorgangs gewertet. Die damit zusammenhängenden Ausgaben sind den Herstellungskosten des Neubaus zuzurechnen. (b) Ist das **bisherige Gebäude** technisch und wirtschaftlich **nicht verbraucht**, ist der Gesamtkaufpreis auf die Anschaffungskosten des Grund und Bodens und die Anschaffungskosten des bisherigen Gebäudes aufzuteilen. Die Abbruchkosten sowie der Restbuchwert des abgebrochenen Gebäudes (Anschaffungskosten vermindert um planmäßige Abschreibungen während der vorübergehenden Nutzung) gehören zu den Herstellungskosten des neu errichteten Bauwerks.

4. Investitionszulagen und -zuschüsse

305 *(1) Investitionszulagen:* Handelsrechtlich erhöhen Investitionszulagen den Gewinn. Entweder wird die Investitionszulage im Jahr der Gewährung als Ertrag verbucht (sofortige Ertragsvereinnahmung) oder die Investitionszulage wird mit den Anschaffungs- oder Herstellungskosten des damit erworbenen Wirtschaftsguts verrechnet (zeitverzögerte Ertragsvereinnahmung durch geringere planmäßige Abschreibungen oder höhere Veräußerungsgewinne).[174]

174 Siehe hierzu und zu alternativen Vorgehensweisen Adler/Düring/Schmaltz, Rechnungslegung und Prüfung der Unternehmen, 6. Aufl., Stuttgart 1995, § 255 HGB, Tz. 56–57; Beck'scher Bilanz-Kommentar, 11. Aufl., München 2018, § 255 HGB, Anm 115–119; Wohlgemuth/Radde, Anschaffungskosten, in: Böcking/Castan/Heymann ua (Hrsg.), Beck'sches Handbuch der Rechnungslegung, München (Loseblattausgabe), B 162, Rz. 72–75.

Im Rahmen der steuerlichen Gewinnermittlung gelten Investitionszulagen als **steuerfreie Betriebseinnahmen**. Sie mindern auch nicht die Anschaffungs- bzw Herstellungskosten des erworbenen Wirtschaftsguts (§ 13 InvZulG 2010, für Investitionen vor dem 1.1.2014). Investitionszulagen wirken sich also weder unmittelbar noch mittelbar auf die Höhe der steuerpflichtigen Einkünfte aus (erfolgsneutrale Behandlung). Die Behandlung als steuerfreie Betriebseinnahme im Rahmen der steuerlichen Gewinnermittlung beruht auf einer konzeptionellen Abweichung zwischen handels- und steuerrechtlicher Rechnungslegung, die auf den Lenkungszweck der Besteuerung zurückzuführen ist (Fall 9: keine Maßgeblichkeit).

(2) Investitionszuschüsse: Ein Investitionszuschuss ist ein Vermögensvorteil, den **306**
ein Zuschussgeber zur Förderung eines in seinem Interesse liegenden Zwecks dem Zuschussempfänger zuwendet. Wird ein Wirtschaftsgut des Anlagevermögens mit einem Zuschuss aus öffentlichen oder privaten Mitteln angeschafft oder hergestellt, ist strittig, ob es sich bei dem Zuschuss um eine Minderung der Anschaffungskosten bzw der Herstellungskosten oder um einen eigenständigen Geschäftsvorgang handelt. In der Handelsbilanz kann der Bilanzierende zwischen sofortiger Ertragsvereinnahmung und Verrechnung mit den Anschaffungs- oder Herstellungskosten des erworbenen bzw erstellten Wirtschaftsguts wählen.[175] Investitionszuschüsse sind nach beiden Vorgehensweisen erfolgswirksam. Der Unterschied besteht darin, zu welchem Zeitpunkt der Zuschuss den Gewinn des Zuschussempfängers erhöht:

- Wertet man einen Zuschuss **als Anschaffungskostenminderung** bzw als Minderung der Herstellungskosten, ist er in dem Zeitpunkt, in dem der Zuschuss ausgezahlt wird, erfolgsneutral. Das Wirtschaftsgut ist nur mit den Ausgaben zu bewerten, die der Steuerpflichtige nach Abzug des Zuschusses selbst zu tragen hat. Eine Gewinnwirkung ergibt sich erst in den Folgejahren, in denen entweder die planmäßigen Abschreibungen entsprechend niedriger ausfallen oder sich der Veräußerungsgewinn erhöht.
- Sieht man die Vereinnahmung eines Zuschusses **als eigenständigen Geschäftsvorgang** an, erhöht der Zuschuss bereits in dem Zeitpunkt, in dem er gewährt wird, als Betriebseinnahme den Gewinn des Unternehmens. Der Zuschuss mindert die Anschaffungs- bzw Herstellungskosten des Wirtschaftsguts nicht.

Von der Finanzverwaltung werden für die steuerliche Gewinnermittlung beide Vorgehensweisen akzeptiert (R 6.5 Abs. 2 EStR). Damit liegt sowohl handels- als auch steuerrechtlich ein Wahlrecht vor (Fall 6 des Maßgeblichkeitsprinzips). Das Wahlrecht zur Behandlung von Investitionszuschüssen kann nach der von der Finanzverwaltung vorgenommenen Interpretation des § 5 Abs. 1 S. 1 HS 2 EStG in der Steuerbilanz unabhängig von der Vorgehensweise in der Handelsbilanz ausgeübt werden. Es besteht insoweit keine Maßgeblichkeit der Handelsbilanz für die Steuerbilanz. In Abhängigkeit von der Ausübung der Wahlrechte können Handels- und Steuerbilanz übereinstimmen oder auseinanderfallen.

---

175 Siehe hierzu Adler/Düring/Schmaltz, Rechnungslegung und Prüfung der Unternehmen, 6. Aufl., Stuttgart 1995, § 255 HGB, Tz. 56–62; Beck'scher Bilanz-Kommentar, 11. Aufl., München 2018, § 255 HGB, Anm 115–119; Rauert, Zuschüsse, in: Böcking/Castan/Heymann ua (Hrsg.), Beck'sches Handbuch der Rechnungslegung, München (Loseblattausgabe), B 720; Wohlgemuth/Radde, Anschaffungskosten, in: Böcking/Castan/Heymann ua (Hrsg.), Beck'sches Handbuch der Rechnungslegung, München (Loseblattausgabe), B 162, Rz. 72–75.

Durch die Besteuerung reduziert sich der Wert eines Zuschusses. Wird der Zuschuss sofort als Betriebseinnahme versteuert (zweite Alternative), führt ein 20%iger Zuschuss bei einem Steuersatz von 40% zur gleichen Vermögenssteigerung wie eine (steuerfreie) Investitionszulage von 12% = (1 – 0,40) × 20%. Wird der Zuschuss mit den Anschaffungs- bzw Herstellungskosten verrechnet (erste Alternative), erhöht sich der ökonomische Wert eines Zuschusses umso mehr, je länger die Nutzungsdauer des mit dem Zuschuss erworbenen Wirtschaftsguts ist. Die Ursache liegt darin, dass sich mit einer Zunahme der Nutzungsdauer der Zeitraum verlängert, innerhalb dessen sich der Zuschuss erfolgswirksam auswirkt. Bei einem Vorsteuerzinssatz von 10% und einem Ertragsteuersatz von 40% entspricht ein Zuschuss von 20% – bezogen auf die Anschaffungs- oder Herstellungskosten des Wirtschaftsguts – einem Vermögensvorteil von 12,87% (Nutzungsdauer drei Jahre), 13,26% (Nutzungsdauer fünf Jahre), 14,11% (Nutzungsdauer zehn Jahre) bzw 15,41% (Nutzungsdauer 20 Jahre).[176]

5. Bewertungsvereinfachungen

a) Einordnung in das System der Grundsätze ordnungsmäßiger Buchführung

307 Der Grundsatz der Einzelbewertung führt bei vielen Wirtschaftsgütern zu einem hohen Organisationsaufwand. Dieser Systemgrundsatz lässt sich nur bei einer getrennten Lagerung der aus unterschiedlichen Lieferungen zugegangenen Wirtschaftsgüter und einer getrennten buchhalterischen Aufzeichnung der Anschaffungs- oder Herstellungskosten der einzelnen Wirtschaftsgüter umsetzen. Bei Wirtschaftsgütern, bei denen laufend Zu- und Abgänge stattfinden, sowie bei Wirtschaftsgütern, die gemeinsam gelagert werden (zB in einem Tank oder einem Silo), entstehen jedoch erhebliche praktische Schwierigkeiten. Um die Belastung aus der handels- und steuerrechtlichen Rechnungslegungspflicht in vertretbarem Rahmen zu halten, sehen das Handelsgesetzbuch sowie das Einkommensteuergesetz mehrere Bewertungsvereinfachungen vor. Von den im Hinblick auf **Wirtschaftlichkeitsüberlegungen** verbundenen Abweichungen vom Grundsatz der Einzelbewertung sind am weitesten verbreitet:

- Festbewertung
- Gruppenbewertung
- Sammelbewertung (Verbrauchsfolge- oder Veräußerungsfolgeverfahren).

Durch die Festbewertung, die Gruppenbewertung und die Sammelbewertung (Verbrauchsfolge- oder Veräußerungsfolgeverfahren) werden die **Ausgangsgrößen** (die Basiswerte) ermittelt. Welcher Bilanzansatz zu wählen ist, kann erst nach einem Vergleich der Anschaffungs- oder Herstellungskosten mit dem Teilwert bestimmt werden. Der Anwendungsbereich des Imparitätsprinzips (in seiner Unterform Niederstwertprinzip) wird durch die Bewertungsvereinfachungen nicht eingeschränkt.

Aus systematischer Sicht ist zwischen Bestandsermittlung und Wertermittlung zu differenzieren. Eine Bestandsermittlung ist bei den aufgeführten Abweichungen vom Prinzip der Einzelbewertung **grundsätzlich** erforderlich, **lediglich bei der Wertfestsetzung** werden bestimmte **Vereinfachungen** vorgenommen. Eine **Ausnahme** bildet der **Festwert**, bei dem nur nach jedem dritten Jahr eine körperliche Bestandsaufnahme (Inventur) vorzunehmen ist.

176 Zum Berechnungsansatz siehe Band III: Steuerplanung, Vierter Teil, Fünfter Abschnitt, Kapitel C.

b) Festbewertung

Bei der Festbewertung handelt es sich um eine **Inventurvereinfachung**, die **am Mengengerüst** ansetzt. **Wirtschaftsgüter des Anlagevermögens** sowie **Roh-, Hilfs- und Betriebsstoffe** können, wenn sie regelmäßig ersetzt werden und ihr Gesamtwert für das Unternehmen von nachrangiger Bedeutung ist, mit einer **gleichbleibenden Menge** und einem **gleichbleibenden Wert** angesetzt werden, sofern ihr Bestand in seiner Größe, seinem Wert und seiner Zusammensetzung nur geringen Veränderungen unterliegt. Eine körperliche Bestandsaufnahme ist in der Regel nur nach jeweils drei Jahren durchzuführen (§ 240 Abs. 3 HGB). Diese **Inventurerleichterung** kann für die Bewertung in der Handelsbilanz und in der Steuerbilanz übernommen werden (§ 256 S. 2 HGB, R 5.4 Abs. 3 EStR).[177] Das Wahlrecht zur Anwendung der Festbewertung ist in den beiden Bilanzen in übereinstimmender Weise auszuüben. 308

Nach Ansicht der Finanzverwaltung liegt Fall 5 des Maßgeblichkeitsprinzips vor: Nebeneinander von handelsrechtlichem Wahlrecht und fehlender steuerlicher Vorschrift.[178] Die Vorgabe einer einheitlichen Vorgehensweise leitet die Finanzverwaltung damit aus § 5 Abs. 1 S. 1 HS 1 EStG ab. Diese Interpretation des Maßgeblichkeitsprinzips ist insoweit nicht konsequent, als die Finanzverwaltung ansonsten davon ausgeht, dass sich steuerliche Wahlrechte auch aus Verwaltungsanweisungen ergeben können und dabei ausdrücklich auf die EStR und BMF-Schreiben verweist.[179]

Nachrangigkeit liegt vor, wenn der Gesamtwert der in die Festbewertung einbezogenen Wirtschaftsgüter im Durchschnitt an den letzten fünf Bilanzstichtagen 10% der Bilanzsumme nicht überstiegen hat.

Der **Ansatz** mit einer gleichbleibenden Menge (Festmenge) und einem gleichbleibenden Wert (Festwert) **empfiehlt sich** insbesondere **für Massengüter**, bei denen die Einzelbewertung organisatorisch aufwendig ist und wegen des nachrangigen Werts zu betragsmäßig unbedeutenden Abweichungen führt. Typische Beispiele hierfür sind Werkzeuge, Formen, Hotelgeschirr, Hotelwäsche, Laboreinrichtungen, Gerüst- und Schalungsteile im Baugewerbe.

Bei diesen Wirtschaftsgütern handelt es sich häufig um geringwertige Wirtschaftsgüter (GWG). Betragen die Anschaffungs- oder Herstellungskosten der GWG nicht mehr als 250 €, können diese im Jahr des Zugangs sofort als Betriebsausgaben verrechnet werden. Übersteigen die Anschaffungs- oder Herstellungskosten der GWG diesen Grenzwert, stellt die Festbewertung eine Alternative zur Bewertungsfreiheit nach § 6 Abs. 2 EStG (Anschaffungs- oder Herstellungskosten höchstens 800 €) oder zur Bildung eines Sammelpostens nach § 6 Abs. 2a EStG (Anschaffungs- oder Herstellungskosten höchstens 1000 €) dar.[180]

Für Wirtschaftsgüter, für die ein Festwert angesetzt wird, sind **keine planmäßigen Abschreibungen** zu verrechnen. Die **Zugänge** werden sofort **als Aufwand gebucht**. Abgänge werden in der Finanzbuchhaltung nicht erfasst. Die in die Festbewertung 309

177 Siehe auch BMF-Schreiben vom 8.3.1993, BStBl. 1993 I, S. 276 sowie Richter, StBp 2009, S. 249; Utz, SteuerStud 2005, S. 305.
178 Vgl BMF-Schreiben vom 12.3.2010, BStBl. 2010 I, S. 239, Tz. 7.
179 Vgl BMF-Schreiben vom 12.3.2010, BStBl. 2010 I, S. 239, Tz. 12.
180 Zur steuerbilanziellen Behandlung von geringwertigen Wirtschaftsgütern siehe Kapitel III.2.f), Rn. 358–363.

einbezogenen Wirtschaftsgüter brauchen nicht in ein Bestandsverzeichnis aufgenommen zu werden (R 5.4 Abs. 1 S. 3 EStR).

Die Vereinfachung der Festbewertung besteht darin, dass die im Unternehmen vorhandene Anzahl an Wirtschaftsgütern nicht jährlich durch eine körperliche Bestandsaufnahme zu ermitteln ist, sondern für die Inventur grundsätzlich ein Drei-Jahres-Rhythmus ausreicht. Die im Rahmen der Überprüfung des Festwerts festgestellten **Abweichungen gegenüber dem bisherigen Festwert** sind wie folgt zu behandeln (R 5.4 Abs. 3 EStR):

- **Übersteigt der ermittelte Wert** aufgrund veränderter Größe, veränderter Zusammensetzung oder verändertem Wert der in dem Festwert zusammengefassten Wirtschaftsgüter **den bisherigen Festwert um mehr als 10%**, ist der ermittelte Wert als **neuer Festwert anzusetzen**. Der alte Wert darf jedoch nicht unmittelbar durch den neuen Wert ersetzt werden, vielmehr ist der bisherige Festwert so lange um die Anschaffungs- bzw Herstellungskosten der seit dem letzten Bilanzstichtag zugegangenen Wirtschaftsgüter aufzustocken, bis der im Rahmen der Inventur ermittelte (höhere) Festwert erreicht ist.
- **Liegt der Wert des Istbestands zwischen 100 und 110% des bisherigen Festwerts**, hat der Bilanzierende ein **Wahlrecht**, den alten Festwert fortzuführen oder einen Zugang zu verbuchen.
- Wird im Rahmen der Inventur eine **Minderung des Festwerts** festgestellt, besteht nach Auffassung der Finanzverwaltung ein **Wahlrecht**, den Festwert zu verringern.

Bei Wirtschaftsgütern des Anlagevermögens, die der Abnutzung unterliegen, bilden nicht die Anschaffungs- oder Herstellungskosten die Grundlage für die Bestimmung des Festwerts. Vielmehr sind bei der Einführung der Festbewertung die Anschaffungs- oder Herstellungskosten der vorhandenen Wirtschaftsgüter so lange um planmäßige Abschreibungen zu vermindern, bis 40 – 50% der Anschaffungs- bzw Herstellungskosten erreicht sind.

c) Gruppenbewertung

310 **Gleichartige Wirtschaftsgüter des Vorratsvermögens** (Roh-, Hilfs- und Betriebsstoffe, unfertige Erzeugnisse, Fertigerzeugnisse, Waren) sowie **andere gleichartige oder annähernd gleichwertige bewegliche Wirtschaftsgüter** (zB Wertpapiere, Wirtschaftsgüter des Anlagevermögens) können jeweils **zu einer Gruppe zusammengefasst** und **mit dem gewogenen Durchschnittswert bewertet** werden (§ 240 Abs. 4, § 256 S. 2 HGB, R 6.8 Abs. 4 EStR). Das Wahlrecht zur Anwendung der Gruppenbewertung ist in der Handelsbilanz und in der Steuerbilanz in übereinstimmender Weise auszuüben. Nach Ansicht der Finanzverwaltung liegt Fall 5 des Maßgeblichkeitsprinzips vor: Nebeneinander von handelsrechtlichem Wahlrecht und fehlender steuerlicher Vorschrift. Die Vorgabe einer einheitlichen Vorgehensweise leitet die Finanzverwaltung damit aus § 5 Abs. 1 S. 1 HS 1 EStG ab. Diese Interpretation des Maßgeblichkeitsprinzips ist – wie bei der Festbewertung – insoweit inkonsequent, als die Finanzverwaltung ansonsten davon ausgeht, dass sich steuerliche Wahlrechte auch aus Verwaltungsanweisungen ergeben können und dabei ausdrücklich auf die EStR und BMF-Schreiben verweist.[181]

---

181 Insoweit kommt es zwischen den Tz. 7 und 12 des BMF-Schreibens vom 12.3.2010, BStBl. 2010 I, S. 239 zu einem Widerspruch.

Die **Inventurvereinfachung** der Gruppenbewertung setzt **am Wertgerüst** der Wirtschaftsgüter an. Die Erleichterung im Rahmen der Inventur und der Bewertung besteht darin, dass nicht für jedes Wirtschaftsgut dessen individuelle Anschaffungs- bzw Herstellungskosten zu ermitteln sind, sondern für die zu einer Gruppe zusammengefassten Wirtschaftsgüter ein **Durchschnittswert** herangezogen wird. Die tatsächlich vorhandene Stückzahl (Mengengerüst) ist – im Gegensatz zur Festbewertung – **jährlich** durch eine **körperliche Bestandsaufnahme** zu ermitteln. Diese Bewertungsvereinfachung kommt insbesondere bei Wirtschaftsgütern zur Anwendung, die in größerer Stückzahl vorhanden sind und die einen geringen Wert besitzen. Nach dem Grundsatz der Richtigkeit ist eine Gruppenbewertung nur dann mit den GoB vereinbar, wenn der Durchschnittspreis nicht wesentlich vom tatsächlichen Wert abweicht.

Die Gruppenbewertung ist nur zulässig, wenn die Wirtschaftsgüter des Vorratsvermögens gleichartig bzw wenn die anderen beweglichen Wirtschaftsgüter gleichartig oder annähernd gleichwertig sind:

- **Gleichartigkeit** erfordert keine Identität der Wirtschaftsgüter. Es ist ausreichend, wenn die Wirtschaftsgüter zur gleichen Warengattung gehören (**Artgleichheit**, zB verschiedene Abmessungen desselben Produkts, Kleidungsstücke in unterschiedlicher Größe, Stühle oder Tische verschiedener Art) oder in gleicher Weise verwendet werden können (**Funktionsgleichheit**, zB Wirtschaftsgüter, die aus unterschiedlichen Materialien hergestellt sind). Zur Beurteilung der Gleichartigkeit sind insbesondere die marktübliche Einteilung in Produktklassen und die allgemeine Verkehrsanschauung heranzuziehen.[182]
- Das Kriterium **„Gleichwertigkeit"** ist erfüllt, wenn die **Bandbreite** zwischen dem höchsten und dem geringsten Einzelwert **nicht mehr als 20%** beträgt.[183] Die Gruppenbewertung ist unzulässig, wenn die Wirtschaftsgüter zufällig den gleichen Wert aufweisen, aber ansonsten der Art oder Funktion nach verschieden sind.

Die Bewertung der Gruppe kann entweder mit dem exakten Durchschnittswert oder mit einem geschätzten Durchschnittswert erfolgen. Die Schätzung hat sich an branchenbezogenen Erfahrungswerten zu orientieren (R 6.8 Abs. 4 S. 4, 5 EStR).

Beispiel für eine exakte Ermittlung des Durchschnittswerts: Ein Haushaltswarengeschäft hat in seinem Bestand an hochwertigen Edelstahlkochtöpfen während eines Jahres folgende Anfangsbestände und Zugänge aufgezeichnet.

	Stückzahl	**Einzelpreis**	**Gesamtwert**
Bestand 1.1.	20 Stück	100,00 €	2000 €
Lieferung 1	7 Stück	97,00 €	679 €
Lieferung 2	25 Stück	110,00 €	2750 €
Lieferung 3	10 Stück	95,00 €	950 €
Lieferung 4	14 Stück	105,00 €	1470 €
Summe	76 Stück	103,28 €	7849 €

182 Vgl Beck'scher Bilanz-Kommentar, 11. Aufl., München 2018, § 256 HGB, Anm 96.
183 Vgl Beck'scher Bilanz-Kommentar, 11. Aufl., München 2018, § 240 HGB, Anm 137.

Durch Inventur wird am Abschlussstichtag ein Bestand von 50 Kochtöpfen ermittelt. Der gewogene Durchschnittswert aus Anfangsbestand und Zugängen beträgt 103,28 € (= 7849 €/76 Stück).

Der *Bestand* am Abschlussstichtag wird mit 5164 € (= 103,28 €/Stück × 50 Stück) bewertet. Der *Abgang* der Periode von 26 Stück (= 76 Stück – 50 Stück) ist ebenfalls mit dem Durchschnittswert zu bewerten. Als Aufwand (Bestandsminderungen) sind 2685 € zu verrechnen.

Beispiel für eine Schätzung des Durchschnittswerts: Ein Bekleidungsunternehmen hat am Abschlussstichtag 1013 Hemden auf Lager, deren Anschaffungskosten jeweils zwischen 25,50 und 27,15 € liegen. Nach einer Schätzung beläuft sich der Durchschnittswert auf 26,00 €. Die Hemden gehen mit 26 338 € (= 1013 Stück × 26 €/Stück) in die Steuerbilanz ein.

d) Sammelbewertung (Verbrauchsfolge- oder Veräußerungsfolgeverfahren)

311 *(1) Unterteilung und Zulässigkeit der Methoden einer Sammelbewertung:* Soweit es den **Grundsätzen ordnungsmäßiger Buchführung entspricht**, kann für **gleichartige Wirtschaftsgüter des Vorratsvermögens** zur Ermittlung der Anschaffungs- oder Herstellungskosten der am Abschlussstichtag vorhandenen Bestände unterstellt werden, dass die zuerst oder die zuletzt angeschafften bzw hergestellten Wirtschaftsgüter zuerst verbraucht oder veräußert worden sind (§ 256 S. 1 HGB). Bei der **Sammelbewertung** (Verbrauchsfolge- oder Veräußerungsfolgeverfahren) liegt die **Vereinfachung** bei der **Ermittlung des Wertgerüsts**. Eine körperliche Bestandsaufnahme (Inventur) ist weiterhin an jedem Abschlussstichtag vorzunehmen.

312 Bei der Sammelbewertung können zwei **Verbrauchs- bzw Veräußerungsfolgen unterstellt** werden:

- Beim **lifo-Verfahren** wird angenommen, dass die zuletzt beschafften Wirtschaftsgüter (last in) zuerst verbraucht werden (first out).
- Das **fifo-Verfahren** unterstellt umgekehrt, dass die zuerst beschafften Wirtschaftsgüter (first in) als Erste abgehen (first out).

313 Als dritte Alternative kann die **Durchschnittsbewertung** genannt werden. Eine Zuordnung der Durchschnittsbewertung zur Sammelbewertung (§ 256 S. 1 HGB) führt zum gleichen Ergebnis wie die Gruppenbewertung (§ 240 Abs. 4, § 256 S. 2 HGB), wenn bei der Gruppenbewertung der Durchschnittswert nicht geschätzt, sondern exakt ermittelt wird. Die Zulässigkeit der Durchschnittsbewertung ergibt sich nicht explizit aus dem Gesetz, sondern aus dem Grundsatz der Wirtschaftlichkeit und damit aus § 5 Abs. 1 S. 1 HS 1 EStG (Fall 7: Übernahme der Ausübung des Ermessensspielraums aus der handelsrechtlichen Rechnungslegung).

Die drei Methoden der Sammelbewertung **wirken sich** auf die Zusammensetzung des Endbestands sowie des Verbrauchs wie folgt **aus**:

Verfahren	Fiktion für die Zusammensetzung des Verbrauchs	Fiktion für die Zusammensetzung des Endbestands
lifo-Verfahren	die letzten Lieferungen und ggf Teile des Anfangsbestands	Anfangsbestand und ggf die ersten Lieferungen des laufenden Jahres
fifo-Verfahren	Anfangsbestand und ggf die ersten Lieferungen des laufenden Jahres	die letzten Lieferungen und ggf Teile des Anfangsbestands
Durchschnitts-bewertung	mit dem aus dem Anfangsbestand und den Zugängen ermittelten Durchschnittswert	mit dem aus dem Anfangsbestand und den Zugängen ermittelten Durchschnittswert

Abb. 29: Auswirkungen der Sammelbewertung auf die Bewertung des Verbrauchs und den Endbestand

Von den Verbrauchs- und Veräußerungsfolgeverfahren gehen in Inflationszeiten idealtypisch folgende Wirkungen aus:

Verfahren	Gewinn- und Verlustrechnung (Erfolgswirkung)	Bilanz
lifo-Verfahren	Aufwandsverrechnung mit aktuellen Preisen	Bewertung mit den ursprünglichen Einstandspreisen (Unterbewertung des Vorratsvermögens)
fifo-Verfahren	Aufwandsverrechnung mit den ursprünglichen Einstandspreisen (Unterbewertung des Verbrauchs)	Bewertung des Vorratsvermögens mit aktuellen Preisen
Durchschnitts-bewertung	Aufwandsverrechnung mit durchschnittlichen Preisen	Bewertung des Vorratsvermögens mit durchschnittlichen Preisen

Abb. 30: Wirkungen der Sammelbewertung bei steigenden Preisen

Beispiel: Durch Bestandsaufzeichnung werden folgende Daten ermittelt:

	Menge	Anschaffungskosten pro Stück	Anschaffungskosten gesamt
Anfangsbestand	80	17 €	1360 €
Zugang 1	70	16 €	1120 €
Zugang 2	100	21 €	2100 €
Zugang 3	60	14 €	840 €
Zugang 4	110	18 €	1980 €
Summe	420		7400 €

Aus diesen Angaben errechnet sich ein durchschnittlicher Stückpreis von 17,62 € (= 7400 €/ 420 Stück). Bei einem Endbestand von 60 Stück ergeben sich folgende Auswirkungen:

Verfahren	Bewertung des Verbrauchs	Anschaffungskosten des Endbestands
lifo-Verfahren	6380 €	1020 €
fifo-Verfahren	6320 €	1080 €
Durchschnittsbewertung	6343 €	1057 €

314 **Handelsrechtlich** sind **alle drei Methoden zulässig**. Für die **steuerliche Gewinnermittlung** werden **nur** die **Durchschnittsbewertung** und das **lifo-Verfahren** anerkannt (§ 6 Abs. 1 Nr 2a EStG, R 6.9 Abs. 1 EStR).

Die **Voraussetzungen für** die Anwendung des **lifo-Verfahrens** sind:[184]

- **gleichartige Wirtschaftsgüter des Vorratsvermögens** (diese Voraussetzung gilt sowohl für die Handelsbilanz als auch für die Steuerbilanz),
- die Anwendung entspricht den **Grundsätzen ordnungsmäßiger Buchführung** (für Handels- und Steuerbilanz erforderlich),
- **Gewinnermittlung nach § 5 EStG** (nur für Steuerbilanz relevant).

Bei einem Nebeneinander von handels- und steuerrechtlichem Wahlrecht vertritt die Finanzverwaltung die Auffassung, dass in der Steuerbilanz das lifo-Verfahren auch dann zulässig ist, wenn in der Handelsbilanz eine Einzelbewertung oder das fifo-Verfahren angewendet wird. Über das **steuerliche Wahlrecht** kann bei Aufstellung der **Steuerbilanz unabhängig von** der Ausübung des Wahlrechts in der **Handelsbilanz** entschieden werden (R 6.9 Abs. 1 EStR).[185] Das Nebeneinander von handels- und steuerlichem Wahlrecht wurde bei der Einteilung des Maßgeblichkeitsprinzips dem Fall 6 (keine Maßgeblichkeit) zugeordnet. Aufgrund des in § 6 Abs. 1 Nr 2a EStG enthaltenen Wahlrechts müsste deshalb auch ein Nebeneinander von Durchschnittsbewertung in der Handelsbilanz und lifo-Verfahren in der Steuerbilanz zulässig sein.[186]

Wendet ein Steuerpflichtiger das lifo-Verfahren an, darf er von dieser Verbrauchs- oder Veräußerungsfolge in späteren Wirtschaftsjahren nur mit Zustimmung des Finanzamts abweichen (gesetzliche Konkretisierung des Grundsatzes der Bewertungsstetigkeit in § 6 Abs. 1 Nr 2a S. 3 EStG).

184 Zum lifo-Verfahren siehe BMF-Schreiben vom 12.5.2015, BStBl. 2015 I, S. 462 sowie Augustin, RIW 1995, S. 564; Claassen/Sprey, DB 1993, S. 497; Drüen/Mundfortz, DB 2014, S. 2245; Hennrichs, Ubg 2011, S. 705; Herzig, DB 2014, S. 1756; Herzig/Gasper, DB 1991, S. 557; Herzig/Gasper, DB 1992, S. 1301; Hildebrandt, DB 2011, S. 1999; Hüttemann/Meinert, Die Lifo-Methode in Handels- und Steuerbilanz, IFSt-Schrift Nr 486, Berlin 2013; Hüttemann/Meinert, DB 2013, S. 1865; Köhler, StBp 1999, S. 315; Köhler, StBp 2016, S. 249; Mayer-Wegelin, BB 1991, S. 2256; Mayer-Wegelin, DB 2001, S. 554; Schulz/Fischer, WPg 1989, S. 489, S. 525; Siegel, DB 1991, S. 1941.

185 Voraussetzung für die Anwendung des lifo-Verfahrens in der Steuerbilanz ist allerdings, dass das lifo-Verfahren in der Handelsbilanz dem Grunde nach zulässig ist. Eine Einzelbewertung im IFRS-Abschluss steht der Anwendung des lifo-Verfahrens in der Steuerbilanz nicht entgegen, vgl BMF-Schreiben vom 12.5.2015, BStBl. 2015 I, S. 462, Tz. 10.

186 R 6.9 EStR ist insoweit nicht eindeutig, als die Durchschnittsbewertung nicht angeführt wird.

(2) Formen des lifo-Verfahrens: Das lifo-Verfahren gliedert sich in mehrere **Unter- formen**: 315

- permanentes lifo
- Perioden-lifo
  - ohne Layerbildung
  - mit Layerbildung.

Der Wechsel zwischen den Unterformen des lifo-Verfahrens ist ohne Zustimmung des Finanzamts zulässig. Allerdings sind – wie bei jeder Änderung der Bewertungsmethode – die aus dem Grundsatz der Bewertungsstetigkeit resultierenden Einschränkungen zu beachten (R 6.9 Abs. 5 EStR, § 252 Abs. 1 Nr 6 HGB).

– Das **permanente lifo** setzt eine **fortlaufende** mengen- und wertmäßige **Erfassung** 316
der Zu- und Abgänge voraus (R 6.9 Abs. 4 S. 2 EStR). Jeder Abgang wird mit den Werten der zum Zeitpunkt dieses Abgangs zuletzt zugegangenen Wirtschaftsgüter bewertet. Das permanente lifo ist sehr arbeitsaufwendig. Aufgrund der fortlaufenden Erfassung der Bestandsbewegungen lässt sich mit ihm nur ein geringer Vereinfachungseffekt erzielen. Das permanente lifo kommt deshalb nur ausnahmsweise zur Anwendung.

Beispiel: Der Textilgroßhändler V-GmbH führt in seinem Sortiment T-Shirts. In Periode 01 sind im Lager der V-GmbH folgende Bestandsbewegungen aufgetreten:

	Datum	**Menge**	**Anschaffungskosten pro Stück**
Anfangsbestand	1.1.01	1 000	20 €
Zugang 1	1.3.01	500	21 €
Zugang 2	1.6.01	200	22 €
Zugang 3	1.9.01	300	23 €
Zugang 4	1.12.01	800	24 €
Abgang 1	1.4.01	800	
Abgang 2	1.7.01	100	
Abgang 3	1.10.01	350	

Abgang 1:	500 Stück zu 21 €	(Zugang 1)	10 500 €	
	300 Stück zu 20 €	(Anfangsbestand)	+ 6 000 €	16 500 €
Abgang 2:	100 Stück zu 22 €	(Zugang 2)		+ 2 200 €
Abgang 3:	300 Stück zu 23 €	(Zugang 3)	6 900 €	
	50 Stück zu 22 €	(Zugang 2)	+ 1 100 €	+ 8 000 €
Summe der Abgänge				= 26 700 €
Endbestand	800 Stück zu 24 €	(Zugang 4)	19 200 €	
	50 Stück zu 22 €	(Zugang 2)	+ 1 100 €	
	700 Stück zu 20 €	(Anfangsbestand)	+ 14 000 €	= 34 300 €

– Beim **Perioden-lifo ohne Layerbildung** wird im Gegensatz zum permanenten lifo 317
nicht jeder einzelne Abgang **bewertet**, sondern **lediglich** der **Bestand zum Ende des Wirtschaftsjahres** (R 6.9 Abs. 4 S. 3, 4 EStR). Wenn keine Layer gebildet werden, sind die im abgelaufenen Wirtschaftsjahr eingetretenen Bestandserhöhungen mit dem Anfangsbestand zu einem neuen Gesamtbestand zusammenzufassen.

Fortführung des Beispiels: Beim Perioden-lifo ohne Layerbildung sind die Abgänge und der Endbestand wie folgt zu bewerten:

Abgang 1:	800 Stück zu 24 €	(Zugang 4)		19 200 €
Abgang 2:	100 Stück zu 23 €	(Zugang 3)		+ 2 300 €
Abgang 3:	200 Stück zu 23 €	(Zugang 3)	4 600 €	
	150 Stück zu 22 €	(Zugang 2)	+ 3 300 €	+ 7 900 €
Summe der Abgänge				= 29 400 €
Endbestand:	50 Stück zu 22 €	(Zugang 2)	1 100 €	
	500 Stück zu 21 €	(Zugang 1)	+ 10 500 €	
	1 000 Stück zu 20 €	(Anfangsbestand)	+ 20 000 €	= 31 600 €

Beim Perioden-lifo ohne Layerbildung wird der Endbestand am 31.12.01 mit 31 600 € bewertet, während dieser beim permanenten lifo 34 300 € beträgt. Dementsprechend hat sich beim Perioden-lifo ohne Layerbildung der Wert der Materialaufwendungen von 26 700 auf 29 400 € erhöht.

318 – Das **Perioden-lifo mit Layerbildung** ist dadurch gekennzeichnet, dass **Mehrbestände** nicht mit dem Anfangsbestand zu einem (neuen) Gesamtbestand zusammengefasst werden, sondern **gesondert** – als Layer (Schicht, Ableger) – **erfasst** werden. Für die **Bewertung der Layer** stellt die Finanzverwaltung **zwei Möglichkeiten** zur Wahl (R 6.9 Abs. 4 S. 5 EStR): (a) Der Layer (Mehrbestand) wird mit den Anschaffungs- oder Herstellungskosten der **ersten Lagerzugänge des Wirtschaftsjahres** bewertet. Diese Vorgehensweise entspricht der konsequenten Weiterführung des Gedankens, der dem lifo-Verfahren zugrunde liegt. (b) Der Mehrbestand wird mit den **durchschnittlichen** Anschaffungs- oder Herstellungskosten der **Zugänge** des abgelaufenen **Wirtschaftsjahres** bewertet. Bei dieser Vorgehensweise wird das lifo-Verfahren mit der Durchschnittsbewertung kombiniert.

Fortführung des Beispiels: Beim Perioden-lifo mit Layerbildung wird der Anfangsbestand unverändert mit 20 000 € bewertet (= 1000 Stück zu 20 €). Der Layer umfasst einen Mehrbestand von 550 T-Shirts, weil der Endbestand mit 1550 Stück über dem Anfangsbestand von 1000 Stück liegt.

Bei einer Bewertung des Layers mit den Anschaffungskosten der ersten Zugänge weist dieser einen Wert von 11 600 € auf (= 500 Stück × 21 €/Stück + 50 Stück × 22 €/Stück). Wird der Layer mit den durchschnittlichen Anschaffungskosten der Zugänge des Jahres 01 bewertet, beträgt der Wert des Layers 12 529 € (= 550 Stück × 22,78 €/Stück).

Für den Endbestand ergeben sich Anschaffungskosten von 31 600 € (Bewertung des Layers mit den Anschaffungskosten der ersten Zugänge) bzw von 32 529 € (Bewertung des Layers mit den durchschnittlichen Anschaffungskosten der Zugänge des Jahres 01). In der Gewinn- und Verlustrechnung werden Materialaufwendungen von 29 400 bzw 28 471 € verrechnet.

Zum Vergleich: Ohne Bildung eines Layers wird der Endbestand mit 31 600 € bewertet. In die Gewinn- und Verlustrechnung gehen Materialaufwendungen von 29 400 € ein.

In jedem Wirtschaftsjahr, in dem sich der Endbestand erhöht, ist ein neuer Layer zu bilden. Der erste Bestand und die einzelnen **Layer sind getrennt fortzuführen**. Bei Bestandsminderungen bzw bei Preisrückgängen ist wie folgt vorzugehen:

– Reduziert sich in zukünftigen Wirtschaftsjahren die Anzahl der vorhandenen Wirtschaftsgüter, sind die **Minderbestände von** den jeweils **neuesten Layern zu kürzen** (R 6.9 Abs. 4 S. 6 EStR).

– Der Vergleich zwischen den Anschaffungs- oder Herstellungskosten und dem **Teilwert** ist für den ursprünglichen Anfangsbestand und für jeden Layer getrennt durchzuführen. Ob eine **außerplanmäßige Abschreibung nach dem Niederstwertprinzip** vorgenommen werden kann, ist **für jeden Layer gesondert zu prüfen** (R 6.9 Abs. 6 EStR).

Werden keine Layer gebildet, ergibt sich die Bewertung von Bestandsminderungen aus dem durchschnittlichen Wert der verschiedenen in der Vergangenheit gebuchten Bestandserhöhungen und das Niederstwertprinzip ist auf den Gesamtbestand anzuwenden.

(3) Beurteilung des lifo-Verfahrens: Im ersten Schritt wird gezeigt, welche Auswirkungen sich bei Anwendung des lifo-Verfahrens ergeben. Beurteilungsmaßstab bilden die Ziele, die mit diesem Verbrauchs- bzw Veräußerungsfolgeverfahren verfolgt werden. Im zweiten Schritt wird analysiert, welche Konsequenzen sich aus diesen Zielen für die Interpretation der kontrovers diskutierten Voraussetzungen „Vereinbarkeit mit den Grundsätzen ordnungsmäßiger Buchführung" sowie „Gleichartigkeit der Wirtschaftsgüter" ergeben. **319**

– Mit dem lifo-Verfahren werden **zwei Ziele** verfolgt: Bewertungsvereinfachung und Vermeidung einer Besteuerung von Scheingewinnen. **320**

Ein wichtiger Vorteil des lifo-Verfahrens besteht in einer vereinfachten Ermittlung der Anschaffungs- oder Herstellungskosten. Der mengenmäßige Bestand der am Abschlussstichtag vorhandenen Wirtschaftsgüter wird im Rahmen der Inventur ermittelt. Bei der Bewertung der Wirtschaftsgüter wird allerdings auf eine exakte Zurechnung der Anschaffungs- oder Herstellungskosten auf die einzelnen Wirtschaftsgüter verzichtet. Nach dem Grundsatz der Wesentlichkeit sind **Bewertungsvereinfachungen** im Allgemeinen nur dann zulässig, wenn trotz der damit verbundenen Abweichung vom Grundsatz der Einzelbewertung der Gewinn nicht erheblich von dem abweicht, der sich bei einer exakten Berechnung ergibt.[187] Gegen diese Voraussetzung wird beim lifo-Verfahren in Inflationszeiten generell verstoßen: Beim lifo-Verfahren werden die Endbestände in der Bilanz, gemessen an dem jeweiligen Stichtagswert, prinzipiell zu niedrig ausgewiesen. Da die Abgänge jeweils mit den für die letzten Zugänge anfallenden Erwerbsaufwendungen bewertet werden, verbleiben als Endbestand die ersten Zugänge, deren Anschaffungs- oder Herstellungskosten bei kontinuierlich steigenden Preisen im Vergleich zu den Stichtagswerten niedriger sind. Die Unterbewertungen fallen umso stärker aus, je höher die Preissteigerungen sind und je länger das lifo-Verfahren angewendet wird. Wird von laufend steigenden Preisen ausgegangen, sind die stillen Reserven beim Perioden-lifo mit Layerbildung höher als beim Perioden-lifo ohne Layerbildung und diese wiederum höher als beim permanenten lifo.

Da die Effekte des lifo-Verfahrens bekannt sind und das lifo-Verfahren für die steuerliche Gewinnermittlung dennoch zugelassen wird, kann es sich bei diesem Verbrauchsfolge- bzw Veräußerungsfolgeverfahren nicht nur um eine Bewertungsvereinfachung handeln, vielmehr wird mit ihm noch ein weiteres Ziel verfolgt: **Vermeidung der Besteuerung von Scheingewinnen**. Ein Kennzeichen des lifo-Verfahrens ist, dass der Verbrauch von Wirtschaftsgütern des Vorratsvermögens mit möglichst **321**

187 Zum Grundsatz der Wirtschaftlichkeit siehe Erster Abschnitt, Kapitel D.III.5., Rn. 87–88.

aktuellen Preisen bewertet wird. Damit wird tendenziell eine nach betriebswirtschaftlichen Grundsätzen als sinnvoll angesehene Bewertung mit den Wiederbeschaffungskosten vorgenommen. Insoweit stimmt die Vorgehensweise in der handels- und steuerrechtlichen Rechnungslegung mit der Kalkulation in der Kostenrechnung überein. Durch das lifo-Verfahren wird ansatzweise der Ausweis von Scheingewinnen (Gewinne, die nur auf Preissteigerungen beruhen) vermieden.

Das Ziel „Vermeidung der Besteuerung von Scheingewinnen" wird jedoch **nicht vollständig erreicht**. Aufgrund des Nominalwertprinzips stimmt in der Zusammenfassung aller Perioden die Summe der in der externen Rechnungslegung verrechneten Aufwendungen auch bei Anwendung des lifo-Verfahrens mit der Summe der geleisteten Auszahlungen überein. Dies wird nicht nur daran deutlich, dass der Materialverbrauch mit den beim Erwerb der letzten Zugänge angefallenen Anschaffungs- oder Herstellungskosten bewertet wird und nicht mit den am Wiederbeschaffungstag geltenden Preisen. Gravierender als diese Abweichungen sind die Effekte bei einer Minderung des Lagerbestands: Nach dem Konzept des lifo-Verfahrens sind Bestandsminderungen mit den (ursprünglichen) Anschaffungs- oder Herstellungskosten der zuletzt zugegangenen Wirtschaftsgüter zu bewerten. Bei hohen Preissteigerungen und längeren Phasen ohne Bestandserhöhungen kommt es in den Jahren, in denen sich der Lagerbestand vermindert, bei der Bewertung der Aufwendungen gegenüber einer Bewertung mit den Wiederbeschaffungskosten zu erheblichen Abweichungen. Diese fallen umso höher aus, je länger die Zeitspanne zwischen der letzten Periode der Bestandserhöhung und dem Abgang des Wirtschaftsguts ist. Dieser Effekt kann durch die Bildung von Layern nur abgeschwächt, aber nicht vollständig vermieden werden.

Das Ziel, durch Vermeidung der Besteuerung von Scheingewinnen eine Substanzerhaltung zu verwirklichen, wurde zwar bei Einführung der Zulässigkeit des lifo-Verfahrens für die steuerliche Gewinnermittlung im Rahmen des Gesetzgebungsverfahrens angeführt.[188] Die Analyse hat jedoch gezeigt, dass sich die **Effekte des lifo-Verfahrens** darauf **beschränken**, dass es gegenüber einer Einzelbewertung sowie im Vergleich zur Durchschnittsbewertung zu **Steuerstundungseffekten** kommt. Insoweit unterscheidet sich das lifo-Verfahren nicht gegenüber anderen Bilanzierungs- und Bewertungsregelungen, die zur Bildung von stillen Reserven (= Differenz zwischen dem Tageswert eines Wirtschaftsguts und seinem Buchwert) führen.

In der Literatur besteht **keine einheitliche Auffassung** darüber, **in welchem Verhältnis die beiden Ziele** „Bewertungsvereinfachung" (tendenziell enger Anwendungsbereich des lifo-Verfahrens) und „Vermeidung der Besteuerung von Scheingewinnen", genauer „Ertragsteuerstundung durch Bildung von stillen Reserven" (eher weiter Anwendungsbereich) **stehen**. Zum Teil wird davon ausgegangen, dass lediglich Wirtschaftlichkeitsüberlegungen heranzuziehen sind und dass der Steuerstundungseffekt lediglich eine Folge der mit dem lifo-Verfahren verbundenen Bewertungsvereinfachung ist. Die Meinungsverschiedenheiten führen dazu, dass die Voraussetzungen für die Anwendung des lifo-Verfahrens unterschiedlich interpretiert werden.

188 Vgl Bundesrat-Drucksache 100/88, S. 252, Bundestag-Drucksache 11/2157, S. 140.

– Bezieht man den Hinweis, dass die Sammelbewertung den **Grundsätzen ordnungsmäßiger Buchführung entsprechen** muss, auf die unterstellte Verbrauchs- bzw Veräußerungsfolge, steht die mit dem lifo-Verfahren verbundene Bewertungsvereinfachung im Vordergrund. Dies führt zu einem engen Anwendungsbereich des lifo-Verfahrens, da bei dieser Interpretation das lifo-Verfahren nur zulässig ist, wenn es möglichst nahe an dem Ergebnis liegt, das bei einer uneingeschränkten Anwendung des Einzelbewertungsgrundsatzes eintreten würde. Nach dem zu den Periodisierungsgrundsätzen gehörenden **Grundsatz der Abgrenzung von Aufwendungen der Sache nach** ist es erforderlich, dass der Steuerpflichtige die tatsächliche Verbrauchs- bzw Veräußerungsfolge ermittelt und bei der Bewertung des Verbrauchs von Wirtschaftsgütern des Vorratsvermögens anwendet. Eine Abweichung zwischen der tatsächlichen und der fiktiven Abgangsfolge wäre insoweit generell mit den Grundsätzen ordnungsmäßiger Buchführung nicht vereinbar. Diese Überlegung **führt im Allgemeinen zum fifo-Verfahren**, da diese Veräußerungs- bzw Verbrauchsfolge in der Mehrzahl der Fälle den tatsächlichen Gegebenheiten entspricht. Konsequenz dieses Gedankens ist, dass das lifo-Verfahren nur dann angewendet werden darf, wenn es der tatsächlichen Veräußerungs- bzw Verbrauchsfolge (zumindest näherungsweise) entspricht. Damit wäre sein **Anwendungsbereich auf Ausnahmefälle beschränkt**, wie beispielsweise die Bewertung von Schüttgütern (wie Kohle oder Kies). Ansonsten wäre das fifo-Verfahren vorzuziehen. Bei Flüssigkeiten, die sich bei gemeinsamer Lagerung vermischen, müsste auf die Durchschnittsbewertung zurückgegriffen werden. 322

Zwar kann aufgrund der Einordnung des § 6 Abs. 1 Nr 2a EStG sowie des § 256 S. 1 HGB als Bewertungsvereinfachung angenommen werden, dass es sich bei diesen Vorschriften im Verhältnis zum Grundsatz der Abgrenzung von Aufwendungen der Sache nach um Ausnahmevorschriften handelt. Es bleibt jedoch **offen**, in welchen Fällen eine Durchbrechung der Periodisierungsgrundsätze als vertretbar angesehen wird. Bei dieser anhand subjektiver Wertvorstellungen zu treffenden Entscheidung geht es in erster Linie darum, **wie weit die tatsächliche von der unterstellten Verbrauchsfolge abweichen darf**. Die Finanzverwaltung vertritt die Auffassung, dass die tatsächliche Verbrauchs- oder Veräußerungsfolge nicht mit der durch das lifo-Verfahren unterstellten Abgangsfolge übereinstimmen muss, allerdings darf sie auch nicht völlig unvereinbar mit dem betrieblichen Geschehensablauf sein. Die unterstellte Verbrauchsfolge muss zumindest theoretisch möglich sein (R 6.9 Abs. 2 S. 2 EStR). Von der Finanzverwaltung wird deshalb bei verderblichen Waren das lifo-Verfahren als unzulässig angesehen, da bei diesen die Bestände generell – also nicht nur zufällig – vollständig aufgebraucht werden.[189]

Geht man demgegenüber davon aus, dass die Forderung nach Vereinbarkeit mit den Grundsätzen ordnungsmäßiger Buchführung lediglich dazu dienen soll, Missbräuche im Zusammenhang mit dem Kriterium der Gleichartigkeit der Wirtschaftsgüter oder dem laufenden Wechsel zwischen verschiedenen Verfahren einer Sammelbewertung zu verhindern, wird das **Ziel einer Vermeidung der Besteuerung von Scheingewinnen**, genauer einer Erreichung eines Steuerstundungseffekts, **stärker gewichtet**. Der

189 Vgl BMF-Schreiben vom 12.5.2015, BStBl. 2015 I, S. 462, Tz. 5, 9.

damit verbundene tendenziell **weite Anwendungsbereich des lifo-Verfahrens** wird mit folgenden Argumenten begründet: Zum Ersten sind mittelfristig nahezu alle Wirtschaftsgüter verderblich, weil sie entweder technisch oder wirtschaftlich unbrauchbar werden, sodass ihre Verwendung als Produktionsfaktor oder ihre Veräußerbarkeit nach einiger Zeit verloren geht. Beispiele hierfür bilden nicht nur Arzneimittel, Chemikalien oder Saatgut, sondern auch Waren eines Bekleidungsunternehmens. Zum Zweiten würde eine enge Auslegung bestimmte Branchen von der Anwendung des lifo-Verfahrens ausschließen. Es ist nicht erkennbar, mit welchen Argumenten es im Hinblick auf den Grundsatz der Gleichmäßigkeit der Besteuerung gerechtfertigt werden kann, dass der mit dem lifo-Verfahren verbundene Steuerstundungseffekt nur von einem Teil der Steuerpflichtigen genutzt werden darf. Nach dieser Argumentation darf die Anwendung des lifo-Verfahrens nicht auf Ausnahmetatbestände beschränkt werden.

Bei der Prüfung der Voraussetzung „Vereinbarkeit mit den GoB" kommt es also zu einem **Zielkonflikt**. Diese Aussage gilt unabhängig davon, welcher der beiden Meinungen man sich anschließt: (a) Gewichtet man den Grundsatz der Wirtschaftlichkeit relativ stark, kann das lifo-Verfahren nur von einigen (wenigen) Steuerpflichtigen genutzt werden; den anderen Steuerpflichtigen wird der mit der Anwendung des lifo-Verfahrens verbundene Steuerstundungseffekt nicht gewährt. (b) Weist man dem lifo-Verfahren einen weiten Anwendungsbereich zu, entstehen in zahlreichen Fällen Steuerstundungseffekte. Von dem Steuerstundungseffekt profitieren die Steuerpflichtigen besonders stark, die über einen hohen Anteil an Wirtschaftsgütern des Vorratsvermögens verfügen (zB Einzelhandel, rohstoffintensive Unternehmen).

Solange das lifo-Verfahren gesetzlich zulässig ist, wird es hinsichtlich seines Anwendungsbereichs zu Meinungsverschiedenheiten kommen, da die **Auflösung des** zwischen den beiden Zielen „Vereinfachungsaspekt" und „Vermeidung der Besteuerung von Scheingewinnen" bestehenden **Zielkonflikts ein subjektives Werturteil des Gesetzesanwenders erfordert**. Die **Diskussion** um den Anwendungsbereich des lifo-Verfahrens und die Frage, inwieweit die tatsächliche von der unterstellten Verbrauchs- bzw Veräußerungsfolge abweichen darf, **lässt sich nur dadurch beenden, dass** man das lifo-Verfahren generell als unzulässig ansieht und bei der Bewertung von Wirtschaftsgütern des Vorratsvermögens **entweder** das **fifo-Verfahren oder** die **Durchschnittsbewertung vorschreibt**.

Ansatzweise geht die **Finanzrechtsprechung** diesen Weg. Nach Ansicht des Bundesfinanzhofs darf das lifo-Verfahren nicht angewendet werden, wenn die Wirtschaftsgüter absolut betrachtet einen hohen Wert besitzen, die Erwerbsaufwendungen ohne weiteres identifiziert und den einzelnen Wirtschaftsgütern aufgrund ihrer individuellen Merkmale ohne Schwierigkeiten zugeordnet werden können. Deshalb wurde beispielsweise bei Neufahrzeugen und Gebrauchtwagen, die zum Verkauf bestimmt sind, die Anwendung des lifo-Verfahrens abgelehnt.[190] Der Bundesfinanzhof stellt also darauf ab, dass sich die Zulässigkeit des lifo-Verfahrens primär aus dem Grundsatz der Wirtschaftlichkeit ableitet, während das Ziel der Vermeidung der Besteuerung von Scheingewinnen nicht zu den handelsrechtlichen Grundsätzen ordnungsmäßiger Buchführung zählt. Aufgrund des **ausschließlichen Abstellens auf den Aspekt der**

190 Vgl BFH vom 20.6.2000, BStBl. 2001 II, S. 636.

Bewertungsvereinfachung ist nach Ansicht des Bundesfinanzhofs das lifo-Verfahren nur bei Wirtschaftsgütern zulässig, bei denen entweder die Ermittlung der individuellen Anschaffungs- bzw Herstellungskosten der Wirtschaftsgüter im Einzelfall ausgeschlossen ist (zB bei gemeinsam gelagerten Flüssigkeiten) oder mit einem unvertretbar hohen Aufwand verbunden ist (beispielsweise bei Massenartikeln).

Demgegenüber vertritt die Finanzverwaltung die Auffassung, dass der Hinweis auf die Vereinbarkeit mit den GoB lediglich verlangt, dass die Anwendung des lifo-Verfahrens nach dem Wirtschaftlichkeits- und Wesentlichkeitsgrundsatz zu einer Bewertungsvereinfachung führt. Weitere Voraussetzungen bedarf es nicht.[191] Diese Auffassung steht im Gegensatz zu der Forderung, dass der Grundsatz der Wesentlichkeit nur herangezogen werden darf, wenn der steuerliche Gewinn nur unwesentlich von dem abweicht, der sich bei einer Anwendung des Einzelbewertungsgrundsatzes ergibt.

Das lifo-Verfahren ist auch dann zulässig, wenn beim Einsatz von IT-gestützten Lagerverwaltungsprogrammen zur Ermittlung der Anschaffungs- bzw Herstellungskosten noch weitere Rechen- und Ermittlungsschritte erforderlich sind. Die Anwendung des lifo-Verfahrens scheidet erst dann aus, wenn die individuellen Anschaffungs- bzw Herstellungskosten unmittelbar aus dem Lagerverwaltungsprogramm entnommen werden können.[192] Dadurch wird die mit dem Grundsatz der Wesentlichkeit verbundene Zielsetzung weiter zurückgedrängt.

– Die **Forderung nach Gleichartigkeit der Wirtschaftsgüter** ist erfüllt, wenn die **323**
über das lifo-Verfahren bewerteten Wirtschaftsgüter zur gleichen Warengattung gehören (**Artgleichheit**) oder in gleicher Weise verwendet werden können (**Funktionsgleichheit**). Bei der Prüfung der Art- und Funktionsgleichheit sind kaufmännische Gepflogenheiten, insbesondere die marktübliche Einteilung in Produktklassen, und die allgemeine Verkehrsanschauung sowie die individuelle Unternehmensstruktur zu berücksichtigen (R 6.9 Abs. 3 S. 1, 2 EStR).

Umstritten ist, **ob** das Kriterium „Gleichartigkeit der Wirtschaftsgüter" **auch** beinhaltet, dass die in die Sammelbewertung einbezogenen Wirtschaftsgüter annähernd **preisgleich** sein müssen. In Anlehnung an die Voraussetzungen für die Gruppenbewertung werden Preisdifferenzen von 20% als vertretbar angesehen (bei hohen absoluten Beträgen reduziert sich diese Spanne auf bis zu 5%).[193] Die Finanzverwaltung äußert sich nicht eindeutig: Sie führt aber aus, dass Wirtschaftsgüter mit erheblichen Qualitätsunterschieden nicht gleichartig sind und dass erhebliche Preisunterschiede als Anzeichen für Qualitätsunterschiede zu werten sind (R 6.9 Abs. 3 S. 3, 4 EStR).

Da die Abweichungen zweimal erheblich sein müssen (erhebliche Qualitätsunterschiede und erhebliche Preisunterschiede), die Forderung nach annähernder Preisgleichheit sehr unpräzise umschrieben ist und in den Gesetzesmaterialien zu § 6 Abs. 1 Nr 2a EStG ausgeführt wird, dass an das Merkmal „Gleichartigkeit der Wirt-

---

191 Vgl BMF-Schreiben vom 12.5.2015, BStBl. 2015 I, S. 462, Tz. 3.

192 Vgl BMF-Schreiben vom 12.5.2015, BStBl. 2015 I, S. 462, Tz. 3, 6.

193 Vgl Adler/Düring/Schmaltz, Rechnungslegung und Prüfung der Unternehmen, 6. Aufl., Stuttgart 1998, § 240 HGB, Tz. 127–128; Baetge/Kirsch/Thiele, Bilanzrecht, Bonn (Loseblattausgabe), § 240 HGB, Rz. 98; Beck'scher Bilanz-Kommentar, 11. Aufl., München 2018, § 240 HGB, Anm 137; § 256 HGB, Anm 23; gegen die Anwendung konkreter Schwellenwerte Hüttemann/Meinert, Die Lifo-Methode in Handels- und Steuerbilanz, IFSt-Schrift Nr 486, Berlin 2013, S. 49–51.

schaftsgüter" keine strengen Maßstäbe anzulegen sind, ergeben sich aus dieser Voraussetzung **keine wesentlichen Einschränkungen** für die Anwendung des lifo-Verfahrens.

Der Anwendungsbereich des lifo-Verfahrens kann ausgedehnt werden, wenn man dieses Verfahren einer Sammelbewertung mit der Gruppenbildung nach § 240 Abs. 4 HGB kombiniert. Beim Gruppen-lifo wird das Merkmal „Gleichartigkeit" nicht wie beim – bislang betrachteten – Einzel-lifo vertikal interpretiert (Art- und Funktionsgleichheit *im Zeitablauf*), sondern horizontal (Art- und Funktionsgleichheit *im gleichen Zeitpunkt*). Beim Einzel-lifo ist zu prüfen, in welchem Umfang zunächst gleiche Wirtschaftsgüter im Zeitablauf durch andere art- und funktionsgleiche Wirtschaftsgüter ersetzt werden dürfen, ohne dass die Voraussetzungen für das lifo-Verfahren entfallen. Demgegenüber müssen beim Gruppen-lifo bereits bei der erstmaligen Anwendung die Wirtschaftsgüter nicht gleich sein, vielmehr ist Gleichartigkeit ausreichend.

324 – **Zusammenfassend**: Die Diskussion um die Zulässigkeit des lifo-Verfahrens in der Steuerbilanz hat zu keinem eindeutigen Ergebnis geführt. Da das Verhältnis zwischen den beiden Zielen „Bewertungsvereinfachung" und „Vermeidung von Scheingewinnen" ungeklärt ist, lässt sich auch nicht mit Bestimmtheit sagen, inwieweit die tatsächliche von der unterstellten Verbrauchs- bzw Veräußerungsfolge abweichen darf. Aus der Voraussetzung „Gleichartigkeit der Wirtschaftsgüter" ergeben sich regelmäßig keine zusätzlichen Einschränkungen für die Anwendung des lifo-Verfahrens.

Aus systematischer Sicht ist nicht nachvollziehbar, dass das fifo-Verfahren im Rahmen der steuerlichen Gewinnermittlung nicht zulässig ist, obwohl mit dem fifo-Verfahren der gleiche Vereinfachungseffekt erreicht werden kann wie mit dem lifo-Verfahren und darüber hinaus die beim fifo-Verfahren unterstellte Verbrauchs- bzw Veräußerungsfolge dem betrieblichen Geschehensablauf häufig eher entspricht als das lifo-Verfahren.

Die Steuerpflichtigen, die das lifo-Verfahren einsetzen können, erzielen Steuerstundungseffekte, von denen andere Steuerpflichtige nicht profitieren können. Eine gemeinsame Betrachtung des Grundsatzes der Wirtschaftlichkeit sowie des Grundsatzes der Gleichmäßigkeit der Besteuerung hat deshalb zum **Ergebnis**, dass für die steuerliche Gewinnermittlung nicht auf das lifo-Verfahren zurückgegriffen werden sollte, sondern entweder auf das fifo-Verfahren oder die Durchschnittsbewertung.

III. Modifizierte Basiswerte (fortgeführte Anschaffungs- oder Herstellungskosten auf der Grundlage der Periodisierungsgrundsätze)

1. Begriff und Aufgaben von planmäßigen Abschreibungen (Abgrenzung von Aufwendungen der Sache und der Zeit nach)

a) Die um planmäßige Abschreibungen verminderten Anschaffungs- oder Herstellungskosten als Wertobergrenze

325 Bei Wirtschaftsgütern des Anlagevermögens, die der Abnutzung unterliegen, sind die Anschaffungs- oder Herstellungskosten um planmäßige Abschreibungen zu vermindern (§ 253 Abs. 3 S. 1, 2 HGB, § 6 Abs. 1 Nr 1 S. 1 EStG). Diese Regelung bewirkt, dass die **Anschaffungs- oder Herstellungskosten** eines abnutzbaren Wirtschaftsguts

des Anlagevermögens nach einem den Grundsätzen ordnungsmäßiger Buchführung entsprechenden Abschreibungsverfahren **aufwandswirksam** auf den Zeitraum **zu verteilen** sind, in dem das Wirtschaftsgut voraussichtlich genutzt wird.

Das Handelsgesetzbuch verwendet die **Bezeichnung** planmäßige Abschreibung, während im Rahmen der steuerlichen Gewinnermittlung von Absetzung für Abnutzung (AfA) bzw von Absetzung für Substanzverringerung (AfS) gesprochen wird (§ 7 EStG).

Die **Begründung** für die Verrechnung planmäßiger Abschreibungen bilden die zu **326** den **Periodisierungsprinzipien** gehörenden Grundsätze der Abgrenzung von Aufwendungen der Sache und der Zeit nach sowie die Entscheidung des Gesetzgebers, dass sich im Rahmen der externen Rechnungslegung der Gewinn aus einer Saldierung von Erträgen und Aufwendungen errechnet und nicht aus der Differenz zwischen Ein- und Auszahlungen (§ 252 Abs. 1 Nr 5 HGB, § 5 Abs. 1 S. 1 HS 1 EStG).

Der Erwerb eines Wirtschaftsguts (zB Lizenz, Fabrikationsgebäude, Maschine, Betriebs- oder Geschäftsausstattung) steht mit zukünftigen Umsatzerlösen in Verbindung. Während der Nutzung des Wirtschaftsguts erfordert der Grundsatz der Abgrenzung von Aufwendungen der Sache nach eine aufwandswirksame Verrechnung der Anfangsauszahlung (= der Anschaffungs- oder Herstellungskosten) entsprechend der jeweiligen Inanspruchnahme des betrachteten Wirtschaftsguts. Dem **Periodisierungsgedanken** wird eine Abschreibung entsprechend der jeweils auf den Leistungserstellungsprozess entfallenden Nutzung am besten gerecht. Da sich der Umfang der Nutzung, der auf die einzelne Leistungsabgabe entfällt, oft nur schwer nachweisen lässt, wird **aus Objektivierungsgründen häufig** eine **zeitraumbezogene** (lineare oder degressive) **Abschreibungsverrechnung** vorgenommen. Die zeitraumbezogene Abschreibung dient zum einen einer vereinfachten Ermittlung des Wertverlusts des im Unternehmen eingesetzten Wirtschaftsguts. Zum anderen kann sie als zeitliche Abgrenzung interpretiert werden. Erst im Anschluss an die Ermittlung der Periodenabschreibung erfolgt entsprechend dem Grundsatz der Abgrenzung von Aufwendungen der Sache nach eine anteilige Zurechnung auf die Herstellungskosten der mit dem abnutzbaren Wirtschaftsgut des Anlagevermögens produzierten Erzeugnisse.

Die **um planmäßige Abschreibungen verminderten Anschaffungs- oder Herstel- 327 lungskosten** übernehmen die Funktion des **modifizierten Basiswerts**. Gegenüber den nicht abnutzbaren Wirtschaftsgütern besteht der Unterschied, dass als Bezugspunkt für die weitere Bewertung nicht die Anschaffungs- oder Herstellungskosten dienen, sondern die fortgeführten Anschaffungs- oder Herstellungskosten die Wertobergrenze bilden.

b) Begründung für die planmäßigen Abschreibungen

(1) Ursachen für planmäßige Abschreibungen: Die Gründe für die zeitlich begrenz- **328** te Nutzungsfähigkeit eines Wirtschaftsguts und damit für die Berechtigung der planmäßigen Abschreibungen beruhen entweder auf einem verbrauchsbedingten **(technischen)** Wertverzehr, einem **wirtschaftlichen** Wertverzehr oder einem **rechtlich** (zeitlich) bedingten **Wertverzehr**.

Beispiele: technischer Wertverzehr (Abnahme der Nutzungsmenge): Abnutzungen durch *bestimmungsgemäßen* Gebrauch oder natürlichen Verschleiß (Witterung, Temperatureinflüsse, Rost), Substanzverringerungen im Bergbau, bei Steinbrüchen oder Kiesgruben

wirtschaftlicher Wertverzehr (Abnahme des Nutzungswerts): Wertminderungen aufgrund *vorhersehbarer* Marktveränderungen und Produktionsumstellungen

rechtlich bedingter Wertverzehr (Ablauf der Nutzungszeit): Ablauf von zeitlich befristeten Nutzungsrechten, Schutzrechten oder Konzessionen.

Wie die Gründe für planmäßige Abschreibungen zeigen, gehören zu den **abnutzbaren Wirtschaftsgütern des Anlagevermögens** beispielsweise Gebäude, technische Anlagen, Maschinen, die Betriebs- und Geschäftsausstattung, Werkzeuge und Schiffe.

Bei immateriellen Wirtschaftsgütern handelt es sich dann um abnutzbare Wirtschaftsgüter des Anlagevermögens, wenn sich ihre Nutzungsmöglichkeit innerhalb einer bestimmten oder bestimmbaren Zeit erschöpft (zB Nutzungsrechte, Lizenzen, Warenzeichen, Geschäfts- oder Firmenwert). Ein immaterielles Wirtschaftsgut ist dann nicht abnutzbar, wenn seine Nutzung weder unter rechtlichen noch unter wirtschaftlichen Gesichtspunkten zeitlich begrenzt ist. Nach dem Grundsatz der Bewertungsvorsicht ist im Zweifel von einer zeitlich begrenzten Nutzung auszugehen.[194]

329 **Keinem regelmäßigen Wertverzehr** unterliegen der Grund und Boden, Beteiligungen, Finanzanlagen sowie die Wirtschaftsgüter des Umlaufvermögens (wie Roh-, Hilfs- und Betriebsstoffe, unfertige Erzeugnisse und Fertigerzeugnisse, Waren, Forderungen, Wertpapiere, Bankguthaben und Kassenbestände).

Beispiele: Bei einer über 300 Jahre alten Meistergeige, die im Konzertalltag regelmäßig bespielt wird, sind planmäßige Abschreibungen auch dann zu verrechnen, wenn es bei der Geige wirtschaftlich zu einem Wertzuwachs kommt. Die regelmäßige Gebrauchsabnutzung führt zu einem technischen Verschleiß der Geige. Dieser kann im Gegensatz zu Kunstgegenständen, die in Räumen aufbewahrt werden, nicht aufgrund von Geringfügigkeit vernachlässigt werden.[195]

Aufwendungen für die Übertragung eines Domain-Namens an den bisherigen Domaininhaber sind als immaterielles Wirtschaftsgut zu aktivieren (§ 5 Abs. 2 EStG). Da die Nutzbarkeit des Namens weder rechtlich noch wirtschaftlich begrenzt ist, liegt ein nicht abnutzbares Wirtschaftsgut vor. Deshalb dürfen keine planmäßigen Abschreibungen verrechnet werden.[196]

330 *(2) Betonung der Gewinnermittlungsfunktion:* Bei den planmäßigen Abschreibungen wird auf den Periodisierungsgedanken der handels- und steuerrechtlichen Rechnungslegung abgestellt. Es geht in erster Linie um die **aufwandswirksame Verteilung der Anschaffungs- oder Herstellungskosten auf die voraussichtliche Nutzungsdauer eines abnutzbaren Wirtschaftsguts**. Der Bilanzwert eines Wirtschaftsguts zum Abschlussstichtag ergibt sich rechnerisch dadurch, dass der Buchwert zu Beginn des Wirtschaftsjahres um die auf die abgelaufene Periode entfallenden planmäßigen Abschreibungen vermindert wird.

194 Vgl BFH vom 21.2.2017, BStBl. 2017 II, S. 694 mwN.
195 Vgl BFH vom 26.1.2001, BStBl. 2001 II, S. 194.
196 Vgl BFH vom 19.10.2006, BStBl. 2007 II, S. 301.

Bei den planmäßigen Abschreibungen steht die Gewinnermittlungsfunktion im Vordergrund. Abgestellt wird auf den Charakter der Steuerbilanz als Erfolgsbilanz. Durch eine Verteilung der Anschaffungs- oder Herstellungskosten auf die Nutzungsdauer des Wirtschaftsguts wird der Wertverzehr den durch den Einsatz des Wirtschaftsguts ermöglichten Umsatzerlösen gegenübergestellt.

Die Interpretation der Steuerbilanz als Vermögensbilanz wird zurückgedrängt. Bei dieser eher statisch orientierten Betrachtung erfassen Abschreibungen die Wertminderungen eines Wirtschaftsguts, die zwischen zwei Abschlussstichtagen eingetreten sind. Die Funktion als Vermögensbilanz kann ohne die Verrechnung von planmäßigen Abschreibungen erfüllt werden. Um Wirtschaftsgüter mit dem Wert zu bewerten, den sie zum jeweiligen Stichtag haben, reichen außerplanmäßige Abschreibungen aus.

c) Abgrenzung der planmäßigen Abschreibungen gegenüber den außerplanmäßigen Abschreibungen

Die bei bestimmungsgemäßem Einsatz eines Wirtschaftsguts **üblicherweise zu erwartenden** (technisch, wirtschaftlich oder rechtlich bedingten) Wertminderungen werden **über planmäßige Abschreibungen** erfasst. Diese auf den Grundsatz der Abgrenzung von Aufwendungen der Sache und der Zeit nach, also auf den **Periodisierungsgedanken**, zurückgehende aufwandswirksame Verteilung der Anschaffungs- oder Herstellungskosten eines abnutzbaren Wirtschaftsguts des Anlagevermögens wird steuerrechtlich als **Absetzung für Abnutzung** (Grundfall, § 7 Abs. 1–5a EStG) bzw als **Absetzung für Substanzverringerung** (Sonderregelung für Bergbauunternehmen, Steinbrüche und vergleichbare Unternehmen, § 7 Abs. 6 EStG) erfasst. **331**

Ereignisse, die die technische oder wirtschaftliche Nutzbarkeit eines Wirtschaftsguts **332** durch **außergewöhnliche Umstände** vermindern und die in den planmäßigen Abschreibungen nicht erfasst werden können, werden in der Handelsbilanz **durch** eine **außerplanmäßige Abschreibung** auf den niedrigeren beizulegenden Wert bzw auf den niedrigeren sich aus dem Börsen- oder Marktpreis ergebenden Wert berücksichtigt. Im Rahmen der steuerlichen Gewinnermittlung werden nicht vorhersehbare Wertverluste durch eine **Abschreibung auf den niedrigeren Teilwert** erfasst (§ 6 Abs. 1 Nr 1 S. 2, Nr 2 S. 2 EStG). Innerhalb des Systems der Grundsätze ordnungsmäßiger Buchführung sind die außerplanmäßigen Abschreibungen bzw die Abschreibungen auf den niedrigeren Teilwert den Kapitalerhaltungsgrundsätzen zuzurechnen. Die außerplanmäßig auftretenden Wertminderungen sind nach dem **Imparitätsprinzip** (in seiner Unterform Niederstwertprinzip) zu verrechnen. Dies gilt nicht nur für abnutzbare Wirtschaftsgüter des Anlagevermögens, sondern für alle aktiven Wirtschaftsgüter, also auch für nicht abnutzbare Wirtschaftsgüter des Anlagevermögens sowie für Wirtschaftsgüter des Umlaufvermögens. Die Abschreibungen auf den niedrigeren Teilwert werden bei der Analyse der Vergleichswerte in Kapitel IV. vorgestellt.

Absetzungen für außergewöhnliche technische oder wirtschaftliche Abnutzung (AfaA, § 7 Abs. 1 S. 7 EStG) dürfen bei abnutzbaren Wirtschaftsgütern des Anlagevermögens vorgenommen werden, wenn die Nutzbarkeit des Wirtschaftsguts durch außergewöhnliche Umstände stärker gesunken ist, als es durch die planmäßigen Abschreibungen (AfA) berücksichtigt wurde. Abschreibungen für außergewöhnliche Abnutzung sind den Periodisierungsgrundsätzen zuzuordnen. Sie sind ein Anwendungsfall der Verrechnung aperiodischer Geschäftsvorfälle nach dem Grundsatz der Abgrenzung von Aufwendungen der Zeit nach. Materiell führen die AfaA zum gleichen Ergebnis wie die nach dem Imparitätsprinzip vorzunehmenden außerplanmäßigen Abschreibungen auf den niedrigeren Teilwert. Aufgrund dieser Zwischenstellung werden die AfaA im Zusammenhang mit der Darstellung des Vergleichswerts in Kapitel IV.5. erläutert.

333 Im Rahmen der steuerlichen Gewinnermittlung sind darüber hinaus unter bestimmten Voraussetzungen „überhöhte Abschreibungen" möglich. Bei den „überhöhten Abschreibungen" handelt es sich um **Sonderabschreibungen** (diese können zusätzlich zur AfA verrechnet werden), **erhöhte Absetzungen** (diese sind anstelle der AfA vorzunehmen) sowie **Bewertungsabschläge** (diese werden gewinnmindernd von den Anschaffungs- bzw Herstellungskosten abgezogen). „Überhöhte Abschreibungen" werden entweder zur Förderung von Investitionen oder aus Billigkeitsgründen gewährt **(Lenkungszweck der Besteuerung)**. Im Bereich der Ertragsteuern führen überhöhte Abschreibungen zu einem Steuerstundungseffekt, da die Anschaffungs- oder Herstellungskosten früher gewinnmindernd verrechnet werden als nach den planmäßigen Abschreibungen. Da „überhöhte Abschreibungen" nicht mit den Periodisierungsgrundsätzen vereinbar sind und hierfür auch keine handelsrechtliche Norm besteht, sind Sonderabschreibungen, erhöhte Absetzungen und Bewertungsabschläge in der Handelsbilanz nicht zulässig. Die Inanspruchnahme dieser speziellen steuerlichen Wahlrechte führt dazu, dass der Wert in der Steuerbilanz vom Handelsbilanzansatz abweicht (§ 5 Abs. 1 S. 1 HS 2 EStG). Bei der Erläuterung des Inhalts des Maßgeblichkeitsprinzips wurden „überhöhte Abschreibungen" dem Fall 3 zugeordnet. Die wichtigsten Formen werden in Kapitel V. beschrieben.

334 Zusammenfassend lassen sich die in der Handels- und Steuerbilanz verwendeten Begriffe und deren Ursachen wie folgt in das GoB-System einordnen:

Abschreibungsursache	Handelsbilanz	Steuerbilanz	Einordnung in das System der GoB
Wertverlust bei bestimmungsgemäßem Gebrauch	planmäßige Abschreibung	Absetzung für Abnutzung (AfA), Absetzung für Substanzverringerung (AfS)	**P** Periodisierungsgrundsätze
nicht vorhersehbare, außerordentliche Wertverluste (einschließlich gesunkener Wiederbeschaffungswerte und Fehlmaßnahmen)	außerplanmäßige Abschreibung auf den beizulegenden Wert bzw auf den sich aus dem Börsen- oder Marktpreis ergebenden Wert	Abschreibung auf den niedrigeren Teilwert	**I** Imparitätsprinzip
Steuervergünstigung durch ertragsteuerliche Stundungseffekte	nicht zulässig	Sonderabschreibungen, erhöhte Absetzungen, Bewertungsabschläge	**L** Lenkungszweck

2. Absetzung für Abnutzung und Absetzung für Substanzverringerung

Die Höhe der in den einzelnen Jahren zu verrechnenden planmäßigen Abschreibungen (AfA: Absetzung für Abnutzung bzw AfS: Absetzung für Substanzverringerung) ergibt sich aus dem zu Beginn der Nutzung aufzustellenden Abschreibungsplan. Zu den **Bestandteilen eines Abschreibungsplans** gehören: **335**

- Abschreibungssumme,
- betriebsgewöhnliche Nutzungsdauer des Wirtschaftsguts und
- Abschreibungsmethode.

Bei der Konkretisierung dieser drei Komponenten des Abschreibungsplans wird sich zeigen, dass im Rahmen der handelsrechtlichen Rechnungslegung für die Berechnung der planmäßigen Abschreibungen ein sehr weit gehender Ermessensspielraum besteht. Demgegenüber werden für die Steuerbilanz nicht nur für die betriebsgewöhnliche Nutzungsdauer und die Abschreibungsmethode, sondern auch für den Wechsel der Abschreibungsmethode, den Beginn und das Ende der Abschreibungen, die Behandlung von geringwertigen Wirtschaftsgütern (GWG) und die Änderungen des Abschreibungsplans durch das EStG und die Finanzverwaltung (wesentlich) konkretere Vorgaben gemacht. Da der handelsrechtliche Ermessensspielraum weiter geht als der im Steuerrecht zulässige Rahmen, stimmen handelsbilanzielle und steuerbilanzielle Abschreibungen nur dann überein, wenn der Bilanzierende in der Handelsbilanz den bei der Aufstellung des Abschreibungsplans bestehenden Ermessensspielraum in Anlehnung an die steuerlichen Regelungen ausnutzt.

Ergänzend wird auf die Absetzungen für außergewöhnliche Abnutzung (AfaA) und ihre Abgrenzung gegenüber den Teilwertabschreibungen eingegangen.

a) Abschreibungssumme

Über die planmäßigen Abschreibungen soll der während der Nutzung voraussichtlich eintretende Wertverzehr als Aufwand verrechnet werden. Die **Abschreibungssumme** entspricht der **Differenz zwischen** den **Anschaffungs- oder Herstellungskosten** eines Wirtschaftsguts im Zeitpunkt des Zugangs **und** seinem **Restwert** am Ende der Nutzungsdauer. **336**

Die Bestimmung der **Anschaffungs- oder Herstellungskosten** wurde bereits in Kapitel II. erläutert. Als Restwert wird der Nettoliquidationserlös herangezogen. Er ist definiert als Differenz zwischen dem Verkaufserlös und den Verkaufs-, Stilllegungs- und Demontagekosten. Diese Größen müssen im Zugangszeitpunkt geschätzt werden. Aufgrund des Grundsatzes der Bewertungsvorsicht (Vorsichtsprinzip ieS) wird im Allgemeinen davon ausgegangen, dass sich der Verkaufserlös und die Abgangskosten ausgleichen. Die Konsequenz ist, dass bei der Festlegung eines Abschreibungsplans der **Restwert grundsätzlich unbeachtet** bleibt. Damit stimmt die Abschreibungssumme in der Regel mit den Anschaffungs- oder Herstellungskosten überein (§ 253 Abs. 3 S. 1, 2 HGB bzw § 6 Abs. 1 Nr 1, § 7 Abs. 1 S. 1 EStG). Insoweit besteht zwischen handels- und steuerrechtlicher Rechnungslegung Übereinstimmung (Fall 2a: gleich lautende verbindliche Regelungen).

Ein Restwert ist allerdings dann anzusetzen, wenn dieser absolut und im Vergleich zu den Anschaffungs- oder Herstellungskosten erheblich ist und ausreichend sicher bestimmt werden kann, dh wenn sein Anfall von vornherein eingeplant wird.[197] Dieser Ausnahmefall betrifft grundsätzlich nur Schiffe (Schrottwert) und Wirtschaftsgüter, die einen hohen Anteil an Edelmetallen besitzen.

Die Vernachlässigung des Restwerts ist auch deshalb gerechtfertigt, weil – wie im nachfolgenden Kapitel b) erläutert wird – bei der Bestimmung der Abschreibungsdauer grundsätzlich auf die technische Nutzungsdauer abgestellt wird. Die Minderung der Abschreibungssumme um einen Restwert wäre nur dann gerechtfertigt, wenn man die betriebsgewöhnliche Nutzungsdauer nach der wirtschaftlichen Nutzungsdauer bestimmen würde. In diesem Fall würde die Abschreibungssumme der Differenz aus Anschaffungs- oder Herstellungskosten und Nettoliquidationserlös am Ende der wirtschaftlichen Nutzungsdauer (= Marktwert – Abgangskosten) entsprechen.[198]

b) Betriebsgewöhnliche Nutzungsdauer des Wirtschaftsguts

337 *(1) Definition der betriebsgewöhnlichen Nutzungsdauer:* Die AfA sind so vorzunehmen, dass die Abschreibungssumme nach Ablauf der **betriebsgewöhnlichen Nutzungsdauer** des Wirtschaftsguts vollständig verrechnet ist (§ 253 Abs. 3 S. 2 HGB, § 7 Abs. 1 S. 2 EStG, R 7.4 Abs. 3 EStR). Der Abschreibungszeitraum **bestimmt sich grundsätzlich nach der technischen Nutzungsdauer**, dh dem Zeitraum, in dem sich ein Wirtschaftsgut unter Berücksichtigung der betriebstypischen Beanspruchung technisch abnutzt. Von einer kürzeren wirtschaftlichen Nutzungsdauer kann nur ausgegangen werden, wenn das Wirtschaftsgut erfahrungsgemäß vor Ablauf der technischen Nutzungsdauer objektiv wertlos wird, m.a.W. wenn das Wirtschaftsgut nicht mehr wirtschaftlich genutzt werden kann *und* sein Veräußerungserlös unerheblich ist.[199]

Beispiel: EDV-Geräte haben eine wirtschaftliche Nutzungsdauer, die deutlich unter der technisch möglichen Nutzungsdauer liegt. Aufgrund der rasanten Weiterentwicklung der Datenverarbeitungstechnologie sind häufig technisch noch voll einsatzfähige Geräte unter wirtschaftlichen Gesichtspunkten bereits veraltet. Mit den auf diesen Rechnern lauffähigen Programmen ist im Vergleich zu den aktuellen Programmversionen häufig kein effizienter Einsatz möglich. Darüber hinaus ergeben sich Probleme in der Abstimmung mit Nutzern, die bereits die neue Version verwenden. Bei einer Veräußerung dieser Geräte lassen sich regelmäßig nur äußerst geringe Erlöse erzielen.

338 **Theoretisch ideal** wäre es, die Nutzungsdauer eines Wirtschaftsguts in Anlehnung an den **optimalen Ersatzzeitpunkt iSd Investitionsrechnung** (negativer Grenzkapitalwert in der nächsten Periode) festzulegen. Bei der Umsetzung dieses betriebswirtschaftlichen Konzepts stellen sich aber erhebliche Prognoseprobleme. Dieser Ansatz kann daher aufgrund des in der handelsrechtlichen und in noch stärkerem Maße in der steuerrechtlichen Rechnungslegung zu beachtenden Objektivierungsgedankens (Grundsatz der Rechtssicherheit) **nicht praktiziert** werden.

---

197 Vgl BFH vom 7.12.1967, BStBl. 1968 II, S. 268.

198 Vgl Oestreicher/Spengel, BB 2003, S. 926.

199 Vgl BMF-Schreiben vom 15.6.1999, BStBl. 1999 I, S. 543; BFH vom 19.11.1997, BStBl. 1998 II, S. 59.

Betriebsgewöhnliche Nutzungsdauer ist der Zeitraum, in dem das Wirtschaftsgut voraussichtlich **seiner Zweckbestimmung entsprechend genutzt werden** kann (§ 11c Abs. 1 S. 1 EStDV).[200] Betriebsgewöhnlich ist so zu interpretieren, dass die besonderen betrieblichen Verhältnisse zu beachten sind, unter denen das Wirtschaftsgut eingesetzt wird. Für die Bestimmung der Nutzungsdauer ist nicht die tatsächliche Dauer der betrieblichen Nutzung durch den einzelnen Steuerpflichtigen ausschlaggebend, sondern die objektive Nutzbarkeit eines Wirtschaftsguts unter Berücksichtigung der besonderen betriebstypischen Beanspruchung.[201] **339**

Nach dem Grundsatz der Einzelbewertung folgt, dass ein selbständiges Wirtschaftsgut nur eine einheitliche Nutzungsdauer haben kann. Dies gilt unabhängig davon, ob einzelne unselbständige Teile des Wirtschaftsguts eine kürzere oder längere Nutzungsdauer haben. Ausschlaggebend ist die Nutzungsdauer des Teils, der dem Wirtschaftsgut das Gepräge gibt. Die Komponentenabschreibung nach IAS 16.43-49 kann zwar in den handelsrechtlichen Jahresabschluss übernommen werden,[202] steuerlich ist sie aber nicht zulässig.[203] **340**

(2) AfA-Tabellen: Ein wichtiges Hilfsmittel, das die mehr oder weniger grobe Schätzung des Abschreibungszeitraums erleichtert, bilden die vom Bundesministerium der Finanzen herausgegebenen AfA-Tabellen. Die AfA-Tabellen beruhen auf den bei Betriebsprüfungen von der Finanzverwaltung gewonnenen Erfahrungen. Bei ihrer Aufstellung haben die zuständigen Fachverbände mitgewirkt. Die AfA-Tabellen sollen den Verwaltungsaufwand der Finanzverwaltung und die Buchführungsarbeiten der Betriebe erleichtern, die Zahl der Streitfälle verringern und der Gleichmäßigkeit der Besteuerung dienen. Lediglich für den Geschäfts- oder Firmenwert und für Gebäude sind die AfA-Tabellen entbehrlich, da für diese Wirtschaftsgüter die betriebsgewöhnliche Nutzungsdauer gesetzlich normiert ist (§ 7 Abs. 1 S. 3, Abs. 4, 5 EStG). **341**

Innerhalb der AfA-Tabellen werden die Wirtschaftsgüter entsprechend ihrer Verwendungsmöglichkeiten eingeteilt. Die **AfA-Tabelle für allgemein verwendbare Anlagegüter** (AfA-Tabelle AV) enthält Wirtschaftsgüter, deren Nutzungsdauer unabhängig vom Einsatz in einem bestimmten Wirtschaftszweig ist.[204] Die weiteren AfA-Tabellen gelten jeweils für einen bestimmten Wirtschaftszweig. Diese rund 100 **branchenbezogenen AfA-Tabellen** betreffen Wirtschaftsgüter, deren Nutzungsdauer von den Gegebenheiten der speziellen Branche abhängt.

Die Schätzung der Nutzungsdauer berücksichtigt die technische und wirtschaftliche Abnutzung, die sich im **Durchschnitt** bei einem nach dem gegenwärtigen Stand der technischen und wirtschaftlichen Verhältnisse arbeitenden Betrieb unter **üblichen**

200 Diese für Gebäude kodifizierte Definition kann für alle Wirtschaftsgüter übernommen werden.
201 Vgl BFH vom 14.4.2011, BStBl. 2011 II, S. 696 mwN.
202 Vgl IDW RH HFA 1.016, FN-IDW 2009, S. 362 sowie zB Herzig/Briesemeister/Joisten ua, WPg 2010, S. 561; Kahle/Heinstein, Sachanlagevermögen nach HGB und EStG, in: Schulze-Osterloh/Hennrichs/Wüstemann (Hrsg.), Handbuch des Jahresabschlusses (HdJ), Köln (Loseblattsammlung), Abt. II/Beitrag 3, Rz. 177a-177d; Nordmeyer/Göbel, Sachanlagen, in: Böcking/Castan/Heymann ua (Hrsg.), Beck'sches Handbuch der Rechnungslegung, München (Loseblattausgabe), B 212, Rz. 151, 152; Wiechers, BBK 2009, S. 836.
203 Vgl BFH vom 14.4.2011, BStBl. 2011 II, S. 696.
204 Vgl BMF-Schreiben vom 15.12.2000, BStBl. 2000 I, S. 1532; BMF-Schreiben vom 6.12.2001, BStBl. 2001 I, S. 860.

Bedingungen ergibt. Bei Wirtschaftsgütern, die im Mehrschichtbetrieb genutzt werden, kann der Abschreibungszeitraum verringert werden.

Beispiele: Nach den AfA-Tabellen beträgt die betriebsgewöhnliche Nutzungsdauer für

– Personalcomputer, Drucker, Scanner, Bildschirme	3 Jahre
– Personenkraftwagen	6 Jahre
– Kopiergeräte	7 Jahre
– EC-Kartenleser	8 Jahre
– Lastkraftwagen und Sattelschlepper	9 Jahre
– Lichtreklame	9 Jahre
– mobile Be- und Entlüftungsgeräte	10 Jahre
– Autowaschanlagen	10 Jahre
– mobile Aufzüge und Hebebühnen	11 Jahre
– Büromöbel	13 Jahre
– Werkstatteinrichtungen	14 Jahre
– Windkraftanlagen	16 Jahre
– Golfplätze, Squashhallen	20 Jahre
– Segelyachten	20 Jahre
– Panzerschränke und Tresore	23 Jahre

Die AfA-Tabellen bilden **rechtlich lediglich** einen **Anhaltspunkt** für die Schätzung der Nutzungsdauer. Bei den AfA-Tabellen handelt es sich um eine verwaltungsinterne Dienstanweisung. Für den Steuerpflichtigen besteht die Möglichkeit, aber nicht die Verpflichtung, diese Schätzung zu übernehmen.[205] Da eine kürzere als die in den AfA-Tabellen ausgewiesene Nutzungsdauer von der Finanzverwaltung aber nur anerkannt wird, wenn der Steuerpflichtige dafür eine nachprüfbare Begründung geben kann, kommt ihnen jedoch **faktisch** eine **große Bedeutung** zu. Die AfA-Tabellen reduzieren den bei der Festlegung der Abschreibungsdauer bestehenden Ermessensspielraum deutlich (Fall 8b des Maßgeblichkeitsprinzips).[206]

342 *(3) Besonderheiten bei Gebäuden:* Für **Gebäude** ist im Steuerrecht die Nutzungsdauer **gesetzlich normiert**. Die verschiedenen Fassungen des § 7 Abs. 4, 5 EStG sehen in Abhängigkeit vom Baujahr und der Nutzungsform des Gebäudes eine Nutzungsdauer von 25, 33 1/3, 40 oder 50 Jahren vor. Die für die AfA zugrunde zu legende Nutzungsdauer kann verkürzt werden, sofern die tatsächliche Nutzungsdauer unter dem gesetzlich vorgegebenen Zeitraum liegt (§ 7 Abs. 4 S. 2 EStG).

Für Gebäudeteile, die selbständige unbewegliche Wirtschaftsgüter sind (zum einen Ladeneinbauten, Mietereinbauten, die weder Scheinbestandteile noch Betriebsvorrichtungen sind, und zum anderen sonstige selbständige Gebäudeteile) sowie für Eigentumswohnungen und für im Teileigentum stehende Räume gelten die gleichen Grundsätze wie für Gebäude (§ 7 Abs. 5a EStG, R 7.1 Abs. 6, R 7.4 Abs. 3 EStR).

205 Vgl Niedersächsisches FG vom 9.7.2014 (rechtskräftig), EFG 2014, S. 1780.

206 Zur Diskussion um das Verhältnis zwischen handels- und steuerrechtlicher Abschreibungsdauer siehe zB Hennrichs, Ubg 2011, S. 788; Meinel, DStR 2011, S. 1724.

Bei Gebäuden, die **zurzeit** erworben oder hergestellt werden, gilt **folgende Regelung**:

- Soweit das Gebäude zum Betriebsvermögen gehört und nicht zu Wohnzwecken genutzt wird **(Wirtschaftsgebäude)** und für das Gebäude der Bauantrag nach dem 31.3.1985 gestellt wurde, sind in jedem Nutzungsjahr 3% der Anschaffungs- oder Herstellungskosten zu verrechnen. Dies entspricht einer Nutzungsdauer von **33 1/3 Jahren**.
- In den anderen Fällen ist von einem **40jährigen** Abschreibungszeitraum (Fertigstellung vor dem 1.1.1925) bzw einem **50jährigen** Abschreibungszeitraum (Fertigstellung nach dem 31.12.1924) auszugehen.

Ein Gebäude dient Wohnzwecken, wenn es dazu bestimmt und geeignet ist, Menschen auf Dauer Aufenthalt und Unterkunft zu ermöglichen, wie zB Wohn- und Schlafräume, Küchen, Nebenräume sowie zu einem Wohngebäude gehörende Garagen. Gebäude dienen nicht Wohnzwecken, soweit sie zur vorübergehenden Beherbergung von Personen bestimmt sind, so beispielsweise Ferienwohnungen, Gemeinschaftsunterkünfte für Flüchtlinge, Kurheime und Musterhäuser (R 7.2 Abs. 1–3 EStR).

Durch die Vorgabe der Abschreibungen in Form eines bestimmten Prozentsatzes der Anschaffungs- oder Herstellungskosten beginnt bei jedem Erwerb der Abschreibungszeitraum von neuem. Damit werden Gebäude nach einem Eigentumsübergang de facto über einen längeren Abschreibungszeitraum als 33 1/3, 40 oder 50 Jahre abgeschrieben. Beim Erwerb eines bereits bestehenden Gebäudes kommt deshalb der Möglichkeit, eine kürzere Nutzungsdauer als den gesetzlich fixierten Zeitraum nachzuweisen (§ 7 Abs. 4 S. 2 EStG), eine größere Bedeutung zu als bei neu erstellten Gebäuden.

Handelsrechtlich hat der Bilanzierende auch für Gebäude die Nutzungsdauer nach **343** vernünftigem kaufmännischem Ermessen festzulegen. Für die steuerliche Gewinnermittlung ist der Abschreibungszeitraum gesetzlich normiert. Der Ermessensspielraum des Steuerpflichtigen beschränkt sich auf den Nachweis einer niedrigeren betriebsgewöhnlichen Nutzungsdauer als in § 7 Abs. 4, 5 EStG vorgegeben. Wie bei beweglichen Wirtschaftsgütern liegt der Fall 8b des Maßgeblichkeitsprinzips vor.

(4) Betriebsgewöhnliche Nutzungsdauer von entgeltlich erworbenen immateriellen **344** *Wirtschaftsgütern des Anlagevermögens (einschließlich des Geschäfts- oder Firmenwerts):* **Erhebliche Schwierigkeiten** ergeben sich **bei** Ermittlung der betriebsgewöhnlichen Nutzungsdauer von entgeltlich erworbenen **immateriellen Wirtschaftsgütern** des Anlagevermögens (zB Konzessionen, gewerbliche Schutzrechte, Lizenzen). Sie lässt sich in der Praxis nur durch eine (mehr oder weniger) grobe Schätzung festlegen.[207] Nach dem Grundsatz der Bewertungsvorsicht ist bei unvollkommenen Informationen eher von einem kürzeren Abschreibungszeitraum auszugehen als von einer subjektiv für möglich erachteten längeren Nutzungsdauer. **Üblicherweise** gehen die Unternehmen bei immateriellen Wirtschaftsgütern von einer Nutzungsdauer **zwischen drei und acht Jahren** aus. Beispielsweise beträgt bei ERP-Software (wie Programme der SAP SE) die betriebsgewöhnliche Nutzungsdauer fünf Jahre.[208]

207 Die Ermittlungsprobleme entfallen, wenn die Nutzung eines entgeltlich erworbenen immateriellen Wirtschaftsguts rechtlich auf einen bestimmten Zeitraum begrenzt ist. Die Abschreibungsdauer stimmt dann mit diesem Zeitraum überein.

208 Vgl BMF-Schreiben vom 18.11.2005, BStBl. 2005 I, S. 1025.

Kann bei selbst geschaffenen immateriellen Vermögensgegenständen des Anlagevermögens die Nutzungsdauer nicht verlässlich geschätzt werden, sind in der Handelsbilanz die Abschreibungen über einen Zeitraum von zehn Jahren zu verrechnen (§ 253 Abs. 3 S. 3 HGB). Diese Regelung ist für die Steuerbilanz ohne Bedeutung, da für diese Wirtschaftsgüter steuerrechtlich kein Ansatzwahlrecht (so § 248 Abs. 2 HGB), sondern ein Ansatzverbot besteht (§ 5 Abs. 2 EStG).

345 Für den (derivativen) **Geschäfts- oder Firmenwert** ist die Nutzungsdauer im Einkommensteuergesetz auf **15 Jahre** normiert (§ 7 Abs. 1 S. 3 EStG). Die Vorgabe einer festen Nutzungsdauer für den Geschäfts- oder Firmenwert stützt sich nicht nur auf Objektivierungsüberlegungen, vielmehr handelt es sich auch um eine haushaltspolitisch motivierte Festlegung. In früheren Jahren wurde der Geschäfts- oder Firmenwert als nicht abnutzbares Wirtschaftsgut angesehen. Um den Steuerausfall nach Einführung der Zulässigkeit planmäßiger Abschreibungen für den Geschäfts- oder Firmenwert zu begrenzen, wurde die Nutzungsdauer auf 15 Jahre fixiert.

Handelsrechtlich gilt der Geschäfts- oder Firmenwert gleichfalls als zeitlich begrenzt nutzbarer Vermögensgegenstand (§ 246 Abs. 1 S. 4 HGB). Kann die Nutzungsdauer des Geschäfts- oder Firmenwerts nicht verlässlich geschätzt werden, sind in der Handelsbilanz die Abschreibungen über einen Zeitraum von zehn Jahren zu verrechnen (§ 253 Abs. 3 S. 3, 4 iVm § 285 Nr 13 HGB). Es kann also davon ausgegangen werden, dass der entgeltlich erworbene Geschäfts- oder Firmenwert in der Handelsbilanz regelmäßig über einen kürzeren Zeitraum abgeschrieben wird als in der Steuerbilanz. Da es sich bei der einkommensteuerlichen Vorschrift um eine zwingende Vorschrift handelt, kommt es zu einer Einschränkung der Maßgeblichkeit der Handelsbilanz für die Steuerbilanz (Fall 8b: handelsrechtlich Ermessensspielraum – steuerrechtlich Aufhebung des Ermessensspielraums durch eine verbindliche Regelung).

c) Abschreibungsmethode

346 *(1) Überblick:* Für die steuerliche Gewinnermittlung stellt die lineare Abschreibung die Regelmethode dar. Unter bestimmten Voraussetzungen kann eine degressive Abschreibung gewählt werden, wobei zwischen der geometrisch-degressiven Abschreibung (bewegliche Wirtschaftsgüter) und der Abschreibung in fallenden Staffelsätzen (im Rahmen von Übergangsregelungen für Gebäude) differenziert wird. Darüber hinaus kann eine variable Abschreibung in Abhängigkeit vom Umfang der Nutzung des Wirtschaftsguts zulässig sein: Abschreibung entsprechend der in Anspruch genommenen Leistung (bewegliche Wirtschaftsgüter) bzw Absetzung für Substanzverringerung (Bergbauunternehmen, Steinbrüche und andere Abbaubetriebe). Weitere Abschreibungsmethoden, wie progressive Abschreibung oder arithmetisch-degressive Abschreibung, sind für die Steuerbilanz nicht (mehr) möglich.

	lineare AfA	geometrisch-degressive AfA	Abschreibung in fallenden Staffelsätzen	Leistungs-abschrei-bung	AfS
bewegliche Wirtschaftsgüter	§ 7 Abs. 1 EStG	§ 7 Abs. 2, 3 EStG (Altfälle)	X	§ 7 Abs. 1 S. 6 EStG	X
Gebäude	§ 7 Abs. 4 EStG	X	§ 7 Abs. 5 EStG (Altfälle)	X	X
immaterielle Wirtschaftsgüter (einschließlich Geschäfts- oder Firmenwert)	§ 7 Abs. 1 EStG	X	X	X	X
Abbaubetriebe	§ 7 Abs. 1 EStG	X	X	X	§ 7 Abs. 6 EStG

Abb. 31: Anwendungsbereich der Abschreibungsmethoden

(2) Lineare Abschreibung: Die gleichmäßige Verteilung der Anschaffungs- oder Herstellungskosten ist für die Steuerbilanz die **Regelmethode**. Die lineare AfA ist für alle abnutzbare Wirtschaftsgüter des Anlagevermögens und für Abbaubetriebe (zB Bergbauunternehmen, Steinbrüche, Kiesgruben) zulässig. Für bewegliche Wirtschaftsgüter sowie immaterielle Wirtschaftsgüter ist die lineare AfA in § 7 Abs. 1 EStG, für Gebäude und für Gebäudeteile, die selbständige unbewegliche Wirtschaftsgüter sind, Eigentumswohnungen und für im Teileigentum stehende Räume in § 7 Abs. 4, 5a EStG und für Abbaubetriebe in § 7 Abs. 6 EStG geregelt. Die jährlich zu verrechnende lineare Abschreibung ergibt sich dadurch, dass die Abschreibungssumme (idR Anschaffungs- oder Herstellungskosten) durch die betriebsgewöhnliche Nutzungsdauer geteilt wird. **347**

Beispiel: Die S-AG erwirbt am 2.1.01 eine Maschine, deren Anschaffungskosten 120 000 € betragen. Die betriebsgewöhnliche Nutzungsdauer der Maschine beläuft sich auf acht Jahre. Ein Restwert fällt nicht an. Die Abschreibungen werden linear verrechnet.

	1. Jahr	2. Jahr	3. Jahr	4. Jahr	5. Jahr	6. Jahr	7. Jahr	8. Jahr
Buchwert am 1.1.	120 000 €	105 000 €	90 000 €	75 000 €	60 000 €	45 000 €	30 000 €	15 000 €
Abschreibung	15 000 €	15 000 €	15 000 €	15 000 €	15 000 €	15 000 €	15 000 €	15 000 €
Buchwert am 31.12.	105 000 €	90 000 €	75 000 €	60 000 €	45 000 €	30 000 €	15 000 €	0 €

(3) Geometrisch-degressive Abschreibung: Die geometrisch-degressive AfA kann nur bei **beweglichen Wirtschaftsgütern** gewählt werden. Bei dieser Abschreibungsmethode bemisst sich der Abschreibungsbetrag nach einem bestimmten Prozentsatz des Restbuchwerts zu Beginn des betreffenden Jahres (Degressionssatz). Um eine vollständige Verrechnung der Abschreibungssumme zu erreichen, ist es notwendig, in den letzten Jahren auf die lineare AfA überzugehen (§ 7 Abs. 2, 3 EStG). **348**

In Abhängigkeit vom Zeitpunkt des Erwerbs des beweglichen Wirtschaftsguts gelten für die Anwendung der geometrisch-degressiven Abschreibung folgende Regelungen:

- Erwerb im Jahr 2005 oder früher: geometrisch-degressive Abschreibung zulässig
  Degressionssatz max. das Zweifache der linearen AfA, höchstens 20%,
- Erwerb in den Jahren 2006 oder 2007: geometrisch-degressive Abschreibung zulässig
  Degressionssatz max. das Dreifache der linearen AfA, höchstens 30%,
- Erwerb im Jahr 2008: geometrisch-degressive Abschreibung nicht zulässig,
- Erwerb in den Jahren 2009 oder 2010: geometrisch-degressive Abschreibung zulässig
  Degressionssatz max. das Zweieinhalbfache der linearen AfA, höchstens 25%,
- Erwerb im Jahr 2011 oder später: geometrisch-degressive Abschreibung nicht zulässig.

Die Begrenzung auf das x-Fache der linearen AfA betrifft bewegliche Wirtschaftsgüter mit einer Nutzungsdauer von über zehn Jahren. Die prozentuale Obergrenze wirkt sich bei beweglichen Wirtschaftsgütern mit einer Nutzungsdauer von unter zehn Jahren aus. Bei einer Nutzungsdauer von zehn Jahren führen prozentuale Obergrenze und absolute Obergrenze zum gleichen Ergebnis.

Strebt der Steuerpflichtige an, die Aufwendungen so früh wie möglich zu verrechnen, empfiehlt es sich in dem Jahr von der geometrisch-degressiven Abschreibung auf die lineare Abschreibung überzugehen, in dem sich bei der linearen Abschreibung (= Restbuchwert/Restnutzungsdauer) ein höherer Betrag ergibt als bei der geometrisch-degressiven Abschreibung (= Restbuchwert × Degressionssatz).

Beispiel: Die S-AG erwirbt am 2.1.01 eine Maschine, deren Anschaffungskosten 120 000 € betragen. Die betriebsgewöhnliche Nutzungsdauer der Maschine beläuft sich auf acht Jahre. Ein Restwert fällt nicht an. Die Abschreibung nach der geometrisch-degressiven Abschreibungsmethode erfolgt mit einem Degressionssatz von 25%.

Bei der geometrisch-degressiven Abschreibung werden jeweils 25% des Restbuchwerts zu Beginn des Jahres abgeschrieben. Im ersten Jahr entspricht der Restbuchwert den Anschaffungskosten. Ist die lineare Abschreibung (bezogen auf Restbuchwert und Restnutzungsdauer) höher als die geometrisch-degressive Abschreibung, empfiehlt sich der Übergang zur linearen Abschreibung. Im Beispiel ist der Übergang bei einer Restnutzungsdauer von weniger als vier Jahren (= 1/0,25) zu empfehlen. Der Übergang erfolgt deshalb in der sechsten Periode, weil ab dieser Periode die lineare Abschreibung höher ist als die geometrisch-degressive Abschreibung: 28 477 €/3 > 28 477 € × 25%. Im Jahr 05 führen lineare Abschreibung und geometrisch-degressive Abschreibung zum gleichen Ergebnis: 37 969 €/4 = 37 969 € × 25%. Damit könnte auch bereits im fünften Jahr von der linearen auf die geometrisch-degressive Abschreibung gewechselt werden.

	1. Jahr	2. Jahr	3. Jahr	4. Jahr	5. Jahr	6. Jahr	7. Jahr	8. Jahr
Buchwert am 1.1.	120 000 €	90 000 €	67 500 €	50 625 €	37 969 €	28 477 €	18 984 €	9 492 €
Abschreibung	30 000 €	22 500 €	16 875 €	12 656 €	9 492 €	9 492 €	9 492 €	9 492 €
Buchwert am 31.12.	90 000 €	67 500 €	50 625 €	37 969 €	28 477 €	18 984 €	9 492 €	0 €

Der Übergang von der geometrisch-degressiven Abschreibung auf die lineare Abschreibung erfolgt, wenn gilt **349**

lineare Abschreibung > geometrisch-degressive Abschreibung

$$\frac{\text{Restbuchwert}}{\text{Restnutzungsdauer}} > \text{Restbuchwert} \times \text{Degressionssatz}$$

nach Kürzung des Restbuchwerts $\frac{1}{\text{Restnutzungsdauer}} > \text{Degressionssatz}$

umgeformt zu $\text{Restnutzungsdauer} < \frac{1}{\text{Degressionssatz}}$

Der **Übergang** von der geometrisch-degressiven Abschreibung auf die lineare Abschreibung ist **vorzunehmen**, wenn die **Restnutzungsdauer kleiner** ist **als der Kehrwert des Degressionssatzes**. In Abhängigkeit von der Nutzungsdauer des Wirtschaftsguts bestimmt sich dieser Zeitpunkt wie folgt:

Nutzungs dauer	**Abschreibung**			**Übergang**	
	linearer Abschreibungssatz	geometrisch-degressiver Abschreibungssatz	Kehrwert des Degressionssatzes	ab einer Restnutzungsdauer von weniger als … Jahren	am Ende des … Nutzungsjahres
2 Jahre	50,00%	25,00%	4,00	lineare Abschreibung immer vorteilhaft	
3 Jahre	33,33%	25,00%	4,00	lineare Abschreibung immer vorteilhaft	
4 Jahre	25,00%	25,00%	4,00	lineare Abschreibung immer vorteilhaft	
5 Jahre	20,00%	25,00%	4,00	4	3.
8 Jahre	12,50%	25,00%	4,00	4	6.
10 Jahre	10,00%	25,00%	4,00	4	8.
15 Jahre	6,67%	16,67%	6,00	6	10.
20 Jahre	5,00%	12,50%	8,00	8	13.

(4) Abschreibung in fallenden Staffelsätzen: Für **Gebäude**, die im Jahr 2005 oder früher erstellt bzw erworben wurden, konnte alternativ zur linearen AfA die Abschreibung in fallenden Staffelsätzen gewählt werden (§ 7 Abs. 5 EStG). Die konkrete Ausgestaltung dieser Abschreibungsmethode hing davon ab, für welchen Zweck das Gebäude genutzt wird und in welchem Jahr es erstellt bzw erworben wurde. Bei Gebäuden, die auf Grund eines nach dem 31.12.2005 gestellten Bauantrags hergestellt oder auf Grund eines nach dem 31.12.2005 rechtswirksam abgeschlossenen ob- **350**

ligatorischen Vertrags angeschafft wurden, ist die AfA in fallenden Staffelsätzen nicht mehr zulässig.[209]

Die Abschreibung in fallenden Staffelsätzen führt wie die geometrisch-degressive Abschreibung zu im Zeitablauf sinkenden Abschreibungsbeträgen. Bei der Abschreibung in fallenden Staffelsätzen bezieht sich der Abschreibungsbetrag allerdings auf die Anschaffungs- oder Herstellungskosten, während bei der geometrisch-degressiven Abschreibung der Degressionssatz auf den Restbuchwert des Wirtschaftsguts zu Beginn des jeweiligen Jahres anzuwenden ist. Darüber hinaus wird bei der Abschreibung in fallenden Staffelsätzen der Abschreibungsbetrag nicht von Jahr zu Jahr gesenkt, sondern immer erst nach einigen Jahren. Die Abschreibungsbeträge werden so festgesetzt, dass am Ende der Nutzungsdauer des Gebäudes die gesamten Anschaffungs- oder Herstellungskosten verrechnet sind, dh im Gegensatz zur geometrisch-degressiven Abschreibung ist ein Übergang zur linearen Abschreibung nicht notwendig.

Beispielsweise berechnen sich für ein Gebäude, das aufgrund eines im Jahr 2005 gestellten Bauantrags hergestellt wurde, die planmäßigen Abschreibungen wie folgt:

	jährlicher Abschreibungsbetrag	Summe
– 1. bis 10. Jahr	4,00% der Anschaffungs- oder Herstellungskosten	40,00%
– 11. bis 18. Jahr	2,50% der Anschaffungs- oder Herstellungskosten	20,00%
– 19. bis 50. Jahr	1,25% der Anschaffungs- oder Herstellungskosten	40,00%
Summe		100,00%

Beispiel: Die S-AG erwirbt am 2.1.01 ein Gebäude, dessen Anschaffungskosten 500 000 € betragen. Bei der Abschreibung in fallenden Staffelsätzen ergeben sich folgende Abschreibungsbeträge:

1. bis 10. Jahr	20 000 €	= 4,00% × 500 000 €
11. bis 18. Jahr	12 500 €	= 2,50% × 500 000 €
19. bis 50. Jahr	6 250 €	= 1,25% × 500 000 €

Die Summe der Abschreibungen stimmt mit den Anschaffungskosten von 500 000 € überein:

10 × 20 000 € + 8 × 12 500 € + 32 × 6250 € = 200 000 € + 100 000 € + 200 000 €.

351 *(5) Abschreibung entsprechend der in Anspruch genommenen Leistung:* Für **bewegliche Wirtschaftsgüter**, deren Leistung in der Regel erheblich schwankt und deren Verschleiß dementsprechend in den einzelnen Jahren wesentliche Unterschiede aufweist, kann die Abschreibung nach Maßgabe der Leistung vorgenommen werden, **sofern die auf das einzelne Jahr entfallende Leistung nachgewiesen werden kann** (§ 7 Abs. 1 S. 6 EStG). Der Nachweis kann beispielsweise durch ein Zählwerk, einen Betriebsstundenzähler oder bei Fahrzeugen durch den Kilometerzähler geführt werden (R 7.4 Abs. 5 EStR).

Bei der Abschreibung nach Maßgabe der in Anspruch genommenen Leistung wird im ersten Schritt der Abschreibungsbetrag errechnet, der auf eine Nutzungseinheit entfällt. Zu diesem Zweck wird die Abschreibungssumme (idR Anschaffungs- oder Herstellungskosten) durch das Gesamtnutzungspotenzial (zB insgesamt mögliche Lauf-

209 Zum Zeitpunkt des Bauantrags sowie zum Zeitpunkt des Abschlusses eines obligatorischen Vertrags siehe R 7.2 Abs. 4, 5 EStR.

leistung in km) dividiert. Im zweiten Schritt kann der auf das jeweilige Jahr entfallende Abschreibungsbetrag bestimmt werden. Hierzu ist die in dem jeweiligen Jahr in Anspruch genommene Anzahl an Nutzungseinheiten (zB in dem betrachteten Jahr gefahrene km) mit dem im ersten Schritt errechneten auf eine Nutzungseinheit entfallenden Abschreibungsbetrag zu multiplizieren.

Beispiel: Die S-AG erwirbt am 2.1.01 eine Maschine, deren Anschaffungskosten 120 000 € betragen. Die betriebsgewöhnliche Nutzungsdauer der Maschine beläuft sich auf acht Jahre. Ein Restwert fällt nicht an. Die Maschine hat ein Nutzungspotenzial von insgesamt 10 000 Stunden. Die Maschine wird in den einzelnen Jahren wie folgt genutzt:

	1. Jahr	2. Jahr	3. Jahr	4. Jahr	5. Jahr	6. Jahr	7. Jahr	8. Jahr
Stunden	500	2500	1500	750	1250	1000	250	2250

Bei einer Abschreibung entsprechend der in Anspruch genommenen Leistung ergibt sich folgender Verlauf der planmäßigen Abschreibungen:

	1. Jahr	2. Jahr	3. Jahr	4. Jahr	5. Jahr	6. Jahr	7. Jahr	8. Jahr
Buchwert am 1.1.	120 000 €	114 000 €	84 000 €	66 000 €	57 000 €	42 000 €	30 000 €	27 000 €
Abschreibung	6 000 €	30 000 €	18 000 €	9 000 €	15 000 €	12 000 €	3 000 €	27 000 €
Buchwert am 31.12.	114 000 €	84 000 €	66 000 €	57 000 €	42 000 €	30 000 €	27 000 €	0 €

Der Abschreibungsbetrag schwankt in Abhängigkeit von der Laufzeit der Maschine. Für jede Stunde, in der die Maschine genutzt wird, werden Aufwendungen von 12 € (= 120 000 €/ 10 000 Stunden) verrechnet. Im ersten Jahr wird die Maschine 500 Stunden genutzt, sodass sich Abschreibungen von 6000 € ergeben: 500 Stunden × 12 €/Stunde. Für die weiteren Jahre sind die Berechnungen entsprechend fortzuführen.

(6) *Absetzung für Substanzverringerung:* Bei **Bergbauunternehmen, Steinbrüchen** und anderen Betrieben, die einen Verbrauch der Substanz mit sich bringen (Abbaubetriebe), sind Absetzungen nach Maßgabe des Substanzverzehrs zulässig (§ 7 Abs. 6 EStG). Die AfS sind mit einer Abschreibung entsprechend der in Anspruch genommenen Leistung nach § 7 Abs. 1 S. 6 EStG vergleichbar. Der in einer Periode zu verrechnende Abschreibungsbetrag ergibt sich dadurch, dass man zunächst die Abschreibungssumme durch die Gesamtabbaumenge dividiert und anschließend mit der in dem betrachteten Jahr geförderten Menge multipliziert. **352**

(7) *Im Steuerrecht unzulässige Abschreibungsmethoden:* Die **progressive Abschreibung** ist steuerlich unzulässig. Für die Handelsbilanz wird sie in der Literatur zum Teil für Wirtschaftsgüter vorgeschlagen, die langsam in ihre Nutzung hineinwachsen, wie Talsperren im Zeitraum des Auffüllens, UMTS-Lizenzen oder Obstplantagen. Die **arithmetisch-degressive Abschreibung** wird steuerrechtlich gleichfalls nicht mehr anerkannt. **353**

(8) *Einfluss des Maßgeblichkeitsprinzips:* Das Handelsgesetzbuch regelt lediglich, dass bei abnutzbaren Wirtschaftsgütern des Anlagevermögens die Anschaffungs- oder Herstellungskosten planmäßig auf die voraussichtliche Nutzungsdauer zu verteilen sind (§ 253 Abs. 3 S. 1, 2 HGB). Dieses handelsrechtlich für die Wahl der Ab- **354**

schreibungsmethode bestehende Bewertungswahlrecht wird in der Steuerbilanz durch die Vorgaben in § 7 EStG eingeengt. Sofern allerdings im Steuerrecht ein Wahlrecht über die anzuwendende Abschreibungsmethode (lineare Abschreibung, Leistungsabschreibung bzw Abschreibung entsprechend der Substanzverringerung oder geometrisch-degressive Abschreibung) und die Höhe des Degressionssatzes (bei der geometrisch-degressiven Abschreibung) besteht, kann dieses im Rahmen der steuerlichen Gewinnermittlung eigenständig ausgeübt werden (§ 5 Abs. 1 S. 1 HS 2 EStG). Es besteht keine Bindung an die Vorgehensweise in der Handelsbilanz. Es sind ausschließlich die in § 7 EStG kodifizierten Voraussetzungen zu beachten. Insoweit besteht bei der Entscheidung über die Abschreibungsmethode keine Maßgeblichkeit (Fall 6: Nebeneinander von handels- und steuerrechtlichem Wahlrecht).[210] Bei Gebäuden (Ausnahmen gelten für Altfälle) und immateriellen Wirtschaftsgütern (einschließlich Geschäfts- oder Firmenwert) ist steuerlich nur die lineare Abschreibung zulässig, sodass insoweit bei der Aufstellung der Steuerbilanz kein Wahlrecht besteht (Fall 4: handelsrechtliches Wahlrecht und steuerrechtlich verbindliche Vorschrift).

Die steuerlichen Abschreibungsmethoden haben auch für die Handelsbilanz eine erhebliche praktische Bedeutung. In vielen Fällen wird im Rahmen der handelsrechtlichen Rechnungslegung der Abschreibungsplan so ausgestaltet, dass er mit den steuerrechtlichen Regelungen vereinbar ist. Aufgrund der weitaus offeneren handelsrechtlichen Vorschriften ist diese Vorgehensweise möglich, ohne gegen die Grundsätze ordnungsmäßiger Buchführung zu verstoßen.[211] Die im Rahmen der Besteuerung aufgrund der stärkeren Betonung des Objektivierungsgedankens vorgenommene Normierung der planmäßigen Abschreibungen wirkt sich in der Handelsbilanz uU in der Weise aus, dass der Bilanzierende seinen Entscheidungsspielraum in einer Weise einengt, die mit den Vorgaben des § 7 EStG vereinbar ist.

d) Wechsel der Abschreibungsmethode

355 Die gewählte **Abschreibungsmethode** ist **grundsätzlich beizubehalten**. Ein **Wechsel** zwischen den verschiedenen Abschreibungsmethoden ist nur **ausnahmsweise** zulässig:

- von der geometrisch-degressiven AfA zur linearen AfA (§ 7 Abs. 3 S. 1, 2 EStG),
- von der Leistungsabschreibung bzw AfS zur linearen AfA und
- von der linearen AfA zur Leistungsabschreibung bzw AfS (§ 7 Abs. 1 S. 6, Abs. 6 EStG).

Sämtliche andere Formen des Wechsels zwischen den verschiedenen Abschreibungsmethoden oder den unterschiedlichen Ausgestaltungen einer Abschreibungsmethode (zB ein anderer Degressionssatz) sind nicht erlaubt. Für den Wechsel von der linearen Abschreibung zur geometrisch-degressiven AfA ergibt sich dies unmittelbar aus dem Gesetz (§ 7 Abs. 3 S. 3 EStG). Bei Gebäuden beruht die Unzulässigkeit auf der Vor-

210 Das BMF-Schreiben vom 12.3.2010, BStBl. 2010 I, S. 239, Tz. 18 nennt zwar nur die Wahl zwischen linearer und geometrisch-degressiver Abschreibung. Die für dieses Wahlrecht geltende Aussage lässt sich allerdings aufgrund der Tz. 16 dieses BMF-Schreibens verallgemeinern.

211 Zu beachten ist allerdings, dass handelsrechtlich eine degressive Abschreibung nur zulässig ist, wenn sie dem tatsächlichen Wertverzehr entspricht, vgl IDW RH HFA 1.015, FN-IDW 2009, S. 690 sowie Püttner, BBK 2009, S. 938; Willeke, StuB 2010, S. 458.

gabe fester Abschreibungssätze. Eine Ausnahme gilt, sofern die Voraussetzungen für die gewählte Abschreibungsmethode (Nutzung als Wirtschaftsgebäude, Nutzung zu Wohnzwecken) nicht mehr vorliegen (R 7.4 Abs. 7 EStR).

e) Beginn und Ende der Abschreibungen

Der **Beginn der Abschreibungen** stimmt mit dem Zeitpunkt der Lieferung bzw Fertigstellung überein. Es wird also nicht auf den Zeitpunkt der erstmaligen Nutzung abgestellt, sondern auf den Zeitpunkt der Anschaffung oder Herstellung (R 7.4 Abs. 1 EStR). Der Zeitpunkt, zu dem die Erwerbsaufwendungen auszahlungswirksam werden (zB Bezahlung des Kaufpreises), ist für den Beginn der Abschreibungen gleichfalls irrelevant. **356**

Im **Jahr der Anschaffung oder Herstellung** mindert sich der Abschreibungsbetrag für jeden vollen Monat, der dem Monat der Anschaffung bzw Herstellung des Wirtschaftsguts vorangeht, um ein Zwölftel der Jahresabschreibung (§ 7 Abs. 1 S. 4 EStG, § 7 Abs. 2 S. 3 EStG, R 7.4 Abs. 1, 2 EStR). Bei der im ersten Wirtschaftsjahr vorzunehmenden **zeitanteiligen Abschreibung (pro-rata-temporis)** wird also auf volle Monate aufgerundet.[212]

Beim **Abgang** des Wirtschaftsguts vor Erreichen der betriebsgewöhnlichen Nutzungsdauer erfolgt gleichfalls **grundsätzlich** eine **zeitanteilige (monatsgenaue) Abschreibung** (R 7.4 Abs. 8 EStR). Aus Vereinfachungsgründen wird beim Ausscheiden häufig auf eine Abschreibung verzichtet, sodass der Veräußerungsgewinn entsprechend niedriger ausgewiesen wird. Diese Vorgehensweise ist nur zulässig, wenn der Abschreibungsbetrag im Hinblick auf die Darstellung der Ertragslage unwesentlich ist (Grundsatz der Wesentlichkeit). **357**

Beispiel: Die S-AG erwirbt am 23.5.01 eine Maschine, deren Anschaffungskosten 120 000 € betragen. Die Nutzungsdauer der Maschine beträgt acht Jahre. Ein Restwert fällt nicht an. Die Maschine wird linear abgeschrieben. Sie wird vor Ablauf ihrer Nutzungsdauer am 16.10.03 für 100 000 € veräußert.

Im ersten Jahr werden 10 000 € Abschreibungen verrechnet. Dies sind 8/12 der Jahresabschreibung, im zweiten Jahr sind es 15 000 €. Damit beträgt der Restbuchwert am Ende des zweiten Jahres 95 000 €.

- Bei der linearen AfA werden bei einer zeitanteiligen Abschreibung (genaue Abschreibungsverrechnung) im Jahr des Abgangs der Maschine Abschreibungen von 10/12 des Jahresbetrags verrechnet (= 12 500 €). Da der Restbuchwert auf 82 500 € (= 95 000 € – 12 500 €) reduziert wird, entsteht ein Veräußerungsgewinn von 17 500 € = 100 000 € – 82 500 €. Im Jahr 03 erhöht sich damit der Gewinn um 5000 €: Dem Veräußerungsgewinn von 17 500 € stehen Abschreibungen von 12 500 € gegenüber.
- Wird aus Vereinfachungsgründen im Jahr des Abgangs für die Maschine keine Abschreibung verrechnet, entsteht im Jahr 03 ein Veräußerungsgewinn von 5000 € = 100 000 € – 95 000 €. Die Art und Weise der Abschreibung wirkt sich auf die Höhe des Jahreserfolgs nicht aus, er setzt sich jedoch anders zusammen.

---

212 Die Abschreibung vermindert sich darüber hinaus zeitanteilig für den Zeitraum, in dem das Wirtschaftsgut nicht für die Erzielung von Einkünften verwendet wird (R 7.4 Abs. 2 S. 1 EStR).

Im Regelfall ist die Zusammensetzung des Gewinns für die Ertragsteuerbelastung ohne Bedeutung. Eine Ausnahme gilt, wenn für Veräußerungsgewinne steuerliche Vergünstigungen gelten. Beispiele hierfür bilden (begünstigt besteuerte) Betriebsveräußerungs- bzw Betriebsaufgabegewinne (§ 16 iVm § 34 EStG) sowie die Möglichkeit zur Übertragung von Veräußerungsgewinnen auf ein Ersatzwirtschaftsgut nach § 6b EStG oder R 6.6 EStR. In diesen Fällen sind im Zeitpunkt der Beendigung des Betriebs bzw der Veräußerung aufgrund einer eigenständigen Gewinnermittlungsvorschrift die Buchwerte zu berechnen (§ 16 Abs. 2, § 6b Abs. 2 EStG, R 6b.1 Abs. 2 EStR, H 6.6 Abs. 3 EStH). Damit ist für das laufende Wirtschaftsjahr die AfA zeitanteilig zu verrechnen. Diese Vorgehensweise hat den Vorteil, dass der steuerlich begünstigte Gewinn möglichst hoch ausgewiesen wird.

f) Abschreibung von geringwertigen Wirtschaftsgütern

358 Abnutzbare bewegliche Wirtschaftsgüter des Anlagevermögens, die selbständig nutzungsfähig sind und deren Anschaffungs- oder Herstellungskosten 1000 € nicht übersteigen, werden als **geringwertige Wirtschaftsgüter (GWG)** bezeichnet. Für die Verrechnung der Anschaffungs- oder Herstellungskosten von GWG bestehen drei Alternativen:[213]

- Abschreibung nach § 7 Abs. 1 EStG (Abschreibung über die betriebsgewöhnliche Nutzungsdauer: AfA)
- Bewertungsfreiheit nach § 6 Abs. 2 EStG (Sofortverrechnung)
- Sammelposten nach § 6 Abs. 2a EStG (Verrechnung über fünf Jahre).

359 *(1) Abschreibung nach § 7 Abs. 1 EStG:* Geringwertige Wirtschaftsgüter können wie alle abnutzbaren Wirtschaftsgüter des Anlagevermögens planmäßig über ihre betriebsgewöhnliche Nutzungsdauer abgeschrieben werden (AfA). Wird diese Alternative gewählt, gelten für GWG keine Besonderheiten.

360 *(2) Bewertungsfreiheit nach § 6 Abs. 2 EStG:* Betragen die Anschaffungs- oder Herstellungskosten eines GWG höchstens 800 €, können die Anschaffungs- oder Herstellungskosten im Wirtschaftsjahr des Zugangs in voller Höhe als Betriebsausgabe abgezogen werden (§ 6 Abs. 2 EStG). Aufgrund des Grundsatzes der Einzelbewertung kann die Bewertungsfreiheit bei jedem GWG isoliert ausgeübt werden (wirtschaftsgutbezogenes Wahlrecht).

Wird diese Bewertungsfreiheit in Anspruch genommen, erübrigt sich zwar die Aufstellung eines Abschreibungsplans. Sofern die Anschaffungs- oder Herstellungskosten der GWG zwischen 251 und 800 € liegen, sind aber der Zeitpunkt des Zugangs der GWG und deren Anschaffungs- oder Herstellungskosten in einem besonderen, laufend zu führenden Verzeichnis festzuhalten. Dieses Verzeichnis muss nicht geführt werden, wenn sich die geforderten Angaben aus der Buchführung ergeben, wie beispielsweise bei Verbuchung auf einem gesonderten Konto (§ 6 Abs. 2 S. 4, 5 EStG).

---

213 Siehe hierzu BMF-Schreiben vom 30.9.2010, BStBl. 2010 I, S. 755; R 6.13 EStR sowie Bauer, Ubg 2017, S. 529; Conrad, DStR 2008, S. 710; Kußmaul/Weiler, GmbHR 2011, S. 169; Ortmann-Babel/Bolik, BB 2008, S. 1217; Ortmann-Babel/Bolik, StuB 2010, S. 56; Söffing, BB 2007, S. 1032; Voß, FR 2007, S. 1149. Zum Einfluss auf die Preisgestaltung der Unternehmen siehe Brähler/Scholz, StuW 2016, S. 50.

Bei der sofortigen Aufwandsverrechnung der GWG ist grundsätzlich von einer mit den Grundsätzen ordnungsmäßiger Buchführung zu vereinbarenden Vereinfachungsregelung zur Berechnung der planmäßigen Abschreibungen auszugehen. Für Unternehmen, die eine Vielzahl an GWG erwerben, eröffnet sie jedoch die Möglichkeit zur Bildung erheblicher stiller Reserven. So können beispielsweise Hotels oder Einzelhandelsunternehmen im Jahr der Geschäftseröffnung den gesamten Bestand an Geschirr und Bettwäsche bzw einen Großteil der Ladeneinrichtung aufwandswirksam verrechnen. In solchen Situationen löst die Bewertungsfreiheit für GWG einen erheblichen Steuerstundungseffekt aus, sodass sie in ihrer Wirkung mit der von Sonderabschreibungen und erhöhten Absetzungen vergleichbar ist.

Bei der Bewertungsfreiheit nach § 6 Abs. 2 EStG handelt es sich um ein eigenständiges steuerliches Wahlrecht. Diese Bewertungsfreiheit kann unabhängig davon in Anspruch genommen werden, wie die GWG in der Handelsbilanz behandelt werden. Es besteht keine Maßgeblichkeit der Handelsbilanz für die Steuerbilanz.

Abschreibung nach § 7 Abs. 1 EStG	**Bewertungsfreiheit nach § 6 Abs. 2 EStG**	**Sammelposten nach § 6 Abs. 2a EStG**
–	Anschaffungs- oder Herstellungskosten ≤ 800 € sofortiger Abzug bei Anschaffungs- oder Herstellungskosten > 250 € Führung eines Verzeichnisses bzw gesonderte Verbuchung Wahlrecht kann für jedes Wirtschaftsgut getrennt ausgeübt werden (wirtschaftsgutbezogenes Wahlrecht)	Anschaffungs- oder Herstellungskosten ≤ 250 € sofortiger Abzug 250 € < Anschaffungs- oder Herstellungskosten ≤ 1000 € Bildung eines Sammelpostens, der über fünf Jahre aufzulösen ist Wahlrecht ist für alle Wirtschaftsgüter eines Jahres einheitlich auszuüben (wirtschaftsjahrbezogenes Wahlrecht)
unabhängig von der Höhe der Anschaffungs- oder Herstellungskosten planmäßige Abschreibung über die betriebsgewöhnliche Nutzungsdauer (Aufstellung eines Abschreibungsplans)	Anschaffungs- oder Herstellungskosten > 800 € planmäßige Abschreibung über die betriebsgewöhnliche Nutzungsdauer (Aufstellung eines Abschreibungsplans)	Anschaffungs- oder Herstellungskosten > 1000 € planmäßige Abschreibung über die betriebsgewöhnliche Nutzungsdauer (Aufstellung eines Abschreibungsplans)

Abb. 32: Wahlmöglichkeiten zur Behandlung von geringwertigen Wirtschaftsgütern

(3) Sammelposten nach § 6 Abs. 2a EStG: Betragen die Anschaffungs- oder Herstellungskosten für das einzelne Wirtschaftsgut höchstens 250 €, sind die Anschaffungs- oder Herstellungskosten im Jahr des Zugangs (sofort) in voller Höhe als Betriebsausgabe zu verrechnen. **361**

Für Wirtschaftsgüter mit Anschaffungs- oder Herstellungskosten von mehr als 250 €, aber nicht mehr als 1000 € ist ein Sammelposten zu bilden. Der Sammelposten ist gleichmäßig über fünf Jahre aufzulösen (§ 6 Abs. 2a EStG).

Der Sammelposten ist für die einzelnen Jahre getrennt zu bilden und jeweils für sich fortzuführen, dh die Sammelposten der einzelnen Jahre sind nicht zu einem einheitlichen Sammelposten zusammenzufassen. Das Wahlrecht zur Bildung eines Sammelpostens ist für alle Wirtschaftsgüter, die im Laufe eines Jahres zugegangen sind, einheitlich auszuüben (wirtschaftsjahrbezogenes Wahlrecht).

Die sofortige Aufwandsverrechnung bei Wirtschaftsgütern mit Anschaffungs- oder Herstellungskosten von bis zu 250 € kann mit dem Grundsatz der Wirtschaftlichkeit begründet werden. Bei der Bildung eines Sammelpostens für Wirtschaftsgüter mit einem Zugangswert zwischen 251 und 1000 € handelt es sich um ein eigenständiges steuerliches Wahlrecht. Die Bildung des Sammelpostens im Rahmen der steuerlichen Gewinnermittlung ist unabhängig davon, wie diese Wirtschaftsgüter in der Handelsbilanz bewertet werden (§ 5 Abs. 1 S. 1 HS 2 EStG). Es besteht also keine Maßgeblichkeit der Handelsbilanz für die Steuerbilanz (Fall 6).[214]

Bei geringwertigen Wirtschaftsgütern muss die betriebsgewöhnliche Nutzungsdauer nicht ermittelt werden. Es erübrigt sich auch die Aufstellung eines Abschreibungsplans. Geringwertige Wirtschaftsgüter, für die Sammelposten gebildet werden, müssen in keinem Bestandsverzeichnis geführt werden: (1) Bei Anschaffungs- oder Herstellungskosten bis zu 250 € erfolgt im Jahr des Zugangs eine Sofortabschreibung. (2) Bei Anschaffungs- oder Herstellungskosten zwischen 251 und 1000 € wird eine Verteilung über fünf Jahre vorgenommen. Dieser Zeitraum gilt unabhängig von der tatsächlichen betriebsgewöhnlichen Nutzungsdauer des Wirtschaftsguts. Der Sammelposten ist kein Wirtschaftsgut, sondern eine Rechengröße. Damit scheidet beispielsweise eine Teilwertabschreibung aus. Der Sammelposten wird auch nicht dadurch gemindert, dass einige Wirtschaftsgüter vor Ablauf der Fünf-Jahres-Frist durch Verbrauch, Veräußerung oder Entnahme aus dem Betriebsvermögen ausscheiden (R 6.13 Abs. 6 EStR).

Beispiel: Die S-AG erwirbt im Laufe des Jahres 01 drei Wirtschaftsgüter mit Anschaffungskosten von jeweils 220 €, acht Wirtschaftsgüter mit Anschaffungskosten von jeweils 300 €, fünf Wirtschaftsgüter mit Anschaffungskosten von jeweils 400 € und zehn Wirtschaftsgüter mit Anschaffungskosten von jeweils 950 €.

Die drei Wirtschaftsgüter mit Anschaffungskosten von jeweils 220 € sind sofort aufwandswirksam zu verrechnen. Bei den anderen Wirtschaftsgütern liegen die Anschaffungskosten innerhalb der Bandbreite zwischen 251 und 1000 €. Sie sind zu einem Sammelposten zusammenzufassen. Dieser beläuft sich auf 13 900 € = 8 × 300 € + 5 × 400 € + 10 × 950 €. Der Wert des

214 Die Bildung eines Sammelpostens ist in der Handelsbilanz möglich, sofern es nicht zu einer Überbewertung kommt (zB weil vorzeitige Abgänge nicht berücksichtigt werden oder weil die Nutzungsdauer der Wirtschaftsgüter regelmäßig unter fünf Jahren liegt) und sofern der Sammelposten insgesamt von untergeordneter Bedeutung ist. Unter diesen Voraussetzungen wird die Abweichung vom Grundsatz der Einzelbewertung aus Wirtschaftlichkeitsüberlegungen als zulässig angesehen. Siehe hierzu Bundesrat-Drucksache 344/08, S. 80; HFA des IDW, FN-IDW 2007, S. 506 sowie Bacher/Scholz, WISU 2008, S. 985; Böhlmann/Keller, BB 2007, S. 2732; Mujkanovic, StuB 2008, S. 25; Rade/Kropp, WPg 2008, S. 13.

Sammelpostens ist in den Jahren 01 bis 05 mit jeweils 2780 € = 13 900 €/5 Jahre aufwandswirksam zu verrechnen. Für die Zugänge in den Folgejahren ist jeweils ein eigenständiger Sammelposten zu bilden.

(4) Empfehlungen zur Ausübung des Wahlrechts: Liegen die Anschaffungs- oder Herstellungskosten der GWG nicht über 250 €, besteht zwischen der Bewertungsfreiheit nach § 6 Abs. 2 EStG und dem Sammelposten nach § 6 Abs. 2a EStG kein Unterschied. Bei beiden Alternativen können die Anschaffungs- oder Herstellungskosten im Jahr des Zugangs vollständig aufwandswirksam verrechnet werden. **362**

Bezieht das Unternehmen im laufenden Wirtschaftsjahr viele Wirtschaftsgüter, deren Anschaffungs- oder Herstellungskosten zwischen 801 und 1000 € liegen, und beträgt deren Nutzungsdauer regelmäßig mehr als fünf Jahre, führt die Bildung eines Sammelpostens nach § 6 Abs. 2a EStG zu einer früheren Aufwandsverrechnung als eine Verrechnung der Anschaffungs- oder Herstellungskosten über die betriebsgewöhnliche Nutzungsdauer. Liegen die Anschaffungs- oder Herstellungskosten häufig zwischen 251 und 800 €, ist die Bewertungsfreiheit nach § 6 Abs. 2 EStG der Bildung eines Sammelpostens nach § 6 Abs. 2a EStG vorzuziehen.

Für die Bewertungsfreiheit nach § 6 Abs. 2 EStG spricht, dass sie bei jedem Wirtschaftsgut getrennt ausgeübt werden kann, während der Sammelposten nach § 6 Abs. 2a EStG einheitlich für alle Wirtschaftsgüter zu bilden ist, die innerhalb des betrachteten Jahres zugehen. Insoweit kann die Bewertungsfreiheit nach § 6 Abs. 2 EStG hinsichtlich der betragsmäßigen Auswirkungen sehr flexibel eingesetzt werden.

(5) Kriterium der selbständigen Nutzungsfähigkeit: Die Einordnung als geringwertiges Wirtschaftsgut setzt voraus, dass das Wirtschaftsgut **selbständig nutzungsfähig** ist. Mit dem Kriterium „selbständige Nutzungsfähigkeit" wird geprüft, ob das betrachtete Wirtschaftsgut isoliert für den Zweck eingesetzt werden kann, dem es zu dienen bestimmt ist. Zur Beurteilung der selbständigen Nutzungsfähigkeit ist auf die betriebliche und technische Zweckbestimmung der Sache abzustellen. Ein Wirtschaftsgut ist zu einer selbständigen Nutzung nicht fähig, wenn es nach der allgemeinen Verkehrsanschauung **363**

- seiner betrieblichen Zweckbestimmung nach nur zusammen mit anderen Wirtschaftsgütern genutzt werden kann,
- mit anderen Wirtschaftsgütern technisch abgestimmt ist und
- während der Nutzung in dem Betrieb in einer Einheit mit anderen Wirtschaftsgütern nach außen als einheitliches Ganzes in Erscheinung tritt (§ 6 Abs. 2 S. 2, 3 EStG, R 6.13 Abs. 1 EStR).

Verliert ein Wirtschaftsgut, das zusammen mit anderen Wirtschaftsgütern genutzt wird, seine selbständige Nutzungsfähigkeit, wenn es von den übrigen getrennt wird, spricht dies für einen Nutzungszusammenhang. Technisch aufeinander abgestimmt sind Wirtschaftsgüter, die zusätzlich zu einem wirtschaftlichen (betrieblichen) Zusammenhang bezüglich ihrer technischen Eigenschaften auf ein Zusammenwirken angelegt sind. So sind beispielsweise bestimmte Peripheriegeräte einer Computeranlage (wie Drucker und Scanner) zwar selbständig bewertungsfähig, aber nicht selbständig nutzungsfähig, wenn die einzelnen Komponenten einer Computeranlage auf ein Zusammenwirken angelegt sind. Bei einer Trennung verlieren sie regelmäßig ihre

Nutzungsfähigkeit. Selbständig nutzungsfähig sind jedoch Geräte, die auch unabhängig vom Computer eingesetzt werden können, wie externe Datenspeicher.[215]

Beispiele für selbständig nutzungsfähige Wirtschaftsgüter
- Möbel, Bestecke und Wäsche in Gaststätten, Hotels und Kantinen
- Bücher einer Bibliothek eines Steuerberaters
- Werkzeuge in einem Handwerksbetrieb
- Einrichtungsgegenstände in Läden, Werkstätten, Büros
- Fässer, Flaschen, Leergut, Kisten, Regale, Transport- und Lagerpaletten
- zu Schrankwänden zusammengesetzte Regale
- Peripheriegeräte einer Computeranlage, sofern sie unabhängig von der Computeranlage eingesetzt werden können.
- weitere Beispiele finden sich in H 6.13 EStH.

Beispiele für nicht selbständig nutzungsfähige Wirtschaftsgüter
- die Bestuhlung in Kinos und Theatern
- Bohrer, Sägeblätter, Fräser in Kombination mit den entsprechenden Werkzeugen
- technisch aufeinander abgestimmte und genormte Regal-, Gerüst- und Schalungsteile
- Peripheriegeräte einer Computeranlage, sofern sie nicht unabhängig von der Computeranlage eingesetzt werden können.
- weitere Beispiele finden sich in H 6.13 EStH.

g) Änderungen des Abschreibungsplans

364 Im Verlauf der Nutzung eines Wirtschaftsguts kann es notwendig sein, den Abschreibungsplan zu ändern. Die wichtigsten **Gründe** für die Änderung eines Abschreibungsplans sind: (1) eine außerplanmäßige Abschreibung oder eine Zuschreibung nach Wegfall der Gründe, die zu einer außerplanmäßigen Abschreibung geführt haben, (2) nachträgliche Anschaffungs- oder Herstellungskosten sowie (3) eine Fehleinschätzung der Nutzungsdauer.

365 – Nach einer **außerplanmäßigen Abschreibung** wird der neue, niedrigere Restbuchwert auf die Restnutzungsdauer verteilt. Die Restnutzungsdauer muss nicht neu geschätzt werden. Bei Gebäuden, die nach § 7 Abs. 4 S. 3 EStG außerplanmäßig abgeschrieben wurden, bemisst sich die weitere Abschreibung aus den Anschaffungs- bzw Herstellungskosten vermindert um die außerplanmäßige Abschreibung (§ 11c Abs. 2 S. 1, 2 EStDV).

Beispiel 1: bewegliches Wirtschaftsgut Die S-AG erwirbt am 1.1.01 eine Maschine, deren Anschaffungskosten 500 000 € betragen. Die Maschine wird über fünf Jahre linear abgeschrieben. Aufgrund gesunkener Wiederbeschaffungskosten hat die Maschine zum Ende der zweiten Periode einen Teilwert von 180 000 €. Die Restnutzungsdauer bleibt unverändert.

Jahr	AfA	Teilwertabschreibung	Restbuchwert
01	100 000 €	–.–	400 000 €
02	100 000 €	120 000 €	180 000 €
03	60 000 €	–.–	120 000 €
04	60 000 €	–.–	60 000 €
05	60 000 €	–.–	0 €

215 Vgl BFH vom 19.2.2004, BStBl. 2004 II, S. 958.

Zum 31.12.02 erfolgt eine außerplanmäßige Abschreibung auf 180 000 €. Nach Verrechnung der planmäßigen Abschreibung für das Jahr 02 ergibt sich ein vorläufiger Restbuchwert von 300 000 € (= 400 000 € – 100 000 €). Dieser liegt um 120 000 € über dem am Bilanzstichtag ermittelten Teilwert. Der nach der Teilwertabschreibung verbleibende Restbuchwert von 180 000 € wird auf die Restnutzungsdauer von drei Jahren verteilt, sodass sich in den Folgejahren die planmäßige Abschreibung von 100 000 € auf 60 000 € verringert.

Beispiel 2: Gebäude Die S-AG erwirbt am 8.1.01 ein Gebäude. Die Anschaffungskosten belaufen sich auf 1 000 000 €. Nach § 7 Abs. 4 S. 1 Nr 1 EStG betragen die jährlichen Abschreibungen 30 000 € (= 3% von 1 000 000 €). Zum Ende des Jahres 10 wird ein Teilwert von 580 000 € festgestellt.

Nach Verrechnung der planmäßigen Abschreibungen ergibt sich am 31.12.10 ein vorläufiger Restbuchwert von 700 000 € (= 1 000 000 € – 10 × 30 000 €). Damit ist eine Teilwertabschreibung von 120 000 € (= 700 000 € – 580 000 €) erforderlich. Ab dem elften Jahr errechnet sich die AfA nicht mehr aus den Anschaffungskosten, sondern aus den um die Teilwertabschreibung verminderten Anschaffungskosten. Der jährlich zu verrechnende Abschreibungsbetrag reduziert sich von bislang 30 000 € auf zukünftig 26 400 € = 3% × (1 000 000 € – 120 000 €).

– Nach einer **Zuschreibung sowie bei nachträglichen Anschaffungs- oder Herstellungskosten** erfolgt die Verteilung des neuen, höheren Restwerts auf die Restnutzungsdauer. Bei nachträglichen Herstellungskosten ist zusätzlich die Restnutzungsdauer neu zu schätzen. Werden bei einem Gebäude nachträgliche Anschaffungs- oder Herstellungskosten aktiviert, bemisst sich die weitere AfA nach der bisherigen Bemessungsgrundlage zuzüglich der nachträglichen Anschaffungs- oder Herstellungskosten (§ 11c Abs. 2 S. 3 EStDV, R 7.3 Abs. 5, R 7.4 Abs. 9 EStR, H 7.3, H 7.4 EStH). 366

Beispiel 1: bewegliches Wirtschaftsgut Die S-AG erwirbt am 1.1.01 eine Maschine, deren Anschaffungskosten 500 000 € betragen. Die Maschine wird über fünf Jahre linear abgeschrieben. Im Januar 03 erfolgt eine Erweiterung der Nutzungsmöglichkeit der Maschine. Die dabei anfallenden Ausgaben von 120 000 € sind aktivierungspflichtig. Durch die Maßnahmen verlängert sich die Restnutzungsdauer um ein Jahr.

Jahr	Zuschreibung	Abschreibung	Restbuchwert
01	–.–	100 000 €	400 000 €
02	–.–	100 000 €	300 000 €
03	120 000 €	105 000 €	315 000 €
04	–.–	105 000 €	210 000 €
05	–.–	105 000 €	105 000 €
06	–.–	105 000 €	0 €

Zu Beginn des Jahres 03 wird durch die Aktivierung der nachträglichen Anschaffungs- oder Herstellungskosten der Restbuchwert von 300 000 € um 120 000 € auf 420 000 € erhöht. Da sich die Nutzungsdauer um ein Jahr verlängert, werden diese 420 000 € nicht über drei Jahre aufwandswirksam verrechnet, sondern über die neue Restnutzungsdauer von vier Jahren abgeschrieben. Der jährlich zu verrechnende Abschreibungsbetrag erhöht sich ab dem dritten Jahr von 100 000 € (= 500 000 €/5 Jahre) auf 105 000 € (= 420 000 €/4 Jahre).

Beispiel 2: Gebäude Die S-AG erwirbt am 8.1.01 ein Gebäude. Die Anschaffungskosten belaufen sich auf 1 000 000 €. Nach § 7 Abs. 4 S. 1 Nr 1 EStG betragen die jährlichen Abschreibungen 30 000 € (= 3% von 1 000 000 €). Zu Beginn des elften Jahres werden umfangreiche Baumaßnahmen durchgeführt. Die Ausgaben von 500 000 € sind als Herstellungsaufwand zu aktivieren.

Bis zum 31.12.10 werden Abschreibungen von 300 000 € (= zehn Jahre jeweils 30 000 €) verrechnet. Durch den Herstellungsaufwand erhöht sich der Buchwert des Gebäudes auf 1 200 000 € (= vorläufiger Restbuchwert von 700 000 € zuzüglich Herstellungsaufwand von 500 000 €). Die Abschreibungen errechnen sich aus den um den Herstellungsaufwand erhöhten Anschaffungskosten. Ab dem elften Jahr sind in jeder Periode Abschreibungen von 45 000 € = 3% × (1 000 000 € + 500 000 €) anzusetzen. Konsequenz ist, dass das Gebäude erst nach weiteren 26 2/3 Jahren (= Restbuchwert von 1 200 000 € dividiert durch AfA von 45 000 €/Jahr) vollständig abgeschrieben ist. Der Abschreibungszeitraum verlängert sich damit von 33 1/3 Jahren (= 100/3%) auf 36 2/3 Jahre. Die Verlängerung der Abschreibungsdauer ergibt sich dadurch, dass bei Gebäuden die Nutzungsdauer mittelbar durch einen gesetzlich fixierten Prozentsatz vorgegeben wird.

367 – Bei einer **Fehleinschätzung** der Nutzungsdauer wird der Restwert auf die neue Restnutzungsdauer verteilt.

Beispiel: Die S-AG erwirbt am 1.1.01 eine Maschine, deren Anschaffungskosten 500 000 € betragen. Die Nutzungsdauer der Maschine wird auf fünf Jahre geschätzt. Am 31.12.03 stellt sich heraus, dass die Maschine nur noch ein weiteres Jahr genutzt werden kann. Damit verkürzt sich die Nutzungsdauer von ursprünglich fünf Jahren auf vier Jahre.

Jahr	Abschreibung	Restbuchwert
01	100 000 €	400 000 €
02	100 000 €	300 000 €
03	150 000 €	150 000 €
04	150 000 €	0 €

Durch die Verkürzung der Restnutzungsdauer wird am Ende des dritten Jahres der Abschreibungsplan in der Form geändert, dass der Restbuchwert vom Ende des zweiten Jahres in Höhe von 300 000 € auf nur noch zwei Jahre (anstatt auf drei Jahre) verteilt wird. Die planmäßigen Abschreibungen erhöhen sich von 100 000 € auf 150 000 €. Eine außerplanmäßige Abschreibung unterbleibt, sofern der Teilwert nicht niedriger ist als die fortgeführten Anschaffungskosten.

h) Absetzungen für außergewöhnliche technische oder wirtschaftliche Abnutzung

368 Absetzungen für außergewöhnliche technische oder wirtschaftliche Abnutzung (AfaA) dürfen bei abnutzbaren Wirtschaftsgütern des Anlagevermögens vorgenommen werden, wenn die Nutzbarkeit des Wirtschaftsguts durch außergewöhnliche Umstände stärker gesunken ist, als es durch die planmäßigen Abschreibungen (AfA) berücksichtigt wurde. Abschreibungen für außergewöhnliche Abnutzung sind den Periodisierungsgrundsätzen zuzuordnen. Dies verdeutlicht auch ihre gesetzliche Einordnung in § 7 Abs. 1 S. 7 EStG. Sie sind ein Anwendungsfall der Verrechnung von aperiodischen Geschäftsvorfällen nach dem Grundsatz der Abgrenzung von Aufwendungen der Zeit nach. Materiell führt die Verrechnung des Verbrauchs des Nutzungspo-

tenzials eines Wirtschaftsguts durch eine AfaA zum gleichen Ergebnis wie die nach dem Imparitätsprinzip vorzunehmenden (wertorientierten) außerplanmäßigen Abschreibungen auf den niedrigeren Teilwert. Aufgrund dieser Zwischenstellung werden die AfaA im Rahmen der Vergleichswerte in Kapitel IV.5. behandelt.

IV. Vergleichswert (Teilwertabschreibung auf der Grundlage des Imparitätsprinzips)

Im ersten Schritt werden die Gründe erläutert, die zu einer außerplanmäßigen Ab- **369**
schreibung führen. Im zweiten Schritt wird aufgezeigt, welche gesetzlichen Regelungen bei voraussichtlich dauernden und bei voraussichtlich vorübergehenden Wertminderungen im Einkommensteuergesetz sowie im Handelsgesetzbuch vorgesehen sind. Auf diese Weise wird der Anwendungsbereich der Kapitalerhaltungsgrundsätze auf der Aktivseite (Imparitätsprinzip der Höhe nach) im Rahmen der steuerlichen Gewinnermittlung deutlich. Im dritten Schritt wird auf die Einzelheiten eingegangen, die bei der Konkretisierung des steuerrechtlichen Vergleichswerts „Teilwert" zu beachten sind. Im vierten Schritt werden kurz die Unterschiede zwischen dem Teilwert und den handelsrechtlichen Vergleichswerten (sich aus dem Börsen- oder Marktpreis ergebender Wert, beizulegender Wert) analysiert. Im fünften Schritt wird der steuerrechtliche Vergleichswert „Teilwert" mit den auf den Periodisierungsprinzipien beruhenden Absetzungen für außergewöhnliche technische oder wirtschaftliche Abnutzung (AfaA) verglichen. Im sechsten Schritt wird vorgestellt, wie bei einem Wegfall der Gründe, die zu einer außerplanmäßigen Abschreibung geführt haben, vorzugehen ist (Wertaufholung).

1. Begriff und Aufgaben von außerplanmäßigen Abschreibungen (Imparitätsprinzip)

Ist **der Stichtagswert** eines Wirtschaftsguts **niedriger als die (fortgeführten) An-** **370**
schaffungs- oder Herstellungskosten, ist nach dem Imparitätsprinzip der Höhe nach eine außerplanmäßige Abschreibung vorzunehmen. Da das Imparitätsprinzip für alle Wirtschaftsgüter gilt, ist die Aufwandsantizipation unabhängig davon, ob es sich um abnutzbare Wirtschaftsgüter des Anlagevermögens, nicht abnutzbare Wirtschaftsgüter des Anlagevermögens oder um (nicht abnutzbare) Wirtschaftsgüter des Umlaufvermögens handelt.[216]

Zu den **Gründen**, die zu einer außergewöhnlichen Wertminderung führen, gehören **371**
beispielsweise:

- Die **technische** Nutzungsfähigkeit des Wirtschaftsguts hat abgenommen (nicht abnutzbare Wirtschaftsgüter) bzw hat stärker abgenommen, als durch die planmäßigen Abschreibungen erfasst wird (abnutzbare Wirtschaftsgüter des Anlagevermögens). Hauptbeispiele hierfür sind der Katastrophenverschleiß (wie Brandschaden) und erhöhter Gebrauch.

216 Zum Imparitätsprinzip der Höhe nach siehe Erster Abschnitt, Kapitel D.VI.2., Rn. 123–135.

- Der **wirtschaftliche** Nutzen eines Wirtschaftsguts hat sich reduziert bzw ist stärker zurückgegangen, als es die planmäßigen Abschreibungen wiedergeben. Beispiele hierfür bilden Fehlinvestitionen, Wertminderungen aufgrund von technischen Weiterentwicklungen oder aufgrund von Nachfrageverschiebungen (Modewandel, neue Wettbewerber, Preisverfall) sowie gesunkene Wiederbeschaffungskosten.
- **Rechtliche** Gründe schränken den Nutzen eines Wirtschaftsguts unerwartet oder in einem stärkeren Maße ein, als vorherzusehen war. Ursachen können Gesetzesänderungen, zusätzliche Umweltschutzauflagen, die Änderung eines Bebauungsplans oder eine drohende Enteignung sein.

2. Gesetzliche Grundlagen des Niederstwertprinzips

372 Die **Zulässigkeit** einer Abschreibung auf den niedrigeren Teilwert **hängt in der Steuerbilanz davon ab, ob die Wertminderung** voraussichtlich **von Dauer ist** oder ob es sich um eine voraussichtlich vorübergehende Wertminderung handelt (§ 6 Abs. 1 Nr 1 S. 2, Nr 2 S. 2 EStG). Sowohl bei voraussichtlich dauernden Wertminderungen als auch bei voraussichtlich vorübergehenden Wertminderungen kommt es zwischen den handelsrechtlichen und steuerrechtlichen Regelungen zu Abweichungen.

a) Voraussichtlich dauernde Wertminderungen

373 Ist die Wertminderung voraussichtlich von Dauer, besteht in der **Handelsbilanz** eine **Pflicht** zur Vornahme **außerplanmäßiger Abschreibungen**. Dies gilt sowohl für Wirtschaftsgüter des Anlagevermögens als auch für Wirtschaftsgüter des Umlaufvermögens (§ 253 Abs. 3 S. 5, Abs. 4 HGB). Im **Einkommensteuergesetz** besteht für alle Wirtschaftsgüter des Anlage- und des Umlaufvermögens ein Wahlrecht, die (fortgeführten) Anschaffungs- bzw Herstellungskosten beizubehalten oder den niedrigeren Teilwert anzusetzen (§ 6 Abs. 1 Nr 1 S. 2, Nr 2 S. 2 EStG). Dieses steuerliche **Abwertungswahlrecht** kann unabhängig davon ausgeübt werden, dass handelsrechtlich bei voraussichtlich dauernden Wertminderungen ein Abwertungsgebot besteht (Fall 3: keine Maßgeblichkeit bei verbindlicher handelsrechtlicher Norm und steuerlichem Wahlrecht).[217] Da das Imparitätsprinzip neben dem Realisationsprinzip zu den bedeutsamsten Elementen der Grundsätze ordnungsmäßiger Buchführung gehört, kommt es insoweit zu einer grundlegenden Abweichung zwischen handels- und steuerrechtlicher Rechnungslegung.

Das sich aus § 6 Abs. 1 Nr 1 S. 2, Nr 2 S. 2 iVm § 5 Abs. 1 S. 1 HS 2 EStG ableitbare steuerliche Abwertungswahlrecht ist aus steuersystematischen Überlegungen abzulehnen. Den Zielen der steuerlichen Gewinnermittlung würde es entsprechen, wenn das Abwertungswahlrecht durch eine Pflicht zur Vornahme einer Teilwertabschreibung ersetzt werden würde. Bei voraussichtlich dauernden Wertminderungen sollte

217 Vgl BMF-Schreiben vom 12.3.2010, BStBl. 2010 I, S. 239, Tz. 13, 15. Diese Auffassung wurde im Jahr 2017 durch den Gesetzgeber bestätigt (§ 3a Abs. 1 S. 2, 3 EStG).

die Anwendung des Imparitätsprinzips auch für die Steuerbilanz verpflichtend sein.[218] Die von der Finanzverwaltung vorgenommene Interpretation des Maßgeblichkeitsprinzips steht insoweit in Konflikt mit den Grundsätzen ordnungsmäßiger Buchführung.[219] Dies gilt unabhängig davon, ob § 5 Abs. 1 EStG als materielle oder formelle Maßgeblichkeit ausgelegt wird.[220]

Beispiel: Die F-AG erwirbt am 13.1.01 ein unbebautes Grundstück zum Preis von 2 000 000 €. Im Mai 05 werden die Pläne zur Anbindung des Grundstücks an ein benachbartes Gewerbegebiet endgültig aufgegeben. Die Änderung der geplanten Nutzung führt dazu, dass der Wert des Grund und Bodens auf 1 500 000 € sinkt.

Aufgrund der voraussichtlich dauernden Wertminderung ist in der Handelsbilanz eine Abwertung auf den niedrigeren Stichtagswert zwingend:

13.1.01:	Grundstück	2 000 000 €	an	Bank	2 000 000 €
31.12.05:	Aufwand	500 000 €	an	Grundstück	500 000 €

In der Steuerbilanz kann der bisherige Buchwert beibehalten werden (Abweichung gegenüber der Handelsbilanz) oder eine Abwertung auf den niedrigeren Teilwert vorgenommen werden (Übereinstimmung mit der handelsrechtlichen Rechnungslegung).

Unklar ist, ob das Wahlrecht zur Beibehaltung der (fortgeführten) Anschaffungs- 374
oder Herstellungskosten oder Abwertung auf den niedrigen Teilwert als Entweder-oder-Entscheidung angesehen wird oder ob auch dazwischen liegende Werte als zulässig erachtet werden. Der Zwischenwertansatz ist nur dann zulässig, wenn man die Meinung vertritt, dass bei Wahlrechten die Verwendung von Zwischenwerten auch ohne explizite gesetzliche Regelung möglich ist. Da im Umwandlungssteuergesetz das Wahlrecht zur Verwendung eines Werts zwischen dem gemeinen Wert und dem Buchwert explizit formuliert wird, kann die **fehlende Nennung eines Zwischenwerts** in § 6 Abs. 1 Nr 1, 2 EStG eher als Verbot für eine Bewertung mit einem Wert, der zwischen den (fortgeführten) Anschaffungs- oder Herstellungskosten und dem Teilwert liegt, interpretiert werden.

Weder aus dem Gesetzeswortlaut noch aus den Äußerungen der Finanzverwaltung 375
(R 6.8 Abs. 1 S. 3, 4 EStR) werden hinsichtlich des **Zeitpunkts der Inanspruchnahme dieses Bewertungswahlrechts** Einschränkungen erkennbar. Das Wahlrecht zur Abschreibung auf den niedrigeren Teilwert kann nicht nur in dem Jahr in Anspruch genommen werden, in dem die dauernde Wertminderung eingetreten ist, bzw in dem Jahr, in dem erkennbar wird, dass die Wertminderung voraussichtlich dauernd ist, sondern auch erst in einem der Folgejahre. Voraussetzung ist selbstverständlich, dass die Wertminderung auch noch zu diesem späteren Zeitpunkt voraussichtlich von Dauer ist.

---

218 Siehe hierzu zB Anzinger/Schleiter, DStR 2010, S. 398; Hennrichs, Ubg 2009, S. 538; Hoffmann, StuB 2010, S. 210; Werth, DStZ 2009, S. 509.

219 Die Auffassung der Finanzverwaltung und deren Bestätigung durch den Gesetzgeber in § 3a Abs. 1 S. 2, 3 EStG stehen im Widerspruch zu der von der (früheren) Bundesregierung im Rahmen des Gesetzgebungsverfahrens geäußerten Auffassung, vgl Gegenäußerung der Bundesregierung (Bundestag-Drucksache 16/10067, S. 124) auf die Stellungnahme des Bundesrats (Bundesrat-Drucksache 344/08 (B), S. 12).

220 Zur Rechtfertigung des Imparitätsprinzips im Rahmen der steuerlichen Gewinnermittlung siehe Erster Abschnitt, Kapitel D.VI.2., Unterabschnitt (5)., Rn. 133–135.

Da der Steuerpflichtige nachweisen muss, dass der Teilwert weiterhin voraussichtlich auf Dauer gesunken ist, besitzt er durch die Nichterbringung dieser Nachweise im Ergebnis ein Zuschreibungswahlrecht. Gestaltungen, in denen nach einer Zuschreibung aufgrund eines fehlenden Nachweises über das Fortbestehen einer voraussichtlich dauernden Wertminderung zeitnah das Wahlrecht zur Vornahme einer Teilwertabschreibung erneut ausgeübt wird und dabei der gesunkene Teilwert wieder nachgewiesen wird (wiederholter Wechsel zwischen außerplanmäßiger Abschreibung und Zuschreibung), dürften aber als willkürlich einzustufen sein.[221]

b) Voraussichtlich vorübergehende Wertminderungen

376 Bei **voraussichtlich vorübergehenden Wertminderungen** kommt es gleichfalls zu einem Auseinanderfallen zwischen den steuerrechtlichen und den handelsrechtlichen Vorschriften. Während für die **Steuerbilanz** bei voraussichtlich vorübergehenden Wertminderungen ein **Abwertungsverbot** besteht (§ 6 Abs. 1 Nr 1 S. 2, Nr 2 S. 2 EStG), nimmt das **Handelsgesetzbuch** eine **differenziertere Regelung** vor.

377 *(1) Wirtschaftsgüter des Umlaufvermögens:* Bei **Wirtschaftsgütern des Umlaufvermögens** ist bei Wertminderungen, die voraussichtlich nur vorübergehend bestehen, in der Handelsbilanz eine Abschreibung auf den niedrigeren Stichtagswert verbindlich (§ 253 Abs. 4 HGB). Zwar kennen sowohl das Handelsrecht als auch das Steuerrecht jeweils eine verbindliche Vorschrift. Da sich jedoch die beiden Regelungen unterscheiden, kommt es zu einem Auseinanderfallen der handels- und steuerrechtlichen Bewertung (**Durchbrechung des Maßgeblichkeitsprinzips**). In der Handelsbilanz ist eine Abwertung vorzunehmen; in der Steuerbilanz ist eine aufwandswirksame Verrechnung des Wertverlusts unzulässig. Diese Situation wurde bei der Vorstellung des Inhalts des Maßgeblichkeitsprinzips dem Fall 2b zugeordnet.

378 *(2) Wirtschaftsgüter des Anlagevermögens:* Sinkt bei Wirtschaftsgütern des Anlagevermögens der Wert voraussichtlich nur vorübergehend unter den (fortgeführten) Basiswert, besteht handelsrechtlich grundsätzlich ein Abwertungsverbot (§ 253 Abs. 3 S. 5 HGB). Die handelsrechtliche und die steuerrechtliche Regelung stimmen überein. Da bei voraussichtlich vorübergehenden Wertminderungen in beiden Bilanzen keine außerplanmäßigen Abschreibungen zulässig sind, liegt Fall 2a des Maßgeblichkeitsprinzips vor (Nebeneinander von übereinstimmenden verbindlichen Regelungen).

Eine Besonderheit gilt für Finanzanlagen. Bei Finanzanlagen des Anlagevermögens besteht bei voraussichtlich vorübergehenden Wertminderungen in der Handelsbilanz ein Abwertungswahlrecht (§ 253 Abs. 3 S. 6 HGB), während es in der Steuerbilanz beim Abwertungsverbot bleibt (§ 6 Abs. 1 Nr 2 S. 2 EStG). Es kommt also zu einer Einschränkung der Maßgeblichkeit: Einem handelsrechtlichen Wahlrecht steht eine verbindliche steuerliche Norm gegenüber (Fall 4). Ob Finanzanlagen in der Handelsbilanz und in der Steuerbilanz mit dem gleichen Wert bewertet werden, hängt davon ab, wie der Bilanzierende das bei voraussichtlich vorübergehenden Wertminderungen gewährte handelsrechtliche Abwertungswahlrecht ausübt.

---

221 Zu möglichen Grenzen aufgrund des Willkürverbots und den Mitwirkungspflichten des Steuerpflichtigen nach § 90 Abs. 1 AO siehe BMF-Schreiben vom 12.3.2010, BStBl. 2010 I, S. 239, Tz. 15 sowie Dietel, DB 2012, S. 485; Scheffler/Binder, StuB 2012, S. 895–896.

(3) Beurteilung: Die **Begründung für die unterschiedliche Ausgestaltung des Imparitätsprinzips innerhalb der handelsrechtlichen Rechnungslegung** in Abhängigkeit von der Art und Weise der Verwendung des Wirtschaftsguts ist darin zu sehen, dass bei **Wirtschaftsgütern des Umlaufvermögens** das Imparitätsprinzip der Höhe nach die unwiderlegbare Vermutung beinhaltet, dass ein am Abschlussstichtag durch eine Wertminderung entstandener Verlust sich in der Zukunft bestätigen wird. Bei Wirtschaftsgütern des Umlaufvermögens wird angenommen, dass diese das Unternehmen verlassen bzw im Rahmen des Leistungserstellungsprozesses verbraucht werden, bevor die Möglichkeit besteht, dass die Wertminderung durch eine gegenläufige (positive) Wertentwicklung wieder ausgeglichen wird. Schließt man sich dieser Vermutung an, liegt bei dem für Wirtschaftsgüter des Umlaufvermögens bei vorübergehender Wertminderung geltenden steuerbilanziellen Abwertungsverbot eine Durchbrechung des Maßgeblichkeitsprinzips vor. Das Abwertungsverbot nach § 6 Abs. 1 Nr 2 S. 2 EStG bei voraussichtlich vorübergehenden Wertminderungen widerspricht den Grundsätzen ordnungsmäßiger Buchführung.[222] **379**

Für **Wirtschaftsgüter des Anlagevermögens** wird demgegenüber bei einer vorübergehenden Wertminderung unterstellt, dass die Wertminderung durch eine gegenläufige Wertaufholung in der Zukunft wieder ausgeglichen wird oder dass zumindest die Möglichkeit einer Wertaufholung besteht. Diese Vermutung ist bei Wirtschaftsgütern, die dazu bestimmt sind, dem Geschäftsbetrieb des Unternehmens auf Dauer zu dienen, sachgerecht. Das in der Handels- und Steuerbilanz bestehende Abwertungsverbot bei einer voraussichtlich vorübergehenden Wertminderung ist also mit der Zielsetzung des Imparitätsprinzips vereinbar.[223] **380**

c) Abgrenzung zwischen voraussichtlich dauernden und voraussichtlich vorübergehenden Wertminderungen

Für die **Steuerbilanz** ist **entscheidend, ob** die **Wertminderung voraussichtlich von Dauer oder voraussichtlich vorübergehend** ist. Während für die handelsrechtliche Rechnungslegung die Abgrenzung zwischen vorübergehenden und dauernden Wertminderungen in Teilbereichen häufig nicht zwingend notwendig ist (für Finanzanlagen des Anlagevermögens besteht bei vorübergehenden Wertminderungen ein Abwertungswahlrecht; bei Wirtschaftsgütern des Umlaufvermögens besteht unabhängig von der voraussichtlichen Dauer der Wertminderung eine Abwertungspflicht), wird in der Steuerbilanz für alle Wirtschaftsgüter festgelegt, ob eine Teilwertabschreibung möglich ist oder ob sie unzulässig ist. **381**

Die **Abgrenzung** zwischen voraussichtlich dauernden und voraussichtlich vorübergehenden Wertminderungen kann am Abschlussstichtag häufig (noch) **nicht eindeutig** beantwortet werden, vielmehr ist oftmals eine Ermessensentscheidung erforderlich. Nach dem Grundsatz der Bewertungsvorsicht ist in Zweifelsfällen eher von einer dau-

---

222 Inwieweit es in der praktischen Anwendung tatsächlich zu einer Durchbrechung des Maßgeblichkeitsprinzips kommt, hängt entscheidend davon ab, wie im Steuerrecht voraussichtlich vorübergehende Wertminderungen von voraussichtlich dauernden Wertminderungen abgegrenzt werden. Siehe hierzu das nachfolgende Kapitel c), Rn. 403.

223 Zur Rechtfertigung des Imparitätsprinzips im Rahmen der steuerlichen Gewinnermittlung siehe Erster Abschnitt, Kapitel D.VI.2., Unterabschnitt (5)., Rn. 133–135.

ernden Wertminderung auszugehen. Im Rahmen der **steuerlichen Gewinnermittlung** wird allerdings der **Objektivierungsgedanke stärker gewichtet** als der Grundsatz der Bewertungsvorsicht (Vorsichtsprinzip ieS). Bei der Abgrenzung zwischen voraussichtlich dauernden und voraussichtlich vorübergehenden Wertminderungen kann es deshalb zu einer weiteren Abweichung zwischen der handelsrechtlichen und der steuerrechtlichen Bewertung kommen, da der **Steuerpflichtige** die **Darlegungs- und Feststellungslast** (Nachweispflicht) dafür trägt,

- dass der **Teilwert** unter den bisherigen Buchwert des Wirtschaftsguts (idR Anschaffungs- oder Herstellungskosten bzw fortgeführte Anschaffungs- oder Herstellungskosten) **gesunken ist und**
- dass die **Wertminderung voraussichtlich von Dauer ist**.

Kann der Steuerpflichtige einen dieser beiden Nachweise nicht führen, besteht im Rahmen der steuerlichen Gewinnermittlung ein **Abwertungsverbot**. Für die Art und Weise des Nachweises bestehen zwar keine Formvorschriften, jedoch ist zu beachten, dass jede Wertminderung nachzuweisen ist. Die Finanzverwaltung kennt keine Nichtaufgriffsgrenze und gibt auch keine Pauschalierungsgrenzen vor.

Es kommt zu einer Einschränkung des Maßgeblichkeitsprinzips: Der handelsrechtliche Ermessensspielraum wird durch die erhöhten Nachweispflichten im Rahmen der steuerlichen Gewinnermittlung eingegrenzt. Im Steuerrecht ist der Bereich, in dem eine voraussichtlich dauernde Wertminderung angenommen wird, enger als im Rahmen der handelsrechtlichen Rechnungslegung (Fall 8b des Maßgeblichkeitsprinzips).

382 Bei der Abgrenzung zwischen voraussichtlich dauernden und voraussichtlich vorübergehenden Wertminderungen geht die **Finanzverwaltung** von folgenden **Grundsätzen** aus:[224]

- Die Wertminderung ist voraussichtlich von Dauer, wenn der Steuerpflichtige am Bilanzstichtag **aufgrund objektiver Anzeichen ernsthaft damit zu rechnen hat, dass er diese Wertminderung zu tragen hat**, m.a.W. dass sie sich in einem der späteren Wirtschaftsjahre am Markt bestätigt. Aus Sicht eines sorgfältigen und gewissenhaften Kaufmanns müssen mehr Gründe für als gegen eine Nachhaltigkeit sprechen.
- Grundsätzlich ist von einer voraussichtlich dauernden Wertminderung auszugehen, wenn der **Wert des Wirtschaftsguts die Bewertungsobergrenze während eines erheblichen Teils der voraussichtlichen Verweildauer im Unternehmen nicht erreichen wird**. Wertminderungen aus besonderem Anlass (zB Katastrophen oder technischer Fortschritt) sind regelmäßig von Dauer.
- Zusätzliche Erkenntnisse (**werterhellende Ereignisse**), die die Wertentwicklung bis zur Erstellung der Handelsbilanz bestätigen oder objektivieren, sind zu **berücksichtigen**. Wenn keine Handelsbilanz zu erstellen ist, ist der Zeitpunkt der Erstellung der Steuerbilanz maßgeblich. Unerwartete Ereignisse gelten als wert-

224 Vgl BMF-Schreiben vom 2.9.2016, BStBl. 2016 I, S. 995 mit zahlreichen Hinweisen auf die Rechtsprechung sowie Adrian/Helios, DStR 2014, S. 721; Adrian/Helios, Ubg 2014, S. 489; Förster, DB 2014, S. 382; Förster, DK 2014, S. 256; Förster, DB 2016, S. 2257; Marx, StuB 2014, S. 591; Meyering/Brodersen/Gröne, DStR 2017, S. 1175 (zum Teil zum weitgehend inhaltsgleichen BMF-Schreiben vom 16.7.2014, BStBl. 2014 I, S. 1162).

begründende Ereignisse, diese sind im Zeitpunkt der Bilanzerstellung (noch) nicht zu berücksichtigen.
- Für die Beurteilung eines voraussichtlich dauernden Wertverlusts zum Bilanzstichtag kommt der Eigenart des betreffenden Wirtschaftsguts eine maßgebliche Bedeutung zu.

Diese allgemeinen Kriterien werden durch **spezielle Regelungen** konkretisiert. Dabei wird zwischen den verschiedenen Gruppen von Wirtschaftsgütern differenziert: **383**

Bei **abnutzbaren Wirtschaftsgütern des Anlagevermögens** ist von einer voraussichtlich dauernden Wertminderung auszugehen, wenn der zum Bilanzstichtag festgestellte Wert eines Wirtschaftsguts mindestens für die halbe Restnutzungsdauer unter dem Restbuchwert liegt, der sich bei der Aufstellung des ursprünglichen Abschreibungsplans ergibt. Die verbleibende Nutzungsdauer ist grundsätzlich nach den AfA-Tabellen zu bestimmen. Für Gebäude ergibt sich die Nutzungsdauer aus § 7 Abs. 4, 5 EStG. **384**

Bei **Wirtschaftsgütern des nicht abnutzbaren Anlagevermögens** ist grundsätzlich darauf abzustellen, ob die Gründe für eine niedrigere Bewertung voraussichtlich anhalten **werden**. Schwankungen der Marktpreise auf dem Immobilienmarkt gelten als vorübergehende Wertminderungen. Sie berechtigen grundsätzlich nicht zum Ansatz des niedrigeren Teilwerts. Durch diese relativ eindeutigen Vorgaben wird bei Wirtschaftsgütern des Anlagevermögens der Ermessensspielraum der Bilanzierenden deutlich eingeschränkt. Durch die starke Betonung des Objektivierungsgedankens kommt es zu einer **Einschränkung des Maßgeblichkeitsprinzips** (Fall 8b). **385**

Bei **Forderungen des Anlagevermögens** liegt eine voraussichtlich dauernde Wertminderung vor, wenn davon auszugehen ist, dass der Schuldner diese nicht erfüllen wird. Die Unverzinslichkeit einer Forderung wird nicht als voraussichtliche Minderung angesehen. Erfolgt die Rückzahlung zum Nennwert, wird von nur einer voraussichtlich vorübergehenden Wertminderung ausgegangen. **386**

Da **Wirtschaftsgüter des Umlaufvermögens** regelmäßig für den Verkauf oder den Verbrauch gehalten werden, kommt dem Zeitpunkt der Veräußerung oder der Verwendung für die Bestimmung einer voraussichtlich dauernden Wertminderung eine besondere Bedeutung zu: Hält die Minderung bis zum Zeitpunkt der Bilanzerstellung oder – sofern dieser Zeitpunkt früher liegt – bis zum Zeitpunkt des Verbrauchs bzw des Verkaufs an, ist die Wertminderung voraussichtlich von Dauer. Durch diese weite Interpretation des Begriffs der voraussichtlich dauernden Wertminderung verbleibt bei Wirtschaftsgütern des Umlaufvermögens für das bei voraussichtlich vorübergehenden Wertminderungen geltende Abwertungsverbot nur ein enger Anwendungsbereich. Dies führt dazu, dass sich **die nach dem Wortlaut des EStG bei voraussichtlich vorübergehenden Wertminderungen bestehende Durchbrechung des Maßgeblichkeitsprinzips** (Fall 2b) **in der Praxis häufig nicht auswirkt**. **387**

Bei **börsennotierten**, börsengehandelten und aktienindexbasierten **Wertpapieren des Anlage- oder Umlaufvermögens** (zB Aktien) ist dann von einer voraussichtlich dauernden Wertminderung auszugehen, wenn der Börsenwert zum Bilanzstichtag (1) unter die Anschaffungskosten gesunken ist und (2) der Kursverlust eine Bagatell- **388** grenze von 5% der Notierung bei Erwerb überschreitet.[225] Bei den bis zum Tag der Bilanzerstellung eintretenden Kursänderungen handelt es sich um wertbeeinflussende (wertbegründende) Umstände, die die Bewertung der Aktien zum Bilanzstichtag grundsätzlich nicht berühren.

Wurde in der Vergangenheit bereits eine Teilwertabschreibung vorgenommen, ist für die Bestimmung der 5%igen Bagatellgrenze der Bilanzansatz des vorangegangenen Bilanzstichtags maßgeblich. Der Kurswert ist nur dann nicht relevant, wenn aufgrund konkreter und objektiv überprüfbarer Anhaltspunkte davon auszugehen ist, dass der Börsenpreis den tatsächlichen Anteilswert nicht widerspiegelt (zB bei einem durch Insidergeschäfte manipulierten Kurswert).

389 Bei **festverzinslichen Wertpapieren**, die eine Forderung in Höhe des Nominalwerts der Forderung verbriefen, fehlt es in der Regel an einer voraussichtlich dauernden Wertminderung. Dies gilt unabhängig davon, ob die Wertpapiere zum **Anlage- oder Umlaufvermögen** gehören. Eine Teilwertabschreibung unter den Nennwert allein wegen gesunkener Kurse ist regelmäßig nicht zulässig, wenn kein Bonitäts- oder Liquiditätsrisiko hinsichtlich der Rückzahlung der Nominalbeträge besteht und die Wertpapiere bei Endfälligkeit zu ihrem Nennbetrag eingelöst werden können. Bei börsennotierten festverzinslichen Wertpapieren, die eine Forderung in Höhe des Nominalwerts der Forderung verbriefen, rechtfertigt jede Wertminderung eine Teilwertabschreibung, die Bagatellgrenze von 5% wird nicht angewendet.

390 **Beispiele für Wirtschaftsgüter des Anlagevermögens:**

- Beim Erwerb einer Maschine (abnutzbares bewegliches Wirtschaftsgut des Anlagevermögens) fallen Anschaffungskosten in Höhe von 100 000 € an. Die betriebsgewöhnliche Nutzungsdauer der Maschine beträgt 10 Jahre. Am Ende des zweiten Jahres wird ein Teilwert in Höhe von 19 000 € ermittelt. Bei einer linearen Abschreibung ist eine Teilwertabschreibung zulässig, da der Teilwert mit sechs von acht Jahren für mindestens die Hälfte der verbleibenden Restnutzungsdauer unter dem sich bei planmäßiger Verrechnung der Abschreibung ergebenden Buchwert liegt. Beträgt der Teilwert am Ende des zweiten Jahres 58 000 €, wird von einer voraussichtlich vorübergehenden Wertminderungen ausgegangen, da der Teilwert mit zwei von acht Jahren um weniger als die Hälfte der verbleibenden Restnutzungsdauer unter dem sich bei planmäßiger Verrechnung der Abschreibung ergebenden Buchwert liegt.
- Bei einem unbebauten Grundstück kommt es aufgrund einer Änderung des Bebauungsplans zu einer Minderung des Marktwerts. Solange gegen die Änderungen des Bebauungsplans noch Rechtsmittel eingelegt werden können, handelt es sich um eine vorübergehende Wertminderung.
- Die S-AG erwirbt Aktien der börsennotierten X-AG zu einem Preis von 100 €/Stück als langfristige Kapitalanlage für ihr Unternehmen. Der Kurs schwankt nach der Anschaffung zwischen 70 und 100 €. Am Bilanzstichtag liegt der Kurs bei 90 €. Am Tag der Bilanzerstellung beträgt der Kurs (a) 92 € bzw (b) 80 €. Lösung (a): Eine Teilwertabschreibung ist auf 90 € zulässig, da der Kursverlust bezogen auf die Anschaffungskosten die Bagatellgrenze (5 € = 5% von 100 €) übersteigt und die Kursentwicklung nach dem Bilanzstichtag als wertbegründender Umstand unerheblich ist. Lösung (b): Eine Teilwertabschreibung ist nur auf 90 € zulässig. Der Kursverlust übersteigt die Bagatellgrenze (5 € = 5% von 100 €).

225 Zu Anteilen an Investmentfonds, die als Finanzanlage im Anlagevermögen gehalten werden, siehe BMF-Schreiben vom 2.9.2016, BStBl. 2016 I, S. 995, Tz. 24–26.

Da die Kursentwicklung nach dem Bilanzstichtag bis zur Erstellung der Bilanz unerheblich ist, ist eine Teilwertabschreibung auf 80 € nicht möglich.
- Die S-AG besitzt Aktien der börsennotierten X-AG im Anlagevermögen, deren Anschaffungskosten 80 €/Stück betragen. Am 31.12.01 beträgt der Kurswert 60 €. Eine Teilwertabschreibung auf 60 € ist zulässig, da der Kursverlust im Vergleich zum Erwerb mehr als 5% (4 € = 5% von 80 €) beträgt. Zum nächsten Bilanzstichtag (31.12.02) sinkt der Aktienkurs auf 58 €. Da der Kursverlust von 2 € die 5%ige Bagatellgrenze von 3 € (= 5% von 60 €) nicht übersteigt, ist eine Teilwertabschreibung unzulässig. Da bereits im Jahr 01 eine Teilwertabschreibung vorgenommen wurde, sind bei der Prüfung der Bagatellgrenze nicht die Anschaffungskosten (80 €), sondern der geminderte Bilanzansatz des vorangegangenen Bilanzstichtags (60 €) heranzuziehen.

Beispiele für Wirtschaftsgüter des Umlaufvermögens: 391
- Bei Wirtschaftsgütern des Vorratsvermögens tritt ein Wasserschaden auf. Bei dieser Wertminderung handelt es sich um eine dauernde Wertminderung.
- Bei Bademodeartikeln wurde aufgrund der schweren Verkäuflichkeit der Verkaufspreis herabgesetzt. Es liegt eine dauernde Wertminderung vor, da die Wertminderung bis zum Zeitpunkt des Verkaufs besteht.
- Für Handelswaren gelten folgende Werte: Anschaffungskosten 1200 €, Marktwert am Bilanzstichtag 1000 €. Die Waren werden am 17.2. des Folgejahres zu 1100 € veräußert. Am 8.3., dem Tag der Bilanzerstellung, ist der Marktwert auf 1050 € gesunken. Für die Bewertung ist der Tag entscheidend, an dem die Wirtschaftsgüter veräußert werden. Damit ist eine Teilwertabschreibung auf 1100 € zulässig.
- Bei Handelswaren mit Anschaffungskosten von 1200 € beträgt der Marktwert am Bilanzstichtag 1000 € und am 8.3. des Folgejahres (Tag der Bilanzerstellung) 1020 €. Eine dauernde Wertminderung liegt nur bis zu einem Wert von 1020 € vor. Bei der Wertminderung auf 1000 € handelt sich um eine vorübergehende Wertminderung. Beträgt der Marktwert an dem Tag, an dem die Steuerbilanz erstellt wird, 1300 € ist keine Teilwertabschreibung zulässig.

d) Einschränkungen bei der aufwandswirksamen Verrechnung von Teilwertabschreibungen bei Beteiligungen an Kapitalgesellschaften

Um eine Doppelbelastung von Gewinnen zu vermeiden, die von einer Kapitalgesell- 392
schaft erwirtschaftet werden, sieht das Körperschaftsteuersystem vor, dass Dividenden, die an natürliche Personen gezahlt werden, die ihre Anteile im Betriebsvermögen halten, nur zu 60% steuerpflichtig sind (Teileinkünfteverfahren, § 3 Nr 40 EStG). Dividenden, die an eine andere Kapitalgesellschaft gezahlt werden, sind steuerfrei, sofern die Beteiligung an der Kapitalgesellschaft mindestens 10% beträgt (Dividendenfreistellung, § 8b Abs. 1, 4 KStG).[226] Ein weiteres Merkmal des in Deutschland geltenden Körperschaftsteuersystems ist, dass Dividenden und Veräußerungsgewinne weitgehend in gleicher Weise besteuert werden. Dies bedeutet, dass Gewinne aus der Veräußerung von Anteilen an Kapitalgesellschaften zu 40% bzw (abgesehen von der 5%igen Umqualifizierung in nichtabziehbare Betriebsausgaben) steuerbefreit sind und dass Veräußerungsverluste und damit vergleichbare Gewinnminderungen (insbesondere Teilwertabschreibungen auf die Anteile) ertragsteuerlich nur zu 60% bzw nicht verrechnet werden können (§ 3c Abs. 2 EStG, § 8b Abs. 3 S. 3 KStG). Ist aufgrund des Vorliegens einer voraussichtlich dauernden Wertminderung der Anteile an

226 Allerdings gelten 5% der Dividenden als nichtabziehbare Betriebsausgaben (§ 8b Abs. 5 KStG).

einer Kapitalgesellschaft eine Teilwertabschreibung möglich, führt dies zu folgenden **Einschränkungen** hinsichtlich der **ertragsteuerlichen Wirkungen einer Teilwertabschreibung**:

- Bei **einkommensteuerpflichtigen Anteilseignern**, die ihre Anteile im Betriebsvermögen halten, **mindern** die Teilwertabschreibungen **nur zu 60% die steuerpflichtigen Einkünfte aus Gewerbebetrieb**. Die verbleibenden 40% gelten als nichtabziehbare Betriebsausgabe (§ 3c Abs. 2 EStG).
- Bei **körperschaftsteuerpflichtigen Anteilseignern** kann die Teilwertabschreibung auf die Anteile bei der Berechnung des steuerpflichtigen Gewinns **nicht abgezogen werden** (§ 8b Abs. 3 S. 3 KStG).[227]

Weitere Einschränkungen gelten bei Gesellschafterdarlehen. Ist ein Gesellschafter an einer Kapitalgesellschaft mittelbar oder unmittelbar zu mehr als 25% beteiligt (wesentlich beteiligter Gesellschafter), können Gewinnminderungen im Zusammenhang mit einem dieser Kapitalgesellschaft überlassenen Darlehen, zB Teilwertabschreibung auf die Darlehensforderung, steuerlich nur dann (in vollem Umfang) berücksichtigt werden, wenn auch ein fremder Dritter dieses Darlehen gewährt hätte (§ 3c Abs. 2 S. 2–5 EStG, § 8b Abs. 3 S. 4–8 KStG).

Die Einschränkung der Verrechenbarkeit von Teilwertabschreibungen erfolgt durch eine außerbilanzielle Hinzurechnung. Dies bedeutet, dass in der Steuerbilanz zwar eine Teilwertabschreibung vorgenommen wird. Damit reduziert sich der *Gewinn nach § 4 Abs. 1 EStG*. Eine Minderung des *steuerpflichtigen Gewinns* wird jedoch durch die (teilweise) Einordnung als nichtabziehbare Betriebsausgabe ausgeschlossen. Die Unterschiede hinsichtlich der Gewinnwirkungen zwischen der handelsrechtlichen und der steuerrechtlichen Gewinnermittlung beruhen auf den Grundsätzen der Unternehmensbesteuerung, genauer auf dem Körperschaftsteuersystem. Es liegt also eine konzeptionelle Abweichung vor (Fall 9: keine Maßgeblichkeit).

Erhöht sich der Wert der Anteile wieder, muss eine Wertaufholung verrechnet werden (§ 6 Abs. 1 Nr 1 S. 4, Nr 2 S. 3 EStG). Bei Anteilseignern, die ihr Unternehmen als Kapitalgesellschaft führen, bleiben zwar die dadurch entstehenden Erträge außer Ansatz, allerdings gelten 5% davon als nichtabziehbare Betriebsausgabe (§ 8b Abs. 2, Abs. 3 S. 1, 2 KStG). Um die aus dieser Umqualifizierung entstehende Mehrbelastung zu vermeiden, empfiehlt es sich für Kapitalgesellschaften, die eine Beteiligung an einer anderen Kapitalgesellschaft halten, auf eine Teilwertabschreibung auf die Anteile zu verzichten, dh bei einer voraussichtlich dauernden Wertminderung sollten sie das Abwertungswahlrecht nicht ausüben.[228]

e) Besonderheit: Bildung von Bewertungseinheiten

393 **Unternehmen sichern Geschäfte**, die Marktpreisrisiken[229] oder Ausfallrisiken unterliegen (Grundgeschäfte), häufig durch andere Geschäfte **ab**, die eine gegenläufige Risikostruktur aufweisen (Sicherungsgeschäfte). Durch den **Hedge** soll vermieden werden, dass aus Wertänderungen des Grundgeschäfts Gewinne oder Verluste entstehen:

227 Die Behandlung von Veräußerungsgewinnen und Teilwertabschreibungen ist im Gegensatz zur Besteuerung von Dividenden unabhängig von der Beteiligungsquote.

228 Vgl zB Dörfler/Adrian, Ubg 2009, S. 391; Herzig, DStR 2010, S. 1902.

229 Zu den Marktpreisrisiken gehören insbesondere Zinsänderungs- und Währungsrisiken sowie Preisrisiken bei Rohstoffen.

- Kommt es beim Grundgeschäft zu Kursgewinnen, werden diese durch Verluste beim Sicherungsgeschäft neutralisiert.
- Umgekehrt werden Kursverluste beim Grundgeschäft durch Kursgewinne beim Sicherungsgeschäft ausgeglichen.

Bei einer isolierten Bewertung dieser rechtlich unabhängigen, aber wirtschaftlich zusammengehörenden Transaktionen wird unabhängig von der Entwicklung der Risiken bilanziell immer ein Verlust ausgewiesen: (1) Die Gewinne beim Grundgeschäft bleiben aufgrund des Realisationsprinzips unberücksichtigt, während der Verlust beim Sicherungsgeschäft nach dem Imparitätsprinzip zu verrechnen ist. (2) Analog werden Verluste beim Grundgeschäft nach dem Imparitätsprinzip bereits im Zeitpunkt ihres Entstehens verbucht, während der Gewinn aus dem Sicherungsgeschäft nach dem Realisationsprinzip noch nicht erfasst werden darf.

Beispiel: K kauft am 1.9.01 Rohstoffe zu einem Preis von 10 000 US-$ (Grundgeschäft). Als Zahlungstermin wird der 3.4.02 vereinbart. Um das Risiko einer Kurssteigerung des US-$ zu vermeiden, kauft K am 5.9.01 10 000 US-$ (Sicherungsgeschäft). Auf der Aktivseite werden Zahlungsmittel von 10 000 US-$ und auf der Passivseite eine Fremdwährungsverbindlichkeit von 10 000 US-$ ausgewiesen. Steigt der Kurs des US-$ und ist die Werterhöhung von Dauer, kann die Fremdwährungsverbindlichkeit zum Bilanzstichtag aufwandswirksam aufgewertet werden (Imparitätsprinzip). Einer Erhöhung des Werts des Dollarguthabens steht das Realisationsprinzip entgegen.

Da eine isolierte Erfassung von Grund- und Sicherungsgeschäft die wirtschaftlichen **394**
Verhältnisse nicht korrekt wiedergibt, wird der Einzelbewertungsgrundsatz durch die Bildung von Bewertungseinheiten zurückgedrängt (§ 254 HGB). Voraussetzung für die **Bildung einer Bewertungseinheit** ist, dass das Grundgeschäft und das Sicherungsgeschäft miteinander kompensatorisch verknüpft sind. Bei der Bildung einer Bewertungseinheit werden die Bilanzpositionen bzw schwebenden Geschäfte zunächst einzeln bewertet und danach – gedanklich – zu einer Bewertungseinheit zusammengefasst. Sie werden bilanzrechtlich als Einheit betrachtet, um eine aus wirtschaftlichen Gesichtspunkten für erforderlich gehaltene Saldierung von Gewinnen und Verlusten der wirtschaftlich zusammenhängenden Geschäfte durchführen zu können. Liegen die Voraussetzungen für die Bildung einer Bewertungseinheit vor, wird nicht nur vom Grundsatz der Einzelbewertung abgewichen. Bei der gedanklichen Zusammenfassung der verschiedenen Geschäfte wird auf deren jeweiligen Wert am Bilanzstichtag abgestellt, dh die Anschaffungs- oder Herstellungskosten eines Wirtschaftsguts stellen nicht die Bewertungsobergrenze dar.

In Abhängigkeit davon, welche Sicherungsstrategie das Unternehmen verfolgt, wird **395**
bei der Bildung von Bewertungseinheiten zwischen drei Grundformen unterschieden:

- Bei einem **„Mikro-Hedge“** entsprechen sich Grund- und Sicherungsgeschäft hinsichtlich Betrag, Laufzeit, Währung und anderer risikobehafteter Faktoren mit umgekehrten Vorzeichen.
- Ein **„Portfolio-Hedge“** ist dadurch gekennzeichnet, dass mehrere gleichartige Grundgeschäfte (zB der Wertpapierbestand einer Bank, der für Handelszwecke gehalten wird) durch ein oder mehrere Sicherungsgeschäfte abgesichert werden.
- Von einem **„Makro-Hedge“** spricht man bei einer Mehrpostenabsicherung. Es erfolgt eine gemeinsame Absicherung einer Gruppe von Grundgeschäften mit

vergleichbarem Risikoprofil. Eine sich daraus ergebende Nettorisikoposition wird durch ein oder mehrere Sicherungsgeschäfte abgesichert. Einem „Makro-Hedge" liegt also regelmäßig eine unternehmensweite Absicherungsstrategie zugrunde.

Nach § 5 Abs. 1a S. 2 EStG ist in dem Fall, in dem der Steuerpflichtige in der Handelsbilanz Bewertungseinheiten bildet, in der Steuerbilanz in gleicher Weise zu verfahren. Auf diese Weise wird die in der Handelsbilanz nach § 254 HGB vorgenommene Bildung von Bewertungseinheiten für die steuerliche Gewinnermittlung verbindlich. Bei § 5 Abs. 1a S. 2 EStG handelt es sich um eine gesetzliche Klarstellung. Würde § 5 Abs. 1a S. 2 EStG nicht existieren, würde die Übereinstimmung von Handels- und Steuerbilanz über die Maßgeblichkeit in § 5 Abs. 1 S. 1 HS 1 EStG erreicht. Insoweit kommt § 5 Abs. 1a S. 2 EStG keine eigenständige Bedeutung zu. Die Behandlung von Bewertungseinheiten kann dem Fall 2a des Maßgeblichkeitsprinzips zugeordnet werden.

Zur Bildung von Bewertungseinheiten kommt es nur insoweit, als eine Absicherung vollzogen wird. Besteht bei einem „Portfolio-Hedge" oder „Makro-Hedge" aufgrund einer nicht vollständigen Absicherung ein Verpflichtungsüberhang, bleibt es insoweit bei der Anwendung des Einzelbewertungsgrundsatzes sowie des Realisations- und des Imparitätsprinzips (§ 5 Abs. 4a S. 2 EStG).[230]

3. Abschreibung auf den niedrigeren Teilwert

396 Nachdem geprüft wurde, in welchen Fällen eine Teilwertabschreibung ertragsteuerlich anerkannt wird, ist festzulegen, nach welchen Regeln die Höhe des Teilwerts bestimmt wird.

a) Teilwertdefinition

397 Das **Einkommensteuergesetz definiert den Teilwert** als den Betrag, den ein Erwerber des ganzen Betriebs im Rahmen des Gesamtkaufpreises für das einzelne Wirtschaftsgut ansetzen würde; dabei ist davon auszugehen, dass der Erwerber den Betrieb fortführt (§ 6 Abs. 1 Nr 1 S. 3 EStG). Die gesetzliche Umschreibung des Wertmaßstabs „Teilwert" verdeutlicht, dass der Wert eines Betriebs nicht der Summe der einzelnen Wirtschaftsgüter entspricht, sondern dass auch die betrieblichen Kombinationsprozesse (Verbundeffekte, Synergieeffekte) zu berücksichtigen sind.[231]

Die **gesetzliche Teilwertdefinition** geht von **vier Fiktionen** aus:

- Das **Unternehmen** wird am Abschlussstichtag **als Ganzes veräußert**.
- Der (fiktive) **Erwerber führt** das Unternehmen **fort**.

---

230 Zur Bildung von Bewertungseinheiten siehe zB IDW RS HFA 35, FN-IDW 2011, S. 445; Helke/Wiechens/Klaus, DB 2009, Beilage 5, S. 30; Herzig/Briesemeister, Ubg 2009, S. 158; Petersen/Zwirner/Froschhammer, StuB 2009, S. 449; Schmidt, BB 2009, S. 882; Schmitz, DB 2009, S. 1620; Wulf, DStZ 2012, S. 534 sowie vor Einführung des § 254 HGB in seiner aktuellen Fassung Patek, FR 2006, S. 714; Schiffers, DStZ 2006, S. 400 jeweils mwN.

231 Eine inhaltsgleiche Definition des Begriffs „Teilwert" ist in § 10 BewG enthalten. Diese Vorschrift kommt jedoch bei der Aufstellung der Steuerbilanz nicht zur Anwendung, da § 6 EStG als spezielle Norm dem allgemeinen Teil des Bewertungsgesetzes vorgeht (§ 1, § 17 BewG). Zur Interpretation des Begriffs „Teilwert" siehe zB Hiller/Biebinger, DStZ 2017, S. 442.

- Der (gedachte) **Erwerber ermittelt** einen **Gesamtkaufpreis** für das Unternehmen.
- Der (fiktive) **Erwerber verteilt** den **Gesamtkaufpreis** in nachvollziehbarer Weise **auf die einzelnen Wirtschaftsgüter**.

Bei der Umsetzung der Teilwertdefinition in die Bilanzierungspraxis treten **zwei** schwer zu bewältigende **Probleme** auf: **398**

- Im ersten Schritt ist der **Gesamtkaufpreis** für das Unternehmen zu bestimmen. **399** Im Einkommensteuergesetz wird nicht aufgeführt, **welches Verfahren der Unternehmensbewertung anzuwenden** ist. In der Betriebswirtschaftslehre wird häufig das Ertragswertverfahren oder in den letzten Jahren vermehrt das Discounted-Cashflow-Verfahren angewendet. Ist die Entscheidung für ein Verfahren gefallen, ist des Weiteren festzulegen, welche spezielle Unterform zu verwenden ist, wie die einzelnen Rechenelemente (zukünftige Erträge bzw Cashflows, Kalkulationszinssatz und Erfassung der steuerlichen Effekte) konkretisiert werden und wie die Ungewissheit über die zukünftige Entwicklung des Unternehmens bewältigt wird.
- Ist der Wert des Unternehmens bekannt, ist im zweiten Schritt der Gesamtkauf- **400** preis **auf die einzelnen Wirtschaftsgüter aufzuteilen**. Bei dieser Aufteilung ergeben sich aber erhebliche Schwierigkeiten: (1) Nach der **Differenzmethode** stellt der Teilwert den Betrag dar, um den der Gesamtkaufpreis sinken würde, wenn das jeweils betrachtete Wirtschaftsgut fehlen würde. Nach diesem Ansatz entspricht der Teilwert eines Wirtschaftsguts seinem Ausfallwert. Die Differenzmethode ist zur Aufteilung des Gesamtkaufpreises deshalb nicht geeignet, weil bei ihr der Teilwert der einzelnen Wirtschaftsgüter zu hoch angesetzt wird; die Summe aller Ausfallwerte liegt deutlich über dem Gesamtwert des Unternehmens. Fehlt ein Wirtschaftsgut, können sämtliche mit diesem in technischem oder wirtschaftlichem Zusammenhang stehenden Wirtschaftsgüter nicht oder nur noch eingeschränkt genutzt werden. (2) Nach der **Zurechnungsmethode** wird der Gesamtwert des Unternehmens in dem Verhältnis auf die einzelnen Wirtschaftsgüter aufgeteilt, in dem diese einen Beitrag zum Gesamtunternehmenswert leisten. Die Zurechnungsmethode hilft bei der Bestimmung des Teilwerts ebenfalls nicht weiter. Der Wert des Unternehmens ergibt sich aus einer Gesamtbewertung; er ist das Ergebnis eines Kombinationsprozesses. Eine Auflösung der Verbundeffekte und die Zurechnung des daraus entstehenden Kapitalisierungsmehrwerts auf die einzelnen Wirtschaftsgüter sind deshalb nicht möglich, weil es zwischen der ertragsabhängigen Gesamtbewertung und dem Wert der einzelnen Wirtschaftsgüter keinen intersubjektiv nachprüfbaren Zusammenhang gibt.

b) Teilwertvermutungen

Da die **gesetzliche Definition** zur Bestimmung des Teilwerts eines Wirtschaftsguts in **401** der Besteuerungspraxis **kaum anwendbar** ist, wurden von der Rechtsprechung und der Finanzverwaltung zur Konkretisierung des Teilwerts **Teilwertvermutungen** aufgestellt, die auf folgenden allgemeinen **Ausgangsüberlegungen** basieren:

- Die Wirtschaftsgüter werden **einzeln bewertet**. Dies widerspricht zwar der gesetzlichen Leitidee, nach der der Teilwert eines Wirtschaftsguts aus dem Gesamtwert eines Unternehmens abzuleiten ist. Aufgrund der Unmöglichkeit, einen theoretisch fundierten und praktisch anwendbaren Aufteilungsmodus zu finden, muss diese Vorgehensweise jedoch akzeptiert werden, sofern das Ziel einer objektivierten Gewinnermittlung (Grundsatz der Rechtssicherheit) nicht aufgegeben werden soll.

- Der Teilwert wird **vom Beschaffungsmarkt ausgehend ermittelt**. Festgestellt wird der Einkaufswert des Wirtschaftsguts. Demgegenüber wird beim gemeinen Wert von dem Preis ausgegangen, der beim Verkauf erzielt werden kann (§ 9 BewG). Der Unterschied zwischen diesen beiden Wertmaßstäben wird bei Wirtschaftsgütern des Umlaufvermögens besonders deutlich. Der gemeine Wert enthält aufgrund seiner absatzmarktorientierten Betrachtung einen Gewinnaufschlag, während beim Teilwert kein Gewinnaufschlag einbezogen wird. Die beschaffungsmarktorientierte Sichtweise beim Teilwert beruht darauf, dass er nach seiner gesetzlichen Definition aus Sicht eines (fiktiven) Erwerbers zu konkretisieren ist. Der Erwerber des Unternehmens wird für ein Wirtschaftsgut nur so viel bezahlen, dass ihm beim Verkauf ein angemessener Gewinn verbleibt.[232]
- Bei der Bewertung wird die **Zugehörigkeit** des Wirtschaftsguts **zu einer größeren Einheit berücksichtigt**. Entsprechend der dem Teilwert zugrunde liegenden Leitidee handelt es sich bei diesem Wertmaßstab um einen betriebsindividuellen Wert. Hierin ist ein weiterer Unterschied zum gemeinen Wert zu sehen, der von dem im gewöhnlichen Geschäftsverkehr erzielbaren Preis ausgeht, also die Zugehörigkeit eines einzelnen Wirtschaftsguts zu einer größeren Gesamtheit, wie dem betrachteten Unternehmen, unberücksichtigt lässt.
- Die **Obergrenze** für den Teilwert sind die Wiederbeschaffungs- bzw Wiederherstellungskosten. Es wird davon ausgegangen, dass der (fiktive) Erwerber für ein einzelnes Wirtschaftsgut höchstens diesen Betrag ansetzen würde.
- Die **Untergrenze** für den Teilwert bildet der Einzelveräußerungspreis eines Wirtschaftsguts abzüglich etwaiger Veräußerungskosten, da angenommen wird, dass der (gedachte) Erwerber mindestens diesen Betrag bezahlen würde.

402 Der durch Schätzung zu bestimmende Teilwert eines Wirtschaftsguts liegt somit in der Bandbreite zwischen Wiederbeschaffungs- bzw Wiederherstellungskosten und dem Nettoveräußerungspreis. Zur Objektivierung, Vereinfachung und Vereinheitlichung der Bewertung werden die allgemeinen Leitlinien in **spezielle Teilwertvermutungen** umgesetzt (H 6.7 EStH mit zahlreichen Hinweisen auf die Rechtsprechung):

- Im **Zeitpunkt der Anschaffung oder Herstellung** bzw kurze Zeit danach wird davon ausgegangen, dass der Teilwert eines Wirtschaftsguts den (tatsächlichen) Anschaffungs- oder Herstellungskosten entspricht.
- Bei **nicht abnutzbaren Wirtschaftsgütern des Anlagevermögens** wird auch zu späteren Zeitpunkten die Vermutung aufgestellt, dass der Teilwert mit den Anschaffungs- oder Herstellungskosten übereinstimmt.

---

232 Zu einem Vergleich zwischen Teilwert, gemeinem Wert, beizulegendem Zeitwert und Fremdvergleichspreis siehe zB Diller/Grottke, SteuerStud 2007, S. 69; Euler, Gemeiner Wert und Teilwert – eine vergleichende Betrachtung, in: Raupach (Hrsg.), Werte und Wertermittlung im Steuerrecht, Köln 1984, S. 155–168; Hiller, Ubg 2016, S. 341.

- Bei **abnutzbaren Wirtschaftsgütern des Anlagevermögens** wird angenommen, dass sich der Teilwert dadurch ergibt, dass die Anschaffungs- oder Herstellungskosten um die lineare AfA vermindert werden.
- Bei **Wirtschaftsgütern des Umlaufvermögens** (insbesondere Wirtschaftsgüter des Vorratsvermögens) wird der Teilwert grundsätzlich mit den Wiederbeschaffungs- bzw Wiederherstellungskosten gleichgesetzt. Bei Zahlungsmitteln und Forderungen entspricht der Wiederbeschaffungswert dem Nennwert. Bei Sorten und Währungsforderungen ist der Nennwert mit dem Kurs zum Zeitpunkt des Erwerbs bzw der Begründung der Forderung zu multiplizieren. Bei Wertpapieren gilt der Börsenpreis oder Marktpreis als Wiederbeschaffungswert.

c) Widerlegung der Teilwertvermutungen

Die Teilwertvermutungen stellen nur Indizien für den Wert eines Wirtschaftsguts dar. **403**
Sie gelten nur, wenn keine anderweitigen Anhaltspunkte vorliegen. Die **Teilwertvermutungen können** also vom Steuerpflichtigen **widerlegt werden**, sofern er anhand konkreter Tatsachen nachweist, dass der Wert eines Wirtschaftsguts unter den nach den Teilwertvermutungen aufgestellten Werten liegt. Zur Widerlegung der Teilwertvermutungen können drei Argumente herangezogen werden (R 6.7 EStR):

- **Fehlmaßnahme.** Die Teilwertvermutung lässt sich widerlegen, wenn es sich bei der Anschaffung oder Herstellung des Wirtschaftsguts um eine Fehlmaßnahme handelt. Eine Fehlmaßnahme liegt vor, wenn der wirtschaftliche Nutzen eines Wirtschaftsguts bei objektiver Betrachtung deutlich unter den für den Erwerb aufgewendeten Ausgaben liegt. Die Anschaffung oder Herstellung muss so unwirtschaftlich sein, dass ein gedachter Erwerber des gesamten Unternehmens die Erwerbsaufwendungen im Kaufpreis nicht honorieren würde. Eine Fehlmaßnahme wird typischerweise angenommen, wenn ein Wirtschaftsgut Mängel aufweist, die bei der Festsetzung des Kaufpreises nicht berücksichtigt wurden („verdeckter Mangel").
- Die Teilwertvermutungen gelten auch als widerlegt, wenn anhand intersubjektiv nachprüfbarer Fakten nachgewiesen werden kann, dass ein **Wirtschaftsgut nachhaltig nicht voll genutzt werden kann** (zB Lagerschäden, Umweltschutzauflagen, sonstige Minderungen des Gebrauchswerts) oder technisch bzw wirtschaftlich veraltet ist.
- **Gesunkene Wiederbeschaffungskosten.** Die Teilwertvermutung ist widerlegt, wenn die Wiederbeschaffungskosten bzw Wiederherstellungskosten oder der Börsen- oder Marktpreis eines Wirtschaftsguts unter dem nach den Teilwertvermutungen angenommenen Wert liegen. Diese Aussage ergibt sich aus der allgemeinen Ausgangsüberlegung, dass die Ausgaben, die zur Beschaffung eines Wirtschaftsguts aufzuwenden sind, für den Teilwert die Obergrenze bilden.

Durch eine Teilwertabschreibung wird also zum einen eine Minderung der Substanz (des technischen Nutzungspotenzials) eines Wirtschaftsguts erfasst. Zum anderen können auch reine Wertänderungen zu einer Teilwertabschreibung führen. Die Erfassung der Wertminderung ist also unabhängig davon, ob sich die Einsatzfähigkeit des Wirtschaftsguts verringert.

d) Besonderheiten bei Ermittlung des Teilwerts

404 – Bei **nicht betriebsnotwendigen** oder nur **vorübergehend im Unternehmen genutzten Wirtschaftsgütern** entspricht der Teilwert grundsätzlich dem Einzelveräußerungspreis. Als Mindestwert ist der Material- oder Schrottwert anzusetzen.

405 – Für **Wirtschaftsgüter**, die nur **eingeschränkt genutzt werden können**, ist ein Betrag anzusetzen, der zwischen dem Einzelveräußerungspreis und den Wiederbeschaffungskosten liegt.

406 – Bei **sanierungsbedürftigen Wirtschaftsgütern** (insbesondere Grund und Boden, Gebäude) ist unabhängig von der Prüfung, ob für das sanierungsbedürftige Wirtschaftsgut eine Teilwertabschreibung zu verrechnen ist, zu untersuchen, ob für die Sanierungsverpflichtung eine Rückstellung zu bilden ist. Soweit die Sanierung zu einer Wertaufholung führt, scheidet allerdings bei dem betreffenden Wirtschaftsgut eine Teilwertabschreibung aus, da lediglich eine vorübergehende Wertminderung vorliegt. Eine Teilwertabschreibung ist nur zulässig, wenn nach der Sanierung eine (dauernde) Wertminderung gegeben ist oder wenn die Voraussetzungen für eine Rückstellungsbildung nicht vorliegen. Wird im Rahmen der Sanierung ein aktivierungsfähiges Wirtschaftsgut erworben, sind weder eine Teilwertabschreibung noch eine Rückstellung für die Sanierungsverpflichtung zulässig (§ 5 Abs. 4b S. 1 EStG).[233]

407 – Bei **immateriellen Wirtschaftsgütern** (zB Konzessionen, gewerbliche Schutzrechte, Lizenzen) liegen oft keine Marktpreise vor. Der Teilwert ist deshalb aus dem (Teil-)Ertragswert abzuleiten. Die dabei auftretenden praktischen Schwierigkeiten sind durch die gleichzeitige Berücksichtigung der Grundsätze der Bewertungsvorsicht und der intersubjektiven Nachprüfbarkeit (Objektivierung) zu lösen. Dennoch lassen sich Ermessensspielräume nicht vermeiden.

408 – Der Teilwert von Wertpapieren ergibt sich grundsätzlich aus dem Börsen- oder Marktpreis. Bei (dem Anlagevermögen zuzurechnenden) **Beteiligungen** ist jedoch im Regelfall weder beabsichtigt, sie zu veräußern, noch ist es möglich, sie zum geltenden Kurs über die Börse zu erwerben. Bei der Bestimmung des Teilwerts ist deshalb wie bei immateriellen Wirtschaftsgütern auf den individuellen Ertragswert der betreffenden Beteiligung abzustellen. Bei dessen Berechnung sind sämtliche mit der Beteiligung verbundene geldwerte Vorteile einzubeziehen. Bei der praktischen Umsetzung wird bei Beteiligungen in den Fällen, in denen an der Börse nur Streubesitzanteile gehandelt werden, ein Paketzuschlag angesetzt, dessen Höhe von den individuellen Verhältnissen abhängt.[234]

Einen Sonderfall stellen **„ausschüttungsbedingte Teilwertabschreibungen"** dar. Diese lassen sich wie folgt charakterisieren: Beim Erwerb einer Beteiligung an einer Kapitalgesellschaft werden im Kaufpreis auch die auf Ebene der Kapitalgesellschaft gebildeten offenen Rücklagen und die im Betriebsvermögen der Kapitalgesellschaft enthaltenen stillen Reserven vergütet. Werden die stillen Reserven aufgelöst und zusammen mit den offenen Rücklagen ausgeschüttet, mindert sich durch diese Ausschüttungen der Substanzwert der Beteiligung. Wenn sich zwischenzeitlich die Er-

233 Vgl BMF-Schreiben vom 11.5.2010, BStBl. 2010 I, S. 495.
234 Vgl BFH vom 7.11.1990, BStBl. 1991 II, S. 342.

tragskraft des Unternehmens nicht verbessert hat, geht in entsprechendem Umfang der Teilwert der Beteiligung zurück. Damit liegen die Voraussetzungen für eine Teilwertabschreibung vor. Hinsichtlich der steuerlichen Berücksichtigung von (ausschüttungsbedingten) Teilwertabschreibungen ist allerdings zu beachten, dass sie zu 40% (Anteilseigner ist eine natürliche Person) bzw in vollem Umfang (Anteilseigner ist körperschaftsteuerpflichtig) als nichtabziehbare Betriebsausgabe gelten (§ 3c Abs. 2 EStG, § 8b Abs. 3 S. 3 KStG).

– Der Teilwert einer Forderung entspricht dem unter Beachtung der Bonität des Schuldners zu erwartenden Zahlungseingang. **Zweifelhafte Forderungen** sind mit dem wahrscheinlichen Wert des Zahlungseingangs anzusetzen, **uneinbringliche Forderungen** sind in vollem Umfang abzuschreiben. Zusätzlich sind die voraussichtlichen Kosten des Zahlungseinzugs abzuziehen.[235] **409**

Beispiel: Die P-AG hat gegenüber S Forderungen in Höhe von 200 000 €. Über das Vermögen des Schuldners S wird am 21.12.01 die Eröffnung des Insolvenzverfahrens beantragt. Nach den am Tag der Bilanzerstellung vorliegenden Informationen ist mit einer Insolvenzquote von 30% (Fall a) bzw mit einer Einstellung des Verfahrens mangels Masse zu rechnen (Fall b).

Im Fall a ist eine Abwertung auf den niedrigeren Teilwert von 60 000 € (= 200 000 € × 30%) vorzunehmen. Im Fall b ist die Forderung wertlos, sie ist vollständig aufwandswirksam auszubuchen.

Bei **unverzinslichen oder niedrig verzinslichen Forderungen** entspricht der Teilwert dem Barwert. Es wird unterstellt, dass ein fiktiver Erwerber des Unternehmens nicht bereit ist, für unverzinsliche oder niedrig verzinsliche Forderungen den Nennbetrag zu vergüten, sondern vom Nennwert der Forderung den Zinsverlust abzieht. Der Zinsverlust wird aus dem landesüblichen und fristenadäquaten Zinssatz berechnet. Alternativ kann in der Steuerbilanz auch ein Zinssatz von 5,5% herangezogen werden (§ 12 Abs. 3 BewG). Eine Abschreibung auf den niedrigeren Teilwert ist allerdings nicht zulässig. Erfolgt die Tilgung der Forderung zum Nennwert, liegt keine voraussichtlich dauernde Wertminderung vor.[236] Der tatsächliche Wert einer unverzinslichen oder niedrig verzinslichen Forderung ist also niedriger als der in der Steuerbilanz angesetzte Wert.

Beispiel: Die K-AG hat gegenüber der T-GmbH eine unverzinsliche Forderung in Höhe von 500 000 €, deren Restlaufzeit am Abschlussstichtag fünf Jahre beträgt. Für fünfjährige Darlehen wird nach den am Abschlussstichtag geltenden Verhältnissen üblicherweise ein Zinssatz von 8% vereinbart.

Der Teilwert der Forderung stimmt nicht mit ihrem Nennwert überein. Obwohl der Barwert der Forderung nur 340 292 € (= 500 000 €/$1{,}08^5$) beträgt, ist sie in der Steuerbilanz mit dem Nennwert von 500 000 € zu aktivieren.

Bei **Fremdwährungsforderungen** ergibt sich der Teilwert aus dem am Abschlussstichtag geltenden Kurs.

Bei Forderungen aus **Schuldscheindarlehen** sinkt der Teilwert auch dann nicht unter die Anschaffungskosten (idR Nennwert), wenn es zu einem Anstieg der Marktzinsen kommt.[237]

235 Vgl BMF-Schreiben vom 2.9.2016, BStBl. 2016 I, S. 995, Tz. 14.
236 Vgl BMF-Schreiben vom 2.9.2016, BStBl. 2016 I, S. 995, Tz. 15.
237 Vgl BFH vom 19.5.1998, BStBl. 1999 II, S. 277.

410 Bei der Bewertung von Forderungen ist zusätzlich zu berücksichtigen, dass der Zahlungseingang aufgrund des allgemeinen Kreditrisikos (Ausfallrisikos) sowie von zu erwartenden Erlösschmälerungen (zB Skontoabzug oder Kosten des Zahlungseinzugs) geringer ausfallen wird.[238] Dies führt sowohl in der handelsrechtlichen als auch in der steuerrechtlichen Rechnungslegung zu einem **prozentualen Abschlag auf den Gesamtbestand der Forderungen**. Da eine individuelle Erfassung dieser wertbeeinflussenden Faktoren zu aufwendig ist, wird diese Abweichung vom Grundsatz der Einzelbewertung vorgenommen, um die wirtschaftliche Lage des Unternehmens zutreffend darzustellen (§ 252 Abs. 2 iVm § 242 Abs. 1 S. 1 HGB). Die Höhe der **Pauschalwertberichtigung** errechnet sich aus den Erfahrungen in der Vergangenheit, indem aus den tatsächlich eingetretenen Forderungsausfällen und Erlösschmälerungen ein Durchschnittswert berechnet wird.

Pauschalwertberichtigungen werden in der Handels- und Steuerbilanz wie jede Form von außerplanmäßigen Abschreibungen als direkte Abschreibungen verbucht. Eine passivische Wertberichtigung ist unzulässig, da diese Bilanzposition im Gliederungsschema des § 266 HGB nicht enthalten ist. Die Forderungen werden mit dem Betrag ausgewiesen, der dem Unternehmen voraussichtlich zufließen wird (Nettoausweis). Die bis zum Inkrafttreten des Bilanzrichtliniengesetzes übliche Aktivierung der Forderungen mit ihrem Nennwert, der durch die Passivierung einer Wertberichtigung korrigiert wurde (Bruttoausweis), ist seit dem 1.1.1986 nicht mehr möglich. Obwohl damit die Bezeichnung Pauschalwertberichtigung von Forderungen inhaltlich unzutreffend ist, wird entsprechend dem allgemeinen Sprachgebrauch diese Bezeichnung für die pauschale Bewertung des Forderungsbestands beibehalten.

Die pauschale Berichtigung wird nur auf den Teil des Forderungsbestands vorgenommen, der nicht bereits durch eine individuelle Berechnung auf den niedrigeren Teilwert abgewertet wurde (Nettoforderungsbestand).

Die Abschreibung wird auf den Nettowert der Forderungen vorgenommen. Bei zweifelhaften Forderungen und bei einer Pauschalwertberichtigung erfolgt noch keine Berichtigung der in der Forderung enthaltenen Umsatzsteuer. Zu einer sofortigen Umsatzsteuerberichtigung kommt es nur bei uneinbringlichen Forderungen (§ 17 Abs. 2 Nr 1 UStG).

Beispiel: Die Forderungen aus Lieferungen und Leistungen der Z-OHG summieren sich auf 119 000 € (netto 100 000 € zuzüglich 19 000 € Umsatzsteuer). Bei Forderungen in Höhe von 35 700 € (netto 30 000 € zuzüglich 5700 € Umsatzsteuer) liegen konkrete Informationen darüber vor, dass voraussichtlich lediglich 60% des Rechnungsbetrags eingehen werden. Die tatsächlichen Forderungsausfälle der Z-OHG beliefen sich in der Vergangenheit im Durchschnitt auf 3%.

1. Schritt: Nach dem Grundsatz der Einzelbewertung sind die Forderungen abzuwerten, für die konkrete Informationen über zu erwartende Forderungsausfälle vorliegen. Für diese Forderung ist eine außerplanmäßige Abschreibung in Höhe des zu erwartenden Nettoausfalls von 12 000 €

238 Ein Zinsverlust kann bei der Berechnung der Pauschalwertberichtigung grundsätzlich nicht einbezogen werden. Da bei Forderungen aus Lieferungen und Leistungen das Zahlungsziel regelmäßig bei einem Monat liegt, sind die am Bilanzstichtag bestehenden Forderungen im Zeitpunkt der Erstellung der Bilanz regelmäßig bereits getilgt. Insoweit handelt es sich beim Zinsverlust um eine vorübergehende Wertminderung, die nach § 6 Abs. 1 Nr 2 S. 2 EStG in der Steuerbilanz nicht durch eine Teilwertabschreibung berücksichtigt werden kann. Siehe hierzu und zu Ausnahmen OFD Rheinland, Verfügung vom 6.11.2008, DB 2008, S. 2623.

(= 30 000 € × 40%) zu verbuchen. Da die Umsatzsteuer noch nicht zu berichtigen ist, wird die Forderung mit einem Wert von 23 700 € (= 35 700 € – 12 000 €) angesetzt.

2. Schritt: Die verbleibenden Forderungen von 83 300 € (= 119 000 € Gesamtbestand abzüglich der einzelwertberichtigten Forderung von 35 700 €) sind zunächst um die Umsatzsteuer zu kürzen und anschließend um einen Abschlag von 3% zu vermindern. Es entsteht ein zusätzlicher Aufwand von 2100 € (= 3% von 83 300 €/1,19).

Der Forderungsbestand ist mit 104 900 € (= 119 000 € – 12 000 € – 2100 €) zu bewerten. Der Gewinn der Z-OHG mindert sich durch die außerplanmäßigen Abschreibungen um 14 100 € (= individuell berechneter Forderungsausfall von 12 000 € zuzüglich Pauschalwertberichtigung von 2100 €).

Nach einer internen Verwaltungsanweisung werden von der Finanzverwaltung Pauschalwertberichtigungen, die nicht mehr als 1% des Nettoforderungsbestands betragen, im Allgemeinen akzeptiert.[239] Bei **Pauschalwertberichtigungen von über 1%** des Nettoforderungsbestands wird eine Einzelfallprüfung vorgenommen, dh die Höhe der voraussichtlichen Forderungsausfälle sowie die zu erwartenden Erlösminderungen sind **anhand von konkreten Tatsachen und Umständen zu belegen**. Die Einschränkung des Ermessensspielraums des Bilanzierenden im Rahmen der steuerlichen Gewinnermittlung wird dem Fall 8b des Maßgeblichkeitsprinzips zugeordnet.

Besonderheiten gelten für Gesellschafterdarlehen, die ein wesentlich beteiligter Anteilseigner (mittelbare oder unmittelbare Beteiligung von mehr als 25%) an eine Kapitalgesellschaft gewährt. Bei diesen Forderungen dürfen Wertminderungen auf Ebene des Anteilseigners steuerlich nur berücksichtigt werden, wenn auch ein fremder Dritter dieses Darlehen gewährt hätte. Ansonsten mindert die Teilwertabschreibung auf die Forderung aus dem Gesellschafterdarlehen den steuerpflichtigen Gewinn des Anteilseigners nur zu 60% bzw nicht (§ 3c Abs. 2 S. 2–5 EStG, § 8b Abs. 3 S. 4–8 KStG).

– Der Teilwert von **Wirtschaftsgütern des Vorratsvermögens** deckt sich im Regelfall mit den Wiederbeschaffungs- oder Wiederherstellungskosten. Bei Wirtschaftsgütern des Vorratsvermögens, die zum Absatz bestimmt sind und deren Wert durch Lagerung, Veränderung der Marktverhältnisse oder aus anderen Gründen gesunken ist, entspricht der Teilwert dem Wert, der sich ergibt, wenn von dem voraussichtlichen Nettoveräußerungserlös sowohl die bis zum Verkauf noch anfallenden Aufwendungen als auch ein **durchschnittlicher Unternehmergewinn abgezogen** werden (R 6.8 Abs. 2 EStR):[240] **411**

	voraussichtlicher Veräußerungserlös
–	zu erwartende Erlösschmälerungen
=	voraussichtlicher Nettoveräußerungserlös
–	bis zum Verkauf voraussichtlich noch anfallende Aufwendungen
–	durchschnittlicher Unternehmergewinn
=	Teilwert

Die Vermutung, dass bei Wirtschaftsgütern des Umlaufvermögens der Teilwert mit den Wiederbeschaffungskosten übereinstimmt, gilt folglich bei Wirtschaftsgütern des

239 Vgl Betriebsprüfungs-Rationalisierungserlass des Bundesministeriums der Finanzen vom 6.1.1995, nicht veröffentlicht, Nachweis in Jaudzims/Münch, DB 1996, S. 2293.

240 Vgl BFH vom 5.5.1966, BStBl. 1966 III, S. 370.

Vorratsvermögens als widerlegt, wenn die Verkaufserlöse nicht ausreichen, um die Selbstkosten zuzüglich eines durchschnittlichen Unternehmergewinns zu decken. Bei einem zum Absatz bestimmten Wirtschaftsgut ist umso eher von einer dauernden Wertminderung auszugehen, je geringer der Materialwert des Wirtschaftsguts ist und je länger sich das Wirtschaftsgut auf Lager befindet und sich damit als schwerverkäuflich erwiesen hat.[241]

412 Die Finanzverwaltung geht davon aus, dass im Regelfall der Teilwert dem Betrag entspricht, der sich nach Kürzung des erzielbaren Veräußerungserlöses um den Teil des durchschnittlichen Rohgewinnaufschlags ergibt, der nach dem Bilanzstichtag noch anfällt (**Subtraktionsmethode**, R 6.8 Abs. 2 S. 4 EStR). Ist der Teilwert auf diese Weise nicht zu ermitteln (zB wegen eines fehlenden Warenwirtschaftssystems), muss der Teilwert X nach der **Formelmethode** (R 6.8 Abs. 2 S. 5, 6 EStR, H 6.8 EStH) aus dem erzielbaren Verkaufspreis Z, dem durchschnittlichen Unternehmergewinnsatz Y1 (in Prozent, bezogen auf die Anschaffungskosten), dem Rohgewinnaufschlagsrest Y2 und dem Prozentsatz der Kosten W, der noch nach Abzug des durchschnittlichen Unternehmergewinnsatzes Y1 vom Rohgewinnaufschlagssatz nach dem Bilanzstichtag anfällt, errechnet werden: $X = Z/(1 + Y1 + Y2 \times W)$.

Beispiel: Die Anschaffungskosten des Bestands einer bestimmten Warengruppe bei der X-OHG betragen 10 000 €. Der Rohgewinnaufschlag für diese Warengruppe beträgt 100% der Anschaffungskosten. Der noch erzielbare Verkaufspreis liegt bei 75% des ursprünglichen Verkaufspreises. Als durchschnittlicher Unternehmergewinn sind 5% des Verkaufspreises anzusehen.

Fall a: Nach dem Bilanzstichtag fallen ausweislich der Betriebsabrechnung noch 70% der betrieblichen Kosten an.

Fall b: Der nach dem Bilanzstichtag noch anfallende Kostenanteil des ursprünglichen Rohgewinnaufschlagssatzes ohne den darin enthaltenen Gewinnanteil (W) liegt bei 60%.

Im Fall a liegen über die Betriebsabrechnung alle notwendigen Daten zur Durchführung der *Subtraktionsmethode* vor.

	voraussichtlich erzielbarer Verkaufserlös		15 000 €	(= 75% × 20 000 €)
–	durchschnittlicher Unternehmergewinn		750 €	(= 5% × 15 000 €)
–	nach dem Bilanzstichtag noch anfallende betriebliche Kosten		6 300 €	(= 70% × 9 000 €)
	Verkaufspreis	20 000 €		
	– Anschaffungskosten	10 000 €		
	– ursprünglicher durchschnittlicher Unternehmergewinn	1 000 €		
	= ursprüngliche betriebliche Kosten	9 000 €		
=	Teilwert nach der Subtraktionsmethode		7 950 €	

Im Fall b ist auf die *Formelmethode* zurückzugreifen.

erzielbarer Verkaufspreis	Z = 15 000 €	(= 75% × 20 000 €)
durchschnittlicher Unternehmergewinnsatz	Y1= 10%	(= 5% × 20 000 €/10 000 €)
Rohgewinnaufschlagsrest	Y2 = 90%	(= 100% – 10%)
nach dem Bilanzstichtag noch anfallender Kostenanteil	W = 60%	

241 Vgl BFH vom 13.10.1976, BStBl. 1977 II, S. 540.

Der Teilwert errechnet sich wie folgt:

X = Z/(1+ Y1 + Y2 × W)
X = 15 000 €/(1 + 0,1 + 0,9 × 0,6) = 9 146 €.

– Bei Wirtschaftsgütern des Umlaufvermögens, mit deren Verkauf wirtschaftliche Vorteile für das Unternehmen im Ganzen verbunden sind, scheidet eine Teilwertabschreibung auch dann aus, wenn der Verkaufspreis bewusst nicht kostendeckend kalkuliert ist (**Verlustprodukt**). Diese Aussage gilt zumindest dann, wenn das Unternehmen insgesamt mit Gewinn arbeitet. Die Berücksichtigung des mit dem Verlustauftrag verbundenen Erfolgsbeitrags für das Unternehmen verstößt – auch wenn es sich dabei um geschäftswertbeeinflussende Umstände handelt – nach Ansicht der Finanzrechtsprechung[242] und der Finanzverwaltung[243] nicht gegen den Grundsatz der Einzelbewertung. 413

e) Ergebnis

Bei den Teilwertvermutungen wird **nicht**, wie es der gesetzlichen Definition entsprechen würde, von einem **ertragsbezogenen, betriebsindividuellen Wert** ausgegangen, **sondern** grundsätzlich eine **objektivierte, beschaffungsmarkt- und wirtschaftsgutbezogene Bewertung** vorgenommen. Dies zeigt sich daran, dass weitgehend unterstellt wird, dass der Teilwert mit den (fortgeführten) Anschaffungs- oder Herstellungskosten bzw den Wiederbeschaffungs- oder Wiederherstellungskosten übereinstimmt. Anstelle einer ertragsorientierten Vorgehensweise wird eine kosten- bzw preisorientierte, dh eine substanzorientierte, Bewertung vorgenommen. 414

Nach der Definition des Teilwerts ist der Gesamtkaufpreis anteilig auf die einzelnen Wirtschaftsgüter zu verteilen. Bei den Teilwertvermutungen werden die Ertragsaussichten des Unternehmens jedoch regelmäßig nicht berücksichtigt. Dies bedeutet, dass Mehrkapitalisierungserträge in den (originären) Geschäfts- oder Firmenwert eingehen und damit in der Steuerbilanz nicht ausgewiesen werden. **Würde sich die praktische Umsetzung mit der gesetzlichen Definition des Teilwerts decken, würde der Geschäfts- oder Firmenwert nicht existieren:** Die Summe der Teilwerte der einzelnen Wirtschaftsgüter würde mit dem Ertragswert des Gesamtunternehmens übereinstimmen. Der Teilwert der einzelnen materiellen und immateriellen Wirtschaftsgüter würde dadurch ermittelt, dass der jeweilige (substanzbezogene) Wiederbeschaffungswert um den anteiligen Kapitalisierungsmehrwert erhöht werden würde.

4. Vergleich mit den in der Handelsbilanz herangezogenen Vergleichswerten

Das **Einkommensteuergesetz** kennt mit dem **Teilwert** nur einen Vergleichswert. In der **Handelsbilanz** wird bei Wirtschaftsgütern des Anlagevermögens das Imparitätsprinzip dadurch umgesetzt, dass die (fortgeführten) Anschaffungs- oder Herstellungskosten mit dem **beizulegenden Wert** verglichen werden (§ 253 Abs. 3 S. 5 HGB). Für Wirtschaftsgüter des Umlaufvermögens wird die Frage, ob in der Handelsbilanz 415

242 Vgl BFH vom 29.4.1999, BStBl. 1999 II, S. 681.
243 Vgl BMF-Schreiben vom 2.9.2016, BStBl. 2016 I, S. 995, Tz. 3.

eine außerplanmäßige Abschreibung auf den niedrigeren Stichtagswert vorzunehmen ist, in erster Linie durch einen Vergleich mit dem **sich aus dem Börsenpreis ergebenden Wert** oder dem **sich aus dem Marktpreis ergebenden Wert** beantwortet. Nur in den Fällen, in denen sich aus dem Börsen- oder Marktpreis kein Stichtagswert ableiten lässt, sind die Anschaffungs- oder Herstellungskosten dem beizulegenden Wert gegenüberzustellen (§ 253 Abs. 4 HGB).

416 *(1) Handelsrechtlicher Vergleichswert niedriger als der Teilwert:* Für die Steuerbilanz bildet der Teilwert die Wertuntergrenze (§ 6 Abs. 1 Nr 1 S. 2, Nr 2 S. 2 EStG). Ist der handelsrechtliche Vergleichswert niedriger als der Teilwert, kann die außerplanmäßige Abschreibung in der Steuerbilanz nur bis zum Teilwert vorgenommen werden. Diese Begrenzung des Betrags der außerplanmäßigen Abschreibung beruht darauf, dass im Rahmen der steuerlichen Gewinnermittlung der Objektivierungsgedanke gegenüber dem Grundsatz der Bewertungsvorsicht (Vorsichtsprinzip ieS) höher gewichtet wird als in der Handelsbilanz. Der Steuerpflichtige muss nicht nur nachweisen, dass der Teilwert voraussichtlich dauernd unter die (fortgeführten) Anschaffungs- oder Herstellungskosten gesunken ist, sondern auch den konkreten Wert in nachvollziehbarer Weise begründen. Damit wird in der Steuerbilanz bei der Bestimmung des Stichtagswerts der Ermessensspielraum des Bilanzierenden stärker eingeschränkt als in der Handelsbilanz.

Da im Rahmen der steuerlichen Gewinnermittlung der Steuerpflichtige relativ hohe Anforderungen erfüllen muss, um die von der Finanzverwaltung und der Finanzrechtsprechung aufgestellten Teilwertvermutungen widerlegen zu können, kann es insbesondere bei Forderungen, immateriellen Wirtschaftsgütern und Beteiligungen[244] dazu kommen, dass der beizulegende Wert unter dem Teilwert liegt.

417 *(2) Handelsrechtlicher Vergleichswert höher als der Teilwert:* Bei der retrograden Ermittlung des Teilwerts von Wirtschaftsgütern des Vorratsvermögens wird auch ein Rohgewinnaufschlag abgezogen. In der Handelsbilanz gilt der Grundsatz der verlustfreien Bewertung, sodass ein Abzug des Gewinnaufschlags unterbleibt:

	Börsen- oder Marktpreis bzw vorsichtig geschätzter Verkaufspreis
–	zu erwartende Erlösschmälerungen
=	voraussichtlicher Nettoveräußerungserlös
–	bis zum Verkauf voraussichtlich noch anfallende Aufwendungen
=	**handelsrechtlicher Vergleichswert** (Begründung: Grundsatz der verlustfreien Bewertung)
–	durchschnittlicher Unternehmergewinn
=	**Teilwert** (Begründung: Teilwertgedanke)

Die auf dem Grundsatz der verlustfreien Bewertung beruhende Vorgehensweise zur Ableitung des handelsrechtlichen Vergleichswerts soll verhindern, dass bei der späteren Veräußerung des Wirtschaftsguts ein Verlust entsteht. Der Verlust wird durch

244 Aufgrund der Einschränkungen der Verrechenbarkeit von Teilwertabschreibungen auf Anteile an Kapitalgesellschaften nach § 3c Abs. 2 EStG bzw § 8b Abs. 3 S. 3 KStG ist allerdings insoweit die unterschiedliche Vorgehensweise zur Ermittlung des Vergleichswerts für die Höhe der Einkünfte aus Gewerbebetrieb materiell von geringerer Bedeutung.

eine außerplanmäßige Abschreibung vorweggenommen. Der Teilwert liegt unter dem handelsrechtlichen Vergleichswert, weil davon ausgegangen wird, dass ein (gedachter) Erwerber des Gesamtunternehmens für ein Wirtschaftsgut nur so viel bezahlen wird, dass bei einem von ihm vorgenommenen Verkauf nicht nur seine Selbstkosten gedeckt sind, sondern dass er auch noch den **branchenüblichen Gewinn** erzielt. Der im Vergleich zum handelsrechtlichen Vergleichswert niedrigere Teilwert kann in die Handelsbilanz nicht übernommen werden. Die mit dem Teilwertgedanken verbundenen speziellen steuerlichen Überlegungen führen dazu, dass Wirtschaftsgüter des Vorratsvermögens in der Steuerbilanz mit einem geringeren Wert bewertet werden können als in der Handelsbilanz.

Beispiel: Die Anschaffungskosten eines Wirtschaftsguts des Vorratsvermögens betragen 1200 €. Der beim Verkauf voraussichtlich erzielbare Marktpreis ist bis zum Abschlussstichtag auf 1000 € gesunken. Üblicherweise wird ein Barzahlungsrabatt von 4% gewährt. Der durchschnittliche Unternehmergewinn beläuft sich auf 120 €, dh 10% der Selbstkosten (hier Anschaffungskosten).

Der handelsrechtliche Vergleichswert (beizulegende Wert) beträgt 960 € (= 1000 € – 40 €). Der durch den Verkauf des Wirtschaftsguts entstehende Verlust von 240 € (= 1200 € – 960 €) ist durch eine außerplanmäßige Abschreibung auf den Vergleichswert zu antizipieren. Bei Ermittlung des Teilwerts ist zusätzlich der durchschnittliche Unternehmergewinn von 120 € abzuziehen, sodass der Teilwert nur 840 € beträgt (= 960 € – 120 €).

Insgesamt betrachtet tritt bei einer Abschreibung auf den Teilwert bzw auf den beizulegenden Wert das gleiche Ergebnis ein. Da die Anschaffung und Veräußerung des Erzeugnisses in unterschiedlichen Perioden erfolgen, ändert sich jedoch die Verteilung der Erfolgswirkungen. In der Handelsbilanz wird durch die Abschreibung auf den beizulegenden Wert zunächst ein Verlust von 240 € und im nachfolgenden Jahr ein Ergebnis von 0 € ausgewiesen. Durch die Abschreibung auf den (im Vergleich zum handelsrechtlichen Vergleichswert niedrigeren) Teilwert ergibt sich im Rahmen der steuerlichen Gewinnermittlung im ersten Jahr ein Verlust von 360 €, im zweiten Jahr wird ein Gewinn von 120 € verbucht.

5. Vergleich mit den auf den Periodisierungsgrundsätzen basierenden Absetzungen für außergewöhnliche technische oder wirtschaftliche Abnutzung

a) Anwendungsbereich und Voraussetzungen der Absetzungen für außergewöhnliche Abnutzung

Mit den Absetzungen für außergewöhnliche technische oder wirtschaftliche Abnutzung **(AfaA)** werden Wertverluste als aperiodische Geschäftsvorfälle in der Periode erfasst, in der sie eintreten (§ 7 Abs. 1 S. 7, Abs. 4 S. 3 EStG). Die AfaA beruhen auf dem **Grundsatz der Abgrenzung von Aufwendungen der Zeit nach**. **418**

Voraussetzung für die Vornahme von AfaA ist, dass die Nutzbarkeit eines Wirtschaftsguts durch außergewöhnliche Umstände gesunken ist.[245] Die Minderung der Nutzbarkeit kann auf technische oder wirtschaftliche Entwicklungen zurückzuführen sein: **419**

245 Vgl BFH vom 8.7.1980, BStBl. 1980 II, S. 743. Siehe auch Weiss, BB 2017, S. 2027.

- **Außergewöhnliche technische Abnutzungen** liegen vor, wenn das technische Leistungspotenzial eines Wirtschaftsguts durch erhöhten Verschleiß oder erhöhten Substanzverbrauch eingeschränkt wurde, zB bei Beschädigung durch Brand, Explosion, Hochwasser oder Unfall, aufgrund eines Materialmangels oder bei Mehrbeanspruchungen, die durch das Einlegen einer zusätzlichen Schicht bedingt sind.
- **Außergewöhnliche wirtschaftliche Abnutzungen** treten ein, wenn die wirtschaftliche Leistungsfähigkeit eines Wirtschaftsguts gesunken ist, dh wenn der Wert der vom Wirtschaftsgut abzugebenden Leistung abgenommen hat. Ursachen hierfür können beispielsweise Einschränkungen oder Wegfall der Verwendungsmöglichkeiten eines Wirtschaftsguts aufgrund technischen Fortschritts, Wechsels des Fertigungsverfahrens, Veränderungen der Verhältnisse auf dem Absatzmarkt sowie Nachfrageverschiebungen durch Modewechsel oder Strukturwandel und der Verlust von Absatzgebieten infolge politischer Ereignisse oder wirtschaftspolitischer Maßnahmen sein.

Die außergewöhnlichen Umstände müssen die **Substanz eines Wirtschaftsguts beeinträchtigen**. Es darf sich also nicht nur um eine vorübergehende Wertminderung handeln. Eine außergewöhnliche technische oder wirtschaftliche Abnutzung **verringert die Einsatzfähigkeit** des Objekts.

Strittig ist, **ob** mit einer Ertragsminderung, die **durch eine Veränderung der *allgemeinen* Marktbedingungen** eingetreten ist, **eine AfaA gerechtfertigt** werden kann. Zumeist wird bezweifelt, dass bei allgemeinen Marktveränderungen die in § 7 Abs. 1 S. 7 EStG geforderte *außergewöhnliche* Abnutzung vorliegt.

Nach dem Wortlaut des § 7 Abs. 1 S. 7 EStG sind AfaA zulässig, dh es besteht ein Wahlrecht, die AfaA vorzunehmen oder die planmäßigen Abschreibungen weiterzuführen. Dieses Wahlrecht ist in dem Jahr auszuüben, in dem der Schaden eintritt, spätestens aber im Jahr der Entdeckung des Schadens (Grundsatz der Abgrenzung von Aufwendungen der Zeit nach). Eine nachträgliche AfaA ist nicht zulässig.

b) Abgrenzung gegenüber der Abschreibung auf den niedrigeren Teilwert

420 Hinsichtlich ihrer Auswirkungen auf die Höhe des Gewinns stimmen die Absetzungen für außergewöhnliche Abnutzung mit denen einer Teilwertabschreibung überein. Die Verrechnung von Absetzungen für außergewöhnliche Abnutzung ist wie die Abschreibung auf den niedrigeren Teilwert mit einer Minderung der Einkünfte aus Gewerbebetrieb verbunden. Eine weitere **Gemeinsamkeit** besteht darin, dass die Gründe, die zu einer Teilwertabschreibung führen, im Regelfall auch eine AfaA rechtfertigen. Sie erfassen jeweils **außerordentliche Wertminderungen**, die voraussichtlich **von Dauer** sind. Darüber hinaus besteht bei beiden Formen von außerplanmäßigen Abschreibungen ein Abwertungswahlrecht.

421 Trotz ihrer vergleichbaren Wirkungen zeigt sich bei der **Einordnung** der AfaA und der Teilwertabschreibungen **in das System der GoB** ein **bedeutsamer Unterschied**: **Absetzungen für außergewöhnliche Abnutzung** dienen wie die planmäßigen Abschreibungen der Verteilung der Anschaffungs- oder Herstellungskosten. Durch die AfaA wird berücksichtigt, dass die bisherige Verteilung entsprechend der ursprüng-

lich angenommenen Nutzungsdauer aufgrund ungewöhnlicher Umstände nicht mehr vertretbar erscheint, weil sich ein Teil der Erwerbsaufwendungen als verbraucht oder fehlgeschlagen erwiesen hat. Diesem Teil der Erwerbsaufwendungen steht kein zur Einkunftserzielung geeigneter Gegenwert mehr gegenüber. Ziel der AfaA ist es, jedem Jahr den Teil der Anschaffungs- oder Herstellungskosten zuzurechnen, der in diesem Jahr als Wertminderung eingetreten ist. AfaA lassen sich als eine Ausprägung des Grundsatzes der **Abgrenzung von Aufwendungen der Zeit nach** interpretieren, wonach aperiodische Geschäftsvorfälle in der Periode gewinnmindernd zu verbuchen sind, in der sie eintreten. AfaA sind also den Periodisierungsgrundsätzen zuzurechnen. Demgegenüber werden **Teilwertabschreibungen** mit dem **Imparitätsprinzip** begründet, wonach eingetretene Wertminderungen bereits vor ihrer Bestätigung am Markt als Aufwand zu verrechnen sind. Teilwertabschreibungen sind Teil der Kapitalerhaltungsgrundsätze.

Rechtstechnisch wird die unterschiedliche Einordnung in das GoB-System daran erkennbar, dass die AfaA in § 7 EStG im Zusammenhang mit den planmäßigen Abschreibungen (AfA) geregelt sind, während die Abschreibung auf den niedrigeren Teilwert den in § 6 EStG angesprochenen Bewertungsvorschriften zugeordnet wird.

AfaA nehmen also eine **Zwischenstellung** ein. **Methodisch** gehören sie zu den **Periodisierungsgrundsätzen**. Von ihrer **Wirkung** her sind sie mit dem **Imparitätsprinzip** vergleichbar.

Die Unterschiede hinsichtlich der methodischen Begründung führen **in fünf Bereichen** zu **Abweichungen** zwischen den beiden Formen außerplanmäßiger Abschreibungen: 422

- sachlicher Anwendungsbereich,
- erfasste Wertminderungen,
- Relevanz des bisherigen Buchwerts,
- Umfang der Wahlrechte,
- Auswirkungen auf den Umfang der abziehbaren Fremdkapitalaufwendungen („Zinsschranke“).

(1) Sachlicher Anwendungsbereich: Hinsichtlich des sachlichen Anwendungsbereichs von AfaA und Teilwertabschreibungen ist auf drei Aspekte einzugehen: Methode, nach der der Steuerpflichtige seine Einkünfte ermittelt, Art des Wirtschaftsguts sowie Methode, nach der die planmäßigen Abschreibungen verrechnet werden. 423

– Während die **AfaA** an keine bestimmte Einkunftsermittlungsmethode gebunden sind und damit **bei allen Einkunftsarten zulässig** sind, sind **Teilwertabschreibungen nur bei** Steuerpflichtigen möglich, die ihren Gewinn durch **Betriebsvermögensvergleich** ermitteln. Für Gewerbetreibende, die ihren Gewinn mit Hilfe einer Steuerbilanz ermitteln, ist diese Differenzierung nicht bedeutsam. Vielmehr kommen bei ihnen beide Formen der Berücksichtigung außerplanmäßiger Wertverluste zur Anwendung.

Die Unterscheidung ist jedoch bei der Gewinnermittlung nach § 4 Abs. 3 EStG sowie bei der Ermittlung des Überschusses der Einnahmen über die Werbungskosten (in erster Linie bei Einkünften aus Vermietung und Verpachtung) relevant, da bei diesen

Methoden zur Ermittlung der steuerpflichtigen Einkünfte lediglich AfaA, aber keine Teilwertabschreibungen verrechnet werden können. Aus rechtlicher Sicht liegt die Begründung für diese Differenzierung darin, dass die Periodisierungsgrundsätze für alle Einkunftsarten gelten, während das Imparitätsprinzip nach dem Einleitungssatz zu § 6 EStG nur bei der Bewertung von den Wirtschaftsgütern zu beachten ist, die nach § 4 Abs. 1 oder § 5 EStG als Betriebsvermögen anzusetzen sind. Dieser Unterschied wirkt sich allerdings nur in geringem Umfang aus, da die Gründe, die eine Teilwertabschreibung rechtfertigen, häufig auch zur Zulässigkeit einer AfaA führen.

– Die methodische Nähe der AfaA zu den planmäßigen Abschreibungen (bei beiden ist der Teil der Anschaffungs- oder Herstellungskosten als Aufwand zu verrechnen, der in dem betreffenden Jahr als Wertminderung eingetreten ist) führt dazu, dass **AfaA nur** bei **abnutzbaren Wirtschaftsgütern des Anlagevermögens** möglich sind. **Teilwertabschreibungen** beruhen demgegenüber auf dem Imparitätsprinzip, sodass sie bei **allen Wirtschaftsgütern zulässig** sind, dh auch bei nicht abnutzbaren Wirtschaftsgütern des Anlagevermögens und bei Wirtschaftsgütern des Umlaufvermögens.

– Absetzungen für außergewöhnliche Abnutzung können nur bei abnutzbaren Wirtschaftsgütern verrechnet werden, die **linear** oder **entsprechend der in Anspruch genommenen Leistung abgeschrieben werden** (§ 7 Abs. 1 S. 7, Abs. 2 S. 4, Abs. 4 S. 3 EStG). Demgegenüber ist die Verrechnung einer Teilwertabschreibung unabhängig davon zulässig, nach welcher Methode die planmäßigen Abschreibungen vorgenommen werden. Durch das Wahlrecht, von der geometrisch-degressiven Abschreibung auf die lineare Abschreibung überzugehen (§ 7 Abs. 3 S. 1 EStG), ist dieser Unterschied hinsichtlich des Anwendungsbereichs der beiden Formen außerplanmäßiger Abschreibungen bei beweglichen Wirtschaftsgütern **in der Praxis nicht bedeutsam**. Auch bei Gebäuden treten hinsichtlich der Zulässigkeit von AfaA und Teilwertabschreibungen keine Abweichungen auf, da nach Auffassung der Finanzverwaltung bei Gebäuden, die in fallenden Staffelsätzen nach § 7 Abs. 5 EStG abgeschrieben werden, entgegen dem Wortlaut des Einkommensteuergesetzes auch AfaA anerkannt werden (R 7.4 Abs. 11 EStR).

424 *(2) Erfasste Wertminderungen:* Die Art und Weise der Einordnung in das GoB-System wirkt sich auch auf die Wertminderungen aus, die über AfaA oder Teilwertabschreibungen gewinnmindernd erfasst werden können. **AfaA** können **nur** verrechnet werden, **wenn sich die technische oder wirtschaftliche Nutzbarkeit** eines Wirtschaftsguts **verringert** hat. Demgegenüber können bei einer **Abschreibung auf den niedrigeren Teilwert zusätzlich** Wertminderungen erfasst werden, die auf **gesunkene Wiederbeschaffungskosten** zurückzuführen sind (drittes Argument zur Widerlegung der Teilwertvermutung). Teilwertabschreibungen sind also auch möglich, ohne dass sich das technische Leistungspotenzial des Wirtschaftsguts oder der Wert der noch abzugebenden Leistung verringert hat. Durch Teilwertabschreibungen werden auch Minderungen des Werts eines Wirtschaftsguts berücksichtigt, die auf allgemeine Marktentwicklungen zurückzuführen sind. Demgegenüber muss sich bei einer AfaA die Einsatzfähigkeit des Wirtschaftsguts reduziert haben, dh seine Substanz muss beeinträchtigt worden sein.

(3) Relevanz des bisherigen Buchwerts: Aufgrund der abweichenden Einordnung in das System der GoB wird bei AfaA und Teilwertabschreibungen in unterschiedlicher Weise auf den bisherigen Buchwert abgestellt. Ist ein Wirtschaftsgut technisch oder wirtschaftlich außergewöhnlich abgenutzt, ist eine **AfaA generell zulässig**. Eine **Teilwertabschreibung** ist demgegenüber **nur** möglich, **wenn** der **Teilwert** so weit gesunken ist, dass dieser durch das außerordentliche Ereignis **unter** dem (bisherigen) **Buchwert** des Wirtschaftsguts liegt. **425**

Beispiel: Bei Errichtung eines Lagerhauses fallen Herstellungskosten von 1 500 000 € an. Über einen Zeitraum von 20 Jahren erhöht sich der Marktwert des Lagerhauses aufgrund von Baupreissteigerungen auf 2 500 000 €. Im 20. Jahr werden durch einen Schwelbrand 30% der Nutzungsfläche der Räume unbrauchbar. Der Brandschaden führt auch zu einer entsprechenden Minderung des Marktwerts. Der Eigentümer saniert das Haus vorläufig nicht, da er den zerstörten Teil des Lagerhauses zurzeit nicht benötigt.

Eine Abschreibung auf den niedrigeren Teilwert ist nicht möglich, weil der Teilwert mit 1 750 000 € (= 2 500 000 € × 70%) über den fortgeführten Herstellungskosten liegt. Eine AfaA von 30% des Buchwerts ist allerdings zulässig, weil sich das Nutzungspotenzial um diesen Teil verringert hat.

	Herstellungskosten	1 500 000 €
–	AfA nach § 7 Abs. 4 S. 1 Nr 1 EStG (= 1 500 000 € × 3% × 20 Jahre)	900 000 €
=	fortgeführte Herstellungskosten	600 000 €
–	AfaA (= 600 000 € × 30%)	180 000 €
=	steuerbilanzieller Restbuchwert nach der AfaA	420 000 €

(4) Umfang der Wahlrechte: Bei beiden Formen von außerplanmäßigen Abschreibungen besteht ein Abwertungswahlrecht. Eine AfaA muss aber in dem Jahr vorgenommen werden, in dem die Nutzungseinschränkung entstanden ist, während eine Teilwertabschreibung auch in späteren Jahren nachgeholt werden kann. **426**

Entfallen die Gründe für die AfaA bzw erhöht sich der Teilwert wieder, besteht zwar bei beiden Formen von außerplanmäßigen Abschreibungen ein Wertaufholungsgebot. Bei den AfaA hat aber die Finanzbehörde darzulegen, dass die Gründe für die AfaA entfallen sind. Demgegenüber muss bei einer Teilwertabschreibung der Steuerpflichtige nachweisen, dass der Teilwert weiterhin gemindert ist und dass diese Minderung weiterhin voraussichtlich von Dauer ist.

(5) Auswirkungen auf den Umfang der abziehbaren Fremdkapitalaufwendungen („Zinsschranke"): Bei der Begrenzung des Umfangs der abziehbaren Fremdkapitalaufwendungen auf 30% des verrechenbaren EBITDA (§ 4h EStG, § 8a KStG) werden bei der Erhöhung des steuerpflichtigen Gewinns vor Abzug der Zinsaufwendungen um die Absetzungen für Abnutzungen neben den planmäßigen Abschreibungen auch die AfaA hinzugerechnet. Dies ergibt sich daraus, dass die AfaA gesetzestechnisch im Zusammenhang mit den planmäßigen Abschreibungen in § 7 EStG geregelt sind. Im Gegensatz hierzu werden die Minderungen des steuerpflichtigen Gewinns durch Teilwertabschreibungen bei der Berechnung des EBITDA nicht durch eine gegenläufige Korrektur neutralisiert, da die Teilwertabschreibungen den Bewertungsvorschriften (§ 6 Abs. 1 Nr 1, 2 EStG) zugeordnet werden.[246] **427**

246 Zur „Zinsschranke" siehe Band I, Rn. 456 ff.

6. Wertaufholungen (Zuschreibungen)

a) Wertaufholungsgebot in der Steuerbilanz

428 *(1) Grundsätzliche Regelung:* Der niedrigere Teilwert kann nur solange beibehalten werden, wie der Steuerpflichtige nachweist, dass der Teilwert voraussichtlich auf Dauer unter den (fortgeführten) Anschaffungs- oder Herstellungskosten liegt.[247] Der Steuerpflichtige trägt die Beweislast dafür, dass erstens der Teilwert weiterhin gemindert ist und dass zweitens die Wertminderung weiterhin voraussichtlich von Dauer ist. Kann er eines dieser beiden Merkmale nicht nachweisen, gilt im Rahmen der **steuerlichen Gewinnermittlung** eine **Zuschreibungspflicht** (§ 6 Abs. 1 Nr 1 S. 4, Nr 2 S. 3 EStG).[248] Für eine Rücknahme einer in früheren Jahren vorgenommenen Teilwertabschreibung ist es ohne Bedeutung, aus welchen Gründen der Teilwert zwischenzeitlich wieder angestiegen ist.

Entfallen die Gründe, die zu einer AfaA geführt haben, besteht gleichfalls die Pflicht, eine entsprechende Zuschreibung zu verbuchen (§ 7 Abs. 1 S. 7 EStG). Kommt es zu einer Werterhöhung, ohne dass der Grund entfallen ist, der zur AfaA geführt hat, ist keine Zuschreibung vorzunehmen.

Entfallen die Gründe, die zu einer außerplanmäßigen Abschreibung geführt haben, besteht auch in der **Handelsbilanz** grundsätzlich ein **Wertaufholungsgebot** (§ 253 Abs. 5 S. 1 HGB). Handels- und steuerrechtliche Regelung stimmen also überein. Das Nebeneinander von zwei verbindlichen Vorschriften mit gleichem Inhalt wurde bei der Erläuterung der Auswirkungen des Maßgeblichkeitsprinzips dem Fall 2a zugeordnet.

Durch die Zuschreibung auf den höheren Teilwert kommt es zu einem Ausweis sonstiger betrieblicher Erträge, die bei der **Einkommen- bzw Körperschaftsteuer sowie** bei der **Gewerbesteuer** der Besteuerung unterliegen.[249]

429 – Für **Wirtschaftsgüter des Umlaufvermögens und nicht abnutzbare Wirtschaftsgüter des Anlagevermögens** bilden aufgrund des Realisationsprinzips und des Anschaffungswertprinzips die **Anschaffungs- oder Herstellungskosten** die **Obergrenze** der Aufwertung (§ 6 Abs. 1 Nr 2 S. 3 EStG).

Beispiel: Die F-GmbH erwirbt am 15.4.01 ein unbebautes Grundstück, das dem Anlagevermögen zuzurechnen ist und dessen Anschaffungskosten 200 000 € betragen. Am 31.12.01 sinkt der Teilwert auf 150 000 €. Es wird zunächst von einer voraussichtlich dauernden Wertminderung ausgegangen. Wider Erwarten erhöht sich der Wert des Grundstücks am 31.12.05 auf 180 000 € (Fall a) bzw 240 000 € (Fall b).

---

247 Vgl BMF-Schreiben vom 2.9.2016, BStBl. 2016 I, S. 995, Tz. 27, 28.

248 Kommt es nicht zu einer Wertaufholung, eröffnet diese Nachweispflicht dem Steuerpflichtigen de facto ein Zuschreibungswahlrecht.

249 Der Vorstand und Aufsichtsrat einer Aktiengesellschaft bzw die Geschäftsführer einer GmbH können im Rahmen der Gewinnverwendung den Eigenkapitalanteil der Wertaufholungen (= Zuschreibungen abzüglich der darauf lastenden Ertragsteuern) in die Gewinnrücklagen einstellen (§ 58 Abs. 2a AktG, § 29 Abs. 4 GmbHG). In diesem Fall haben die Anteilseigner einer Kapitalgesellschaft keinen Anspruch auf die Ausschüttung der aus den Zuschreibungen resultierenden Erträge. Die Gewinnverwendungskompetenz liegt insoweit bei den geschäftsführenden Organen und nicht bei den Anteilseignern.

Am 31.12.01 hat die F-GmbH das Grundstück auf 150 000 € abgewertet (Abwertungswahlrecht nach § 6 Abs. 1 Nr 2 S. 2 EStG). Zum Ende des Jahres 05 hat sie (ertragswirksam) eine Zuschreibung von 30 000 € (Fall a) bzw 50 000 € (Fall b) vorzunehmen. Der Bilanzwert des Grundstücks erhöht sich auf 180 000 € bzw 200 000 €. Im Fall b scheidet der Ansatz des Teilwerts in Höhe von 240 000 € aus, weil das Realisationsprinzip bzw Anschaffungswertprinzip einem Wertansatz, der über den Anschaffungskosten liegt, entgegensteht.

– Bei **abnutzbaren Wirtschaftsgütern des Anlagevermögens** können die **Zuschreibungen** nur **bis zur Höhe der fortgeführten Anschaffungs- oder Herstellungskosten** vorgenommen werden. Ein über den modifizierten Basiswert hinausgehender Wertansatz würde gegen das Ertragsantizipationsverbot verstoßen (§ 6 Abs. 1 Nr 1 S. 4 EStG). **430**

Beispiel: Die K-OHG erwirbt am 2.1.01 eine Maschine. Die Anschaffungskosten der Maschine betragen 120 000 €. Die betriebsgewöhnliche Nutzungsdauer wird auf sechs Jahre geschätzt. Die Maschine wird linear abgeschrieben.

Der Teilwert der Maschine zum 31.12.02 wird mit 32 000 € ermittelt. Es ist von einer voraussichtlich dauernden Wertminderung auszugehen. Am Ende des Jahres 04 entfallen die Gründe, die zu der außerplanmäßigen Abschreibung geführt haben. Der Teilwert ist auf 35 000 € (Fall a) bzw 50 000 € (Fall b) gestiegen.

Zu Beginn der Nutzung wird folgender Abschreibungsplan aufgestellt:

	planmäßige Abschreibungen	**Restbuchwert**
31.12.01	20 000 €	100 000 €
31.12.02	20 000 €	80 000 €
31.12.03	20 000 €	60 000 €
31.12.04	20 000 €	40 000 €
31.12.05	20 000 €	20 000 €
31.12.06	20 000 €	0 €

Das Sinken des Teilwerts zum Ende der zweiten Periode auf 32 000 € führt zu einer außerplanmäßigen Abschreibung von 48 000 € sowie zu einer Änderung des Abschreibungsplans (Abwertungswahlrecht nach § 6 Abs. 1 Nr 1 S. 2 EStG). In den verbleibenden vier Jahren errechnet sich aus dem Restbuchwert von 32 000 € eine lineare Abschreibung von 8000 €/Jahr. Der modifizierte Abschreibungsplan sieht wie folgt aus:

	planmäßige Abschreibungen	**Teilwert abschreibung**	**Restbuchwert**
31.12.02	20 000 €	48 000 €	32 000 €
31.12.03	8 000 €	0 €	24 000 €
31.12.04	8 000 €	0 €	16 000 €
31.12.05	8 000 €	0 €	8 000 €
31.12.06	8 000 €	0 €	0 €

Aufgrund des steuerbilanziellen Wertaufholungsgebots ist im Fall a zum Schluss des vierten Jahres eine Zuschreibung um 19 000 € auf 35 000 € (= Teilwert) vorzunehmen. Der aktualisierte Restbuchwert von 35 000 € (anstatt 16 000 € ohne Zuschreibung) ist in den Jahren 5 und 6 mit jeweils 17 500 € abzuschreiben.

Im Fall b bilden die fortgeführten Anschaffungskosten des ursprünglichen Abschreibungsplans die Obergrenze. Die Zuschreibung ist auf 24 000 € (= 40 000 € – 16 000 €) begrenzt. Der Buchwert der Maschine am 31.12.04 erhöht sich auf 40 000 € (anstatt 16 000 € ohne Zuschreibung). In den beiden letzten Jahren stimmen die Abschreibungen mit 20 000 €/Jahr mit dem zu Beginn der Nutzung aufgestellten Abschreibungsplan überein.

431 *(2) Besonderheiten beim Geschäfts- oder Firmenwert:* Wird beim Geschäfts- oder Firmenwert eine außerplanmäßige Abschreibung vorgenommen und entfallen die Gründe für die Abschreibung auf den niedrigeren beizulegenden Wert, gilt im Rahmen der handelsrechtlichen Rechnungslegung ausnahmsweise kein Zuschreibungsgebot, sondern ein Zuschreibungsverbot (§ 253 Abs. 5 S. 2 HGB). Demgegenüber fehlt im Rahmen der steuerlichen Bewertungsvorschriften hinsichtlich der Zuschreibungspflicht eine derartige Differenzierung (§ 6 Abs. 1 Nr 2 S. 3 EStG). Inwieweit es zu einer Abweichung zwischen Handels- und Steuerbilanz kommt, ist nicht eindeutig. Während in der Handelsbilanz unstrittig ein Zuschreibungsverbot besteht, hängt die steuerbilanzielle Vorgehensweise davon ab, wie man die Erhöhung des Werts des Geschäfts- oder Firmenwerts einordnet:[250]

– **Einheitstheorie.** Sieht man den Geschäfts- oder Firmenwert als ein einheitliches Wirtschaftsgut an, ist ein Wertanstieg des Geschäfts- oder Firmenwerts bei der Ermittlung der steuerpflichtigen Einkünfte insoweit durch eine **Zuschreibung** auszugleichen, als in den vergangenen Jahren eine Teilwertabschreibung vorgenommen wurde. Das Nebeneinander von zwei verbindlichen, aber voneinander abweichenden Regelungen führt zu einer Durchbrechung des Maßgeblichkeitsprinzips (Fall 2b). In der Steuerbilanz ist eine Zuschreibung verpflichtend, während sie in der Handelsbilanz untersagt ist.
– **Trennungstheorie.** Geht man davon aus, dass der Geschäfts- oder Firmenwert, der beim Erwerb eines Unternehmens bezahlt wurde, als ein eigenständiges Wirtschaftsgut anzusehen ist und dass die Werterhöhung auf Aktivitäten des übernehmenden Unternehmens zurückzuführen sind, handelt es sich bei dem (Wieder-)Anstieg des Werts um einen originären Geschäfts- oder Firmenwert. Für den originären Geschäfts- oder Firmenwert besteht wie für alle selbst geschaffenen Wirtschaftsgüter des Anlagevermögens in der Steuerbilanz ein Ansatzverbot (§ 5 Abs. 2 EStG). Nach der Trennungstheorie ist also in beiden Bilanzen **keine Zuschreibung** zulässig. Aufgrund des Nebeneinanders von zwei verbindlichen, inhaltlich übereinstimmenden Regelungen wirkt die Maßgeblichkeit der Handelsbilanz für die Steuerbilanz deklaratorisch (Fall 2a). Zu einem Auseinanderfallen zwischen Handels- und Steuerbilanz kommt es nur dann, wenn sich nach einer Teilwertabschreibung ausnahmsweise der Wert des beim Erwerb bezahlten Geschäfts- oder Firmenwerts ohne eigene Aktivitäten des übernehmenden Unternehmens wieder erhöht.

Da im Rahmen der steuerlichen Gewinnermittlung davon ausgegangen wird, dass es sich beim derivativen Geschäfts- oder Firmenwert um ein abnutzbares Wirtschaftsgut des Anlagevermögens handelt, ist die **Trennungstheorie** der Einheitstheorie **vorzu-**

250 Siehe hierzu Herzig/Briesemeister, Ubg 2009, S. 164; Herzig/Briesemeister, DB 2009, S. 928; Ortmann-Babel/Bolik/Gageur, DStR 2009, S. 936; Velte, StuW 2008, S. 280.

ziehen.[251] Folgt man dieser Auffassung, stimmen handels- und steuerrechtliche Beurteilung grundsätzlich überein. Das Zuschreibungsverbot beim Geschäfts- oder Firmenwert nach § 253 Abs. 5 S. 2 HGB beruht nämlich gleichfalls auf der Trennungstheorie.[252]

(3) Besonderheiten bei Beteiligungen an Kapitalgesellschaften: Nach dem in Deutschland geltenden Körperschaftsteuersystem sind bei Anteilen, die im Betriebsvermögen gehalten werden, Teilwertabschreibungen nur zu 60% (Anteilseigner ist eine natürliche Person, § 3c Abs. 2 EStG) oder überhaupt nicht abziehbar (Anteilseigner ist eine andere Kapitalgesellschaft, § 8b Abs. 3 S. 3 KStG). Diese Aussagen gelten analog bei einer Zuschreibung, wenn sich der Wert der Anteile wieder erhöht: 432

- Bei **einkommensteuerpflichtigen Anteilseignern**, die ihre Anteile im Betriebsvermögen halten, erhöhen Wertaufholungen die steuerpflichtigen Einkünfte aus Gewerbebetrieb nur zu 60% (§ 3 Nr 40 EStG).
- Bei **körperschaftsteuerpflichtigen Anteilseignern** bleibt zwar die Zuschreibung bei der Berechnung des steuerpflichtigen Gewinns außer Ansatz (§ 8b Abs. 2 S. 3 KStG). Allerdings gelten 5% des Zuschreibungsbetrags als nichtabziehbare Betriebsausgabe (§ 8b Abs. 3 S. 1 KStG).

Um die aus der Umqualifizierung von 5% des Zuschreibungsbetrags in nichtabziehbare Betriebsausgaben entstehende Mehrbelastung zu vermeiden, empfiehlt es sich für Kapitalgesellschaften, die eine Beteiligung an einer anderen Kapitalgesellschaft halten, auf eine Teilwertabschreibung der Anteile zu verzichten, dh bei einer voraussichtlich dauernden Wertminderung sollten sie von dem Abwertungswahlrecht keinen Gebrauch machen.[253]

b) Beurteilung der Zuschreibungspflicht

Das **Zuschreibungsgebot entspricht den Zielen der steuerlichen Gewinnermittlung**. Entfallen die Gründe, die zu einer Abschreibung auf den niedrigeren Teilwert geführt haben, werden in einer Gesamtschau durch die Zuschreibungen keine Erträge ausgewiesen, sondern lediglich die außerplanmäßigen Abschreibungen zurückgenommen, bei denen sich gezeigt hat, dass die über das Imparitätsprinzip antizipierten Aufwendungen nicht eintreten. Würden die bisherigen Buchwerte fortgeführt, käme es zur Bildung stiller Reserven, die über das Ertragsantizipationsverbot des Realisationsprinzips hinausgehen. 433

Auch wenn Steuerpflichtige die Verpflichtung zur Verbuchung von Zuschreibungen deshalb negativ beurteilen, weil es dadurch zu einem Abfluss liquider Mittel in Form von gewinnabhängigen Zahlungen (Ertragsteuern, Gewinnbeteiligungen und ggf Gewinnausschüttungen) kommt, spricht die Zahlungsbemessungsfunktion der Steuerbilanz nicht gegen das Wertaufholungsgebot. Die durch die Zuschreibungen ausgelösten Ertragsteuerzahlungen machen **lediglich die Liquiditätsentlastungen rückgängig, die durch eine Abschreibung auf den niedrigeren Teilwert in zurückliegenden Veranlagungszeiträumen ausgelöst wurden**.

251 Vgl Bundestag-Drucksache 10/4268, S. 147; BFH vom 28.5.1998, BStBl. 1998 II, S. 775.
252 Vgl Bundesrat-Drucksache 344/08, S. 124.
253 Vgl zB Dörfler/Adrian, Ubg 2009, S. 391; Herzig, DStR 2010, S. 1902.

Das grundsätzlich für den Geschäfts- oder Firmenwert geltende Zuschreibungsverbot steht dieser positiven Beurteilung nicht entgegen. Folgt man der Trennungstheorie, begründet sich die fehlende Erhöhung des Wertansatzes darauf, dass es sich beim Anstieg des Geschäfts- oder Firmenwerts um einen originären Geschäfts- oder Firmenwert handelt und für diesen ein Aktivierungsverbot besteht. Dies gilt sowohl für die Steuerbilanz (§ 5 Abs. 2 EStG) als auch für die Handelsbilanz (§ 248 Abs. 2 S. 2 HGB).

V. Steuerliche Sondervorschriften (überhöhte Abschreibungen auf den niedrigeren steuerlichen Wert auf der Grundlage des Lenkungszwecks der Steuerbilanz)

1. Zielsetzung steuerlicher Sondervorschriften

434 *(1) Steuerstundungseffekt (positiver Zeiteffekt):* **Sonderabschreibungen** sind Abschreibungen, die zusätzlich zur planmäßigen Abschreibung verrechnet werden dürfen, während **erhöhte Absetzungen** an die Stelle der AfA treten. **Bewertungsabschläge** sind dadurch gekennzeichnet, dass der ertragsteuerliche Buchwert (im Zeitpunkt des Zugangs: die Anschaffungs- oder Herstellungskosten) eines Wirtschaftsguts gewinnmindernd reduziert wird. Das gemeinsame Merkmal von Sonderabschreibungen, erhöhten Absetzungen und Bewertungsabschlägen liegt darin, dass durch sie **Aufwendungen verrechnet** werden, **die über den tatsächlichen Wertverzehr hinausgehen**. Die steuerlichen Sondervorschriften werden deshalb unter dem Begriff **„überhöhte Abschreibungen"** zusammengefasst.

Die Möglichkeit zur Verrechnung von Sonderabschreibungen, erhöhten Absetzungen und Bewertungsabschlägen beruht auf dem **Lenkungszweck** der Besteuerung. Überhöhte Abschreibungen dienen zum einen der Investitionsförderung. Zum anderen werden sie aus Billigkeitsüberlegungen gewährt, um betriebliche Umstrukturierungen nicht zu behindern. Aus Sicht der Steuerpflichtigen besteht der Vorteil überhöhter Abschreibungen in einer vorübergehenden Minderung der ertragsteuerlichen Bemessungsgrundlage (**Steuerstundungseffekt**). Durch überhöhte Abschreibungen werden die Anschaffungs- oder Herstellungskosten früher aufwandswirksam verrechnet, als es sich aus den Periodisierungsgrundsätzen ergibt. In den Folgeperioden fallen aber geringere Aufwendungen an, da im Rahmen der steuerlichen Gewinnermittlung die Abschreibungssumme auf die Anschaffungs- oder Herstellungskosten des Wirtschaftsguts begrenzt ist (Grundsatz der Zahlungsverrechnung). Durch Sonderabschreibungen, erhöhte Absetzungen und Bewertungsabschläge entsteht im Vergleich zur Situation ohne überhöhte Abschreibungen ein **positiver Zeiteffekt**. Dieser lässt sich in einen Liquiditätsvorteil und in einen Zinsvorteil aufspalten: In dem Jahr, in dem die überhöhten Abschreibungen verrechnet werden, sinkt die Ertragsteuerzahllast (Liquiditätsvorteil). Der dadurch (relativ) höhere Bestand an Zahlungsmitteln kann dazu genutzt werden, um entweder ertragbringend angelegt zu werden oder um Fremdkapital zu tilgen (Zinsvorteil).

Beispiel: Die Anschaffungskosten für ein Wirtschaftsgut belaufen sich auf 100 000 €. Seine Nutzungsdauer erstreckt sich auf fünf Jahre. Zusätzlich zur linearen Abschreibung besteht die Möglichkeit, im ersten Jahr eine Sonderabschreibung von 50% in Anspruch zu nehmen.

Im ersten Jahr ist zusätzlich zur linearen Abschreibung (= 20 000 € = 100 000 €/5 Jahre) die Sonderabschreibung von 50% der Anschaffungskosten zu verrechnen. Der sich am Ende des ersten Jahres ergebende Restbuchwert ist gleichmäßig auf die verbleibenden vier Nutzungsjahre zu verteilen. Von der zweiten bis zur fünften Periode sind als Abschreibungen jeweils 7 500 € (= 30 000 €/4 Jahre) zu verbuchen. Bei der (ausschließlich) linearen Abschreibung verteilen sich die planmäßigen Abschreibungen mit 20 000 € gleichmäßig auf die fünf Nutzungsjahre.

	lineare Abschreibung zuzüglich Sonderabschreibung		**lineare Abschreibung**		**Differenz der Aufwandsverrechnung**	
Jahr	Aufwand	Restbuchwert	Aufwand	Restbuchwert	jahresbezogen	kumuliert
1	70 000 €	30 000 €	20 000 €	80 000 €	+ 50 000 €	+ 50 000 €
2	7 500 €	22 500 €	20 000 €	60 000 €	– 12 500 €	+ 37 500 €
3	7 500 €	15 000 €	20 000 €	40 000 €	– 12 500 €	+ 25 000 €
4	7 500 €	7 500 €	20 000 €	20 000 €	– 12 500 €	+ 12 500 €
5	7 500 €	0 €	20 000 €	0 €	– 12 500 €	± 0 €

Die Summe der Abschreibungen beläuft sich bei beiden Abschreibungsformen auf 100 000 €. Der Sonderabschreibung von 50 000 € in der ersten Periode stehen in den Jahren 2 bis 5 im Vergleich zur (ausschließlich) linearen Abschreibung geringere Aufwendungen von jeweils 12 500 € gegenüber.

Der **Steuerstundungseffekt** (der positive Zeiteffekt) von Sonderabschreibungen, erhöhten Absetzungen und Bewertungsabschlägen fällt **umso stärker** aus, **je höher** der Betrag der **überhöhten Abschreibungen** ist (absoluter Effekt: Liquiditätseffekt) und **je länger die betriebsgewöhnliche Nutzungsdauer** des Wirtschaftsguts ist, dh je stärker der Zinseffekt wirkt (relativer Effekt).

Bei einem Vorsteuerzinssatz von 10% und einem Ertragsteuersatz von 40% entspricht eine Sonderabschreibung in Höhe von 50% einem Vorteil von 1,57% (Nutzungsdauer drei Jahre), 2,52% (Nutzungsdauer fünf Jahre), 4,61% (Nutzungsdauer zehn Jahre) bzw 7,79% der Anschaffungs- oder Herstellungskosten (Nutzungsdauer 20 Jahre).[254] Insgesamt betrachtet ist der ökonomische Vorteil von überhöhten Abschreibungen also relativ gering. Der positive Zeiteffekt ist nur dann von größerer Bedeutung, wenn es sich um Wirtschaftsgüter mit einer sehr langen Nutzungsdauer handelt.

Bei der Inanspruchnahme von überhöhten Abschreibungen reduziert sich der Umfang von Teilwertabschreibungen. Eine Teilwertabschreibung ist erst dann zulässig, wenn der Teilwert voraussichtlich auf Dauer unter den um die überhöhten Abschreibungen verminderten (fortgeführten) Anschaffungs- oder Herstellungskosten liegt (§ 6 Abs. 1 Nr 1 S. 2, Nr 2 S. 2 EStG).

(2) Eigenständiges steuerliches Wahlrecht: Durch überhöhte Abschreibungen **435**
schränkt der Gesetzgeber den Fiskalzweck der Ertragsteuern bewusst ein. Bei überhöhten Abschreibungen handelt es sich – gemessen am tatsächlichen Wertverlust –

254 Zum Berechnungsansatz siehe Band III: Steuerplanung, Vierter Teil, Fünfter Abschnitt, Kapitel D.

um eine vorgezogene Aufwandsverrechnung. Durch überhöhte Abschreibungen werden Aufwendungen verrechnet, die weder nach den Periodisierungsgrundsätzen noch nach dem Imparitätsprinzip zu verbuchen sind. Durch die Verringerung des Buchwerts eines Wirtschaftsguts entstehen stille Reserven. Diese Differenz zwischen dem tatsächlichen Wert und dem Buchwert eines Wirtschaftsguts löst sich zwar in den Folgejahren sukzessive auf. Durch überhöhte Abschreibungen kommt es zu einer Verzerrung der Darstellung der wirtschaftlichen Lage eines Unternehmens. Deshalb dürfen Sonderabschreibungen, erhöhte Absetzungen und Bewertungsabschläge in der Handelsbilanz nicht verrechnet werden. Dies bedeutet, dass diese speziellen steuerlichen Wahlrechte ohne Beachtung möglicher Rückwirkungen auf die Handelsbilanz ausgeübt werden können (§ 5 Abs. 1 S. 1 HS 2 EStG). Der Fall 3 des Maßgeblichkeitsprinzips (Handelsbilanz keine vergleichbare Regelung – spezielles steuerliches Wahlrecht, das auf den Lenkungszweck zurückzuführen ist) ist dadurch gekennzeichnet, dass **keine Maßgeblichkeit** besteht. Nimmt der Steuerpflichtige eines der speziellen steuerlichen Wahlrechte nicht in Anspruch, stimmt der handelsrechtliche Wertansatz mit dem Buchwert in der Steuerbilanz überein. Will er von dem positiven Zeiteffekt von überhöhten Abschreibungen profitieren, muss sich der Steuerpflichtige im Rahmen der steuerlichen Gewinnermittlung für einen anderen Wert entscheiden als in der Handelsbilanz.

436 Wie bei allen steuerlichen Wahlrechten ist auch für die Ausübung dieser speziellen steuerlichen Wahlrechte Voraussetzung, dass die Wirtschaftsgüter, die nicht mit dem handelsrechtlich maßgeblichen Wert in der steuerlichen Gewinnermittlung ausgewiesen werden, in besondere, laufend zu führende Verzeichnisse aufgenommen werden. In den Verzeichnissen sind

- der Tag der Anschaffung oder Herstellung,
- die Anschaffungs- oder Herstellungskosten,
- die Vorschrift des ausgeübten steuerlichen Wahlrechts und
- die Höhe der vorgenommenen Abschreibungen

nachzuweisen (§ 5 Abs. 1 S. 2, 3 EStG). Wird das Verzeichnis nicht oder unvollständig geführt, können überhöhte Abschreibung nicht genutzt werden. Das Verzeichnis ist zeitnah zu erstellen, eine nachträgliche Erstellung ist nicht ausreichend.[255]

2. Sonderabschreibungen und erhöhte Absetzungen

437 *(1) Anwendungsbeispiele:* Die Möglichkeiten zur Verrechnung von Sonderabschreibungen und erhöhten Absetzungen ergeben sich entweder aus dem Einkommensteuergesetz oder aus Gesetzen zu besonderen Regelungsbereichen. **Sonderabschreibungen und erhöhte Absetzungen ergänzen die planmäßigen Abschreibungen**. Sie kommen deshalb lediglich für **abnutzbare Wirtschaftsgüter des Anlagevermögens** zur Anwendung. Bei nicht abnutzbaren Wirtschaftsgütern des Anlagevermögens sowie bei Wirtschaftsgütern des Umlaufvermögens scheiden diese beiden

255 Zu diesen speziellen steuerlichen Aufzeichnungspflichten siehe BMF-Schreiben vom 12.3.2010, BStBl. 2010 I, S. 239, Tz. 19–23 sowie Dörfler/Adrian, Ubg 2009, S. 387; Grützner, StuB 2009, S. 483; Herzig, DB 2008, S. 1340; Ortmann-Babel/Bolik, BB 2010, S. 2099; Ortmann-Babel/Bolik/Gageur, DStR 2009, S. 934; Richter, GmbHR 2010, S. 510.

Formen überhöhter Abschreibungen aus. Für diese Wirtschaftsgüter sind lediglich Bewertungsabschläge bedeutsam.

Für Investitionen, die **zurzeit** getätigt werden, können folgende Sonderabschreibun- 438
gen und erhöhte Absetzungen in Anspruch genommen werden:

Sonderabschreibungen

– Kleinere und mittlere Unternehmen können für abnutzbare bewegliche Wirtschaftsgüter des Anlagevermögens in den ersten fünf Nutzungsjahren Sonderabschreibungen von insgesamt bis zu 20% der Anschaffungs- oder Herstellungskosten verrechnen. Hinsichtlich der Größenmerkmale müssen folgende Voraussetzungen erfüllt sein: Bei Gewerbetreibenden und Freiberuflern, die ihren Gewinn nach § 4 Abs. 1 oder § 5 EStG ermitteln, darf das Betriebsvermögen nicht mehr als 235 000 € betragen. Bei einer Gewinnermittlung nach § 4 Abs. 3 EStG darf der Gewinn 100 000 € nicht übersteigen. Als sachliche Voraussetzung wird gefordert, dass das Wirtschaftsgut im Jahr des Erwerbs und im darauf folgenden Wirtschaftsjahr in einer inländischen Betriebsstätte des Steuerpflichtigen (fast) ausschließlich betrieblich genutzt wird **(§ 7g Abs. 5, 6 iVm Abs. 1 S. 2 Nr 1 EStG)**.[256]

erhöhte Absetzungen 439

– Wird ein Gebäude, das in einem Sanierungsgebiet oder einem städtebaulichen Entwicklungsbereich liegt, modernisiert oder instand gesetzt, ist es möglich, in den ersten acht Jahren jeweils bis zu 9% und in den folgenden vier Jahren jeweils bis zu 7% der angefallenen Herstellungskosten abzusetzen (**§ 7h EStG**).
– Bei im Inland belegenen Gebäuden, die als Baudenkmäler gelten, können für Baumaßnahmen, die nach Art und Umfang zur Erhaltung des Gebäudes als Baudenkmal oder zu seiner sinnvollen Nutzung erforderlich sind, in den ersten acht Jahren jeweils bis zu 9% und in den folgenden vier Jahren jeweils bis zu 7% der Herstellungskosten für diese Baumaßnahmen gewinnmindernd verrechnet werden (**§ 7i EStG**).

(2) Gemeinsame Vorschriften für Sonderabschreibungen und erhöhte Absetzungen: 440
Die Voraussetzungen und der Umfang der Sonderabschreibungen und erhöhten Absetzungen ergeben sich jeweils aus der entsprechenden speziellen Norm. In **§ 7a EStG** sind einige **allgemeine Regelungen** aufgeführt, die bei Sonderabschreibungen und erhöhten Absetzungen zu beachten sind. Die Auffassung der Finanzverwaltung ist in R 7a EStR zusammengestellt:

– § 7a Abs. 1 EStG regelt, wie **nachträgliche Anschaffungs- oder Herstellungskosten** zu verrechnen sind, die innerhalb des Begünstigungszeitraums (Zeitraum, innerhalb dessen Sonderabschreibungen oder erhöhte Absetzungen in Anspruch genommen werden können) anfallen.

256 Die Sonderabschreibung für kleinere und mittlere Unternehmen ergänzt den Investitionsabzugsbetrag, durch den durch Vorverlagerung von Aufwendungen auf den Zeitpunkt vor den Erwerb eines Wirtschaftsguts gleichfalls ein Steuerstundungseffekt erzielt werden kann (§ 7g Abs. 1–4 EStG). Zum Investitionsabzugsbetrag siehe Fünfter Abschnitt, Kapitel H., Rn. 626–631.

- Sofern Sonderabschreibungen und erhöhte Absetzungen bereits für **Anzahlungen** auf Anschaffungskosten oder für Teilherstellungskosten zulässig sind, enthält § 7a Abs. 2 EStG die zu beachtenden Einzelheiten.
- Werden erhöhte Absetzungen verrechnet, sind in jedem Jahr des Begünstigungszeitraums mindestens Absetzungen in Höhe der bei planmäßiger Abschreibung nach der linearen Methode oder Leistungsabschreibung oder Absetzung für außergewöhnliche technische oder wirtschaftliche Abnutzung anfallenden Beträge anzusetzen (**Mindestabschreibung**, § 7a Abs. 3 EStG).
- Werden Sonderabschreibungen in Anspruch genommen, sind die (zusätzlichen) **planmäßigen Abschreibungen** nach der **linearen Methode**, als Leistungsabschreibung oder als Absetzungen für außergewöhnliche technische oder wirtschaftliche Abnutzung zu verrechnen (§ 7a Abs. 4 EStG).
- Liegen bei einem Wirtschaftsgut die Voraussetzungen für mehrere Möglichkeiten von Sonderabschreibungen und erhöhten Absetzungen vor, darf nur eine der steuerlichen Vergünstigungen in Anspruch genommen werden (**Kumulationsverbot**, § 7a Abs. 5 EStG).
- Sonderabschreibungen und erhöhte Absetzungen sind **bei der Prüfung, ob** die in § 141 Abs. 1 Nr 4, 5 AO aufgeführten Grenzen (insbesondere Gewinn mehr als 60 000 €) für die **Buchführungspflicht** überschritten sind, **nicht zu berücksichtigen** (§ 7a Abs. 6 EStG).
- Sind an einem Wirtschaftsgut **mehrere Personen** beteiligt und sind die Voraussetzungen für Sonderabschreibungen oder erhöhte Absetzungen nur bei einem Teil der Beteiligten erfüllt, dürfen die Sonderabschreibungen bzw erhöhten Absetzungen lediglich anteilig verbucht werden. Das Wahlrecht zur Nutzung von überhöhten Abschreibungen ist von den Steuerpflichtigen, bei denen die Voraussetzungen erfüllt sind, einheitlich auszuüben (§ 7a Abs. 7 EStG).
- Bei Wirtschaftsgütern, die zu einem Betriebsvermögen gehören, dürfen Sonderabschreibungen und erhöhte Absetzungen nur vorgenommen werden, wenn die Wirtschaftsgüter und ihre Bewertung in einem besonderen, laufend geführten Verzeichnis nachgewiesen werden oder wenn diese Angaben aus der Buchführung ersichtlich sind (**buchmäßiger Nachweis**, § 7a Abs. 8 EStG).
- **Nach Auslaufen des Begünstigungszeitraums**, innerhalb dessen **Sonderabschreibungen** in Anspruch genommen werden können, berechnen sich die planmäßigen (linearen) Abschreibungen aus dem Restwert und der Restnutzungsdauer (§ 7a Abs. 9 EStG).

3. Bewertungsabschläge

441 *(1) Anwendungsbeispiele:* Bewertungsabschläge sind dadurch **gekennzeichnet**, dass der ertragsteuerliche Buchwert (im Zeitpunkt des Zugangs: die Anschaffungs- oder Herstellungskosten) eines Wirtschaftsguts gewinnmindernd reduziert wird. Der nach Abzug eines Bewertungsabschlags verbleibende Wert tritt an die Stelle des bisherigen Steuerbilanzwerts bzw der Anschaffungs- oder Herstellungskosten. Bewertungsabschläge kommen sowohl bei Wirtschaftsgütern des Anlagevermögens als auch bei Wirtschaftsgütern des Umlaufvermögens zur Anwendung:

- Die sofortige Besteuerung des bei der Veräußerung ausgewählter Wirtschaftsgüter des Anlagevermögens entstandenen Gewinns kann dadurch vermieden werden, dass unter bestimmten Voraussetzungen der Veräußerungsgewinn von den Anschaffungs- oder Herstellungskosten von gewissen, zeitnah erworbenen Wirtschaftsgütern abgezogen wird **(Übertragung von Veräußerungsgewinnen auf ein Ersatzwirtschaftsgut, § 6b EStG)**.
- Die sofortige Besteuerung von **(zwangsweise) aufgelösten** stillen Reserven kann zum Teil vermieden werden, wenn innerhalb einer bestimmten Frist ein funktionsgleiches Wirtschaftsgut angeschafft oder hergestellt wird und wenn die aufgedeckten stillen Reserven auf dieses Ersatzwirtschaftsgut übertragen werden **(R 6.6 EStR)**.

Bei Wirtschaftsgütern des Anlagevermögens, die mit einem aus öffentlichen oder privaten Mitteln finanzierten Zuschuss erworben werden, besteht die Möglichkeit, den Zuschuss im Zeitpunkt seiner Gewährung dadurch erfolgsneutral zu behandeln, dass das erworbene Wirtschaftsgut nur mit den Anschaffungs- oder Herstellungskosten bewertet wird, die der Bilanzierende selbst aufgewendet hat (R 6.5 Abs. 2 EStR). Dieses Wahlrecht zur Verrechnung des Zuschusses wird nicht als Bewertungsabschlag angesehen, sondern der Ermittlung der Anschaffungs- oder Herstellungskosten eines Wirtschaftsguts zugeordnet. Siehe hierzu Kapitel II.4., Rn. 305–306.

(2) Übertragung von Veräußerungsgewinnen nach § 6b EStG bei Wirtschaftsgütern des Anlagevermögens: Der bei der Veräußerung eines Wirtschaftsguts erzielte Gewinn ist grundsätzlich zu dem Zeitpunkt steuerpflichtig, zu dem er realisiert ist. Nach § 6b EStG besteht jedoch unter bestimmten Voraussetzungen die Möglichkeit, die sofortige Besteuerung von Veräußerungsgewinnen zu vermeiden, indem die **aufgelösten stillen Reserven dadurch (vorübergehend) neutralisiert werden, dass** beim zeitnahen Erwerb eines anderen Wirtschaftsguts dessen **Anschaffungs- oder Herstellungskosten um einen Bewertungsabschlag reduziert** werden. Der **positive Zeiteffekt** wird durch folgende Vorgehensweise erreicht: **442**

- Der bei der Veräußerung eines Wirtschaftsguts entstehende **Gewinn** wird **nicht sofort besteuert**.
- Bei dem Ersatzwirtschaftsgut wird von den Anschaffungs- oder Herstellungskosten ein Bewertungsabschlag vorgenommen. Auf diese Weise mindert sich die Ausgangsgröße zur Berechnung der AfA. Der beim Verkauf eines Wirtschaftsguts erzielte Veräußerungsgewinn unterliegt während der Nutzung des Ersatzwirtschaftsguts dadurch mittelbar der Besteuerung, dass die planmäßigen **Abschreibungen** entsprechend **geringer** ausfallen.

Beispiel: Die S-GmbH veräußert das Wirtschaftsgut 1 am 4.1.01 zum Preis von 100. Der Restbuchwert dieses Wirtschaftsguts beträgt im Zeitpunkt des Verkaufes 20. Am 20.1.01 erwirbt die S-GmbH als Ersatz das Wirtschaftsgut 2, das Anschaffungskosten von 200 verursacht und eine Nutzungsdauer von vier Jahren aufweist.

4.1.01: Entstehen eines Veräußerungsgewinns beim Verkauf des Wirtschaftsguts 1 (Realisationsprinzip)

Bank	100	an	Wirtschaftsgut 1	20
			Veräußerungsgewinn	80

20.1.01: Kauf eines Ersatzwirtschaftsguts und Neutralisation des Veräußerungsgewinns durch Übertragung der stillen Reserven

Wirtschaftsgut 2	200	an	Bank	200
Aufwand	80	an	Wirtschaftsgut 2	80

Perioden 01–04: lineare Abschreibung des Ersatzwirtschaftsguts

Abschreibung	30	an	Wirtschaftsgut 2	30

Ohne Übertragung des Veräußerungsgewinns würden für das Wirtschaftsgut 2 jährlich Abschreibungen von 50 (= 200/4 Jahre) verrechnet werden.

In einer Gesamtbetrachtung verändert die Übertragung des bei der Veräußerung des Wirtschaftsguts 1 entstandenen Gewinns auf das als Ersatz erworbene Wirtschaftsgut 2 die Höhe der ertragsteuerlichen Bemessungsgrundlage nicht (kein Bemessungsgrundlageneffekt). Der Nichtbesteuerung des beim Verkauf des Wirtschaftsguts 1 entstandenen Gewinns von 80 im Jahr 01 stehen in den Perioden 01 bis 04 bei dem Wirtschaftsgut 2 um 80 (= 4 × [50 – 30]) geringere Abschreibungen gegenüber.

	Gewinnwirkung		**Differenz**	
	ohne	**mit**		
	Übertragung des Veräußerungsgewinns		jahresbezogen	kumuliert
1. Jahr				
a) Veräußerungsgewinn	+ 80	+ 80 – 80	– 80	– 80
b) AfA	– 50	– 30	+ 20	– 60
2. Jahr (AfA)	– 50	– 30	+ 20	– 40
3. Jahr (AfA)	– 50	– 30	+ 20	– 20
4. Jahr (AfA)	– 50	– 30	+ 20	± 0

443 Das Beispiel verdeutlicht die Konzeption des § 6b EStG. Bei der praktischen Anwendung ist zu beachten, dass die Neutralisation des Veräußerungsgewinns durch Übertragung auf ein Ersatzwirtschaftsgut nicht in jedem Fall möglich ist. Vielmehr enthält § 6b Abs. 1 EStG mehrere **Bedingungen**:

– Der **Veräußerungsgewinn muss bei bestimmten Wirtschaftsgütern entstanden** sein.
– Der **Kreis der Wirtschaftsgüter, auf die die aufgelösten stillen Reserven übertragen werden können** (Ersatzwirtschaftsgüter), ist gleichfalls eingeschränkt.

Die wichtigsten Zusammenhänge zwischen dem veräußerten Wirtschaftsgut und dem Ersatzwirtschaftsgut sind:

Veräußerung von	**Übertragung auf (Ersatzwirtschaftsgut)**					
	Grund und Boden	Aufwuchs auf Grund und Boden	Gebäude	Binnenschiff	Anteile an Kapitalgesellschaften	abnutzbare bewegliche Wirtschaftsgüter
Grund und Boden	ja	ja	ja	–	–	–
Aufwuchs auf Grund und Boden	–	ja	ja	–	–	–
Gebäude	–	–	ja	–	–	–
Binnenschiff	–	–	–	ja	–	–
Anteile an Kapitalgesellschaften (nur natürliche Personen)	–	–	ja	–	ja	ja

Abb. 33: Zusammenhang zwischen veräußertem Wirtschaftsgut und Ersatzwirtschaftsgut nach § 6b EStG

Weitere Voraussetzungen für die Übertragung der durch Verkauf realisierten stillen Reserven auf ein Ersatzwirtschaftsgut sind (§ 6b Abs. 4 EStG): 444

- Der Steuerpflichtige ermittelt seinen Gewinn durch einen Betriebsvermögensvergleich.[257]
- Das veräußerte Wirtschaftsgut muss mindestens sechs Jahre ununterbrochen zum Anlagevermögen eines inländischen Betriebs gehört haben.
- Das Ersatzwirtschaftsgut zählt zum Anlagevermögen einer inländischen Betriebsstätte.[258]
- Der entstandene Veräußerungsgewinn würde ohne die Übertragung auf ein Ersatzwirtschaftsgut im Inland in die ertragsteuerliche Bemessungsgrundlage eingehen.
- Die Übertragung des Veräußerungsgewinns lässt sich in der Buchhaltung nachvollziehen.

257 Für Steuerpflichtige, die ihren Gewinn durch einen Überschuss der Betriebseinnahmen über die Betriebsausgaben nach § 4 Abs. 3 EStG errechnen, besteht nach § 6c EStG gleichfalls die Möglichkeit, die sofortige Besteuerung eines Veräußerungsgewinns zu vermeiden.

258 Wird das Ersatzwirtschaftsgut in einer EU-/EWR-Betriebsstätte des Steuerpflichtigen eingesetzt, kann die Steuer auf den bei der Veräußerung eines begünstigen Wirtschaftsguts erzielten Gewinn auf Antrag in fünf gleichen Jahresraten entrichtet werden. Diese Stundung erfolgt zinslos. Durch diese auf die Grundfreiheiten des Europäischen Binnenmarkts zurückgehende Regelung wird im EU-/EWR-Fall die sofortige Besteuerung durch eine andere Technik vermieden. Siehe hierzu zB Scheffler, in: Lüdicke/Schnitger/Spengel (Hrsg.), Besteuerung internationaler Unternehmen, München 2016, S. 337 mwN.

445 Der **Veräußerungsgewinn**, der auf ein Ersatzwirtschaftsgut übertragbar ist, errechnet sich nach folgendem Schema (§ 6b Abs. 2 EStG):

	Veräußerungserlös
–	Veräußerungskosten
–	Buchwert des veräußerten Wirtschaftsguts im Zeitpunkt des Ausscheidens (im laufenden Jahr sind bis zum Zeitpunkt des Ausscheidens die AfA zeitanteilig zu verrechnen)
=	durch Verkauf realisierte stille Reserven (Veräußerungsgewinn)

446 Beim **Ersatzwirtschaftsgut** ergibt sich die **Berechnungsbasis für die planmäßigen Abschreibungen** dadurch, dass die Anschaffungs- oder Herstellungskosten um den Betrag gemindert werden, der durch die Übertragung des Veräußerungsgewinns neutralisiert wurde (§ 6b Abs. 6 EStG).

Der positive Zeiteffekt der Übertragung des Veräußerungsgewinns auf ein Ersatzwirtschaftsgut fällt umso höher aus, je länger die Nutzungsdauer des Ersatzwirtschaftsguts ist. Bei einem Vorsteuerzinssatz von 10%, einem Ertragsteuersatz von 40% und einer Nutzungsdauer des Ersatzwirtschaftsguts von 25 Jahren beläuft sich der Vorteil auf 19,55% des Veräußerungsgewinns. Bei einer Nutzungsdauer des Ersatzwirtschaftsguts von 50 Jahren beträgt der Barwert des Steuerstundungseffekts 27,39% des Veräußerungsgewinns. Der wirtschaftliche Vorteil einer Übertragung des Veräußerungsgewinns auf ein Ersatzwirtschaftsgut ist also sehr bedeutsam. Diese Aussage ergibt sich daraus, dass die Übertragung des Veräußerungsgewinns insbesondere bei Wirtschaftsgütern mit einer langen Nutzungsdauer möglich ist.

447 Die Ersatzbeschaffung muss nicht in dem Wirtschaftsjahr vorgenommen werden, in dem der Veräußerungsgewinn entstanden ist; vielmehr beträgt die **Reinvestitionsfrist grundsätzlich vier Jahre**. Bei neu hergestellten Gebäuden verlängert sich die Reinvestitionsfrist auf sechs Jahre, sofern mit der Herstellung innerhalb von vier Jahren begonnen wird. Wird das Ersatzwirtschaftsgut nicht sofort, sondern erst innerhalb der Reinvestitionsfrist beschafft, erfolgt die **Neutralisation des Veräußerungsgewinns** vorübergehend **durch** die **Bildung einer steuerfreien Rücklage**, die im Zeitpunkt der Ersatzbeschaffung aufzulösen ist (§ 6b Abs. 3 EStG).[259]

Bei Übertragungen im Zusammenhang mit städtebaulichen Sanierungs- und Entwicklungsmaßnahmen wird die Behaltensfrist für das veräußerte Wirtschaftsgut verkürzt und die Reinvestitionsfrist verlängert (§ 6b Abs. 8, 9 EStG).

448 Wurde das **Ersatzwirtschaftsgut** bereits im Wirtschaftsjahr **vor** der **Veräußerung angeschafft oder hergestellt**, kann der übertragbare Teil der stillen Reserven von dem Buchwert abgezogen werden, den das Ersatzobjekt am Ende des Wirtschaftsjahres der Anschaffung bzw Herstellung hatte (§ 6b Abs. 5 EStG).

449 Besonderheiten gelten bei der **Veräußerung von Anteilen an Kapitalgesellschaften. Einzelunternehmer** sowie **Gesellschafter einer Personengesellschaft** können den Bewertungsabschlag auch bei der Veräußerung von Anteilen an Kapitalgesellschaften in Anspruch nehmen (§ 6b Abs. 10 EStG). Diese Regelung steht im Zusammenhang mit dem für die Besteuerung von Kapitalgesellschaften geltenden Teilein-

259 Siehe hierzu Vierter Abschnitt, Kapitel B.II., Rn. 562–563.

künfteverfahren. Veräußert eine Kapitalgesellschaft Anteile an einer (anderen) Kapitalgesellschaft, ist der Veräußerungsgewinn grundsätzlich steuerfrei, lediglich 5% des Veräußerungsgewinns gelten als nichtabziehbare Betriebsausgaben (§ 8b Abs. 2, Abs. 3 S. 1, 2 KStG). Bei natürlichen Personen, die ihre Anteile im Betriebsvermögen halten, ist der Gewinn aus der Veräußerung von Anteilen an einer Kapitalgesellschaft nur zu 40% steuerfrei (§ 3 Nr 40 EStG). Hinsichtlich des steuerpflichtigen Teils des Veräußerungsgewinns gewährt § 6b Abs. 10 EStG für einkommensteuerpflichtige Anteilseigner das Wahlrecht, eine sofortige Besteuerung zu vermeiden. Die beim Verkauf von Anteilen an Kapitalgesellschaften aufgedeckten stillen Reserven können auf Anteile an Kapitalgesellschaften, auf abnutzbare bewegliche Wirtschaftsgüter oder auf Gebäude übertragen werden. Der Veräußerungsgewinn darf nicht auf Grund und Boden übertragen werden. Der Höhe nach ist die Übertragung des Veräußerungsgewinns auf 500 000 € begrenzt.[260] Das Ersatzwirtschaftsgut muss spätestens nach zwei Jahren beschafft werden; beim Erwerb von Gebäuden verlängert sich die Reinvestitionsfrist auf vier Jahre. Um die anteilige Steuerbefreiung nach § 3 Nr 40 EStG berücksichtigen zu können, werden beim Erwerb von Anteilen an einer weiteren Kapitalgesellschaft die Anschaffungskosten um den vollen Veräußerungsgewinn gemindert, während beim Erwerb von beweglichen Wirtschaftsgütern und von Gebäuden der Bewertungsabschlag auf den steuerpflichtigen Teil des beim Verkauf der Anteile erzielten Gewinns beschränkt ist.

Beispiel: Der Einzelunternehmer E hält Anteile an der X-AG. Beim Verkauf der Anteile am 1.4.01 erzielt er einen Veräußerungsgewinn von 150 000 €.

Fall a: E erwirbt im gleichen Jahr Aktien der Y-AG mit Anschaffungskosten von 400 000 €.

Die Anschaffungskosten werden nach § 6b Abs. 10 S. 3 EStG um den gesamten Veräußerungsgewinn (einschließlich des steuerfreien Anteils von 40%) gemindert. Der Buchwert der Anteile an der Y-AG beträgt somit 250 000 € (= 400 000 € – 150 000 €). Dieses Vorgehen ist systemgerecht, da bei einer Veräußerung der Anteile der Y-AG wiederum das Teileinkünfteverfahren zur Anwendung kommt. Mit dem Abzug des vollen Veräußerungsgewinns wird sichergestellt, dass das Teileinkünfteverfahren erst bei einer Veräußerung ohne Begünstigung nach § 6b EStG zur Anwendung kommt.

Fall b: E kauft im gleichen Jahr eine neue Lagerhalle mit Anschaffungskosten von 400 000 €.

Da der Veräußerungsgewinn aus dem Verkauf der Anteile auf ein Gebäude übertragen wird, kann nur der nach § 3 Nr 40 EStG steuerpflichtige Anteil des Gewinns (= 60%, § 3 Nr 40 EStG) auf die Anschaffungskosten der Lagerhalle übertragen werden (§ 6b Abs. 10 S. 2 EStG). Der Buchwert der Lagerhalle beträgt demnach 310 000 € (= 400 000 € – (150 000 € × 0,6)). Das Teileinkünfteverfahren kommt bereits bei der Übertragung des Veräußerungsgewinns zur Anwendung, da bei einem späteren Verkauf der Lagerhalle der Veräußerungsgewinn in vollem Umfang steuerpflichtig ist.

260 Bei Personengesellschaften wird dieser Grenzbetrag jedem Gesellschafter getrennt gewährt.

Ersatzwirtschaftsgut	Veräußerungsgewinn bei den Anteilen an der X-AG	Bewertungsabschlag nach § 6b EStG	Buchwert des Ersatzwirtschaftsguts	Veräußerungsgewinn beim Verkauf des Ersatzwirtschaftsguts	davon steuerpflichtig
Anteile an der Y-AG	150 000 €	150 000 €	250 000 €	150 000 € (= 400 000 € – 250 000 €)	**90 000 €** (= 60%)
Lagerhalle	150 000 €	90 000 €	310 000 €	90 000 € (= 400 000 € – 310 000 €) (Annahme: sofortiger Verkauf im Monat der Anschaffung)	**90 000 €** (= 100%)

Entstehen bei den Anteilen der Y-AG keine Wertsteigerungen, dh der spätere Verkaufspreis entspricht den ursprünglichen Anschaffungskosten von 400 000 €, ist ein Veräußerungsgewinn von 90 000 € zu versteuern. Dieser Wert entspricht dem steuerpflichtigen Teil des beim Verkauf der Anteile an der X-AG erzielten Gewinns: 150 000 € × 0,6.

Bei der Lagerhalle bilden die Anschaffungskosten vermindert um den Bewertungsabschlag nach § 6b EStG die Ausgangsgröße zur Berechnung der Abschreibungen und beim Weiterverkauf zur Ermittlung des Veräußerungsgewinns. Wird die Lagerhalle sofort zu einem Preis verkauft, der mit den Anschaffungskosten übereinstimmt, entsteht ein steuerpflichtiger Veräußerungsgewinn von 90 000 €. Wird die Lagerhalle nicht veräußert, werden Abschreibungen von insgesamt 310 000 € verrechnet, obwohl beim Erwerb ein Preis von 400 000 € bezahlt wurde. Die Differenz von 90 000 € erhöht während der Nutzung der Lagerhalle über entsprechend geringere Abschreibungen die Bemessungsgrundlage der Ertragsteuern.

450 *(3) Übertragung von stillen Reserven nach R 6.6 EStR bei zwangsweisem Ausscheiden eines Wirtschaftsguts:* Scheidet ein Wirtschaftsgut des Anlagevermögens oder des Umlaufvermögens infolge von Elementarereignissen (zB Brand, Sturm, Überschwemmung), durch andere unabwendbare Ereignisse (zB Diebstahl, unverschuldeter Unfall) oder aufgrund eines (tatsächlichen oder drohenden) behördlichen Eingriffs (zB Enteignung, behördliches Bauverbot, behördlich angeordnete Betriebsunterbrechung) aus dem Betriebsvermögen aus und wird innerhalb einer bestimmten Frist ein funktionsgleiches Wirtschaftsgut angeschafft oder hergestellt, ist es gleichfalls möglich, die beim ausscheidenden Wirtschaftsgut durch die Vereinnahmung einer Versicherungsleistung, einer Entschädigung oder eines Veräußerungserlöses aufgelösten stillen Reserven auf ein Ersatzwirtschaftsgut zu übertragen. Buchungstechnisch wird dies durch einen Bewertungsabschlag bei dem Ersatzwirtschaftsgut erreicht (R 6.6 Abs. 3 EStR).[261]

451 *(4) § 6b EStG und R 6.6 EStR im Vergleich:* Die Übertragung von zwangsweise aufgelösten stillen Reserven nach **R 6.6 EStR** sowie die Übertragung von Veräußerungsgewinnen nach **§ 6b EStG** sind konzeptionell und hinsichtlich ihrer Wirkungen

261 Wird die Ersatzbeschaffung erst in einem späteren Wirtschaftsjahr vorgenommen, sind die aufgelösten stillen Reserven (vorübergehend) durch die Bildung einer steuerfreien Rücklage zu neutralisieren. Diese ist im Zeitpunkt der Ersatzbeschaffung durch einen Bewertungsabschlag bei dem Ersatzwirtschaftsgut zu ersetzen (R 6.6 Abs. 4 EStR). Siehe hierzu Vierter Abschnitt, Kapitel B.II., Rn. 653.

vergleichbar. Hinsichtlich der Voraussetzungen bestehen jedoch im Detail einige **Unterschiede**:

- **Ursache des Ausscheidens.** Der Bewertungsabschlag nach R 6.6 EStR kommt nur zur Anwendung, wenn ein Wirtschaftsgut aufgrund von Elementarereignissen, anderen unabwendbaren Ereignissen oder aufgrund eines behördlichen Eingriffs ausscheidet. Der Bewertungsabschlag nach § 6b EStG erfasst Veräußerungsvorgänge, wobei der Grund für die Veräußerung irrelevant ist.
- **Begünstigte ausgeschiedene Wirtschaftsgüter.** Die Übertragung der stillen Reserven nach R 6.6 EStR ist bei allen aktiven Wirtschaftsgütern möglich, während nach § 6b Abs. 1 EStG nur Grund und Boden, Aufwuchs auf Grund und Boden, Gebäude sowie Binnenschiffe begünstigt sind. Natürliche Personen können darüber hinaus nach § 6b Abs. 10 EStG für den steuerpflichtigen Teil des bei der Veräußerung von Anteilen an Kapitalgesellschaften entstehenden Gewinns einen Bewertungsabschlag verrechnen.
- **Ersatzwirtschaftsgut.** Durch den Bewertungsabschlag nach R 6.6 EStR ist nur der Ersatz funktionsgleicher Wirtschaftsgüter begünstigt, während bei § 6b EStG die Gruppe der Ersatzwirtschaftsgüter etwas erweitert wird.
- **Besitzdauer.** Im Gegensatz zu R 6.6 EStR ist nach § 6b EStG im Allgemeinen eine mindestens sechsjährige Zugehörigkeit zu einem inländischen Betriebsvermögen notwendig.
- **Reinvestitionsfrist.** Nach R 6.6 EStR hat bei beweglichen Wirtschaftsgütern die Ersatzbeschaffung innerhalb von einem Jahr zu erfolgen; im Einzelfall kann diese Frist angemessen auf bis zu vier Jahre verlängert werden. Dieser Unterschied ergibt sich daraus, dass bewegliche Wirtschaftsgüter nach § 6b EStG nicht zu den begünstigten Wirtschaftsgütern gehören. Bei Gebäuden, Grund und Boden sowie Binnenschiffen beträgt sowohl nach R 6.6 EStR als auch nach § 6b EStG die Reinvestitionsfrist vier Jahre bzw bei Herstellung eines Gebäudes sechs Jahre.

VI. Sonderregelungen

1. Bewertung von Finanzinstrumenten bei Kreditinstituten mit dem beizulegenden Zeitwert

Kreditinstitute haben zu Handelszwecken erworbene Finanzinstrumente in der Han- **452**
delsbilanz mit dem **beizulegenden Zeitwert abzüglich eines Risikoabschlags** zu bewerten (§ 340e Abs. 3 HGB). Die Bewertung mit dem beizulegenden Zeitwert abzüglich eines Risikoabschlags ist für die steuerliche Gewinnermittlung zu übernehmen (§ 6 Abs. 1 Nr 2b EStG).[262] Handels- und Steuerbilanz stimmen insoweit überein (zwei verbindliche Regelungen: Fall 2a des Maßgeblichkeitsprinzips).

Der beizulegende Zeitwert entspricht dem Marktpreis. Soweit kein aktiver Markt besteht, anhand dessen sich der Marktpreis ermitteln lässt, ist der beizulegende Zeitwert mit Hilfe allgemein anerkannter Bewertungsmethoden zu bestimmen (§ 255 Abs. 4 HGB).

262 Zur Bewertung von Finanzinstrumenten bei Kreditinstituten zum beizulegenden Zeitwert siehe zB Velte/Haaker, StuW 2012, S. 56.

Die Bewertung von zu Handelszwecken erworbenen Finanzinstrumenten mit dem beizulegenden Zeitwert abzüglich eines Risikoabschlags führt bei Kreditinstituten dazu,

- dass bei Wertsteigerungen für diese Wirtschaftsgüter die Begrenzung auf die Bewertung mit den Anschaffungskosten nicht gilt und
- dass bei Wertminderungen eine Teilwertabschreibung unabhängig davon vorzunehmen ist, ob diese voraussichtlich von Dauer oder voraussichtlich vorübergehend sind.

Bei Kreditinstituten wird bezogen auf die zu Handelszwecken erworbenen Finanzinstrumente das **Realisationsprinzip weiter ausgelegt**. Abgestellt wird nicht auf am Markt realisierte Wertsteigerungen, sondern auf am Markt realisierbare Wertsteigerungen. Die sofortige aufwandswirksame Erfassung von voraussichtlich vorübergehenden Wertminderungen folgt unmittelbar aus der Bewertung zum beizulegenden Zeitwert. Insoweit kommt es bei Wertminderungen zu einer **Ausdehnung des Anwendungsbereichs des Imparitätsprinzips**.

In der Handelsbilanz ist ein Sonderposten „Fonds für allgemeine Bankrisiken" zu bilden, dem in jedem Geschäftsjahr ein Betrag zuzuführen ist, der mindestens 10% der Nettoerträge des Handelsbestands entspricht (§ 340e Abs. 4 iVm § 340g HGB). Dieser gesondert auszuweisende Sonderposten darf nur zum Ausgleich von Nettoaufwendungen des Handelsbestands oder soweit er 50% des Durchschnitts der letzten fünf jährlichen Nettoerträge des Handelsbestands übersteigt aufgelöst werden. Die Bildung dieses Sonderpostens mindert handelsrechtlich den ausschüttbaren Betrag (Ausschüttungssperre). Auf die Höhe des steuerpflichtigen Gewinns wirkt sich die Bildung des Sonderpostens nicht aus. Insoweit besteht keine Maßgeblichkeit (Fall 9).

2. Währungsumrechnung

453 Auf fremde Währung lautende aktive Wirtschaftsgüter sind mit dem am Bilanzstichtag geltenden **Devisenkassamittelkurs** umzurechnen (§ 256a S. 1 HGB).[263] Im Steuerrecht besteht für die Währungsumrechnung keine Regelung. Aufgrund des Maßgeblichkeitsprinzips (Fall 1) ist auch im Rahmen der steuerlichen Gewinnermittlung eine Währungsumrechnung mit dem Devisenkassamittelkurs vorzunehmen (§ 5 Abs. 1 S. 1 HS 1 EStG).

Die **Berücksichtigung von Währungsgewinnen** hängt von der Restlaufzeit ab:[264]

- Bei einer **Restlaufzeit von bis zu einem Jahr** ist in der Handelsbilanz der Stichtagswert anzusetzen (§ 256a S. 2 HGB). Demgegenüber bleibt es in der Steuerbilanz bei den allgemeinen Regeln (§ 6 Abs. 1 Nr 1, 2 EStG), dh am Markt noch nicht bestätigte Kursgewinne dürfen nicht ausgewiesen werden (Fall 2b: zwei verbindliche Regelungen, die voneinander abweichen). Das Realisationsprinzip wird unterschiedlich ausgelegt. In der Handelsbilanz wird auf realisierbare Erträge abgestellt (stärkere Betonung der Informationsfunktion), während in der Steu-

263 Siehe hierzu zB Hommel/Laas, BB 2008, S. 1666; Küting/Mojadadr, DB 2008, S. 1869; Zwirner/Künkele, StuB 2009, S. 517.

264 Zur Berücksichtigung von Kursverlusten siehe Kapitel IV.2.a)., Rn. 373–375.

erbilanz Erträge erst erfasst werden, wenn die Kursgewinne am Markt bestätigt sind (stärkere Betonung des Objektivierungsgedankens und damit der Zahlungsbemessungsfunktion).

- Bei einer **Restlaufzeit von über einem Jahr** bilden sowohl in der Handelsbilanz als auch in der Steuerbilanz die Anschaffungskosten die Bewertungsobergrenze (Fall 2a).

Dritter Abschnitt

Bilanzierung und Bewertung der passiven Wirtschaftsgüter in der Steuerbilanz

A. Ansatz dem Grunde nach

Wie bei jeder Bilanzposition ist bei passiven (negativen) Wirtschaftsgütern zwischen **abstrakter** und konkreter **Bilanzierungsfähigkeit** zu differenzieren. Bei der Abgrenzung der wirtschaftlichen Nachteile, die als passives Wirtschaftsgut anzusehen sind, wird aufgrund des Maßgeblichkeitsprinzips an den für die handelsrechtliche Rechnungslegung geltenden Passivierungsgrundsatz angeknüpft. Dies hat zur Konsequenz, dass der steuerrechtliche Begriff des negativen Wirtschaftsguts mit dem handelsrechtlichen Begriff der bilanziellen Schuld übereinstimmt. Zu den abstrakt bilanzierungsfähigen passiven Wirtschaftsgütern bzw Schulden gehören sowohl Verbindlichkeiten als auch Rückstellungen. 454

Während bei der Begriffsabgrenzung für die Handelsbilanz und für die Steuerbilanz die gleichen Kriterien herangezogen werden, bestehen bei der **konkreten Bilanzierungsfähigkeit** einige Unterschiede. Der Umfang der passivierungsfähigen Verbindlichkeiten und Rückstellungen wird bei der Ermittlung der Einkünfte aus Gewerbebetrieb enger abgegrenzt als in der handelsrechtlichen Rechnungslegung. Die Abweichungen beziehen sich insbesondere auf die Regelungen zum Ansatz von Rückstellungen, nicht auf die Passivierung von Verbindlichkeiten. Bei der Zurechnung der Passiva ist insbesondere die Abgrenzung zwischen dem Betriebsvermögen und dem Privatvermögen, dh die sachliche Zurechnung, bedeutsam. Die persönliche Zurechnung zu demjenigen, der die Verpflichtung zu erfüllen hat, ist im Regelfall eindeutig.

I. Abstrakte Bilanzierungsfähigkeit

1. Begriffsabgrenzung

Bei Ermittlung des Betriebsvermögens werden den aktiven Wirtschaftsgütern die passiven (negativen) Wirtschaftsgüter gegenübergestellt. Würde die für aktive Wirtschaftsgüter herangezogene Definition sinngemäß auf die Passivseite übertragen, wären passive Wirtschaftsgüter definiert als 455

- Schulden im bürgerlich-rechtlichen Sinne bzw nach öffentlichem Recht sowie
- sonstige wirtschaftliche Nachteile (rechtliche Verpflichtungen, sonstige wirtschaftliche Lasten), die nach der Verkehrsauffassung selbständig bewertbar sind.

Auf diese spiegelbildliche, spezielle steuerbilanzielle Begriffsabgrenzung wird jedoch nicht zurückgegriffen. Vielmehr wird der **Begriff des negativen Wirtschaftsguts** in gleicher Weise ausgelegt wie der für die Handelsbilanz geltende Passivierungsgrundsatz. Für die abstrakte Bilanzierungsfähigkeit der negativen Wirtschaftsgüter wird der aus den Grundsätzen ordnungsmäßiger Buchführung abzuleitende **Inhalt der bilanziellen Schuld übernommen** (R 5.7 Abs. 1 EStR).

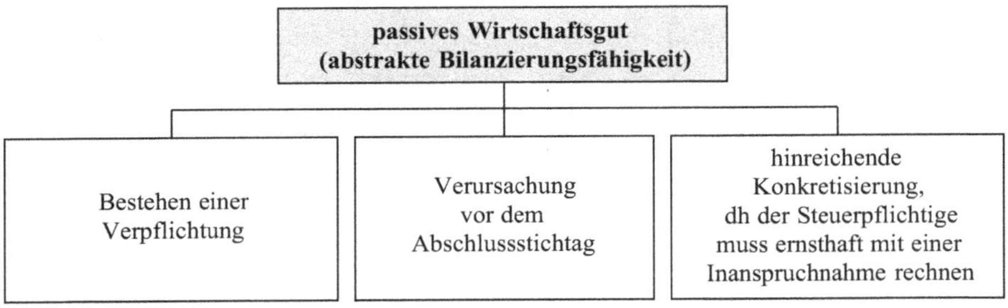

Abb. 34: Definition des passiven Wirtschaftsguts

Eine bilanzielle Schuld und damit ein **passives Wirtschaftsgut** liegt vor, wenn eine **Verpflichtung** besteht, die **vor dem Abschlussstichtag verursacht** und die **hinreichend konkretisiert** ist. Eine Verpflichtung ist hinreichend konkretisiert, wenn der Steuerpflichtige ernsthaft damit rechnen muss, aus der Verpflichtung in Anspruch genommen zu werden (R 5.7 Abs. 2 EStR). Da diese Definition sowohl für die Handelsbilanz als auch für die Steuerbilanz gilt, liegt der Fall 2a des Maßgeblichkeitsprinzips vor (inhaltlich übereinstimmende Regelungen).

2. Verpflichtung

456 Verpflichtungen unterteilen sich in Außenverpflichtungen und Innenverpflichtungen.

(1) Außenverpflichtungen: Bei Außenverpflichtungen handelt es sich um rechtlich oder wirtschaftlich begründete Verpflichtungen **gegenüber** einem **Dritten**. Eine Verpflichtung liegt vor, wenn der Steuerpflichtige in zukünftigen Wirtschaftsjahren eine Leistung erbringen muss. Unerheblich ist, ob diese Verpflichtung in einer Geldzahlung besteht oder ob Sach- bzw Dienstleistungen zu erbringen sind. Hinsichtlich der Gründe für das Entstehen einer Außenverpflichtung lässt sich eine Zweiteilung vornehmen:

- **erfolgsneutrale Geschäftsvorgänge: Vermögenszugang heute, Leistung später**. Eine Außenverpflichtung entsteht beispielsweise beim Erwerb aktiver Wirtschaftsgüter, wenn der Kaufpreis nicht sofort fällig ist, bei Rückzahlungsverpflichtungen aus Darlehen oder Lieferverpflichtungen aus erhaltenen Anzahlungen. Derartige Vorgänge führen zu einer Bilanzverlängerung und sind im Zeitpunkt der Einbuchung der Verpflichtung **erfolgsneutral** (Grundsatz der Erfolgsneutralität von Beschaffungs- und Finanzierungsvorgängen).

- **gewinnmindernde Geschäftsvorgänge: Vermögensminderung (Aufwand) heute, Leistung später**. Um einen gewinnmindernden Passivzugang handelt es sich beispielsweise bei zukünftig zu erbringenden Garantieleistungen oder Pensionszahlungen an ehemalige Arbeitnehmer. Derartige Verpflichtungen sind aufgrund des Grundsatzes der **Abgrenzung von Aufwendungen der Sache nach** (Periodisierungsgrundsatz) zu passivieren. Ein Beispiel für Vermögensminderungen, die nach dem Grundsatz der **Abgrenzung von Aufwendungen der Zeit nach** (Periodisierungsgrundsatz) erfolgswirksam zu erfassen sind, bilden Verpflichtungen zur Zahlung von Schadensersatz. Vermögensminderungen sind nicht nur nach den Periodisierungsgrundsätzen zu erfassen, sondern auch nach dem **Imparitätsprinzip**, dh den Kapitalerhaltungsgrundsätzen. Vermögensminderungen, die zwar entstanden, aber noch nicht realisiert sind, führen auf der Passivseite zu Rückstellungen für drohende Verluste aus schwebenden Geschäften.

In Abhängigkeit von der Gewissheit über das Entstehen, die Höhe und/oder die Fälligkeit der Verpflichtung werden Außenverpflichtungen in **Verbindlichkeiten** und Schuldrückstellungen eingeteilt. Bei Verbindlichkeiten handelt es sich um sichere Verpflichtungen. Es besteht Gewissheit darüber, dass die Verpflichtung zu erfüllen ist, in welcher Höhe sie belastend wirkt und zu welchem Zeitpunkt die Leistung zu erbringen ist. **Schuldrückstellungen** sind dadurch gekennzeichnet, dass hinsichtlich ihres Entstehens und/oder ihrer Höhe und/oder ihres Fälligkeitszeitpunkts Ungewissheit besteht. Die wichtigste Form von Schuldrückstellungen stellen Rückstellungen für ungewisse Verbindlichkeiten dar. **457**

Stellt man auf den **Rechtsgrund** für die Verpflichtung ab, ist zwischen rechtlich begründeten sowie wirtschaftlich (faktisch) begründeten Außenverpflichtungen zu differenzieren. Die **rechtlich begründeten Außenverpflichtungen** umfassen bürgerlich-rechtliche sowie öffentlich-rechtliche Verpflichtungen. Eine **bürgerlich-rechtliche Verpflichtung** liegt vor, wenn der Steuerpflichtige gegenüber einer anderen Person zu einer Leistung verpflichtet ist. Dies ist typischerweise der Fall, wenn der Steuerpflichtige in einem zweiseitigen Vertrag (zB Kauf-, Arbeitsvertrag) eine Leistungsverpflichtung eingeht. Zu bürgerlich-rechtlichen Außenverpflichtungen gehören des Weiteren Schadensersatzverpflichtungen. Bei einer **öffentlich-rechtlichen Außenverpflichtung** beruht die Rechtsgrundlage für die Leistungsverpflichtung auf einer Bestimmung des öffentlichen Rechts. Beispiele hierfür sind Verpflichtungen zur Anpassung von Produktionsanlagen an Umweltschutzauflagen, Steuerschulden, die Verpflichtung zur Aufstellung und Prüfung eines Jahresabschlusses einer Kapitalgesellschaft oder zur Abgabe einer Steuererklärung sowie die Verpflichtung zur Aufbewahrung von Geschäftsunterlagen oder zur Erstellung einer steuerlichen Verrechnungspreisdokumentation. **458**

Damit eine Verpflichtung unter den Begriff der Schuld im bilanzrechtlichen Sinne subsumiert werden kann, reicht ein wirtschaftlicher Zwang aus. Eine **faktische Verpflichtung** besteht, wenn der Bilanzierende zwar rechtlich nicht zur Erbringung einer bestimmten Leistung gezwungen werden kann, er sich aber der Verpflichtung aus betriebswirtschaftlichen, sozialen oder sittlichen Gründen nicht entziehen kann. Zu den wirtschaftlich begründeten Verpflichtungen gehören beispielsweise branchenübliche Kulanzleistungen, die zwar ohne rechtliche Verpflichtung erbracht werden, die das **459**

Unternehmen aber erbringen muss, um wirtschaftliche Nachteile zu vermeiden, beispielsweise um dem guten Ruf des Unternehmens nicht zu schaden oder um eine Geschäftsbeziehung zu erhalten (R 5.7 Abs. 12 EStR).

460 *(2) Innenverpflichtungen:* Bei Innenverpflichtungen besteht keine Verpflichtung gegenüber einem Dritten. Innenverpflichtungen beziehen sich vielmehr auf Sachverhalte, bei denen eine Verpflichtung des Bilanzierenden **gegenüber sich selbst** vorliegt. Voraussetzung für eine Passivierung als Innenverpflichtung ist, dass eine **objektivierbare pflichtähnliche Notwendigkeit** gegeben ist. Diese Bedingung ist erfüllt, wenn der Steuerpflichtige für den Fortgang der Unternehmenstätigkeit mit mehr oder minder großen Schwierigkeiten rechnen muss, wenn er die betreffende Verpflichtung nicht erfüllt. Die Maßnahme muss vor dem Abschlussstichtag bereits erforderlich gewesen sein, aber erst nach dem Abschlussstichtag durchgeführt werden. Innenverpflichtungen ergeben sich wie Außenverpflichtungen, die nicht rechtlich begründet sind, aus wirtschaftlichen Zwängen. Ihre Passivierung steht im Zusammenhang mit den für die handels- und steuerrechtliche Rechnungslegung geltenden **Periodisierungsprinzipien**. Nach dem Grundsatz der Abgrenzung von Aufwendungen der Sache und der Zeit nach sind den in der abgelaufenen Periode realisierten Erträgen sämtliche damit in unmittelbarem oder mittelbarem Zusammenhang stehenden Aufwendungen zuzurechnen, auch wenn sie erst in nachfolgenden Perioden zu Auszahlungen oder sonstigen Leistungsverpflichtungen führen. Die Bildung von Aufwandsrückstellungen gehört damit zu den gewinnmindernden Geschäftsvorgängen. Das idealtypische Beispiel für eine Innenverpflichtung bilden rückständige Reparaturen, die aus zeitlichen Gründen im abgelaufenen Wirtschaftsjahr nicht mehr durchgeführt werden konnten. Bilanziell werden Innenverpflichtungen als **Aufwandsrückstellung** bezeichnet.

461 Es ist **strittig**, ob Innenverpflichtungen zu den Schulden im bilanzrechtlichen Sinne und damit zu den negativen Wirtschaftsgütern gehören. **Für eine Einordnung als Schuld im bilanzrechtlichen Sinne könnte sprechen**:

- Die Bildung von Aufwandsrückstellungen beruht auf den zu den Grundsätzen ordnungsmäßiger Buchführung gehörenden **Grundsätzen der Abgrenzung von Aufwendungen der Sache und der Zeit nach** sowie auf der Basisannahme, dass im externen Rechnungswesen von der Fortführung des Unternehmens auszugehen ist.
- Für bestimmte Aufwandsrückstellungen sieht das Handelsgesetzbuch in § 249 Abs. 1 S. 2 Nr 1 HGB eine Passivierungspflicht vor. Diese Vorgaben für die **konkrete Bilanzierungsfähigkeit** sind nur dann verständlich, wenn die abstrakte Bilanzierungsfähigkeit als bilanzielle Schuld bejaht wird.
- Die für die Handelsbilanz geltenden **Gliederungsvorschriften nehmen keine Differenzierung** zwischen Schuld- und Aufwandsrückstellungen **vor**. Das Unterscheidungsmerkmal in § 266 Abs. 3 HGB bildet vielmehr die Art der Verpflichtung: Pensionsrückstellungen, Steuerrückstellungen und andere Rückstellungen. Würde es sich bei Aufwandsrückstellungen nicht um eine bilanzielle Schuld handeln, sondern um eine eigenständige Bilanzierungskategorie (Bilanzierungshilfe oder Passivierungshilfe), wäre es nicht nachvollziehbar, weshalb der Gesetzgeber einen zusammenfassenden Ausweis vorschreiben würde.

Die Zuordnung von Aufwandsrückstellungen zu den bilanziellen Schulden hat den **Nachteil**, dass damit der **Inhalt des Passivierungsgrundsatzes sehr unbestimmt** ist. Es gibt keine eindeutigen Kriterien, anhand derer festgelegt werden kann, unter welchen Voraussetzungen eine „objektivierbare pflichtähnliche Notwendigkeit" vorliegt.

Die **Beurteilung** der Zulässigkeit von Aufwandsrückstellungen hängt davon ab, wie man den Begriff der Verpflichtung abgrenzt. Bei einer Abgrenzung des bilanzrechtlichen Schuldbegriffs entsprechend den wirtschaftlichen Verhältnissen können auch pflichtähnliche Notwendigkeiten zu den bilanziellen Schulden gehören. Wird der Schuldbegriff in stärkerem Maße anhand rechtlicher Kriterien konkretisiert, kann von einer bilanziellen Schuld nur dann ausgegangen werden, wenn eine Verpflichtung gegenüber einem Dritten besteht. Bei einer rechtlich orientierten Interpretation gilt für Aufwandsrückstellungen generell ein Passivierungsverbot. Bei dieser Sichtweise beschränken sich die Abweichungen zwischen (bürgerlich- oder öffentlich-)rechtlichen Wertungen und dem Begriff der bilanziellen Schuld auf Verpflichtungen, bei denen der Bilanzierende zwar rechtlich nicht zur Erbringung einer bestimmten Leistung gezwungen werden kann, sich aber der Verpflichtung aus betriebswirtschaftlichen, sozialen oder sittlichen Gründen nicht entziehen kann (idealtypisches Beispiel: Kulanzrückstellungen). Die Entscheidung, wie eng das Bilanzrecht formalrechtlichen Kriterien folgt, kann nicht anhand eindeutiger Kriterien getroffen werden, vielmehr ist **eine (subjektive) Wertentscheidung** erforderlich. Die Diskussion um die abstrakte Bilanzierungsfähigkeit von Innenverpflichtungen verliert in der **Bilanzierungspraxis** aber dadurch an Bedeutung, dass im Zusammenhang mit der konkreten Bilanzierungsfähigkeit der Kreis der in die Handels- und Steuerbilanz passivierbaren Aufwandsrückstellungen auf zwei relativ eng abgegrenzte Tatbestände beschränkt ist.[265]

3. Verursachung vor dem Abschlussstichtag

Die Passivierung als bilanzielle Schuld setzt voraus, dass die Verpflichtung im abgelaufenen Wirtschaftsjahr verursacht ist. Der Vergangenheitsbezug wird in erster Linie nach rechtlichen Kriterien bestimmt (vermögensorientierte Verursachungskonzeption). Die wirtschaftliche Verursachung (erfolgsorientierte Verursachungskonzeption) ist nur dann relevant, wenn die Verpflichtung rechtlich noch nicht entstanden ist. **462**

(1) Konkretisierung des Vergangenheitsbezugs: Eine Verpflichtung gilt als vor dem Abschlussstichtag verursacht, wenn entweder eine Verpflichtung rechtlich besteht oder wenn die hinreichende Wahrscheinlichkeit dafür besteht, dass zukünftig eine Verpflichtung dem Grunde nach entstehen wird und die wirtschaftliche Verursachung für diese Verpflichtung vor dem Abschlussstichtag liegt. Dies gilt unabhängig davon, ob die Verpflichtung dem Betrag nach feststeht oder ob der Betrag noch ungewiss ist. **463**

Bei der Prüfung, ob eine Verpflichtung vor dem Abschlussstichtag verursacht ist, ist also eine Fallunterscheidung vorzunehmen: (a) Rechtlich entstandene Verpflichtungen gelten als vor dem Abschlussstichtag verursacht. Es liegt eine bilanzielle Schuld vor. Der Zeitpunkt der wirtschaftlichen Verursachung ist bei rechtlich entstandenen

265 Zur konkreten Bilanzierungsfähigkeit von Aufwandsrückstellungen siehe Kapitel II.1.f)., Rn. 495–498.

Verpflichtungen nicht entscheidend. (b) Ist die Verpflichtung rechtlich noch nicht (vollständig) entstanden, ist zu prüfen, ob ihre wirtschaftliche Verursachung vor dem Abschlussstichtag liegt. Die wirtschaftliche Verursachung wird als Vorstufe der rechtlichen Entstehung einer Verpflichtung angesehen.[266]

Beispiel: Die Gewährung einer Sonderzahlung an einen leitenden Mitarbeiter, wenn der Börsenkurs einen bestimmten Wert übersteigt, ist am Bilanzstichtag weder rechtlich entstanden noch im abgelaufenen Jahr verursacht. Für das rechtliche Entstehen ist erst noch eine entsprechende Entwicklung des Börsenkurses erforderlich. Das Abstellen auf eine zukünftige Kursentwicklung verdeutlicht, dass nicht eine vergangene Arbeitsleistung abgegolten werden soll, sondern der leitenden Mitarbeiter in kommenden Jahren zu einer entsprechenden Arbeitsleistung motiviert werden soll.[267]

464 Nach der **vermögensorientierten Verursachungskonzeption** kommt dem Zeitpunkt der rechtlichen Entstehung die entscheidende Bedeutung zu. Spätestens in dem Zeitpunkt, in dem eine Verpflichtung rechtlich entsteht, gilt sie als vor dem Abschlussstichtag verursacht. Bei Verpflichtungen, die erst in der Zukunft zu erfüllen sind (zB Aufforderung, die Produktionsanlagen bis zu einem bestimmten Zeitpunkt an umweltschutzrechtliche Auflagen anzupassen), wird allerdings nicht auf den Zeitpunkt abgestellt, in dem die Frist gesetzt wird (zB Zeitpunkt, in dem der betreffende Verwaltungsakt erlassen wird), sondern auf den Zeitpunkt, in dem diese Frist abläuft, dh auf den Zeitpunkt, in dem die sich aus der Verpflichtung ergebende Rechtsfolge eintritt.[268]

Stellt man – wegen (noch) fehlender rechtlicher Entstehung – bei der Prüfung des Vergangenheitsbezugs auf die Periodisierungsgrundsätze ab, liegt eine Verursachung vor dem Abschlussstichtag vor, wenn sich die Verpflichtung unmittelbar oder zumindest mittelbar realisierten Erträgen zurechnen lässt **(erfolgsorientierte Verursachungskonzeption)**. Eine Zugehörigkeit zum abgelaufenen Wirtschaftsjahr ist gegeben, wenn die in der Zukunft zu erfüllende Verpflichtung sich bestimmten, in der Vergangenheit realisierten Erträgen eindeutig zurechnen lässt. Die Verpflichtung muss ihren Bezugspunkt im abgelaufenen Wirtschaftsjahr haben. Die Erfüllung der Verpflichtung darf nicht nur an Vergangenes anknüpfen, sie muss auch Vergangenes abgelten (R 5.7 Abs. 5 EStR).[269] Am deutlichsten wird der Vergangenheitsbezug bei Verpflichtungen, die sich nach dem **Grundsatz der Abgrenzung von Aufwendungen der Sache nach** bestimmten vor dem Abschlussstichtag realisierten Erträgen zurechnen lassen. Typische Beispiele hierfür sind Garantieverpflichtungen, die sich aus in der Vergangenheit getätigten Umsätzen ergeben, sowie Verpflichtungen aus Pensionszusagen, soweit der Arbeitnehmer seine Arbeitsleistung erbracht hat.[270]

---

266 Vgl zB BFH vom 25.1.2017, BStBl. 2017 II, S. 780 mwN.

267 Vgl BFH vom 15.3.2017, BStBl. 2017 II, S. 1043.

268 Siehe hierzu grundlegend BFH vom 6.2.2013, BStBl. 2013 II, S. 686; BFH vom 17.10.2013, BStBl. 2014 II, S. 302 sowie Christiansen, DStR 2014, S. 279; Euler/Hommel, BB 2014, S. 2475; Kolbe, StuB 2013, S. 535; Marx, FR 2013, S. 969; Pfeifer/Heggemann, DStR 2014, S. 1070; Prinz, DB 2013, S. 1815; Prinz, DB 2014, S. 80; Rogall/Dreßler, Ubg 2014, S. 759; Schulze, StuB 2014, S. 92.

269 Siehe auch BFH vom 19.5.1987, BStBl. 1987 II, S. 848; BFH vom 25.8.1989, BStBl. 1989 II, S. 893; BFH vom 13.12.2007, BStBl. 2008 II, S. 516.

270 Vgl Moxter, zfbf 1995, S. 311.

Beispiele: Nach der Betriebsordnung für Luftfahrtgeräte ist für Hubschrauber nach einer bestimmten Anzahl von Flugstunden eine Überholung und Nachprüfung vorgeschrieben. Für diese Verpflichtung darf keine Rückstellung gebildet werden, weil die Kontrolle nicht dazu dient, den Betrieb des Hubschraubers in der Vergangenheit zu ermöglichen, sondern erforderlich ist, um in der Zukunft für den Hubschrauber (weiterhin) die Betriebserlaubnis zu erhalten.[271]

Bei zukünftigen Beiträgen an einen Einlagensicherungsfonds von Kreditinstituten sowie an den Pensionssicherungsverein liegt die Verursachung deshalb nicht vor dem Abschlussstichtag, weil in den zukünftigen Wirtschaftsjahren nur dann eine Zahlungsverpflichtung entsteht, wenn der Betrieb fortgeführt wird.[272]

Diese Aussage lässt sich auf zukünftige Beiträge zu einer Handwerkskammer oder einer vergleichbaren Organisation übertragen. Der in zukünftigen Jahren zu zahlende Betrag richtet sich nach dem Gewinn im abgelaufenen Jahr. Der Kammerbeitrag ist aber nur zu zahlen, wenn in dem betreffenden (zukünftigen) Jahr der Betrieb noch besteht.[273]

(2) Einzelfragen: Verpflichtungen, die mit dem laufenden Betrieb eines Unterneh- **465**
mens zusammenhängen, sind als **Verteilungsrückstellungen zeitanteilig zu passivieren**. Nach der vermögensorientierten Verursachungskonzeption gelten derartige Verpflichtungen (zB Verpflichtung zum vollständigen Abbau eines Kernkraftwerks oder sonstige Abbruchverpflichtungen) in dem Zeitpunkt, in dem der Betrieb eröffnet wird, noch nicht als entstanden, sondern erst in dem Zeitpunkt, in dem diese Verpflichtung zu erfüllen ist. Dies ist regelmäßig erst bei Einstellung des laufenden Betriebs der Fall. Wirtschaftlich sind die sich aus dieser Verpflichtung ergebenden Ausgaben aber insoweit als vor dem Abschlussstichtag verursacht, als in der Vergangenheit bereits Erträge erzielt wurden (zB Umsatzerlöse aus dem Verkauf von Strom). Entsprechend der erfolgsorientierten Verursachungskonzeption liegt die Verursachung hinsichtlich des bis zum Abschlussstichtag abgelaufenen Zeitraums in der Vergangenheit (Grundsatz der Abgrenzung von Aufwendungen der Sache).

Im Gegensatz zu Verteilungsrückstellungen stellen **Ansammlungsrückstellungen** **466**
Verpflichtungen dar, bei denen die Belastung nicht nur wirtschaftlich, sondern auch tatsächlich von Jahr zu Jahr zunimmt (zB Verpflichtung zum Auffüllen von Kiesgruben entsprechend dem Umfang des Abbaus oder Verpflichtung zur Rekultivierung einer Deponie entsprechend dem Verlauf der Schädigung). Ansammlungsrückstellungen sind **in dem Umfang zu passivieren, in dem am Abschlussstichtag eine Verpflichtung vorliegt**.[274]

Eine Verpflichtung darf nur dann passiviert werden, wenn es sich um eine unkompen- **467**
sierte Last handelt, m.a.W. wenn die Verpflichtung **nicht durch zukünftige Erträge gedeckt** ist. Keine Schulden im bilanziellen Sinne sind Verpflichtungen, die eher mit zukünftigen als mit in der Vergangenheit erlangten Vorteilen verknüpft sind. Nicht bilanziert werden dürfen beispielsweise Verpflichtungen, die **davon abhängen, ob** das Unternehmen **in der Zukunft Einnahmen oder Gewinne erzielt** (zB Erlass

271 Vgl BFH vom 19.5.1987, BStBl. 1987 II, S. 848; BFH vom 6.2.2013, BStBl. 2013 II, S. 686.
272 Vgl BFH vom 13.11.1991, BStBl. 1992 II, S. 177; BFH vom 13.11.1991, BStBl. 1992 II, S. 336. Für Sanierungsgelder der Versorgungsanstalt des Bundes und der Länder dürfen gleichfalls keine Rückstellungen gebildet werden, vgl BFH vom 27.1.2010, BStBl. 2010 II, S. 614.
273 Vgl BFH vom 5.4.2017, BStBl. 2017 II, S. 900 sowie Oser/Wirtz, StuB 2017, S. 693.
274 Vgl BFH vom 5.5.2011, BStBl. 2012 II, S. 98.

einer Verbindlichkeit, mit der Vereinbarung, dass die Verpflichtung wieder entsteht, wenn das Unternehmen in späteren Jahren Gewinne erwirtschaftet).[275]

468 Der Ansatz einer Verpflichtung in der Handels- und Steuerbilanz unterbleibt auch dann, wenn die Verpflichtung dazu führt, dass der Steuerpflichtige **in der Zukunft ein aktivierungsfähiges Wirtschaftsgut erwirbt** (§ 5 Abs. 4b S. 1 EStG, R 5.7 Abs. 2 EStR). Da der Verpflichtung eine gleichwertige Gegenleistung gegenübersteht, liegt keine unkompensierte Last vor. Damit fehlt es an einer Verursachung von Aufwendungen im abgelaufenen Wirtschaftsjahr.

4. Hinreichende Konkretisierung

469 Bei Verpflichtungen ist nicht immer sicher, ob der Steuerpflichtige tatsächlich in Anspruch genommen wird. Die Inanspruchnahme kann sicher oder nahezu sicher sein. Die Wahrscheinlichkeit, dass der Bilanzierende die Verpflichtung erfüllen muss, kann allerdings auch nur sehr gering sein. Eine Einordnung als Schuld im bilanziellen Sinne setzt voraus, dass die Verpflichtung **hinreichend konkretisiert** ist. Dieses unbestimmte Begriffsmerkmal ist erfüllt, wenn der Steuerpflichtige aufgrund objektivierter, am Abschlussstichtag vorliegender oder spätestens im Zeitpunkt der Aufstellung der Bilanz erkennbarer Tatbestände **ernsthaft mit einer Inanspruchnahme rechnen** muss. Es kann **zwar ungewiss** sein, ob der Steuerpflichtige in Anspruch genommen wird, es darf **allerdings nicht unwahrscheinlich** sein (R 5.7 Abs. 6 EStR).

Die bloße Möglichkeit, dass eine Verpflichtung zu erfüllen ist, reicht nicht aus, um eine Passivierung zu begründen. Die Verpflichtung muss vielmehr mit einer nicht vernachlässigbaren Wahrscheinlichkeit bestehen. Der Steuerpflichtige muss ernsthaft damit rechnen, dass er die Verpflichtung erfüllen muss. Eine Verpflichtung ist hinreichend **konkretisiert, wenn für** ihr **Bestehen mehr Gründe** angegeben werden können **als dagegen.**[276] Durch dieses Prüfkriterium werden an das Vorliegen eines passivierungsfähigen negativen Wirtschaftsguts verhältnismäßig hohe Anforderungen gestellt. Nach dem Grundsatz der Bewertungsvorsicht (Vorsichtsprinzip ieS) würde es ausreichen, wenn die Möglichkeit des Bestehens einer Verpflichtung hinreichend plausibel dargelegt werden könnte. Im Rahmen der steuerlichen Gewinnermittlung werden jedoch der Objektivierungsgedanke und damit die Periodisierungsgrundsätze höher gewichtet als die Konventionen zur Beschränkung von gewinnabhängigen Zahlungen (Grundsatz der Bewertungsvorsicht).

Der **Abwägungsprozess**, ob mehr Gründe für oder mehr Gründe gegen das Bestehen einer Verpflichtung sprechen, muss anhand nachprüfbarer Kriterien durchgeführt werden. Da der Steuerpflichtige über sein Unternehmen am besten informiert ist, kommt seiner Auffassung eine hohe Bedeutung zu. Die Passivierung darf jedoch nicht allein von den Vermutungen und den (optimistischen oder pessimistischen) Einschätzungen des Bilanzierenden über die zukünftige Entwicklung abhängen. Viel-

275 Gleiches gilt bei einem Rangrücktritt, wenn zusätzlich vereinbart wird, dass die Verbindlichkeit nur aus einem zukünftigen Gewinn oder aus einem eventuellen Liquidationsüberschuss zu tilgen ist, vgl BFH vom 15.4.2015, BStBl. 2015 II, S. 769; BFH vom 10.8.2016, BStBl. 2017 II, S. 670.

276 Vgl BFH vom 1.8.1984, BStBl. 1985 II, S. 44; BFH vom 16.12.2014, BStBl. 2015 II, S. 759.

mehr ist die abstrakte Bilanzierungsfähigkeit **aus der Sicht eines sorgfältigen und gewissenhaften Kaufmanns** zu beurteilen.[277]

Beispiel: Bei Beendigung des Vertragsverhältnisses hat ein Handelsvertreter für den von ihm geschaffenen Kundenstamm einen Ausgleichsanspruch (§ 89b HGB). Dieser Anspruch hat zwar seine Ursache in der Tätigkeit des Handelsvertreters in den vergangenen Jahren. Die Passivierung einer Ausgleichsverpflichtung ist jedoch erst dann möglich, wenn eine Inanspruchnahme wahrscheinlich ist, dh wenn mit einer Beendigung des Vertragsverhältnisses ernsthaft zu rechnen ist.[278]

Bei **bürgerlich-rechtlichen Verpflichtungen** muss der Bilanzierende davon ausgehen, dass er in Anspruch genommen wird. An der hinreichenden Konkretisierung einer bürgerlich-rechtlichen Verpflichtung bestehen deshalb regelmäßig **keine Zweifel**. Das Vorliegen einer bilanzierungsfähigen Verpflichtung kann nur ausnahmsweise verneint werden, wenn die Verpflichtung mit an Sicherheit grenzender Wahrscheinlichkeit nicht erfüllt werden muss.[279] Die abstrakte Bilanzierungsfähigkeit liegt beispielsweise nicht vor, wenn der Gläubiger einer verjährten Forderung keine Aktivitäten unternimmt, diese Forderung geltend zu machen bzw wenn der Schuldner fest beabsichtigt, von der Einrede der Verjährung (§ 214 Abs. 1 BGB) Gebrauch zu machen.[280] **470**

Öffentlich-rechtliche Verpflichtungen gelten als hinreichend konkretisiert, **471**

- wenn **entweder** von der zuständigen Behörde ein gesetzeskonkretisierender **Verwaltungsakt erlassen** wurde, der ein bestimmtes Handeln vorschreibt,
- **oder** wenn zwar (noch) kein Verwaltungsakt vorliegt,
- aber ein **Gesetz** in sachlicher Hinsicht ein inhaltlich genau **bestimmtes Handeln vorschreibt** und
- in zeitlicher Hinsicht dieses Handeln **innerhalb eines bestimmten** (vorhersehbaren) **Zeitraums** erfordert und
- wenn an die Verletzung dieser Verpflichtungen **Sanktionen** geknüpft sind, sodass die Verpflichtung durchsetzbar ist.[281]

Bei den von der Rechtsprechung für Umweltschutzauflagen aufgestellten Kriterien handelt es sich **nicht** um ein **Sonderrecht für öffentlich-rechtliche Verpflichtungen**, sondern um eine Umschreibung des für die abstrakte Bilanzierungsfähigkeit generell erforderlichen Merkmals der hinreichenden Konkretisierung. Die Besonderheit der öffentlich-rechtlichen Verpflichtungen besteht darin, dass es sich um einseitige Leistungsverpflichtungen handelt. Bei vertraglichen (zweiseitigen) Verpflichtungen kann regelmäßig davon ausgegangen werden, dass der Bilanzierende seine Verpflichtung erfüllen muss, weil der Gläubiger seinen Anspruch kennt und diesen nur in Ausnahmefällen nicht geltend machen wird. Einseitige Verpflichtungen belasten den Bi- **472**

277 Vgl BFH vom 19.10.2005, BStBl. 2006 II, S. 371; R 5.7 Abs. 6 EStR.
278 Vgl BFH vom 20.1.1983, BStBl. 1983 II, S. 375.
279 Vgl BFH vom 22.11.1988, BStBl. 1989 II, S. 359.
280 Vgl BFH vom 9.2.1993, BStBl. 1993 II, S. 543.
281 Vgl BFH vom 19.10.1993, BStBl. 1993 II, S. 891; BFH vom 8.11.2000, BStBl. 2001 II, S. 570; BFH vom 27.6.2001, BStBl. 2003 II, S. 121; BFH vom 19.11.2003, BStBl. 2010 II, S. 482; BFH vom 25.3.2004, BStBl. 2006 II, S. 644; BFH vom 21.9.2005, BStBl. 2006 II, S. 647; BMF-Schreiben vom 11.5.2010, BStBl. 2010 I, S. 495; R 5.7 Abs. 4 EStR.

lanzierenden hingegen nur dann, wenn der Anspruchsberechtigte seinen Anspruch kennt oder wenn davon auszugehen ist, dass er ihn noch erkennen wird. Deshalb sind öffentlich-rechtliche Verpflichtungen nur dann als Schuld im bilanziellen Sinne zu qualifizieren, wenn anhand konkreter Tatbestände verdeutlicht werden kann, dass den Bilanzierenden voraussichtlich eine Leistungsverpflichtung treffen wird. Da keine vertraglichen Vereinbarungen bestehen, ist auf andere, intersubjektiv nachprüfbare Fakten zurückzugreifen.

Auch für andere einseitige Verpflichtungen, wie Verpflichtungen zur Leistung von Schadensersatz, darf eine Rückstellung erst gebildet werden, wenn der Geschädigte seine Ansprüche kennt oder wenn nachweisbar die Kenntnis unmittelbar bevorsteht. Nur in diesem Fall muss der Schädiger mit einer Inanspruchnahme rechnen.[282]

Die abstrakte Bilanzierungsfähigkeit entfällt, wenn durch einen Schuldbeitritt die Inanspruchnahme nicht mehr wahrscheinlich ist. Zwar werden bisheriger Schuldner und der Schuldbeitretende Gesamtschuldner (§ 421 BGB). Allerdings hat der bisherige Schuldner bei einer Inanspruchnahme einen Ausgleichsanspruch gegenüber dem Schuldbeitretenden (§ 426 Abs. 2 BGB).[283]

473 Da es bei **wirtschaftlich** (faktisch) **begründeten Außenverpflichtungen** offensichtlich nicht möglich ist, zur Konkretisierung an rechtliche Kriterien anzuknüpfen, **muss der Bilanzierende** eindeutig **darlegen**, aus welchen betriebswirtschaftlichen, sozialen oder sittlichen Gründen er sich der Verpflichtung nicht entziehen kann und welche konkreten wirtschaftlichen Nachteile ihm bei einer Nichterfüllung drohen.

Innenverpflichtungen dürfen nur dann als Aufwandsrückstellungen passiviert werden,

- wenn die der Verpflichtung zugrundeliegende Maßnahme zwar im abgelaufenen Wirtschaftsjahr unterlassen wurde, ihre Durchführung jedoch **für die Fortführung des Unternehmens zwingend** ist,
- wenn sie in einem engen Zusammenhang mit der abgelaufenen Periode steht und
- wenn sie innerhalb des wirtschaftlich vertretbaren oder technisch möglichen Zeitrahmens nachgeholt wird.

Diese hohen Anforderungen an die hinreichende Konkretisierung von Innenverpflichtungen ergeben sich aus dem Objektivierungsgedanken. Sie führen zu einer **tendenziell engen Abgrenzung** der Tatbestände, die eine Passivierung von Aufwandsrückstellungen rechtfertigen. Die inhaltliche Festlegung des Kriteriums „für die Fortführung des Unternehmens zwingend“ steht in engem Zusammenhang mit der Diskussion, ob es sich bei Aufwandsrückstellungen überhaupt um eine Verpflichtung handelt. Damit werden nochmals die Schwierigkeiten der Einordnung von Aufwandsrückstellungen in das Konzept der handels- und steuerrechtlichen Rechnungslegung deutlich.

---

282 Vgl BFH vom 25.4.2006, BStBl. 2006 II, S. 749.

283 Vgl zB BFH vom 26.4.2012, BStBl. 2017 II, S. 1228. Diese Rechtsprechung war Anlass zur Einführung des § 4f und § 5 Abs. 7 EStG, siehe hierzu Kapitel C., Rn. 539–542.

II. Konkrete Bilanzierungsfähigkeit

1. Gesetzliche Regelungen zum Ansatz

a) Überblick

Während beim Begriff der bilanziellen Schuld bzw des negativen Wirtschaftsguts, dh hinsichtlich der abstrakten Bilanzierungsfähigkeit, **zwischen der handels- und der steuerrechtlichen Rechnungslegung** weitgehend Übereinstimmung besteht, ergeben sich **hinsichtlich der konkreten Bilanzierungsfähigkeit zahlreiche Unterschiede**. Zur Erläuterung der Passivierung von Schulden bzw negativen Wirtschaftsgütern ist auf folgende **Fallgruppen** einzugehen: **474**

- Verbindlichkeiten,
- Rückstellungen für ungewisse Verbindlichkeiten einschließlich der Besonderheiten im Zusammenhang mit Pensionsverpflichtungen,
- Rückstellungen für Gewährleistungen, die ohne rechtliche Verpflichtung erbracht werden (Kulanzrückstellungen),
- Verpflichtungen im Zusammenhang mit schwebenden Geschäften,
- Aufwandsrückstellungen.

Mit den in dieser Aufzählung genannten Verpflichtungen wird sowohl für die Handelsbilanz als auch für die Steuerbilanz der Passivierungsumfang abschließend umschrieben. **Für andere Tatbestände dürfen keine Rückstellungen gebildet werden** (§ 249 Abs. 2 S. 1 HGB, § 5 Abs. 1 S. 1 HS 1 EStG). Ein Passivierungsverbot gilt beispielsweise für die Selbstversicherung von Wagnissen oder das allgemeine Unternehmensrisiko.

Rückstellungen dürfen **nur insoweit aufgelöst** werden, **als der Grund für ihre Bildung entfallen ist** (§ 249 Abs. 2 S. 2 HGB, § 5 Abs. 1 S. 1 HS 1 EStG, R 5.7 Abs. 13 EStR). Eine Rückstellung ist also dann aufzulösen, wenn der Steuerpflichtige seine Verpflichtung erfüllt hat oder wenn aufgrund geänderter wirtschaftlicher oder rechtlicher Verhältnisse die Voraussetzungen für die abstrakte Bilanzierungsfähigkeit nicht mehr vorliegen. Diese Vorschrift enthält aber nicht nur ein **Auflösungsgebot**, gleichzeitig untersagt sie die Auflösung einer Rückstellung, solange der Grund für ihre Bildung noch besteht **(Auflösungsverbot)**.[284]

b) Verbindlichkeiten

Verbindlichkeiten sind Außenverpflichtungen, deren Bestehen sicher ist, deren Höhe betragsmäßig exakt beziffert werden kann und deren Fälligkeitszeitpunkt feststeht. Ob eine Verbindlichkeit vorliegt, kann verhältnismäßig einfach bestimmt werden. Das Merkmal „Verpflichtung" lässt sich anhand rechtlicher Kriterien bestimmen. Die hinreichende Konkretisierung ist deshalb gegeben, weil bei Verbindlichkeiten davon auszugehen ist, dass sie erfüllt werden müssen.[285] Zu prüfen ist insbesondere, ob die Verursachung im abgelaufenen Wirtschaftsjahr liegt. In diesem Zusammenhang ist **475**

---

284 Vgl BFH vom 27.11.1997, BStBl. 1998 II, S. 375; Beck'scher Bilanz-Kommentar, 11. Aufl., München 2018, § 249 HGB, Anm 21, 326, 327.

285 Vgl BFH vom 16.2.1996, BStBl. 1996 II, S. 592.

die Frage zu beantworten, ob die Tatbestände, an die das Gesetz bzw der Vertrag die Leistungsverpflichtung des Unternehmers knüpft, vollständig oder zumindest in wesentlichen Teilen erfüllt sind. Aufgrund des Vollständigkeitsgebots sind **Verbindlichkeiten passivierungspflichtig** (§ 246 Abs. 1 S. 1 HGB, § 5 Abs. 1 S. 1 HS 1 EStG). Es liegt also der Grundfall des Maßgeblichkeitsprinzips vor: verbindliche handelsrechtliche Regelung – keine eigenständige steuerliche Regelung (Fall 1).

Aufschiebend bedingte Verbindlichkeiten (zB Verpflichtungen aus Bürgschaftsübernahmen, wechselrechtlicher Rückgriffshaftung, Patronatserklärungen) sind erst dann als Verbindlichkeit zu bilanzieren, wenn am Abschlussstichtag die Bedingung eingetreten ist oder wenn nach den am Abschlussstichtag vorliegenden Informationen mit ihrem Eintreten mit Sicherheit zu rechnen ist.

Eine Verbindlichkeit ist auch zu passivieren, wenn der **Schuldner zahlungsunfähig** wird. Da die Verbindlichkeit weiterhin besteht, kommt es nicht zu einer gewinnerhöhenden Ausbuchung der Verbindlichkeit.[286] Sie ist erst aufzulösen, wenn der Gläubiger auf die Erfüllung der Forderung rechtswirksam verzichtet hat.

c) Rückstellungen für ungewisse Verbindlichkeiten

476 *(1) Grundsatz: Passivierungspflicht:* Rückstellungen für ungewisse Verbindlichkeiten werden gebildet für **Verpflichtungen gegenüber** einem **Dritten** sowie für öffentlich-rechtliche Verpflichtungen, sofern diese vor dem Abschlussstichtag verursacht und hinreichend konkretisiert sind. Gegenüber Verbindlichkeiten liegt der Unterschied darin, **dass hinsichtlich des Bestehens und/oder des Betrags** der Außenverpflichtung **Unsicherheit** besteht. Es lassen sich folgende Gruppen unterscheiden:

– Es besteht eine Verpflichtung gegenüber einem Dritten, die Höhe der späteren Zahlung ist jedoch ungewiss.

  Beispiel: Bei Bauarbeiten am Grundstück des Unternehmers A wurde die Mauer eines Nachbargrundstücks beschädigt. Es besteht eine Verpflichtung zum Ersatz des Schadens. Allerdings ist die Höhe des Schadens am Bilanzstichtag noch nicht bekannt.

– Es ist fraglich, ob eine Verpflichtung gegenüber einem Dritten besteht, die Höhe lässt sich jedoch beziffern.

  Beispiel: Nach Bauarbeiten am Grundstück des Unternehmers A legt der Nachbar einen Kostenvoranschlag über 9000 € vor und behauptet, dass seine Mauer durch einen Mitarbeiter des Unternehmers A beschädigt wurde. Unternehmer A bestreitet, dass der Schaden im Zusammenhang mit seinen Bauarbeiten steht. Die Streitfrage soll vor Gericht entschieden werden.

– Sowohl das Bestehen der Verpflichtung als auch ihre Höhe sind noch ungewiss.

  Beispiel: Nach Bauarbeiten am Grundstück des Unternehmers A behauptet der Nachbar, dass seine Mauer durch einen Mitarbeiter des Unternehmers A beschädigt wurde. Unternehmer A bestreitet, dass der Schaden während der Bauarbeiten an seinem Grundstück entstanden ist. Die Höhe des Schadens ist noch unbekannt.

286 Vgl BFH vom 9.2.1993, BStBl. 1993 II, S. 747.

Für Tatbestände, die zur Bilanzierung einer Rückstellung für ungewisse Verbindlichkeiten führen, existieren zahlreiche **Beispiele**: **477**

- Garantieverpflichtungen,
- Schadensersatzverpflichtungen, zB aus Produkthaftung,
- Verpflichtungen, den Mitarbeitern während der Zeit ihres Ruhestands Beihilfen in Krankheits-, Geburts- und Todesfällen zu leisten,
- Verpflichtungen aus einem Sozialplan (R 5.7 Abs. 9 EStR),
- Gewinnbeteiligungen von Arbeitnehmern, von stillen Gesellschaftern oder aus partiarischen (gewinnabhängigen) Darlehen,
- Verpflichtungen aus der Übernahme einer Bürgschaft oder eines Wechselobligos sowie aus der Abgabe einer Patronatserklärung, sofern die Inanspruchnahme ernsthaft droht oder sofern die Inanspruchnahme bereits sicher ist, aber der Betrag noch nicht feststeht,[287]
- Verpflichtungen zur Erfüllung rückständiger Urlaubsansprüche der Arbeitnehmer,
- Aufwendungen aus schwebenden Prozessen,
- Verpflichtungen zum Ausgleich der Ansprüche von Handelsvertretern nach § 89b HGB, sofern mit der Beendigung des Vertragsverhältnisses ernsthaft zu rechnen ist,
- Verpflichtung zur Entfernung oder zum Abbruch eines Bauwerks, das auf durch Verpachtung überlassenem Grund und Boden errichtet wurde,
- Steuerschulden, sofern die Summe der Vorauszahlungen niedriger ist als die auf das abgelaufene Wirtschaftsjahr voraussichtlich entfallende Steuerschuld,[288]
- Beiträge zu Berufsgenossenschaften, solange der Beitragsbescheid noch nicht vorliegt,
- Aufwendungen für die Erstellung und Prüfung des Jahresabschlusses einer Kapitalgesellschaft,[289]
- Aufwendungen für die Verpflichtung zur Aufbewahrung von Geschäftsunterlagen,[290]
- Aufwendungen für die Erstellung einer steuerlichen Verrechnungspreisdokumentation,[291]
- Aufwendungen für die im Zusammenhang mit einer Außenprüfung bestehende Mitwirkungspflicht, soweit diese abgelaufene Jahre betreffen,[292]
- Abrechnungsverpflichtungen (zB für Bauunternehmen nach der Verdingungsordnung für Bauleistungen oder für Energieversorgungsunternehmen, soweit sie auf bis zum Abschlussstichtag realisierten Umsätzen lasten),

287 Vgl BFH vom 25.10.2006, BStBl. 2007 II, S. 384.

288 Bei den Steuern, die nicht als Betriebsausgabe abziehbar sind (zB nach § 10 Nr 2 KStG die Körperschaftsteuer oder nach § 4 Abs. 5b EStG die Gewerbesteuer), ist allerdings die Gewinnminderung durch eine außerbilanzielle Hinzurechnung zu neutralisieren (R 5.7 Abs. 1 S. 2 EStR).

289 Zu den Besonderheiten bei Personenhandelsgesellschaften siehe BFH vom 5.6.2014, BStBl. 2014 II, S. 886.

290 Vgl BFH vom 19.8.2002, BStBl. 2003 II, S. 131; BFH vom 18.1.2011, BStBl. 2011 II, S. 496.

291 Vgl Baumhoff/Liebchen/Kluge, IStR 2012, S. 821.

292 Vgl BFH vom 6.6.2012, BStBl. 2013 II, S. 196; BMF-Schreiben vom 7.3.2013, BStBl. 2013 I, S. 274.

- Verpflichtung des Herstellers bzw Importeurs von Personenkraftwagen und leichten Lastkraftwagen nach dem Altfahrzeug-Gesetz, die in den Verkehr gebrachten Fahrzeuge unentgeltlich zurückzunehmen,
- Verpflichtungen im Zusammenhang mit Umweltschutzauflagen:
- Rekultivierungsverpflichtungen (Maßnahmen zur Wiederherstellung der in Mitleidenschaft gezogenen Umwelt, wie Wiederauffüllung von Kiesgruben oder von Bohrlöchern, Wiederauffüllung und Begrünung im Tagebergbau),
- Verpflichtung zur Abfallentsorgung (zB Entsorgung von im Unternehmen angefallenen Abfällen nach dem KrW-/AbfG oder dem AtomG),
- Altlastensanierung (zB Beseitigung von gesundheitsgefährdenden Bodenverunreinigungen nach dem Polizei- oder Ordnungsrecht der Länder),

  Bei Rückstellungen für Altlastensanierung ist insbesondere strittig, ob die Verpflichtung hinreichend konkretisiert ist, da die polizei- und ordnungsrechtlichen Vorschriften zumeist keine konkreten Maßnahmen vorschreiben, sondern nur Generalklauseln enthalten, wie „Gefahr für die öffentliche Sicherheit und Ordnung".[293]

  Unabhängig von der Prüfung, ob für die Sanierungsverpflichtung eine Rückstellung zu bilden ist, ist zu untersuchen, ob bei dem betreffenden Wirtschaftsgut (insbesondere Grund und Boden, Gebäude) eine Teilwertabschreibung zu verrechnen ist. Soweit die Sanierung zu einer Wertaufholung führt, scheidet allerdings eine Teilwertabschreibung aus, da lediglich eine vorübergehende Wertminderung vorliegt. Eine Teilwertabschreibung ist nur zulässig, wenn trotz Sanierung eine dauernde Wertminderung vorliegt oder wenn die Voraussetzungen für eine Rückstellungsbildung nicht vorliegen. Wird im Rahmen der Sanierung ein aktivierungsfähiges Wirtschaftsgut erworben, sind weder eine Teilwertabschreibung noch eine Rückstellung für die Sanierungsverpflichtung zulässig (§ 5 Abs. 4b S. 1 EStG).[294]

- Anpassungsverpflichtungen (Verpflichtung, Produktionsanlagen dem jeweiligen Stand der Technik anzupassen, zB aufgrund der Großfeuerungs-Anlagen-Verordnung, der Störfall-Verordnung, des Bundes-Immissionsschutzgesetzes oder der TA-Luft),

  Eine Rückstellung ist nur in dem Umfang möglich, in dem die Anpassungsmaßnahmen nicht zu Anschaffungs- oder Herstellungskosten führen oder in dem Wirtschaftsgüter erworben werden, die bei einer Aktivierung sofort auf einen Teilwert von Null abgeschrieben werden könnten („wertlose" Wirtschaftsgüter, § 5 Abs. 4b S. 1 EStG).

- Aufwendungen zur Stilllegung, Rekultivierung und Nachsorge von Deponien.[295]

478 Rückstellungen für ungewisse Verbindlichkeiten sind nach dem Vollständigkeitsgebot **grundsätzlich passivierungspflichtig** (§ 246 Abs. 1 S. 1 iVm § 249 Abs. 1 S. 1 HGB). Die Passivierungspflicht gilt nicht nur für die Handelsbilanz, sondern über das Maßgeblichkeitsprinzip auch für die Steuerbilanz (§ 5 Abs. 1 S. 1 HS 1 EStG, Fall 1: verbindliche handelsrechtliche Regelung – keine eigenständige steuerliche Regelung).

---

293 Siehe hierzu die Erläuterung der Kriterien, die von der Rechtsprechung für öffentlich-rechtliche Verpflichtungen aufgestellt wurden, in Kapitel I.4., Rn. 469–473.

294 Vgl BMF-Schreiben vom 11.5.2010, BStBl. 2010 I, S. 495.

295 Siehe hierzu ausführlich BMF-Schreiben vom 25.7.2005, BStBl. 2005 I, S. 826.

Diese Grundsatzregelung wird im **Einkommensteuergesetz** durch mehrere **spezielle Regelungen** ergänzt bzw durchbrochen. Auf diese Besonderheiten wird in den folgenden Unterabschnitten im Einzelnen eingegangen.

(2) Verpflichtungen, die nur zu erfüllen sind, soweit künftig Einnahmen oder Gewinne anfallen: Verpflichtungen, die nur zu erfüllen sind, soweit künftig Einnahmen oder Gewinne anfallen, dürfen erst dann passiviert werden, wenn die Einnahmen oder Gewinne angefallen sind (§ 5 Abs. 2a EStG). Da die Zahlungsverpflichtung von zukünftigen Ereignissen abhängt, fehlt es an einer Verursachung vor dem Abschlussstichtag. Die einkommensteuerliche Norm bestätigt die fehlende abstrakte Bilanzierungsfähigkeit. Die gesetzliche Regelung im Einkommensteuergesetz wirkt deklaratorisch. Da sowohl in der Handelsbilanz als auch in der Steuerbilanz ein Passivierungsverbot besteht, liegt der Fall 2a des Maßgeblichkeitsprinzips vor (zwei verbindliche, inhaltlich übereinstimmende Regelungen). **479**

(3) Verpflichtungen aus der Verletzung fremder Patent-, Urheber- oder ähnlicher Schutzrechte: Für Verpflichtungen aus der Verletzung fremder Patent-, Urheber- oder ähnlicher Schutzrechte (Patentrückstellungen) darf in der Steuerbilanz nur dann eine Rückstellung gebildet werden, wenn der Rechtsinhaber seine Ansprüche wegen der Rechtsverletzung bereits geltend gemacht hat oder wenn mit einer Inanspruchnahme wegen der Rechtsverletzung ernsthaft zu rechnen ist. Macht der Rechtsinhaber seine Ansprüche nicht geltend, muss eine gebildete Rückstellung spätestens nach drei Perioden gewinnerhöhend aufgelöst werden (§ 5 Abs. 3 EStG, R 5.7 Abs. 10 EStR).[296] **480**

In der **Handelsbilanz** decken sich bei Patentrückstellungen die Kriterien der abstrakten Bilanzierungsfähigkeit mit den gesetzlichen Regelungen zur konkreten Bilanzierungsfähigkeit. Wie für ungewisse Verbindlichkeiten allgemein üblich besteht handelsrechtlich für Verpflichtungen aus der Verletzung fremder Patent-, Urheber- oder ähnlicher Schutzrechte eine Ansatzpflicht (§ 249 Abs. 1 S. 1 HGB). Die **steuerbilanzielle Behandlung** hängt davon ab, ob die Formulierung in § 5 Abs. 3 EStG „dürfen erst gebildet werden, wenn..." als eine Einschränkung der grundsätzlich bestehenden Passivierungspflicht interpretiert wird oder ob durch eine Konzentration auf das Wort „dürfen" für die Steuerbilanz ein Ansatzwahlrecht abgeleitet wird. Die Diskussion um die Auslegung des § 5 Abs. 3 EStG ist erst durch den von der Finanzverwaltung im Zusammenhang mit dem Bilanzrechtsmodernisierungsgesetz vollzogenen Übergang von der formellen zur materiellen Maßgeblichkeit aufgekommen. Es spricht vieles dafür, bei Patentrückstellungen von einer Maßgeblichkeit der handelsrechtlichen Regelung auszugehen. Die nach § 5 Abs. 1 S. 1 HS 1 EStG grundsätzlich bestehende Passivierungspflicht wird allerdings nach § 5 Abs. 3 EStG in Teilbereichen zu einem Ansatzverbot.[297] Diese Ansicht stützt sich insbesondere darauf, dass keine Gründe ersichtlich sind, weshalb bei Patentrückstellungen von den Periodisierungsgrundsätzen sowie dem Vollständigkeitsgebot abgewichen werden sollte. Darüber hinaus war bei

296 Siehe auch BFH vom 9.2.2006, BStBl. 2006 II, S. 517.

297 Vgl BMF-Schreiben vom 12.3.2010, BStBl. 2010 I, S. 239, Tz. 4 sowie Tz. 9–11 (zu Pensionsrückstellungen, für die nach § 6a Abs. 1 EStG eine vergleichbare Regelung gilt). Die vom Bundesrat gewünschte gesetzliche Klarstellung wurde von der (damaligen) Bundesregierung abgelehnt, da nach ihrer Auffassung die geltende Gesetzesformulierung eindeutig zum Ausdruck bringt, dass eine Passivierungspflicht besteht, vgl Bundesrat-Drucksache 17/2823, S. 5, 6 bzw S. 37.

Einführung des § 5 Abs. 3 EStG unstrittig, dass für Patentrückstellungen grundsätzlich eine Ansatzpflicht besteht. Allerdings sollte der Umfang von Patentrückstellungen für die steuerliche Gewinnermittlung auf die Tatbestände eingeschränkt werden, bei denen anhand intersubjektiv nachprüfbarer Tatbestände begründet werden kann, dass der Bilanzierende mit einer Inanspruchnahme zu rechnen hat.

Nach der hier vertretenen Auffassung besteht für Verpflichtungen aus der Verletzung fremder Patent-, Urheber- oder ähnlicher Schutzrechte in der Steuerbilanz eine **Passivierungspflicht, sofern die im Einkommensteuergesetz formulierten Zusatzvoraussetzungen vorliegen**. Sind diese speziellen steuerrechtlichen Kriterien nicht erfüllt, gilt steuerbilanziell ein Ansatzverbot. Die in § 5 Abs. 3 EStG normierten Anforderungen an die konkrete Bilanzierungsfähigkeit führen zu einer Einschränkung des Maßgeblichkeitsprinzips, weil sie im Rahmen der steuerlichen Gewinnermittlung dem Grundsatz der Rechtssicherheit (intersubjektive Nachprüfbarkeit der Besteuerungsgrundlagen) ein höheres Gewicht beimessen als dem Grundsatz der Bewertungsvorsicht (Fall 2b: für beide Bilanzen bestehen verbindliche Regelungen, diese weichen jedoch in Teilbereichen voneinander ab).

481 *(4) Verpflichtungen aus Jubiläumszusagen:* Rückstellungen für Jubiläumszuwendungen dürfen in der Steuerbilanz nur dann gebildet werden, wenn das Dienstverhältnis (ununterbrochen) mindestens zehn Jahre bestanden hat, die Jubiläumszahlung das Bestehen eines Dienstverhältnisses von mindestens 15 Jahren voraussetzt, die Zusage schriftlich erteilt ist und soweit der Arbeitnehmer seine Anwartschaft nach dem 31.12.1992 erwirbt. Sind diese Kriterien nicht erfüllt, gilt im Rahmen der steuerlichen Gewinnermittlung für Jubiläumsrückstellungen ein Passivierungsverbot (§ 5 Abs. 4 EStG).[298]

Wie bei Verpflichtungen aus der Verletzung fremder Patent-, Urheber- oder ähnlicher Schutzrechte hängt die steuerrechtliche Behandlung davon ab, ob man die Formulierung in § 5 Abs. 4 EStG „dürfen nur gebildet werden, wenn..." als eine Einschränkung der grundsätzlich bestehenden Passivierungspflicht interpretiert oder ob man durch eine Konzentration auf das Wort „dürfen" für die Steuerbilanz ein Ansatzwahlrecht ableitet. Aus den im vorangehenden Unterabschnitt dargelegten Gründen besteht nach der hier vertretenen Auffassung in der Steuerbilanz auch für Jubiläumsrückstellungen eine Passivierungspflicht, sofern die im Einkommensteuergesetz formulierten Zusatzvoraussetzungen vorliegen.

Durch das Erfordernis einer schriftlichen Zusage wird der Nachweis erleichtert, ob eine Verpflichtung besteht. Insoweit wird dem Objektivierungsgedanken und damit dem Grundsatz der Rechtssicherheit Rechnung getragen. Zu einer Durchbrechung des Maßgeblichkeitsprinzips kommt es allerdings durch die Beschränkung auf ein Dienstjubiläum mit einer Dienstzeit von mindestens 15 Jahren sowie durch die Nichtberücksichtigung von Anwartschaftszeiten vor dem 1.1.1993. Die erstmalige Bildung nach einer Dienstzeit von zehn Jahren ist dann grundsätzlich mit den GoB vereinbar, wenn man dieses Kriterium als Berücksichtigung der Fluktuation in pauschalierter Form interpretiert. Allerdings erscheint der geforderte Zeitraum zu lang zu sein, um noch als

298 Siehe hierzu BFH vom 18.1.2007, BStBl. 2008 II, S. 956; BMF-Schreiben vom 8.12.2008, BStBl. 2008 I, S. 1013.

sachgerechte Pauschalierung angesehen zu werden. Insgesamt betrachtet liegt also der Fall 2b des Maßgeblichkeitsprinzips vor: Nebeneinander von zwei verbindlichen, sich allerdings unterscheidenden Regelungen.[299]

Für Zusagen auf Zuwendungen aus Anlass eines Geschäfts- oder Firmenjubiläums, die sich nach der Dauer der Betriebszugehörigkeit der einzelnen Mitarbeiter bestimmen, gelten die in § 5 Abs. 4 EStG aufgeführten Einschränkungen nicht.[300]

(5) Aufwendungen, die in künftigen Wirtschaftsjahren zu Anschaffungs- oder Herstellungskosten führen: Mit dem Verbot zur Bildung von Rückstellungen für Aufwendungen, die in künftigen Wirtschaftsjahren zu Anschaffungs- oder Herstellungskosten führen, bestätigt der Gesetzgeber die fehlende abstrakte Bilanzierungsfähigkeit (§ 5 Abs. 4b S. 1 EStG). Erwirbt der Steuerpflichtige in künftigen Jahren ein aktivierungsfähiges Wirtschaftsgut, steht der Verpflichtung eine gleichwertige Gegenleistung gegenüber. Da keine unkompensierte Last vorliegt, fehlt es an einer Verursachung im abgelaufenen Wirtschaftsjahr (Fall 2a: zwei verbindliche übereinstimmende Regelungen). Die Aufwendungen für das erworbene Wirtschaftsgut werden erst in der Zukunft über planmäßige Abschreibungen verrechnet.[301] **482**

Die Verursachung liegt auch dann nicht vor dem Abschlussstichtag, wenn die zukünftigen Aufwendungen als Herstellungsaufwand zu aktivieren sind. Herstellungsaufwand (nachträgliche Herstellungskosten) liegt vor, wenn die zukünftigen Aufwendungen zu einer nachträglichen Erweiterung bzw zu einer Verbesserung eines Wirtschaftsguts führen und nicht lediglich dazu dienen, das Wirtschaftsgut zu erhalten.[302] Für Aufwendungen für die Herstellung eines immateriellen Wirtschaftsguts des Anlagevermögens, das nach § 5 Abs. 2 EStG nicht aktiviert werden darf, kann allerdings eine Rückstellung gebildet werden.[303]

Das Passivierungsverbot gilt nur für zukünftig zu beschaffende Wirtschaftsgüter. Es besteht nicht für Wirtschaftsgüter, die im abgelaufenen Wirtschaftsjahr zugegangen sind. Wird beispielsweise mit der Herstellung eines Gebäudes vor dem Abschlussstichtag begonnen und haben die Bauunternehmen noch keine Rechnungen erstellt, ist für die Zahlungsverpflichtungen, die sich aus den bislang angefallenen Herstellungskosten ergeben, eine Rückstellung für ungewisse Verbindlichkeiten zu bilden. Es handelt sich um im abgelaufenen Jahr verursachte Verpflichtungen, deren Höhe zu schätzen ist. Entsprechendes gilt, wenn das Gebäude vor dem Abschlussstichtag voll-

---

299 Die Einschränkung der konkreten Bilanzierungsfähigkeit in der Steuerbilanz verstößt nicht gegen verfassungsrechtliche Grundsätze, vgl BVerfG vom 12.5.2009, BStBl. 2009 II, S. 685. Das BVerfG sieht das Maßgeblichkeitsprinzip nicht als strikte, einmal getroffene Belastungsgrundentscheidung an, sondern als „entwicklungsoffene Leitlinie". Der aus Art. 3 GG ableitbare Grundsatz der Folgerichtigkeit sei im Zusammenhang mit der steuerlichen Gewinnermittlung erst dann verletzt, wenn sich kein sachlicher Grund für eine Abweichung zwischen handels- und steuerrechtlicher Rechnungslegung finden lässt. Bemerkenswert ist, dass befürchtete Steuerausfälle vom BVerfG nicht als willkürliche Begründung eingeordnet werden. Das BVerfG sieht es auch als zulässig an, von den der Gewinnermittlung durch einen Betriebsvermögensvergleich zugrundeliegenden Periodisierungsüberlegungen abzuweichen, um eine Gleichbehandlung mit einer Einnahmen-Überschussrechnung zu erreichen. Siehe hierzu zB Hey, DStR 2009, S. 2561 sowie BFH vom 5.5.2011, BStBl. 2012 II, S. 98.

300 Vgl BFH vom 29.11.2000, BStBl. 2004 II, S. 41.

301 Vgl BFH vom 19.8.1998, BStBl. 1999 II, S. 18; BFH vom 8.11.2016, BStBl. 2017 II, S. 768.

302 Zur Abgrenzung zwischen Herstellungsaufwand und Erhaltungsaufwand siehe Zweiter Abschnitt, Kapitel B.II.2.c), Unterabschnitt (6)., Rn. 288–291.

303 Vgl BFH vom 8.9.2011, BStBl. 2012 II, S. 122.

ständig fertiggestellt wird, aber die Abschlussrechnung noch aussteht. Wie der Buchungssatz „Gebäude an Rückstellung" zeigt, ergeben sich durch die Passivierung der Rückstellung für ungewisse Verbindlichkeiten keine Gewinnwirkungen, vielmehr handelt es sich um einen als erfolgsneutral zu behandelnden Herstellungsvorgang.

483 *(6) Verpflichtung zur schadlosen Verwertung radioaktiver Reststoffe:* Für die Verpflichtung zur schadlosen Verwertung radioaktiver Reststoffe sowie ausgebauter und abgebauter radioaktiver Anlagenteile dürfen keine Rückstellungen gebildet werden, soweit die Aufwendungen im Zusammenhang mit der Bearbeitung oder Verarbeitung von Kernbrennelementen stehen, die aus der Wiederaufarbeitung von bestrahlten Kernbrennstoffen gewonnen werden (§ 5 Abs. 4b S. 2 EStG). In dem Umfang, in dem die Aufwendungen für die Wiederaufarbeitung über die Ausgaben hinausgehen, die beim Erwerb von vergleichbaren neuen Kernbrennelementen anfallen, wird durch die gesetzliche Regelung die konkrete Bilanzierungsfähigkeit enger gefasst als die abstrakte Bilanzierungsfähigkeit. Diese Durchbrechung des Maßgeblichkeitsprinzips beruht auf energiepolitischen Überlegungen (Fall 2b: zwei verbindliche, voneinander abweichende Regelungen). Es kommt insoweit zu einer Ungleichbehandlung, als für Unternehmen mit einer bestimmten Geschäftstätigkeit eine bilanzielle Sonderregelung eingeführt wurde.

Das Rückstellungsverbot bezieht sich nicht auf die schadlose Verwertung von radioaktiven Abfällen.

484 *(7) Verpflichtungen aus Pensionszusagen (grundsätzliche Regelungen):* Für Verpflichtungen aus Pensionszusagen sieht § 6a Abs. 1 EStG ein Ansatzwahlrecht vor. Für Pensionsrückstellungen gilt in der Handelsbilanz ein Ansatzgebot, sofern die Zusage nach dem 31.12.1986 gegeben wurde (§ 249 Abs. 1 S. 1 HGB).[304] Die handelsrechtliche Passivierungspflicht für „Neuzusagen" verdrängt das nach dem Wortlaut des Einkommensteuergesetzes bestehende Ansatzwahlrecht.

Das in § 6a Abs. 1 EStG enthaltene Wahlrecht beruht darauf, dass bis zum Jahr 1986 in der Handelsbilanz für Pensionsrückstellungen ein Passivierungswahlrecht bestand,[305] das ohne eigenständige steuerliche Regelung in der Steuerbilanz für Pensionsrückstellungen zu einem Passivierungsverbot geführt hätte.[306] Durch § 6a Abs. 1 EStG wollte der Gesetzgeber einen Gleichklang von Handels- und Steuerbilanz erreichen, dh dem Bilanzierenden sollte zu dem damaligen Zeitpunkt in beiden Rechnungslegungskreisen ein Ansatzwahlrecht eingeräumt werden. Insoweit war trotz vergleichbarem Wortlaut die Ausgangslage bei Pensionsrückstellungen eine andere als bei Patent- und Jubiläumsrückstellungen. Die Einführung einer handelsrechtlichen Passivierungspflicht hatte zur Folge, dass seit diesem Zeitpunkt auch für die Steuerbilanz grundsätzlich ein Gebot besteht, Pensionsrückstellungen anzusetzen (§ 5 Abs. 1

304 Für Pensionszusagen, die vor dem 1.1.1987 erteilt wurden, besteht handelsrechtlich ein Passivierungswahlrecht (Art. 28 Abs. 1 S. 1 EGHGB). Zu „Altzusagen" siehe den nachfolgenden Unterabschnitt (8)., Rn. 485.

305 Vgl BGH vom 27.2.1961, BGHZ 34 (1961), S. 324.

306 Beim Nebeneinander von handelsrechtlichem Passivierungswahlrecht und fehlender steuerlicher Regelung gilt nach der Rechtsprechung des Bundesfinanzhofs (BFH vom 3.2.1969, BStBl. 1969 II, S. 291; BFH vom 19.3.1975, BStBl. 1975 II, S. 535) für die Steuerbilanz ein Passivierungsverbot (Fall 5 des Maßgeblichkeitsprinzips).

S. 1 HS 1 EStG).[307] Es ist nicht sachgerecht, aus einer Übergangsregelung (Art. 28 Abs. 1 S. 1 EGHGB) eine abweichende Vorgehensweise in den beiden Rechnungslegungskreisen abzuleiten.

Die Anknüpfung an die Bilanzierung in der Handelsbilanz gilt allerdings nicht uneingeschränkt. Vielmehr besteht für Pensionsrückstellungen in der Steuerbilanz ein Ansatzverbot, wenn die in § 6a Abs. 1, 2 EStG aufgeführten Kriterien nicht erfüllt werden. Für Pensionsrückstellungen besteht wie bei Patent- bzw Jubiläumsrückstellungen im Rahmen der steuerlichen Gewinnermittlung kein Ansatzwahlrecht: Liegen die in § 6a Abs. 1, 2 EStG bzw § 5 Abs. 3, 4 EStG genannten Voraussetzungen vor, besteht eine Passivierungspflicht. Sind diese Voraussetzungen nicht erfüllt, gilt für die Steuerbilanz ein Passivierungsverbot (R 6a Abs. 1 S. 1, 2 EStR).[308]

Zu einer Durchbrechung der Maßgeblichkeit der Handelsbilanz für die steuerliche Gewinnermittlung kommt es dadurch, dass in der Steuerbilanz eine Passivierung nur dann zulässig ist, wenn die Pensionszusage schriftlich erteilt ist. Liegt diese Bedingung nicht vor, besteht in der Steuerbilanz ein Passivierungsverbot, obwohl handelsrechtlich auch bei nicht schriftlich fixierten Pensionsverpflichtungen eine Ansatzpflicht besteht, wie beispielsweise bei Verpflichtungen, die auf dem Gebot der arbeitsrechtlichen Gleichbehandlung beruhen. Das Schriftformerfordernis dient der Objektivierung und Vereinfachung, weil auf diese Weise nachgewiesen werden kann, dass eine Pensionsverpflichtung tatsächlich besteht. Erneut wird dem Grundsatz der Objektivierung (Grundsatz der Rechtssicherheit) ein höheres Gewicht beigemessen als dem Grundsatz der Bewertungsvorsicht.[309]

Die Forderungen, dass der Arbeitnehmer einen Rechtsanspruch haben muss, dass die Zusage keinen steuerschädlichen Vorbehalt enthalten darf und dass die Pensionszusage eindeutige Angaben zu Art, Form, Voraussetzungen und Höhe der in Aussicht gestellten künftigen Leistungen enthalten muss (§ 6a Abs. 1 EStG), ergeben sich gleichfalls aus dem hohen Gewicht, das dem Objektivierungsgrundsatz im Rahmen der steuerlichen Gewinnermittlung beigemessen wird.

In der Steuerbilanz setzt die Passivierung einer Pensionsrückstellung voraus, dass der Arbeitnehmer bis zur Mitte des Wirtschaftsjahres, in dem die Pensionsrückstellung passiviert wird, ein vom Zeitpunkt der Zusage abhängiges Lebensjahr vollendet hat,[310] oder dass die Versorgungsansprüche nach § 1 Abs. 2 BetrAVG unverfallbar geworden sind oder dass der Versorgungsfall eingetreten ist (§ 6a Abs. 2 EStG). Diese Regelung steht im Zusammenhang mit der Bewertung der Pensionsverpflichtung. Hierdurch wird in pauschalierter Form berücksichtigt, dass der Arbeitnehmer möglicherweise vor Eintritt eines Versorgungsfalls aufgrund eines Arbeitsplatzwechsels aus dem Unternehmen ausscheidet. Durch eine verbindliche Regelung wird der Er-

307 Vgl BMF-Schreiben vom 12.3.2010, BStBl. 2010 I, S. 239, Tz. 4, 9, 10.

308 Nach Auffassung der (damaligen) Bundesregierung ergibt sich dieses Ergebnis eindeutig aus der geltenden Gesetzesformulierung. Eine vom Bundesrat gewünschte gesetzliche Klarstellung ist nach Ansicht der (damaligen) Bundesregierung nicht notwendig, vgl Bundesrat-Drucksache 17/2823, S. 5, 6 bzw 37.

309 Vgl BFH vom 22.10.2003, BStBl. 2004 II, S. 121.

310 Das Mindestlebensalter liegt zwischen 23 (Zusagen nach dem 31.12.2017) und 30 Jahren (Zusagen vor dem 1.1.2001).

messensspielraum des Bilanzierenden eingeschränkt, in welcher Form er die Fluktuationswahrscheinlichkeiten berücksichtigen möchte.

Das Passivierungsverbot für Pensionszusagen, die von künftigen gewinnabhängigen Bezügen abhängen, entspricht dem allgemeinen Grundsatz, dass Verpflichtungen, die nur zu erfüllen sind, soweit künftig Einnahmen oder Gewinne anfallen, nicht angesetzt werden dürfen (§ 6a Abs. 1 Nr 2 iVm § 5 Abs. 2a EStG). Durch die Bestätigung der fehlenden abstrakten Bilanzierungsfähigkeit wirkt die Maßgeblichkeit der Handelsbilanz für die Steuerbilanz lediglich deklaratorisch.[311]

Insgesamt betrachtet liegt Fall 2b des Maßgeblichkeitsprinzips vor, dh ein Nebeneinander von zwei verbindlichen Vorschriften, die sich jedoch in Teilbereichen unterscheiden. Sowohl in der Handelsbilanz als auch in der Steuerbilanz besteht für Pensionsrückstellungen grundsätzlich ein Passivierungsgebot. Allerdings kommt im Steuerrecht dem Objektivierungsgedanken eine höhere Bedeutung zu, sodass bei Nichtvorliegen der in § 6a Abs. 1, 2 EStG aufgeführten (zusätzlichen) Voraussetzungen in der Steuerbilanz für Verpflichtungen aus Pensionszusagen ein Ansatzverbot besteht.

485 *(8) Besonderheiten für „Altzusagen":* Für Pensionszusagen, die vor dem 1.1.1987 erteilt wurden, gilt im Rahmen einer langfristigen Übergangsregelung in der Handelsbilanz ein Passivierungswahlrecht (Art. 28 Abs. 1 S. 1 EGHGB). § 6a Abs. 1 EStG enthält für Pensionsverpflichtungen gleichfalls ein Passivierungswahlrecht. Dieses Ansatzwahlrecht ist in den beiden Rechnungslegungskreisen in übereinstimmender Weise auszuüben (§ 5 Abs. 1 S. 1 HS 1 EStG).[312]

Das nach dem Wortlaut des § 6a Abs. 1 EStG gewährte Wahlrecht wurde eingeführt, weil bis zum Jahr 1986 in der Handelsbilanz für Pensionsrückstellungen generell ein Passivierungswahlrecht bestand,[313] das ohne explizite gesetzliche Regelung in der Steuerbilanz zu einem Ansatzverbot geführt hätte.[314] Da für ungewisse Verbindlichkeiten aber grundsätzlich ein Passivierungsgebot besteht (§ 249 Abs. 1 S. 1 HGB) und bei Pensionsrückstellungen die Kriterien einer ungewissen Verbindlichkeit in idealtypischer Weise erfüllt sind, wäre es nicht sachgerecht, wenn das für „Altzusagen" im Rahmen der Übergangsregelung ausnahmsweise gewährte Ansatzwahlrecht in den beiden Bilanzen in unterschiedlicher Weise ausgeübt werden dürfte. Die handelsrechtliche Übergangsregelung in Art. 28 Abs. 1 S. 1 EGHGB führt dazu, dass der Wortlaut des § 6a Abs. 1 EStG für „Neuzusagen" als Ansatzpflicht und für „Altzusagen" als Ansatzwahlrecht ausgelegt wird. In das Konzept des Maßgeblichkeitsprinzips lässt sich diese Differenzierung nicht konsistent einfügen.

---

311 Vgl BFH vom 3.3.2010, BStBl. 2013 II, S. 781; BMF-Schreiben vom 18.10.2013, BStBl. 2013 I, S. 1268.

312 Vgl R 6a Abs. 1 S. 3 EStR. Für „Altzusagen" besteht – wie für Neuzusagen – in der Steuerbilanz ein Ansatzverbot, wenn die in § 6a Abs. 1, 2 EStG vorgegebenen Voraussetzungen (Schriftform, kein steuerschädlicher Vorbehalt, Arbeitnehmer hat das vorgegebene Mindestlebensalter erreicht, keine Abhängigkeit von gewinnabhängigen Vergütungen) nicht erfüllt werden.

313 Vgl BGH vom 27.2.1961, BGHZ 34 (1961), S. 324.

314 Vgl BFH vom 3.2.1969, BStBl. 1969 II, S. 291 sowie BMF-Schreiben vom 12.3.2010, BStBl. 2010 I, S. 239, Tz. 4. Ohne eigenständige steuerliche Regelung würde der Fall 5 des Maßgeblichkeitsprinzips vorliegen.

(9) Keine Verrechnung mit Vermögenswerten, die zur Erfüllung von Schulden aus Altersversorgungsverpflichtungen dienen: Aus dem Grundsatz der Klarheit und Übersichtlichkeit sowie aus dem Grundsatz der Einzelerfassung und Einzelbewertung folgt das Verbot zur Saldierung von Aktiv- und Passivposten sowie von Erträgen und Aufwendungen (§ 246 Abs. 2 S. 1 HGB). Diese beiden Grundsätze werden für die **Handelsbilanz** insoweit aufgehoben, als Vermögensgegenstände, die dem Zugriff aller übrigen Gläubiger entzogen sind[315] und die ausschließlich der Erfüllung von Schulden aus Altersversorgungsverpflichtungen oder vergleichbaren langfristig fälligen Verpflichtungen dienen (Planvermögen), nicht aktiviert werden dürfen, sondern mit diesen Schulden zu verrechnen sind (§ 246 Abs. 2 S. 2, 3 HGB).[316] Den Hauptanwendungsbereich für die Pflicht zur Verrechnung von Schulden und Planvermögen bilden unmittelbare Versorgungszusagen, bei denen die Verpflichtungen durch Treuhandgestaltungen (Contractual Trust Arrangements, CTA) oder Rückdeckungsversicherungen abgesichert werden. Der **Nettoansatz** gilt aber nicht nur für den Ausweis von Pensionsrückstellungen, sondern beispielsweise auch für Altersteilzeitvereinbarungen sowie für Wertguthaben aus Lebensarbeitszeitkonten. 486

Das Hauptmotiv für die Durchbrechung des Saldierungsverbots besteht darin, dass damit eine Gleichstellung von Direktzusagen mit einer mittelbaren Durchführung der betrieblichen Altersversorgung erreicht werden kann. Die Beiträge und Zuwendungen für eine Direktversicherung, an eine Unterstützungskasse, an eine Pensionskasse oder einen Pensionsfonds führen zu einer Minderung des Aktivvermögens. Soweit diese Zahlungen ausreichend bemessen sind, muss der Arbeitgeber keine Verpflichtung passivieren. Bei einer Direktzusage führt der Nettoansatz zum gleichen Ergebnis. Durch die Saldierung der Pensionsrückstellungen mit den für die Finanzierung der Versorgungsverpflichtungen reservierten Vermögenswerten kommt es gleichfalls zu einer Bilanzverkürzung. Der Vorteil für die Unternehmen ist, dass sich damit ihre bilanzielle Eigenkapitalquote erhöht, da sich das unveränderte Eigenkapital auf eine niedrigere Bilanzsumme bezieht. Betragen beispielsweise das Eigenkapital 30, die Pensionsrückstellungen 20 und die weiteren Passiva 50, errechnet sich eine Eigenkapitalquote von 30% (= Eigenkapital von 30 bezogen auf die Bilanzsumme von 100). Nach Saldierung der Pensionsrückstellungen mit den Vermögenswerten, die zur Begleichung der Zahlungsverpflichtungen aus der betrieblichen Altersversorgung dienen, geht die Bilanzsumme auf 80 zurück. Damit erhöht sich die Eigenkapitalquote auf 37,50% (= Eigenkapital von 30 bezogen auf die reduzierte Bilanzsumme von 80). Die Erhöhung der Eigenkapitalquote fällt umso stärker aus, je höher der Anteil der Pensionsverpflichtungen an der Bilanzsumme und je geringer die Eigenkapitalquote des Unternehmens vor der Saldierung ist.

315 Vermögensgegenstände sind beispielsweise dann dem Zugriff aller übrigen Gläubiger entzogen, wenn sie unwiderruflich auf ein von dem Unternehmen unabhängiges Rechtssubjekt übertragen werden, sofern die Übertragung in der Form erfolgt, dass kein Gläubiger (dh weder ein Gläubiger des verpflichteten Unternehmens noch ein Gläubiger des unabhängigen Rechtssubjekts) auf die Vermögensgegenstände zugreifen kann. Der Zugriff muss sowohl bei einer Einzelvollstreckung als auch im Insolvenzfall ausgeschlossen sein.

316 Für Kapitalgesellschaften besteht die Pflicht, die Beträge der verrechneten Bilanzposten im Anhang anzugeben (§ 285 Nr 25 HGB).

In § 5 Abs. 1a S. 1 EStG wird ausdrücklich vorgegeben, dass in der **Steuerbilanz** Posten der Aktivseite nicht mit Posten der Passivseite verrechnet werden dürfen. Damit bleibt es im Rahmen der steuerlichen Gewinnermittlung beim Saldierungsverbot des § 246 Abs. 2 S. 1 HGB.[317] Da sich – bezogen auf § 246 Abs. 2 S. 2 HGB – zwei verbindliche Vorschriften entgegenstehen, kommt es zu einer Durchbrechung des Maßgeblichkeitsprinzips (Fall 2b). Diese Abweichung beim Ausweis beruht darauf, dass das Saldierungsverbot in der Steuerbilanz enger interpretiert wird als in der Handelsbilanz. Durch den **Bruttoansatz** bleibt es in der Steuerbilanz bei der Anwendung des Grundsatzes der Einzelerfassung und damit auch beim Grundsatz der Einzelbewertung, während in der Handelsbilanz durch die Verrechnung nach § 246 Abs. 2 S. 2 HGB davon abgewichen wird.

487 *(10) Mittelbare Verpflichtungen aus einer Pensionszusage:* Für mittelbare Verpflichtungen aus einer Pensionszusage und für ähnliche Verpflichtungen (zB Unterdeckungen einer Unterstützungskasse) besteht handelsrechtlich ein Passivierungswahlrecht (Art. 28 Abs. 1 S. 2 EGHGB). Da steuerrechtlich keine spezielle Ansatzvorschrift existiert, besteht nach der von der Finanzrechtsprechung[318] und der Finanzverwaltung[319] vorgenommenen Interpretation des Maßgeblichkeitsprinzips für derartige Verpflichtungen in der Steuerbilanz ein Ansatzverbot (Einschränkung der Maßgeblichkeit, Fall 5).

d) Rückstellungen für Gewährleistungen, die ohne rechtliche Verpflichtung erbracht werden (Kulanzrückstellungen)

488 Rückstellungen für Gewährleistungen, die ohne rechtliche Verpflichtung erbracht werden, sind sowohl in der Handelsbilanz als auch in der Steuerbilanz **passivierungspflichtig**. Die abstrakte Bilanzierungsfähigkeit stimmt mit der konkreten Bilanzierungsfähigkeit überein (§ 249 Abs. 1 S. 2 Nr 2 HGB). Im Steuerrecht besteht für derartige Verpflichtungen keine eigenständige Norm. Das Maßgeblichkeitsprinzip (Fall 1) führt dazu, dass auch in der Steuerbilanz eine Ansatzpflicht besteht (§ 5 Abs. 1 S. 1 HS 1 EStG, R 5.7 Abs. 12 EStR).

Hauptbeispiel für diese Unterform der Schuldrückstellungen sind Kulanzleistungen, für die zwar keine rechtliche Verpflichtung besteht, bei denen der Kaufmann jedoch mit wirtschaftlichen Nachteilen rechnen muss, wenn er die Ansprüche nicht erfüllt. Zu den faktischen Verpflichtungen gehört die Behebung von Mängeln an verkauften Produkten, die nach Ablauf der Gewährleistungsfrist auftreten oder die nicht unter die vertraglich vereinbarten oder gesetzlichen Gewährleistungstatbestände fallen. Voraussetzung für eine Passivierung ist, dass es sich nicht um reine Gefälligkeiten handelt, sondern dass ein unmittelbarer Zusammenhang mit vorangehenden Umsätzen besteht und dass die Kulanzleistungen zur Vermeidung von wirtschaftlichen Nachteilen (wie Beeinträchtigung des guten Rufs des Unternehmens oder Verlust der Kundenbeziehung) erforderlich sind.

---

317 Beispielsweise sind auch die Verpflichtungen aus einer Pensionszusage und die Ansprüche aus zur Risikoabsicherung abgeschlossenen Rückdeckungsversicherungen getrennt anzusetzen und für sich zu bewerten, vgl BFH vom 25.2.2004, BStBl. 2004 II, S. 654.

318 Vgl BFH vom 3.2.1969, BStBl. 1969 II, S. 291; BFH vom 19.3.1975, BStBl. 1975 II, S. 535.

319 Vgl BMF-Schreiben vom 12.3.2010, BStBl. 2010 I, S. 239, Tz. 4.

e) Verpflichtungen im Zusammenhang mit schwebenden Geschäften

Verpflichtungen aus schwebenden Geschäften werden **grundsätzlich nicht passiviert. Ausnahmen gelten für:** 489

- erhaltene Anzahlungen (Periodisierungsgrundsatz: Realisationsprinzip),
- Erfüllungsrückstand: Das Verhältnis von Leistung und Gegenleistung ist dadurch gestört, dass der Bilanzierende mit seiner Leistung im Rückstand ist (Periodisierungsgrundsatz: Abgrenzung von Aufwendungen der Sache oder der Zeit nach),
- drohende Verluste (Kapitalerhaltungsgrundsatz: Imparitätsprinzip).

(1) Erhaltene Anzahlungen: Erhaltene Anzahlungen sind als eine Sonderform von Verbindlichkeiten zu passivieren. Der Zufluss an liquiden Mitteln wird durch die **Passivierung einer Verbindlichkeit erfolgsneutral** verbucht. Erst zu dem Zeitpunkt, zu dem der Bilanzierende seine Leistung erbringt, kommt es zu einer Realisierung der damit verbundenen Erträge. Zu diesem Zeitpunkt werden die erhaltenen Anzahlungen mit dem Anspruch auf den Kaufpreis bzw der zu diesem Zeitpunkt entstehenden Forderung aus Lieferungen und Leistungen verrechnet. 490

(2) Erfüllungsrückstand: Ein Erfüllungsrückstand liegt vor, wenn der Verpflichtete sich mit seiner Leistung im Rückstand befindet, wenn er also weniger geleistet hat, als er für die von seinem Vertragspartner bis zum Abschlussstichtag erbrachte Leistung schuldet.[320] Da der Vertragspartner seine Leistung (zumindest zum Teil) bereits erbracht hat, liegt insoweit kein schwebendes Geschäft mehr vor. Nach den **Periodisierungsgrundsätzen** (Abgrenzung von Aufwendungen der Sache nach oder der Zeit nach) hat deshalb der Vertragspartner, der seine Leistung noch nicht erbracht hat, in dem Umfang, in dem er mit seiner Leistung im Rückstand ist, in Abhängigkeit von der Gewissheit hinsichtlich der zu erbringenden Leistung eine **Verbindlichkeit oder** eine **Rückstellung für ungewisse Verbindlichkeiten zu passivieren**. Eine Fälligkeit der vertraglich vereinbarten Leistung bis zum Bilanzstichtag ist nicht erforderlich (R 5.7 Abs. 7, 8 EStR). 491

Beispiele für einen Erfüllungsrückstand bilden Rückstellungen für rückständige Urlaubsverpflichtungen,[321] Rückstellungen für die Verpflichtung, den Mitarbeitern während der Zeit ihres Ruhestands Beihilfen in Krankheits-, Geburts- und Todesfällen zu leisten,[322] sowie Rückstellungen für vertraglich vereinbarte Erhaltungsmaßnahmen, die der Mieter noch nicht durchgeführt hat, obwohl diese inzwischen notwendig geworden sind. Bei einem Versicherungsvertreter sind in dem Umfang Rückstellungen zu bilden, in dem er die Abschlussprovision für die weitere Betreuung des Versicherungsvertrags erhält.[323]

---

320 Siehe auch BFH vom 15.7.1998, BStBl. 1998 II, S. 728; BFH vom 21.9.2011, BStBl. 2012 II, S. 197.

321 Vgl BFH vom 8.7.1992, BStBl. 1992 II, S. 910; BFH vom 6.12.1995, BStBl. 1996 II, S. 406.

322 Vgl BFH vom 30.1.2002, BStBl. 2003 II, S. 279. Hinsichtlich der Verpflichtung, Angestellten im Krankheitsfall das Gehalt für eine bestimmte Zeit weiter zu zahlen, liegt am Bilanzstichtag kein Erfüllungsrückstand des Arbeitgebers vor, da die *künftige* Gehaltsfortzahlung nicht von Vorleistungen des Arbeitnehmers abhängig ist (BFH vom 27.6.2001, BStBl. 2001 II, S. 758). Zur Rückstellungsbildung bei der Vereinbarung von Altersteilzeit siehe BMF-Schreiben vom 11.11.1999, BStBl. 1999 I, S. 959; BMF-Schreiben vom 28.3.2007, BStBl. 2007 I, S. 297; BMF-Schreiben vom 11.3.2008, BStBl. 2008 I, S. 496; BFH vom 30.11.2005, BStBl. 2007 II, S. 251.

323 Vgl BFH vom 19.7.2011, BStBl. 2012 II, S. 856; BFH vom 27.2.2014, BStBl. 2014 II, S. 675; BMF-Schreiben vom 20.11.2012, BStBl. 2012 I, S. 1100.

492 *(3) Drohende Verluste aus schwebenden Geschäften:* Während ein Erfüllungsrückstand sich auf abgeschlossene Geschäfte bzw auf den abgeschlossenen Teil eines Geschäfts bezieht, erfassen Drohverlustrückstellungen schwebende Geschäfte. Schwebende Geschäfte sind Verträge, die noch von keiner Seite erfüllt sind. Eine Rückstellung für drohende Verluste aus schwebenden Geschäften ist dann zu bilden, wenn der Wert der Verpflichtung des Bilanzierenden den Wert der vom Vertragspartner zu erwartenden Gegenleistung übersteigt.

- Bei Beschaffungsgeschäften droht ein Verlust, wenn nach den am Abschlussstichtag geltenden Verhältnissen der mit dem Lieferanten vereinbarte Kaufpreis höher ist als der Tageswert des noch zu liefernden Wirtschaftsguts.
- Bei Absatzgeschäften droht ein Verlust, wenn nach den Verhältnissen am Abschlussstichtag die Aufwendungen für die vom Bilanzierenden zu erbringende Leistung den vereinbarten Verkaufspreis übersteigen.

493 Nach dem **Imparitätsprinzip** dem Grunde nach sollen Verpflichtungsüberschüsse aus abgeschlossenen, aber noch nicht abgewickelten Geschäften aufwandswirksam verrechnet werden. **Handelsrechtlich** besteht für Rückstellungen für drohende Verluste aus schwebenden Geschäften deshalb ein **Ansatzgebot** (§ 249 Abs. 1 S. 1 HGB). Aus haushaltspolitischen Gründen gilt für die **steuerliche Gewinnermittlung** jedoch ein **Passivierungsverbot** (§ 5 Abs. 4a S. 1 EStG). Durch diese **Durchbrechung des Maßgeblichkeitsprinzips** kommt es an einer entscheidenden Stelle zu einem konzeptionellen Unterschied zwischen der Handels- und Steuerbilanz (Fall 2b: zwei voneinander abweichende verbindliche Vorschriften). Bei drohenden Verlusten aus schwebenden Geschäften bleiben im Steuerrecht die Konventionen zur Beschränkung von gewinnabhängigen Zahlungen unbeachtet.[324]

	Handelsbilanz	Steuerbilanz	Vergleich
Beschaffungsgeschäft			
• abgeschlossen (Wirtschaftsgut zugegangen)	• Niederstwertprinzip	• Niederstwertprinzip	• Übereinstimmung: Imparitätsprinzip gilt
• schwebend (Wirtschaftsgut noch nicht zugegangen)	• Drohverlustrückstellung	• keine Drohverlustrückstellung	• Abweichung: Imparitätsprinzip gilt nur in der Handelsbilanz
Absatzgeschäft			
• mit Produktion begonnen	• Niederstwertprinzip (Grundsatz der verlustfreien Bewertung)	• Niederstwertprinzip (Grundsatz der verlustfreien Bewertung)	• Übereinstimmung: Imparitätsprinzip gilt

324 Eine Ausnahme gilt für die Fälle, in denen sich bei Bildung von Bewertungseinheiten negative Ergebnisse ergeben (§ 5 Abs. 4a S. 2 iVm § 5 Abs. 1a S. 2 EStG). Eine derartige Rückstellungsbildung stellt lediglich eine technische Folge der Bildung von Bewertungseinheiten dar. Materiell wird das Verbot zur Bildung von Rückstellungen für drohende Verluste aus schwebenden Geschäften nicht eingeschränkt

	Handelsbilanz	**Steuerbilanz**	**Vergleich**
• mit Produktion noch nicht begonnen	• Drohverlustrückstellung	• keine Drohverlustrückstellung	• Abweichung: Imparitätsprinzip gilt nur in der Handelsbilanz
Art der Finanzierung			
• Kauf (Eigenfinanzierung, Darlehensvertrag)	• Niederstwertprinzip	• Niederstwertprinzip	• Übereinstimmung: Imparitätsprinzip gilt
• Leasing/Miete („Sachdarlehen")	• Drohverlustrückstellung	• keine Drohverlustrückstellung	• Abweichung: Imparitätsprinzip gilt nur in der Handelsbilanz

Abb. 35: Unterschiede zwischen Handels- und Steuerbilanz hinsichtlich der Reichweite des Imparitätsprinzips

Darüber hinaus ist es widersprüchlich, dass das Imparitätsprinzip der Höhe nach (Niederstwertprinzip) durch eine Abschreibung auf den niedrigeren Teilwert – wenn auch in der Steuerbilanz nur unter restriktiven Voraussetzungen – beachtet wird, während steuerbilanziell das Imparitätsprinzip dem Grunde nach unberücksichtigt bleibt. Dieser **Widerspruch** führt beispielsweise zu folgenden unbefriedigenden Ergebnissen:[325] **494**

– Bei abgeschlossenen **Beschaffungsgeschäften** können entstandene, aber noch nicht realisierte Wertverluste nach dem Niederstwertprinzip durch eine außerplanmäßige Abschreibung auf den niedrigeren Stichtagswert aufwandswirksam erfasst werden (§ 6 Abs. 1 Nr 1, 2 EStG), während bei eingeleiteten, aber noch nicht ausgeführten Beschaffungsgeschäften die Vermögensminderung aufgrund des Verbots eines Ansatzes von Rückstellungen für drohende Verluste aus schwebenden Geschäften noch nicht gewinnmindernd verbucht werden kann. Das Reinvermögen wird jedoch unabhängig davon gemindert, ob die erworbenen Wirtschaftsgüter kurz vor oder kurz nach dem Abschlussstichtag zugehen.
– Wurde bei **Absatzgeschäften** bis zum Bilanzstichtag bereits mit der Produktion des zu veräußernden Produkts begonnen, kann nach dem Grundsatz der verlustfreien Bewertung (einer Unterform des Imparitätsprinzips) bei Verlustgeschäften eine Abwertung des aktivierten unfertigen Erzeugnisses auf den niedrigeren Teilwert vorgenommen werden.[326] Wurde mit der Produktion bis zum Bilanzstichtag noch nicht begonnen, führt das Verbot zur Bildung von Drohverlustrückstellungen dazu, dass in der Steuerbilanz der aus einem Absatzgeschäft zu erwartende Verlust noch nicht berücksichtigt werden darf. Die Differenzierung nach dem Stand des Fertigstellungsprozesses ist jedoch kein sachgerechtes Kriterium dafür, inwieweit bereits eingetretene, lediglich noch nicht realisierte Minderungen des Reinvermögens erfasst werden.

325 Zur Beurteilung sowie zum Zusammenhang mit den Möglichkeiten zur Verlustverrechnung siehe Erster Abschnitt, Kapitel D.VI.2., Rn. 123–135.

326 Das Verbot zur Bildung von Drohverlustrückstellungen in der Steuerbilanz steht der Anwendung des Grundsatzes der verlustfreien Bewertung nicht entgegen, vgl BFH vom 7.9.2005, BStBl. 2006 II, S. 298.

- Entstehen bei der Vermietung von Gebäuden aufgrund von gesunkenen Mietpreisen auf absehbare Zeit negative Einkünfte, hängt die Anwendung des Imparitätsprinzips von der **Art der Finanzierung** ab: Hat der Bilanzierende das Gebäude erworben (Eigenfinanzierung, Darlehensvertrag), ist bei einer voraussichtlich dauernden Verlustphase bei dem Gebäude eine Teilwertabschreibung vorzunehmen. Hat der Bilanzierende das Gebäude von einer anderen Person gemietet (Leasing, Mietvertrag), darf der bei der Weitervermietung entstehende Verlust (Mieteinnahmen sind geringer als Mietaufwendungen) aufgrund des Verbots zur Passivierung von Drohverlustrückstellungen noch nicht erfasst werden. Auch für diese Differenzierung ist keine nachvollziehbare Begründung ersichtlich.

f) Aufwandsrückstellungen

495 *(1) Gesetzliche Regelungen:* Die Diskussion um die abstrakte Bilanzierungsfähigkeit von Aufwandsrückstellungen (Innenverpflichtungen) ist zwar aus methodischer Sicht von hoher Relevanz. Für die Bilanzierungspraxis ist diese Diskussion jedoch nur insoweit bedeutsam, als die konkrete Bilanzierungsfähigkeit von Aufwandsrückstellungen nach § 249 Abs. 1 S. 2 Nr 1 HGB auf zwei Sachverhalte begrenzt ist: Rückstellungen für unterlassene Instandhaltungen (1. Form der speziellen Aufwandsrückstellungen) und Rückstellungen für unterlassene Abraumbeseitigung (2. Form der speziellen Aufwandsrückstellungen). Weitere Aufwandsrückstellungen dürfen nicht gebildet werden (§ 249 Abs. 2 S. 1 HGB). Im Steuerrecht ist für Aufwandsrückstellungen keine gesonderte Regelung vorgesehen. Aufgrund des Maßgeblichkeitsprinzips gelten damit die handelsrechtlichen Vorschriften in gleicher Weise für die Steuerbilanz (Fall 1, § 5 Abs. 1 S. 1 HS 1 EStG).

Die Diskussion um den Charakter von Aufwandsrückstellungen bestimmt die Beurteilung der geltenden Rechtslage:[327] (1) Vertritt man die Auffassung, dass Aufwandsrückstellungen abstrakt nicht bilanzierungsfähig sind, widerspricht § 249 Abs. 1 S. 2 Nr 1 HGB den Grundsätzen ordnungsmäßiger Buchführung. Durch § 249 Abs. 1 S. 2 Nr 1 HGB soll danach erreicht werden, dass für derartige Sachverhalte in der Steuerbilanz Aufwandsrückstellungen gebildet werden dürfen, dh das Steuerrecht ist die Ursache für eine handelsrechtliche Regelung.[328] Bei dieser Sichtweise handelt es sich bei § 249 Abs. 1 S. 2 Nr 1 HGB um eine Sonderregelung, da ansonsten keine Maßgeblichkeit der Steuerbilanz für die Handelsbilanz besteht. (2) Geht man davon aus, dass Aufwandsrückstellungen sich unter dem Begriff der bilanziellen Schuld subsumieren lassen, stellt § 249 Abs. 1 S. 2 Nr 1 HGB eine Begrenzung der konkreten Bilanzierungsfähigkeit auf die in dieser Vorschrift genannten Sachverhalte dar.

496 *(2) Rückstellungen für unterlassene Instandhaltungen (1. Form der speziellen Aufwandsrückstellungen):* Unterlassene Instandhaltungen stellen eine wirtschaftliche Verpflichtung des Unternehmens gegen sich selbst dar. Eine Zahlungsverpflichtung gegenüber einem Dritten besteht nicht. Bei unterlassenen Instandhaltungen iSd § 249 Abs. 1 S. 2 Nr 1 HGB handelt es sich um Reparaturen (Fehlerbeseitigung), Wartungsmaßnahmen (Abnutzungsminderung) und Inspektionen (Beobachtung), soweit sie am

---

327 Zur abstrakten Bilanzierungsfähigkeit von Aufwandsrückstellungen siehe Kapitel I.2., Rn. 456–461.

328 Vgl Bundesrat-Drucksache 344/08, S. 109 sowie Wehrheim/Rupp, DStR 2010, S. 822.

Abschlussstichtag notwendig waren, aber vom Unternehmen bzw einem Beauftragten noch nicht ausgeführt wurden **(sachliche Objektivierung)**.[329]

Beispiel: Ein Firmenfahrzeug wird im Dezember 01 durch einen Unfall beschädigt. Das Unternehmen muss den Schaden selbst tragen. Ein Fremdverschulden liegt nicht vor. Ein Versicherungsanspruch besteht nicht.

Hinsichtlich des zeitlichen Ablaufs der Reparatur sind mehrere Alternativen denkbar:

(a) Das Unternehmen beauftragt eine Vertragswerkstatt mit der Behebung des Schadens. Die Reparatur wird noch im Dezember 01 ausgeführt.

- Wird die Reparatur noch im Dezember 01 bezahlt, entfällt die Passivierung einer Schuld. Die Vermögensminderung (Minderung der liquiden Mittel) wurde bereits als Betriebsausgabe verrechnet.
- Ist bis zum Abschlussstichtag die Reparaturrechnung eingegangen, aber noch nicht bezahlt, steht die Zahlungsverpflichtung sowohl dem Grunde nach als auch der Höhe nach fest. Die Gewinnminderung ergibt sich durch Passivierung einer Verbindlichkeit.
- Hat die Werkstatt noch keine Rechnung ausgestellt, ist in Höhe der voraussichtlichen Zahlungsverpflichtung eine Rückstellung für ungewisse Verbindlichkeiten zu bilden.

(b) Das Unternehmen behebt den Schaden sofort in der eigenen Reparaturabteilung.

Die angefallenen Aufwendungen sind in der Gewinn- und Verlustrechnung des Jahres 01 enthalten.

(c) Der Schaden kann erst im Januar 02 behoben werden.

In Höhe der geschätzten Reparaturaufwendungen ist eine Rückstellung für unterlassene Instandhaltungen zu bilden. Dies gilt unabhängig davon, ob die Reparatur in der kommenden Periode von dem Unternehmen selbst durchgeführt wird oder ob der Auftrag an ein Autohaus vergeben wird.

Ergebnis ist, dass in jedem Fall der im Dezember 01 eingetretene Schaden den Gewinn des Jahres 01 mindert. Der Zeitpunkt, zu dem Auszahlungen anfallen, ist nach dem Grundsatz der Abgrenzung von Aufwendungen der Zeit nach unbeachtlich.

Die Passivierung einer Aufwandsrückstellung begründet sich damit, dass der Steuerpflichtige die unterlassenen Instandhaltungen nachholen muss, damit er das Wirtschaftsgut in den nachfolgenden Perioden weiterhin nutzen kann, und dass die Ursache für diese Verpflichtung im abgelaufenen Wirtschaftsjahr liegt. Die Aufwendungen sind nach den Periodisierungsgrundsätzen in dem Jahr zu verrechnen, in dem die Vermögensminderung entstanden ist (im Beispiel: Abgrenzung von Aufwendungen der Zeit nach).

Neben der sachlichen Objektivierung, die den Kreis der zu bildenden Rückstellungen für unterlassene Instandhaltungen einschränkt, hängt die konkrete Bilanzierungsfähigkeit von Aufwandsrückstellungen zusätzlich von einer **zeitlichen Objektivierung** ab. Eine Passivierung setzt voraus, dass bei den Instandhaltungsmaßnahmen nur geringfügige zeitliche Verschiebungen eintreten. Der Zeitpunkt, zu dem die unterlassene Instandhaltung nachgeholt wird, gilt als Indiz für die Notwendigkeit, diese Instandhaltung vorzunehmen. Je früher die Instandhaltung vorgenommen wird, umso eher kann von einer pflichtähnlichen Notwendigkeit ausgegangen werden. Je später **497**

329 Siehe hierzu zB Köhler, StBp 2017, S. 277.

die Instandhaltung erfolgt, umso eher ist zu vermuten, dass der Steuerpflichtige seine Geschäftstätigkeit auch ohne Durchführung dieser Maßnahme weiterführen kann. Im Rahmen der konkreten Bilanzierungsfähigkeit wird dieser Grundgedanke wie folgt umgesetzt:

- Werden die bis zum Abschlussstichtag unterlassenen Instandhaltungen **in den ersten drei Monaten des folgenden Jahres** nachgeholt, gilt für die Handelsbilanz eine **Ansatzpflicht** (§ 249 Abs. 1 S. 2 Nr 1 HGB). Über das Maßgeblichkeitsprinzip gilt das Passivierungsgebot auch für die steuerliche Gewinnermittlung (§ 5 Abs. 1 S. 1 HS 1 EStG, R 5.7 Abs. 11 EStR).
- Für unterlassene Instandhaltungen, die **nach Ablauf der Dreimonatsfrist** nachgeholt werden, gilt sowohl für die Handelsbilanz als auch für die Steuerbilanz ein **Passivierungsverbot** (§ 249 Abs. 2 S. 1 HGB, § 5 Abs. 1 S. 1 HS 1 EStG).

498 *(3) Rückstellungen für unterlassene Abraumbeseitigung (2. Form der speziellen Aufwandsrückstellungen):* Sofern für Abraumbeseitigungen keine vertragliche oder gesetzliche Verpflichtung existiert, besteht bei unterlassenen Abraumbeseitigungen wie bei unterlassenen Instandhaltungen lediglich eine **wirtschaftliche Verpflichtung** des Unternehmens **gegen sich selbst**. Unterlassene Abraumbeseitigung liegt beispielsweise vor, wenn ein Bergbauunternehmen aufgrund angespannter Förderkapazitäten die Erd- und Gesteinsmassen nicht in dem üblichen Umfang beseitigt hat. Ein weiteres Beispiel sind Aufwendungen zur Beseitigung des Schutts eines Gebäudes, das im abgelaufenen Geschäftsjahr abgebrochen wurde (**sachliche Objektivierung**).

Wie bei unterlassenen Instandhaltungen wird der Zeitpunkt, zu dem die Abraumbeseitigung nachgeholt wird, als Indiz für die Notwendigkeit gewertet, den Abraum zu beseitigen: Unterlassene Abraumbeseitigungen, die **im folgenden Wirtschaftsjahr nachgeholt** werden, sind handels- und steuerrechtlich **passivierungspflichtig** (**zeitliche Objektivierung**, § 249 Abs. 1 S. 2 Nr 1 HGB, § 5 Abs. 1 S. 1 HS 1 EStG, R 5.7 Abs. 11 EStR). Wird der Abraum zu einem **späteren** Zeitpunkt beseitigt, gilt für beide Rechnungslegungskreise ein **Passivierungsverbot** (§ 249 Abs. 2 S. 1 HGB, § 5 Abs. 1 S. 1 HS 1 EStG).

2. Zurechnung

499 Wie bei aktiven Wirtschaftsgütern ist bei passiven Wirtschaftsgütern zwischen **persönlicher und sachlicher Zurechnung** zu differenzieren. Bei Schulden im bilanziellen Sinne ergeben sich aber grundsätzlich lediglich im Zusammenhang mit der sachlichen Zurechnung Abgrenzungsprobleme. Die persönliche Zurechnung ist im Regelfall eindeutig.

500 *(1) Persönliche Zurechnung:* Verbindlichkeiten und Rückstellungen sind sowohl handelsrechtlich als auch steuerrechtlich in der Bilanz desjenigen auszuweisen, der die Verpflichtung zu erfüllen hat (§ 246 Abs. 1 S. 3 HGB, § 5 Abs. 1 S. 1 HS 1 EStG). Das Nebeneinander von verbindlicher handelsrechtlicher Norm und fehlender steuerrechtlicher Regelung wird dem Fall 1 des Maßgeblichkeitsprinzips zugeordnet.

Im Gegensatz zur Aktivseite, bei der die Feststellung, wer wirtschaftlicher Eigentümer eines Wirtschaftsguts ist, zum Teil erhebliche Schwierigkeiten bereitet, ist die

Feststellung, **wer von einer Verpflichtung betroffen ist**, prinzipiell einfach möglich.

(2) Sachliche Zurechnung: Wie bei aktiven Wirtschaftsgütern ist die sachliche Zurechnung in erster Linie für Einzelunternehmer relevant. Um die Einkommenserzielung von der Einkommensverwendung trennen zu können, gelten für die Abgrenzung zwischen Wirtschaftsgütern des Betriebsvermögens und Wirtschaftsgütern des Privatvermögens spezielle steuerliche Regelungen. Demgegenüber ist handelsrechtlich der Umfang der in die Handelsbilanz aufgenommenen Schulden weniger von Bedeutung; die persönliche Haftung des Inhabers wird dadurch nicht beeinflusst (Fall 9: keine Maßgeblichkeit). **501**

Negative Wirtschaftsgüter dürfen in der Steuerbilanz nur passiviert werden, wenn sie betrieblich veranlasst sind (R 4.2 Abs. 15, R 5.7 Abs. 1 EStR). Eine **betriebliche Veranlassung** ist gegeben,

- wenn die Verbindlichkeit oder Rückstellung unmittelbar aus der betrieblichen Tätigkeit entstanden ist,
- wenn die bilanzielle Schuld zur Finanzierung von laufenden Betriebsausgaben dient oder
- wenn die Schuld dazu dient, dem Betrieb Mittel zuzuführen (zB um damit den Erwerb eines aktiven Wirtschaftsguts zu finanzieren).

Auf der Passivseite wird keine Unterscheidung zwischen notwendigem und gewillkürtem Betriebsvermögen vorgenommen. Es kann also **nur** eine Zuordnung zum **notwendigen Betriebsvermögen oder** zum **notwendigen Privatvermögen** erfolgen. **502**

Wird ein gemischt genutztes Gebäude nur zum Teil dem Betriebsvermögen zugerechnet, wird auch die im Zusammenhang mit dem Erwerb des Gebäudes aufgenommene Verbindlichkeit nur anteilig in der Steuerbilanz angesetzt. Für den auf die nicht betriebliche Nutzung entfallenden Anteil der Verbindlichkeit besteht in der Steuerbilanz ein Passivierungsverbot.

Werden gemischt genutzte bewegliche Wirtschaftsgüter, die als neutrales Vermögen anzusehen sind, durch Fremdkapital finanziert, bestimmt sich die Passivierung der Schuld nach der auf der Aktivseite getroffenen Zurechnungsentscheidung. Wird das Wirtschaftsgut aktiviert (gewillkürtes Betriebsvermögen), ist die Verbindlichkeit in der Steuerbilanz zu passivieren. Wird das aktive Wirtschaftsgut dem Privatvermögen zugerechnet (gewillkürtes Privatvermögen), bleibt die Verbindlichkeit in der Steuerbilanz außer Ansatz.

Bei Kontokorrentkonten ist zu prüfen, welcher Teil des negativen Saldos betrieblich veranlasst ist. Nur der darauf entfallende Teil der Schuldzinsen darf als Betriebsausgabe abgezogen werden. Im Einkommensteuergesetz wird für diesen Fall die sachliche Zurechnung über die Festlegung des Umfangs der Schuldzinsen, der nicht als Betriebsausgaben abziehbar ist, in pauschalierender Form geregelt (§ 4 Abs. 4a EStG).[330]

330 Zu Einzelheiten siehe BMF-Schreiben vom 17.11.2005, BStBl. 2005 I, S. 1019.

Eine betrieblich veranlasste Verbindlichkeit ist auch dann notwendiges Betriebsvermögen, wenn sie durch ein Privatgrundstück gesichert wird.[331]

B. Bewertung von bilanziellen Schulden

I. Bewertungsgrundsätze

503 *(1) Bewertungsmaßstab:* In der **Handelsbilanz** sind Verbindlichkeiten mit dem **Erfüllungsbetrag** und Rückstellungen in Höhe des nach vernünftiger kaufmännischer Beurteilung notwendigen Erfüllungsbetrags zu bewerten (§ 253 Abs. 1 S. 2 HGB). Durch den Begriff „Erfüllungsbetrag" wird zum Ausdruck gebracht, dass bei der Bewertung von bilanziellen Schulden auf die Wertverhältnisse abzustellen ist, die (voraussichtlich) zu dem Zeitpunkt gelten, zu dem die Verpflichtung (voraussichtlich) zu erfüllen ist. Damit sind bei der Bewertung von Rückstellungen auch die Preis- und Kostensteigerungen einzubeziehen, die nach dem Abschlussstichtag eintreten. Rückstellungen mit einer Laufzeit von mehr als einem Jahr sind mit dem durchschnittlichen Marktzinssatz abzuzinsen (§ 253 Abs. 2 S. 1 HGB). Es kommt zu einem Nebeneinander von Berücksichtigung zukünftiger Preis- und Kostensteigerungen sowie Abzinsungsgebot.

504 In der **Steuerbilanz** sind negative Wirtschaftsgüter unter sinngemäßer Anwendung der Vorschriften zu bewerten, die für aktive, nicht abnutzbare Wirtschaftsgüter gelten. Im Rahmen der steuerlichen Gewinnermittlung sind bilanzielle Schulden also **mit ihren Anschaffungskosten oder ihrem höheren Teilwert** zu bewerten (§ 6 Abs. 1 Nr 3 S. 1 iVm Nr 2 EStG). Die Grundstruktur der Bewertung von bilanziellen Schulden für die steuerliche Gewinnermittlung ist dadurch gekennzeichnet, dass von einer Bewertung nach den am Abschlussstichtag geltenden Verhältnissen auszugehen ist (§ 6 Abs. 1 Nr 3a Buchst. f EStG) und dass unverzinsliche Verbindlichkeiten sowie Rückstellungen mit einer Laufzeit von mehr als einem Jahr mit einem Zinssatz von 5,5% abzuzinsen sind (§ 6 Abs. 1 Nr 3, Nr 3a Buchst. e EStG). Der wesentliche Unterschied zwischen den handelsrechtlich bzw steuerrechtlich relevanten Bewertungsmaßstäben besteht darin, (a) dass in der Handelsbilanz zukünftige Preis- und Kostensteigerungen mit einzubeziehen sind, während für die Bewertung in der Steuerbilanz auf die am Abschlussstichtag geltenden Wertverhältnisse abzustellen ist (andere Interpretation des Stichtagsprinzips) und (b) dass bei der Abzinsung von Verbindlichkeiten und Rückstellungen in der Steuerbilanz der Zinssatz mit 5,5% verbindlich vorgegeben wird (sehr starke Betonung des Objektivierungsgedankens). Die weiteren Vorgaben in § 6 Abs. 1 Nr 3a EStG führen nicht zu konzeptionellen Unterschieden zwischen der Handels- und Steuerbilanz, sie reduzieren lediglich in Teilbereichen den Ermessensspielraum des Steuerpflichtigen.

Die folgenden Analysen werden zeigen, inwieweit die Verwendung von unterschiedlichen Maßstäben – Erfüllungsbetrag bzw Anschaffungskosten oder höherer Teilwert – dazu führt, dass die Bewertung von bilanziellen Schulden in der Handelsbilanz und in der Steuerbilanz voneinander abweicht bzw inwieweit Übereinstimmung besteht.

---

331 Vgl BFH vom 11.12.1980, BStBl. 1981 II, S. 461.

(2) Bedeutung des Imparitätsprinzips: Hat sich der Wert einer Verpflichtung gegenüber dem vorangegangenen Abschlussstichtag erhöht, ist aufgrund des **Höchstwertprinzips** eine Bewertung mit dem höheren Wert vorzunehmen. Das Höchstwertprinzip bildet eine Unterform des Imparitätsprinzips. Die für aktive Wirtschaftsgüter nach dem Niederstwertprinzip erforderliche Antizipation von eingetretenen, aber noch nicht realisierten Wertverlusten führt auf der Passivseite zu einer aufwandswirksamen Erhöhung des Werts der Verpflichtung. Einer Bestätigung am Markt bedarf es bei Vermögensminderungen nicht. Handelsrechtlich ist das Höchstwertprinzip zwingend zu beachten. **505**

Da in der **Steuerbilanz** für passive Wirtschaftsgüter die für nicht abnutzbare Aktiva geltenden Bewertungsgrundsätze sinngemäß anzuwenden sind (§ 6 Abs. 1 Nr 3 S. 1 iVm Nr 2 EStG), ergeben sich für die Erfassung von Erhöhungen des Werts einer bilanziellen Schuld im Rahmen der steuerlichen Gewinnermittlung folgende Effekte: **506**

- Liegt eine **voraussichtlich dauernde Erhöhung** des Werts der Verpflichtung vor, besteht ein Wahlrecht, den höheren Teilwert anzusetzen oder den bisherigen Wert beizubehalten. Dieses steuerliche Aufwertungs- bzw Beibehaltungswahlrecht kann unabhängig von der Handelsbilanz ausgeübt werden. Insoweit besteht keine Maßgeblichkeit der Handelsbilanz für die Steuerbilanz (Fall 3).[332]
- Eine **voraussichtlich nur vorübergehende Erhöhung** des Werts der Verpflichtung darf im Rahmen der steuerlichen Gewinnermittlung nicht aufwandswirksam erfasst werden. Insoweit kommt es zu einer Durchbrechung der Maßgeblichkeit der Handelsbilanz für die Steuerbilanz (Fall 2b: zwei verbindliche Regelungen, die sich inhaltlich unterscheiden).
- **Reduziert** sich nach einer Zuschreibung in späteren Jahren der **Wert der Belastung wieder**, ist in der Steuerbilanz zwingend eine **Abwertung** vorzunehmen. Hinsichtlich dieses „Wertaufholungsgebots" besteht Übereinstimmung mit der handelsrechtlichen Rechtslage (Fall 2a: zwei verbindliche Regelungen, die inhaltlich übereinstimmen).

(3) Währungsumrechnung: Auf fremde Währung lautende passive Wirtschaftsgüter sind mit dem am Bilanzstichtag geltenden **Devisenkassamittelkurs** umzurechnen (§ 256a S. 1 HGB). Im Steuerrecht besteht für die Währungsumrechnung keine Regelung. Aufgrund des Maßgeblichkeitsprinzips (Fall 1, § 5 Abs. 1 S. 1 HS 1 EStG) ist auch im Rahmen der steuerlichen Gewinnermittlung eine Währungsumrechnung mit dem Devisenkassamittelkurs vorzunehmen. **507**

Die **Berücksichtigung von Währungsgewinnen** hängt von der Restlaufzeit ab:[333]

- Bei einer **Restlaufzeit von einem Jahr oder weniger** ist in der Handelsbilanz der Stichtagswert anzusetzen (§ 256a S. 2 HGB). Demgegenüber bleibt es in der Steuerbilanz bei den allgemeinen Regeln, dh am Markt noch nicht bestätigte Kursgewinne dürfen nicht ausgewiesen werden (Fall 2b: zwei verbindliche Regelungen, die sich inhaltlich unterscheiden). Das Realisationsprinzip wird unter-

332 Vgl BMF-Schreiben vom 12.3.2010, BStBl. 2010 I, S. 239, Tz. 13 (allgemein) bzw Tz. 15 (Übertragung der für aktive Wirtschaftsgüter vertretenen Auffassung).

333 Zur Berücksichtigung von Kursverlusten siehe den vorangehenden Unterabschnitt (2)., Rn. 505–506.

schiedlich ausgelegt. In der Handelsbilanz wird auf realisierbare Erträge abgestellt (stärkere Betonung der Informationsfunktion), während in der Steuerbilanz die Kursgewinne erst erfasst werden, wenn sie am Markt bestätigt sind (stärkere Betonung des Objektivierungsgedankens und damit der Zahlungsbemessungsfunktion).
- Bei einer **Restlaufzeit von über einem Jahr** bildet sowohl in der Handelsbilanz als auch in der Steuerbilanz der Wert, mit dem die bilanzielle Schuld im Zeitpunkt ihres Entstehens bewertet wurde, die Bewertungsobergrenze (Fall 2a: zwei verbindliche Regelungen, die inhaltlich übereinstimmen).

II. Bewertung von Verbindlichkeiten (sichere Verpflichtungen)

508 *(1) Erfüllungsbetrag als Ausgangsgröße:* Verbindlichkeiten sind grundsätzlich mit ihrem **Erfüllungsbetrag** zu bewerten (§ 253 Abs. 1 S. 2 HGB). Dieser Bewertungsmaßstab ist im Gesetz nicht definiert. Unter sinngemäßer Anwendung der Kriterien zur Bestimmung der Anschaffungskosten wird als Erfüllungsbetrag der Betrag verstanden, der zur Begleichung einer Verbindlichkeit aufgebracht werden muss. Der Erfüllungsbetrag entspricht dem **Betrag, der aufgewendet werden muss, damit eine Verbindlichkeit erlischt** („Wegschaffungskosten"). In den meisten Fällen stimmt der Erfüllungsbetrag einer Verbindlichkeit mit ihrem Nennwert überein.[334] Insoweit besteht zwischen der Handelsbilanz und der Steuerbilanz kein Unterschied (Fall 2a: zwei verbindliche Regelungen, die inhaltlich übereinstimmen).

Liegt der Verfügungsbetrag (Auszahlungsbetrag) unter dem Erfüllungsbetrag, ist für die Differenz (Disagio) in der Steuerbilanz ein aktiver Rechnungsabgrenzungsposten zu bilden (§ 5 Abs. 5 S. 1 Nr 1 EStG).[335]

Für **Verbindlichkeiten, die kraft Gesetzes begründet werden** (zB Schadensersatzverpflichtungen nach § 823 BGB), gilt als Nennwert der Betrag, den der Schuldner aufwenden muss, um die Schuld zu tilgen. Bei **Verbindlichkeiten aus Lieferungen und Leistungen** entspricht der Erfüllungsbetrag dem Rechnungspreis einschließlich Umsatzsteuer. Die Umsatzsteuer ist auch dann nicht abzuziehen, wenn ein Anspruch auf Erstattung als Vorsteuer besteht (Bruttoausweis der Verbindlichkeit in Höhe der zivilrechtlichen Verpflichtung). Die Möglichkeit, bei frühzeitiger Zahlung einen Skontoabzug in Anspruch zu nehmen, bleibt aufgrund des Realisationsprinzips bei der Bewertung der Verbindlichkeit aus Lieferungen und Leistungen unberücksichtigt.

509 *(2) Einfluss von Veränderungen des Erfüllungsbetrags:* Bei Fremdwährungsverbindlichkeiten entspricht der Erfüllungsbetrag dem **Fremdwährungsbetrag**. Bei Zugang erfolgt die Umrechnung mit dem **Briefkurs**, der in dem Zeitpunkt gilt, in dem die Verbindlichkeit entsteht. In den Folgeperioden wirken sich Änderungen des Kurses der Fremdwährung über die sinngemäße Anwendung der für Aktiva geltenden Bewertungsgrundsätze wie folgt aus (§ 6 Abs. 1 Nr 3 iVm Nr 2 EStG):[336]

---

334 Vgl BFH vom 4.5.1977, BStBl. 1977 II, S. 802.
335 Siehe hierzu Vierter Abschnitt, Kapitel A.II., Rn. 553–554.
336 Vgl BMF-Schreiben vom 2.9.2016, BStBl. 2016 I, S. 995, Tz. 30–36.

- **Verringert sich der Wert der Verpflichtung** aufgrund von Kursverlusten der Fremdwährung gegenüber dem Ausgangswert, steht das Realisationsprinzip einer ertragswirksamen Abwertung der Verbindlichkeit entgegen.
- **Erhöht sich die Belastung** aufgrund von Kurssteigerungen der Fremdwährung, kann eine Aufwertung der Verbindlichkeit vorgenommen werden. Bei Ausübung des steuerlichen Aufwertungswahlrechts mindert die Erhöhung des Erfüllungsbetrags den Gewinn des Unternehmens nicht erst zu dem Zeitpunkt, zu dem die Verbindlichkeit getilgt wird, sondern bereits in dem Jahr, in dem der umgerechnete Wert der Verpflichtung angestiegen ist. Voraussetzung für die Anwendung des **Höchstwertprinzips** als einer Unterform des Imparitätsprinzips in der Steuerbilanz ist allerdings, dass es sich um eine **voraussichtlich dauernde Erhöhung der Belastung** handelt. Eine voraussichtlich dauernde Werterhöhung liegt nur vor, wenn sich der Kurs der Fremdwährung **nachhaltig** erhöht hat. Vorübergehende Werterhöhungen, dazu gehören auch auf Devisenmärkten übliche Kursschwankungen, dürfen im Rahmen der steuerlichen Gewinnermittlung – im Gegensatz zur Handelsbilanz – nicht berücksichtigt werden. An den Nachweis des Vorliegens einer voraussichtlich dauernden Werterhöhung werden hohe Anforderungen gestellt. Beispielsweise liegt bei Fremdwährungsverbindlichkeiten mit einer Restlaufzeit von zehn Jahren bei einem Kursanstieg der Fremdwährung grundsätzlich keine voraussichtlich dauernde Werterhöhung vor. Bei einer derart langen Laufzeit wird davon ausgegangen, dass sich die Kursschwankungen im Zeitablauf wieder ausgleichen.[337] Um eine voraussichtlich dauernde Werterhöhung glaubhaft zu machen, muss der Steuerpflichtige anhand objektiver Anzeichen nachweisen, dass er ernsthaft damit rechnet, dass der höhere Kurs auch noch an dem Tag gilt, an dem die Verbindlichkeit zu erfüllen ist. Je länger die Restlaufzeit der Fremdwährungsverbindlichkeiten ist, umso schwerer wird dieser Nachweis gelingen bzw umgekehrt ist das Vorliegen einer voraussichtlich dauernden Werterhöhung bei einer kürzeren Restlaufzeit leichter zu führen. Beispielsweise ist bei Verbindlichkeiten des laufenden Geschäftsverkehrs, dh Verbindlichkeiten, die nicht dazu bestimmt sind, das Kapital des Unternehmens dauerhaft zu stärken, dann von einer dauernden Werterhöhung auszugehen, wenn die Erhöhung des Kurses der Fremdwährung bis zum Zeitpunkt der Aufstellung der (Handels-)Bilanz oder der vorherigen Tilgung anhält.[338] Bei einer voraussichtlich dauernden Erhöhung des Erfüllungsbetrags besteht zwar in der Handelsbilanz die Pflicht, die eingetretene Vermögensminderung aufwandswirksam zu verrechnen. Für die Steuerbilanz gilt jedoch ein Aufwertungs- bzw Beibehaltungswahlrecht. Für die Ausübung dieses steuerlichen Wahlrechts muss das Maßgeblichkeitsprinzip nicht beachtet werden (Fall 3). Bei einem voraussichtlich nur vorübergehenden Anstieg des Erfüllungsbetrags kommt es zu einer Durchbrechung des Maßgeblichkeitsprinzips, weil diese Werterhöhung der Verbindlichkeit in der Steuerbilanz (noch) nicht berücksichtigt werden darf (Fall 2b).

337 Vgl BMF-Schreiben vom 2.9.2016, BStBl. 2016 I, S. 995, Tz. 32 unter Hinweis auf BFH vom 23.4.2009, BStBl. 2009 II, S. 778. Siehe hierzu auch Rzepka/Scholze, StuW 2011, S. 92.

338 Vgl BMF-Schreiben vom 2.9.2016, BStBl. 2016 I, S. 995, Tz. 35, 36 unter Hinweis auf BFH vom 31.10.1990, BStBl. 1991 II, S. 471.

- Sinkt in den Folgejahren der Kurs wieder oder ist nicht mehr von einer voraussichtlich dauernden Erhöhung der Belastung auszugehen, ist aufgrund der sinngemäßen Übertragung des für Aktiva geltenden **Wertaufholungsgebots** die Verbindlichkeit wieder (ertragswirksam) abzuwerten (§ 6 Abs. 1 Nr 3 iVm Nr 2 S. 3 EStG). Aufgrund des Realisationsprinzips bildet der ursprünglich passivierte Erfüllungsbetrag die Wertuntergrenze. Dies gilt sowohl für die Handelsbilanz als auch für die Steuerbilanz (Fall 2a).

510 **Beispiel:** Für eine Warenlieferung vom 15.12.01 hat die U-GmbH eine Rechnung von 135 000 US-$ zu begleichen (Zahlungsziel zwei Monate). Beträgt im Zeitpunkt der Entstehung der Verbindlichkeit der Kurs 1,35 US-$/€, ist eine Verbindlichkeit aus Lieferungen und Leistungen von 100 000 € einzubuchen.

- *Wertverlust des US-$ (= Wertsteigerung des Euros): Am Abschlussstichtag (31.12.01) beträgt der Kurs 1,45 US-$/€.*

In die Steuerbilanz der U-GmbH geht der Ausgangswert von 100 000 € ein, da die Minderung der Belastung des Bilanzierenden auf 93 103 € aus dem Wertverlust des US-$ noch nicht realisiert ist, sondern erst zu dem Zeitpunkt, zu dem der Rechnungsbetrag überwiesen wird. Der Währungsgewinn wird nach dem Realisationsprinzip im Jahr 02 verbucht.

- *Wertsteigerung des US-$ (= Wertverlust des Euros): Am Abschlussstichtag (31.12.01) beträgt der Kurs 1,25 US-$/€.*

Bei Bezahlung der Rechnung am 15.2.02 beträgt der Kurs (Fall a) 1,25 US-$/€, (Fall b) 1,30 US-$/€, (Fall c) 1,35 US-$/€, (Fall d) 1,20 US-$/€. Die Bilanz für das Jahr 01 wird erst im März 02 aufgestellt.

Bei der Verbindlichkeit aus der Warenlieferung handelt es sich um eine Verbindlichkeit des laufenden Geschäftsverkehrs. Im Fall a ist deshalb die Erhöhung des Kurses des US-$ als nachhaltig zu beurteilen, weil sie bis zur Zahlung der Verbindlichkeit anhält. Da die Erhöhung der Belastung von Dauer ist, darf der Bilanzierende nach dem Höchstwertprinzip (Imparitätsprinzip der Höhe nach) eine Erhöhung des Bilanzwerts der Verbindlichkeit auf 108 000 € vornehmen, die bei Ausübung des Aufwertungswahlrechts den Gewinn des Jahres 01 um 8000 € reduziert.

Im Fall b gilt die Erhöhung der Belastung nur bis zu einem Kurs von 1,30 US-$/€ als nachhaltig. Im Bereich zwischen 1,25 und 1,30 US-$/€ liegen Kursschwankungen vor, die nicht als nachhaltig gelten. Die Verbindlichkeit darf lediglich auf 103 846 € aufgewertet werden. Bei Ausübung des Aufwertungswahlrechts werden im Jahr 01 nur die tatsächlich zu tragenden Währungsverluste von 3846 € verrechnet. Im Jahr 02 ergeben sich keine Erfolgswirkungen.

Im Fall c liegt keine nachhaltige Erhöhung des Werts des US-$ vor, da bei Bezahlung der Kurs des US-$ mit dem bei Entstehung der Verbindlichkeit übereinstimmt. Der Bilanzwert der Verbindlichkeit bleibt unverändert bei 100 000 €.

Im Fall d ist der Kurs zu dem Zeitpunkt, zu dem die Verbindlichkeit beglichen wird, ungünstiger als der Kurs am Bilanzstichtag. Deshalb ist bei dem Anstieg des Werts des US-$ von einer nachhaltigen Erhöhung der Belastung auszugehen. Bei Ausübung des Aufwertungswahlrechts beträgt der Wertansatz der Verbindlichkeit 108 000 €. Die Bewertung erfolgt mit dem am Bilanzstichtag geltenden Kurs. Eine Bewertung mit dem ungünstigeren Kurs am Tag der Bezahlung von 1,20 US-$/€ (Wert der Belastung: 112 500 €) scheidet aus, da nach dem Stichtagsprinzip auf die Verhältnisse am Abschlussstichtag abzustellen ist. Die Verschlechterung des Kurses von 1,25 US-$/€ (31.12.01) auf 1,20 US-$/€ (15.2.02) ist erst in der Periode 02 entstanden. Von den Währungsverlusten von insgesamt 12 500 € werden im Jahr 01 8000 € und im Jahr 02 4500 € verrechnet.

Verbindlichkeiten, bei denen der Zinssatz für einen bestimmten Zeitraum festgeschrieben ist und innerhalb dieses Zeitraums keine Tilgung möglich ist, sind auch dann mit ihrem Nennwert zu bewerten, wenn das Zinsniveau inzwischen gesunken ist. Für diese Vorgehensweise bestehen mehrere Argumente: Die **Verbesserung der allgemeinen Kreditbedingungen** hat keinen Einfluss auf den Erfüllungsbetrag.[339] Da der Rückzahlungsbetrag weiterhin mit dem Nennbetrag übereinstimmt, liegt insoweit keine voraussichtlich dauernde Werterhöhung vor. Durch die Senkung des Zinsniveaus entstehen keine Aufwendungen, vielmehr reduziert sich lediglich die Höhe der erzielbaren Erträge. Durch das Imparitätsprinzip sind Aufwendungen zu antizipieren, nicht entgangene Gewinne. Eine beschaffungsmarktorientierte Ableitung des Stichtagswerts widerspricht grundsätzlich den GoB.[340] **511**

(3) Abzinsung: Der Ausgangswert „Erfüllungsbetrag" ist grundsätzlich **mit einem Zinssatz von 5,5% abzuzinsen** (§ 6 Abs. 1 Nr 3 S. 1 EStG). Leitbild für das Abzinsungsgebot sind **unverzinsliche Verbindlichkeiten**. Der Barwert entspricht dem abgezinsten Erfüllungsbetrag. Bei dem Zahlungsaufschub handelt es sich um ein Kreditgeschäft. Die daraus resultierenden Zinsaufwendungen sind den folgenden Perioden zuzurechnen. Sie sind am Abschlussstichtag noch nicht verursacht. Aus den gleichen Überlegungen sind **Zerobonds** (Anleihen, die keine laufenden Zinszahlungen vorsehen und die am Ende der Laufzeit in einem Einmalbetrag getilgt werden) bei erstmaliger Passivierung mit ihrem Ausgabepreis zu bewerten und in den Folgeperioden aufzuzinsen, dh der Wert der Verpflichtung ist entsprechend der in der abgelaufenen Periode verursachten Zinsaufwendungen zu erhöhen (Nettomethode). **512**

Der Abzinsungszeitraum endet an dem Tag, an dem die Verbindlichkeit vollständig getilgt ist. Die Zinsen sind tagesgenau zu berechnen.

Der Gewinn aus der Abzinsung stellt einen außerordentlichen Ertrag dar, die sich anschließende Aufzinsung einen außerordentlichen Aufwand. Ein Rechnungsabgrenzungsposten ist nicht zu bilden.[341]

Eine **Abzinsung unterbleibt** bei **513**

- verzinslichen Verbindlichkeiten,
- kurzfristigen Verbindlichkeiten (Restlaufzeit weniger als zwölf Monate) und
- Anzahlungen oder Vorausleistungen (§ 6 Abs. 1 Nr 3 S. 2 EStG).

Eine verzinsliche Verbindlichkeit liegt vor, wenn ein Zinssatz von mehr als 0% vereinbart wird. Stehen einer Verbindlichkeit keine laufenden Zinszahlungen, sondern

339 Vgl BFH vom 15.5.1963, BStBl. 1963 III, S. 327.

340 So bereits Koch, WPg 1957, S. 1, 31 und 60 für die Bewertung von Wirtschaftsgütern auf der Aktivseite. In der Literatur wird demgegenüber zum Teil gefordert, dass bei einer dauerhaften Überverzinslichkeit der höhere Teilwert der Verbindlichkeit angesetzt werden soll. Begründet wird diese Ansicht damit, dass ein potenzieller Käufer bei einer im Vergleich zum aktuellen Marktzins überverzinslichen Verbindlichkeit der Belastung einen höheren Wert beimessen würde als dem Nennwert der Verbindlichkeit, vgl Bachem, DStR 1999, S. 773.

341 Die Auf- und Abzinsungsbeträge stellen Zinsaufwand bzw Zinsertrag iSd „Zinsschranke" dar (§ 4h Abs. 3 S. 4 EStG). Die Aufwendungen aus der Aufzinsung gelten gewerbesteuerlich nicht als Entgelt für Schulden, sodass eine Hinzurechnung nach § 8 Nr 1 GewStG unterbleibt, vgl BMF-Schreiben vom 2.7.2012, BStBl. 2012 I, S. 654, Tz. 12 unter Hinweis auf BMF-Schreiben vom 26.5.2005, BStBl. 2005 I, S. 699, Tz. 39.

andere wirtschaftliche Nachteile gegenüber (zB Verpflichtung zur unentgeltlichen Überlassung eines Wirtschaftsguts des Betriebsvermögens), wird gleichfalls von einer verzinslichen Verbindlichkeit ausgegangen, sodass keine Abzinsung vorzunehmen ist.[342]

Beispiel: Der Gesellschafter einer Kapitalgesellschaft gewährt der A-GmbH am 31.12.01 ein unverzinsliches Darlehen in Höhe von 200 000 €, das nach fünf Jahren zurückzuzahlen ist.[343]

Das Darlehen ist mit seinem Barwert von 153 027 € (= 200 000 €/$1{,}055^5$) zu passivieren. Zu dem Zeitpunkt, zu dem das Darlehen gewährt wird, entsteht ein Ertrag von 46 973 € (= 200 000 € – 153 027 €).

31.12.01:

Bank	200 000 €	an	Verbindlichkeit	153 027 €
			Ertrag	46 973 €

In den Folgejahren ist die Verbindlichkeit sukzessive aufzuzinsen, bis am 31.12.06 der Nennwert von 200 000 € erreicht ist. In den Jahren 02 bis 06 errechnen sich die Zinsaufwendungen jeweils dadurch, dass der Wert der Verbindlichkeit zu Beginn des Jahres mit dem Zinssatz von 5,5% multipliziert wird. In der Summe gleichen sich die Erträge aus dem Jahr 01 mit den Aufwendungen in den Jahren 02 bis 06 aus. Durch die Abzinsung einer Verbindlichkeit entsteht also ein negativer Zeiteffekt.

Im Jahr 02 werden Aufwendungen von 8416 € (= 153 027 € × 0,055) verbucht und die Verbindlichkeit entsprechend erhöht. In den Folgejahren ist analog vorzugehen:

31.12.02:

Aufwand	8 416 €	an	Verbindlichkeit	8 416 €

III. Bewertung von Rückstellungen (ungewisse Verpflichtungen)

514 Bei der Bewertung von Rückstellungen stellen sich zwei Grundfragen:

- Wie ist die Ungewissheit über das Bestehen und/oder die Höhe von Rückstellungen zu berücksichtigen?
- Wie sind die bei der Feststellung des Werts herangezogenen Berechnungselemente zu konkretisieren?

1. Berücksichtigung der Ungewissheit

515 Bei der Bewertung von Rückstellungen sind im Regelfall **Schätzungen unvermeidlich**. Der Bilanzersteller muss den Wert einer Rückstellung nach pflichtgemäßem Ermessen konkretisieren. Bei der Anwendung der „vernünftigen kaufmännischen Beurteilung“ sind sowohl der Grundsatz der Bewertungsvorsicht als auch der Grundsatz der Richtigkeit zu beachten. Aufgrund der definitionsgemäßen Unbestimmtheit der Sachverhalte, die über Rückstellungen erfasst werden, lassen sich diese aus den GoB

342 Zu Einzelheiten siehe BMF-Schreiben vom 26.5.2005, BStBl. 2005 I, S. 699.

343 Eine Korrektur unterbleibt, da verdeckte Einlagen die Gewährung eines bilanzierungsfähigen Vermögensvorteils voraussetzen. Zu verdeckten Einlagen siehe Fünfter Abschnitt, Kapitel E., Rn. 607–610.

ergebenden Anforderungen nur schwer operationalisieren. Wie bei der Prüfung, ob eine Verpflichtung dem Grunde nach hinreichend konkretisiert ist, ist auch bei der Bewertung von Rückstellungen zu fordern, dass **für den gewählten Wert mehr Gründe** sprechen **als für eine andere Bewertung**. Der Bilanzierende muss selbst davon überzeugt sein, dass die von ihm vorgenommene Bewertung die aus der Verpflichtung resultierende Belastung am besten wiedergibt. Die vom Gesetz vorgeschriebene Bewertung nach vernünftiger kaufmännischer Beurteilung bzw mit dem Teilwert erfordert eine objektivierte Sichtweise. Nach dem Grundsatz der Richtigkeit sind bei der Bewertung sämtliche auszahlungserhöhende und sämtliche auszahlungsmindernde Tatbestände gegeneinander abzuwägen. Eine ausschließliche Berücksichtigung von negativen Aspekten ist unzulässig. Eine Bewertung zu dem bei pessimistischer Beurteilung denkbaren Maximalbetrag würde nicht dem Grundsatz der Richtigkeit widersprechen, sondern auch den Vorsichtsgedanken überbetonen. Damit wäre gleichzeitig der Grundsatz der Bewertungsvorsicht verletzt. Aufgrund der an eine objektivierte Rechnungslegung gestellten Anforderungen (Grundsatz der Rechtssicherheit) muss der Bilanzierende **den gewählten Wert** anhand intersubjektiv nachprüfbarer Aufzeichnungen **belegen**.

In Abhängigkeit vom **Grad der Ungewissheit** lässt sich eine **Differenzierung** in wahrscheinliche, glaubwürdige und vertrauenswürdige Erwartungen vornehmen.[344] Diese Leitlinien zur Einschränkung des Ermessensspielraums des Bilanzierenden gelten für die handelsrechtliche Rechnungslegung. Sie können weitgehend auf die steuerliche Gewinnermittlung übertragen werden. Allerdings werden in Teilbereichen im Steuerrecht konkretere Vorgaben zur Erfassung der Ungewissheit gemacht, die den Ermessensspielraum des Steuerpflichtigen noch weiter eingrenzen sollen (Fall 8b des Maßgeblichkeitsprinzips):

(a) Bei **wahrscheinlichen Erwartungen** verfügt das Unternehmen über eine mit Hilfe von statistischen Grundsätzen oder aus empirischen Untersuchungen abgeleitete **Wahrscheinlichkeitsverteilung** hinsichtlich der voraussichtlich eintretenden Belastung. In diesen Fällen können Rückstellungen mit dem Erwartungswert bewertet werden. **516**

Ein idealtypisches Beispiel für die Verwendung von nach statistischen Grundsätzen ermittelten Wahrscheinlichkeiten bilden Pensionsrückstellungen. Bei deren Bewertung sind die anerkannten Regeln der Versicherungsmathematik anzuwenden (§ 6a Abs. 3 S. 3 EStG). Konkretisiert wird diese allgemeine Aussage durch die Verwendung von Sterbe- und Invalidisierungswahrscheinlichkeiten, die in allgemein zugänglichen Tabellenwerken (zB „Heubeck-Richttafeln“) zusammengestellt sind.

(b) **Glaubwürdige Erwartungen** zeichnen sich dadurch aus, dass aufgrund **intersubjektiv nachvollziehbarer Daten** das Ausmaß der Verpflichtung näherungsweise bestimmt werden kann. In diesen Situationen sind die Rückstellungen mit dem Wert zu bewerten, für den die größte Eintrittswahrscheinlichkeit besteht. Beispiele hierfür bilden Rückstellungen für Garantieverpflichtungen oder für Reparaturrechnungen, bei denen bereits ein Kostenvoranschlag vorliegt. **517**

344 Vgl Baetge/Kirsch/Thiele, Bilanzen, 14. Aufl., Düsseldorf 2017, S. 430–432.

Für die Steuerbilanz wird ausdrücklich vorgeschrieben, dass Rückstellungen auf der Grundlage von Erfahrungen zu bewerten sind, die in der Vergangenheit bei der Abwicklung gleichartiger Geschäftsvorgänge gewonnen wurden. Insbesondere ist die Wahrscheinlichkeit zu berücksichtigen, dass der Steuerpflichtige in der Vergangenheit derartige Verpflichtungen nur zum Teil erfüllen musste (§ 6 Abs. 1 Nr 3a Buchst. a EStG). Für Versicherungsunternehmen wird dieser Grundsatz für Rückstellungen zur Abwicklung von Schadensfällen noch konkreter ausgestaltet (§ 20 Abs. 2 KStG iVm § 341g HGB). Durch diese Vorschriften soll der Ermessensspielraum des Steuerpflichtigen eingeschränkt werden. Sie sind weitere Beispiele dafür, dass im Rahmen der steuerlichen Gewinnermittlung dem Grundsatz der Tatbestandsmäßigkeit und Tatbestandsbestimmtheit der Besteuerung eine hohe Bedeutung zukommt. Durch die im Vergleich zum Grundsatz der Bewertungsvorsicht stärkere Betonung des Objektivierungsgedankens ist es nicht ausgeschlossen, dass der Rückstellungswert in der Steuerbilanz niedriger ausfällt als in der Handelsbilanz.

518 (c) Bei **vertrauenswürdigen Erwartungen** verfügt der Bilanzersteller hinsichtlich der Höhe der Verpflichtung **lediglich** über einige **Anhaltspunkte**. In diesen Fällen ist die Rückstellung so zu dotieren, dass nach den vorliegenden Informationen davon ausgegangen werden kann, dass die tatsächlich eintretende Belastung – abgesehen von sehr ungewöhnlichen Umständen – mit großer Wahrscheinlichkeit nicht höher ausfällt. Bei gemeinsamer Betrachtung der beiden Grundsätze der Richtigkeit und der Bewertungsvorsicht lässt sich ableiten, dass der Bilanzierende den von ihm gewählten Wertansatz plausibel begründen muss. Dies setzt voraus, dass er die Höhe der möglicherweise eintretenden Belastung durch aussagekräftige Unterlagen belegen kann. Die Aufzeichnungen müssen so konkret und spezifiziert sein, dass eine angemessene Schätzung der Höhe der zu erwartenden Aufwendungen möglich ist. Soweit eine Schätzung erforderlich ist und der Steuerpflichtige die ihn treffende Darlegungs- und Beweislast nicht ausreichend erfüllen kann, hat sich die Schätzung am unteren Rahmen zu bewegen. Die Höhe der Rückstellung ist jedes Jahr daraufhin zu überprüfen, ob für die Zukunft Korrekturen erforderlich sind.[345] Aufgrund der bei vertrauenswürdigen Erwartungen definitionsgemäß hohen Ungewissheit sind dennoch Ermessensspielräume unvermeidlich. Aus dem Grundsatz der Richtigkeit ist allerdings abzuleiten, dass dieser Ermessensspielraum in der Handelsbilanz und in der Steuerbilanz in gleicher Weise auszuüben ist. Als Beispiele für Rückstellungen, deren Bewertung mit erheblichen Ermittlungsschwierigkeiten verbunden ist, lassen sich Verpflichtungen aus der Produkthaftung anführen, bei denen hinsichtlich des Auftretens von Schadensersatzverpflichtungen und deren Höhe häufig lediglich bruchstückhafte Informationen vorliegen.

Bei der Bewertung von Rückstellungen sind sämtliche Informationen auszuwerten. Nach dem Stichtagsprinzip ist auf die Verhältnisse abzustellen, die am Abschlussstichtag gelten (§ 252 Abs. 1 Nr 3, 4 HGB). Informationen, die zwischen dem Schluss des Wirtschaftsjahres und dem Tag zugehen, an dem die Bilanz erstellt wird, sind **zu berücksichtigen**, sofern sie als **werterhellende Informationen** anzusehen sind, also lediglich zu einer Verbesserung der Information über die am Abschlussstichtag gel-

345 Vgl beispielsweise BFH vom 19.7.2011, BStBl. 2012 II, S. 856; BFH vom 12.12.2013, BStBl. 2014 II, S. 517.

tenden Verhältnisse führen. Wertbegründende Ereignisse zwischen dem Bilanzstichtag und dem Tag, an dem die Bilanz aufgestellt wird, bleiben auch bei der Bewertung von Rückstellungen unberücksichtigt.

2. Konkretisierung der einzubeziehenden Berechnungsgrößen

Bei der Bewertung von Rückstellungen in der Steuerbilanz gelten folgende **Bewertungsgrundsätze**: 519

- sukzessive Ansammlung bei mehrjährigen Verpflichtungen,
- Bewertung von Sachleistungsverpflichtungen mit den Einzelkosten und den angemessenen Teilen der Gemeinkosten,
- Maßgeblichkeit der am Abschlussstichtag geltenden Wertverhältnisse (keine Berücksichtigung von zukünftigen Preis- und Kostensteigerungen),
- Gebot zur Abzinsung der Verpflichtung mit einem Zinssatz von 5,5% (Grundsatz) bzw 6% (Pensionsrückstellungen),
- Saldierung von positiven und negativen Erfolgsbeiträgen,
- Möglichkeit von Bewertungsvereinfachungen,
- handelsrechtlicher Wert als Obergrenze.

a) Mehrjährige Verpflichtungen

Mehrjährige Verpflichtungen sind in Verteilungsrückstellungen und Ansammlungsrückstellungen einzuteilen. Zusätzlich sind die bei Pensionsrückstellungen geltenden Besonderheiten zu beachten. 520

(1) Verteilungsrückstellungen: Als Verteilungsrückstellungen gelten Verpflichtungen, deren Entstehen im wirtschaftlichen Sinne auf den laufenden Betrieb zurückzuführen ist. Verteilungsrückstellungen sind **zeitanteilig in gleichen Jahresbeträgen anzusammeln** (§ 6 Abs. 1 Nr 3a Buchst. d S. 1 EStG). Diese Regelung stimmt mit den bei der abstrakten Bilanzierungsfähigkeit erläuterten Kriterien zur wirtschaftlichen Verursachung überein. Ein Beispiel für Verteilungsrückstellungen bilden Verpflichtungen zur Entfernung oder Erneuerung von Betriebsanlagen, insbesondere Abbruchverpflichtungen für Gebäude oder eines Kernkraftwerkes (R 6.11 Abs. 2 S. 1, 2 EStR). Nach der vermögensorientierten Verursachungskonzeption gelten derartige Verpflichtungen in dem Zeitpunkt, in dem der Betrieb eröffnet wird, noch nicht als entstanden, sondern erst in dem Zeitpunkt, in dem diese Verpflichtung zu erfüllen ist. Dies ist regelmäßig erst bei Einstellung des laufenden Betriebs der Fall. Da die wirtschaftliche Verursachung als Vorstufe der rechtlichen Entstehung der Verpflichtung angesehen wird, gilt eine Verteilungsrückstellung aber nach der erfolgsorientierten Verursachungskonzeption insoweit als vor dem Abschlussstichtag verursacht, als in der Vergangenheit bereits Erträge erzielt wurden. Insoweit ist nach dem Grundsatz der Abgrenzung von Aufwendungen der Sache nach eine Rückstellung zu passivieren. Die im Einkommensteuergesetz enthaltene Regelung wirkt somit lediglich klarstellend (Fall 2a des Maßgeblichkeitsprinzips: übereinstimmende Vorgaben in der Handels- und Steuerbilanz). 521

Für die seit 1.1.2007 bestehende Verpflichtung nach dem Altfahrzeug-Gesetz auch Fahrzeuge unentgeltlich zurückzunehmen, die vor dem 1.7.2002 in den Verkehr gebracht wurden, musste in der Steuerbilanz zwischen dem 1.7.2002 und dem 1.1.2007 die Rückstellung zeitanteilig in gleichen Raten aufgebaut werden (§ 6 Abs. 1 Nr 3a Buchst. d S. 2 EStG). Eine Besonderheit gilt für die Verpflichtung zur Stilllegung von Kernkraftwerken, für die der Verteilungszeitraum bis zum Beginn der Stilllegung verlängert wird und für die der Verteilungszeitraum bei Unkenntnis des Stilllegungszeitpunkts auf 25 Jahre fixiert ist (§ 6 Abs. 1 Nr 3a Buchst. d S. 3 EStG). Durch diese Vorgaben kommt es aus energiepolitischen Gründen zu einer Durchbrechung des Maßgeblichkeitsprinzips (Fall 2b).

522 *(2) Ansammlungsrückstellungen:* Ansammlungsrückstellungen umfassen Verpflichtungen, bei denen die Belastung nicht nur wirtschaftlich, sondern auch **tatsächlich von Jahr zu Jahr zunimmt**. Hierzu gehört beispielsweise die Verpflichtung zur Rekultivierung von Grundstücken oder zum Auffüllen von Kiesgruben oder von Bohrlöchern. Die Verpflichtung erhöht sich im Zeitablauf entsprechend der Schädigung des Grundstücks, dem Umfang des Abbaus oder der Bohrung. Die **sukzessive Erhöhung des Werts der Rückstellung** entspricht dem allgemeinen Grundsatz, dass eine Verpflichtung in dem Umfang vorliegt, in dem sie bis zum Bilanzstichtag verursacht ist. Die handelsrechtliche Vorgehensweise ist für die Steuerbilanz zu übernehmen (R 6.11 Abs. 2 S. 3–6 EStR), sodass der Fall 1 des Maßgeblichkeitsprinzips vorliegt.

523 *(3) Besonderheiten bei Pensionsrückstellungen:* Da Zusagen auf Pensionszahlungen eine Vergütung für eine mehrjährige Arbeitsleistung des Arbeitnehmers darstellen, sind Pensionsrückstellungen ratierlich anzusammeln. Die Pensionsrückstellungen sind so zu bilden, dass ihr Wert bei Erreichen der Altersgrenze dem Barwert der zu erwartenden Rentenleistungen entspricht. Für die Steuerbilanz ist das Teilwertverfahren verbindlich vorgegeben. Der **Teilwert** einer Pensionsrückstellung entspricht dem Überschuss der zukünftigen Versorgungsleistungen über die noch zu verrechnenden Jahresbeträge (§ 6a Abs. 3 EStG):

in der Anwartschaftszeit:

Barwert der zukünftigen Versorgungsleistungen am Bewertungsstichtag
– Barwert der (verbleibenden) zukünftigen betragsmäßig gleichbleibenden Jahresbeträge am Bewertungsstichtag

Die Jahresbeträge werden so festgesetzt, dass zu Beginn des Dienstverhältnisses ihr Barwert dem Barwert der zukünftigen Versorgungsleistungen entspricht.

nach Beendigung des Beschäftigungsverhältnisses:

Barwert der zukünftigen Versorgungsleistungen am Bewertungsstichtag.

524 In § 253 Abs. 1 S. 2 HGB ist für die Bewertung von Pensionsrückstellungen kein spezielles Bewertungsverfahren vorgeschrieben. Es besteht allerdings die Tendenz, im handelsrechtlichen Jahresabschluss (in Anlehnung an die internationalen Rechnungslegungsgrundsätze) auf die „Projected Unit Credit Method" überzugehen. Diese Methode gehört zur Gruppe der Ansammlungsverfahren. Diese Verfahren orientieren sich am Prinzip der laufenden Einmalprämien, dh sie ordnen jedem Beschäftigungsjahr des Arbeitnehmers den Versorgungsanteil zu, den dieser im jeweiligen Jahr erworben hat. Die kumulierten Teilansprüche werden auf den Abschlussstichtag abgezinst (Verpflichtungsbarwert). Die Prämienhöhe steigt im Zeitablauf, da sich der Abzinsungszeitraum von Jahr zu Jahr reduziert. Das im Steuerrecht vorgeschriebene Teilwertverfahren ist demgegenüber eine Form der **Gleichverteilungsverfahren**.

Der Versorgungsaufwand in Form der fiktiven Nettoprämie wird in jedem Jahr in gleicher Höhe ausgewiesen. Beim Teilwertverfahren erfolgt die gleichmäßige Verteilung des Versorgungsaufwands auf den Zeitraum zwischen Beginn des Dienstverhältnisses und Beginn des Versorgungszeitraums.[346] Die verbindliche Vorgabe des Teilwertverfahrens für die steuerliche Gewinnermittlung führt zu einer Einschränkung der Maßgeblichkeit der Handelsbilanz für die Steuerbilanz (Fall 8b: Einschränkung des Ermessensspielraums durch gesetzliche Konkretisierung des für steuerliche Zwecke anzuwendenden Bewertungsverfahrens).

Das Verbot zur Bildung von Pensionsrückstellungen, solange der Arbeitnehmer ein vom Zeitpunkt der Zusage abhängiges Lebensjahr nicht erreicht hat[347] oder die Versorgungsansprüche nach § 1 Abs. 2 BetrAVG noch nicht unverfallbar geworden sind oder der Versorgungsfall noch nicht eingetreten ist (§ 6a Abs. 2 Nr 1 EStG), widerspricht nicht dem Gedanken einer gleichmäßigen Ansammlung der Pensionsrückstellung. Auf diese Weise wird in pauschalierter Form berücksichtigt, dass der Arbeitnehmer möglicherweise vor Eintritt eines Versorgungsfalls aufgrund eines Arbeitsplatzwechsels aus dem Unternehmen ausscheidet. Diese Regelung dient der Objektivierung (Grundsatz der Rechtssicherheit) und der Vereinfachung (Grundsatz der Wirtschaftlichkeit). Die Unzulässigkeit der Verwendung von betriebsindividuellen Fluktuationswahrscheinlichkeiten ist mit einer Einschränkung des Ermessensspielraums verbunden (Fall 8b: Einschränkung des Maßgeblichkeitsprinzips).

Der Wert einer Pensionsrückstellung darf in jedem Jahr höchstens um den Unter- **525**
schied zwischen dem Teilwert der Pensionsrückstellung am Schluss des Wirtschaftsjahres und dem Teilwert am Ende des Vorjahres erhöht werden (§ 6a Abs. 4 S. 1 EStG). Dieses **Nachholverbot** ist bei „Neuzusagen“ nicht bedeutsam, da für „Neuzusagen“ eine Passivierungspflicht besteht. Bei „Altzusagen“ bewirkt das Nachholverbot, dass insoweit der Gestaltungsspielraum des Bilanzierenden eingeschränkt wird. Die in Vorjahren unterlassenen Zuführungen zu den Pensionsrückstellungen können nicht beliebig nachgeholt werden. Eine Ausnahme vom Nachholungsverbot besteht in dem Jahr, in dem das Beschäftigungsverhältnis mit dem Arbeitnehmer unter Aufrechterhaltung seiner Versorgungsanwartschaft endet, und in dem Jahr, in dem der Versorgungsfall eintritt (§ 6a Abs. 4 S. 5 EStG).

346 Beim Gegenwartsverfahren wird der Versorgungsaufwand gleichmäßig auf den Zeitraum zwischen Zeitpunkt der Versorgungszusage und Beginn des Versorgungszeitraums verteilt. Wird die Versorgungszusage bereits bei Beginn des Beschäftigungsverhältnisses gegeben, stimmen Teilwert- und Gegenwartsverfahren überein. Liegt der Zusagezeitpunkt nach dem Zeitpunkt des Beginns des Beschäftigungsverhältnisses, ist beim Teilwertverfahren im Zusagezeitpunkt für die bereits abgelaufene Beschäftigungszeit eine Einmalzuführung erforderlich. Das Teilwertverfahren führt damit während der Beschäftigungszeit zu einem höheren Rückstellungswert. Diese Differenz wird durch geringere laufende Zuführungen bis zum Beginn des Versorgungszeitraums sukzessive abgebaut.

347 Das Mindestlebensalter liegt zwischen 23 (Zusagen nach dem 31.12.2017) und 30 Jahren (Zusagen vor dem 1.1.2001).

b) Umfang der einzubeziehenden Aufwendungen bei Sachleistungsverpflichtungen

526 Sachleistungsverpflichtungen sind mit den **Einzelkosten sowie** den **angemessenen** Teilen der notwendigen **Gemeinkosten** zu bewerten (§ 6 Abs. 1 Nr 3a Buchst. b EStG). Dies gilt sowohl für Schuldrückstellungen als auch für Aufwandsrückstellungen. Bei der Begrenzung der Art der einzubeziehenden Aufwendungen („notwendig") sowie deren Höhe („angemessen") liegt es nahe, auf die bei der Konkretisierung der Herstellungskosten für Aktiva anzuwendenden Grundsätze zurückzugreifen. Der dabei bestehende Ermessensspielraum ist in der Handelsbilanz und in der Steuerbilanz in gleicher Weise auszuüben (Fall 8a des Maßgeblichkeitsprinzips).

Bei der Bewertung von Sachleistungsverpflichtungen sind wie bei der Bestimmung der Herstellungskosten von Aktiva nicht nur die Einzelkosten und die variablen Gemeinkosten einzubeziehen, sondern anteilig auch die beschäftigungsunabhängigen Gemeinkosten (Fixkosten). Dies bedeutet beispielsweise für Versicherungsunternehmen, dass in den Rückstellungsbetrag nicht nur die voraussichtlich zu erbringenden Versicherungsleistungen eingehen, sondern auch die Aufwendungen zur Ermittlung der Schadenskosten und zur Abwicklung des Versicherungsfalls (§ 341g Abs. 1 HGB).

Kosten der allgemeinen Verwaltung und Kosten im sozialen Bereich (soziale Einrichtungen des Betriebs, freiwillige soziale Leistungen und betriebliche Altersversorgung) dürfen berücksichtigt werden, soweit der Bezug zu der zu bewertenden Sachleistungsverpflichtung in plausibler Weise begründet werden kann. Bei den fixen Gemeinkosten sind auch Fremdkapitalzinsen zu berücksichtigen, obwohl für diese auf der Aktivseite bei Ermittlung der Herstellungskosten ein Einbezugswahlrecht besteht. Diese Aufwendungen sind Teil der notwendigen Gemeinkosten. Voraussetzung für ihren Einbezug ist, dass sie sich der zu erbringenden Sachleistung durch Kostenschlüsselung verursachungsgerecht zuordnen lassen und dass sie der Höhe nach angemessen sind.[348] Aufgrund des Grundsatzes der Pagatorik können kalkulatorische Kosten nicht angesetzt werden (zB der Wert der zukünftigen Arbeitsleistung des Inhabers, wenn dieser die Sachleistungsverpflichtung selbst erfüllt).

c) Maßgeblichkeit der am Abschlussstichtag geltenden Wertverhältnisse

527 In der **Handelsbilanz** ist bei der Bewertung von Sachleistungsverpflichtungen auf die Wertverhältnisse abzustellen, die (voraussichtlich) zu dem Zeitpunkt gelten, zu dem die Verpflichtung (voraussichtlich) zu erfüllen ist (§ 253 Abs. 1 S. 2 HGB). Damit sind bei der Bewertung von Rückstellungen auch die Preis- und Kostensteigerungen einzubeziehen, die in dem Zeitraum zwischen dem Abschlussstichtag und dem Zeitpunkt der Erfüllung der Verpflichtung eintreten. Demgegenüber sind für die Bewertung von Rückstellungen in der **Steuerbilanz** die am Abschlussstichtag geltenden Wertverhältnisse maßgebend. Zukünftig zu erwartende Preis- und Kostensteigerungen dürfen (noch) nicht berücksichtigt werden (§ 6 Abs. 1 Nr 3a Buchst. f EStG). Für Pensionsverpflichtungen ist ergänzend normiert, dass bei der Bewertung der

348 Vgl BFH vom 11.10.2012, BStBl. 2013 II, S. 676 sowie Adrian, WPg 2013, S. 463; Bahlburg, StuB 2013, S. 319.

Pensionsrückstellungen die Pensionsleistungen mit dem Betrag anzusetzen sind, der sich nach den Verhältnissen am Bilanzstichtag ergibt, sodass Gehalts- und Rententrends – einschließlich der Anpassungsverpflichtung von Betriebsrenten nach § 16 BetrAVG – bei der Bewertung der Pensionsrückstellung unbeachtet bleiben (§ 6a Abs. 3 S. 2 Nr 1 S. 2 EStG).

Nach der steuerrechtlichen Regelung gilt die nach dem Abschlussstichtag durch einen Preis- oder Kostenanstieg ausgelöste Erhöhung der Belastung in der abgelaufenen Periode nicht als verursacht. Die zukünftigen Preis- und Kostensteigerungen werden als wertbegründende Ereignisse beurteilt, die erst nach dem Abschlussstichtag eintreten und deshalb im abgelaufenen Wirtschaftsjahr noch nicht berücksichtigt werden dürfen. Demgegenüber wird in der handelsrechtlichen Rechnungslegung davon ausgegangen, dass der Ausweis der zu erwartenden Höhe der Auszahlung einen größeren Informationswert für den Bilanzadressaten hat. Es kommt zu einem Zielkonflikt zwischen der Zahlungsbemessungsfunktion (Abstellen auf die am Bilanzstichtag geltenden Verhältnisse) und der Informationsfunktion (mit Berücksichtigung zukünftiger Preis- und Kostensteigerungen). Die Abweichungen zwischen dem HGB und dem EStG beruhen auf einer **unterschiedlichen Interpretation des Stichtagsprinzips**. Damit wird einer der zentralen Grundsätze ordnungsmäßiger Buchführung in den beiden Rechnungslegungskreisen anders interpretiert.[349] Da für beide Bilanzen die Vorgehensweise verbindlich vorgegeben ist, kommt es zu einer Durchbrechung der Maßgeblichkeit (Fall 2b).

d) Abzinsungsgebot

(1) Gesetzliche Regelung: In der **Steuerbilanz** sind Rückstellungen mit ihrem **Barwert** anzusetzen. Der **Zinssatz** ist **auf 5,5% normiert** (§ 6 Abs. 1 Nr 3a Buchst. e EStG).[350] 528

Für Pensionsrückstellungen ist in der Steuerbilanz ein Abzinsungsfaktor von 6% vorgeschrieben (§ 6a Abs. 3 S. 3 EStG).[351] Besonderheiten gelten auch für Versicherungsunternehmen. Bei Rückstellungen für Beitragsrückerstattungen unterbleibt eine Abzinsung (§ 21 Abs. 3 KStG). Für Deckungsrückstellungen wird der jeweils zum Zeitpunkt des Abschlusses des Versicherungsvertrags geltende Garantiezinssatz angesetzt. Dieser beläuft sich derzeit auf 0,9% (§ 21a Abs. 1 KStG iVm § 88 Abs. 3 VAG, § 2 Abs. 1, 2 DeckRV).

---

349 Im Rahmen der steuerlichen Gewinnermittlung kommt es aber auch insoweit zu einer Modifikation des Stichtagsprinzips in seiner strengen Interpretation, als fest zugesagte prozentuale Rentenerhöhungen sowie zugesagte Steigerungen der Rentenanwartschaften bei der Bewertung der Rückstellungen berücksichtigt werden dürfen (H 6a Abs. 17 EStH unter Hinweis auf BFH vom 17.5.1995, BStBl. 1996 II, S. 423 und BFH vom 25.10.1995, BStBl. 1996 II, S. 403).

350 Die Auf- und Abzinsungsbeträge stellen Zinsaufwand bzw Zinsertrag iSd „Zinsschranke" dar (§ 4h Abs. 3 S. 4 EStG). Die Aufwendungen aus der Aufzinsung gelten gewerbesteuerlich nicht als Entgelt für Schulden, sodass eine Hinzurechnung nach § 8 Nr 1 GewStG unterbleibt, vgl BMF-Schreiben vom 2.7.2012, BStBl. 2012 I, S. 654, Tz. 12 unter Hinweis auf BMF-Schreiben vom 26.5.2005, BStBl. 2005 I, S. 699, Tz. 39.

351 Dieser Zinssatz liegt deutlich über dem aktuellen Marktzins. Beim BVerfG ist ein Verfahren anhängig, ob die dadurch entstehende Unterbewertung von Pensionsrückstellungen mit dem Gleichheitsgrundsatz nach Art. 3 GG vereinbar ist, vgl FG Köln vom 12.10.2017, EFG 2018, S. 287 (Aktenzeichen beim BVerfG 2 BvL 22/17).

529 *(2) Abzinsungsgebot:* Das Abzinsungsgebot gilt sowohl für Geldleistungsverpflichtungen als auch für Sachleistungsverpflichtungen. Steht der Fälligkeitszeitpunkt nicht fest, ist die Laufzeit nach den Umständen des jeweiligen Einzelfalls zu schätzen. Die Abzinsung ist auch bei Verteilungs- und Ansammlungsrückstellungen vorzunehmen.[352] Eine Abzinsung unterbleibt ausnahmsweise, wenn die Verpflichtung innerhalb von weniger als zwölf Monaten zu erfüllen ist, wenn die ungewisse Verbindlichkeit, die der Rückstellung zugrunde liegt, verzinslich ist oder wenn die Rückstellung auf einer Anzahlung oder Vorleistung beruht.[353]

Bezogen auf das allgemein geltende Gebot, Rückstellungen mit einer Laufzeit von mehr als einem Jahr abzuzinsen, besteht zwischen der Handelsbilanz und der Steuerbilanz Übereinstimmung. Sowohl § 253 Abs. 2 S. 1 HGB als auch § 6 Abs. 1 Nr 3a Buchst. e EStG sehen dem Grunde nach eine Abzinsungspflicht vor, wenn die Laufzeit der Rückstellung ein Jahr übersteigt (Fall 2a des Maßgeblichkeitsprinzips).

Beispiel: Die Z-AG mietet ein unbebautes Grundstück. Auf diesem Grundstück errichtet die Z-AG ein Gebäude. Die Herstellung dieses Gebäudes auf fremdem Grund und Boden ist zum 31.12.00 abgeschlossen. Nach Ablauf des Mietvertrags am 31.12.20 hat die Z-AG das Grundstück in unbebautem Zustand zurückzugeben. Die Kosten für den Abbruch des Gebäudes belaufen sich voraussichtlich auf 400 000 €.

Die Abbruchverpflichtung ist zeitanteilig zu passivieren (Verteilungsrückstellung, § 6 Abs. 1 Nr 3a Buchst. d EStG). Am Ende des ersten Jahres ist 1/20 von 400 000 € = 20 000 € zu verrechnen. Da am 31.12.01 die Restlaufzeit der Verpflichtung noch 19 Jahre beträgt, errechnet sich der Barwert der Rückstellung für diesen Stichtag wie folgt: $1/20 \times 400\,000\,€/1{,}055^{19} = 7232\,€$.

Im Jahr 02 erhöht sich der zu passivierende Anteil auf 2/20. Die Restlaufzeit beträgt am 31.12.02 nur noch 18 Jahre. Die Rückstellung ist auf 15 259 € zu erhöhen: $2/20 \times 400\,000\,€/1{,}055^{18}$. Im Jahr 02 sind damit Aufwendungen von 8027 € (= 15 259 € – 7232 €) zu verrechnen.

In analoger Vorgehensweise entwickelt sich die Rückstellung für die Abbruchverpflichtung während des Bestehens des Mietvertrags wie folgt:

Stichtag	anteiliger Wert vor Abzinsung	Abzinsungsfaktor	Rückstellungsbetrag	Zuführung zur Rückstellung
31.12.01	20 000 €	$1{,}055^{19}$	7 232 €	7 232 €
31.12.02	40 000 €	$1{,}055^{18}$	15 259 €	8 027 €
31.12.03	60 000 €	$1{,}055^{17}$	24 147 €	8 888 €
31.12.04	80 000 €	$1{,}055^{16}$	33 966 €	9 819 €
31.12.05	100 000 €	$1{,}055^{15}$	44 793 €	10 827 €
31.12.06	120 000 €	$1{,}055^{14}$	56 708 €	11 915 €
31.12.07	140 000 €	$1{,}055^{13}$	69 798 €	13 090 €

352 Vgl BFH vom 5.5.2011, BStBl. 2012 II, S. 98.

353 Zu Einzelheiten siehe BMF-Schreiben vom 26.5.2005, BStBl. 2005 I, S. 699 sowie zB Roser/Tesch/Seemann, FR 1999, S. 1345; van de Loo, DStR 2000, S. 508.

Stichtag	anteiliger Wert vor Abzinsung	Abzinsungs-faktor	Rückstellungs-betrag	Zuführung zur Rückstellung
31.12.08	160 000 €	$1{,}055^{12}$	84 157 €	14 359 €
31.12.09	180 000 €	$1{,}055^{11}$	99 884 €	15 727 €
31.12.10	200 000 €	$1{,}055^{10}$	117 086 €	17 202 €
31.12.11	220 000 €	$1{,}055^{9}$	135 878 €	18 792 €
31.12.12	240 000 €	$1{,}055^{8}$	156 384 €	20 506 €
31.12.13	260 000 €	$1{,}055^{7}$	178 734 €	22 350 €
31.12.14	280 000 €	$1{,}055^{6}$	203 069 €	24 335 €
31.12.15	300 000 €	$1{,}055^{5}$	229 540 €	26 471 €
31.12.16	320 000 €	$1{,}055^{4}$	258 309 €	28 769 €
31.12.17	340 000 €	$1{,}055^{3}$	289 549 €	31 240 €
31.12.18	360 000 €	$1{,}055^{2}$	323 443 €	33 894 €
31.12.19	380 000 €	$1{,}055^{1}$	360 190 €	36 747 €
31.12.20	400 000 €	keine	400 000 €	39 810 €

Fallmodifikation: Nach den Preisverhältnissen des Jahres 01 ist für den Abbruch des Gebäudes mit Kosten von 400 000 € zu rechnen. Diese Kosten erhöhen sich voraussichtlich jährlich um 5%.

Da für die Bewertung der Abbruchverpflichtung jeweils die am Abschlussstichtag maßgebenden Preisverhältnisse heranzuziehen sind, ist im Jahr 02 von Gesamtkosten von 420 000 € (= 400 000 € × $1{,}05^{1}$) auszugehen. Bei einer Verteilungsrückstellung sind diese zeitanteilig anzusetzen: 2/20 von 420 000 € = 42 000 €. Am 31.12.02 beträgt die Restlaufzeit noch 18 Jahre, sodass die Rückstellung mit 16 022 € zu bewerten ist: 2/20 × 420 000 €/$1{,}055^{18}$. Im Jahr 02 sind damit Aufwendungen von 8790 € (= 16 022 € – 7232 €) zu verrechnen. Im Jahr 03 haben sich die Gesamtkosten auf 441 000 € (= 400 000 € × $1{,}05^{2}$) erhöht. Zur Berechnung der Verteilungsrückstellung sind im Jahr 03 zeitanteilig 3/20 von 441 000 € = 66 150 € anzusetzen. Am 31.12.03 beträgt die Restlaufzeit noch 17 Jahre. Damit ist die Rückstellung mit 26 622 € zu bewerten: 3/20 × 441 000 €/$1{,}055^{17}$. Im Jahr 03 sind Aufwendungen von 10 600 € (= 26 622 € – 16 022 €) zu verrechnen. Für die weiteren Jahre sind diese Berechnungen analog fortzusetzen.

Unter Berücksichtigung der zeitanteiligen Ansammlung, dem Abzinsungsgebot sowie der Bewertung zu den am jeweiligen Bilanzstichtag geltenden Preisverhältnissen entwickelt sich die Rückstellung für die Abbruchverpflichtung in der Steuerbilanz während des Bestehens des Mietvertrags wie folgt:

Stichtag	anteiliger Wert vor Abzinsung	Abzinsungs-faktor	Rückstellungs-betrag	Zuführung zur Rückstellung
31.12.01	20 000 €	$1{,}055^{19}$	7 232 €	7 232 €
31.12.02	42 000 €	$1{,}055^{18}$	16 022 €	8 790 €
31.12.03	66 150 €	$1{,}055^{17}$	26 622 €	10 600 €
31.12.04	92 610 €	$1{,}055^{16}$	39 320 €	12 698 €
31.12.05	121 551 €	$1{,}055^{15}$	54 447 €	15 127 €

Stichtag	anteiliger Wert vor Abzinsung	Abzinsungs-faktor	Rückstellungs-betrag	Zuführung zur Rückstellung
31.12.06	153 154 €	$1{,}055^{14}$	72 376 €	17 929 €
31.12.07	187 614 €	$1{,}055^{13}$	93 537 €	21 161 €
31.12.08	225 136 €	$1{,}055^{12}$	118 417 €	24 880 €
31.12.09	265 942 €	$1{,}055^{11}$	147 574 €	29 157 €
31.12.10	310 266 €	$1{,}055^{10}$	181 639 €	34 065 €
31.12.11	358 357 €	$1{,}055^{9}$	221 332 €	39 693 €
31.12.12	410 482 €	$1{,}055^{8}$	267 470 €	46 138 €
31.12.13	466 924 €	$1{,}055^{7}$	320 981 €	53 511 €
31.12.14	527 983 €	$1{,}055^{6}$	382 917 €	61 936 €
31.12.15	593 981 €	$1{,}055^{5}$	454 475 €	71 558 €
31.12.16	665 258 €	$1{,}055^{4}$	537 007 €	82 532 €
31.12.17	742 179 €	$1{,}055^{3}$	632 050 €	95 043 €
31.12.18	825 129 €	$1{,}055^{2}$	741 339 €	109 289 €
31.12.19	914 518 €	$1{,}055^{1}$	866 842 €	125 503 €
31.12.20	1 010 784 €	keine	1 010 784 €	143 942 €

530 Nach den **Periodisierungsgrundsätzen** ist eine **Abzinsung nur** dann **gerechtfertigt, wenn** es sich bei der **Verpflichtung aus rechtlicher oder zumindest aus wirtschaftlicher Sicht** um ein **Kreditgeschäft** handelt.[354] Ein typisches Beispiel hierfür bilden Pensionsrückstellungen. Die Arbeitnehmer verzichten in dem Umfang auf eine sofortige Auszahlung des Arbeitslohns, in dem dieser auf die betriebliche Altersversorgung entfällt. Auch bei Leibrenten (Beispiel: beim Kauf eines Grundstücks wird mit dem Verkäufer eine bis zu seinem Tod monatlich fällige Zahlung vereinbart) ist unstrittig, dass nicht der aufsummierte, voraussichtlich noch zu entrichtende Überweisungsbetrag zu passivieren ist, sondern der Barwert am jeweiligen Bilanzstichtag.

Die Abzinsung beruht aber nicht – wie in den Gesetzesmaterialien zum Bilanzrechtsmodernisierungsgesetz ausgeführt – darauf, dass die in den Rückstellungen gebundenen Finanzmittel investiert und daraus Erträge realisiert werden können.[355] Die Rechtfertigung liegt vielmehr darin, dass durch die Einbuchung zum Barwert und die nachfolgende Aufzinsung in den folgenden Jahren Zinsaufwendungen verrechnet werden. Diese Zinsaufwendungen dienen zum Ausgleich dafür, dass dem Unternehmen eine Stundung der Zahlungsverpflichtung gewährt wird. Die Abzinsung stellt in den Fällen, in denen bei einer sofortigen Erfüllung der Zahlungsverpflichtung ein geringerer Betrag zu leisten wäre, keinen Verstoß gegen das Realisationsprinzip dar,

354 Vgl BFH vom 30.11.2005, BStBl. 2006 II, S. 471; BFH vom 30.11.2005, BStBl. 2007 II, S. 251 (beide zur Rechtslage vor Einführung des steuerlichen Abzinsungsgebots). Siehe hierzu auch Beiser, DB 2001, S. 296; Groh, DB 2007, S. 2275; Rogall/Spengel, BB 2000, S. 1234.

355 Vgl Bundestag-Drucksache 16/10067, S. 54.

vielmehr folgt die Barwertbildung aus dem **Grundsatz der Abgrenzung von Aufwendungen der Zeit** nach.

Völlig unzutreffend ist die bei der Einführung des generellen Abzinsungsgebots in der Steuerbilanz in der Gesetzesbegründung des Steuerentlastungsgesetzes 1999/2000/2002 enthaltene Behauptung, dass Rückstellungen deshalb abzuzinsen sind, weil die periodengerechte Zuordnung von Erträgen und Aufwendungen aus steuerlicher Sicht nicht von Bedeutung ist.[356] Es ist völlig unklar, weshalb bei einem auf Erträgen und Aufwendungen, also periodisierten (!) Zahlungen, beruhenden Betriebsvermögensvergleich Periodisierungsüberlegungen keine Rolle spielen sollen. Der Hinweis auf § 252 Abs. 1 Nr 5 HGB, wonach Aufwendungen und Erträge des Geschäftsjahres unabhängig von den Zeitpunkten der entsprechenden Zahlungen im Jahresabschluss zu berücksichtigen sind, zeigt, dass die Begründung des Gesetzgebers offensichtlich nicht stichhaltig ist.

(3) Zinssatz: Wird die Abzinsung damit begründet, dass (zumindest aus wirtschaftlicher Sicht) von einem Kreditverhältnis auszugehen ist, sollte als Abzinsungsfaktor der Sollzinssatz für einen Kredit mit vergleichbarer Laufzeit verwendet werden. Rückstellungen sind in der **Handelsbilanz** mit dem der Laufzeit entsprechenden durchschnittlichen Marktzinssatz abzuzinsen. Der Durchschnitt ist aus den Zinssätzen der vergangenen sieben Geschäftsjahre abzuleiten. Bei Pensionsrückstellungen kann alternativ der Durchschnitt aus den Zinssätzen der letzten zehn Geschäftsjahren errechnet werden (§ 253 Abs. 2 S. 1 HGB).[357] Die Verwendung von betriebsindividuellen Abzinsungssätzen ist nicht zulässig.[358] Damit wird zum einen eine Verbesserung der Vergleichbarkeit der Jahresabschlüsse erreicht und zum anderen ausgeschlossen, dass die Festsetzung des Abzinsungsfaktors als Instrument der Jahresabschlusspolitik eingesetzt werden kann. Da die Marktzinssätze von der Deutschen Bundesbank veröffentlicht werden, wird dem Objektivierungsgedanken ausreichend Rechnung getragen.[359] **531**

Die verbindliche Vorgabe eines einheitlichen Zinssatzes für die **steuerliche Gewinnermittlung** ist als zu starke Betonung des Objektivierungsgedankens zu beurteilen. Durch diese „Überobjektivierung“ bleiben die Unterschiede hinsichtlich der Laufzeit und ggf der Währung der Verpflichtung unberücksichtigt. Es kommt zu einer Durchbrechung des Maßgeblichkeitsprinzips (Fall 2b). Der für die steuerliche Gewinner-

---

356 Vgl Bundestag-Drucksache 14/23, S. 172.

357 Zu den Auswirkungen auf den handelsrechtlich maximal ausschüttbaren Gewinn siehe § 253 Abs. 6 HGB. Aus Vereinfachungsgründen ist es zulässig, bei Pensionsrückstellungen insoweit vom Grundsatz der Einzelbewertung abzuweichen, als für alle Pensionsverpflichtungen bei der Ermittlung des durchschnittlichen Marktzinssatzes einheitlich von einer Laufzeit von 15 Jahren ausgegangen werden kann (§ 253 Abs. 2 S. 2 HGB).

358 Der anzuwendende Abzinsungssatz wird von der Deutschen Bundesbank nach Maßgabe der Rückstellungsabzinsungsverordnung (BGBl. 2009 I, S. 3790) ermittelt und monatlich bekannt gegeben. In dieser Rechtsverordnung werden die Einzelheiten zur Ermittlung der Abzinsungssätze, insbesondere die Ermittlungsmethodik sowie die Form der Bekanntgabe geregelt (§ 253 Abs. 2 S. 4, 5 HGB).

359 Bei Verpflichtungen, die nicht in Euro zu erfüllen sind, kann aus Vereinfachungsgründen grundsätzlich der laufzeitenadäquate Euro-Zinssatz übernommen werden. Eine Ausnahme gilt, wenn dies aufgrund der besonderen Verhältnisse der Fremdwährung zu einem nicht den tatsächlichen Verhältnissen entsprechenden Bild der Vermögens-, Finanz- und Ertragslage führen würde.

mittlung gesetzlich vorgeschriebene Diskontierungsfaktor von 5,5% (Grundsatz) bzw von 6% (Pensionsrückstellungen) führt in der Steuerbilanz zu einer Überbewertung (Unterbewertung) von Rückstellungen, wenn der Marktzinssatz höher (geringer) ist.

532 *(4) Abzinsungszeitraum:* In der Handelsbilanz bestimmt sich der Abzinsungszeitraum nach dem Zeitpunkt der voraussichtlichen Inanspruchnahme. In der Steuerbilanz endet der Abzinsungszeitraum bereits in dem Zeitpunkt, in dem mit der Erfüllung der Sachleistungsverpflichtung begonnen wird (Fall 2b des Maßgeblichkeitsprinzips: Nebeneinander von zwei verbindlichen, sich allerdings unterscheidenden Regelungen).[360]

Wird die Verpflichtung (einmalig) zu einem bestimmten Zeitpunkt erfüllt, ergeben sich aus diesen unterschiedlichen rechtlichen Regelungen keine Unterschiede. Abweichungen treten jedoch auf, wenn sich die Erfüllung über einen längeren Zeitraum erstreckt. Beispiele hierfür sind Verpflichtungen zur Rekultivierung, zum Rückbau, zur Sanierung, Rücknahme und Verwertung von Erzeugnissen (zB Altfahrzeuge), zur Aufbewahrung von Geschäftsunterlagen sowie für die Nachbetreuung von Versicherungsverträgen.[361] Isoliert betrachtet ergeben sich in diesen Situationen in der Handelsbilanz (zum Teil wesentlich) längere Abzinsungszeiträume und damit niedrigere Rückstellungswerte.[362]

Bei Rückstellungen für Garantieverpflichtungen, die pauschal bewertet werden, findet aus Vereinfachungsgründen das Abzinsungsgebot nach § 6 Abs. 1 Nr 3a Buchst. e EStG keine Anwendung.[363]

533 *(5) Zusammenhang des Abzinsungsgebots mit der Art der Berücksichtigung zukünftiger Preis- und Kostensteigerungen:* In der **Handelsbilanz** führt das Nebeneinander von Berechnung des Barwerts durch Diskontierung mit dem durchschnittlichen Marktzinssatz und Berücksichtigung zukünftiger Preis- und Kostensteigerungen zu einer Bewertung von Rückstellungen mit dem Zeitwert. Die Begründung für dieses Bewertungskonzept besteht darin, dass nach Ansicht des Gesetzgebers auf diese Weise die Darstellung der Vermögens–, Finanz- und Ertragslage des Unternehmens im Interesse einer hinreichenden Information der Adressaten des Jahresabschlusses den tatsächlichen (wirtschaftlichen) Verhältnissen angenähert wird.[364] In der Handelsbilanz wird also bei der Bewertung von Rückstellungen der **Informationsfunktion** Priorität eingeräumt.

Während in der Handelsbilanz ein geschlossenes Konzept verfolgt wird, kommt es im Rahmen der **steuerlichen Gewinnermittlung** zu einem **Widerspruch**. Bei der Konkretisierung der steuerlichen Bewertungsvorschriften wird nur ein Teil der im HGB geltenden Regelungen übernommen: Rückstellungen sind abzuzinsen, aber die Berücksichtigung zukünftiger Preis- und Kostensteigerungen muss unterbleiben.[365] Der

360 Der Steuerpflichtige hat den Zeitpunkt der erstmaligen Erfüllung durch aussagekräftige Aufzeichnungen nachzuweisen, vgl BFH vom 12.12.2013, BStBl. 2014 II, S. 517.
361 Vgl OFD Magdeburg, Verfügung vom 21.9.2006, DB 2006, S. 2491.
362 Vgl Buchholz, Ubg 2012, S. 777.
363 Vgl BMF-Schreiben vom 26.5.2005, BStBl. 2005 I, S. 699, Tz. 27.
364 Vgl Bundestag-Drucksache 16/10067, S. 52.
365 Zu den ökonomischen Auswirkungen siehe Scheffler, BB 2014, S. 299.

Zeitwert einer in der Zukunft fälligen Verpflichtung ergibt sich dadurch, dass der am Bilanzstichtag festgestellte Nominalwert zunächst um die erwartete Preissteigerung erhöht wird und anschließend abgezinst wird:[366]

$$\text{Verpflichtung} \times (1+\text{Preissteigerung})^T/(1+\text{Zinssatz})^T$$

Der Widerspruch besteht darin, dass die Erhöhung der Belastung durch die zukünftigen Preissteigerungen steuerrechtlich unberücksichtigt bleibt. Durch die Abzinsung wird aber beachtet, dass die Belastung dann geringer ausfällt, wenn sie erst in der Zukunft erfüllt werden muss. Damit haben Zähler (heutiger Wert der Belastung) und Nenner (Wert einer zukünftigen Belastung) unterschiedliche zeitliche Bezugspunkte.

Nimmt man die traditionellen Grundsätze ordnungsmäßiger Buchführung als Maßstab, bezieht sich die Kritik auf das allgemein geltende Abzinsungsgebot, das zu einem Verstoß gegen die Periodisierungsgrundsätze führt, sofern in der Verpflichtung kein Zinsanteil enthalten ist. Die Nichtberücksichtigung zukünftiger Preis- und Kostensteigerungen kann mit dem Stichtagsprinzip begründet werden.

(6) Vorschlag: Für die Steuerbilanz ist eher auf die **Zahlungsbemessungsfunktion** **534**
abzustellen, weniger auf die Informationsfunktion. Damit können für die Bewertung von Rückstellungen die handelsrechtlichen Regelungen nicht übernommen werden. Aus der Beurteilung wird deutlich, dass aber auch die im EStG enthaltenen Regelungen nicht sachgerecht sind. Für die Bewertung von Rückstellungen in der Steuerbilanz wird deshalb folgender **Vorschlag** gemacht:

- In der Steuerbilanz sollte nur dann eine Abzinsung vorgenommen werden, wenn der Verpflichtung (aus rechtlicher oder wirtschaftlicher Sicht) ein Kreditverhältnis zugrunde liegt. Dies folgt aus den Periodisierungsgrundsätzen, speziell dem Grundsatz der Abgrenzung von Aufwendungen der Zeit nach.
- Sofern nach den Periodisierungsgrundsätzen eine Abzinsung dem Grunde nach gerechtfertigt ist, sollte der Diskontierungsfaktor aus dem durchschnittlichen Marktzins abgeleitet werden.
- Nach dem Stichtagsprinzip sollte bei der Bestimmung des Ausgangswerts auf die am Bilanzstichtag geltenden Wertverhältnisse abgestellt werden.

e) Saldierung von positiven und negativen Erfolgsbeiträgen

Bei der Bewertung von Rückstellungen sind zukünftige Vorteile, die mit der Erfül- **535**
lung der Verpflichtung voraussichtlich verbunden sind, wertmindernd zu berücksichtigen, soweit diese Vorteile nicht als Forderung zu aktivieren sind (§ 6 Abs. 1 Nr 3a Buchst. c EStG). Zwischen der Verpflichtung und dem zu erwartenden Vorteil muss kein unmittelbarer Zusammenhang bestehen, wonach der Vorteil der Verpflichtung zwangsläufig nachfolgt. Vielmehr ist es ausreichend, wenn zwischen der Verpflichtung und den zu erwartenden wirtschaftlichen Vorteilen ein sachlicher Zusammenhang besteht.[367] Eine hinreichende Konkretisierung ist gegeben, wenn für das Eintref-

366 Vereinfachend wird davon ausgegangen, dass sowohl die Preissteigerung als auch der Zinssatz in jedem Jahr gleich hoch sind.

367 Vgl BFH vom 17.10.2013, BStBl. 2014 II, S. 302.

fen der entlastenden wirtschaftlichen Vorteile mehr Gründe sprechen als für deren Nichteintreffen. Nicht gegengerechnet werden dürfen Vorteile, die ungewiss sind. Die bloße Möglichkeit, dass in Zukunft wirtschaftliche Vorteile entstehen, reicht nicht aus (R 6.11 Abs. 1 EStR).

Eine **Verrechnung** ist **nur mit nicht aktivierbaren Vorteilen** möglich. Ist der wirtschaftliche Vorteil bereits so weit konkretisiert, dass er selbst als Wirtschaftsgut zu aktivieren ist, erfolgt eine Bruttobilanzierung: Die Rückstellung ist mit dem Wert der Belastung zu passivieren, dh ohne Abzug. Auf der Aktivseite ist eine Forderung anzusetzen (Saldierungsverbot nach § 246 Abs. 2 S. 1 HGB).

536 Die Gegenrechnung **beruht darauf**, dass durch die Bewertung mit dem nach vernünftiger kaufmännischer Beurteilung notwendigen Erfüllungsbetrag (§ 253 Abs. 1 S. 2 HGB) nicht nur negative Aspekte berücksichtigt werden dürfen, sondern **die zu erwartende tatsächliche Belastung** des Bilanzierenden **zu bestimmen** ist. Dies entspricht dem Teilwertgedanken, weil ein potenzieller Erwerber belastende und entlastende Tatbestände gemeinsam betrachten würde. Solange die zu erwartenden Einnahmen noch nicht als Anspruch aktivierbar sind, liegt kein Verstoß gegen den Grundsatz der Einzelbewertung oder das Saldierungsverbot vor, vielmehr entspricht die Gegenrechnung dem Grundsatz der Bewertungsvorsicht und dem Grundsatz der Richtigkeit. Insoweit besteht für die handels- und die steuerrechtliche Rechnungslegung der gleiche Ermessensspielraum (Fall 8a des Maßgeblichkeitsprinzips).

Eine Bewertung mit dem Nettowert der Verpflichtung betrifft **beispielsweise:**

- Belastungen aus Rekultivierungsverpflichtungen, die um damit in wirtschaftlichem Zusammenhang stehende Einnahmen zu vermindern sind (wie Kippgebühren bei der Auffüllung des Geländes),
- Rückstellungen für Schadensersatzverpflichtungen, sofern entsprechende Rückgriffsansprüche bestehen (insbesondere bei der Absicherung der Verpflichtungen durch eine Haftpflichtversicherung),
- Rückstellungen für Bürgschaftsverpflichtungen oder für Wechselobligos, bei denen ein Rückgriff auf andere möglich ist, sowie
- Rückstellungen für die Verpflichtung zur Rücknahme von Kraftfahrzeugen nach dem Altfahrzeuggesetz, bei denen den Aufwendungen für die Entsorgung die Erlöse aus der Verwertung der Altteile gegenüberzustellen sind.

In der Steuerbilanz kommt es auch bei Wirtschaftsgütern, die ausschließlich der Erfüllung von Schulden aus Altersversorgungsverpflichtungen oder vergleichbaren langfristig fälligen Verpflichtungen dienen, zu einem getrennten Ausweis. Die in der Handelsbilanz bestehende Ausnahme vom Saldierungsverbot (§ 246 Abs. 2 S. 2, 3 HGB) ist in der Steuerbilanz unzulässig (§ 5 Abs. 1a S. 1 EStG). Es liegt insoweit ein Beispiel für den Fall 2b des Maßgeblichkeitsprinzips vor (zwei verbindliche, sich unterscheidende Regelungen).[368] Deshalb sind beispielsweise die Verpflichtungen aus einer Pensionszusage und die Ansprüche aus zur Risikoabsicherung abgeschlossenen Rückdeckungsversicherungen in der Steuerbilanz getrennt anzusetzen und für sich zu bewerten.[369]

---

368 Siehe hierzu Kapitel A.II.1.c), Unterabschnitt (9)., Rn. 486.

369 Vgl BFH vom 25.2.2004, BStBl. 2004 II, S. 654.

f) Bewertungsvereinfachungen

Für Rückstellungen gilt grundsätzlich wie für jede Bilanzposition der Grundsatz der Einzelerfassung und Einzelbewertung, sodass jede Verpflichtung für sich zu bewerten ist. Eine Ausnahme gilt, wenn der Kaufmann aufgrund seiner in der Vergangenheit gewonnenen Erfahrung mit großer Wahrscheinlichkeit eine durchschnittliche jährliche Inanspruchnahme angeben kann. Eine pauschale Dotierung ist deshalb beispielsweise für Garantieleistungen zulässig, sofern aufgrund branchenmäßiger Erfahrungen und der individuellen Gestaltung des Betriebs regelmäßig Garantieleistungen zu erbringen sind (§ 6 Abs. 1 Nr 3a Buchst. a EStG).[370] In der Handelsbilanz sind Rückstellungen nach vernünftiger kaufmännischer Beurteilung zu bewerten. Der bei der pauschalen Bewertung von Garantieverpflichtungen bestehende Ermessensspielraum ist nach dem Grundsatz der Richtigkeit in beiden Bilanzen in gleicher Weise auszulegen (Fall 8a des Maßgeblichkeitsprinzips). **537**

Weitere Beispiele für **Bewertungsvereinfachungen** bilden Rückstellungen für unterlassene Instandhaltungen sowie für die Inanspruchnahme eines Wechselobligos. Bei Rückstellungen für Jubiläumszuwendungen ist gleichfalls ein pauschales Bewertungsverfahren zulässig.[371]

Die Anwendung von Bewertungsvereinfachungen bei der Bewertung von Rückstellungen ist mit der 4. EG-Richtlinie vereinbar, m.a.W. sie ist europarechtlich zulässig.[372]

Auf pauschal bewertete Rückstellungen findet aus Vereinfachungsgründen das Abzinsungsgebot nach § 6 Abs. 1 Nr 3a Buchst. e EStG keine Anwendung.[373]

g) Handelsrechtlicher Wert als Obergrenze

Rückstellungen dürfen in der Steuerbilanz grundsätzlich nicht höher bewertet werden als in der Handelsbilanz. Eine Ausnahme gilt für Pensionsrückstellungen, bei denen der sich aus § 6a EStG ergebende Wert in der Steuerbilanz unabhängig davon anzusetzen ist, ob dieser über oder unter dem handelsrechtlichen Wert der Pensionsrückstellung liegt (R 6.11 Abs. 3 S. 1, R 6a Abs. 1 S. 2 EStR). **538**

Aufgrund der Nichtberücksichtigung von zukünftigen Preis- und Kostensteigerungen (§ 6 Abs. 1 Nr 3a Buchst. f EStG) und der Abzinsung mit einem Zinssatz von 5,5%, der deutlich über dem aktuellen Marktzinssatz liegt (§ 6 Abs. 1 Nr 3a Buchst. e EStG), wirkt sich die Auffassung der Finanzverwaltung derzeit regelmäßig nicht aus. Sie kann aber dann relevant sein, wenn der handelsrechtlich längere Abzinsungszeitraum (Erfüllung der jeweiligen Verpflichtung versus Beginn der Erfüllung) diese beiden Grundeffekte ausnahmsweise überkompensiert. In diesem Fall wird nach R 6.11 Abs. 3 S. 1 EStR von einer verbindlichen steuerrechtlichen Vorschrift (§ 6 Abs. 1 Nr 3a Buchst. e S. 2 EStG) abgewichen.[374]

---

370 Vgl BFH vom 30.6.1983, BStBl. 1984 II, S. 263; BFH vom 24.3.1999, BStBl. 2001 II, S. 612 sowie Seidel, StBp 2009, S. 281.

371 Vgl BMF-Schreiben vom 8.12.2008, BStBl. 2008 I, S. 1013, Tz. 10.

372 Vgl EuGH vom 14.9.1999 *(DE + ES Bauunternehmung GmbH),* ECLI:EU:C:1999:406.

373 Vgl BMF-Schreiben vom 26.5.2005, BStBl. 2005 I, S. 699, Tz. 27.

374 Siehe hierzu zB Briesemeister/Joisten/Vossel, FR 2013, S. 164; Buchholz, Ubg 2012, S. 777; Kahle, DStZ 2017, S. 909; Marx, StuB 2017, S. 449; Prinz/Fellinger, Ubg 2013, S. 362 sowie FG Rheinland-Pfalz vom 7.12.2016, EFG 2017, S. 693 (anhängig beim BFH unter dem Aktenzeichen XI R 46/17).

C. Übertragung von Verpflichtungen mit Ansatz- oder Bewertungsvorbehalten („angeschaffte Rückstellungen")

539 *(1) Stille Lasten durch steuerrechtliche Sonderregelungen:* Die im EStG enthaltenen Regelungen führen in Teilbereichen dazu, dass Rückstellungen in der Steuerbilanz nicht passiviert werden dürfen oder dass sie mit einem Betrag bewertet werden, der unter dem tatsächlichen Wert liegt. Beispiele hierfür sind das Passivierungsverbot für drohende Verluste aus schwebenden Geschäften (§ 5 Abs. 4a S. 1 EStG), die Einschränkungen beim Ansatz von Rückstellungen für Jubiläumszusagen (§ 5 Abs. 4 EStG), beim Ansatz von Rückstellungen für die Verpflichtung zur schadlosen Verwertung von radioaktiven Reststoffen (§ 5 Abs. 4b S. 2 EStG) oder beim Ansatz von Pensionsrückstellungen (§ 6a Abs. 1, 2 EStG) sowie zum Teil die Vorschriften zur Bewertung von Rückstellungen (§ 6 Abs. 1 Nr 3a, § 6a Abs. 3, 4 EStG). Diese speziellen steuerrechtlichen Vorschriften führen dazu, dass in der Steuerbilanz **stille Lasten** enthalten sind. Stille Lasten entstehen auf der Passivseite dann, wenn der tatsächliche Wert einer Verpflichtung höher ist als der in der Steuerbilanz ausgewiesene Wert. Diese stillen Lasten werden regelmäßig in dem Zeitpunkt realisiert, in dem die Verpflichtung erfüllt wird. Zu einer Realisierung vor dem Erfüllungszeitpunkt kommt es, wenn der Verpflichtete die Verpflichtung auf einen Erwerber überträgt und für die Übernahme der Verpflichtung dem Erwerber ein Entgelt in Höhe des tatsächlichen Werts der Verpflichtung leistet. Für diese Situation gelten allerdings sowohl für den bisherigen Verpflichteten (§ 4f EStG) als auch für den nunmehrigen Verpflichteten (§ 5 Abs. 7 EStG) spezielle Vorschriften.[375]

540 *(2) Behandlung beim Veräußerer (bisherigen Verpflichteten):* Wird eine Verpflichtung auf einen anderen Rechtsträger übertragen, hat der bisherige Verpflichtete dem Übernehmenden ein Entgelt zu bezahlen. Ansonsten wird der Erwerber nicht bereit sein, die Verpflichtung zu übernehmen. Das zu zahlende Entgelt leitet sich aus dem tatsächlichen Wert ab. Damit entsteht in Höhe der Differenz zwischen dem geleisteten Entgelt und dem Buchwert der übertragenen Verpflichtung ein Verlust. Dieser **Verlust** ist **durch einen Marktvorgang bestätigt** worden. Er darf aber dennoch nicht sofort verrechnet werden. Vielmehr muss er **gleichmäßig über 15 Jahre verteilt werden** (§ 4f EStG). Damit kommt es zu einer **Verletzung der Periodisierungsgrundsätze**. Die nach dem Grundsatz der Abgrenzung von Aufwendungen der Zeit nach am Markt bestätigten Aufwendungen dürfen nicht in diesem Zeitpunkt verrechnet werden, sondern durch die Verteilung nur über einen längeren Zeitraum.

Beispiel: In der Steuerbilanz werden Pensionsrückstellungen nach den in § 6a EStG geltenden Regelungen mit 70 bewertet. Der gemeine Wert der Pensionsverpflichtungen beträgt 100. Die Pensionsverpflichtungen werden auf einen Erwerber übertragen. Für diese Übertragung hat der Verpflichtete ein Entgelt von (mindestens) 100 zu leisten. Damit entsteht auf Ebene des Übertragenden ein Aufwand von 30:

Pensionsrückstellung	70	an	Bank	100
Aufwand	30			

375 Siehe hierzu BMF-Schreiben vom 30.11.2017, BStBl. 2017 I, S. 1619 sowie Förster/Staaden, Ubg 2014, S. 1; Riedel, FR 2014, S. 6; Kahle/Braun, FR 2018, S. 197 mwN.

Dieser Aufwand darf nicht in dem Jahr verrechnet werden, in dem die Übertragung vorgenommen wird. Vielmehr ist er gleichmäßig auf das Jahr der Übertragung und die nachfolgenden 14 Jahre zu verteilen.

Die Einschränkungen bei der Verrechnung von am Markt bestätigten Aufwendungen gelten sowohl bei der rechtlichen Übertragung einer Verpflichtung (Schuldübernahme, § 4f Abs. 1 EStG) als auch bei der wirtschaftlichen Übertragung einer Verpflichtung (Schuldbeitritt, Erfüllungsübernahme, § 4f Abs. 2 EStG). Die Verteilung über 15 Jahre erfolgt durch eine außerbilanzielle Korrektur. Dieser Verteilungszeitraum ist unabhängig von der tatsächlichen Laufzeit der Verpflichtung.

Eine sofortige Verrechnung der am Markt bestätigten Aufwendungen ist ausnahmsweise zulässig, wenn der übertragende Betrieb als kleines oder mittleres Unternehmen iSd § 7g EStG gilt (Wert des Betriebsvermögens höchstens 235 000 €), wenn die Übertragung der Verpflichtung im Rahmen einer Betriebsveräußerung oder -aufgabe erfolgt oder wenn die Übertragung einer Pensionsverpflichtung mit einem Wechsel des Arbeitgebers verbunden ist (§ 4f Abs. 1 S. 3 EStG).

(3) Behandlung beim Erwerber (nunmehrigen Verpflichteten): Der Erwerber hat die **541**
übernommenen Verpflichtungen („angeschaffte Rückstellungen") zunächst mit dem vereinnahmten Betrag zu bewerten. Damit wird gewährleistet, dass der Anschaffungsvorgang erfolgsneutral behandelt wird. An dem **folgenden Abschlussstichtag** gelten allerdings für den Erwerber beim Ansatz und bei der Bewertung der Verpflichtung die gleichen Einschränkungen wie sie beim Übertragenden gegolten hatten (§ 5 Abs. 7 S. 1 EStG). Die Ausbuchung oder Abwertung der Rückstellungen führt beim Erwerber zum **Ausweis eines Erwerbsgewinns**. Bei diesem Erwerbsgewinn handelt es sich um fiktive Erträge. Der Erwerbsgewinn beruht ausschließlich auf steuerrechtlichen Sondervorschriften, jedoch nicht auf Marktvorgängen. Damit liegt ein **Verstoß gegen das Realisationsprinzip** vor. Die Besteuerung des Erwerbsgewinns kann **durch die Bildung einer steuerfreien Rücklage auf 15 Jahre verteilt** werden (§ 5 Abs. 7 S. 5 EStG).[376]

Beispiel: Der Erwerber übernimmt eine Pensionsverpflichtung, deren gemeiner Wert 100 beträgt. Zum Ausgleich für diese Belastung erhält er vom übertragenden Unternehmen finanzielle Mittel in gleicher Höhe. Nach § 6a EStG beläuft sich der Teilwert der Pensionsrückstellung auf 70. Im Zeitpunkt der Übertragung treten keine Erfolgswirkungen auf. Die Anschaffungskosten der erhaltenen Aktiva entsprechen dem gemeinen Wert der übernommenen Verpflichtung. Dies entspricht den Grundsätzen ordnungsmäßiger Buchführung, wonach der Anschaffungsvorgang erfolgsneutral zu behandeln ist.

Bank	100	an	Pensionsrückstellung	100

Am Ende des Wirtschaftsjahres ist die Pensionsrückstellung nach steuerrechtlichen Grundsätzen zu bewerten. Durch die Abwertung auf den Teilwert von 70 entsteht ein fiktiver Erwerbsgewinn von 30. Der Erwerbsgewinn beruht lediglich auf steuerrechtlichen Vorschriften, jedoch nicht auf Marktvorgängen. In der Steuerbilanz des Erwerbers entstehen dadurch in gleicher Höhe stille Lasten.

Pensionsrückstellung	30	an	Ertrag	30

376 Erlischt die Verpflichtung vor Ablauf des fünfzehnjährigen Verteilungszeitraums, ist die steuerfreie Rücklage insoweit (früher) aufzulösen (§ 5 Abs. 7 S. 6 EStG).

Der Erwerbsgewinn ist entweder sofort zu versteuern oder durch die Bildung einer steuerfreien Rücklage auf 15 Jahre zu verteilen. Im ersten Jahr sind 1/15 von 30 (= 2) steuerpflichtig. Die verbleibenden 28 (= 30 – 2) können auf die nachfolgenden 14 Jahre verteilt werden. Zu einer schnelleren Auflösung der steuerfreien Rücklage kommt es, wenn in einzelnen Jahren mehr als der Mindestbetrag von 2 (= 28/14) aufgelöst wird.

Jahr des Erwerbs				
Aufwand	28	an	steuerfreie Rücklage	28
nachfolgende 14 Jahre jeweils				
steuerfreie Rücklage	2	an	Ertrag	2

Die Behandlung von „angeschafften Rückstellungen" gilt sowohl für Schuldübernahmen (§ 5 Abs. 7 S. 1 EStG) als auch für Schuldbeitritte und Erfüllungsübernahmen (§ 5 Abs. 7 S. 2–4 EStG). Der Erwerber hat nicht nur das Wahlrecht, ob er für den Erwerbsgewinn eine steuerfreie Rücklage bildet. Er kann auch entscheiden, ob er diese Rücklage schneller auflöst als bei einer gleichmäßigen Verteilung (§ 5 Abs. 7 S. 5 EStG).

542 *(4) Kurzbeurteilung:* Bei der Übertragung einer Verpflichtung, deren Wert in der Steuerbilanz unter dem tatsächlichen Wert liegt, kommt es sowohl auf Seiten des Übertragenden als auch auf Seiten des Erwerbers zu einem Verstoß gegen die Grundsätze ordnungsmäßiger Buchführung. Auf Seiten des Übertragenden dürfen am Markt bestätigte Aufwendungen nicht sofort verrechnet werden (§ 4f EStG). Auf Ebene des Erwerbers liegt eine Verletzung der Periodisierungsgrundsätze vor, weil er fiktive Erträge zu versteuern hat (§ 5 Abs. 7 EStG). Durch diese beiden Sonderregelungen soll vermieden werden, dass durch die Übertragung von Verpflichtungen stille Lasten sofort aufwandswirksam verrechnet werden können. Die GoB-widrigen Ansatz- und Bewertungsvorschriften (zB § 5 Abs. 4, Abs. 4a S. 1, Abs. 4b S. 2, § 6 Abs. 1 Nr 3a, § 6a EStG) werden durch zwei weitere systemwidrige Regelungen „abgesichert".[377]

Vierter Abschnitt

Bilanzierung und Bewertung der weiteren Bilanzposten in der Steuerbilanz

543 Wirtschaftsgüter sind zwar die wichtigsten Posten einer Steuerbilanz. Die Periodisierung über den Begriff des (aktiven und passiven) Wirtschaftsguts wird jedoch ergänzt durch verschiedene Formen von **Rechnungsabgrenzungsposten**. Die Bilanzpositionen „Latente Steuern" sind für die steuerliche Gewinnermittlung nicht bedeutsam. **Steuerfreie Rücklagen** beruhen auf speziellen steuerlichen Regelungen, nach denen realisierte Erträge nicht sofort versteuert werden müssen oder Aufwendungen bereits vor ihrem Anfall verrechnet werden dürfen. Die Differenz zwischen aktiven Wirtschaftsgütern zuzüglich der sonstigen aktiven Ansätze vermindert um die passiven

377 Zu den betriebswirtschaftlichen Auswirkungen siehe Bachmann/Richter/Risse, DB 2017, S. 2301.

Wirtschaftsgüter sowie die sonstigen passiven Abzüge ergibt das **Eigenkapital (Betriebsvermögen)** des Unternehmens. Die Veränderung des Betriebsvermögens bildet nach der in § 4 Abs. 1 EStG enthaltenen Gewinndefinition die Grundlage für die Berechnung des steuerpflichtigen Gewinns:

	aktive Wirtschaftsgüter
+	aktive Rechnungsabgrenzungsposten
=	Summe der Aktiva (Bilanzsumme)
–	passive Wirtschaftsgüter (bilanzielle Schulden)
–	steuerfreie Rücklagen
–	passive Rechnungsabgrenzungsposten
=	Eigenkapital (Betriebsvermögen)

A. Abgrenzungsposten

Die wichtigsten Abgrenzungsposten in der Steuerbilanz sind: 544

- **transitorische Rechnungsabgrenzungsposten im engeren Sinne** als Grundform der Abgrenzungsposten (sowohl auf der Aktivseite als auch auf der Passivseite)
- **Disagio** als eine Sonderform der aktiven Rechnungsabgrenzungsposten
- **Zölle und Verbrauchsteuern** auf Wirtschaftsgüter des Vorratsvermögens sowie Umsatzsteuer auf Anzahlungen als steuerlich motivierte Sonderformen der aktiven Rechnungsabgrenzungsposten.

Die in der Handelsbilanz anzusetzenden aktiven latenten Steuern oder passiven latenten Steuern (§ 274 HGB) sind nicht in die Steuerbilanz zu übernehmen, da die mit dieser Steuerabgrenzung verfolgten Ziele für die steuerliche Gewinnermittlung nicht bedeutsam sind.

I. Aktive und passive Rechnungsabgrenzungsposten

(1) Begriffsbestimmung transitorischer Rechnungsabgrenzungsposten im engeren 545
Sinne: Rechnungsabgrenzungsposten sind Bilanzpositionen, deren **Aufgabe** es ist, **die nach den Periodisierungsgrundsätzen gewünschte Verteilung von Einnahmen und Ausgaben auf die Jahre ihrer wirtschaftlichen Zugehörigkeit sicherzustellen** (§ 252 Abs. 1 Nr 5 HGB). Zeitraumbezogene Einnahmen sollen erst erfolgswirksam sein, wenn die damit verbundenen Erträge nach dem Grundsatz der Abgrenzung der Zeit nach zu erfassen sind. Analog zu den positiven Erfolgskomponenten richtet sich auch der Zeitpunkt der gewinnmindernden Verrechnung von zeitraumbezogenen Ausgaben nach den Grundsätzen der Abgrenzung von Aufwendungen der Zeit nach. In allgemeiner Form lassen sich Rechnungsabgrenzungsposten in **drei Gruppen** einteilen:

- transitorische Rechnungsabgrenzungsposten ieS,
- transitorische Rechnungsabgrenzungsposten iwS,
- antizipative Rechnungsabgrenzungsposten.

546 In die Bilanzposition „Rechnungsabgrenzungsposten" dürfen nur **transitorische Rechnungsabgrenzungsposten ieS** aufgenommen werden. Diese sind wie folgt definiert (§ 250 Abs. 1, 2 HGB, § 5 Abs. 5 S. 1 EStG, R 5.6 EStR):

- Ausgaben vor dem Abschlussstichtag, soweit sie Aufwand für eine bestimmte Zeit nach dem Abschlussstichtag darstellen **(aktive Rechnungsabgrenzungsposten)**
- Einnahmen vor dem Abschlussstichtag, soweit sie zu einem Ertrag für eine bestimmte Zeit nach dem Abschlussstichtag führen **(passive Rechnungsabgrenzungsposten)**.

Zu den Einnahmen bzw Ausgaben gehören zum einen Zahlungsvorgänge (Ein- und Auszahlungen) sowie zum anderen das Entstehen einer Forderung oder einer Verbindlichkeit.

Das Kriterium „Ertrag bzw Aufwand nach dem Abschlussstichtag" ist erfüllt, wenn sich die Erfolgswirksamkeit einer Einnahme bzw Ausgabe ganz oder teilweise auf die folgende(n) Periode(n) erstreckt.

Zu einer Aktivierung bzw Passivierung von Rechnungsabgrenzungsposten kommt es typischerweise, wenn bei gegenseitigen Verträgen **ein Vertragspartner im Voraus leistet** und **der andere Vertragspartner in zukünftigen Perioden** eine **zeitraumbezogene Gegenleistung** zu erbringen hat.[378] Die Gegenleistung kann in einem Tun, Dulden oder Unterlassen bestehen. Rechnungsabgrenzungsposten können nur bilanziert werden, wenn der Anspruch bzw die Verpflichtung sich nicht auf die Lieferung eines Wirtschaftsguts oder eine einmalige Leistung bezieht. Typische Beispiele für transitorische Rechnungsabgrenzungsposten ieS sind Vorauszahlungen im Rahmen von Miet- bzw Pacht- oder Versicherungsverträgen.

Beispiel 1: Der Einzelunternehmer A entrichtet am 1.4.01 an das Versicherungsunternehmen V-AG einen Versicherungsbeitrag von 1200 € für ein Jahr im Voraus.

(1) Buchung beim Zahlungsverpflichteten (Einzelunternehmer A)

						Gewinnwirkung
01.04.01:	Aufwand	1 200 €	an	Bank	1 200 €	– 1 200 €
31.12.01:	aRAP	300 €	an	Aufwand	300 €	+ 300 €
						– 900 €
01.01.02:	Aufwand	300 €	an	aRAP	300 €	– 300 €
Summe						– 1 200 €

Durch die vorschüssige Zahlung des Versicherungsbeitrags erwirbt der Einzelunternehmer A für einen Zeitraum von einem Jahr den Anspruch auf Gewährung von Versicherungsschutz. Von diesem Anspruch entfallen 9/12 auf das Jahr 01 und 3/12 auf das Jahr 02. Durch die Bildung eines *aktiven Rechnungsabgrenzungspostens* in der Bilanz zum 31.12.01 wird entsprechend dem *Grundsatz der Abgrenzung von Aufwendungen der Zeit nach* eine Verteilung auf die beiden Perioden erreicht.

---

378 Vgl BFH vom 10.9.1998, BStBl. 1999 II, S. 21; BFH vom 14.10.1999, BStBl. 2000 II, S. 25. Durch die Zeitraumbezogenheit der Gegenleistung unterscheiden sich Rechnungsabgrenzungsposten von Anzahlungen, vgl Küting/Strauß, DB 2010, S. 1189.

(2) Buchung beim Zahlungsempfänger (Versicherungsunternehmen V-AG)

						Gewinnwirkung
01.04.01:	Bank	1 200 €	an	Ertrag	1 200 €	+ 1 200 €
31.12.01:	Ertrag	300 €	an	pRAP	300 €	– 300 €
						+ 900 €
01.01.02:	pRAP	300 €	an	Ertrag	300 €	+ 300 €
Summe						+ 1 200 €

Mit der Vereinnahmung des Versicherungsentgelts verpflichtet sich die V-AG, ihrem Vertragspartner für ein Jahr Versicherungsschutz zu gewähren. Entsprechend dem *Grundsatz der Abgrenzung von Erträgen der Zeit nach* sind die Einzahlungen zeitanteilig auf die beiden Jahre ertragswirksam zu verteilen. Da bei der V-AG Einnahmen vorliegen, die vor dem Abschlussstichtag zufließen, wird der Teil, der sich im Jahr 02 erfolgswirksam auswirkt, in einen *passiven Rechnungsabgrenzungsposten* eingestellt.

Beispiel 2:[379] Der Fußballverein Do-AG lässt seine Bandenwerbung über die Werbeagentur W-SE vermarkten. Für die Vermarktung der nächsten fünf Jahre überweist die Werbeagentur W-SE am 2.1.01 dem Fußballverein Do-AG 2 500 000 €.

Buchung beim Fußballverein Do-AG

						Gewinnwirkung
02.01.01:	Bank	2 500 000 €	an	Ertrag	2 500 000 €	+ 2 500 000 €
31.12.01:	Ertrag	2 000 000 €	an	pRAP	2 000 000 €	– 2 000 000 €
						+ 500 000 €
31.12.02:	pRAP	500 000 €	an	Ertrag	500 000 €	+ 500 000 €
31.12.03:	pRAP	500 000 €	an	Ertrag	500 000 €	+ 500 000 €
31.12.04:	pRAP	500 000 €	an	Ertrag	500 000 €	+ 500 000 €
31.12.05:	pRAP	500 000 €	an	Ertrag	500 000 €	+ 500 000 €
Summe						+ 2 500 000 €

Der Fußballverein Do-AG verpflichtet sich, der Werbeagentur W-SE die Rechte an der Bandenwerbung für die nächsten fünf Jahre zu überlassen. Da es sich um eine zeitraumbezogene Gegenleistung handelt, sind in jedem Jahr als Ertrag 500 000 € (= 2 500 000 €/fünf Jahre) auszuweisen. Der Zahlungsmittelzufluss zu Beginn der Vertragslaufzeit wird durch die Bildung eines *passiven Rechnungsabgrenzungspostens* entsprechend dem *Grundsatz der Abgrenzung von Erträgen der Zeit nach* über die Vertragslaufzeit ertragswirksam verteilt.

Analog zum Fußballverein Do-AG wird bei der Werbeagentur W-SE die Vergütung zeitanteilig während der Laufzeit des Vermarktungsvertrags aufwandswirksam verrechnet. Buchungstechnisch wird dies durch die Bildung eines aktiven Rechnungsabgrenzungspostens erreicht.

Beispiel 3: Der Mobilfunknetzbetreiber T-AG bietet Kunden, die sich verpflichten, für eine Mindestdauer von 24 Monaten einen Vertrag abzuschließen, den verbilligten Kauf eines Mobilfunktelefons an. Aus steuerlicher Sicht liegt ein einheitliches Vertragsverhältnis vor, das sich aus zwei Bestandteilen zusammensetzt: Verkauf eines Mobilfunktelefons sowie Dienstleistungsvertrag. Dieses Vertragsverhältnis begründet ein zeitraumbezogenes Dauerschuldverhältnis, das als schwebendes Geschäft grundsätzlich nicht zu bilanzieren ist. Durch den verbilligten Verkauf des Mobilfunktelefons erbringt der Mobilfunknetzbetreiber, die T-AG, jedoch

379 Zur Bedeutung von Rechnungsabgrenzungsposten für Vereine der Fußballbundesliga siehe Küting/Strauß, DB 2010, S. 1194.

eine Vorleistung. Mit der Hingabe des Mobilfunktelefons liegt zu dem Zeitpunkt, zu dem das Mobilfunktelefon dem Kunden überlassen wird, eine Ausgabe vor. Diese Ausgabe ist als Aufwand dem Zeitraum zuzurechnen, über den das Vertragsverhältnis abgeschlossen wurde.

Die T-AG verkauft das Mobilfunktelefon zu einem Preis von 120 €. Der Vertrag wird am 1.3.01 für einen Zeitraum von 24 Monaten abgeschlossen. Würde kein Vertrag abgeschlossen, würde das Mobilfunktelefon zu 480 € veräußert werden. Die Anschaffungskosten für das Mobilfunktelefon betragen für die T-AG 360 €.

Die buchungstechnische Behandlung stellt sich wie folgt dar:[380]

(1) Buchung beim Mobilfunknetzbetreiber T-AG

						Gewinnwirkung
01.03.01:	Kasse	120 €	an	Umsatzerlöse	120 €	+ 120 €
	Bestandsminderung	360 €	an	Telefon	360 €	– 360 €
31.12.01:	aRAP	140 €	an	Aufwand	140 €	+ 140 €
						– 50 €
31.12.02:	Aufwand	120 €	an	aRAP	120 €	– 120 €
01.01.03:	Aufwand	20 €	an	aRAP	20 €	– 20 €
Summe						– 240 €

Durch den verbilligten Verkauf des Mobilfunktelefons entsteht für die T-AG ein Verlust von 240 €, da die Anschaffungskosten des Mobilfunktelefons von 360 € über dem beim Verkauf erzielten Erlös von 120 € liegen. Dieser Veräußerungsverlust ist nach dem *Grundsatz der Abgrenzung von Aufwendungen der Zeit nach* zeitanteilig auf die 24-monatige Laufzeit des Vertrags zu verteilen. Im Jahr 01 belaufen sich die Aufwendungen auf 100 € (= 10/24 von 240 €), im Jahr 02 auf 120 € (= 12/24 von 240 €) und im Jahr 03 auf 20 € (= 2/24 von 240 €). Für den Teil der Aufwendungen, der auf die Jahre 02 und 03 entfällt, ist im Jahr 01 ein aktiver Rechnungsabgrenzungsposten zu bilden. Dieser ist über die Laufzeit des Vertrags zeitanteilig aufzulösen.

(2) Buchung beim Kunden (Einzelunternehmer A)

Nutzt der Kunde das Mobilfunktelefon für betriebliche Zwecke, ist es dem Betriebsvermögen zuzurechnen (sachliche Zurechnung). Die Anschaffungskosten entsprechen dem gemeinen Wert des Mobilfunktelefons. Die Differenz zwischen dem gemeinen Wert (= 480 €) und dem gezahlten Entgelt (= 120 €) ist als Einnahme zu erfassen. Da es sich um einen zeitraumbezogenen Ertrag handelt, ist die Differenz von 360 € in einen passiven Rechnungsabgrenzungsposten einzustellen (§ 250 Abs. 2 HGB, § 5 Abs. 5 S. 1 Nr 2 EStG). Durch diesen passiven Rechnungsabgrenzungsposten wird die Ertragswirksamkeit über die Laufzeit des Vertrags verteilt.

						Gewinnwirkung
01.03.01:	Telefon	480 €	an	Kasse	120 €	
				Ertrag	360 €	+ 360 €
31.12.01:	Ertrag	210 €	an	pRAP	210 €	– 210 €
						+ 150 €
31.12.02:	pRAP	180 €	an	Ertrag	180 €	+ 180 €
01.01.03:	pRAP	30 €	an	Ertrag	30 €	+ 30 €
Summe						+ 360 €

380 Vgl BFH vom 7.4.2010, BStBl. 2010 II, S. 739; BFH vom 15.5.2013, BStBl. 2013 II, S. 730; BMF-Schreiben vom 20.6.2005, BStBl. 2005 I, S. 801 sowie Horst, SteuerStud 2009, S. 260.

Ergebnis: Die Aufwendungen entsprechen dem vom Kunden an den Mobilfunknetzbetreiber gezahlten Entgelt (120 €). Der Bemessungsgrundlageneffekt setzt sich aus dem Ertrag von 360 € aus dem verbilligten Bezug des Mobilfunktelefons und Aufwendungen von 480 € aus der Verrechnung der Anschaffungskosten des Telefons zusammen.

Da die Anschaffungskosten des Mobilfunktelefons zwischen 251 und 1000 € liegen, bestehen für deren Verrechnung drei Möglichkeiten: Abschreibung über die betriebsgewöhnliche Nutzungsdauer von fünf Jahren (planmäßige Abschreibung nach § 7 Abs. 1 EStG), Sofortverrechnung nach § 6 Abs. 2 EStG oder Einstellung in den Sammelposten nach § 6 Abs. 2a EStG, der über fünf Jahre aufzulösen ist.

Hinweis: Bei *Prepaid-Verträgen* zahlt der Kunde die Gesprächsgebühren an den Mobilfunknetzbetreiber im Voraus. Durch Prepaid-Verträge wird *kein Dauerschuldverhältnis* begründet. Vielmehr erwirbt der Kunde jeweils ein Gesprächsguthaben, mit dem er entsprechend seinen Wünschen telefonieren kann. Da der Mobilfunknetzbetreiber keine zeitraumbezogene Leistung erbringt, ist *kein Rechnungsabgrenzungsposten* zu bilden. Das bis zum Bilanzstichtag noch nicht verbrauchte Gesprächsguthaben ist vielmehr als sonstiger Vermögensgegenstand (Kunde) bzw sonstige Verbindlichkeit (Mobilfunknetzbetreiber) auszuweisen.

Rechnungsabgrenzungsposten können ihre Grundlage auch im öffentlichen Recht haben. Für die im Voraus für einen bestimmten Zeitraum bezahlte Kraftfahrzeugsteuer ist ein Rechnungsabgrenzungsposten zu bilden, soweit diese Steuer auf die Zulassungszeit nach dem Abschlussstichtag entfällt.[381] Ein Rechnungsabgrenzungsposten ist auch zu bilden, wenn der Steuerpflichtige für eine vom Staat empfangene Zahlung eine zeitraumbezogene Gegenleistung zu erbringen hat.[382] **547**

Beispiel: Der Unternehmer S erhält von einer staatlichen Stelle eine Abfindung. Voraussetzung für diese Zahlung ist, dass sich der Unternehmer S verpflichtet, einen bestimmten Teil seines Betriebs stillzulegen und in den nächsten zehn Jahren nicht wieder aufzunehmen.

Die Verpflichtung des Unternehmers S beschränkt sich nicht auf die Stilllegung dieses Teilbetriebs, sondern bezieht sich zusätzlich darauf, in den nächsten zehn Jahren keinen entsprechenden Betrieb zu führen. Diese in einem Unterlassen bestehende Gegenleistung ist zeitraumbezogen, sodass die Ertragswirkung der Abfindung durch die Bildung eines passiven Rechnungsabgrenzungspostens auf zehn Perioden zu verteilen ist.

Die Erfolgswirksamkeit muss für eine **bestimmte Zeit** nach dem Abschlussstichtag gegeben sein.[383] Durch diese Voraussetzung unterscheiden sich (bilanzierungspflichtige) transitorische Rechnungsabgrenzungsposten im engeren Sinne von (nicht ansatzfähigen) transitorischen Rechnungsabgrenzungsposten im weiteren Sinne. **548**

Das **Merkmal** der bestimmten Zeit **dient dazu**, für die Periodisierung von Einnahmen und Ausgaben **nachprüfbare Kriterien vorzugeben**. Würde man auf die mit diesem Kriterium verbundene Objektivierung verzichten, wäre es bei zahlreichen Geschäftsvorgängen unter Hinweis auf die dynamische Bilanztheorie, auf das Ziel einer periodengerechten Gewinnermittlung oder auf das Streben, durch eine zeitliche Streckung der Erfolgswirksamkeit eine Minderung der Einkommensteuerprogression zu erreichen, möglich, durch die Bilanzierung eines transitorischen Rechnungsabgrenzungspostens iwS die Erfolgswirkung in künftige Perioden zu verlagern.

381 Vgl BFH vom 19.5.2010, BStBl. 2010 II, S. 967.
382 Siehe hierzu auch BFH vom 24.6.2009, BStBl. 2009 II, S. 781.
383 Siehe hierzu zB Marx/Löffler, DB 2015, S. 2765.

Beispiel: Bei den Ausgaben für eine im Jahr 01 durchgeführte Marketingkampagne ist zu erwarten, dass nicht nur im laufenden Jahr Umsatzsteigerungen eintreten werden, sondern auch noch in nachfolgenden Perioden. Die Wirkungen der Werbemaßnahmen sind aber nicht anhand des Kriteriums „bestimmte Zeit“ nachprüfbar. Damit scheidet der Ansatz eines transitorischen Rechnungsabgrenzungspostens ieS aus.

Obwohl über das Kriterium „bestimmte Zeit“ entschieden wird, ob es zur Bilanzierung eines Rechnungsabgrenzungspostens kommt, besteht keine einheitliche Auffassung darüber, wann diese Voraussetzung erfüllt ist. Unstrittig ist, dass Ansprüche bzw Verpflichtungen, die sich **anhand eines Kalenders** (tagesgenau) **berechnen** lassen, zu Rechnungsabgrenzungsposten führen. Bei dieser **engen Interpretation** des Kriteriums „bestimmte Zeit“ ist die Entscheidung, ob ein transitorischer Rechnungsabgrenzungsposten ieS vorliegt, eindeutig. Die starke Betonung des Objektivierungsgedankens bedingt aber, dass der Anwendungsbereich der Periodisierungsgrundsätze zurückgedrängt wird. Deshalb wird alternativ eine **weite Begriffsbestimmung** des Merkmals der bestimmten Zeit vertreten. Nach dieser Auffassung wird es für die Bildung eines transitorischen Rechnungsabgrenzungspostens ieS als hinreichend angesehen, wenn sich anhand intersubjektiv nachprüfbarer Kriterien der **Zeitraum näherungsweise bestimmen lässt oder sich eine Mindestlaufzeit angeben lässt**. Folgt man dieser Auffassung, wird der Grundsatz der Periodisierung im Vergleich zu den Objektivierungsprinzipien tendenziell stärker gewichtet. Nicht ausreichend ist es jedoch, wenn sich der Zeitraum, über den die Gegenleistung zu erbringen ist, nur schätzen lässt oder wenn sich das Ende dieses Zeitraums durch ein zukünftiges, ungewisses Ereignis ergibt.

Beispiel: Die S-AG verzichtet auf ihr Recht, die Wasserkraft eines Flusses zur Stromerzeugung zu nutzen. Zum Ausgleich der zukünftig höheren Stromkosten von 25 000 € pro Jahr erhält die S-AG eine Entschädigung von 200 000 €. Aus dem Verhältnis der Entschädigung zu den Mehrkosten lässt sich ein Zeitraum von acht Jahren berechnen: 200 000 €/25 000 €. Es darf also ein passiver Rechnungsabgrenzungsposten gebildet werden.[384]

549 Der bei Rechnungsabgrenzungsposten auftretende Zielkonflikt zwischen den Periodisierungsgrundsätzen und dem Objektivierungsgedanken lässt sich anhand **immerwährender** (unbefristeter) **Gegenleistungen** sehr gut verdeutlichen. Ist der Zeitraum, innerhalb dessen eine Gegenleistung zu erbringen ist, eindeutig feststellbar, ist ein Rechnungsabgrenzungsposten zu bilden. Dies gilt unabhängig davon, wie lange dieser Zeitraum ist. Bei unbefristeten Gegenleistungen fehlt es bei einer wörtlichen Interpretation an dem Merkmal „bestimmte Zeit“. Häufig wird es als unbefriedigend empfunden, dass bei einer Gegenleistung über beispielsweise zwei oder fünf Jahre eine Periodisierung vorgenommen wird, aber bei einer unbefristeten Laufzeit kein Rechnungsabgrenzungsposten gebildet werden darf, obwohl sich in diesem Fall eine Verteilung über mehrere Wirtschaftsjahre noch mehr anbietet. Die Rechtsprechung hat dieses Problem dadurch gelöst, dass **einmalig geleistete Zahlungen als Barwert des Jahresbetrags einer immerwährenden Rente interpretiert** werden.[385]

384 Siehe hierzu BFH vom 17.7.1980, BStBl. 1981 II, S. 669.
385 Vgl BFH vom 24.3.1982, BStBl. 1982 II, S. 643; BFH vom 15.2.2017, BStBl. 2017 II, S. 884.

Beispiel: Die G-GmbH gestattet einem Energieversorgungsunternehmen, auf ihrem Grundstück eine Gasleitung zu verlegen. Für die Einräumung dieses zeitlich unbefristeten Rechts erhält die G-GmbH einmalig eine Vergütung von 15 000 €. Obwohl weder eine kalendermäßig bestimmbare Zeit vorliegt noch in sonstiger Weise eine konkrete Laufzeit festgelegt werden kann, hat der Bundesfinanzhof die Bildung eines Rechnungsabgrenzungspostens befürwortet, der über 25 Jahre aufzulösen ist. Dies entspricht einem Zinssatz von 4%. Würde man von einem Zinssatz von 5,5% (2%) ausgehen, würde sich ein Zeitraum von 18,18 Jahren (50 Jahren) errechnen.

(2) Abgrenzung gegenüber antizipativen Rechnungsabgrenzungsposten: Antizipative Rechnungsabgrenzungsposten sind dadurch gekennzeichnet, dass der Aufwand bzw Ertrag dem abgelaufenen Wirtschaftsjahr zuzurechnen ist, während die entsprechende Auszahlung bzw Einzahlung erst nach dem Abschlussstichtag anfällt. **550**

- Antizipative Rechnungsabgrenzungsposten auf der Aktivseite erfassen **Erträge**, die **noch nicht** zu **Einzahlungen** geführt haben. Der Ausweis erfolgt als **„sonstige Vermögensgegenstände"**.
- Bei einem antizipativen Rechnungsabgrenzungsposten auf der Passivseite handelt es sich um **Aufwendungen**, die **noch nicht** zu **Auszahlungen** geführt haben. Sie sind unter der Position **„sonstige Verbindlichkeiten"** aufzunehmen.

Beispiel: Der Einzelunternehmer A zahlt die für den Zeitraum vom 1.11.01 bis zum 30.4.02 anfallenden Zinsen in Höhe von 1200 € an die Bank M-AG nachträglich am 30.4.02.

(1) Buchung beim Zahlungsverpflichteten (Einzelunternehmer A)

						Gewinnwirkung
31.12.01:	Aufwand	400 €	an	soVerb	400 €	– 400 €
31.04.02:	Aufwand	800 €	an	Bank	1200 €	– 800 €
	soVerb	400 €				
Summe						– 1200 €

Von den Aufwendungen von insgesamt 1200 € entfallen auf das Jahr 01 400 € (= 2/6 von 1200 €) und auf das Jahr 02 800 € (= 4/6 von 1200 €). Diese zeitliche Aufteilung wird durch die Passivierung einer sonstigen Verbindlichkeit zum 31.12.01 erreicht. Die Bewertung der sonstigen Verbindlichkeit erfolgt mit dem Betrag, der im Jahr 01 aufwandswirksam zu verrechnen ist.

Die Erfolgswirkung soll unabhängig davon sein, ob die Zinsen vorschüssig oder nachträglich bezahlt werden. Die Bildung eines aktiven Rechnungsabgrenzungspostens (Zahlung im Voraus) bzw die Passivierung einer sonstigen Verbindlichkeit (nachschüssige Zahlung) führt dazu, dass zeitraumbezogene Aufwendungen zeitanteilig erfolgswirksam werden.

(2) Buchung beim Zahlungsempfänger (Bank M-AG)

						Gewinnwirkung
31.12.01:	soVG	400 €	an	Ertrag	400 €	+ 400 €
31.04.02:	Bank	1200 €	an	soVG	400 €	
				Ertrag	800 €	+ 800 €
Summe						+ 1200 €

Die M-AG hat aufgrund der Kapitalüberlassung Anspruch auf eine zeitraumbezogene Gegenleistung, die nach dem Grundsatz der Abgrenzung von Erträgen der Zeit nach zeitanteilig auf die beiden Wirtschaftsjahre zu verteilen ist. Bei der M-AG wird dies durch die Aktivierung eines sonstigen Vermögensgegenstandes (sonstige Forderung) sichergestellt. Die Bewertung dieses sonstigen Vermögensgegenstandes entspricht dem Teil der Erträge, der auf das Jahr 01 entfällt.

551 Die **Abgrenzung** zwischen transitorischen Rechnungsabgrenzungsposten ieS, transitorischen Rechnungsabgrenzungsposten iwS sowie antizipativen Rechnungsabgrenzungsposten ist in der nachfolgenden Tabelle zusammengestellt:

vor dem Abschlussstichtag	nach dem Abschlussstichtag	Begriff	bilanzielle Erfassung
Ausgabe Einnahme	zeitbestimmter Aufwand zeitbestimmter Ertrag	transitorischer Rechnungs-abgrenzungsposten ieS	aktiver Rechnungs-abgrenzungsposten passiver Rechnungs-abgrenzungsposten
Ausgabe Einnahme	zeitlich unbestimmter Aufwand zeitlich unbestimmter Ertrag	transitorischer Rechnungs-abgrenzungsposten iwS	Aktivierungsverbot Passivierungsverbot
Ertrag Aufwand	Einzahlung Auszahlung	antizipativer Rechnungs-abgrenzungsposten	sonstiger Vermögens-gegenstand sonstige Verbindlichkeit

Abb. 36: Formen von Abgrenzungsposten

552 *(3) Konkrete Bilanzierungsfähigkeit und Ansatz der Höhe nach:* Die handels- und steuerrechtlichen Vorschriften für Rechnungsabgrenzungsposten sind inhaltsgleich. Für **transitorische Rechnungsabgrenzungsposten ieS** besteht sowohl auf der Aktivseite als auch auf der Passivseite eine **Bilanzierungspflicht** (§ 250 Abs. 1, 2 HGB, § 5 Abs. 5 S. 1 EStG). Sofern die gesetzlich formulierten Voraussetzungen nicht erfüllt sind, gilt ein Ansatzverbot. Da es an dem Merkmal „bestimmte Zeit" fehlt, dürfen aktive oder passive **transitorische Rechnungsabgrenzungsposten iwS nicht bilanziert** werden. Es liegt also eine deklaratorische Formulierung der Maßgeblichkeit der Handelsbilanz für die Steuerbilanz vor (Fall 2a).

Bei regelmäßig wiederkehrenden Beträgen kann nach dem Grundsatz der Wesentlichkeit auf die Bilanzierung verzichtet werden, sofern sich diese Vorgänge auf die Höhe des Gewinns und den Umfang des Betriebsvermögens nur in geringem Umfang auswirken und sich die Auswirkungen in dem Fall, dass kein Rechnungsabgrenzungsposten gebildet wird, in den einzelnen Wirtschaftsjahren ausgleichen.[386]

Rechnungsabgrenzungsposten sind nicht zu bewerten. Ihre Höhe sowie ihre Auflösung bestimmen sich nach dem Grundsatz der Abgrenzung von Erträgen und Aufwendungen der Zeit nach. In die Bilanz ist der Betrag als Rechnungsabgrenzungsposten aufzunehmen, der dem Aufwand (aktiver Rechnungsabgrenzungsposten) bzw dem Ertrag (passiver Rechnungsabgrenzungsposten) des kommenden Wirtschaftsjahres bzw der zukünftigen Perioden entspricht. Da Rechnungsabgrenzungsposten lediglich zu berechnen sind, scheiden Teilwertabschreibungen prinzipiell aus.

386 Vgl BFH vom 15.11.1960, BStBl. 1961 III, S. 48.

Bei den **sonstigen Vermögensgegenständen und sonstigen Verbindlichkeiten** ergibt sich die **Ansatzpflicht** aus dem Vollständigkeitsgebot (§ 246 Abs. 1 HGB). Die Bewertung dieser Wirtschaftsgüter ergibt sich aus dem Betrag, zu dem im abgelaufenen Jahr Ansprüche bzw Verpflichtungen entstanden sind. Da keine explizite steuerrechtliche Regelung besteht, liegt der Fall 1 des Maßgeblichkeitsprinzips vor.

II. Disagio als spezieller aktiver Rechnungsabgrenzungsposten

(1) Ansatz dem Grunde nach: Eine Sonderform der aktiven Rechnungsabgrenzungsposten bildet das Disagio (Damnum). Ist der **Erfüllungsbetrag einer Verbindlichkeit höher als ihr Auszahlungsbetrag**, darf in der Handelsbilanz die Differenz in den Rechnungsabgrenzungsposten aufgenommen werden (§ 250 Abs. 3 HGB). Das **handelsrechtliche Ansatzwahlrecht** wird aufgrund einer speziellen Regelung im Einkommensteuergesetz in der **Steuerbilanz** zur **Aktivierungspflicht** (§ 5 Abs. 5 S. 1 Nr 1 EStG). Es kommt zu einer Einschränkung des Maßgeblichkeitsprinzips (Fall 4).[387] 553

Das Disagio bildet wirtschaftlich einen zusätzlichen Zinsaufwand, der in der Weise im Voraus entrichtet wird, dass der Auszahlungsbetrag der Verbindlichkeit (Vermögensmehrung) niedriger ist als der Erfüllungsbetrag (Vermögensminderung). Damit liegt der Zeitpunkt der Ausgabe vor dem Abschlussstichtag und der Zeitraum der Aufwandswirkung nach dem Abschlussstichtag. Das Merkmal „bestimmte Zeit" ergibt sich aus der Laufzeit der Verbindlichkeit oder – sofern dieser kürzer ist – aus dem Zeitraum, für den der Zinssatz festgeschrieben ist.

Nach dem Grundsatz der Abgrenzung von Aufwendungen der Zeit nach dürfen nur zeitraumbezogene Aufwendungen in einen Rechnungsabgrenzungsposten einbezogen werden. Die Aktivierung beschränkt sich deshalb auf Aufwendungen, die als „Zusatzzinsaufwand" anzusehen sind. Nach Ansicht der Finanzverwaltung gehören hierzu auch Abschluss-, Bearbeitungs- und Verwaltungsgebühren. Ausgaben, die einmalig bei der Darlehensaufnahme anfallen und die eine einmalige Leistung abgelten, wie beispielsweise Vermittlungsprovisionen, sind sofort als Aufwand zu verrechnen (H 6.10 EStH).

(2) Ansatz der Höhe nach: Der in den aktiven Rechnungsabgrenzungsposten eingestellte Betrag ist während der Laufzeit des Darlehens **gewinnmindernd aufzulösen**. Für die steuerliche Gewinnermittlung stehen zwei Alternativen zur Wahl:[388] 554

- Das Disagio wird in jedem Jahr um den gleichen Betrag gemindert **(lineare Auflösung)**.
- Die Auflösung des Disagios orientiert sich am Verhältnis der in den einzelnen Wirtschaftsjahren bezahlten Zinsen **(Zinsstaffelmethode)**.

387 Subsumiert man entgegen dieser Auffassung das Disagio nicht unter § 5 Abs. 5 S. 1 Nr 1 EStG, ergibt sich die steuerliche Aktivierungspflicht des Disagios daraus, dass aus handelsbilanziellen Ansatzwahlrechten bei fehlender steuerlicher Regelung für die Steuerbilanz eine Aktivierungspflicht besteht (Fall 5 des Maßgeblichkeitsprinzips), vgl BMF-Schreiben vom 12.3.2010, BStBl. 2010 II, S. 239, Tz. 3 iVm BFH vom 3.2.1969, BStBl. 1969 II, S. 291. Welcher Fall des Maßgeblichkeitsprinzips gilt, hat der Bundesfinanzhof mangels Entscheidungsrelevanz offen gelassen, vgl BFH vom 29.11.2006, BStBl. 2009 II, S. 955.

388 Vgl BFH vom 19.1.1978, BStBl. 1978 II, S. 262.

Bei einem Darlehen, das am Ende der Laufzeit in einem Einmalbetrag zurückbezahlt wird, führen beide Methoden zum gleichen Ergebnis. Bei Darlehen, die in gleichen Jahresraten getilgt werden, und bei Annuitätendarlehen ist die Auflösung des Disagios nach der Zinsstaffelmethode vorzunehmen. Da bei der Zinsstaffelmethode die Aufwandsverrechnung entsprechend der Reduzierung der Restschuld von Jahr zu Jahr abnimmt, entspricht sie den Periodisierungsgrundsätzen besser als die lineare Auflösung.[389]

Beispiel: Die P-AG nimmt bei einer Bank ein Darlehen mit einem Nominalbetrag (= Erfüllungsbetrag) von 100 000 € auf, das unter Abzug eines Disagios von 3% und einer einmaligen Bearbeitungsgebühr von 2% ausbezahlt wird. Das Darlehen ist in Jahresbeträgen von jeweils 20 000 € über fünf Jahre zu tilgen. Der Zinssatz beträgt nominell 6%. Zusätzlich hat die P-AG an einen Kreditvermittler 1,5% des Nominalbetrags zu bezahlen.

Im Zeitpunkt der Auszahlung des Darlehens ist ein Rechnungsabgrenzungsposten in Höhe von 5000 € zu bilden, der sich aus dem Disagio und der Bearbeitungsgebühr zusammensetzt. Insoweit ist die Auszahlung des Darlehens erfolgsneutral. Die Kreditvermittlungsgebühr ist Gegenleistung für eine einmalige, nicht laufzeitbezogene Leistung. Sie ist deshalb sofort als Aufwand zu verrechnen. Insoweit scheidet die Bildung eines aktiven Rechnungsabgrenzungspostens aus.

Auszahlung des Darlehens				
Bank	95 000 €	an	Verbindlichkeit	100 000 €
aRAP	5 000 €			
Bezahlung der Vermittlungsgebühr				
Aufwand	1 500 €	an	Bank	1 500 €

Da das Darlehen in gleichen Jahresraten getilgt wird, ist der aktive Rechnungsabgrenzungsposten nach der Zinsstaffelmethode aufwandswirksam aufzulösen:

	1. Jahr	2. Jahr	3. Jahr	4. Jahr	5. Jahr
aRAP zum 01.01.	5 000 €	3 333 €	2 000 €	1 000 €	333 €
Auflösungsbetrag	1 667 €	1 333 €	1 000 €	667 €	333 €
aRAP zum 31.12.	3 333 €	2 000 €	1 000 €	333 €	0 €

Bei der Zinsstaffelmethode berechnet sich die Auflösung nach folgender Formel: Disagio × (Zinsen für das betreffende Jahr/Summe der insgesamt zu zahlenden Zinsen). Im ersten Jahr ergibt sich eine Auflösung von 1667 € = 5000 € × (6000 €/18 000 €).

III. Steuerlich motivierte Sonderformen der aktiven Rechnungsabgrenzungsposten

555 Spezielle steuerliche Formen der aktiven Rechnungsabgrenzungsposten bilden Zölle und Verbrauchsteuern auf Wirtschaftsgüter des Vorratsvermögens sowie die als Aufwand verbuchte Umsatzsteuer auf Anzahlungen.

556 *(1) Zölle und Verbrauchsteuern auf Wirtschaftsgüter des Vorratsvermögens:* Zölle und Verbrauchsteuern, die im abgelaufenen Wirtschaftsjahr angefallen sind, die jedoch nicht als Teil der Anschaffungs- oder Herstellungskosten aktiviert werden, sind

389 Vgl BFH vom 24.6.2009, BStBl. 2009 II, S. 781.

in einen aktiven Rechnungsabgrenzungsposten einzustellen, soweit sie auf in der Schlussbilanz enthaltene Wirtschaftsgüter des Vorratsvermögens entfallen. Dieser Rechnungsabgrenzungsposten ist nur in der Steuerbilanz zu bilden (§ 5 Abs. 5 S. 2 Nr 1 EStG). Handelsrechtlich besteht ein Ansatzverbot. Durch das Nebeneinander von handelsrechtlichem Ansatzverbot und steuerrechtlicher Aktivierungspflicht kommt es zu einer Durchbrechung des Maßgeblichkeitsprinzips (Fall 2b: zwei voneinander abweichende verbindliche Regelungen).

Diese Regelung besitzt insbesondere **für** die **Biersteuer sowie** die **Energiesteuer** (zB auf Mineralöl) **Bedeutung**. Diese beiden Steuerarten gelten nicht als Teil der Herstellungskosten. Nach den allgemeinen Grundsätzen kann kein transitorischer Rechnungsabgrenzungsposten ieS gebildet werden. Da keine zeitraumbezogene Gegenleistung besteht, ist das Kriterium der bestimmten Zeit nicht erfüllt. Um zu verhindern, dass sich die Bier- oder Energiesteuer bereits vor dem Verbrauch bzw der Veräußerung der Wirtschaftsgüter des Vorratsvermögens aufwandswirksam auswirken, sind die gezahlten bzw als Verbindlichkeit passivierten Verbrauchsteuern solange durch die Bildung eines aktiven Rechnungsabgrenzungspostens zu neutralisieren, bis die Wirtschaftsgüter, auf die die Bier- oder Energiesteuer entfällt, verbraucht bzw veräußert werden. Diese Form von Rechnungsabgrenzungsposten ist mit dem Grundsatz der Abgrenzung von Aufwendungen der Sache nach zu begründen. Die Zölle und Verbrauchsteuern werden in der Periode aufwandswirksam, in der die davon betroffenen Wirtschaftsgüter verbraucht bzw veräußert werden. **557**

Beispiel: Im Dezember 01 überführt die T-Brauerei für den Fabrikverkauf an private Abnehmer Bier in einen brauereieigenen Laden. Das Bier wird im Januar 02 verkauft. Die Biersteuer von 2000 € wird bereits bei der Entfernung aus der Brauerei (Bierlager iSd § 4 BierStG) fällig (§ 14 Abs. 1, 2, § 18 Abs. 1 BierStG).

Dezember 01

aRAP	2 000 €	an	Bank	2 000 €

Januar 02

Aufwand	2 000 €	an	aRAP	2 000 €

Für die Handelsbilanz wird zum Teil die Auffassung vertreten, dass Verbrauchsteuern Teil der Herstellungskosten sind.[390] Folgt man dieser Auffassung, wird sowohl in der Handelsbilanz (durch Einbezug in die Herstellungskosten) als auch in der Steuerbilanz (durch Bildung eines aktiven Rechnungsabgrenzungspostens) eine sofortige Aufwandsverrechnung der Verbrauchsteuern vermieden. Die Durchbrechung des Maßgeblichkeitsprinzips durch § 5 Abs. 5 S. 2 Nr 1 EStG wirkt sich damit materiell nicht aus. Der in der Handelsbilanz vorgenommene Einbezug der auf Wirtschaftsgüter des Vorratsvermögens entfallenden Zölle und Verbrauchsteuern in die Herstellungskosten hat den Vorteil, dass sich dadurch die Periodisierungsgrundsätze einfacher erfüllen lassen.

(2) *Aufwandswirksam verbuchte Umsatzsteuer auf Anzahlungen:* In der Steuerbilanz ist auch für die als Aufwand berücksichtigte Umsatzsteuer auf Anzahlungen ein aktiver Rechnungsabgrenzungsposten zu bilden (§ 5 Abs. 5 S. 2 Nr 2 EStG). In der **558**

390 Vgl Beck'scher Bilanz-Kommentar, 11. Aufl., München 2018, § 255 HGB, Anm 470.

Handelsbilanz darf hierfür kein Rechnungsabgrenzungsposten bilanziert werden. Das steuerbilanzielle Aktivierungsgebot beruht auf dem Ziel, dass sich die Umsatzsteuer auf den Gewinn des Unternehmens nicht auswirken soll. Es kommt zu einer Durchbrechung der Maßgeblichkeit der Handelsbilanz für die Steuerbilanz (Fall 2b).

Diese Sonderform von Rechnungsabgrenzungsposten kommt nur dann zur Anwendung, wenn zwei **Voraussetzungen** erfüllt sind:

- Der Steuerpflichtige muss eine **Anzahlung erhalten** haben. Bei Anzahlungen fällt deshalb Umsatzsteuer an, weil bei diesen die Umsatzsteuer nicht nach dem Grundsatz der Besteuerung nach vereinbarten Entgelten fällig wird, sondern eine Istbesteuerung durchgeführt wird (§ 13 Abs. 1 Nr 1 Buchst. a S. 4 UStG).[391]
- Die Anzahlungen werden **mit** ihrem **Bruttowert passiviert**.

Beispiel: Der Einzelunternehmer U erhält von einem Kunden eine Anzahlung von 50 000 € zuzüglich Umsatzsteuer von 9500 € (Steuersatz 19%).

I. Bruttomethode (mit Rechnungsabgrenzungsposten)

Zeitpunkt des Zuflusses der Anzahlung:

Bank	59 500 €	an	**erhaltene Anzahlungen**	**59 500 €**
Aufwand	9 500 €	an	Umsatzsteuerverbindlichkeit	9 500 €
Umsatzsteuerverbindlichkeit	9 500 €	an	Bank	9 500 €

Wird die Anzahlung mit ihrem Bruttobetrag (einschließlich Umsatzsteuer) passiviert, bleibt die auf die erhaltene Anzahlung zu entrichtende Umsatzsteuer nur dann ohne Einfluss auf den Gewinn des Unternehmens, wenn diese in einen aktiven Rechnungsabgrenzungsposten eingestellt wird:

aRAP	9 500 €	an	Aufwand	9 500 €

Zeitpunkt der Erfüllung der Leistung:

Der Rechnungsabgrenzungsposten ist zu dem Zeitpunkt erfolgsneutral aufzulösen, zu dem die Leistung durch den Einzelunternehmer U erbracht wird:

erhaltene Anzahlungen	59 500 €	an	Umsatzerlöse	50 000 €
			aRAP	9 500 €

II. Nettomethode (ohne Rechnungsabgrenzungsposten)

Zeitpunkt des Zuflusses der Anzahlung:

Bank	59 500 €	an	**erhaltene Anzahlungen**	**50 000 €**
			Umsatzsteuerverbindlichkeit	9 500 €
Umsatzsteuerverbindlichkeit	9 500 €	an	Bank	9 500 €

Zeitpunkt der Erfüllung der Leistung:

erhaltene Anzahlungen	50 000 €	an	Umsatzerlöse	50 000 €

Bei der Nettoverbuchung (Passivierung der Anzahlung ohne Umsatzsteuer) wird die Umsatzsteuer erfolgsneutral verbucht. Für die Umsatzsteuer auf Anzahlungen ist kein Rechnungsabgrenzungsposten zu bilden.

391 Zum Zeitpunkt der Entstehung der Umsatzsteuer siehe Band I, Rn. 800.

Für die handelsrechtliche Rechnungslegung wird der Nettoansatz (Bewertung der Anzahlung ohne Umsatzsteuer) präferiert.[392] Durch § 5 Abs. 5 S. 2 Nr 2 EStG wird erreicht, dass die Erfolgsneutralität der Umsatzsteuer auch dann eintritt, wenn der Steuerpflichtige für steuerliche Zwecke die erhaltene Anzahlung mit dem Bruttowert (mit Umsatzsteuer) bewertet. Auf die Höhe des Gewinns wirkt sich deshalb die mit § 5 Abs. 5 S. 2 Nr 2 EStG verbundene Durchbrechung des Maßgeblichkeitsprinzips nicht aus.

Beim Abnehmer wird die Erfolgsneutralität der Umsatzsteuer auf Anzahlungen dadurch erreicht, dass diese mit ihrem Nettobetrag aktiviert wird. Dies ergibt sich daraus, dass die **als Vorsteuer abziehbare Umsatzsteuer nicht Bestandteil der Anschaffungs- oder Herstellungskosten** ist (§ 9b Abs. 1 EStG).

IV. Begründung für den Nichtansatz von latenten Steuern

In der Handelsbilanz wird eine **Steuerabgrenzung** vorgenommen, um eine **Vergleichbarkeit zwischen dem Handelsbilanzgewinn und dem Ertragsteueraufwand herzustellen**. In der handelsrechtlichen Gewinn- und Verlustrechnung soll als Steueraufwand der Betrag ausgewiesen werden, der anfallen würde, wenn das Handelsbilanzergebnis die Bemessungsgrundlage für die Ertragsteuern bilden würde. Unter latenten Steuern wird die Differenz zwischen der tatsächlich bestehenden Steuerschuld und der (fiktiv) bei der Besteuerung des handelsrechtlichen Gewinns entstehenden Steuerbelastung verstanden (§ 274 HGB). 559

Zu aktiven latenten Steuern kommt es, wenn der handelsrechtliche Gewinn zunächst niedriger ist als die steuerpflichtigen Einkünfte. Diese Situation tritt ein, wenn auf der Aktivseite der Wert in der Handelsbilanz niedriger ist als in der Steuerbilanz sowie wenn Passiva in der Handelsbilanz höher bewertet werden als im Rahmen der steuerlichen Gewinnermittlung. Umgekehrt entstehen passive latente Steuern, wenn der Gewinn in der Handelsbilanz vorübergehend höher ist als in der Steuerbilanz, m.a.W. wenn Aktiva nach handelsrechtlichen Vorschriften höher bewertet werden als nach steuerrechtlichen Vorgaben oder wenn auf der Passivseite in der Handelsbilanz ein niedrigerer Wert angesetzt wird als in der Steuerbilanz:

	Wert der Aktiva	Wert der Passiva
aktive latente Steuern	Handelsbilanz < Steuerbilanz	Handelsbilanz > Steuerbilanz
passive latente Steuern	Handelsbilanz > Steuerbilanz	Handelsbilanz < Steuerbilanz

Abb. 37: Ursachen für latente Steuern

Bei der Steuerabgrenzung handelt es sich um eine spezifische Problematik der handelsrechtlichen Rechnungslegung. Über die Steuerabgrenzung soll die Aussagekraft der im Jahresabschluss ermittelten Gewinngröße verbessert werden. Diese mit der Informationsfunktion zusammenhängende Zielsetzung ist für die steuerliche Gewinner-

392 Vgl Beck'scher Bilanz-Kommentar, 11. Aufl., München 2018, § 250 HGB, Anm 1.

mittlung nicht von Bedeutung. Die Bemessungsgrundlage für die Ertragsteuern leitet sich aus der Steuerbilanz ab, sodass aus steuerrechtlicher Sicht die Bezugsgröße für die Steuerschuld und die Gewinngröße zueinander passen. Damit liegt eine konzeptionelle Abweichung zwischen der handelsrechtlichen und der steuerrechtlichen Rechnungslegung vor (Fall 9: keine Maßgeblichkeit).[393]

B. Steuerfreie Rücklagen

I. Abstrakte Bilanzierungsfähigkeit (Zielsetzung steuerfreier Rücklagen)

560 Steuerfreie Rücklagen haben mit Sonderabschreibungen, erhöhten Absetzungen und Bewertungsabschlägen gemeinsam, dass sie an der ertragsteuerlichen Bemessungsgrundlage ansetzen und mit einem vorübergehenden Steuerverzicht des Staats verbunden sind. Der **Steuerstundungseffekt** von steuerfreien Rücklagen entsteht dadurch, dass ihre Bildung zu Aufwendungen führt, die nicht mit Auszahlungen verbunden sind. Die Liquiditäts- und Zinsvorteile einer steuerfreien Rücklage sind umso ausgeprägter, je höher die Ertragsteuerbelastung ist und je später die steuerfreien Rücklagen ertragswirksam aufzulösen sind. Der ertragsteuerliche Steuerstundungseffekt wird dadurch erreicht, dass im laufenden Jahr entstandene Gewinne nicht sofort versteuert werden müssen. Vielmehr werden diese Gewinne durch die Bildung einer steuerfreien Rücklage vorübergehend neutralisiert. Diese Erträge erhöhen die ertragsteuerlichen Bemessungsgrundlagen erst in dem Zeitpunkt, in dem die steuerfreie Rücklage wieder aufgelöst wird **(Ertragsnachversteuerung)**.

Steuerfreie Rücklagen lassen sich als **unversteuerte Gewinne** kennzeichnen. In dem Umfang, in dem bei Auflösung einer steuerfreien Rücklage Ertragsteuern anfallen, haben sie Fremdkapitalcharakter. Nur der nach Abzug der zukünftig anfallenden Steuerbelastung (des latenten Steueranteils) verbleibende Betrag gehört zum Eigenkapital.

561 **Gegenüber Gewinnrücklagen** bestehen **zwei Unterschiede**: (1) Steuerfreie Rücklagen werden im Rahmen der Gewinnermittlung gebildet, während Gewinnrücklagen aus der Entscheidung über die Gewinnverwendung resultieren. (2) Steuerfreie Rücklagen umfassen Gewinne, die noch keiner Ertragsbesteuerung unterlegen haben. In die Gewinnrücklagen können nur die nach Abzug der Ertragsteuern verbleibenden Erfolge eingestellt werden.

393 Zur Konzeption der latenten Steuern (Orientierung an den in der Bilanz ausgewiesenen Wertdifferenzen; Ansatzwahlrecht für aktive latente Steuern; Einbezug von Verlustvorträgen, die innerhalb von fünf Jahren verrechnet werden können; Ausschüttungssperre bei aktiven latenten Steuern; Ausweis als eigenständige Kategorie; Wahlrecht zwischen gesondertem Ausweis oder Saldierung von aktiven und passiven latenten Steuern; Form des Ausweises in der Gewinn- und Verlustrechnung; Umfang der Erläuterungen der Posten im Anhang sowie keine Abzinsung) siehe zB Engels, BB 2008, S. 1554; Herzig/Vossel, BB 2009, S. 1174; Karrenbrock, WPg 2008, S. 328; Kessler/Leinen/Paulus, KoR 2009, S. 716 und KoR 2010, S. 46; Kirsch, DStZ 2009, S. 510; Kühne/Melcher/Wesemann, WPg 2009, S. 1005, S. 1057; Küting/Seel, DB 2009, S. 922; Loitz, DB 2008, S. 1389; Loitz, DB 2009, S. 913; Loitz, DB 2010, S. 2177; Prinz/Ruberg, DK 2009, S. 343; Theile, BBK 2010, S. 639.

II. Konkrete Bilanzierungsfähigkeit und Bewertung

(1) Eigenständiges steuerliches Bilanzierungswahlrecht: Die Zulässigkeit einer Passivierung von steuerfreien Rücklagen ergibt sich aus **steuerlichen Spezialnormen**. Diese in Gesetzen oder in Ausnahmefällen in Verwaltungsanweisungen (zB Einkommensteuer-Richtlinien) zu findenden Regelungen bestimmen, in welchen Fällen steuerfreie Rücklagen dem Grunde nach gebildet werden dürfen **(konkrete Bilanzierungsfähigkeit)** und in welcher Höhe sie im Jahr der erstmaligen Bildung anzusetzen sind sowie nach welchem Modus sie in den Folgeperioden aufzulösen sind (**Bewertung**). **562**

Die steuerrechtlichen Vorschriften, die die Bildung von steuerfreien Rücklagen regeln, sehen generell ein **Ansatzwahlrecht** vor. Aus dem Charakter der steuerfreien Rücklagen als steuerliche Subventionen ist erkennbar, dass es für diese Bilanzposten handelsrechtlich keine Möglichkeit zur Passivierung geben kann: Die damit verbundene Verlagerung des Ertragsausweises widerspricht den Periodisierungsgrundsätzen. Dies bedeutet, dass das Wahlrecht zur Bildung einer steuerfreien Rücklage in der Steuerbilanz eigenständig in Anspruch genommen werden kann (§ 5 Abs. 1 S. 1 HS 2 EStG). Dieses Wahlrecht besteht **nur für die Steuerbilanz**, in der Handelsbilanz existieren derartige Wahlmöglichkeiten nicht. Insoweit besteht bei der Ausübung des Wahlrechts zur Passivierung von steuerfreien Rücklagen keine Maßgeblichkeit der Handelsbilanz für die Steuerbilanz (Fall 3):[394] Bildet der Steuerpflichtige keine steuerfreie Rücklage, stimmen Handels- und Steuerbilanz überein. Will er den positiven Zeiteffekt von steuerfreien Rücklagen nutzen, weichen insoweit die beiden Bilanzen voneinander ab.

Die Ausübung des Wahlrechts zur Bildung einer steuerfreien Rücklage muss nicht durch die Aufnahme in ein besonderes, laufend zu führendes Verzeichnis dokumentiert werden (§ 5 Abs. 1 S. 2, 3 EStG), sofern die Passivierung der steuerfreien Rücklage in der Steuerbilanz abgebildet wird.[395]

(2) Übertragung von Veräußerungsgewinnen nach § 6b EStG: Die sofortige Besteuerung des Gewinns, der bei der **Veräußerung eines Wirtschaftsguts des Anlagevermögens** entsteht, kann unter bestimmten Voraussetzungen dadurch vermieden werden, dass bei der Anschaffung oder Herstellung eines Ersatzwirtschaftsguts ein Bewertungsabschlag vorgenommen wird. Wird das Ersatzwirtschaftsgut im gleichen Wirtschaftsjahr oder bereits vor der Entstehung eines Veräußerungsgewinns erworben, wird die vorübergehende Neutralisation des Veräußerungsgewinns dadurch erreicht, dass bei dem Ersatzwirtschaftsgut die Abschreibungsbasis entsprechend vermindert wird. Bilanzierungstechnisch handelt es sich um einen Bewertungsabschlag, der eine Untergruppe des niedrigeren steuerlichen Werts bildet. Ist das **Ersatzwirtschaftsgut bis zum Ende des Wirtschaftsjahres**, in dem der Veräußerungsgewinn entstanden ist, **noch nicht angeschafft** oder hergestellt, scheidet eine Abschreibung auf den niedrigeren steuerlichen Wert aus. In diesem Fall wird die Ertragsnachversteuerung durch die vorübergehende Bildung einer steuerfreien Rücklage erreicht (**§ 6b Abs. 3 EStG**). Abgesehen vom Unterschied hinsichtlich des Zeitpunkts, zu **563**

394 Vgl BMF-Schreiben vom 12.3.2010, BStBl. 2010 I, S. 239, Tz. 13.
395 Vgl BMF-Schreiben vom 12.3.2010, BStBl. 2010 I, S. 239, Tz. 22.

dem das Ersatzwirtschaftsgut beschafft wird, besteht gegenüber der unmittelbaren Übertragung des Veräußerungsgewinns nach § 6b Abs. 1 EStG kein Unterschied.[396]

Beispiel: Die S-GmbH veräußert am 11.11.01 das Gebäude 1 zum Preis von 100, dessen Restbuchwert im Zeitpunkt des Verkaufs 20 beträgt. Am 20.2.02 erwirbt die S-GmbH als Ersatz das Gebäude 2 (Anschaffungskosten 200).

11.11.01: Entstehen eines Veräußerungsgewinns beim Verkauf des Gebäudes 1 (Realisationsprinzip)

Bank	100	an	Gebäude 1	20
			Ertrag (Veräußerungsgewinn)	80

31.12.01: Neutralisation des Veräußerungsgewinns durch Bildung einer steuerfreien Rücklage nach § 6b Abs. 3 EStG

Aufwand	80	an	steuerfreie Rücklage	80

20.2.02: Kauf eines Ersatzwirtschaftsguts und Auflösung der steuerfreien Rücklagen (= Übertragung der stillen Reserven)

Gebäude 2	200	an	Bank	200
steuerfreie Rücklage	80	an	Ertrag	80
Aufwand	80	an	Gebäude 2	80

Durch die Bildung einer steuerfreien Rücklage nach § 6b Abs. 3 EStG kommt es grundsätzlich zu dem gleichen Ergebnis, zu dem es gekommen wäre, wenn die aufgelösten stillen Reserven unmittelbar auf das Ersatzwirtschaftsgut übertragen worden wären. Im Jahr der Veräußerung (Jahr 01) ist der beim Verkauf des Gebäudes 1 realisierte Gewinn (noch) nicht zu versteuern. Der Veräußerungsgewinn erhöht in der Weise nachträglich die ertragsteuerliche Bemessungsgrundlage, dass sich bei dem Ersatzwirtschaftsgut (Gebäude 2) die Abschreibungen nicht aus den Anschaffungskosten von 200 errechnen, sondern lediglich aus dem um den Bewertungsabschlag von 80 verminderten Betrag. Über die betriebsgewöhnliche Nutzungsdauer des Ersatzwirtschaftsguts (Gebäude 2) werden lediglich Abschreibungen von 120 aufwandswirksam, obwohl seine Anschaffungskosten 200 betragen.

564 Wird innerhalb der Reinvestitionsfrist von grundsätzlich vier Jahren **kein Ersatzwirtschaftsgut beschafft**, ist die steuerfreie Rücklage gewinnerhöhend aufzulösen. Zusätzlich ist **für jedes Wirtschaftsjahr**, in dem die steuerfreie Rücklage gebildet bzw beibehalten wurde, ein **Zuschlag von 6%** des Werts **der steuerfreien Rücklage** zu verrechnen (§ 6b Abs. 7 EStG). Durch diesen ertragswirksamen Zuschlag soll der durch die Bildung einer steuerfreien Rücklage entstehende positive Zeiteffekt in pauschalierender Weise neutralisiert werden. Dieser Zuschlag ist insoweit bemerkenswert, als er im Vergleich zur Nichtbilanzierung der steuerfreien Rücklage in einer Gesamtbetrachtung die Summe der zu versteuernden Gewinne erhöht. Unterbleibt eine Ersatzbeschaffung, kommt es aus Sicht des Steuerpflichtigen zu einem **negativen Bemessungsgrundlageneffekt**, während sich ansonsten Bilanzierungs- und Bewertungswahlrechte aufgrund des Grundsatzes der Bilanzidentität lediglich auf die zeitliche Verteilung der Gewinne auswirken, jedoch nicht auf deren Summe.

565 *(3) Übertragung von zwangsweise aufgelösten stillen Reserven nach R 6.6 EStR:* Beim **zwangsweisen Ausscheiden eines Wirtschaftsguts** sieht **R 6.6 EStR** für die

396 Zu Einzelheiten der Übertragung von Veräußerungsgewinnen nach § 6b EStG siehe Zweiter Abschnitt, Kapitel B.V.3., Unterabschnitt (2)., Rn. 442–449.

Übertragung der aufgelösten stillen Reserven eine mit der Übertragung von Veräußerungsgewinnen nach § 6b EStG konzeptionell vergleichbare Regelung vor. Soweit bis zum Schluss des Wirtschaftsjahres, in dem ein Wirtschaftsgut unter Auflösung der stillen Reserven ausgeschieden ist, noch keine Ersatzbeschaffung vorgenommen wurde, kann die sofortige Besteuerung gleichfalls durch Passivierung einer steuerfreien Rücklage vermieden werden. Voraussetzung ist, dass eine Ersatzbeschaffung ernstlich geplant und zu erwarten ist (R 6.6 Abs. 4 EStR). Im Zeitpunkt der Anschaffung oder Herstellung eines Ersatzwirtschaftsguts ist die steuerfreie Rücklage auf das Ersatzwirtschaftsgut zu übertragen. Da die steuerfreie Rücklage nach R 6.6 Abs. 4 EStR und die nach § 6b Abs. 3 EStG in gleicher Weise wirken, kann insoweit auf das vorstehende Beispiel verwiesen werden. Ein wesentlicher Unterschied zwischen diesen beiden Normen besteht darin, dass bei einer wider Erwarten unterbliebenen Ersatzbeschaffung eine nach R 6.6 Abs. 4 EStR gebildete steuerfreie Rücklage **ohne** den **6%igen Zuschlag** aufgelöst wird.[397]

(4) Vorübergehende Neutralisation von im Voraus gewährten öffentlichen Zuschüssen nach R 6.5 EStR: Bei Wirtschaftsgütern des Anlagevermögens, die mit einem aus öffentlichen oder privaten Mitteln stammenden **Investitionszuschuss** erworben werden, kann der Zuschuss dadurch zunächst erfolgsneutral vereinnahmt werden, dass die Anschaffungs- bzw Herstellungskosten des erworbenen Wirtschaftsguts um den Zuschuss gekürzt werden. Geht das Wirtschaftsgut erst in einem auf die Gewährung des Zuschusses folgenden Wirtschaftsjahr zu, scheidet die unmittelbare Verrechnung eines Bewertungsabschlags aus. Um dennoch eine sofortige ertragsteuerliche Belastung des Zuschusses zu vermeiden, kann in Höhe des bereits zugeflossenen Zuschusses eine steuerfreie Rücklage gebildet werden (**R 6.5 Abs. 4 EStR**). Im Zeitpunkt der Anschaffung bzw Herstellung des Wirtschaftsguts ist die steuerfreie Rücklage auf das Wirtschaftsgut zu übertragen. Da sich dadurch die Abschreibungssumme verringert, kommt es über eine entsprechende Minderung der planmäßigen Abschreibungen indirekt zu einer sukzessiven Versteuerung des Investitionszuschusses. **566**

(5) Vorübergehende Neutralisation von Übernahmefolgegewinnen nach § 6 UmwStG: Erlöschen bei einem **Wechsel der Rechtsform** des Unternehmens Forderungen und Schulden zwischen dem übertragenden und dem aufnehmenden Unternehmen, kommt es bei dem übernehmenden Unternehmen insoweit zu einem **Übernahmefolgegewinn**, als die Ansätze in den Bilanzen der beiden an dem Rechtsformwechsel beteiligten Rechtsträger nicht übereinstimmen. Ein Übernahmefolgegewinn entsteht auch dann, wenn das untergehende Unternehmen Rückstellungen auflöst, denen beim übernehmenden Rechtsträger kein entsprechender Aktivposten gegenübersteht. Um eine sofortige Besteuerung des Übernahmefolgegewinns zu vermeiden, darf dieser in eine steuerfreie Rücklage eingestellt werden, die **in den folgenden drei Jahren** jeweils zu mindestens einem Drittel gewinnerhöhend **aufzulösen** ist (**§ 6 UmwStG**). **567**

(6) Verhinderung einer sofortigen Erfolgswirksamkeit nach Gesetzesänderungen: Zum Teil sind im Rahmen von Übergangsvorschriften steuerfreie Rücklagen zuläs- **568**

397 Zu den Voraussetzungen der beiden Vorschriften siehe Zweiter Abschnitt, Kapitel B.V.3., Rn. 441–451.

sig, wenn es durch Gesetzesänderungen zu einer Erhöhung des Gewinns kommt (zB § 4f Abs. 1 S. 1, § 5 Abs. 7 S. 5, § 52 Abs. 9 EStG) oder um bei aperiodischen Ereignissen größere Schwankungen zu vermeiden (zB § 6a Abs. 4 S. 2–6 EStG im Zusammenhang mit Pensionsrückstellungen).

569 *(7) Ausgleichsposten bei Überführung eines Wirtschaftsguts des Anlagevermögens in eine in einem anderen EU-Staat belegene Betriebsstätte nach § 4g EStG:* Bei Wirtschaftsgütern des Anlagevermögens, die in eine in einem anderen EU-Staat belegene Betriebsstätte überführt werden, kann die Besteuerung der Differenz zwischen dem gemeinen Wert des überführten Wirtschaftsguts und seinem Buchwert durch die Bildung eines Ausgleichspostens auf fünf Jahre verteilt werden (§ 4g iVm § 4 Abs. 1 S. 3, 4, § 6 Abs. 1 Nr 4 S. 1 EStG bzw § 12 Abs. 1 KStG). Zivilrechtlich bilden das inländische Stammhaus und die ausländische Betriebsstätte eine Einheit, sodass es in der Handelsbilanz zu keiner Auflösung der stillen Reserven kommt. Da der Ausgleichsposten in der Handelsbilanz nicht zu bilden ist, besitzt der Ausgleichsposten nach § 4g EStG den Charakter einer passiven Bilanzierungshilfe. Für seine Bildung gilt das Maßgeblichkeitsprinzip nicht. Hinsichtlich seiner Wirkung ist der passive Ausgleichsposten nach § 4g EStG mit der Bildung einer steuerfreien Rücklage vergleichbar.[398]

C. Betriebsvermögen (Eigenkapital) als Saldogröße

570 *(1) Überblick:* Buchungstechnisch entspricht die in der Handelsbilanz enthaltene Bilanzposition „Eigenkapital“ dem Reinvermögen des Unternehmens als **Summe der Vermögensgegenstände, vermindert um die Schulden und korrigiert um die Abgrenzungsposten**. Steuerlich wird die Differenz zwischen den aktiven und passiven Wirtschaftsgütern (unter Berücksichtigung von Rechnungsabgrenzungsposten sowie der steuerfreien Rücklagen) als Betriebsvermögen bezeichnet.

Aus betriebswirtschaftlicher Sicht lässt sich Eigenkapital als den Betrag kennzeichnen, der von den Inhabern des Unternehmens aufgebracht wird (Außenfinanzierung in der Form der Eigenfinanzierung), verändert um die Erfolge des Unternehmens (Innenfinanzierung: Gewinnentstehung) und abzüglich der Entnahmen bzw Gewinnausschüttungen und Kapitalrückzahlungen (Gewinnverwendung):

	Einlagen bei Aufnahme der Geschäftstätigkeit (Außenfinanzierung)
+	weitere Kapitaleinlagen des Inhabers bzw der Gesellschafter (Außenfinanzierung)
+	Gewinne des Unternehmens (Innenfinanzierung: Gewinnentstehung)
–	Verluste des Unternehmens
–	Gewinnausschüttungen bzw Entnahmen von Gewinnen (Gewinnverwendung) (Fasst man Gewinnentstehung und Gewinnverwendung zusammen, erhöht sich das Eigenkapital um die thesaurierten Gewinne)
–	Kapitalrückzahlungen bzw Entnahmen
=	Eigenkapital (steuerlich: Betriebsvermögen)

398 Siehe hierzu zB Hoffman, DB 2007, S. 652; Kessler/Winterhalter/Huck, DStR 2007, S. 133; Lange, StuB 2007, S. 259; Scheffler, Internationale betriebswirtschaftliche Steuerlehre, 3. Aufl., München 2009, S. 498–500.

Die **Darstellung** des bilanziellen Eigenkapitals **hängt von der Rechtsform** des Unternehmens **ab**. Während für Personenunternehmen (Einzelunternehmen, Personengesellschaften) weder das Handelsgesetzbuch noch das Einkommensteuergesetz Gliederungsvorschriften enthalten, sind für Kapitalgesellschaften zahlreiche handels- und steuerrechtliche Normen zu beachten.

(2) Einzelunternehmen: Bei Einzelunternehmen wird das Eigenkapital im Regelfall 571
in einer Summe ausgewiesen. Das Anfangskapital wird um den Gewinn und Verlust des abgelaufenen Wirtschaftsjahres (Saldo der Gewinn- und Verlustrechnung) sowie um die über das Privatkonto verbuchten Einlagen und Entnahmen korrigiert. Das in der Schlussbilanz ausgewiesene Eigenkapital stellt sich wie folgt dar:

	Eigenkapital zu Beginn des Wirtschaftsjahres
±	Saldo der Gewinn- und Verlustrechnung (+ bei Gewinn bzw – bei Verlust)
±	Saldo des Privatkontos (+ bei Einlagen > Entnahmen bzw – bei Einlagen < Entnahmen)
=	Eigenkapital zum Schluss des Wirtschaftsjahres

(3) Personengesellschaften: Bei Personengesellschaften findet sich in der **Gesamthandsbilanz** häufig eine Unterteilung in Festkapital und variables Kapital. Unter dem 572
Festkapital wird die Kapitaleinlage der Gesellschafter verbucht. Das Festkapital bildet den Maßstab für die gesellschaftsrechtlichen Ansprüche der Anteilseigner, wie Gewinnbeteiligung und Stimmrecht. Das **variable Kapital** nimmt die laufenden Veränderungen des Eigenkapitals durch die Beteiligung am Erfolg der Personengesellschaft sowie die privat veranlassten Vorgänge auf. Die Untergliederung des Eigenkapitals wird **für jeden Gesellschafter** vorgenommen:

Festkapital (grundsätzlich unverändert)
variables Kapital

mit		variables Kapital zu Beginn des Wirtschaftsjahres
	±	Anteil am Gewinn bzw Verlust der Personengesellschaft
	+	Einlagen im abgelaufenen Wirtschaftsjahr
	–	Entnahmen im abgelaufenen Wirtschaftsjahr
	=	variables Kapital zum Schluss des Wirtschaftsjahres

Bei Personengesellschaften umfasst das Eigenkapital nicht nur das Gesamthandsver- 573
mögen der Personengesellschaft, sondern auch das **Sonderbetriebsvermögen** der Gesellschafter. Diese Differenzierung ergibt sich aus der Mitunternehmerkonzeption. Zu den Einkünften aus Gewerbebetrieb des Gesellschafters einer gewerblich tätigen Personengesellschaft gehören neben dem Anteil am Gewinn und Verlust der Personengesellschaft (**Gewinn- oder Verlustanteil** aus der Gesamthandsbilanz) auch die Vergütungen, die der Gesellschafter von der Personengesellschaft für seine Tätigkeit im Dienste der Gesellschaft, für die Hingabe von Darlehen oder für die Überlassung von Wirtschaftsgütern bezogen hat (**Sondervergütungen**, § 15 Abs. 1 S. 1 Nr 2 EStG). Buchungstechnisch werden die mit den Sondervergütungen zusammenhängenden Wirtschaftsgüter sowie Betriebseinnahmen und -ausgaben in einer für jeden

Gesellschafter getrennt aufzustellenden Sonderbilanz sowie Sonder-Gewinn- und Verlustrechnung erfasst.[399]

Sonderbetriebsvermögen I sind Wirtschaftsgüter, die einem der Gesellschafter gehören und die dem Betrieb der Personengesellschaft überwiegend dienen. Hierbei handelt es sich insbesondere um Forderungen eines Gesellschafters aus einem der Personengesellschaft gewährten Darlehen sowie um bewegliche und unbewegliche Wirtschaftsgüter, die ein Gesellschafter der Personengesellschaft entgeltlich oder unentgeltlich zur Nutzung überlässt. Wirtschaftsgüter eines Gesellschafters, die dazu geeignet und bestimmt sind, der Begründung oder Stärkung seiner Beteiligung an der Personengesellschaft zu dienen, erhöhen als **Sonderbetriebsvermögen II** gleichfalls das Eigenkapital des Gesellschafters. Schulden eines Gesellschafters, die im Zusammenhang mit aktiven Wirtschaftsgütern des Sonderbetriebsvermögens stehen oder die der Finanzierung der Beteiligung dienen, mindern als **negatives Sonderbetriebsvermögen** den Wert seines Eigenkapitals.

Für den Gesellschafter einer Personengesellschaft errechnet sich sein steuerbilanzielles Eigenkapital jeweils aus dem in der Gesamthandsbilanz ausgewiesenen Anteil am Eigenkapital der Personengesellschaft und dem Saldo zwischen seinem positiven und negativen Sonderbetriebsvermögen.

574 *(4) Kapitalgesellschaften:* Für **Kapitalgesellschaften** ist im Rahmen der handelsrechtlichen Rechnungslegung die Gliederung des Eigenkapitals gesetzlich vorgeschrieben (§ 272 HGB). Für die Steuerbilanz gelten eigenständige Regelungen.

Die Zusammenhänge lassen sich vereinfachend wie folgt darstellen:

Handelsbilanz	Steuerbilanz
gezeichnetes Kapital	**Nennkapital,** soweit es nicht durch eine Kapitalerhöhung aus Gesellschaftsmitteln entstanden ist
Kapitalrücklagen • Aufgeld (Agio) bei einer Kapitalerhöhung • Aufgeld bei der Ausgabe von Wandelschuldverschreibungen und Optionsanleihen • Zuzahlungen, die Gesellschafter für die Gewährung von Vorzügen leisten • andere (freiwillige) Zuzahlungen der Anteilseigner	**steuerliches Einlagekonto (§ 27 KStG)** Einlagen der Gesellschafter, soweit sie nicht das Nennkapital erhöht haben[400]

399 Siehe hierzu ausführlich Jacobs/Scheffler/Spengel, Unternehmensbesteuerung und Rechtsform, 5. Aufl., München 2015, S. 232–276.

400 Vgl BMF-Schreiben vom 4.6.2003, BStBl. 2003 I, S. 366.

Handelsbilanz	Steuerbilanz
Gewinnrücklagen • gesetzliche Rücklagen • Rücklagen für Anteile an einem herrschenden oder mehrheitlich beteiligten Unternehmen • satzungsmäßige Rücklagen • andere Gewinnrücklagen	Einkünfte, die nach den allgemeinen Regeln des Körperschaftsteuergesetzes besteuert wurden, soweit sie noch nicht ausgeschüttet wurden

Abb. 38: Aufteilung des Eigenkapitals bei Kapitalgesellschaften

Der Erwerb und die Veräußerung **eigener Anteile** sind nicht als Anschaffung oder **575** Veräußerung zu behandeln, sondern wie eine Kapitalherabsetzung oder Kapitalerhöhung. In der Handelsbilanz sind die eigenen Anteile mit dem gezeichneten Kapital zu verrechnen (Nettoansatz, § 272 Abs. 1a HGB). Beim Verkauf der eigenen Anteile ist das gezeichnete Kapital wieder zu erhöhen. Ein das Nennkapital übersteigender Betrag ist erfolgsneutral den Kapitalrücklagen zuzuführen (§ 272 Abs. 1b HGB). Im Steuerrecht wird der wirtschaftlichen Betrachtung des Handelsrechts gefolgt. Für die Kapitalgesellschaft sind sowohl der Erwerb als auch die Veräußerung der eigenen Anteile erfolgsneutral. Beim Erwerb eigener Anteile mindert sich das Nennkapital der Kapitalgesellschaft, bei der Veräußerung eigener Anteile erhöht es sich wieder. Soweit der Kaufpreis den Nennwert der eigenen Anteile übersteigt, mindert bzw erhöht sich grundsätzlich das steuerliche Einlagekonto iSd § 27 KStG. Die steuerliche Behandlung auf Ebene des Anteilseigners unterscheidet sich demgegenüber konzeptionell von der auf Ebene der Kapitalgesellschaft. Für den Anteilseigner stellt der Verkauf der Anteile an die Kapitalgesellschaft ein grundsätzlich steuerbares Veräußerungsgeschäft und der Erwerb einen erfolgsneutralen Anschaffungsvorgang dar.[401]

401 Vgl BMF-Schreiben vom 27.11.2013, BStBl. 2013 I, S. 1615 sowie Bachmann/Heckner, WPg 2016, S. 832; Blumenberg/Lechner, DB 2014, S. 141; Kessler/Mirbach/Probst, SteuerStud 2015, S. 326; Müller/Reinke, DStR 2014, S. 711; Schmidtmann, Ubg 2013, S. 755.

Fünfter Abschnitt

Korrekturen des Bilanzergebnisses, Bilanzberichtigung und Bilanzänderung

A. Begründung für die Korrekturen des Bilanzergebnisses

576 Der Gewinn eines Unternehmens soll ausschließlich durch betrieblich bedingte Vorgänge beeinflusst werden. Dies wird zum einen bei der sachlichen Zurechnung deutlich, dh bei der Differenzierung zwischen den (in die steuerliche Gewinnermittlung einzubeziehenden) Wirtschaftsgütern des Betriebsvermögens und den (in der Steuerbilanz nicht bilanzierbaren) Wirtschaftsgütern des Privatvermögens. Zum anderen **dürfen Vermögensänderungen, die nicht betrieblich veranlasst sind, den Gewinn weder erhöhen noch vermindern**. Zur Abgrenzung zwischen dem betrieblichen Bereich und der privaten Sphäre des Steuerpflichtigen ist – wie die Gewinndefinition nach § 4 Abs. 1 EStG zeigt – nach Ermittlung der Veränderung des Betriebsvermögens der Wert der **Entnahmen** zu addieren und der Wert der **Einlagen** abzuziehen. Innerhalb des Systems der doppelten Buchführung wird dies dadurch erreicht, dass Veränderungen des Werts des Betriebsvermögens, die privat veranlasst sind, über das Privatkonto verbucht werden. Das Eigenkapital wird zwar um Einlagen erhöht und um Entnahmen vermindert, die Höhe des steuerpflichtigen Gewinns wird jedoch durch diese Vorgänge nicht verändert. Der Gewinn entspricht dem Saldo der Gewinn- und Verlustrechnung, in der die betrieblich veranlassten Erhöhungen bzw Minderungen des Eigenkapitals, dh die Erträge und Aufwendungen, zusammengefasst werden.

	Veränderung des Eigenkapitals
–	Saldo des Privatkontos (= Einlagen – Entnahmen) (Veränderungen des Betriebsvermögens (Eigenkapitals), die privat veranlasst sind)
=	Gewinn des Wirtschaftsjahres (§ 4 Abs. 1 EStG) = Saldo der Gewinn- und Verlustrechnung (= Erträge – Aufwendungen) (Veränderungen des Betriebsvermögens (Eigenkapitals), die betrieblich veranlasst sind)

577 Durch die Erfassung privat veranlasster Wertabgaben als Entnahmen wird des Weiteren erreicht, dass **Wertsteigerungen**, die im Unternehmen entstanden sind, beim Übergang eines Wirtschaftsguts aus dem betrieblichen in den privaten Bereich steuerlich erfasst werden. Umgekehrt wird durch die Verbuchung von Einlagen als erfolgsneutrale (privat veranlasste) Vorgänge sichergestellt, dass Wertsteigerungen, die außerhalb des Unternehmens entstanden sind, nicht dem Gewinn des Unternehmens zugerechnet werden. Die Bewertung der Entnahmen und Einlagen erfolgt deshalb grundsätzlich mit dem aktuellen Stichtagswert. Dieser wird im EStG durch den Teilwert konkretisiert (§ 6 Abs. 1 Nr 4, 5 EStG).

Die Gewinndefinition des § 4 Abs. 1 S. 1 EStG geht von der Bilanz aus. Da das Eigenkapitalkonto mit der Gewinn- und Verlustrechnung einerseits und dem Privatkonto andererseits zwei Unterkonten hat, lässt sich im System der doppelten Buchführung der Gewinn auch aus der Gewinn- und Verlustrechnung ermitteln:

Gewinn- und Verlustrechnung Erträge – Aufwendungen = Gewinn als Saldo der GuV
Privatkonto Einlagen – Entnahmen = Saldo des Privatkontos

	Veränderungen des Eigenkapitals, die **betrieblich veranlasst** sind (= Gewinn)
+	Veränderungen des Eigenkapitals, die **privat veranlasst** sind
=	Veränderung des Eigenkapitals (insgesamt)

Kapitalgesellschaften haben als juristische Person keine Privatsphäre. **Bei Kapitalgesellschaften** ist deshalb nicht der betriebliche Bereich von der Privatsphäre zu trennen, sondern **zwischen dem betrieblichen** Bereich **und dem gesellschaftsrechtlichen Bereich** zu **differenzieren**. Aufgrund des Trennungsprinzips können zwischen einer Kapitalgesellschaft und ihren Anteilseignern schuldrechtliche Verträge (zB Kauf-, Dienst-, Darlehens-, Lizenz-, Miet- oder Pachtverträge) abgeschlossen werden. Soweit diese Verträge wie zwischen fremden Dritten durchgeführt werden, zählen sie zum betrieblichen Bereich. Die von der Kapitalgesellschaft gezahlten Vergütungen mindern als Betriebsausgabe den Gewinn; die von der Kapitalgesellschaft vereinnahmten Entgelte stellen Betriebseinnahmen dar. Weichen die in einem schuldrechtlichen Vertrag zwischen einer Kapitalgesellschaft und einem ihrer Gesellschafter getroffenen Vereinbarungen von denen ab, die zwischen fremden Dritten üblich sind, werden die überhöhten bzw zu niedrigen Vergütungen zur gesellschaftsrechtlichen Sphäre gerechnet. Nach den Grundsätzen von **verdeckten Gewinnausschüttungen** (§ 8 Abs. 3 S. 2 KStG, eine Spezialnorm zur Entnahmevorschrift nach § 4 Abs. 1 S. 2 EStG) und **verdeckten Einlagen** (§ 8 Abs. 3 S. 3–6 KStG, eine Spezialnorm zur Einlagevorschrift nach § 4 Abs. 1 S. 8 EStG) dürfen unangemessene Vertragsvereinbarungen zwischen einer Kapitalgesellschaft und ihren Anteilseignern die Höhe des körperschaftsteuerpflichtigen Gewinns nicht beeinflussen. Bei der Prüfung, ob eine verdeckte Gewinnausschüttung oder eine verdeckte Einlage vorliegt, wird ein Drittvergleich (Fremdvergleich) vorgenommen. **578**

Zusätzlich zur Abgrenzung zwischen dem für die Gewinnermittlung relevanten betrieblichen Bereich sowie dem bei der Berechnung des Gewinns zu neutralisierenden privaten bzw gesellschaftsrechtlichen Bereich ist zu berücksichtigen, dass nicht alle betrieblich bedingten Betriebsvermögensmehrungen den steuerpflichtigen Gewinn erhöhen, sondern zum Teil als **steuerfreie Betriebseinnahmen** von der Besteuerung ausgenommen sind. Betrieblich bedingte Vermögensminderungen reduzieren grundsätzlich den Gewinn des Unternehmens. Bei **nichtabziehbaren Betriebsausgaben** kommt es allerdings nicht zu einer Verringerung der steuerpflichtigen Bemessungsgrundlage. **579**

Der **Investitionsabzugsbetrag** ist dadurch gekennzeichnet, dass bereits vor dem Erwerb eines Wirtschaftsguts ein außerbilanzieller Abzug vorgenommen wird, der den zu versteuernden Gewinn mindert. Durch den Investitionsabzugsbetrag werden die

Abschreibungen eines Wirtschaftsguts zum Teil bereits vor dessen Erwerb gewinnmindernd verrechnet (Steuerstundungseffekt durch Aufwandsvorverlagerung, § 7g Abs. 1–4 EStG).

B. Entnahmen

580 Um betrieblich bedingte Vermögensänderungen von Vorgängen zu trennen, die dem privaten Bereich zuzuordnen sind, ist zum einen festzulegen, wann eine Entnahme vorliegt, und zum anderen zu konkretisieren, wie Entnahmen zu bewerten sind.

I. Begriff

581 Entnahmen sind alle Wirtschaftsgüter (Barentnahmen, Waren, Erzeugnisse, Nutzungen und Leistungen), die der Steuerpflichtige dem Betrieb für sich, für seinen Haushalt oder für andere betriebsfremde Zwecke entnommen hat (§ 4 Abs. 1 S. 2 EStG, R 4.3 Abs. 2–4 EStR). Nach dieser **gesetzlichen Definition** umfasst eine Entnahme **fünf Merkmale**:

- Gegenstand einer Entnahme: Wirtschaftsgüter des Betriebsvermögens,
- Entnahmefähigkeit,
- Verwendung für betriebsfremde Zwecke,
- Entnahmehandlung,
- Entnahmezeitpunkt.

582 *(1) Gegenstand einer Entnahme:* Gegenstand einer Entnahme können nur Wirtschaftsgüter des Betriebsvermögens sein. Der Begriff des Wirtschaftsguts ist in diesem Zusammenhang weit auszulegen, sodass nicht nur Bar- und Sachentnahmen darunter fallen, sondern auch Nutzungen und Leistungen.

Eine **Barentnahme** liegt vor, wenn liquide Mittel (insbesondere Kassenbestände, Bankguthaben) für betriebsfremde Zwecke verwendet werden. Von einer **Sachentnahme** spricht man, wenn ein Wirtschaftsgut des Anlage- oder Umlaufvermögens, das nicht aus liquiden Mitteln besteht, in Zukunft für betriebsfremde Zwecke genutzt wird. Die Entnahme ist unabhängig davon, ob das Wirtschaftsgut bislang in der Steuerbilanz des Steuerpflichtigen aktiviert wurde. Gegenstand einer Entnahme können deshalb auch selbst erstellte immaterielle Wirtschaftsgüter des Anlagevermögens sein.

583 Bei einer **Nutzungsentnahme** wird nicht der Gegenstand als solcher dem Betriebsvermögen entnommen, sondern seine Nutzung nur vorübergehend dem Betrieb für betriebsfremde Zwecke entzogen. **Leistungsentnahmen** sind dadurch gekennzeichnet, dass im Betrieb beschäftigte Arbeitnehmer für betriebsfremde Zwecke in Anspruch genommen werden, also betriebliche Leistungen (in erster Linie Dienstleistungen) für betriebsfremde Zwecke erbringen.

Beispiele: Ein Steuerpflichtiger überweist den Rechnungsbetrag für seine Urlaubsreise und die Beiträge für seine private Krankenversicherung vom betrieblichen Bankkonto *(Barentnahmen).*

In einen bislang betrieblich genutzten Gebäudeteil (Wirtschaftsgut des Anlagevermögens) zieht der Steuerpflichtige mit seiner Familie ein. Ein Metzger entnimmt Fleisch- und Wurstwaren (Wirtschaftsgüter des Umlaufvermögens) für sein Abendessen *(Sachentnahmen).*

Ein Steuerpflichtiger nutzt einen Betriebs-PKW für seine Urlaubsfahrt *(Nutzungsentnahme).*

Ein Friseurmeister lässt die Haare seines Sohns von einem Angestellten seines Friseurgeschäfts schneiden *(Leistungsentnahme).*

Ein im Unternehmen angestellter Chauffeur fährt die Tochter des Geschäftsinhabers mit dem betriebseigenen Dienstwagen zum Reitstall *(Nebeneinander von Nutzungs- und Leistungsentnahme).*

(2) Entnahmefähigkeit: Eine Entnahme setzt voraus, dass das Wirtschaftsgut dem Betriebsvermögen entnommen werden kann. Die Entnahmefähigkeit ist bei den Wirtschaftsgütern zu verneinen, die nur zusammen mit dem gesamten Betrieb übertragen werden können. Beispielsweise kann ein **Geschäfts- oder Firmenwert** nicht entnommen werden, weil er im Privatbereich des Einzelunternehmers nicht bestehen kann. Bei Wirtschaftsgütern des **notwendigen Betriebsvermögens** kann eine Entnahme nur dann vorliegen, wenn die Beziehung zum Unternehmen aufgegeben wird. Es kann nur dann zu einer Entnahme kommen, wenn das Wirtschaftsgut aufgrund einer Änderung der Art und Weise der Nutzung dem Betrieb nicht mehr dient. **584**

Da bei Wirtschaftsgütern des **gewillkürten Betriebsvermögens** kein unmittelbarer Zusammenhang mit dem Betriebszweck besteht und für die (sachliche) Zurechnung zum Betriebsvermögen ein Wahlrecht gewährt wird, können diese Wirtschaftsgüter grundsätzlich jederzeit entnommen werden. Sie können auch dann mit Wirkung für die Zukunft als Privatvermögen behandelt werden, wenn es hinsichtlich der Art und Weise der Nutzung zu keiner Änderung gekommen ist.

(3) Verwendung für betriebsfremde Zwecke: Eine Verwendung für betriebsfremde Zwecke liegt vor, wenn ein Steuerpflichtiger ein Wirtschaftsgut für Zwecke verwendet, die außerhalb des Betriebs liegen. Dies ist typischerweise der Fall, wenn das Wirtschaftsgut beim Steuerpflichtigen selbst, bei seinen Angehörigen oder bei seinen Freunden dem privaten Konsum dient. **585**

Einer Entnahme für betriebsfremde Zwecke steht der Ausschluss oder die Beschränkung des Besteuerungsrechts der Bundesrepublik Deutschland hinsichtlich des Gewinns aus der Veräußerung oder der Nutzung eines Wirtschaftsguts gleich (**Entstrickung**, § 4 Abs. 1 S. 3, 4 EStG). Hauptanwendungsfall für die Entstrickung ist die Überführung eines Wirtschaftsguts aus dem Inland in eine ausländische Betriebsstätte des Steuerpflichtigen. Es kommt zwar zu keiner Änderung der sachlichen Zurechnung, allerdings verändert sich bei dem Wirtschaftsgut die zwischenstaatliche (räumliche) Zurechnung.

Wird ein Wirtschaftsgut aus einem Betrieb des Steuerpflichtigen in einen anderen, dem gleichen Steuerpflichtigen gehörenden Betrieb überführt, ist das Vorliegen des Merkmals „Verwendung für betriebsfremde Zwecke" davon abhängig, wie der **Betriebsbegriff** abgegrenzt wird. Zur Abgrenzung des Betriebsbegriffs stehen drei Alternativen zur Diskussion: **586**

- Jeder Betrieb, für den eine eigenständige Gewinnermittlung durchgeführt wird, gilt als eigener Betrieb **(enger Betriebsbegriff)**.
- Alle Betriebe eines Steuerpflichtigen, die zur gleichen Gewinneinkunftsart führen, werden für die Entscheidung, ob eine Entnahme vorliegt, als Einheit betrachtet **(mittlerer Betriebsbegriff)**.
- Alle Betriebe eines Steuerpflichtigen werden zusammengefasst. Diese Gesamtbetrachtung gilt unabhängig davon, welche der drei Gewinneinkunftsarten vorliegt **(weiter Betriebsbegriff)**.

Aus der Definition von Entnahmen in § 4 Abs. 1 S. 2 EStG ist nicht erkennbar, welcher Betriebsbegriff heranzuziehen ist. Da nach § 6 Abs. 5 S. 1 EStG bei der Überführung eines Wirtschaftsguts von einem Betriebsvermögen in ein anderes Betriebsvermögen desselben Steuerpflichtigen der Buchwert fortzuführen ist, sofern nach der Überführung die Erfassung der stillen Reserven des Wirtschaftsguts weiterhin gewährleistet ist, geht der **Gesetzgeber** vom **weiten Betriebsbegriff** aus.

Aufgrund des weiten Betriebsbegriffs ist bei der Prüfung, ob die Erfassung der stillen Reserven sichergestellt ist, nur auf die Einkommensteuer abzustellen. Die gewerbesteuerlichen Konsequenzen werden nicht berücksichtigt. Überführt ein Steuerpflichtiger ein Wirtschaftsgut von seinem Gewerbebetrieb in einen Betrieb der Land- und Forstwirtschaft oder der selbständigen Arbeit, liegt daher keine Entnahme vor.[402]

Der weite Betriebsbegriff ist im Rahmen der Einkommensteuer sachgerecht, weil sie als Personensteuer auf das jeweilige Steuersubjekt abstellt (§ 1 Abs. 1 EStG) und nicht auf eine bestimmte betriebliche Einheit (Grundsatz der Individualbesteuerung).[403] Unbefriedigend ist aber, dass sich durch den weiten Betriebsbegriff nach einer Änderung der Zuordnung zu einem konkreten Betrieb gewerbesteuerliche Mehr- oder Minderbelastungen ergeben können, wenn ein Wirtschaftsgut aus einem nichtgewerblichen (gewerblichen) Betrieb entnommen und einem gewerblichen (nichtgewerblichen) Betrieb zugeführt wird.

587 *(4) Entnahmehandlung:* Eine Entnahme setzt eine eindeutige Entnahmehandlung voraus. Diese kann entweder **durch** eine ausdrückliche **Willenserklärung oder** durch ein **schlüssiges Verhalten** des Steuerpflichtigen erfolgen. Eine Entnahmehandlung liegt beispielsweise vor, wenn sich die Art und Weise der Nutzung eines Wirtschaftsguts des (notwendigen oder gewillkürten) Betriebsvermögens so ändert, dass es als notwendiges Privatvermögen anzusehen ist, oder wenn ein Wirtschaftsgut des gewillkürten Betriebsvermögens ausgebucht wird, oder wenn ein Entnahmegewinn verbucht wird. Ein Wirtschaftsgut wird nicht allein dadurch entnommen, dass sich die Nutzung derart ändert, dass zwar nicht mehr die Kriterien für notwendiges Betriebsvermögen erfüllt sind, aber das Wirtschaftsgut noch als gewillkürtes Betriebsvermögen angesehen werden kann. Solange das Wirtschaftsgut dem gewillkürten Betriebsvermögen zugeordnet wird, fehlt es an einer ausdrücklichen Entnahmehandlung des Steuerpflichtigen (R 4.3 Abs. 3 S. 5 EStR).

---

402 Vgl H 7.1 Abs. 1 GewStH, Stichwort „Überführung von Einzelwirtschaftsgütern" unter Hinweis auf BFH vom 14.6.1988, BStBl. 1989 II, S. 187.

403 Vgl BFH vom 10.4.2013, BStBl. 2013 II, S. 1004.

Bei einem Wechsel von der Gewinnermittlung durch Betriebsvermögensvergleich auf eine Einnahmen-Ausgabenrechnung nach § 4 Abs. 3 EStG oder zur Gewinnermittlung auf Grundlage von Durchschnittssätzen nach § 13a EStG werden keine Wirtschaftsgüter entnommen, weil es an einer eindeutigen Entnahmehandlung fehlt (§ 4 Abs. 1 S. 6 EStG). Der Strukturwandel – aufgrund von Änderungen der wirtschaftlichen Verhältnisse wird ein Gewerbebetrieb zu einem Betrieb der Land- und Forstwirtschaft – wird gleichfalls nicht als Entnahmehandlung angesehen (R 4.3 Abs. 2 S. 4 EStR). Ausnahmsweise kann ein außersteuerlicher Rechtsvorgang die Entnahmehandlung des Steuerpflichtigen ersetzen, wie beispielsweise bei einer Enteignung oder im Erbfall.

(5) Entnahmezeitpunkt: Barentnahmen und Sachentnahmen gelten als zu dem Zeitpunkt entnommen, zu dem sie den Betrieb verlassen. Bei Nutzungsentnahmen und Leistungsentnahmen lässt sich kein Entnahmezeitpunkt feststellen. Deshalb sind die während der betriebsfremden Nutzung bzw Inanspruchnahme von Leistungen für betriebsfremde Zwecke angefallenen Aufwendungen (zeitraumbezogen) zu bestimmen. **588**

II. Bewertung

Entnahmen sind **grundsätzlich** mit dem **Teilwert** zu bewerten, den sie im Zeitpunkt der Entnahme haben (§ 6 Abs. 1 Nr 4 S. 1 HS 1 EStG). Bei **Barentnahmen** entspricht der Teilwert dem Nennwert der entnommenen liquiden Mittel. Bei **Sachentnahmen** leitet sich der Teilwert aus den Wiederbeschaffungs- bzw Wiederherstellungskosten im Zeitpunkt der Entnahme ab. Dies hat zur Konsequenz, dass bei den entnommenen Wirtschaftsgütern in Höhe der Differenz zwischen dem Teilwert und dem Buchwert im Zeitpunkt der Entnahme die stillen Reserven aufzulösen und zu versteuern sind. Da grundsätzlich auf den Teilwert und nicht auf den gemeinen Wert abgestellt wird, ist der beim Verkauf üblicherweise erzielbare Gewinnaufschlag bei einer Entnahme nicht mit einzubeziehen. **589**

Bei der Bewertung von Entnahmen gelten nicht die Teilwertvermutungen (H 6.7 EStH), die bei der Prüfung herangezogen werden, ob die Voraussetzungen für eine Abschreibung auf den niedrigeren Teilwert vorliegen. Lediglich bei Wirtschaftsgütern des Umlaufvermögens wird bei der Bestimmung des Vergleichswerts von der Vermutung ausgegangen, dass der Teilwert mit den Wiederbeschaffungs- bzw Wiederherstellungskosten übereinstimmt. Bei Wirtschaftsgütern des Anlagevermögens wird demgegenüber im Zusammenhang mit dem Imparitätsprinzip auf die (fortgeführten) Anschaffungs- bzw Herstellungskosten abgestellt. Die Abweichung zwischen der Bewertung von Entnahmen und der Bewertung der in der Steuerbilanz aktivierten Wirtschaftsgüter ist notwendig, um die während der Zugehörigkeit eines Wirtschaftsguts zum Betriebsvermögen gebildeten stillen Reserven bei einer Verwendung des Wirtschaftsguts für betriebsfremde Zwecke ertragsteuerlich erfassen zu können.

Nutzungsentnahmen und **Leistungsentnahmen** sind mit den anteilig auf den Zeitraum der betriebsfremden Nutzung bzw Leistungsinanspruchnahme entfallenden Aufwendungen zu bewerten. Die Aufwendungen sind auf Basis der Vollkosten zu berechnen. Beispielsweise sind bei der privaten Nutzung eines in der Steuerbilanz aktivierten Fahrzeugs die laufenden Betriebskosten sowie die anteiligen Gemeinkosten (wie Abschreibungen, Versicherung, Kfz-Steuer) anzusetzen. Eine Bestimmung des **590**

Teilwerts in Anlehnung an den üblichen Marktpreis (steuerlich: gemeiner Wert) wird nicht vorgenommen. Bei Nutzungen und Leistungen gibt es keine stillen Reserven, vielmehr geht es um die Abgrenzung zwischen Betriebsausgaben und den Kosten der privaten Lebensführung. Der Teil der Aufwendungen, der auf die betriebsfremde Nutzung oder Leistungsinanspruchnahme entfällt, ist nicht betrieblich veranlasst. Die dadurch verursachten Vermögensminderungen sind keine Betriebsausgaben (§ 4 Abs. 4 EStG). Sie dürfen den Gewinn des Unternehmens nicht mindern. Wurden diese im Rahmen der laufenden Buchführung als Aufwand erfasst, erfolgt durch die Behandlung als Nutzungs- oder Leistungsentnahme eine entsprechende Korrektur.

591 Bei der **Überführung** eines Wirtschaftsguts von einem Betriebsvermögen **in ein anderes Betriebsvermögen desselben Steuerpflichtigen** ist der Buchwert fortzuführen, sofern nach der Überführung die Erfassung der stillen Reserven sichergestellt ist (§ 6 Abs. 5 S. 1 EStG). Da das Wirtschaftsgut weiterhin demselben Steuerpflichtigen zugerechnet wird, besteht keine Notwendigkeit, bei der Überführung zwischen den verschiedenen Betriebsvermögen eines Steuerpflichtigen die stillen Reserven aufzulösen. Die Buchwertfortführung ist verbindlich. Dem Steuerpflichtigen wird kein Wahlrecht eingeräumt, die stillen Reserven aufzulösen. Bei der Überführung von einem Betrieb in einen anderen Betrieb desselben Steuerpflichtigen liegt zwar buchungstechnisch beim abgebenden Betrieb eine Entnahme und beim aufnehmenden Unternehmen eine Einlage vor. Der auf den Grundsatz der Individualbesteuerung zurückzuführende weite Betriebsbegriff führt jedoch dazu, dass in der Bilanz des abgebenden Betriebs keine stillen Reserven aufzulösen sind.

592 Bei der Bewertung von Entnahmen gelten folgende **Besonderheiten**:

- Die auf die **private Nutzung eines Fahrzeugs des notwendigen Betriebsvermögens** (Nutzungsanteil mehr als 50%) entfallenden Aufwendungen können pauschal in Höhe von monatlich 1% des inländischen Listenpreises im Zeitpunkt der Erstzulassung zuzüglich der Kosten für Sonderausstattungen einschließlich der Umsatzsteuer angesetzt werden. Die tatsächlich auf die private Nutzung entfallenden Aufwendungen können nur herangezogen werden, wenn sowohl die für das Fahrzeug insgesamt entstehenden Aufwendungen durch Belege als auch das Verhältnis der privaten zu den übrigen Fahrten durch ein ordnungsgemäßes Fahrtenbuch nachgewiesen werden (§ 6 Abs. 1 Nr 4 S. 2, 3 EStG).[404]
- Für **bestimmte Branchen** können **aus Vereinfachungsgründen** für den Eigenverbrauch Pauschbeträge angesetzt werden.[405]
- Wird ein Wirtschaftsgut unmittelbar im Anschluss an die Entnahme **an bestimmte**, als förderungswürdig angesehene **Organisationen** übertragen, wird **aus wirtschafts- und sozialpolitischen Gründen** durch eine wahlweise Bewertung der Sachentnahme mit dem ertragsteuerlichen Buchwert auf eine Auflösung der stillen Reserven verzichtet (§ 6 Abs. 1 Nr 4 S. 4, 5 EStG).
- Bei einer **Betriebsaufgabe** werden die in das Privatvermögen überführten Wirtschaftsgüter mit dem gemeinen Wert bewertet (§ 16 Abs. 3 S. 7 EStG).

404 Vgl BMF-Schreiben vom 18.11.2009, BStBl. 2009 I, S. 1326; Geworske, BBK 2010, S. 504; Nolte, NWB 2010, S. 655.

405 Vgl zB BMF-Schreiben vom 13.12.2017, BStBl. 2017 I, S. 1618.

- Bei einem **Rechtsformwechsel** wird unter bestimmten Voraussetzungen nach dem Umwandlungssteuergesetz auf die sofortige Besteuerung der stillen Reserven verzichtet.
- Bei der **Überführung eines Wirtschaftsguts in eine ausländische Betriebsstätte** des Steuerpflichtigen ist nicht der Teilwert anzusetzen, sondern der gemeine Wert (§ 6 Abs. 1 Nr 4 S. 1 HS 2 iVm § 4 Abs. 1 S. 3, 4 EStG). Der dabei entstehende Gewinn in Höhe der Differenz zwischen dem gemeinen Wert des überführten Wirtschaftsguts und seinem Buchwert kann durch die Bildung eines (passiven) Ausgleichspostens auf fünf Jahre verteilt werden. Voraussetzungen hierfür sind, dass das überführte Wirtschaftsgut dem Anlagevermögen zugerechnet wird und dass sich die Betriebsstätte in einem anderen Mitgliedstaat der EU befindet (§ 4g EStG).

C. Einlagen

I. Begriff

Einlagen sind alle Wirtschaftsgüter (Bareinzahlungen und sonstige Wirtschaftsgüter), **593**
die der Steuerpflichtige dem Betrieb zugeführt hat (§ 4 Abs. 1 S. 8 EStG, R 4.3 Abs. 1 EStR). **Von der Grundidee** sind Einlagen **spiegelbildlich zu Entnahmen definiert.** Damit müssen die gleichen Kriterien geprüft werden.

- Gegenstand einer Einlage: bilanzierungsfähige Wirtschaftsgüter,
- Einlagefähigkeit,
- Verwendung für betriebliche Zwecke,
- Einlagehandlung,
- Einlagezeitpunkt.

(1) Gegenstand einer Einlage: Gegenstand einer Einlage können **nur bilanzie- 594**
rungsfähige Wirtschaftsgüter sein.[406] Der Begriff des Wirtschaftsguts wird also bei Einlagen enger definiert als bei den Entnahmen. Einlagen unterteilen sich in folgende **Formen**:

- **Bareinlagen.** Vermögensmehrungen, die auf der Zuführung von liquiden Mitteln aus dem Privatvermögen beruhen, dürfen den Gewinn des Betriebs nicht erhöhen. Die Überweisung aus dem privaten Bereich auf ein betriebliches Bankkonto oder die Tilgung einer Betriebsschuld mit privaten Mitteln dürfen die Höhe des Gewinns nicht beeinflussen. Die durch Bareinlagen eintretende Erhöhung des Betriebsvermögens ist im Rahmen des Betriebsvermögensvergleichs durch einen gegenläufigen Abzug zu neutralisieren.
- **Sacheinlage von materiellen Wirtschaftsgütern.** Die Argumentation für Bareinlagen gilt in gleicher Weise für die Einlage von materiellen Wirtschaftsgütern.
- **Sacheinlage von immateriellen Wirtschaftsgütern.** Das Aktivierungsverbot für selbst erstellte immaterielle Wirtschaftsgüter des Anlagevermögens gilt nicht, wenn das Wirtschaftsgut vom Steuerpflichtigen in seinen Betrieb eingelegt wird

406 Vgl BFH vom 26.10.1987, BStBl. 1988 II, S. 348.

(R 5.5 Abs. 3 S. 3 EStR).[407] Das Ziel, den betrieblichen vom privaten Bereich zu trennen, wird stärker gewichtet als der Grundsatz der Bewertungsvorsicht.

- **Dingliche oder obligatorische Nutzungsrechte, sofern diese die Eigenschaft eines (immateriellen) Wirtschaftsguts haben.** Voraussetzung für die Erfassung dieser Vermögensvorteile als Einlage ist, dass der Wert der Nutzungsrechte gesichert und zahlenmäßig fassbar ist und dass der Vermögensvorteil zumindest zusammen mit dem Betrieb übertragen werden kann.[408]

595 **Abweichend von der spiegelbildlichen Definition** von Entnahmen und Einlagen können **Nutzungen und Leistungen nicht Gegenstand einer Einlage** sein. Dies gilt sowohl für die Nutzung von eigenem Vermögen als auch für die Nutzung von fremden Vermögenswerten. Die Gewährung eines zinslosen Darlehens oder die unentgeltliche Nutzungsüberlassung führen nicht zur Verrechnung eines (fiktiven) Nutzungsentgelts. Durch die Beschränkung der Einlagen auf bilanzierungsfähige Wirtschaftsgüter soll verhindert werden, dass sich der Gewinn des Unternehmens mindert, ohne dass beim Empfänger (Inhaber, Angehörige, andere unternehmensfremde Personen) Einnahmen zu versteuern sind. Begründet wird dies damit, dass im geltenden Steuerrecht weder kalkulatorische Größen gewinnmindernd verrechnet werden können noch fiktive Einnahmen steuerbar sind. Der Nichteinbezug von Nutzungen und Leistungen in den Einlagebegriff führt dazu, dass der Erfolg des Unternehmens um den Wert dieser Nutzungen und Leistungen höher ausfällt.

Zu beachten ist **aber**, dass **Aufwendungen für ein Wirtschaftsgut des Privatvermögens, die auf eine betriebliche Nutzung entfallen**, als **Betriebsausgabe** abgezogen werden können (Beispiele: ein dem Privatvermögen zuzurechnendes Fahrzeug wird für betrieblich veranlasste Fahrten eingesetzt, vom Privattelefon werden geschäftliche Gespräche geführt, ein Friseur wäscht mit seiner privaten Waschmaschine die Handtücher des Betriebs). In diesem Zusammenhang geht es um die Abgrenzung von Aufwendungen, die betrieblich veranlasst sind, von Ausgaben, die der privaten Lebensführung zugerechnet werden. Die Rechtsgrundlage für diese **„Aufwandseinlagen“** bildet nicht § 4 Abs. 1 S. 8 EStG, sondern der in § 4 Abs. 4 EStG enthaltene Betriebsausgabenbegriff. Da diese Betriebsausgaben nach dem System der doppelten Buchführung im Soll auf einem Aufwandskonto und im Haben auf dem Privatkonto zu buchen sind, werden sie **buchungstechnisch wie Einlagen** behandelt.

596 *(2) Einlagefähigkeit:* Die Einlagefähigkeit ist gegeben, wenn ein Wirtschaftsgut entweder die Voraussetzungen für den Ansatz als notwendiges Betriebsvermögen erfüllt oder wenn die Verbindung mit dem Betrieb zumindest so eng ist, dass das Wirtschaftsgut als gewillkürtes Betriebsvermögen in der Steuerbilanz angesetzt werden kann. Wirtschaftsgüter des notwendigen Privatvermögens können nicht eingelegt werden.

597 *(3) Verwendung für betriebliche Zwecke:* Das Wirtschaftsgut muss entweder unmittelbar für betriebliche Zwecke genutzt werden oder zumindest in einem gewissen objektiven Zusammenhang mit dem Betrieb stehen und ihn zu fördern bestimmt und ge-

407 Siehe auch BFH vom 22.1.1980, BStBl. 1980 II, S. 244; BFH vom 20.8.1986, BStBl. 1987 II, S. 455; BFH vom 26.10.1987, BStBl. 1988 II, S. 348.

408 Vgl BFH vom 22.1.1980, BStBl. 1980 II, S. 244.

eignet sein. Ein Wirtschaftsgut wird nicht für betriebliche Zwecke verwendet, wenn es beim Steuerpflichtigen selbst, bei seinen Angehörigen oder bei seinen Freunden dem privaten Konsum dient. In diesen Fällen sind weder die Kriterien für die Einordnung als notwendiges Betriebsvermögen erfüllt noch kann das Wirtschaftsgut als gewillkürtes Betriebsvermögen angesehen werden.

Einer Einlage für betriebliche Zwecke steht die Begründung des Besteuerungsrechts der Bundesrepublik Deutschland hinsichtlich des Gewinns aus der Veräußerung eines Wirtschaftsguts gleich (**Verstrickung**, § 4 Abs. 1 S. 8 HS 2 EStG). Hauptanwendungsfall für die Verstrickung ist die Überführung eines Wirtschaftsguts aus dem Ausland in eine inländische Betriebsstätte des Steuerpflichtigen.

Da der Gesetzgeber von einem weiten Betriebsbegriff ausgeht, ist bei der Überführung eines Wirtschaftsguts von einem Betriebsvermögen in ein anderes Betriebsvermögen desselben Steuerpflichtigen beim aufnehmenden Betrieb der beim abgebenden Betrieb angesetzte Buchwert fortzuführen, sofern nach der Überführung die Erfassung der stillen Reserven des Wirtschaftsguts weiterhin gewährleistet ist (§ 6 Abs. 5 S. 1 EStG). Dies gilt unabhängig davon, ob das Wirtschaftsgut aus einem anderen Gewerbebetrieb in einen Betrieb der Land- und Forstwirtschaft oder in einen Betrieb der selbständigen Arbeit überführt wird. Bei der Überführung von einem Betrieb in einen anderen Betrieb desselben Steuerpflichtigen liegt allerdings buchungstechnisch beim abgebenden Betrieb eine Entnahme und beim aufnehmenden Unternehmen eine Einlage vor.

(4) Einlagehandlung: Die Einlagehandlung kann entweder durch eine ausdrückli- **598**
che Willenserklärung oder durch schlüssiges Verhalten vorgenommen werden. Der Steuerpflichtige muss eindeutig den Willen haben, das Wirtschaftsgut in Zukunft betrieblich zu nutzen. Im Regelfall kommt die Einlagehandlung durch eine Einbuchung des Wirtschaftsguts zum Ausdruck.

(5) Einlagezeitpunkt: Bei Bareinlagen und Sacheinlagen bestimmt sich der **Einla-** **599**
gezeitpunkt danach, wann die Einlagehandlung ausgeführt wird. Bei „Aufwandseinlagen“ ist auf den Zeitpunkt abzustellen, zu dem die Betriebsausgaben anfallen.

II. Bewertung

Einlagen sind **grundsätzlich** mit dem **Teilwert** im Zeitpunkt der Einlage zu bewerten **600**
(§ 6 Abs. 1 Nr 5 S. 1 EStG). Bei der Eröffnung eines Betriebs bildet die Bewertung der eingelegten Wirtschaftsgüter mit dem Teilwert gleichfalls den Regelfall (§ 6 Abs. 1 Nr 6 EStG). Durch die Bewertung der Einlagen mit den Wiederbeschaffungs- oder Wiederherstellungskosten wird sichergestellt, dass zum einen Wertsteigerungen und Wertverluste, die im Privatvermögen entstanden sind, die Höhe der steuerpflichtigen Einkünfte nicht beeinflussen, und dass zum anderen alle Wertänderungen an den eingelegten Wirtschaftsgütern, die während ihrer Zugehörigkeit zum Betriebsvermögen eintreten, steuerlich erfasst werden.

Die Bewertung im Zeitpunkt der Einlage bildet grundsätzlich die Basis für die Berechnung der Abschreibungen oder eines eventuellen (späteren) Veräußerungsgewinns. Bei Wirtschaftsgütern, die vor der Einlage zur Erzielung von Einkünften im Rahmen einer Überschusseinkunftsart genutzt wurden, wird bei der Berechnung der Abschreibungen allerdings der Einlagewert um die bis zur Einlage in Anspruch genommenen Abschreibungen gekürzt. Die Kürzung wird höchstens bis zu den fortgeführten Anschaffungs- oder Herstellungskosten vorgenommen. Ist der bei der Einlage anzusetzende Teilwert niedriger, errechnen sich die Abschreibungen aus dem Teilwert (§ 7 Abs. 1 S. 5, Abs. 4 S. 1 EStG). Durch diese Kürzung der Abschreibungsbasis soll verhindert werden, dass die (ursprünglichen) Anschaffungs- oder Herstellungskosten nach einer Einlage in das Betriebsvermögen (zumindest zum Teil) zweimal aufwandswirksam verrechnet werden können.

601 Von der Bewertung von Einlagen mit dem Teilwert gibt es einige **Ausnahmen**:

- **„Aufwandseinlagen"** sind (wie bei Betriebsausgaben generell üblich) mit den angefallenen Ausgaben zu bewerten. Auf diese Weise wird der Teil der Ausgaben, der betrieblich veranlasst ist, bei der Berechnung des Gewinns des Betriebs erfasst.
- **Wirtschaftsgüter, die** der Steuerpflichtige **innerhalb der letzten drei Jahre vor dem Zeitpunkt der Einlage angeschafft oder hergestellt** hat, sind höchstens mit ihren (fortgeführten) Anschaffungs- oder Herstellungskosten anzusetzen (§ 6 Abs. 1 Nr 5 S. 1 Buchst. a, S. 2 EStG). Der Teilwert wird nur herangezogen, wenn er unter den (fortgeführten) Anschaffungs- oder Herstellungskosten liegt. Mit dieser Vorschrift soll vermieden werden, dass Wirtschaftsgüter zunächst dem Privatvermögen zugerechnet und erst nach einer Erhöhung ihres Werts in das Betriebsvermögen eingelegt werden.

  Bei einer Wiedereinlage von Wirtschaftsgütern, die innerhalb der letzten drei Jahre aus einem Betriebsvermögen des Steuerpflichtigen entnommen wurden, ist auf den im Entnahmezeitpunkt angesetzten Teilwert abzustellen. Dieser ist bei abnutzbaren Wirtschaftsgütern um zwischenzeitlich verrechnete Absetzungen für Abnutzung zu vermindern (§ 6 Abs. 1 Nr 5 S. 3 EStG).
- Anteile an **Kapitalgesellschaften**, an denen der Steuerpflichtige zu mindestens 1% beteiligt ist **(wesentliche Beteiligung)**, werden bei einer Einlage in das Betriebsvermögen gleichfalls mit den Anschaffungskosten oder dem niedrigeren Teilwert bewertet (§ 6 Abs. 1 Nr 5 S. 1 Buchst. b iVm § 17 EStG). Da eine Einlage in das Betriebsvermögen eines Einzelunternehmers keine Veräußerung iSd § 17 EStG darstellt, wird durch die Einlagevorschrift sichergestellt, dass beim Verkauf der Anteile auch die Wertsteigerungen besteuert werden, die in dem Zeitraum entstanden sind, in dem die Anteile (noch) dem Privatvermögen zugerechnet wurden. Die Besteuerung von Gewinnen aus der Veräußerung von Anteilen an Kapitalgesellschaften, an denen der Steuerpflichtige zu mindestens 1% beteiligt ist, nach § 17 EStG kann deshalb nicht dadurch vermieden werden, dass diese Anteile (kurz) vor dem Verkauf in ein Betriebsvermögen eingelegt werden.[409]

---

409 Ist der Teilwert der Anteile im Zeitpunkt der Einlage niedriger als die Anschaffungskosten, sind die eingelegten Anteile allerdings mit den Anschaffungskosten zu bewerten, vgl BFH vom 2.9.2008, BStBl. 2010 II, S. 162, H 17 Abs. 8 EStH. Dadurch wird vermieden, dass die im Zeitraum zwischen dem Erwerb der Anteile und ihrer Einlage in das Betriebsvermögen eingetretenen Wertminderungen unberücksichtigt bleiben. Die Vorgehensweise des BFH unterscheidet sich zwar technisch von der der Finanzverwaltung. Materiell wird jedoch das gleiche Ergebnis erreicht.

- Die Bewertung mit den Anschaffungskosten oder dem niedrigeren Teilwert erfolgt auch bei **privaten Kapitalanlagen** (zB Aktien, GmbH-Anteile, Zertifikate, Ansprüche aus Lebensversicherungen), die vom Privatvermögen in das Betriebsvermögen eingelegt werden (§ 6 Abs. 1 Nr 5 S. 1 Buchst. c iVm § 20 Abs. 2 EStG).
- Bei einer **Betriebseröffnung** stimmt der Teilwert der eingelegten Wirtschaftsgüter grundsätzlich mit ihrem gemeinen Wert überein.[410]
- Bei der Überführung eines Wirtschaftsguts von einem anderen Betrieb des gleichen Steuerpflichtigen **(Sacheinlagen aus einem anderen Betriebsvermögen)** ist in der Steuerbilanz des Betriebs, von dem das Wirtschaftsgut nunmehr genutzt wird, der im abgebenden Betrieb angesetzte Buchwert fortzuführen (§ 6 Abs. 5 S. 1 EStG).
- Bei der Überführung eines Wirtschaftsguts aus dem Ausland in eine inländische Betriebsstätte des Steuerpflichtigen **(Verstrickung)** wird das Wirtschaftsgut mit dem gemeinen Wert in die Steuerbilanz aufgenommen (§ 4 Abs. 1 S. 8 iVm § 6 Abs. 1 Nr 5a EStG).

D. Verdeckte Gewinnausschüttungen

Bei Einzelunternehmen werden privat veranlasste Vermögensminderungen durch die **602** Verbuchung als Entnahme erfolgsneutral behandelt. Bei Kapitalgesellschaften ist zwischen dem betrieblichen Bereich und der gesellschaftsrechtlichen Ebene zu trennen. Deshalb ist es für die Ermittlung des steuerpflichtigen Gewinns einer Kapitalgesellschaft ohne Bedeutung, ob das Einkommen verteilt wird (§ 8 Abs. 3 S. 1 KStG). Entsprechend dem Grundsatz bei den Ertragsteuern, die Einkommenserzielung von der Einkommensverwendung zu trennen, beeinflussen offene Gewinnausschüttungen (Gewinnausschüttungen, die auf einem den gesellschaftsrechtlichen Vorschriften entsprechenden Gewinnverteilungsbeschluss beruhen) die ertragsteuerliche Bemessungsgrundlage nicht. Der für offene Gewinnausschüttungen geltende Grundsatz wird auf verdeckte Gewinnausschüttungen übertragen (§ 8 Abs. 3 S. 2 KStG).

I. Begriff

Der Begriff „verdeckte Gewinnausschüttung" ist **gesetzlich nicht definiert**. Das Kör- **603** perschaftsteuergesetz regelt lediglich die **Rechtsfolge**, indem es festlegt, dass **verdeckte Gewinnausschüttungen** das **Einkommen nicht mindern** (§ 8 Abs. 3 S. 2 KStG).

Von der Rechtsprechung werden Vermögensschmälerungen (**Vermögensminderungen** oder verhinderte Vermögensmehrungen) **auf Ebene der Kapitalgesellschaft** dann als verdeckte Gewinnausschüttung angesehen, **wenn sie**

410 Vgl BFH vom 7.12.1978, BStBl. 1979 II, S. 729; BFH vom 10.7.1991, BStBl. 1991 II, S. 840.

- **durch** das **Gesellschaftsverhältnis veranlasst** sind,
- sich auf den Gewinn nach § 4 Abs. 1 S. 1 EStG auswirken und
- nicht im Zusammenhang mit einer offenen Gewinnausschüttung stehen.[411]

Eine verdeckte Gewinnausschüttung setzt zusätzlich voraus, dass die auf Ebene der Kapitalgesellschaft eingetretene Vermögensminderung bzw verhinderte Vermögensmehrung die Eignung haben muss, beim Gesellschafter zu einem Beteiligungsertrag iSd § 20 Abs. 1 Nr 1 S. 2 EStG zu führen.[412]

Eine Veranlassung durch das Gesellschaftsverhältnis liegt vor, wenn unter sonst gleichen Umständen einer Person, die nicht Gesellschafter ist, der zu beurteilende Vermögensvorteil nicht gewährt worden wäre. **Beurteilungsmaßstab** bildet das **Verhalten eines ordentlichen** und **gewissenhaften Geschäftsleiters** (§ 93 Abs. 1 S. 1 AktG, § 43 Abs. 1 GmbHG). Nach dem damit angesprochenen Grundsatz des Drittvergleichs wird das Entgelt daraufhin geprüft, ob es vom **gemeinen Wert** der gelieferten Wirtschaftsgüter oder der erbrachten Leistung abweicht (§ 9 BewG).

Verdeckte Gewinnausschüttungen sind eine spezielle Ausprägung der für die Einkommen- und Körperschaftsteuer geltenden Grundidee, nach der die Einkommenserzielung der Besteuerung unterliegt und die **Einkommensverwendung** (Gewinnverteilung) die **steuerpflichtige Bemessungsgrundlage nicht mindert** (§ 8 Abs. 3 S. 1 KStG).

604 Aufgrund des Trennungsprinzips können zwischen der Kapitalgesellschaft und ihren Anteilseignern schuldrechtliche Leistungsbeziehungen bestehen. Dazu gehören insbesondere Kauf-, Dienst-, Darlehens-, Lizenz- und Miet- oder Pachtverträge. Die **Gesellschaft-Gesellschafter-Verträge** werden nicht nur zivilrechtlich, sondern auch **steuerlich** grundsätzlich **wie** Verträge **mit Außenstehenden behandelt**. Dieser Grundsatz gilt aber **nur insoweit**, wie die **Leistungsbeziehungen wie zwischen fremden Dritten** durchgeführt werden (Grundsatz des Drittvergleichs).

Dem Grunde nach werden die Vertragsbeziehungen zwischen einer Kapitalgesellschaft und ihren Anteilseignern prinzipiell anerkannt. Die Anerkennungsprüfung erstreckt sich in erster Linie auf die **Beurteilung der Höhe des vereinbarten Entgelts**. Bei der **Angemessenheitsprüfung** wird darauf abgestellt, ob die Verträge zwischen einer Kapitalgesellschaft und ihren Gesellschaftern ihre Ursache im gesellschaftsrechtlichen oder im betrieblichen Bereich haben. **Soweit** das vereinbarte **Entgelt angemessen** ist, wird der Vertrag dem betrieblichen Bereich zugerechnet. Im Rahmen der Gewinnermittlung der Kapitalgesellschaft werden die vereinbarten Vergütungen auf Ebene der Kapitalgesellschaft als **Betriebseinnahmen oder Betriebsausgaben** erfolgswirksam erfasst. Beim Anteilseigner werden sie nach den allgemeinen einkommensteuerlichen Abgrenzungskriterien einer der sieben Einkunftsarten oder dem nicht steuerbaren Bereich zugerechnet.

605 **Unangemessene Vertragsbeziehungen** (zB ein unangemessen hohes Gehalt für den Gesellschafter-Geschäftsführer) gelten als **gesellschaftsrechtlich veranlasst**, sie werden als **Gewinnverwendung** angesehen. Der unangemessene Teil der vereinbar-

---

411 Vgl zB BFH vom 22.2.1989, BStBl. 1989 II, S. 475; BFH vom 5.6.2002, BStBl. 2003 II, S. 329; BFH vom 14.7.2004, BStBl. 2004 II, S. 1010; R 8.5 Abs. 1 KStR.

412 Vgl BFH vom 7.8.2002, BStBl. 2004 II, S. 131 sowie Bohne, DStR 2008, S. 2444.

ten Vergütung **wirkt sich nicht erfolgswirksam aus**. Aufgrund der Einordnung als verdeckte Gewinnausschüttung hat er keinen Einfluss auf die Höhe der Einkünfte der Kapitalgesellschaft.[413]

Zu den wichtigsten Formen von verdeckten Gewinnausschüttungen siehe die Erläuterungen der Finanzverwaltung in R 8.5 – R 8.8 KStR.[414]

Unabhängig von der allgemeinen Definition wird **bei beherrschenden Gesellschaftern**[415] **auch dann** von einer verdeckten Gewinnausschüttung ausgegangen, (1) **wenn es an einer klaren und eindeutigen, im Voraus abgeschlossenen, zivilrechtlich wirksamen Vereinbarung fehlt**, ob und in welcher Höhe der Gesellschafter ein Entgelt erhalten soll,[416] (2) wenn zwar eine angemessene und im Voraus getroffene klare und eindeutige Vereinbarung vorliegt, aber die Durchführung nicht mit dieser Vereinbarung übereinstimmt, und (3) wenn die Vereinbarung zivilrechtlich unwirksam ist, so zB wenn **gegen das Selbstkontrahierungsverbot nach § 181 BGB verstoßen** wird.[417]

Eine vertragliche Vereinbarung wird des Weiteren als durch das Gesellschaftsverhältnis veranlasst angesehen, wenn ein ordentlicher und gewissenhafter Geschäftsleiter zwar das Geschäft abgeschlossen hätte, aber das Geschäft aus anderen Gründen als nicht mit dem Grundsatz des Fremdvergleichs vereinbar angesehen wird. **Unübliche Geschäfte gelten** auch dann **als nicht ernsthaft gewollt** und damit als verdeckte Gewinnausschüttung, wenn sie für die Kapitalgesellschaft vorteilhaft sind. Beispielsweise werden die Vereinbarung einer ausschließlich gewinnabhängigen Geschäftsführungsvergütung oder Vereinbarungen, wonach kein laufendes Gehalt bezahlt wird, sondern lediglich Pensionsleistungen zugesagt werden, als nicht ernsthaft gewolltes Geschäft beurteilt.[418] Die Begründung liegt darin, dass sich nach dem Grundsatz des Drittvergleichs *beide* Vertragspartner wie ordentliche und gewissenhafte Geschäftsleiter verhalten müssen. In der Literatur wird sehr anschaulich von der „Verdoppelung" des gewissenhaften und ordentlichen Geschäftsleiters gesprochen.[419]

Eine verdeckte Gewinnausschüttung kann auch bei Vertragsbeziehungen mit einem Nichtgesellschafter vorliegen, sofern dieser im Verhältnis zu einem der Gesellschafter als **nahestehende Person** gilt (insbesondere Ehegatte, Kind, Konzernunternehmen) und die Vorteilsgewährung an die nahestehende Person mittelbar dem Gesellschafter zurechenbar ist (H 8.5 KStH).

---

413 Kapitalgesellschaften haben im Anhang Angaben zum Wert der Geschäfte mit nahestehenden Personen zu machen, die nicht zu marktüblichen Bedingungen abgewickelt werden (§ 285 Nr 21 HGB).

414 Siehe hierzu Band I, Rn. 446 ff.

415 Beherrschung setzt grundsätzlich die Mehrheit der Stimmrechte voraus (H 8.5 KStH).

416 Vgl BFH vom 3.11.1976, BStBl. 1977 II, S. 172; BFH vom 17.12.1997, BStBl. 1998 II, S. 545. Zu den Ausnahmen siehe BFH vom 21.7.1982, BStBl. 1982 II, S. 761. Bei Lieferungs- und Leistungsbeziehungen im Rahmen des gewöhnlichen Geschäftsverkehrs beschränken sich die formellen Anforderungen auf diejenigen, die bei Verträgen zwischen fremden Dritten üblich sind, vgl BMF-Schreiben vom 23.2.1983, BStBl. 1983 I, S. 218, Tz. 1.4.1.

417 Die formalen Anforderungen stellen kein absolutes Tatbestandsmerkmal dar, sondern lediglich ein widerlegbares Indiz für eine gesellschaftsrechtliche Verursachung. Ein solches Indiz darf nicht ausschlaggebend sein, wenn der Sachverhalt nicht beweisbedürftig ist, sondern aus anderen Quellen mit hinreichender Sicherheit festgestellt werden kann, vgl BVerfG vom 7.11.1995, BStBl. 1996 II, S. 34.

418 Vgl BFH vom 17.5.1995, BStBl. 1996 II, S. 204; BFH vom 27.3.2001, BStBl. 2002 II, S. 111; BMF-Schreiben vom 28.1.2005, BStBl. 2005 I, S. 387.

419 Vgl Baumhoff, Verrechnungspreise für Dienstleistungen, Köln ua 1986, S. 139–141.

II. Steuerliche Behandlung

606 Auf **Ebene der Kapitalgesellschaft** besteht die steuerliche Konsequenz einer verdeckten Gewinnausschüttung darin, dass die Vergütungen, die als unangemessen gelten, den steuerpflichtigen **Gewinn** der Kapitalgesellschaft **nicht beeinflussen**. Soweit die Vergütungen das handelsrechtliche Ergebnis der Kapitalgesellschaft gemindert haben, ist die **Aufwandsverbuchung durch** eine (außerbilanzielle) **Zurechnung auszugleichen**.[420]

Verdeckte Gewinnausschüttungen werden ertragsteuerlich weitgehend **wie offene Gewinnausschüttungen behandelt**. Auf **Ebene der Kapitalgesellschaft** unterliegen verdeckte Gewinnausschüttungen der **Körperschaftsteuer sowie der Gewerbesteuer**.

Die Besteuerung der verdeckten Gewinnausschüttung auf **Ebene des Anteilseigners** erfolgt wie bei Gewinnausschüttungen, die auf einem ordentlichen Gewinnverwendungsbeschluss beruhen. Dies bedeutet, dass bei verdeckten Gewinnausschüttungen wie bei anderen Dividenden grundsätzlich die 25%ige Kapitalertragsteuer einzubehalten ist (§ 43, § 43a EStG). Die weitere Behandlung hängt davon ab, wer Anteilseigner der Kapitalgesellschaft ist.[421]

Durch § 32a Abs. 1 KStG wird die Einordnung von verdeckten Gewinnausschüttungen als Einkünfte aus Kapitalvermögen auch dann vorgenommen, wenn nach den allgemeinen verfahrensrechtlichen Regelungen der (bestandskräftige) Steuerbescheid des Anteilseigners nicht mehr geändert werden könnte (formelles Korrespondenzprinzip).

E. Verdeckte Einlagen

607 Das Gegenstück zu Einlagen bei einkommensteuerpflichtigen Personen sind bei **Kapitalgesellschaften** Kapitalerhöhungen, sonstige Gesellschaftereinlagen und verdeckte Einlagen. Durch diese soll verhindert werden, dass gesellschaftsrechtlich veranlasste Mehrungen des Betriebsvermögens den Gewinn einer Kapitalgesellschaft erhöhen. Derartige Vermögensmehrungen erhöhen zwar das Eigenkapital der Kapitalgesellschaft, sie sind aber nicht gewinnwirksam (§ 8 Abs. 3 S. 3 KStG).

I. Begriff

608 Der Begriff „verdeckte Einlage" ist **gesetzlich nicht definiert**. Das Körperschaftsteuergesetz regelt lediglich die **Rechtsfolge**, indem es festlegt, dass **verdeckte Einlagen** das **Einkommen nicht erhöhen** (§ 8 Abs. 3 S. 3 KStG).

420 Vgl BFH vom 29.6.1994, BStBl. 2002 II, S. 366. Zu Einzelheiten siehe BMF-Schreiben vom 28.5.2002, BStBl. 2002 I, S. 603.

421 Siehe hierzu Band I, Rn. 410 ff.

Eine verdeckte Einlage liegt vor, wenn ein **Gesellschafter** oder eine ihm nahestehende Person **der Kapitalgesellschaft einen bilanzierungsfähigen Vermögensvorteil zuwendet, sofern** diese Zuwendung

- **durch** das **Gesellschaftsverhältnis veranlasst** ist und
- nicht im Zusammenhang mit einer ordentlichen („offenen“) Kapitalerhöhung steht.[422]

Eine Veranlassung durch das Gesellschaftsverhältnis ist gegeben, wenn ein Nichtgesellschafter bei Anwendung der Sorgfalt eines ordentlichen Kaufmanns der Kapitalgesellschaft diesen Vermögensvorteil nicht eingeräumt hätte (R 8.9 Abs. 3 S. 2 KStR). Als Vermögensvorteil gilt nicht nur die Mehrung des Vermögens der Kapitalgesellschaft, sondern auch die Vermeidung einer Vermögensminderung.

Bei der Prüfung, ob eine verdeckte Einlage vorliegt, bildet der Teilwert den **Vergleichsmaßstab** (R 8.9 Abs. 4 KStR).[423] Bei einem Beschaffungsgeschäft (der Gesellschafter ist der leistende Vertragspartner) stimmt der Teilwert grundsätzlich mit dem gemeinen Wert, dh mit dem Fremdvergleichspreis, überein. Bei Absatzgeschäften (die Kapitalgesellschaft ist der leistende Vertragspartner) liegt der Teilwert unter dem gemeinen Wert, da der Teilwert im Gegensatz zum Fremdvergleichspreis keinen Gewinnaufschlag enthält.[424]

Verdeckte Einlagen beruhen wie verdeckte Gewinnausschüttungen auf dem Grundgedanken der Ertragsbesteuerung, das am Markt erzielte Einkommen zu erfassen. Deshalb dürfen **nur betrieblich veranlasste Vorgänge den Gewinn eines Unternehmens erhöhen**. Bei einer verdeckten Einlage steht jedoch der Leistung des Gesellschafters keine Gegenleistung der Kapitalgesellschaft gegenüber.[425]

Obwohl verdeckte Einlagen und verdeckte Gewinnausschüttungen die gleiche Aufgabe haben – Trennung des gesellschaftsrechtlichen Bereichs von den betrieblich veranlassten Geschäftsvorgängen – und nach ihrem Wortlaut spiegelbildlich definiert sind, unterscheiden sie sich in ihrem **Anwendungsbereich**. Verdeckte Gewinnausschüttungen erfassen jede Zuwendung eines Vermögensvorteils durch die Kapitalgesellschaft an ihre Gesellschafter. **Verdeckte Einlagen** werden demgegenüber **nur** dann angenommen, wenn der Anteilseigner der Kapitalgesellschaft einen **bilanzierungsfähigen Vermögensvorteil** zuwendet. Es muss also in der Steuerbilanz der Kapitalgesellschaft entweder zu einer Erhöhung der Aktiva oder zu einer Minderung der Passiva gekommen sein.[426] **Gegenstand einer verdeckten Einlage** können **nur** materielle und immaterielle **Wirtschaftsgüter** sein. **Nutzungen** sind **nicht einlagefähig**; sie werden nicht als verdeckte Einlagen qualifiziert.

Korrigiert werden deshalb nur folgende Vorgänge: Überpreislieferungen der Kapital- **609**
gesellschaft an ihren Gesellschafter, Überpreisleistungen der Kapitalgesellschaft an ihren Gesellschafter sowie Unterpreislieferungen des Gesellschafters an die Kapital-

422 Vgl BFH vom 26.10.1987, BStBl. 1988 II, S. 348; BFH vom 6.11.2003, BStBl. 2004 II, S. 416; R 8.9 KStR.
423 Vgl BMF-Schreiben vom 12.4.2005, BStBl. 2005 I, S. 570, Tz. 5.2.
424 Vgl Borstell/Brüninghaus/Dworaczek, IStR 2001, S. 758.
425 Vgl BFH vom 27.7.1988, BStBl. 1989 II, S. 271.
426 Vgl BFH vom 24.5.1984, BStBl. 1984 II, S. 747.

gesellschaft. Insoweit deckt sich – mit umgekehrtem Vorzeichen – der Anwendungsbereich von verdeckten Einlagen und verdeckten Gewinnausschüttungen.[427]

Demgegenüber führen **Unterpreisleistungen des Gesellschafters** an die Kapitalgesellschaft – im Gegensatz zu Unterpreislieferungen des Gesellschafters – **nicht** zu einer verdeckten Einlage. Bei der **Beurteilung** sind **zwei Aspekte** gegeneinander **abzuwägen**:

- Will man bei der Gewinnermittlung von Kapitalgesellschaften sämtliche aus dem Gesellschaftsverhältnis resultierende Beeinflussungen des Gewinns neutralisieren, lässt sich die Differenzierung nach der Bilanzierungsfähigkeit des Vermögensvorteils nicht rechtfertigen.
- Bei einer Ausdehnung des Anwendungsbereichs von verdeckten Einlagen auf Unterpreisleistungen der Anteilseigner an die Kapitalgesellschaft wäre es möglich, durch Dienstleistungen und Nutzungsüberlassungen gegenüber einer Kapitalgesellschaft, für die kein oder ein unangemessen niedriges Entgelt vereinbart wird, Steuerersparnisse zu erzielen: Auf Ebene der Kapitalgesellschaft wäre der Gewinn dadurch zu vermindern, dass die Differenz zur angemessenen Vergütung aufwandswirksam verbucht wird. Auf Ebene des Anteilseigners könnten jedoch keine Einkünfte angesetzt werden, da eine Besteuerung von fiktiven Einnahmen (dh von Solleinnahmen) dem Konzept einer Besteuerung des am Markt erzielten Einkommens (m.a.W. von Isteinnahmen) widerspricht. Ohne eine ausdrückliche gesetzliche Regelung können fiktive Einnahmen nicht besteuert werden.[428] Bei einer Ausdehnung des Anwendungsbereichs der verdeckten Einlagen auf Unterpreisleistungen der Gesellschafter würde der Einkommensbegriff um erzielbare, aber aufgrund von unangemessenen Vertragsbeziehungen zwischen einer Kapitalgesellschaft und ihren Anteilseignern nicht erzielte Einkünfte erweitert werden. Unter den Einkommensbegriff würden dann auch fiktive, tatsächlich nicht bezogene Einkünfte fallen. Eine derartige Regelung wäre mit einer weit reichenden Neuausrichtung des Systems der Ertragsteuern verbunden.

Zu den wichtigsten Formen von verdeckten Einlagen siehe die Erläuterungen der Finanzverwaltung in R 8.9 KStR.[429]

II. Steuerliche Behandlung

610 Auf **Ebene der Kapitalgesellschaft** sind verdeckte Einlagen wie offene Einlagen **erfolgsneutral zu erfassen** (§ 8 Abs. 3 S. 3 KStG). Die über eine verdeckte Einlage eintretende Vermögensmehrung, die sich entweder aufgrund der Aktivierung des empfangenen Wirtschaftsguts oder der Ausbuchung eines Passivpostens ergibt, führt zu einer Erhöhung des bilanziellen Eigenkapitals des Tochterunternehmens. Diese

427 Nicht bilanzierungsfähige Vermögenszuwendungen werden ausnahmsweise als verdeckte Einlage erfasst, wenn bei einer Nutzungsüberlassung aufgrund des fehlenden oder zu geringen Entgelts auf Ebene des Anteilseigners auf Dauer ein Verlust eintritt oder wenn die Gestaltung zu willkürlich schwankenden Gewinnverlagerungen führt, vgl BFH vom 8.11.1960, BStBl. 1960 III, S. 513.

428 Vgl BFH vom 26.10.1987, BStBl. 1988 II, S. 348.

429 Siehe hierzu Band I, Rn. 449 ff.

Erhöhung des Eigenkapitals ist als nicht in das Nennkapital geleistete Einlagen auf einem gesonderten Konto auszuweisen (**steuerliches Einlagekonto**, § 27 KStG). Soweit verdeckte Einlagen den Steuerbilanzgewinn der Kapitalgesellschaft erhöht haben, sind sie bei der Ermittlung des zu versteuernden Einkommens durch einen außerbilanziellen Abzug zu korrigieren.

Beim Gesellschafter stellen verdeckte Einlagen **nachträgliche Anschaffungskosten für** die **Anteile an** der **Kapitalgesellschaft** dar.[430] Hat der Gesellschafter die Anteile ertragsteuerlich in seinem Betriebsvermögen aktiviert, ist auf dem Beteiligungskonto ein Zugang (nachträgliche Anschaffungskosten) zu verbuchen. Insoweit hat eine verdeckte Einlage keine Auswirkung auf den Gewinn des Gesellschafters.

Überträgt der Gesellschafter im Rahmen einer **Unterpreislieferung** ein Wirtschaftsgut des Betriebsvermögens, erhöht sich im Betrieb des Gesellschafters der Veräußerungsgewinn um den Betrag, der als verdeckte Einlage angesehen wird. Bei Wirtschaftsgütern des Privatvermögens wirkt sich die Korrektur des Entgelts ertragsteuerlich nur dann aus, wenn die Voraussetzungen für ein privates Veräußerungsgeschäft vorliegen oder wenn Anteile an einer anderen Kapitalgesellschaft eingelegt werden, an der der Gesellschafter zu mindestens 1% beteiligt ist, oder wenn private Kapitalanlagen eingelegt werden (§ 23 Abs. 1 S. 5 Nr 2, § 17 Abs. 1 S. 2, § 20 Abs. 2 S. 2 EStG).

Unterpreisleistungen lösen beim Gesellschafter keine steuerlichen Konsequenzen aus, da sie nicht als verdeckte Einlage angesehen werden. Vom Gesellschafter ist nur die tatsächlich gezahlte Vergütung zu versteuern. Die Differenz zum (höheren) angemessenen Entgelt ist nicht steuerbar.

Bei der Vergabe eines unverzinslichen Darlehens durch den Gesellschafter ist zu beachten, dass die Kapitalgesellschaft die Verbindlichkeit mit ihrem Barwert zu passivieren hat (§ 6 Abs. 1 Nr 3 EStG). Somit kommt es im Zeitpunkt der Vergabe des Darlehens in Höhe der Differenz zwischen dem Nennwert und dem Barwert der Verbindlichkeit zu einer Gewinnerhöhung.[431] Diese Gewinnerhöhung wird während der Laufzeit des Darlehens durch eine sukzessive Aufzinsung der Verbindlichkeit wieder ausgeglichen. Per Saldo verbleibt auf Ebene der Kapitalgesellschaft ein negativer Zeiteffekt. Es gibt aber auch Situationen, in denen ein erhöhter Ertragsausweis erwünscht ist. Ein Beispiel hierfür bilden Maßnahmen zur Sanierung von Kapitalgesellschaften. Durch die Gewährung eines zinslosen Gesellschafterdarlehens kommt es in Höhe der Differenz zwischen Nennwert und Barwert des Darlehensbetrags zu einem Erfolgsausweis, der mit den Verlusten der Kapitalgesellschaft verrechnet werden kann.

Die Einordnung als verdeckte Einlage auf Ebene der Kapitalgesellschaft erfolgt auch dann, wenn nach einer Korrektur auf Ebene des Anteilseigners der (bestandskräftige) Körperschaftsteuerbescheid der Kapitalgesellschaft nach den allgemeinen verfahrensrechtlichen Regelungen nicht mehr geändert werden könnte (§ 32a Abs. 2 KStG, formelles Korrespondenzprinzip).

---

430 Vgl BFH vom 12.2.1980, BStBl. 1980 II, S. 494.
431 Siehe hierzu Dritter Abschnitt, Kapitel B.II., Rn. 508–513.

F. Steuerfreie Betriebseinnahmen

611 **Betriebseinnahmen** sind **betrieblich veranlasste Mehrungen des Betriebsvermögens**. Sie erhöhen nur dann den steuerpflichtigen Gewinn, wenn sie nicht steuerbefreit sind. **Steuerfreie Betriebseinnahmen** sind dadurch gekennzeichnet, dass sie zwar die Merkmale einer Betriebseinnahme erfüllen, aber von der Besteuerung ausgenommen sind. Steuerfreie Einnahmen sind **steuerbar**, **jedoch nicht steuerpflichtig**.

Steuerbefreiungen können entweder im Einkommensteuergesetz enthalten sein oder sich aus anderen Gesetzen, Verordnungen oder Verträgen ergeben. Die wichtigsten Steuerbefreiungen beziehen sich auf **Investitionszulagen** (zB § 13 InvZulG 2010, für Investitionen vor dem 1.1.2014), Einkünfte, bei denen die **internationale Doppelbesteuerung** nach einem Doppelbesteuerungsabkommen durch die **Freistellungsmethode** vermieden wird (zB Gewinne, die auf eine ausländische Betriebsstätte entfallen, Art. 7 OECD-MA)[432] und Sanierungserträge (Betriebseinnahmen aus einem Schuldenerlass zum Zweck der unternehmensbezogenen Sanierung, § 3a, § 3c Abs. 4 EStG, § 7b GewStG).[433]

612 Zielsetzung des Körperschaftsteuersystems ist es, bei Gewinnen, die von einer Kapitalgesellschaft ausgeschüttet werden, Doppelbelastungen zu vermeiden. Nach dem in Deutschland geltenden **Körperschaftsteuersystem** bleiben **Dividenden**, die einer **natürlichen Person** zufließen, die ihre Anteile im Betriebsvermögen hält, zu **40% steuerfrei (Teileinkünfteverfahren**, § 3 Nr 40 EStG). Dividenden, die eine **juristische Person** von einer Kapitalgesellschaft empfängt, an der sie zu mindestens 10% beteiligt ist, bleiben in vollem Umfang außer Ansatz (**Dividendenfreistellung** nach § 8b Abs. 1, 4 KStG).[434] Allerdings gelten 5% der Dividenden als nichtabziehbare Betriebsausgaben (§ 8b Abs. 5 KStG). Die (40%ige bzw volle) Steuerbefreiung gilt nicht nur für Gewinnausschüttungen, sondern grundsätzlich auch für Gewinne aus der Veräußerung von Anteilen an Kapitalgesellschaften (§ 3 Nr 40 EStG bzw § 8b Abs. 2, Abs. 3 S. 1, 2 KStG).

G. Nichtabziehbare Betriebsausgaben

613 *(1) Begriff der Betriebsausgaben:* Betriebsausgaben (betriebliche Aufwendungen) sind dadurch charakterisiert, dass sie zu einer Minderung des Betriebsvermögens führen. Als Betriebsausgaben gelten **Aufwendungen**, die **durch den Betrieb veranlasst** sind (§ 4 Abs. 4 EStG). Nach dieser **kausalen Begriffsabgrenzung** bildet die betriebliche Veranlassung das entscheidende Merkmal für die Abziehbarkeit von Aufwen-

432 Siehe zB Band I, Rn. 882 ff.

433 Siehe hierzu Förster/Hechtner, DB 2017, S. 1536; Weiss, StuB 2017, S. 581. Mit dem Comfort Letter der Europäischen Kommission tritt die Regelung nicht automatisch in Kraft, vielmehr ist der Gesetzgeber gehalten, explizit eine entsprechende Regelung über das Inkrafttreten zu beschließen.

434 Wird die Mindestbeteiligung von 10% nicht erreicht, sind die Dividenden bei der dividendenempfangenden Kapitalgesellschaft in vollem Umfang steuerpflichtig (§ 8b Abs. 4 KStG). Damit kommt es bei Minderheitsbeteiligungen zu einer (systemwidrigen) Doppelbelastung von ausgeschütteten Gewinnen.

dungen. Die Ausgaben müssen **objektiv mit** dem **Betrieb zusammenhängen** und **subjektiv** dazu bestimmt sein, **dem Betrieb** zu **dienen**. Diese Bedingungen sind erfüllt, wenn die Ausgaben mit bestimmten Betriebseinnahmen in Verbindung stehen oder wenn sie geeignet sind, die Geschäftstätigkeit des Unternehmens allgemein zu fördern.

Beispiele: Entlohnung der Mitarbeiter, Verbrauch von Roh-, Hilfs- und Betriebsstoffen, Miete für die Geschäftsräume, Abschreibungen von Wirtschaftsgütern des Anlagevermögens, Darlehenszinsen, Wertminderung der eingesetzten Wirtschaftsgüter durch Zerstörung, Unfall oder Diebstahl, Kosten für Dienstreisen, Bewirtung von Geschäftsfreunden.

Ist eine Ausgabe durch den Betrieb veranlasst, mindert sie als Betriebsausgabe den Gewinn. Sofern kein Bezug zur privaten Lebensführung besteht, wird **nicht geprüft, ob** die **Ausgabe zweckmäßig**, **angemessen** oder **nützlich** ist. Ein Abzug ist auch dann möglich, wenn die Ausgabe nicht zum erhofften Erfolg führt. Es ist ebenfalls unerheblich, ob die Ausgabe im laufenden Betrieb, bereits vor Aufnahme der betrieblichen Tätigkeit (**vorweggenommene Betriebsausgabe**) oder erst nach Einstellung des Geschäftsbetriebs anfällt (**nachträgliche Betriebsausgabe**).

Entnahmen sind **keine Betriebsausgaben**, sie haben ihre **Ursache im privaten Bereich**. Aufgrund der fehlenden betrieblichen Veranlassung werden sie entweder in der Buchführung überhaupt nicht verrechnet oder eine Gewinnwirkung wird durch die Verbuchung über das Privatkonto (ein Unterkonto des Eigenkapitalkontos) vermieden. Die Verbuchung von Entnahmen über das Privatkonto neutralisiert die mit Entnahmen verbundene Minderung des Betriebsvermögens, sodass der Gewinn davon unbeeinflusst bleibt. Diese Grundsätze führen dazu, dass **Ausgaben für die private Lebensführung** des Steuerpflichtigen oder seiner Familienangehörigen, Zuwendungen an unterhaltsberechtigte Personen, Steuern vom Einkommen und sonstige **Personensteuern**, die Umsatzsteuer auf Umsätze, die Entnahmen sind, die Vorsteuer auf bestimmte nichtabziehbare Betriebsausgaben (Repräsentationsaufwendungen) sowie **Geldstrafen** und vergleichbare Belastungen keine Betriebsausgaben sind (§ 12 EStG).[435] 614

Die **Gewerbesteuer** ist nach § 4 Abs. 5b EStG keine Betriebsausgabe. Dies ist insoweit bemerkenswert, als bei der Gewerbesteuer das Merkmal einer Betriebsausgabe in idealtypischer Weise erfüllt ist. Die Gewerbesteuer ist untrennbar mit dem Bestehen eines Gewerbebetriebs verbunden. Gewerbesteuer fällt nur dann an, wenn ein Gewerbebetrieb unterhalten wird (§ 2 Abs. 1–3 GewStG). Die betriebliche Veranlassung ist bei der Gewerbesteuer offensichtlich gegeben. Dennoch ist die Nichtabziehbarkeit der Gewerbesteuer begründbar. Die Versagung der Betriebsausgabeneigenschaft durch eine gesetzliche Fiktion dient der Verbesserung der Transparenz des Steuersystems. Da die Gewerbesteuer die Einkünfte aus Gewerbebetrieb nicht mindert, kann ihre Belastung besser ersehen werden. Die Regelung, dass die Gewerbesteuer keine Betriebsausgabe darstellt, trägt auch zu einer klaren Abgrenzung der 615

435 Ebenfalls nichtabziehbar sind die auf die genannten Steuerzahlungen entfallenden Nebenleistungen. Nach § 3 Abs. 4 AO gehören dazu zB Verspätungszuschläge (§ 152 AO), Säumniszuschläge (§ 240 AO), Zinsen auf Steuernachforderungen (§ 233a AO), Stundungszinsen (§ 234 AO) und Aussetzungszinsen (§ 237 AO).

Steuerertragshoheit über die Ertragsteuern bei. Für die Steuerpflichtigen entsteht dadurch auch kein Nachteil, da bei der Festsetzung des Steuersatzes (genauer der Steuermesszahl nach § 11 Abs. 2 GewStG) berücksichtigt wird, dass die Gewerbesteuer nicht zu den Betriebsausgaben gehört.

616 Bei Aufwendungen zur Förderung von staatspolitischen Zwecken (zB Mitgliedsbeiträge sowie **Spenden** an politische Parteien und an unabhängige Wählervereinigungen) wird generell davon ausgegangen, dass sie **privat veranlasst** sind. Diese Aufwendungen sind also keine Betriebsausgaben. Dies gilt auch dann, wenn die Zuwendungen zumindest teilweise einen Bezug zum Unternehmen haben (§ 4 Abs. 6 EStG).[436]

617 *(2) Betriebsausgaben, die nichtabziehbar sind:* Betriebsausgaben reduzieren die Höhe der steuerpflichtigen Einkünfte nur insoweit, als sie abziehbar sind. **Nichtabziehbare Betriebsausgaben** führen zwar zu einer Vermögensminderung, sie dürfen aber von den steuerpflichtigen Einkünften aus Gewerbebetrieb nicht abgezogen werden. Betriebsausgaben, die den steuerlichen Gewinn nicht mindern, lassen sich **acht Gruppen** zuordnen:

618 (a) **Ausgaben** in unmittelbarem wirtschaftlichen **Zusammenhang mit steuerfreien Einnahmen** können nicht berücksichtigt werden (§ 3c Abs. 1 EStG). Das **Nettoprinzip** bedingt, dass bei Nichterfassung der Betriebseinnahmen auch die damit zusammenhängenden Ausgaben nicht in die Gewinnermittlung eingehen.

Da für Gewinnausschüttungen einer Kapitalgesellschaft sowie für Veräußerungen von Anteilen an Kapitalgesellschaften bei **natürlichen Personen** eine 40%ige Steuerbefreiung gilt (§ 3 Nr 40 EStG), dürfen Betriebsausgaben, die mit diesen Betriebseinnahmen in wirtschaftlichem Zusammenhang stehen, nur zu 60% steuermindernd abgezogen werden (§ 3c Abs. 2 EStG). Dies gilt sowohl für die **Beteiligung an** einer inländischen **Kapitalgesellschaft** als auch für die Beteiligung an einer ausländischen Kapitalgesellschaft. Handelt es sich bei dem Anteilseigner um eine **juristische Person**, sind Aufwendungen des Anteilseigners, die im Zusammenhang mit der Beteiligung an einer Kapitalgesellschaft stehen, zwar grundsätzlich abziehbar, allerdings gelten 5% der Dividenden bzw Veräußerungsgewinne als nichtabziehbare Betriebsausgaben (pauschales Betriebsausgabenabzugsverbot, § 8b Abs. 3 S. 1, 2, Abs. 5 KStG).[437]

619 (b) **Abgrenzungsschwierigkeiten zwischen** dem **betrieblichen Bereich und** den Kosten der **privaten Lebensführung** bilden zum Teil die Begründung dafür, dass der Betriebsausgabenabzug versagt wird. Sind Ausgaben zum Teil betrieblich veranlasst

436 Für Mitgliedsbeiträge sowie Spenden an politische Parteien und an unabhängige Wählervereinigungen kann eine Steuerermäßigung beantragt werden (§ 34g EStG). Soweit die Steuerermäßigung nach § 34g EStG nicht in Anspruch genommen wird, können die Aufwendungen zur Förderung staatspolitischer Zwecke (aber ohne Zuwendungen an unabhängige Wählervereinigungen) innerhalb von bestimmten Grenzen als Sonderausgaben, dh außerhalb der Gewinnermittlung, abgezogen werden (§ 10b EStG).

437 Bei einer Beteiligung von unter 10% gilt die Dividendenfreistellung nicht (§ 8b Abs. 4 KStG). Deshalb unterbleibt in diesen Fällen die 5%ige Umqualifizierung der Dividenden in nichtabziehbare Betriebsausgaben. Bei Veräußerungsgewinnen ist die Behandlung unabhängig von der Beteiligungsquote.

und zum Teil der privaten Sphäre zuzuordnen und lassen sich die beiden Bereiche **nicht objektiv voneinander trennen**, sind die Ausgaben in vollem Umfang nichtabziehbar. Der Grundsatz der Trennung von Einkommenserzielung und Einkommensverwendung (**Nichtabziehbarkeit der Kosten der privaten Lebensführung**, § 12 Nr 1 EStG) wird stärker gewichtet als das Nettoprinzip. Die Gefahr von Manipulationen wird höher eingeschätzt als die Notwendigkeit einer – gemessen an der sachlichen Interpretation des Leistungsfähigkeitsprinzips – sachgerechten Einkunftsermittlung.[438]

Beispiele: Anzug eines Steuerberaters, Aufwendungen für eine Tageszeitung eines Vermögensverwalters, Konzertbesuche eines als Verbandsvertreter tätigen Unternehmers mit dem Ziel der Kontaktaufnahme.

Ist eine **Trennung** zwischen teils privat und teils betrieblich veranlassten Aufwendungen anhand von Unterlagen oder objektiven Merkmalen **in nachprüfbarer Weise möglich** und ist der betriebliche Anteil nicht von untergeordneter Bedeutung, wird das Nettoprinzip beachtet. Diese **Ausgaben** sind **in Höhe des betrieblich** veranlassten **Anteils** als **Betriebsausgaben** abziehbar.[439]

Beispiele: Die Aufteilung auf betrieblich und privat veranlasste Fahrten wird durch ein Fahrtenbuch nachgewiesen. Für Telefonate wird ein Einzelnachweis geführt. Bei gemischt genutzten Personalcomputern sind die Kosten gleichfalls aufzuteilen. Sofern keine zusätzlichen Anhaltspunkte vorliegen, ist typisierend von einer jeweils hälftigen privaten bzw beruflichen Nutzung auszugehen.[440]

Bei **ausschließlich betrieblicher Veranlassung** steht es dem Betriebsausgabenabzug nicht entgegen, wenn daneben ein persönlicher Bezug besteht. Allerdings wird der Abzug zum Teil auf bestimmte Beträge begrenzt.

Beispiele: Dienstreisen, Bewirtung von Geschäftsfreunden, Fahrten zwischen Wohnung und Betrieb, spezielle Arbeitskleidung (Artistengarderobe, Schutzanzüge).

Für **Schuldzinsen** enthält **§ 4 Abs. 4a EStG** eine detaillierte Regelung, um betrieblich veranlasste (gewinnmindernd abziehbare) von privat veranlassten (nicht als Betriebsausgabe verrechenbaren) Zinsen abzugrenzen. Der Abzug von Schuldzinsen wird eingeschränkt, wenn Überentnahmen getätigt werden. Überentnahmen liegen vor, wenn die Entnahmen die Summe aus dem Gewinn und den Einlagen des Wirtschaftsjahres übersteigen. Die nichtabziehbaren Schuldzinsen werden typisiert mit 6% der Überentnahmen (abzüglich 2050 €) angesetzt. Soweit das Darlehen zur Finanzierung des Erwerbs eines Wirtschaftsguts dient, wird der Betriebsausgabenabzug allerdings nicht eingeschränkt.[441]

(c) **§ 4 Abs. 5 EStG** schließt bei einer Reihe von Betriebsausgaben aus, dass sie den **620**
steuerpflichtigen Gewinn mindern. Dazu gehören beispielsweise Geschenke an Nichtarbeitnehmer mit einem Wert von mehr als 35 €, 30% der angemessenen und

438 Zu weiteren Beispielen siehe H 12.1 EStH.

439 Vgl BFH vom 19.10.1970, BStBl. 1971 II, S. 17 sowie grundlegend zu gemischt veranlassten Reisen BFH vom 21.9.2009, BStBl. 2010 II, S. 672.

440 Vgl BFH vom 19.2.2004, BStBl. 2004 II, S. 958.

441 Zu Einzelheiten siehe BMF-Schreiben vom 17.11.2005, BStBl. 2005 I, S. 1019; BMF-Schreiben vom 7.5.2008, BStBl. 2008 I, S. 588; BMF-Schreiben vom 18.2.2013, BStBl. 2013 I, S. 197.

betrieblich veranlassten Bewirtungskosten, Aufwendungen für Gästehäuser, Aufwendungen für Jagd, Fischerei, Segeljachten, Motorjachten oder ähnliche Zwecke, Mehraufwendungen für Verpflegung im Zusammenhang mit Dienstreisen, soweit sie bestimmte Grenzen übersteigen, Aufwendungen für Fahrten zwischen dem Betrieb und der Wohnung des Steuerpflichtigen sowie für eine betrieblich veranlasste doppelte Haushaltsführung, soweit sie bestimmte Grenzen überschreiten, Aufwendungen für ein häusliches Arbeitszimmer und dessen Ausstattung (mit Ausnahmen), Geldbußen, Ordnungsgelder und Verwarnungsgelder und Bestechungs- und Schmiergelder („nützliche Aufwendungen").

Die **meisten** dieser **Regelungen** nehmen eine **pauschalierende Abgrenzung zwischen** dem **betrieblichen** und dem **privaten Bereich** vor. Bei den im Gesetz genannten Abzugsverboten wird vermutet, dass die Ausgaben zumindest zum Teil auf privaten Überlegungen beruhen und insoweit nicht betrieblich veranlasst sind. Der Grundsatz der Trennung von Einkommenserzielung und Einkommensverwendung geht dem Nettoprinzip vor.

621 (d) Zum Teil wird der Abzug versagt, wenn die Betriebsausgaben **nicht gesondert aufgezeichnet** werden (§ 4 Abs. 7 EStG). Bei Nichterfüllung der Aufzeichnungsverpflichtungen wird vermutet, dass die betriebliche Veranlassung fehlt.

622 (e) Wird dem Finanzamt die **Auskunft über** den **Empfänger** der Ausgaben **verweigert**, ist der Betriebsausgabenabzug ausgeschlossen (§ 160 AO). Die Nichtabziehbarkeit beruht auf dem **mangelnden Nachweis** der betrieblichen Veranlassung.

623 (f) Für **Kapitalgesellschaften** gelten weitgehend vergleichbare Regelungen (§ 8 Abs. 1 KStG). Die einkommensteuerlichen Vorschriften werden jedoch durch **spezielle körperschaftsteuerliche Regelungen** ergänzt. Als Betriebsausgaben nicht abziehbar sind Aufwendungen zur Erfüllung von Satzungszwecken, bestimmte Steuern, Geldstrafen und ähnliche Aufwendungen sowie die Hälfte der Aufsichtsratsvergütungen (§ 10 KStG).[442]

624 (g) Zinsaufwendungen stellen grundsätzlich Betriebsausgaben dar. Sie dürfen allerdings die steuerliche Bemessungsgrundlage nicht unbegrenzt mindern. Vielmehr ist der Abzug von Zinsaufwendungen grundsätzlich auf das verrechenbare EBITDA (Earnings Before Interest, Taxes, Depreciation and Amortization) begrenzt (**Zinsschranke**, § 4h EStG). Diese für alle Unternehmen geltende Regelung wird für Kapitalgesellschaften grundsätzlich übernommen, allerdings durch einige Sonderregelungen modifiziert (§ 8a KStG).[443]

442 Siehe hierzu Band I, Rn. 393 ff.

443 Zu Einzelheiten siehe BMF-Schreiben vom 4.7.2008, BStBl. 2008 I, S. 718 sowie Bohn/Loose, DStR 2011, S. 241; Herzig/Bohn, DStR 2009, S. 2344; Herzig/Liekenbrock, DB 2010, S. 690; Kessler/Lindemer, DB 2010, S. 472; Köhler/Hahne, DStR 2008, S. 1505; Kußmaul/Pfirmann/Meyering/Schäfer, BB 2008, S. 135. Zu den finanziellen Auswirkungen der Zinsschranke siehe Blaufus/Lorenz, StuW 2009, S. 323; Blaufus/Lorenz, ZfB 2009, S. 503; Brähler/Kühner, DB 2012, S. 1222; Hundsdoerfer/Lorenz/Sielaff, zfbf 2012, S. 366; Maßbaum/Klotzkowski/Sureth, ZfB 2012, S. 1389; Rauch/Brähler/Göttsche, WPg 2010, S. 1066; Watrin/Pott/Richter, StuW 2009, S. 256. Zur verfassungsrechtlichen Diskussion siehe den Vorlagebeschluss des BFH vom 14.10.2015, BStBl. 2017 II, S. 1240.

Das verrechenbare EBITDA entspricht 30% des steuerpflichtigen Gewinns vor Berücksichtigung der Zinsaufwendungen und -erträge sowie vor Verrechnung der Absetzungen für Abnutzungen einschließlich der Aufwendungen für geringwertige Wirtschaftsgüter:

	steuerpflichtiger Gewinn (vor Berücksichtigung der Zinsschranke)
+	(Zinsaufwendungen – Zinserträge)
+	planmäßige Abschreibungen (AfA) sowie Absetzungen für außergewöhnliche Abnutzung (AfaA) nach § 7 EStG
+	Aufwendungen für geringwertige Wirtschaftsgüter nach § 6 Abs. 2, 2a EStG
=	steuerliches EBITDA **E**arnings **B**efore **I**nterests, **T**axes, **D**epreciation and **A**mortization
×	30%
=	verrechenbares EBITDA

Von den Einschränkungen sind die Aufwendungen aus der vorübergehenden Überlassung von Geldkapital (insbesondere Darlehenszinsen) sowie die Auf- und Abzinsungsbeträge aus unverzinslichen Verbindlichkeiten (§ 6 Abs. 1 Nr 3 EStG) und unverzinslichen Forderungen betroffen. Die Laufzeit des Fremdkapitals ist unbedeutend. Erfasst werden sowohl lang- als auch kurzfristige Kapitalüberlassungen. Auf- und Abzinsungsbeträge von Rückstellungen (§ 6 Abs. 1 Nr 3a Buchst. e EStG) gelten allerdings nicht als Zinsaufwendungen bzw -erträge iSd § 4h EStG. Der Abzug von Mieten und Leasingraten („Sachdarlehen") wird gleichfalls nicht eingeschränkt. Dies gilt auch hinsichtlich der in den Mieten oder Leasingraten enthaltenen Finanzierungsanteile.

Für den Abzug von Zinsaufwendungen sind folgende Regelungen vorgesehen:

- Die Einschränkungen beim Abzug von Zinsaufwendungen beziehen sich auf den **negativen Zinssaldo**, dh die Zinsaufwendungen sind insoweit unbeschränkt abziehbar, soweit sie mit Zinserträgen verrechnet werden können. Nur in dem Umfang, in dem die Zinsaufwendungen die Zinserträge übersteigen, ist die Zinsschranke zu prüfen (§ 4h Abs. 1 EStG).
- Für den Abzug des negativen Zinssaldos (=Zinserträge – Zinsaufwendungen < 0) wird eine **Freigrenze** von 3 Mio. € gewährt. Wenn der Nettozinsaufwand unter dieser Freigrenze liegt, besteht keine Abzugsbeschränkung (§ 4h Abs. 2 S. 1 Buchst. a EStG).
- Bei Unternehmen, die nicht zu einem Konzern gehören, wird der Abzug von Zinsaufwendungen nicht eingeschränkt (**Konzernklausel, Stand-alone-Klausel**, § 4h Abs. 2 S. 1 Buchst. b EStG).
  Bei Kapitalgesellschaften kommt die Konzernklausel allerdings nur dann zur Anwendung, wenn von dem Nettozinsaufwand weniger als 10% auf Verbindlichkeiten von Gesellschaftern entfallen, die zu mehr als 25% an der Kapitalgesellschaft beteiligt sind. Beträgt der Anteil der Zinsaufwendungen aus Gesellschafterdarlehen von wesentlich beteiligten Gesellschaftern 10% oder mehr („schädliche Gesellschafter-Fremdfinanzierung"), kann diese Ausnahme von der Zinsschranke nicht in Anspruch genommen werden (§ 8a Abs. 2 KStG).
- Bei Unternehmen, die zu einem Konzern gehören, kommen die Einschränkungen der Zinsschranke nicht zur Anwendung, sofern nachgewiesen werden kann, dass

die Eigenkapitalquote des betrachteten Unternehmens mindestens so hoch ist wie die Eigenkapitalquote des Konzerns im Konzernabschluss (**Eigenkapitalvergleich, Escapeklausel**).[444] Der Eigenkapitalvergleich wird grundsätzlich auf Basis eines Konzernabschlusses durchgeführt, der nach den IFRS aufgestellt wurde (§ 4h Abs. 2 S. 1 Buchst. c EStG).
Entfallen bei Kapitalgesellschaften, die zu einem Konzern gehören, mindestens 10% des Nettozinsaufwands auf Verbindlichkeiten gegenüber wesentlich beteiligten Gesellschaftern, die im Konzernabschluss nicht konsolidiert werden („schädliche Gesellschafter-Fremdfinanzierung"), wird der Eigenkapitalvergleich nicht durchgeführt (§ 8a Abs. 3 KStG).

Wenn die Freigrenze, die Konzernklausel oder der Eigenkapitalvergleich nicht zur Anwendung kommen, kann der Teil des verrechenbaren EBITDA, der den negativen Zinssaldo übersteigt, in die folgenden fünf Jahre vorgetragen werden (**EBITDA-Vortrag**, § 4h Abs. 1 S. 3 EStG). Insoweit erhöht sich in den folgenden Jahren der Umfang der maximal abziehbaren Zinsaufwendungen.

Wenn die Zinsaufwendungen sowohl die Zinserträge als auch das verrechenbare EBITDA (ggf zuzüglich eines EBITDA-Vortrags) übersteigen, können sie im Rahmen der Grenzen der Zinsschranke in die Folgejahre vorgetragen werden (**Zinsvortrag**, § 4h Abs. 1 S. 4–6 EStG). Von ihrer Konzeption her wird also durch die Zinsschranke der Abzug der Zinsen nicht generell ausgeschlossen, sondern „lediglich" zeitlich verzögert. Soweit der Zinsvortrag sich nicht auswirkt, wird allerdings aus dem **negativen Zeiteffekt** ein negativer Bemessungsgrundlageneffekt.[445]

625 (h) Aufwendungen für die Überlassung der Nutzung oder des Rechts auf Nutzung von Rechten, insbesondere von Urheberrechten und gewerblichen Schutzrechten, von gewerblichen, technischen, wissenschaftlichen und ähnlichen Erfahrungen, Kenntnissen und Fertigkeiten mindern grundsätzlich als Betriebsausgaben den Gewinn desjenigen, der diese Vergütungen zu zahlen hat (§ 4 Abs. 4 EStG). Unter bestimmten Voraussetzungen wird allerdings bei diesen Aufwendungen der Betriebsausgabenabzug versagt (**Lizenzschranke**, § 4j EStG):[446]

- Empfänger der Vergütung für die Rechtsüberlassungen ist eine nahestehende Person iSd § 1 Abs. 2 AStG (insbesondere Beteiligung von mindestens 25% oder beherrschender Einfluss).
- Die Zahlungen unterliegen beim Empfänger einer Besteuerung von weniger als 25%.
- Die Besteuerung von weniger als 25% ergibt sich aus einer Abweichung von der Regelbesteuerung und diese Abweichung ergibt sich nicht aus einer Präferenzregel („Patentbox"), die dem Nexus-Ansatz der OECD entspricht.

---

444 Ein Unterschreiten der Eigenkapitalquote des Konzerns um bis zu zwei Prozentpunkte ist unschädlich.

445 Bei Kapitalgesellschaften wirken sich die Beschränkungen der § 8c, § 8d KStG nach einem Gesellschafterwechsel auch auf den Zinsvortrag aus (§ 8a Abs. 1 S. 3 KStG).

446 Siehe hierzu zB Adrian/Tigges, StuB 2017, S. 228; Benz/Böhmer, DB 2017, S. 206; Ditz/Quilitzsch, DStR 2017, S. 1561; Geurts/Staccioli, IStR 2017, S. 514; Grotherr, Ubg 2017, S. 233; Heil/Pupeter, BB 2017, S. 795; Heil/Pupeter, BB 2017, S. 1947; Höreth/Stelzer, DStZ 2017, S. 270; Jochimsen/Zinowsky/Schraud, IStR 2017, S. 593; Ritzer/Stangl/Karnath, DK 2017, S. 68; Ritzer/Stangl/Karnath, DK 2017, S. 401.

Hinweis: Durch diese Regelung wird implizit die Anwendung auf Zahlungen vom Inland ins Ausland beschränkt.

- Die Einnahmen unterliegen nicht aufgrund der Hinzurechnungsbesteuerung nach § 10 Abs. 1 S. 1 AStG in Deutschland der Besteuerung.

Liegen diese Voraussetzungen vor, kommt es insoweit beim Schuldner der Vergütungen für die Rechteüberlassungen insoweit zu einer Einschränkung des Betriebsausgabenabzugs, als die Steuerbelastung beim Zahlungsempfänger unter 25% liegt. Der **nicht abziehbare Teil** der Vergütung errechnet sich wie folgt:

(25% – Ertragsteuerbelastung beim Empfänger)/25%.

Beispiel: Eine inländische Kapitalgesellschaft zahlt an ihre im Ausland ansässige Muttergesellschaft Lizenzen von 100. Die ausländische Steuerbelastung von 18% ergibt sich aus einer Abweichung von der Regelbesteuerung von 30%. Diese Abweichung entspricht nicht dem Nexus-Ansatz der OECD. Von den Lizenzzahlungen sind 28 (= [25%–18%]/25%) nichtabziehbar. Lediglich mindern 72 den Gewinn der inländischen Kapitalgesellschaft. Beträgt die ausländische Steuerbelastung nur 5%, sind von den Lizenzzahlungen 80 (= [25%–5%]/25%) nichtabziehbar.

H. Investitionsabzugsbetrag

626 Die Anschaffungs- oder Herstellungskosten eines abnutzbaren Wirtschaftsguts des Anlagevermögens sind üblicherweise über die betriebsgewöhnliche Nutzungsdauer zu verrechnen. Die Absetzung für Abnutzung löst insoweit einen Finanzierungseffekt aus, als es sich hierbei um Aufwendungen handelt, denen im Zeitpunkt ihrer Verrechnung keine Auszahlungen gegenüberstehen. Die damit verbundene Minderung der Ertragsteuern tritt in den Jahren ein, in denen das Wirtschaftsgut genutzt wird. Sie kommt deshalb nur den Steuerpflichtigen zugute, die in vergangenen Jahren Investitionen durchgeführt haben. Um die Investitionstätigkeit anzuregen, ist es unter bestimmten Voraussetzungen möglich, dass bereits **vor dem Zeitpunkt, zu dem ein Wirtschaftsgut beschafft wird**, der steuerpflichtige Gewinn gemindert werden kann (Investitionsabzugsbetrag). Erreicht wird der Steuerstundungseffekt durch einen gewinnmindernden Abzug vom in der Buchführung ausgewiesenen Gewinn (§ 7g Abs. 1–4 EStG). Aufgrund des außerbilanziellen Abzugs kann der Investitionsabzugsbetrag unabhängig von der handelsrechtlichen Rechnungslegung in Anspruch genommen werden. Das Maßgeblichkeitsprinzip gilt insoweit nicht (Fall 9: keine vergleichbare handelsrechtliche Regelung).

627 **Voraussetzungen** für die Inanspruchnahme des Investitionsabzugsbetrags sind (§ 7g Abs. 1 EStG):[447]

- Es muss sich um ein kleines oder mittleres Unternehmen handeln. Bei Gewerbetreibenden und Freiberuflern, die ihren Gewinn durch einen Betriebsvermögensvergleich ermitteln, darf der Wert des Betriebsvermögens 235 000 € nicht übersteigen. Bei Steuerpflichtigen, die ihren Gewinn durch eine Einnahmen-Ausga-

447 Siehe hierzu BMF-Schreiben vom 20.3.2017, BStBl. 2017 I, S. 423 sowie Grützner, StuB 2014, S. 12; Krudewig, NWB 2013, S. 2946; Krudewig, NWB 2013, S. 3015; Pitzke, NWB 2014, S. 18.

benrechnung nach § 4 Abs. 3 EStG ermitteln, darf der Gewinn maximal 100 000 € betragen.
- Das erworbene Wirtschaftsgut muss mindestens bis zum Ende des der Anschaffung bzw Herstellung folgenden Wirtschaftsjahres in einer inländischen Betriebsstätte des Steuerpflichtigen ausschließlich oder fast ausschließlich betrieblich genutzt werden.
- Der in Anspruch genommene Investitionsabzugsbetrag ist nach amtlich vorgeschriebenem Datensatz durch Datenfernübertragung an das Finanzamt zu übermitteln.

Der Investitionsabzugsbetrag kann bis zu **40% der geplanten Investitionssumme** (= voraussichtliche Anschaffungs- oder Herstellungskosten) betragen. Betragsmäßig ist der Investitionsabzugsbetrag auf **200 000 € begrenzt**. Dieser Grenzwert wird dem Steuerpflichtigen für jeden Betrieb getrennt eingeräumt.

628 Durch den Investitionsabzugsbetrag wird eine **Aufwandsvorverlagerung** erreicht, die zu einem **positiven Zeiteffekt** (Liquiditäts- und Zinseffekt) führt:
- Der Investitionsabzugsbetrag wird in **bis zu drei Perioden vor der Anschaffung oder Herstellung eines Wirtschaftsguts** gewinnmindernd in Höhe von 40% der voraussichtlichen Anschaffungs- oder Herstellungskosten abgezogen (§ 7g Abs. 1 EStG).
- **In dem Jahr, in dem das Wirtschaftsgut angeschafft oder hergestellt wird**, ist der in Anspruch genommene Investitionsabzugsbetrag in Höhe von 40% der tatsächlichen Anschaffungs- oder Herstellungskosten des erworbenen Wirtschaftsguts gewinnerhöhend aufzulösen. Allerdings können gleichzeitig die Anschaffungs- oder Herstellungskosten des erworbenen Wirtschaftsguts gewinnmindernd um 40% gekürzt werden (§ 7g Abs. 2 EStG). Die Auflösung des Investitionsabzugsbetrags und der Bewertungsabschlag gleichen sich somit aus, sodass der Erwerb des Wirtschaftsguts insoweit erfolgsneutral ist.
- Die im Jahr des Abzugs des Investitionsabzugsbetrags vorgenommene Minderung der steuerpflichtigen Einkünfte wird dadurch kompensiert, dass der Bewertungsabschlag die Bemessungsgrundlage für die planmäßigen Abschreibungen des erworbenen Wirtschaftsguts verringert.

Beispiel: Der Einzelunternehmer K plant für das Jahr 04 den Kauf einer maschinellen Anlage. Die Anschaffungskosten betragen voraussichtlich 400 000 €.

Der Einzelunternehmer K kann im Jahr 01 gewinnmindernd einen Investitionsabzugsbetrag abziehen.

31.12.01: außerbilanzieller Abzug des Investitionsabzugsbetrags (§ 7g Abs. 1 EStG)

Der steuerpflichtige Gewinn wird um 160 000 € (= 40% der voraussichtlichen Anschaffungskosten für die geplante Investition) reduziert.

17.1.04: Erwerb der maschinellen Anlage, Abzug des Bewertungsabschlags und außerbilanzielle Hinzurechnung des Investitionsabzugsbetrags

Maschine	400 000 €	an	Bank	400 000 €
Aufwand (Bewertungsabschlag)	160 000 €	an	Maschine	160 000 €

Am 17.1.04 wird die maschinelle Anlage geliefert. Der Investitionsabzugsbetrag ist deshalb gewinnerhöhend aufzulösen. Der Steuerstundungseffekt des Investitionsabzugsbetrags bleibt allerdings erhalten, weil gleichzeitig 40% der Anschaffungskosten der Maschine gewinnmindernd abgezogen werden können. Die Hinzurechnung des Investitionsabzugsbetrags ist außerhalb der Buchführung vorzunehmen. Der steuerpflichtige Gewinn erhöht sich um 160 000 €. Die Verrechnung des Bewertungsabschlags sowie die Hinzurechnung des Investitionsabzugsbetrags gleichen sich aus, sodass sich im Zeitpunkt der Anschaffung der Gewinn insoweit nicht verändert.

31.12.04: Abschreibung des erworbenen Wirtschaftsguts

Die um den 40%igen Bewertungsabschlag reduzierten Anschaffungskosten bilden die Bemessungsgrundlage für die planmäßigen Abschreibungen nach § 7 Abs. 1 EStG. Die AfA sind aus einem Betrag von 240 000 € zu errechnen: 400 000 € (Anschaffungskosten) – 160 000 € (Investitionsabzugsbetrag).

Bei einem Ertragsteuersatz von 40% und einem Nettokalkulationszinssatz von 4% beträgt der Barwert des positiven Zeiteffekts des Investitionsabzugsbetrags 3,20% (Nutzungsdauer drei Jahre), 3,75% (Nutzungsdauer fünf Jahre), 5,02% (Nutzungsdauer zehn Jahre) bzw 7,13% (Nutzungsdauer 20 Jahre) der Anschaffungs- oder Herstellungskosten des Wirtschaftsguts.

Wird innerhalb von drei Jahren nach der Verrechnung eines Investitionsabzugsbetrags **keine Investition durchgeführt** oder wird das erworbene Wirtschaftsgut nicht mindestens bis zum Ende des der Anschaffung bzw Herstellung folgenden Wirtschaftsjahres in einer inländischen Betriebsstätte des Steuerpflichten (fast) ausschließlich betrieblich genutzt, ist der **Abzug des Investitionsabzugsbetrags rückgängig zu machen**. Damit verändert sich (nachträglich) die Steuerfestsetzung des Jahres, in dem der Investitionsabzugsbetrag abgezogen wurde (§ 7g Abs. 3, 4 EStG). Der durch den Abzug des Investitionsabzugsbetrags angestrebte positive Zeiteffekt wird durch eine Verzinsung der daraus resultierenden Steuernachforderung nach § 233a AO verhindert. **629**

Kleinere und mittlere Unternehmen können für abnutzbare bewegliche Wirtschaftsgüter des Anlagevermögens eine Sonderabschreibung von 20% in Anspruch nehmen (§ 7g Abs. 5, 6 EStG).[448] Diese Sonderabschreibung kann unabhängig davon in Anspruch genommen werden, ob zuvor ein Investitionsabzugsbetrag verrechnet wurde oder nicht. Werden beide Regelungen genutzt, können im Jahr der Anschaffung oder Herstellung zusätzlich zur linearen Abschreibung 52% der Anschaffungs- oder Herstellungskosten verrechnet werden:

	40% [Investitionsabzugsbetrag]
+	12% = 20% × (100 – 40) [Sonderabschreibung auf die um den Investitionsabzugsbetrag geminderten Anschaffungs- oder Herstellungskosten].

Bei einer Nutzungsdauer von beispielsweise fünf Jahren sind darüber hinaus planmäßige Abschreibungen von 12% = (100 – 40)/5 zu verrechnen. Investitionsabzugsbetrag, Sonderabschreibung sowie die AfA summieren sich im Jahr des Erwerbs des Wirtschaftsguts bei einer Nutzungsdauer von fünf Jahren auf 64% (= 52% + 12%).

448 Zur Sonderabschreibung nach § 7g Abs. 5, 6 EStG siehe Zweiter Abschnitt, Kapitel B.V.2., Rn. 437–440.

I. Bilanzberichtigung und Bilanzänderung

630 Der Steuerpflichtige darf die Vermögensübersicht (Bilanz) auch nach ihrer Einreichung beim Finanzamt ändern, soweit sie den Grundsätzen ordnungsmäßiger Buchführung unter Befolgung der Vorschriften des Einkommensteuergesetzes nicht entspricht (**Bilanzberichtigung**, § 4 Abs. 2 S. 1 EStG, R 4.4 Abs. 1 EStR). Die Bilanzberichtigung ist in der Bilanz vorzunehmen, in der der Fehler aufgetreten ist. Durch eine Bilanzberichtigung wird ein dem Grunde oder der Höhe nach objektiv **unrichtiger Ansatz von** (aktiven bzw passiven) **Wirtschaftsgütern**, Rechnungsabgrenzungsposten oder steuerfreien Rücklagen **korrigiert**.[449] Dies gilt unabhängig davon, ob sich die Bilanzberichtigung zugunsten oder zu Lasten des Steuerpflichtigen auswirkt.

Eine zeitliche Beschränkung ergibt sich insoweit, als die Bilanzberichtigung nicht mehr möglich ist, wenn die Veranlagung zwischenzeitlich bestandskräftig wurde. In diesem Fall ist die Bilanzberichtigung auf den letzten noch nicht bestandskräftigen Veranlagungszeitraum beschränkt.

Bei einer **Bilanzänderung** übt der Steuerpflichtige ein steuerbilanzielles Wahlrecht oder einen Ermessensspielraum in anderer Form aus als in der zunächst beim Finanzamt eingereichten Steuerbilanz. Bei einer Bilanzänderung wird eine fehlerfreie Steuerbilanz durch eine andere, gleichfalls mit den gesetzlichen Regelungen vereinbare Steuerbilanz ersetzt. Bilanzänderungen sind nur eingeschränkt möglich: Sie sind nur zulässig, wenn sie in einem engen zeitlichen und sachlichen Zusammenhang mit einer Bilanzberichtigung stehen und soweit die Auswirkung der Bilanzberichtigung auf den Gewinn reicht (§ 4 Abs. 2 S. 2 EStG, R 4.4 Abs. 2 EStR). Eine Zustimmung der Finanzverwaltung zur Bilanzänderung ist nicht erforderlich.[450]

Bilanzberichtigungen treten insbesondere im Zusammenhang mit Außenprüfungen (§ 193 – § 203 AO) auf. Wird im Anschluss an eine Außenprüfung von der Finanzverwaltung eine Bilanzberichtigung vorgenommen, kann der Steuerpflichtige durch eine gegenläufige Bilanzänderung die materiellen Auswirkungen dieser Bilanzberichtigung zumindest zum Teil neutralisieren.[451]

Eine Bilanzberichtigung liegt auch dann vor, wenn sich die Gewinnänderung aus einer fehlerhaften Behandlung von Entnahmen oder Einlagen ergibt. Eine Änderung des steuerlichen Gewinns ohne Auswirkung auf den Ansatz eines Wirtschaftsguts, eines Rechnungsabgrenzungspostens oder einer steuerfreien Rücklage ist keine Bilanzberichtigung. **Außerbilanzielle Korrekturen gelten** nach dem Wortlaut des § 4 Abs. 2 EStG **nicht als Bilanzberichtigung**. Deshalb können außerbilanzielle Korrekturen (so beispielsweise bei Aufdeckung einer verdeckten Gewinnausschüttung) nicht durch eine Bilanzänderung neutralisiert werden.

449 Siehe hierzu grundlegend BFH vom 31.1.2013, BStBl. 2013 II, S. 317 sowie Herrmann/Heuer/Raupach, Einkommensteuer- und Körperschaftsteuergesetz, Köln (Loseblattausgabe), § 4 EStG, Anm. 409; Oser, DB 2013, S. 2466.

450 Zur Interpretation dieser Vorschrift durch die Finanzverwaltung siehe BMF-Schreiben vom 18.5.2000, BStBl. 2000 I, S. 587; BMF-Schreiben vom 13.8.2008, BStBl. 2008 I, S. 845.

451 Zu den Reaktionsmöglichkeiten der Steuerpflichtigen siehe Kaminski/Scheidmann, DStR 2017, S. 2692, 2761.

Der vom Gesetzgeber geforderte **enge zeitliche und sachliche Zusammenhang zwischen** einer (vorangehenden) **Bilanzberichtigung und** einer (nachfolgenden) **Bilanzänderung** ist wie folgt zu interpretieren: 631

- **Die Maßnahmen beziehen sich auf dieselbe Bilanz.** Die Zulässigkeit einer Bilanzänderung ist unabhängig davon, auf welche Wirtschaftsgüter, Rechnungsabgrenzungsposten oder steuerfreie Rücklagen sich die Bilanzberichtigung bezieht. Die Bilanzänderung ist nicht auf den berichtigten Bilanzposten beschränkt (Ablehnung der wirtschaftsgutbezogenen Betrachtung). Die Einschränkung, dass sich die Bilanzberichtigung und die Bilanzänderung auf die gleiche Bilanz beziehen müssen, ist insbesondere bei Organschaftsfällen und bei Personengesellschaften bedeutsam: (1) Die Bilanzen des Organträgers und der Organgesellschaft sind getrennt zu betrachten. Deshalb kann die Bilanzberichtigung in einer dieser Bilanzen nicht durch eine Bilanzänderung in einer der anderen Bilanzen neutralisiert werden. (2) Bei Personengesellschaften werden die Gesamthandsbilanz der Personengesellschaft, die Ergänzungsbilanzen und die Sonderbilanzen der Gesellschafter gemeinsam betrachtet. Deshalb kann beispielsweise eine Bilanzberichtigung in der Gesamthandsbilanz der Personengesellschaft durch eine Bilanzänderung in der Sonderbilanz eines Gesellschafters kompensiert werden.
- **Die Änderung der Bilanz hat unverzüglich**, dh ohne schuldhaftes Zögern (§ 121 Abs. 1 BGB), nach einer Bilanzberichtigung **zu erfolgen**. Entscheidend ist der Zeitpunkt, zu dem sich eine Verpflichtung zur Durchführung einer Bilanzberichtigung ergibt (zB Ergehen eines rechtskräftigen Urteils), nicht der Zeitpunkt der Korrektur der Veranlagung durch das Finanzamt. Die Forderung nach einer zeitgleichen bzw zumindest zeitnahen Bilanzänderung gilt auch bei einer Bilanzberichtigung durch den Steuerpflichtigen.

Die (kompensierende) **Bilanzänderung** ist **betragsmäßig auf die Gewinnwirkung der Bilanzberichtigung begrenzt**. Es spielt keine Rolle, ob sich die Bilanzberichtigung gewinnerhöhend oder gewinnmindernd ausgewirkt hat.

Beispiel: Die Höhe einer Rückstellung für ungewisse Verbindlichkeiten wird unzutreffend ermittelt. Im Anschluss an eine Außenprüfung kommt es zu einer Minderung der Rückstellung. Im Rahmen einer Bilanzänderung nimmt der Steuerpflichtige bei Wirtschaftsgütern des Vorratsvermögens eine zunächst unterlassene Teilwertabschreibung vor.

- Soweit die Aufwandsverrechnung im Zusammenhang mit der Teilwertabschreibung über die gewinnerhöhende Bilanzberichtigung bei der Rückstellung hinausgeht, gehen die Aufwendungen verloren.
- Reicht die Bilanzänderung durch die Verrechnung der Teilwertabschreibung bei den Vorräten nicht aus, um die Bilanzberichtigung bei der Rückstellung zu neutralisieren, können bei anderen Wirtschaftsgütern weitere Bilanzänderungen vorgenommen werden.

Sechster Abschnitt

Besonderheiten der Gewinnermittlung nach § 4 Abs. 3 EStG (Einnahmen-Ausgabenrechnung)

A. Anwendungsbereich

632 *(1) Einkünfte aus Gewerbebetrieb:* Steuerpflichtige, die Einkünfte aus Gewerbebetrieb erzielen, ermitteln ihren Gewinn regelmäßig durch einen Betriebsvermögensvergleich nach § 5 Abs. 1 EStG. Eine **Gewinnermittlung nach § 4 Abs. 3 EStG** (Einnahmen-Ausgabenrechnung) kommt **für Gewerbetreibende nur** dann **ausnahmsweise** zur Anwendung, wenn weder eine Buchführung eingerichtet ist noch eine Steuerbilanz aufgestellt wird. Bei den Einkünften aus Gewerbebetrieb ist deshalb der Gewinn nur dann durch eine Einnahmen-Ausgabenrechnung nach § 4 Abs. 3 EStG zu ermitteln, wenn

- handelsrechtlich keine Buchführungspflicht besteht (**keine derivative Buchführungspflicht** nach § 140 AO) **und**
- steuerrechtlich keine Buchführungspflicht besteht (**keine originäre Buchführungspflicht** nach § 141 AO) **und**
- der **Steuerpflichtige auch nicht freiwillig Bücher führt und einen Jahresabschluss erstellt**.

Bei den Einkünften aus Gewerbebetrieb ist die Gewinnermittlung nach § 4 Abs. 3 EStG also nur für Einzelunternehmer und Personengesellschaften bedeutsam, die handelsrechtlich nicht Kaufmann sind, deren Umsatz unter 600 000 € liegt, deren Gewinn weniger als 60 000 € beträgt und die nicht freiwillig Bücher führen.[452]

633 *(2) Einkünfte aus Land- und Forstwirtschaft:* Land- und Forstwirte führen eine Einnahmen-Ausgabenrechnung nur dann durch, wenn

- die in § 13a Abs. 1 EStG genannten Grenzen überschritten werden, ohne dass die Größenkriterien für eine Buchführungspflicht nach § 141 AO erfüllt sind (Umsatz größer als 600 000 € oder Wirtschaftswert der selbstbewirtschafteten Flächen mehr als 25 000 € oder Gewinn höher als 60 000 €), und wenn nicht freiwillig Bücher geführt werden, oder
- zwar die in § 13a Abs. 1 EStG genannten Grenzen nicht überschritten werden, aber der Steuerpflichtige von dem Wahlrecht nach § 13a Abs. 2 EStG Gebrauch macht.

634 *(3) Einkünfte aus selbständiger Arbeit:* Steuerpflichtige, die Einkünfte aus selbständiger Arbeit beziehen, ermitteln ihren Gewinn regelmäßig nach § 4 Abs. 3 EStG. Eine Ausnahme gilt, wenn selbständig Tätige freiwillig Bücher führen und einen Abschluss erstellen. In diesem Fall ist der Gewinn durch einen Betriebsvermögensvergleich nach § 4 Abs. 1 EStG zu ermitteln.

452 Siehe hierzu im Einzelnen die Erläuterungen im Ersten Abschnitt, Kapitel B.I.1., Rn. 12–17.

B. Durchführung der Einnahmen-Ausgabenrechnung

I. Grundsatz: Zufluss- und Abflussprinzip

(1) Konzept der Einnahmen-Ausgabenrechnung: Bei der Gewinnermittlung nach § 4 Abs. 3 EStG bestimmt sich der Gewinn grundsätzlich durch eine **Gegenüberstellung von Betriebseinnahmen und Betriebsausgaben**. Es bedarf keiner laufenden Buchhaltung. Weder ist zu Beginn der Geschäftstätigkeit eine Eröffnungsbilanz aufzustellen noch ist zum Ende eines Wirtschaftsjahres eine Schlussbilanz (Steuerbilanz) anzufertigen.[453] **635**

Wird der Gewinn nach § 4 Abs. 3 EStG ermittelt, ist die Einnahmenüberschussrechnung nach amtlich vorgeschriebenem Datensatz durch Datenfernübertragung zu übermitteln (**E-EÜR**). Sofern die elektronische Übertragung für den Steuerpflichtigen mit unbilligen Härten verbunden ist, kann die Finanzbehörde auf Antrag gestatten, dass alternativ zur Steuererklärung eine Zusammenstellung der Betriebseinnahmen und Betriebsausgaben nach amtlich vorgeschriebenem Vordruck „Anlage EÜR"[454] beigefügt wird (§ 60 Abs. 4 EStDV).

Bei der Einnahmen-Ausgabenrechnung handelt es sich um eine **Methode zur Ermittlung der Einkünfte von Gewinneinkunftsarten**. Diese Einkunftsarten werden nach dem Konzept der Reinvermögensänderungstheorie besteuert. Dies bedeutet, dass nicht nur die laufenden, regelmäßig fließenden Einnahmen erfasst werden, sondern auch die Wertänderungen des Vermögens.[455] Der **Unterschied gegenüber** einem **Betriebsvermögensvergleich** nach § 5 EStG oder § 4 Abs. 1 EStG bezieht sich auf den **Zeitpunkt, zu dem die** positiven und negativen **Erfolgskomponenten steuerlich wirksam werden**. Der Zeitpunkt der Erfassung von Betriebseinnahmen und Betriebsausgaben erfolgt bei der Einnahmen-Ausgabenrechnung prinzipiell im Zeitpunkt der Zahlung (Zufluss- und Abflussprinzip nach § 11 EStG), während bei einem Betriebsvermögensvergleich (Steuerbilanz) auf die Realisation von Erträgen und die Verursachung von Aufwendungen abgestellt wird, dh auf periodisierte Einzahlungen und periodisierte Auszahlungen (§ 252 Abs. 1 Nr 5 HGB). Es besteht zwischen den beiden Gewinnermittlungsmethoden kein Unterschied hinsichtlich der Höhe des Totalgewinns, der in dem Zeitraum zwischen Gründung und Liquidation bzw Verkauf des Unternehmens ausgewiesen wird. Vielmehr kommt es lediglich zu einer anderen zeitlichen Verteilung des Totalgewinns auf die einzelnen Wirtschaftsjahre. Fasst man den Zeitraum zusammen, in dem ein Unternehmen besteht, ist die Summe der zu versteuernden Einkünfte identisch. Da die Summe der ertragsteuerlich relevanten Bemessungsgrundlage übereinstimmt, entsteht kein Bemessungsgrundlageneffekt. Die sich bei den beiden Gewinnermittlungsmethoden ergebenden zeitlichen Dif-

453 Zur Gewinnermittlung nach § 4 Abs. 3 EStG siehe einführend Kantwill, SteuerStud 2006, S. 65; Treisch/Müßig, SteuerStud 2007, S. 21; zur Vertiefung Gunsenheimer/Segebrecht, Die Einnahmen-Überschussrechnung nach § 4 Abs. 3 EStG, 15. Aufl., Herne 2018; Happe, BBK 2007, Fach 8, S. 3129, 3153, 3191, 3203; Ramb/Schneider, Die Einnahme-Überschussrechnung von A bis Z, 5. Aufl., Stuttgart 2010.

454 Siehe hierzu BMF-Schreiben vom 9.10.2017, BStBl. 2017 I, S. 1381. Der Vordruck zur Einnahmenüberschussrechnung wird auf http://www.elster.de bekanntgegeben.

455 Siehe hierzu Band I, Rn. 68 ff. und Rn. 166 ff.

ferenzen gleichen sich im Zeitablauf aus. Die auf den voneinander abweichenden Periodisierungskonzeptionen beruhenden Unterschiede werden spätestens bei einer Betriebsveräußerung bzw -aufgabe oder bei einem Wechsel zwischen den beiden Gewinnermittlungsmethoden ausgeglichen. Ob sich der Zeiteffekt zugunsten oder zu Lasten der Gewinnermittlung nach § 4 Abs. 3 EStG auswirkt, hängt von den individuellen Verhältnissen des betrachteten Unternehmens ab.[456]

Bei einer Einnahmen-Ausgabenrechnung darf – wie beim Betriebsvermögensvergleich – **gewillkürtes Betriebsvermögen** gebildet werden (R 4.2 Abs. 1 S. 3 EStR). Wirtschaftsgüter, die in einem gewissen objektiven Zusammenhang mit dem Betrieb stehen und ihn zu fördern bestimmt und geeignet sind, können wahlweise dem Betriebsvermögen zugerechnet werden. Voraussetzung für die Ausübung dieses Ansatzwahlrechts ist, dass die Zuordnung zum Betriebsvermögen unmissverständlich und zeitnah aufgezeichnet wird (zB durch Aufnahme in das betriebliche Bestandsverzeichnis).[457]

636 Bei einer Gewinnermittlung nach § 4 Abs. 3 EStG gelten die **Betriebseinnahmen** grundsätzlich in dem Kalenderjahr als bezogen, in dem sie dem Steuerpflichtigen zugeflossen sind (**Zuflussprinzip**, § 11 Abs. 1 S. 1 EStG). Entscheidend für den Besteuerungszeitpunkt ist, ob der Steuerpflichtige wirtschaftlich die Verfügungsmacht über Geld oder über ein in Geldeswert bestehendes Wirtschaftsgut erlangt hat. Zufluss liegt insbesondere vor, wenn der Steuerpflichtige eine Zahlung entgegengenommen hat, wenn ihm auf seinem Bankkonto eine Überweisung gutgeschrieben wurde, wenn er einen Scheck entgegennimmt oder wenn gegenseitige Forderungen verrechnet werden.

Analog sind **Betriebsausgaben** in der Regel in dem Kalenderjahr abziehbar, in dem sie geleistet worden sind (**Abflussprinzip**, § 11 Abs. 2 S. 1 EStG). Dieser Zeitpunkt wird wie folgt bestimmt: Leistung einer Zahlung, Einreichung eines Überweisungsauftrags bei der Bank, Hingabe eines Schecks oder Verrechnung von gegenseitigen Forderungen.

Da bei einer Einnahmen-Ausgabenrechnung auf den Zeitpunkt der Zahlung abgestellt wird, entfällt grundsätzlich eine Periodisierung in Erträge und Aufwendungen. Bei einer Gewinnermittlung nach § 4 Abs. 3 EStG kann der Zeitpunkt der Verrechnung von Betriebseinnahmen vor oder nach dem Zeitpunkt liegen, zu dem nach dem Realisationsprinzip ein Ertrag entsteht. Der Zeitpunkt, zu dem Betriebsausgaben die ertragsteuerliche Bemessungsgrundlage mindern, ist unabhängig davon, zu welchem Zeitpunkt sie nach den Grundsätzen ordnungsmäßiger Buchführung als Aufwand zu verrechnen sind. Die Unabhängigkeit der steuerlichen Erfassung von Betriebseinnahmen und Betriebsausgaben von der Wertentstehung und dem Wertverzehr im buchhalterischen Sinne zeigen die **vier** möglichen **Grundfälle**:

– Betriebliche Leistungen erhöhen den Gewinn zu dem Zeitpunkt, zu dem die Betriebseinnahme zufließt. Der Zahlungszeitpunkt kann sowohl nach als auch vor dem Zeitpunkt der Leistungserbringung liegen.

---

456 Siehe hierzu Kapitel III., Rn. 655.

457 Vgl BFH vom 2.10.2003, BStBl. 2004 II, S. 985. Zur Form des Nachweises der Zugehörigkeit zum gewillkürten Betriebsvermögen siehe BMF-Schreiben vom 17.11.2004, BStBl. 2004 I, S. 1064.

Beispiel 1: Ein Einzelhändler liefert am 15.12.01 Waren an seinen Kunden aus. Bezahlt der Abnehmer sofort, ist der Verkaufserlös im Jahr 01 als Betriebseinnahme zu versteuern. Begleicht der Käufer den Rechnungspreis am 3.1.02, erhöht sich der Gewinn erst im Jahr 02. Diese Behandlung ist unabhängig davon, welcher Zahlungstermin vertraglich vereinbart wird. Maßgebend ist der tatsächliche Zuflusszeitpunkt.

Beispiel 2: Ein Malermeister vereinbart mit einem Kunden, dass er im Januar 02 dessen Wohnung tapeziert. Am 30.12.01 wird auf seinem Bankkonto eine Vorauszahlung gutgeschrieben. Die Betriebseinnahme ist im Jahr 01 zu erfassen, obwohl die Leistung erst im Jahr 02 erbracht wird.

– Betriebliche Aufwendungen mindern den Gewinn in dem Jahr, in dem die Auszahlung erfolgt. Der steuerlich relevante Zahlungszeitpunkt kann vor oder nach dem Zeitpunkt liegen, zu dem eine Wertminderung eintritt.

Beispiel 3: Ein Einzelhändler erwirbt am 21.12.01 Waren. Den Rechnungsbetrag überweist er sofort. Die Anschaffungskosten für die Wirtschaftsgüter des Vorratsvermögens mindern im Jahr 01 den Gewinn. Zu welchem Zeitpunkt die Waren weiterverkauft werden, ist für die Erfassung des Wareneinsatzes steuerlich irrelevant.

Beispiel 4: Leistet der Einzelhändler für Waren, die bei ihm am 5.1.02 eingehen, bereits am 29.12.01 eine Anzahlung, sind die Betriebsausgaben im Jahr 01 zu verrechnen.

Die Grundidee einer zahlungsorientierten Berechnung führt dazu, dass bei der Gewinnermittlung nach § 4 Abs. 3 EStG **keine Forderungen bzw Verbindlichkeiten aus Lieferungen und Leistungen** angesetzt werden und grundsätzlich **keine** Wirtschaftsgüter des Umlaufvermögens (insbesondere **Roh-, Hilfs- und Betriebsstoffe sowie Waren**) aktiviert werden. Darüber hinaus werden **weder Rückstellungen noch Rechnungsabgrenzungsposten** angesetzt. Insoweit unterbleibt im Gegensatz zum Betriebsvermögensvergleich eine Periodisierung. 637

Bei einer Einnahmen-Ausgabenrechnung können **keine Abschreibungen auf den niedrigeren Teilwert** verrechnet werden, da diese nach dem Eingangssatz des § 6 EStG nur bei einem Betriebsvermögensvergleich zulässig sind. Der Ausschluss von Teilwertabschreibungen beruht auf der Ausrichtung der Gewinnermittlung nach § 4 Abs. 3 EStG an Zahlungsvorgängen.

Bei Waren, Roh-, Hilfs- und Betriebsstoffen sowie bei Forderungen aus Lieferungen und Leistungen wirkt sich die nicht bestehende Möglichkeit einer aufwandswirksamen Abschreibung auf den niedrigeren Teilwert für den Steuerpflichtigen nicht nachteilig aus, da die für Waren bzw Roh-, Hilfs- und Betriebsstoffe anfallenden Anschaffungskosten bereits im Zeitpunkt ihrer Zahlung in vollem Umfang aufwandswirksam verrechnet wurden bzw bei Forderungsausfällen im Zusammenhang mit Forderungen aus Lieferungen und Leistungen der Zahlungsausfall (mittelbar) durch entsprechend niedrigere Betriebseinnahmen erfasst wird.

(2) Ausnahmen vom Zufluss- und Abflussprinzip: Wie das allgemeine Berechnungsschema für eine Einnahmen-Ausgabenrechnung zeigt, wird das Zufluss- und Abflussprinzip jedoch zum Teil durchbrochen (§ 4 Abs. 3 EStG, R 4.5 EStR): 638

	Betriebseinnahmen der Periode (einschließlich Sachentnahmen, Nutzungs- und Leistungsentnahmen)
–	Betriebsausgaben der Periode (einschließlich Sacheinlagen)
=	Einnahmenüberschuss
+	Ausgaben für langlebige, während des Jahres beschaffte Wirtschaftsgüter des Anlagevermögens
+	Ausgaben für Anteile an Kapitalgesellschaften, für Wertpapiere und damit vergleichbare Wirtschaftsgüter, für Grund und Boden sowie Gebäude des Umlaufvermögens
–	Abschreibungen auf abnutzbare Wirtschaftsgüter des Anlagevermögens
–	Buchwert der veräußerten oder entnommenen Wirtschaftsgüter des Anlagevermögens
–	Buchwert der veräußerten oder entnommenen Anteile an Kapitalgesellschaften, Wertpapiere und damit vergleichbaren Wirtschaftsgüter, des veräußerten oder entnommenen Grund und Bodens sowie der veräußerten oder entnommenen Gebäude des Umlaufvermögens
=	korrigierter Einnahmenüberschuss
–	steuerfreie Betriebseinnahmen
+	nichtabziehbare Betriebsausgaben
±	Investitionsabzugsbetrag nach § 7g Abs. 1–4 EStG
=	steuerpflichtiger Gewinn

Bei einer Einnahmen-Ausgabenrechnung nach § 4 Abs. 3 EStG handelt es sich **nicht** um eine **reine Zahlungsrechnung** (Cashflow-Rechnung). Aufgrund der zahlreichen **Ausnahmen** vom **Zu- und Abflussprinzip** handelt es sich bei der Einnahmen-Ausgabenrechnung nach § 4 Abs. 3 EStG de facto nicht um ein anderes Konzept der Gewinnermittlung, sondern materiell um einen in Teilbereichen vereinfachten Betriebsvermögensvergleich. Man kann auch von einem **unvollständigen Betriebsvermögensvergleich** sprechen.

II. Besonderheiten der Einnahmen-Ausgabenrechnung

639 *(1) Überblick:* Zu Abweichungen vom Zufluss- bzw Abflussprinzip kommt es in folgenden Fällen:

- regelmäßig wiederkehrende Zahlungen
- Ausgaben für eine Nutzungsüberlassung, die für mehr als fünf Jahre im Voraus bezahlt werden
- abnutzbare Wirtschaftsgüter des Anlagevermögens
- nicht abnutzbare Wirtschaftsgüter des Anlagevermögens
- Anteile an Kapitalgesellschaften, Wertpapiere und damit vergleichbare Wirtschaftsgüter, Grund und Boden sowie Gebäude des Umlaufvermögens
- Darlehen
- steuerfreie Rücklagen
- Investitionsabzugsbetrag
- größere Erhaltungsaufwendungen für bestimmte Gebäude.

Darüber hinaus sind noch einige **Sonderfälle** zu beachten:
- Anzahlungen
- durchlaufende Posten
- Tausch.

Abschließend ist auf die Behandlung der **Entnahmen** und **Einlagen** bei der Einnahmen-Ausgabenrechnung einzugehen.

(2) Durchbrechungen des Zufluss- und Abflussprinzips: Im Rahmen der steuerlichen Gewinnermittlung nach § 4 Abs. 3 EStG kommt es insbesondere in neun Bereichen zu Durchbrechungen des Zufluss- und Abflussprinzips: **640**

– *Regelmäßig wiederkehrende Zahlungen:* Eine Ausnahme von dem Grundsatz, dass Betriebseinnahmen im Jahr ihres Zuflusses und Betriebsausgaben im Jahr ihres Abflusses ertragsteuerlich wirksam werden, gilt für regelmäßig wiederkehrende Zahlungen. Sofern regelmäßig wiederkehrende Zahlungen kurze Zeit vor Beginn oder kurze Zeit nach Beendigung des Kalenderjahres zu- bzw abfließen, werden sie dem Kalenderjahr zugerechnet, zu dem sie wirtschaftlich gehören (§ 11 Abs. 1 S. 2, Abs. 2 S. 2 EStG). Als kurze Zeit gilt in diesem Zusammenhang ein Zeitraum von bis zu zehn Tagen (H 11 EStH). **641**

Voraussetzungen für die Anwendung dieser Vorschrift sind:
- Die Zahlungen beruhen auf einem Rechtsverhältnis.
- Sie kehren regelmäßig wieder.
- Die Zahlungen werden zwischen dem 21. Dezember und dem 10. Januar geleistet.

Beispiele hierfür sind periodisch zu zahlende Zinsen, Mieten, Löhne und Gehälter. Die Umsatzsteuervorauszahlungen werden zwar am 10. des Folgemonats fällig, unter Beachtung der dreitägigen Schonfrist (§ 240 Abs. 3 AO) wird der Zehn-Tages-Zeitraum allerdings überschritten.[458]

– *Ausgaben für eine Nutzungsüberlassung, die für mehr als fünf Jahre im Voraus bezahlt werden:* Werden Ausgaben für eine Nutzungsüberlassung von mehr als fünf Jahren im Voraus gezahlt, sind sie gleichmäßig über den Zeitraum, für den die Vorauszahlung geleistet wird, zu verteilen. Sie können also nicht sofort als Betriebsausgabe abgezogen werden. Insoweit wird das Abflussprinzip eingeschränkt (§ 11 Abs. 2 S. 3 EStG). Eine Ausnahme gilt für das bei der Auszahlung eines Kredits einbehaltene Disagio. Sofern dieses marktüblich ist, kann es sofort als Betriebsausgabe abgezogen werden (§ 11 Abs. 2 S. 4 EStG). **642**

Der Empfänger der Vorauszahlung besitzt ein Wahlrecht. Er kann die Einnahmen entweder sofort im Zahlungszeitpunkt oder zeitanteilig über den Zeitraum, für den die Vorauszahlung geleistet wurde, versteuern (§ 11 Abs. 1 S. 3 EStG).

– *Abnutzbare Wirtschaftsgüter des Anlagevermögens:* Bei abnutzbaren Wirtschaftsgütern des Anlagevermögens, deren Nutzung sich auf einen Zeitraum von mehr als einem Jahr erstreckt (zB maschinelle Anlagen, Gebäude), sind die Vorschriften über die Absetzung für Abnutzung zu beachten (§ 4 Abs. 3 S. 3, § 6 Abs. 7 EStG). Deshalb **643**

458 Vgl BFH vom 11.11.2014, BStBl. 2015 II, S. 285.

sind bei abnutzbaren Wirtschaftsgütern des Anlagevermögens die **Anschaffungs- oder Herstellungskosten** nicht im Zeitpunkt der Bezahlung der Investition als Betriebsausgabe **zu verrechnen**, sondern – wie bei einem Betriebsvermögensvergleich – **zeitanteilig in den Jahren, in denen das Wirtschaftsgut voraussichtlich genutzt wird**. Der Zeitpunkt der Zahlung ist insoweit bei abnutzbaren Wirtschaftsgütern des Anlagevermögens steuerlich nicht von Bedeutung.

Verrechenbar sind die Absetzung für Abnutzung und die Absetzung für Substanzverringerung nach § 7 EStG, Sonderabschreibungen, erhöhte Absetzungen und Bewertungsabschläge. Zusätzlich sind die Sonderregelungen für geringwertige Wirtschaftsgüter nach § 6 Abs. 2, 2a EStG (sofortiger Abzug als Betriebsausgabe bzw Bildung eines Sammelpostens) zu beachten.

Der fehlenden Möglichkeit zur Verrechnung von Abschreibungen auf den niedrigeren Teilwert kommt insoweit keine Bedeutung zu, als Absetzungen für außergewöhnliche technische oder wirtschaftliche Abnutzung (§ 7 Abs. 1 S. 7 EStG) auch bei der Gewinnermittlung nach § 4 Abs. 3 EStG zulässig sind und diese Form von außerplanmäßigen Abschreibungen in weiten Bereichen die Wertminderungen erfasst, die bei bilanzierungspflichtigen Steuerpflichtigen über eine Abschreibung auf den niedrigeren Teilwert berücksichtigt werden.[459]

Ist ein abnutzbares Wirtschaftsgut im Zeitpunkt seines Ausscheidens aus dem Betriebsvermögen noch nicht auf null abgeschrieben, ist der **Restbuchwert** im Zeitpunkt der Veräußerung oder Entnahme bzw im Zeitpunkt seiner Zerstörung als Betriebsausgabe zu verrechnen.

644 – *Nicht abnutzbare Wirtschaftsgüter des Anlagevermögens:* Der Erwerb von nicht abnutzbaren Wirtschaftsgütern des Anlagevermögens (zB Grund und Boden, Beteiligungen) ist wie bei der Gewinnermittlung auf Grundlage eines Betriebsvermögensvergleichs erfolgsneutral. Die **Anschaffungs- oder Herstellungskosten** für diese Wirtschaftsgüter sind **erst im Zeitpunkt des Zuflusses des Veräußerungserlöses oder im Zeitpunkt der Entnahme als Betriebsausgabe** gewinnmindernd **zu erfassen** (§ 4 Abs. 3 S. 4 EStG).

Teilwertabschreibungen sind bei der Gewinnermittlung nach § 4 Abs. 3 EStG generell ausgeschlossen. Bei nicht abnutzbaren Wirtschaftsgütern des Anlagevermögens scheiden auch Absetzungen für außergewöhnliche technische oder wirtschaftliche Abnutzung aus.

645 – *Anteile an Kapitalgesellschaften, Wertpapiere und damit vergleichbare Wirtschaftsgüter, Grund und Boden sowie Gebäude des Umlaufvermögens:* **Ausgaben** für Anteile an Kapitalgesellschaften, Wertpapiere und vergleichbare nicht verbriefte Forderungen und Rechte, Grund und Boden sowie Gebäude des Umlaufvermögens sind – wie bei nicht abnutzbaren Wirtschaftsgütern des Anlagevermögens – erst **im Zeitpunkt des Zuflusses des Veräußerungserlöses oder im Zeitpunkt der Entnahme** als Betriebsausgabe **zu verrechnen** (§ 4 Abs. 3 S. 4 EStG). Durch diese Regelung soll die Zuordnung zum Anlage- oder Umlaufvermögen nicht darüber entscheiden, zu

459 Siehe hierzu Zweiter Abschnitt, Kapitel B.IV.5., Rn. 418–427.

welchem Zeitpunkt Betriebsausgaben steuerlich geltend gemacht werden können. Während sich für Wirtschaftsgüter des Anlagevermögens die Anschaffungs- bzw Herstellungskosten erst im Zeitpunkt der Abschreibung, Veräußerung oder Entnahme steuerlich auswirken, mindert sich beim Erwerb von Wirtschaftsgütern des Umlaufvermögens der Gewinn grundsätzlich bereits in dem Zeitpunkt, in der Kaufpreis bezahlt wird. Mit der Durchbrechung des Abflussprinzips für bestimmte Wirtschaftsgüter des Umlaufvermögens sollen die Steuerstundungsvorteile vermieden werden, die bei einem sofortigen Abzug möglich wären (beispielsweise beim gewerblichen Grundstückshandel oder bei Wertpapierhändlern). Insoweit wird eine Gleichbehandlung mit anderen Einkunftsermittlungsmethoden erreicht, bei denen diese positiven Zeiteffekte auch nicht entstehen können.

– *Darlehen:* Einzahlungen aus der Aufnahme eines Darlehens gelten **nicht** als **Betriebseinnahmen**. Die Rückzahlung eines Darlehens mindert den Gewinn nicht, weil sie **nicht** als **Betriebsausgabe** angesehen wird.[460] **646**

Mehrausgaben oder Minderausgaben, die sich bei Fremdwährungsdarlehen aus gestiegenen bzw gefallenen Kursen ergeben, beeinflussen den Gewinn zu dem Zeitpunkt als Betriebsausgabe bzw Betriebseinnahme, zu dem das Darlehen zurückbezahlt wird.[461]

Bei betrieblich veranlassten Darlehensforderungen, die keine Forderungen aus Lieferungen und Leistungen darstellen, können Forderungsausfälle zu dem Zeitpunkt gewinnmindernd verrechnet werden, zu dem feststeht, dass die Forderung endgültig wertlos wurde.[462]

– *Steuerfreie Rücklagen:* Obwohl es sich bei einer Einnahmen-Ausgabenrechnung um eine zahlungsorientierte Gewinnermittlung handelt, sind folgende steuerfreie Rücklagen auch bei einer Gewinnermittlung nach § 4 Abs. 3 EStG möglich: **647**

- Übertragung von realisierten Veräußerungsgewinnen auf Ersatzwirtschaftsgüter (§ 6c iVm § 6b EStG)
- Übertragung von zwangsweise aufgelösten stillen Reserven (R 6.6 Abs. 5 EStR)
- Ausgleichsposten bei der Überführung eines Wirtschaftsguts des Anlagevermögens in eine EU-Betriebsstätte (§ 4g Abs. 4 EStG).

– *Investitionsabzugsbetrag:* Der Investitionsabzugsbetrag nach § 7g Abs. 1–4 EStG kann auch im Rahmen der Gewinnermittlung nach § 4 Abs. 3 EStG in Anspruch genommen werden, da er außerhalb der Buchführung mit den steuerpflichtigen Einkünften verrechnet wird. **648**

– *Größere Erhaltungsaufwendungen für bestimmte Gebäude:* Bei Erhaltungsaufwendungen für Gebäude in Sanierungsgebieten und städtebaulichen Entwicklungsbereichen und für Baudenkmäler hat der Steuerpflichtige – wie bei einer Gewinnermittlung durch einen Betriebsvermögensvergleich – ein Wahlrecht zwischen sofortigem Abzug als Betriebsausgabe oder einer gleichmäßigen Verteilung auf zwei bis fünf **649**

460 Vgl BFH vom 8.10.1969, BStBl. 1970 II, S. 44.
461 Vgl BFH vom 15.11.1990, BStBl. 1991 II, S. 228.
462 Vgl BFH vom 2.9.1971, BStBl. 1972 II, S. 334.

Jahre (§ 4 Abs. 8 EStG iVm § 11a, § 11b EStG). Durch die Verteilung über mehrere Perioden soll ein negativer Progressionseffekt vermieden oder zumindest abgeschwächt werden, der sich ergeben kann, wenn die Einkünfte eines Steuerpflichtigen im Zeitablauf stark schwanken. Das Verteilungswahlrecht ist deshalb insbesondere bei hohen Erhaltungsaufwendungen bedeutsam (Vermeidung eines negativen Steuersatzeffekts durch „Glättung" des zu versteuernden Einkommens).

650 *(3) Sonderfälle:* Im Rahmen der Gewinnermittlung nach § 4 Abs. 3 EStG sind drei Sonderfälle zu beachten:

651 – *Anzahlungen:* Anzahlungen werden **wie die Anschaffungs- oder Herstellungskosten der Wirtschaftsgüter behandelt, für die die Anzahlungen geleistet werden.** Beim Erwerb von Wirtschaftsgütern des Anlagevermögens bzw von Anteilen an Kapitalgesellschaften, Wertpapieren und damit vergleichbaren Wirtschaftsgütern, von Grund und Boden sowie Gebäuden des Umlaufvermögens verändern Anzahlungen die Höhe des steuerpflichtigen Gewinns nicht, sondern sind Bestandteil der Anschaffungs- oder Herstellungskosten. Beim Erwerb von anderen Wirtschaftsgütern des Umlaufvermögens (insbesondere Roh-, Hilfs- und Betriebsstoffe, Waren) sind Anzahlungen im Zeitpunkt des Abflusses als Betriebsausgabe verrechenbar.

Beim Absatz der betrieblichen Leistung (zB Verkauf von Fertigerzeugnissen und Waren, Erbringen von Dienstleistungen) sind die erhaltenen Anzahlungen in dem Zeitpunkt als Betriebseinnahme zu erfassen, in dem sie zufließen.

652 – *Durchlaufende Posten:* Zahlungen, die im Namen und für Rechnung eines anderen vereinnahmt bzw verausgabt werden, gelten als durchlaufende Posten. Sie stellen zwar Betriebseinnahmen und Betriebsausgaben dar, sie sind aber in die Einnahmen-Ausgabenrechnung **nicht einzubeziehen** (§ 4 Abs. 3 S. 2 EStG). Beispiele für durchlaufende Posten sind Vorschüsse für Gerichtsgebühren, die ein Rechtsanwalt von seinem Mandanten erhält und an das Gericht weiterleitet, Zahlungen, die ein Rechtsanwalt vom Prozessgegner erhält und an seinen Mandanten weiterleitet, Spieleinsätze bei Lottovermittlern und weitergeleitete Zahlungen im Rahmen von Agenturgeschäften.

Die **Umsatzsteuer** gilt **nicht** als **durchlaufender Posten**. Sie ist entsprechend dem Konzept einer Gewinnermittlung nach § 4 Abs. 3 EStG nach dem Zufluss- und Abflussprinzip zu behandeln:[463]

- Die in den Ausgangsrechnungen ausgewiesene Umsatzsteuer ist im Zeitpunkt der Bezahlung durch den Abnehmer als Betriebseinnahme zu erfassen. Die Abführung der Umsatzsteuer an die Finanzbehörde stellt eine Betriebsausgabe dar.
- Die Umsatzsteuer, die auf Vorleistungen entfällt, ist in dem Zeitpunkt, in dem die erworbenen Wirtschaftsgüter des Anlage- oder Umlaufvermögens oder die in Anspruch genommene Leistung bezahlt werden, als Betriebsausgabe abziehbar, sofern der Vorsteuerabzug nicht ausnahmsweise ausgeschlossen ist. Die Erstattung im Rahmen des Vorsteuerabzugs führt zu Betriebseinnahmen.

463 Zu Einzelheiten siehe Band I, Rn. 824 ff.

– *Tausch:* Beim Tausch von Wirtschaftsgütern des Anlagevermögens ist in Höhe des gemeinen Werts des hingegebenen Wirtschaftsguts eine Betriebseinnahme anzusetzen. Die noch nicht über Abschreibungen berücksichtigten Anschaffungs- oder Herstellungskosten des hingegebenen Wirtschaftsguts sind als Betriebsausgaben zu verrechnen. Beim Tausch von Wirtschaftsgütern des Anlagevermögens kommt es damit **wie** bei einem **Betriebsvermögensvergleich** zur Auflösung von stillen Reserven (§ 6 Abs. 6 EStG). **653**

Der Tausch von Wirtschaftsgütern des Umlaufvermögens, für die keine Sonderregelung iSd § 4 Abs. 3 S. 4 EStG gilt (insbesondere Roh-, Hilfs- und Betriebsstoffe sowie Waren), beeinflusst den Gewinn bei einer Einnahmen-Ausgabenrechnung nicht. Die Anschaffungskosten des hingegebenen Wirtschaftsguts waren bereits im Zeitpunkt des Erwerbs Betriebsausgabe. Bei dem eingetauschten Wirtschaftsgut bildet der gemeine Wert des hingegebenen Wirtschaftsguts die Anschaffungskosten. Dieser fiktiv als Betriebseinnahme anzusetzende Betrag wird bei Wirtschaftsgütern des Umlaufvermögens durch die sofortige Verrechnung einer fiktiven Betriebsausgabe in gleicher Höhe ausgeglichen.

(4) Einlagen und Entnahmen: Hinsichtlich der Behandlung von Einlagen und Entnahmen im Rahmen der Gewinnermittlung nach § 4 Abs. 3 EStG ist zwischen Bareinlagen bzw -entnahmen sowie Sach-, Nutzungs- und Leistungseinlagen bzw -entnahmen zu unterscheiden. **Bareinlagen** und **Barentnahmen** haben bei einer Gewinnermittlung nach § 4 Abs. 3 EStG keinen Einfluss auf die Höhe der Einkünfte. Sie stellen weder Betriebseinnahmen noch Betriebsausgaben dar. **654**

Sachentnahmen, Nutzungs- und **Leistungsentnahmen** sind in Höhe ihres Teilwerts als Betriebseinnahmen anzusetzen (§ 6 Abs. 1 Nr 4 EStG). **Sacheinlagen** sind als Betriebsausgaben zu behandeln, sie sind grundsätzlich mit dem Teilwert der eingelegten Wirtschaftsgüter zu bewerten (§ 6 Abs. 1 Nr 5, 6 EStG). Auf diese Weise wird wie beim Betriebsvermögensvergleich gewährleistet, dass der Gewinn lediglich durch betrieblich bedingte Vorgänge beeinflusst wird. Der Zeitpunkt der steuerlichen Erfassung richtet sich, wie bei der Einnahmen-Ausgabenrechnung allgemein üblich, nach dem Zufluss- und Abflussprinzip.

Bei der Überführung eines Wirtschaftsguts von einem Betrieb des Steuerpflichtigen in ein anderes Betriebsvermögen desselben Steuerpflichtigen ist der bisherige ertragsteuerliche Wert fortzuführen, sofern die Erfassung der stillen Reserven gesichert ist (§ 6 Abs. 5 S. 1 EStG).

Bei der Verrechnung von Schuldzinsen ist gleichfalls zu prüfen, ob Überentnahmen getätigt wurden. Zu diesem Zweck sind die Entnahmen und Einlagen des Steuerpflichtigen gesondert aufzuzeichnen (§ 4 Abs. 4a S. 6 EStG).

III. Hinweise zur Wahl der Gewinnermittlungsmethode

Bei einer **Einnahmen-Ausgabenrechnung nach § 4 Abs. 3 EStG** handelt es sich **nicht** um eine **reine Zahlungsrechnung** (Cashflow-Rechnung), sondern eher um einen unvollständigen Betriebsvermögensvergleich. Zwischen einer Einnahmen- **655**

Ausgabenrechnung nach § 4 Abs. 3 EStG und einem **Betriebsvermögensvergleich nach § 5 EStG** besteht beispielsweise bei folgenden wichtigen Positionen **Übereinstimmung:** Behandlung von Wirtschaftsgütern (Inhalt des Begriffs des Wirtschaftsguts, Zurechnung zum Anlagevermögen oder zum Umlaufvermögen, Verrechnung von planmäßigen Abschreibungen, Berechnung des Veräußerungsgewinns), Kreditbeziehungen, durchlaufende Posten, zum Teil bei steuerfreien Rücklagen, beim Investitionsabzugsbetrag sowie bei Entnahmen und Einlagen.

Unterschiede treten im Wesentlichen in folgenden Bereichen auf: Bei einer Einnahmen-Ausgabenrechnung nach § 4 Abs. 3 EStG werden Rückstellungen, Rechnungsabgrenzungsposten, bestimmte Wirtschaftsgüter des Umlaufvermögens (zB Vorräte, Forderungen aus Lieferungen und Leistungen) und Verbindlichkeiten aus Lieferungen und Leistungen nicht berücksichtigt.

Bei **außerplanmäßigen Wertverlusten** wird die fehlende Möglichkeit zur Verrechnung von Teilwertabschreibungen durch die Berücksichtigung von Absetzungen für außergewöhnliche Abnutzung nach § 7 Abs. 1 S. 7 EStG (abnutzbare Wirtschaftsgüter des Anlagevermögens), die gewinnmindernde Verrechnung von wertlosen Darlehensforderungen sowie die generelle Nichtaktivierung von Vorräten sowie Forderungen aus Lieferungen und Leistungen weitgehend ausgeglichen, sodass insoweit zwischen den beiden Formen der Gewinnermittlung **kein gravierender Unterschied** besteht.

Für Gewerbetreibende, die aufgrund ihres geringen Geschäftsvolumens das Wahlrecht zwischen einer Einnahmen-Ausgabenrechnung nach § 4 Abs. 3 EStG und einem Betriebsvermögensvergleich nach § 5 EStG haben, **bietet sich** die **Einnahmen-Ausgabenrechnung umso eher an,**[464]

- je mehr Roh-, Hilfs- und Betriebsstoffe eingekauft werden,
- je länger das den Kunden gewährte Zahlungsziel ist,
- je weniger Sachverhalte auftreten, bei denen es zur Bildung von Rückstellungen kommen würde, und
- je mehr zeitraumbezogene Ausgaben im Voraus bezahlt werden bzw je weniger zeitraumbezogene Einnahmen im Voraus vereinnahmt werden.[465]

Will der Steuerpflichtige die **Begünstigung der nicht entnommenen Gewinne** in Anspruch nehmen, muss er einen Betriebsvermögensvergleich durchführen. Bei einer **Einnahmen-Ausgabenrechnung** ist die Anwendung des Sondersteuersatzes für thesaurierte Gewinne **nicht möglich** (§ 34a Abs. 2 EStG).

---

464 Vgl Pickert, DB 1994, S. 1581. Zu einem Vergleich der Auswirkungen der beiden Gewinnermittlungsmethoden siehe auch Knirsch, ZfB 2006, S. 231.

465 Voraussetzung ist, dass bei den zeitraumbezogenen Ausgaben bzw Einnahmen der Zeitraum, für den die Vorauszahlung geleistet wird, fünf Jahre nicht überschreitet (§ 11 Abs. 1 S. 3, Abs. 2 S. 3 EStG).

C. Korrekturen beim Wechsel der Gewinnermittlungsmethoden

(1) Anlässe für einen Wechsel zwischen den Gewinnermittlungsmethoden: Zu 656
einem **Wechsel** von der Gewinnermittlung nach § 4 Abs. 3 EStG **zu einem Betriebsvermögensvergleich** kommt es,

- wenn der Steuerpflichtige bei einer Zunahme des Geschäftsvolumens buchführungspflichtig wird, weil er handelsrechtlich die Kriterien eines Kaufmanns erfüllt, die Größenkriterien des § 241a HGB überschreitet oder weil er die in § 141 AO vorgegebenen Größenmerkmale erreicht,
- bei einer Veräußerung oder Aufgabe des Betriebs (§ 16 Abs. 2 S. 2 EStG) oder
- ab dem Zeitpunkt, zu dem der Steuerpflichtige freiwillig eine Buchführung einrichtet.

Der **Übergang** vom Betriebsvermögensvergleich **zur Einnahmen-Ausgabenrechnung** findet statt, wenn bei einem Rückgang des Geschäftsumfangs die (derivative und originäre) Buchführungspflicht entfällt und der Steuerpflichtige nicht weiterhin freiwillig Bücher führt oder wenn ein bislang freiwillig Bücher führender Steuerpflichtiger zur Vereinfachung der Rechnungslegungspflichten auf die Gewinnermittlung nach § 4 Abs. 3 EStG übergeht.

(2) Korrekturen beim Wechsel der Gewinnermittlungsmethode: Bei einem Wechsel 657
der Gewinnermittlungsmethode sind zahlreiche Umrechnungen notwendig. Die Hinzurechnungen und Abrechnungen haben zum Ziel, dass unabhängig von der angewendeten Gewinnermittlungsmethode die Summe der während der betrieblichen Tätigkeit erzielten steuerpflichtigen Gewinne gleich bleibt. Durch die Hinzurechnungen und Abrechnungen beim Wechsel zwischen den Gewinnermittlungsmethoden wird vermieden, dass es aufgrund der unterschiedlichen Periodisierungsgrundsätze zu Doppelerfassungen oder zu Nichterfassungen kommt.

Beim Übergang von der Gewinnermittlung nach § 4 Abs. 3 EStG zu einem Betriebsvermögensvergleich ist eine Eröffnungsbilanz aufzustellen. Die beim Wechsel von der Einnahmen-Ausgabenrechnung zum Betriebsvermögensvergleich vorzunehmenden Hinzurechnungen und Abrechnungen sind in der folgenden Abbildung aus der vorderen Spalte (hellgrau unterlegt) erkennbar. Beim Wechsel vom Betriebsvermögensvergleich zur Einnahmen-Ausgabenrechnung sind die gleichen Korrekturen erforderlich, allerdings kehrt sich das Vorzeichen um (dunkelgrau unterlegt, hintere Spalte). Zu den Korrekturen siehe auch die Anlage zu R 4.6 EStR.[466]

466 Siehe hierzu auch Gunsenheimer, SteuerStud 2009, S. 475.

	Korrekturen beim Übergang von der Gewinnermittlung nach § 4 Abs. 3 EStG zum Betriebsvermögensvergleich	
–	Korrektur bislang (nicht) zulässiger Teilwertabschreibungen	+
+	Wert der Wirtschaftsgüter des Vorratsvermögens	–
+	geleistete Anzahlungen auf Wirtschaftsgüter des Vorratsvermögens und auf Leistungen	–
+	Forderungen aus Lieferungen und Leistungen	–
–	Verbindlichkeiten aus Lieferungen und Leistungen	+
–	erhaltene Anzahlungen auf Lieferungen und Leistungen	+
+	aktive Rechnungsabgrenzungsposten	–
–	passive Rechnungsabgrenzungsposten	+
–	Rückstellungen	+
+	(umsatzsteuerliches) Vorsteuerguthaben	–
–	Umsatzsteuerverbindlichkeit	+
	Korrekturen beim Übergang vom Betriebsvermögensvergleich zu der Gewinnermittlung nach § 4 Abs. 3 EStG	

Abb. 39: Hinzu- und Abrechnungen beim Wechsel der Gewinnermittlungsmethode

658 *(3) Behandlung des Übergangsgewinns:* Der Saldo zwischen den Hinzurechnungen und Abrechnungen bildet das (positive oder negative) Übergangsergebnis. Das Übergangsergebnis ist grundsätzlich im ersten Jahr nach dem Wechsel der Gewinnermittlungsmethode den laufenden Einkünften zuzuordnen (R 4.6 Abs. 2 EStR).

Beim Übergang von einer Gewinnermittlung nach § 4 Abs. 3 EStG zu einem Betriebsvermögensvergleich kann ein Übergangsgewinn auf Antrag des Steuerpflichtigen zur Vermeidung von Härten gleichmäßig entweder auf das Jahr des Übergangs und das folgende Jahr oder auf das Jahr des Übergangs und die beiden folgenden Jahre verteilt werden (R 4.6 Abs. 1 EStR).

659 *(4) Auswirkungen auf die Thesaurierungsbegünstigung:* Wird von einer Gewinnermittlung durch Betriebsvermögensvergleich auf eine Gewinnermittlung durch Einnahmen-Ausgabenrechnung nach § 4 Abs. 3 EStG gewechselt, entfallen die Voraussetzungen für eine Begünstigung der nicht entnommenen Gewinne. Für die thesaurierten Gewinne, für die der Sondersteuersatz von 28,25% in Anspruch genommen wurde, kommt es zu einer Nachbelastung von 25% des thesaurierten Betrags (§ 34a Abs. 6 Nr 4 EStG).

Zweiter Teil

Vermögensbewertung für die Erbschaft- und Schenkungsteuer

Erster Abschnitt

Zielsetzung einer Besteuerung von unentgeltlichen Vermögensmehrungen

(1) Besteuerungsgegenstand und Besteuerungsumfang: Die beiden **wichtigsten Anknüpfungsmerkmale** der Erbschaft- und Schenkungsteuer sind **Erwerbe von Todes wegen** und **Schenkungen unter Lebenden** (§ 1 Abs. 1 Nr 1, 2 ErbStG). Die Besteuerung unentgeltlicher Vermögensübertragungen im Erbfall und durch Schenkung ist als Erbanfallsteuer konzipiert. Der Erbschaft- und Schenkungsteuer unterliegt der Wert des Vermögens, das der Erbe bzw Beschenkte erwirbt, ohne dass er dafür eine Gegenleistung zu erbringen hat. Die Höhe der vom Erwerber zu entrichtenden Erbschaft- und Schenkungsteuer hängt von seinen für die Besteuerung maßgeblichen persönlichen Verhältnissen ab. 660

Aus rechtlicher Sicht zählt die Erbschaft- und Schenkungsteuer zu den **Personensteuern**. Damit ist das **Nettoprinzip** zu beachten. Bei der Einkommensteuer und Körperschaftsteuer ist auf den Saldo zwischen Erwerbseinnahmen (Betriebseinnahmen, Einnahmen) und Erwerbsausgaben (Betriebsausgaben, Werbungskosten) abzustellen. Analog ist bei der Erbschaft- und Schenkungsteuer der **Besteuerungsumfang** als Überschuss des Werts der übergegangenen Vermögenswerte über den Wert der übernommenen Belastungen (Schulden) festzulegen. Der Besteuerung unterliegt die Bereicherung des Erwerbers.

(2) Bewertung: Das Ziel der Erbschaft- und Schenkungsteuer, die Bereicherung des 661
Erben bzw Beschenkten zu erfassen, wirkt sich auch auf die Bewertung des übertragenen Vermögens aus. Nach der Rechtsprechung des Bundesverfassungsgerichts aus dem Jahr 1995 setzt die gleichmäßige Belastung aller Steuerpflichtigen voraus, dass die zu einer Erbschaft oder Schenkung gehörenden Wirtschaftsgüter so bewertet werden, dass deren Werte in ihrer Relation realitätsgerecht abgebildet werden.[1] Aus dem bei der Erbschaft- und Schenkungsteuer geltenden Konzept folgt, dass die in der **Bemessungsgrundlage** enthaltenen Vermögenswerte einheitlich mit ihrem Verkehrswert zu bewerten sind. Im Steuerrecht entspricht der Verkehrswert in erster Linie dem **gemeinen Wert** (§ 9 BewG). In konsequenter Fortsetzung seiner Rechtsprechung aus dem Jahr 1995 hat das Bundesverfassungsgericht im Jahr 2006 entschieden, dass bei der Bewertung sichergestellt sein muss, dass alle Vermögenswerte mit einem Wert

1 Vgl BVerfG vom 22.6.1995, BStBl. 1995 II, S. 671.

erfasst werden, der zumindest näherungsweise dem gemeinen Wert entspricht.[2] Die Bewertung zum gemeinen Wert darf nicht nur bei Bargeld und anderen finanziellen Vermögenswerten erfolgen, vielmehr muss der Wertmaßstab „gemeiner Wert“ für das gesamte Vermögen herangezogen werden. Dies bedeutet, dass auch für Grundvermögen, Betriebsvermögen sowie land- und forstwirtschaftliches Vermögen der gemeine Wert zu ermitteln ist. Es kommt nicht – wie noch im Beschluss des Bundesverfassungsgerichts aus dem Jahr 1995 – nur auf eine vergleichbare Wertrelation zum gemeinen Wert an, vielmehr ist (zumindest näherungsweise) der gemeine Wert als solcher zu ermitteln. Nach der Rechtsprechung des Bundesverfassungsgerichts aus dem Jahr 2006 ist beispielsweise eine jeweils hälftige Erfassung des gemeinen Werts auch dann nicht zulässig, wenn diese Unterbewertung bei allen Wirtschaftsgütern vorgenommen würde.

Entsprechend der für eine Substanzsteuer charakteristischen stichtagsbezogenen Besteuerung ist die Bewertung auf den Tag vorzunehmen, an dem das Vermögen unentgeltlich übertragen wird (**Stichtagsprinzip**, § 9, § 11 ErbStG).

662 *(3) Lenkungs- und Förderungszweck:* Nach der Rechtsprechung des Bundesverfassungsgerichts aus dem Jahr 2006 und dem Jahr 2014 darf der Gesetzgeber **außerfiskalische Förderungs- und Lenkungsziele** verfolgen. Allerdings sind die beiden Ebenen „Bewertung“ und „Lenkungs- und Förderungszweck“ strikt voneinander zu trennen. Auf der ersten Ebene hat (zumindest näherungsweise) eine Bewertung zum gemeinen Wert zu erfolgen. Die steuerlichen Verschonungsregeln dürfen erst auf der zweiten Ebene ansetzen.[3] Nach den Vorgaben des Bundesverfassungsgerichts müssen steuerliche Verschonungsregeln bestimmte **Voraussetzungen** erfüllen:

- Der Gesetzgeber muss den Lenkungszweck deutlich erkennen lassen, weil nur so geprüft werden kann, ob für die steuerliche Erleichterung ausreichende Gemeinwohlgründe vorliegen.
- Die Begünstigung muss offen ausgewiesen werden. Sie darf nicht in die Bewertungsregeln integriert („versteckt“) sein.
- Zwischen dem Lenkungszweck und dem Ausmaß der steuerlichen Begünstigung muss ein innerer Zusammenhang bestehen.
- Der Kreis der Begünstigten muss nach sachgerechten Kriterien abgegrenzt werden.
- Die Lenkungsnorm muss gleichheitsgerecht ausgestaltet sein, dh die Begünstigungswirkungen müssen ausreichend zielgenau sein und sie müssen innerhalb des Kreises der Begünstigten möglichst gleichmäßig eintreten.

Hinsichtlich der **Mittel zur Erreichung der Lenkungs- und Förderungsziele** hat das Bundesverfassungsgericht keine Vorgaben formuliert. Die Entlastungen können als teilweise Steuerbefreiung, als vollständige Steuerbefreiung, als Freibetrag, als Bewertungsabschlag oder über eine Steuersatzdifferenzierung gewährt werden.

663 *(4) Weitere Vorgehensweise:* In den folgenden Abschnitten werden die Regelungen erläutert, die bei der Übertragung eines Unternehmens oder Anteils an einem Unter-

2 Vgl BVerfG vom 7.11.2006, BStBl. 2007 II, S. 192, Leitsatz 1.

3 Vgl BVerfG vom 7.11.2006, BStBl. 2007 II, S. 192, Leitsatz 2, konkretisiert durch BVerfG vom 17.12.2014, BStBl. 2015 II, S. 50.

nehmen anzuwenden sind. Dabei erfolgt eine Konzentration auf die erste Stufe, dh auf die Normen zur Bewertung. Betrachtet werden:

- Übertragung von Anteilen an einer Kapitalgesellschaft
- Übertragung von Betriebsvermögen (Einzelunternehmen, Anteile an einer Personengesellschaft)
- Besonderheiten bei betrieblich genutzten Grundstücken (sofern für diese ein eigenständiger gemeiner Wert zu ermitteln ist).

Auf die bei der Übertragung von Unternehmensvermögen für mittelständische Unternehmen gewährten Entlastungen nach § 13a und § 13b ErbStG (sachliche Steuerbefreiung von 85% des begünstigten Vermögens und Abzugsbetrag von bis zu 150 000 € bzw sachliche Steuerbefreiung von 100%), die Entlastungen bei Großerwerben nach § 13c und § 28a ErbStG (sukzessive Reduzierung der Steuerbefreiung [Abschmelzmodell] oder Verschonungsbedarfsprüfung)[4] und die Tarifbegrenzung nach § 19a ErbStG (Steuerermäßigung für Personen der Steuerklassen II und III, damit auf das übertragene Unternehmensvermögen keine höhere Erbschaft- oder Schenkungsteuer anfällt als bei Personen der Steuerklasse I) wird nicht eingegangen.[5]

Zweiter Abschnitt

Anteile an Kapitalgesellschaften

A. Bewertungsverfahren

Für Anteile an einer Kapitalgesellschaft gilt ein **dreistufiges Bewertungskonzept**:[6] **664**

Anteile, die an einer deutschen Börse gehandelt werden, sind mit dem niedrigsten am Bewertungsstichtag festgestellten **Börsenkurs** zu bewerten (§ 12 Abs. 2 ErbStG iVm § 11 Abs. 1 BewG, R B 11.1 ErbStR).

Für Anteile, die nicht an einer deutschen Börse notiert sind, bei denen jedoch innerhalb des letzten Jahres zwischen fremden Dritten tatsächlich Verkäufe stattgefunden haben, ist der gemeine Wert der Anteile an der Kapitalgesellschaft **aus den bei** diesen **Verkäufen vereinbarten Preisen abzuleiten** (§ 12 Abs. 2 ErbStG iVm § 11 Abs. 2 S. 1, 2 BewG, R B 11.2 Abs. 1 ErbStR).

4 Ein Großerwerb liegt vor, wenn der Wert des übertragenen Vermögens 26 Mio. € übersteigt. Dieser Wert entspricht dem Betrag, ab dem nach § 19 ErbStG der Spitzensteuersatz zur Anwendung kommt.

5 Siehe hierzu sowie zur Bewertung der anderen Vermögenswerte (land- und forstwirtschaftliches Vermögen, übrige Vermögenswerte, abziehbare Belastungen) und zu den weiteren Regelungen des Erbschaftsteuer- und Schenkungsteuergesetzes (persönliche Steuerpflicht, steuerpflichtige Vorgänge, Steuerklassen, persönliche Freibeträge, Steuersatz, Verfahrensrecht) Band I, Rn. 537 ff.

6 Siehe hierzu Creutzmann, Stbg 2008, S. 148; Creutzmann, DB 2008, S. 2784; Kohl, ZEV 2009, S. 554; Kühnold/Mannweiler, DStZ 2008, S. 167; Mannek, DB 2008, S. 423; Neufang, BB 2009, S. 2004; Piltz, DStR 2008, S. 745; Piltz, Ubg 2009, S. 13; Piltz, DStR 2009, S. 1829; Rohde/Gemeinhardt, StuB 2009, S. 167; Schiffers, DStZ 2009, S. 548; Stalleiken/Theissen, DStR 2010, S. 21 (zum Teil zur zunächst vorgesehenen Regelung des vereinfachten Ertragswertverfahrens in einer Rechtsverordnung).

Werden die Anteile nicht an der Börse gehandelt und kann der gemeine Wert nicht aus Verkäufen abgeleitet werden, die innerhalb des letzten Jahres zwischen fremden Dritten abgewickelt wurden, ist der gemeine Wert der Anteile **unter Berücksichtigung der Ertragsaussichten der Kapitalgesellschaft oder einer anderen anerkannten, auch im gewöhnlichen Geschäftsverkehr für nichtsteuerliche Zwecke üblichen Methode zu ermitteln.** Es ist die Methode anzuwenden, die ein Erwerber der Bemessung des Kaufpreises zugrunde legen würde. Wird eine ertragswertorientierte Bewertung vorgenommen, kann entweder ein in der Betriebswirtschaftslehre anerkanntes Verfahren oder das in § 200 – § 203 BewG gesetzlich geregelte vereinfachte Ertragswertverfahren herangezogen werden. Untergrenze bildet der anteilig auf die übertragenen Anteile entfallende Substanzwert des Betriebsvermögens der Kapitalgesellschaft (§ 12 Abs. 2 ErbStG iVm § 11 Abs. 2 S. 2–4 BewG, R B 11.2 Abs. 2 ErbStR).

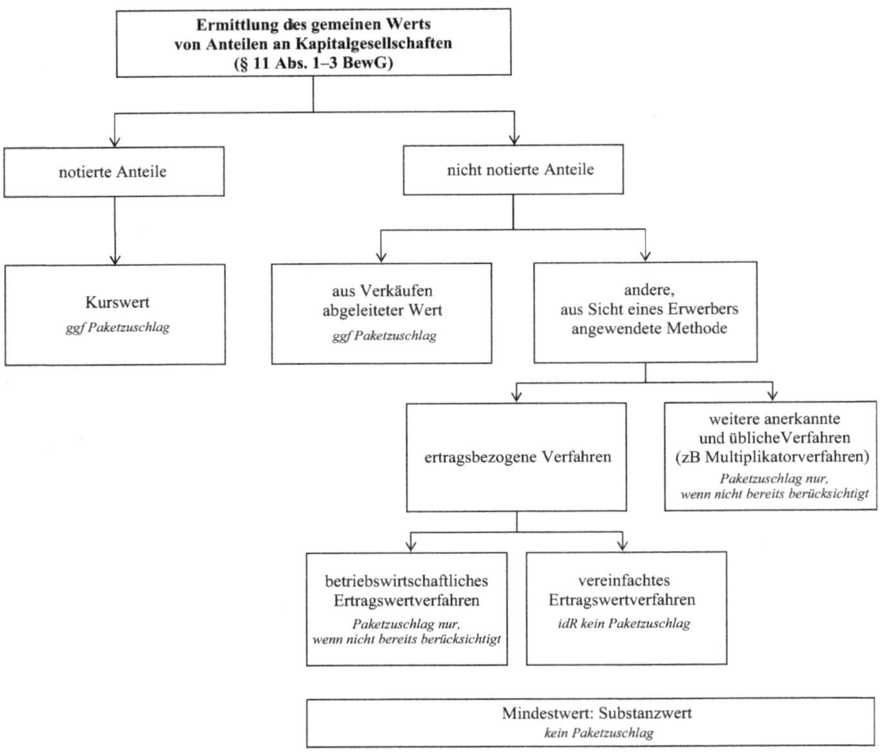

Abb. 40: Bewertung von Anteilen an einer Kapitalgesellschaft nach § 11 BewG

665 Die Ermittlung des Werts der Anteile erfolgt in zwei Stufen. Zunächst wird der gemeine Wert des Betriebsvermögens der Kapitalgesellschaft ermittelt. Anschließend wird der Gesamtunternehmenswert im Verhältnis des übertragenen Anteils am Nennkapital der Kapitalgesellschaft aufgeteilt (§ 97 Abs. 1b S. 1 BewG, R B 11.5 ErbStR).[7]

7 Zu den Besonderheiten (zB nicht voll einbezahltes Nennkapital, vom Verhältnis der Nennwerte abweichende Stimmrechte) siehe § 97 Abs. 1b S. 2–4 BewG.

Die Ermittlung des Werts der Anteile erfolgt auf den Zeitpunkt der Entstehung der Erbschaft- und Schenkungsteuer (§ 12 Abs. 1, 2 iVm § 9, § 11 ErbStG). Sofern der Wert der Anteile aus Verkäufen, aus den Ertragsaussichten oder nach einer anderen anerkannten, auch im gewöhnlichen Geschäftsverkehr für nichtsteuerliche Zwecke üblichen Methode der Unternehmensbewertung abgeleitet wird, erfolgt die Wertermittlung in einem gesonderten Verfahren, dh außerhalb der Veranlagung zur Erbschaft- und Schenkungsteuer (§ 12 Abs. 2 ErbStG iVm § 151 Abs. 1 S. 1 Nr 3 BewG).[8]

B. Kurswert

Werden die Anteile an der Kapitalgesellschaft an einer deutschen Börse gehandelt, **666**
sind die übertragenen Anteile mit dem niedrigsten am Bewertungsstichtag festgestellten Börsenkurs zu bewerten (§ 12 Abs. 1 ErbStG iVm § 11 Abs. 1 BewG). Bei der Übertragung von mehr als 25% der Anteile ist bei der Bewertung der Anteile zu berücksichtigen, dass der gemeine Wert eines Anteilspakets über dem Wert liegt, der den Beteiligungscharakter der zu bewertenden Anteile nicht berücksichtigt (Paketzuschlag, § 11 Abs. 3 BewG, R B 11.6 ErbStR).

Der Börsenkurs ist vor den anderen Bewertungsverfahren anzuwenden. Der Börsenkurs ist (mit Ausnahme des Paketzuschlags) grundsätzlich ohne Modifikationen zu übernehmen. Die Bewertung zum Börsenkurs erfolgt auch dann, wenn eine betriebswirtschaftliche Unternehmensbewertung zu einem höheren oder niedrigeren Wert führt oder der anteilige Substanzwert über dem Börsenkurs liegt.

C. Aus Verkäufen abgeleiteter Wert

Der gemeine Wert von nicht notierten Anteilen ist in erster Linie aus Verkäufen unter **667**
fremden Dritten abzuleiten, die innerhalb eines Jahres vor der unentgeltlichen Übertragung durchgeführt wurden (§ 12 Abs. 2 ErbStG iVm § 11 Abs. 2 S. 1, 2 BewG, R B 11.2 Abs. 1 ErbStR). Der Wert der Anteile kann auch aus einem einzigen Verkauf abgeleitet werden, sofern dieser Verkauf nicht lediglich einen Zwerganteil an der Kapitalgesellschaft umfasst oder die zu bewertenden Anteile einen Zwerganteil darstellen. Verkäufe zwischen nahestehenden Personen bilden keine Vergleichsbasis.

Bei der Übertragung von mehr als 25% der Anteile ist ein Paketzuschlag zu berücksichtigen (§ 11 Abs. 3 BewG, R B 11.6 ErbStR). Die Verkaufspreise sind weder mit dem Wert, der sich aus einer betriebswirtschaftlichen Unternehmensbewertung ergibt, noch mit dem anteiligen Substanzwert zu vergleichen (kein Mindestwert). Dies gilt unabhängig davon, ob diese Werte höher oder niedriger sind als die zwischen fremden Dritten tatsächlich gezahlten Preise.

8 Zu den Verfahrensfragen bei der Feststellung von Anteilswerten siehe R B 151.1 – R B 156 ErbStR.

D. Betriebswirtschaftliches Ertragswertverfahren

668 Werden die Anteile nicht an der Börse gehandelt und kann der gemeine Wert der Anteile auch nicht aus Verkäufen abgeleitet werden, die innerhalb eines Jahres vor der Übertragung zwischen fremden Dritten abgewickelt wurden, kann der Steuerpflichtige zwischen einer ertragsorientierten Unternehmensbewertung oder einem anderen anerkannten, auch für nichtsteuerliche Zwecke üblichen Verfahren entscheiden. Es ist die Methode zu wählen, die ein potenzieller Erwerber bei der Bestimmung des Kaufpreises zugrunde legen würde. Die Anwendung des Ertragswertverfahrens scheidet aus, wenn es in der betrachteten Branche unüblich ist (§ 12 Abs. 2 ErbStG iVm § 11 Abs. 2 S. 2, 3 BewG, R B 11.2 Abs. 2 ErbStR).

Sofern der Steuerpflichtige weder das vereinfachte Ertragswertverfahren anwendet noch nachweist, dass andere Verfahren als ertragswertorientierte Verfahren üblich sind, hat er den gemeinen Wert durch **ein in der Betriebswirtschaftslehre anerkanntes ertragswertorientiertes Verfahren** zu ermitteln. Der Wert ist durch Vorlage eines methodisch nicht zu beanstandenden Gutachtens zu belegen. Obwohl im Bewertungsgesetz lediglich vorgegeben wird, dass der Wert der Anteile unter Berücksichtigung der Ertragsaussichten zu ermitteln ist, kommt dem vom Institut der Wirtschaftsprüfer vorgegebenen Ertragswertverfahren nach IDW S 1 eine große praktische Bedeutung zu.[9]

Werden mehr als 25% der Anteile übertragen, ist ein Paketzuschlag vorzunehmen, sofern der Beteiligungscharakter bei der Wertermittlung noch nicht berücksichtigt wurde (§ 11 Abs. 3 BewG, R B 11.6 ErbStR). Der nach dem Ertragswertverfahren ermittelte Wert ist nur dann der Besteuerung zugrunde zu legen, wenn er nicht niedriger ist als der anteilige Substanzwert der Kapitalgesellschaft (Mindestwert nach § 11 Abs. 2 S. 3 BewG).

E. Vereinfachtes Ertragswertverfahren

669 *(1) Anwendungsbereich:* Werden die Anteile nicht an der Börse notiert oder kann bei nicht notierten Anteilen der Wert der Anteile nicht aus Verkäufen innerhalb eines Jahres vor der Übertragung abgeleitet werden, ist grundsätzlich eine ertragsorientierte Bewertung vorzunehmen. Alternativ zu einem in der Betriebswirtschaftslehre üblichen Verfahren kann sich der Steuerpflichtige für das vereinfachte Ertragswertverfahren entscheiden (§ 12 Abs. 2 ErbStG iVm § 11 Abs. 2 S. 2–4, § 199 Abs. 1 BewG, R B 199.1 ErbStR). Die Ausgestaltung des vereinfachten Ertragswertverfahrens ist in § 200 – § 203 BewG gesetzlich geregelt.

9 Vgl IDW Standard: Grundsätze zur Durchführung von Unternehmensbewertungen (IDW S 1 idF 2008), FN-IDW 2008, S. 271 sowie IDW (Hrsg.), WP-Handbuch 2014, Band II, 14. Aufl., Düsseldorf 2013, Kapitel A; Wagner/Saur/Willershausen, WPg 2008, S. 731. Zu den Besonderheiten bei der Ermittlung eines objektivierten Unternehmenswerts kleiner und mittelgroßer Unternehmen siehe IDW Praxishinweis 1/2014, FN-IDW 2014, S. 282 (gemeinsam von der Bundessteuerberaterkammer und dem Institut der Wirtschaftsprüfer erarbeitet) sowie Ballwieser/Franken/Ihlau ua, WPg 2014, S. 463; König/Möller, BB 2014, S. 983; Peemöller, BB 2014, S. 1963; Stein/Fischer, DStR 2014, S. 1018.

Eine weitere Voraussetzung für die Anwendung des vereinfachten Ertragswertverfahrens besteht darin, dass der ermittelte Wert nicht offensichtlich unzutreffend ist. Anhaltspunkte für eine offensichtlich unzutreffende Wertermittlung können sich aus folgenden Sachverhalten ergeben: zeitnahe Verkäufe nach dem Zeitpunkt der Übertragung der Anteile, Verkäufe, die mehr als ein Jahr vor dem Bewertungsstichtag liegen, oder Erbauseinandersetzungen, bei denen die Verteilung der Erbmasse Rückschlüsse auf den gemeinen Wert der Anteile zulässt (R B 199.1 Abs. 5 ErbStR). Das vereinfachte Ertragswertverfahren wird von der Finanzverwaltung bei komplexen Strukturen von verbundenen Unternehmen sowie bei Unternehmen, die weniger als ein Jahr vor der Übertragung der Anteile gegründet wurden oder einen Branchenwechsel vorgenommen haben, üblicherweise nicht anerkannt. Begründete Zweifel an der Anwendung des vereinfachten Ertragswertverfahrens können sich auch dann ergeben, wenn der zukünftige Jahresertrag nicht aus der Vergangenheit abgeleitet werden kann, wie beispielsweise bei Wachstumsunternehmen, bei branchenbezogenen oder allgemeinen Krisensituationen und bei absehbaren Veränderungen des Unternehmens (R B 199.1 Abs. 6 ErbStR). Will die Finanzbehörde oder der Steuerpflichtige einen höheren bzw niedrigeren Wert ansetzen als den Betrag, der sich aus dem vereinfachten Ertragswertverfahren ergibt, tragen sie die Feststellungslast für den abweichenden Wert (R B 199.1 Abs. 4 ErbStR).

(2) Wertermittlung: Nach dem vereinfachten Ertragswertverfahren wird der Wert der Anteile an einer Kapitalgesellschaft wie folgt berechnet (§ 200 – § 203 BewG, R B 200 ErbStR): 670

	Jahresertrag, abgeleitet aus dem Durchschnitt der Betriebsergebnisse der letzten drei Jahre (Durchschnittsertrag, § 201, § 202 BewG)
×	Kapitalisierungsfaktor (§ 203 BewG): 13,75
=	**Ertragswert des betriebsnotwendigen Vermögens** (§ 200 Abs. 1 BewG)
+	gemeiner Wert des **nicht betriebsnotwendigen Vermögens** abzüglich der damit zusammenhängenden Schulden (§ 200 Abs. 2 BewG)
+	gemeiner Wert von **Beteiligungen** an (anderen) Personen- oder Kapitalgesellschaften (Tochterunternehmen, § 200 Abs. 3 BewG)
+	gemeiner Wert der Wirtschaftsgüter, die in den letzten zwei Jahren vor dem Bewertungsstichtag **eingelegt** wurden, abzüglich der damit zusammenhängenden Schulden (**junges Betriebsvermögen**, § 200 Abs. 4 BewG)
=	**gemeiner Wert des Betriebsvermögens** der Kapitalgesellschaft (Ergebnis des ersten Schritts)
×	Beteiligungsquote
=	**Wert der Anteile** an der Kapitalgesellschaft (Ergebnis des zweiten Schritts)

Abb. 41: Bewertung von Anteilen an einer Kapitalgesellschaft nach dem vereinfachten Ertragswertverfahren

(3) Ertragswert des betriebsnotwendigen Vermögens: Ausgangspunkt zur Bewertung nach dem vereinfachten Ertragswertverfahren bildet der zukünftig nachhaltig erzielbare (ausschüttbare) **Jahresertrag**. Zu dessen Ermittlung bildet der Durchschnitt der in den letzten drei Jahren von der Kapitalgesellschaft tatsächlich erzielten Betriebsergebnisse (Durchschnittsertrag) die Grundlage (§ 201 Abs. 1, 2 BewG). 671

	Ausgangswert: Gewinn nach § 4 Abs. 1 S. 1 EStG iVm § 8 Abs. 1 KStG, einschließlich steuerfreier Betriebseinnahmen und nichtabziehbarer Betriebsausgaben
±	**nicht nachhaltig erzielbare Erträge und Aufwendungen**
	+ Sonderabschreibungen, erhöhte Absetzungen, Bewertungsabschläge, Investitionsabzugsbeträge, Teilwertabschreibungen (auf den Jahresertrag wirken sich damit nur die planmäßigen Abschreibungen aus, die sich aus einer linearen Abschreibung ergeben)
	– Wertaufholungen nach vorangegangener Teilwertabschreibung
	+ Zuführungen zu steuerfreien Rücklagen
	– Auflösung von steuerfreien Rücklagen
	– einmalige Veräußerungsgewinne/außerordentliche Erträge
	+ einmalige Veräußerungsverluste/außerordentliche Aufwendungen
	+ Investitionszulagen, wenn in Zukunft mit weiteren Investitionszulagen gerechnet werden kann
+	**Abschreibungen auf den (derivativen) Geschäfts- oder Firmenwert**
+	**tatsächlich verrechneter Ertragsteueraufwand (Körperschaftsteuer, Solidaritätszuschlag, Gewerbesteuer)**
–	**angemessener Unternehmerlohn** und angemessener Lohn für mitarbeitende Familienmitglieder, sofern diese Werte nicht bereits bei Ermittlung des Gewinns als Personalaufwand berücksichtigt wurden
±	**Erträge, übernommene Verluste und Aufwendungen im Zusammenhang mit Wirtschaftsgütern, für die der gemeine Wert getrennt ermittelt wird** (nicht betriebsnotwendiges Vermögen, Beteiligungen an Personen- oder Kapitalgesellschaften sowie Wirtschaftsgüter, die in den letzten zwei Jahren vor dem Bewertungsstichtag eingelegt wurden)
=	Betriebsergebnis vor Unternehmenssteuern
–	**pauschalierter Ertragsteueraufwand** (30% des positiven Betriebsergebnisses)
=	**Betriebsergebnis nach Unternehmenssteuern**
	Addition der Betriebsergebnisse nach Unternehmenssteuern der letzten drei Jahre und Division durch drei
=	**nachhaltig erzielbarer Jahresertrag**

Abb. 42: Ermittlung des nachhaltig erzielbaren Jahresertrags aus den Betriebsergebnissen

Um den ausschüttbaren Gewinn zu erhalten, sind die steuerpflichtigen Einkünfte aus Gewerbebetrieb um steuerfreie Betriebseinnahmen zu erhöhen und um nichtabziehbare Betriebsausgaben zu kürzen.

Da die nachhaltig erzielbaren Betriebsergebnisse zu ermitteln sind, sind die in der Vergangenheit tatsächlich erzielten (Steuerbilanz-)Gewinne um nicht aus dem eigentlichen Geschäftsbetrieb resultierende Erträge und Aufwendungen zu korrigieren und um aperiodische Vorgänge zu bereinigen (§ 202 BewG).

Die Abschreibungen auf den entgeltlich erworbenen Geschäfts- oder Firmenwert sind aus den Betriebsergebnissen herauszurechnen, weil der Wert des Anteils unabhängig davon sein soll, ob neben dem (nicht aktivierten) originären Geschäfts- oder Firmenwert ein (aktivierungspflichtiger) derivativer Geschäfts- oder Firmenwert vorhanden ist.

Der Ertragsteueraufwand der zu bewertenden Kapitalgesellschaft wird pauschal mit 30% eines positiven Betriebsergebnisses angesetzt (§ 202 Abs. 3 BewG). Da der pauschaliert vorgegebene Ertragsteueraufwand abgezogen wird, sind die tatsächlich von der Kapitalgesellschaft gezahlten Steuern zu addieren. Dadurch wird ein doppelter Abzug der Ertragsteuern vermieden.

Sofern für die Geschäftsführungstätigkeit eines Gesellschafters keine Aufwendungen verrechnet wurden, ist ein angemessener Unternehmerlohn abzuziehen.

Erträge und Aufwendungen, die im Zusammenhang mit Wirtschaftsgütern stehen, für die ein eigenständiger gemeiner Wert anzusetzen ist (nicht betriebsnotwendiges Vermögen, Beteiligungen an Tochterunternehmen, junges Betriebsvermögen), sind zur Vermeidung einer doppelten Erfassung zu kürzen bzw zu addieren.

Aus dem sich daraus ergebenden **Betriebsergebnis** der letzten drei Jahre ist der **Durchschnittsertrag** zu ermitteln (R B 201, R B 202 ErbStR).

Zur Ermittlung des **Ertragswerts des betriebsnotwendigen Vermögens** ist der nachhaltig erzielbare Jahresertrag mit dem **Kapitalisierungsfaktor von 13,75** zu multiplizieren (§ 203 BewG). Der Kapitalisierungsfaktor von 13,75 gilt für alle Unternehmen und ist in jedem Jahr gleich. Bis zum Jahr 2015 wurde der Kapitalisierungsfaktor als Kehrwert des Kalkulationszinssatzes berechnet. Der Kalkulationszinssatz setzte sich aus den beiden Komponenten „Basiszins“ und „Zuschlag“ zusammen (§ 203 BewG aF). Der Basiszins wurde aus der langfristig erzielbaren Rendite öffentlicher Anleihen abgeleitet. Er wurde jeweils auf den ersten Börsentag eines Jahres ermittelt und für alle Erwerbe des betreffenden Kalenderjahres verwendet. Für das Jahr 2015, dh für das Jahr, in dem zum letzten Mal die alte Rechtslage angewendet wurde, wurde der Basiszins auf 0,99% festgesetzt.[10] Der Risikozuschlag betrug für alle Unternehmen und in jedem Jahr einheitlich 4,50%. Daraus ergab sich ein Kalkulationszinssatz von 5,49% (= 0,99% + 4,50%). Damit betrug der Kapitalisierungsfaktor für Bewertungen, die im Jahr 2015 durchgeführt wurden, 18,2149 = 1/5,49%. Bezogen auf diese Berechnungen ergibt sich nach aktueller Rechtslage eine um ca. ein Viertel geringere Bemessungsgrundlage: (18,2149 – 13,75)/18,2149. 672

Bei Familienunternehmen wird vom Wert der Anteile ein Abschlag von bis zu 30% vorgenommen, wenn der Gesellschaftsvertrag oder die Satzung Bestimmungen enthält, die (1) die Ausschüttung auf höchstens 37,5% des um die auf den Gewinnanteil oder die Ausschüttungen aus der Gesellschaft entfallenden Steuern vom Einkommen gekürzten Betrages des steuerrechtlichen Gewinns beschränken, (2) die Verfügung über den Anteil an der Kapitalgesellschaft auf Mitgesellschafter, auf Angehörige iSd § 15 AO oder auf eine Familienstiftung beschränken und (3) für den Fall des Ausscheidens aus der Gesellschaft eine Abfindung vorsehen, die unter dem gemeinen Wert des Anteils an der Kapitalgesellschaft liegt. Diese Voraussetzungen müssen zwei Jahre vor der Übertragung und über einen Zeitraum von 20 Jahren nach der Übertragung vorliegen (§ 13a Abs. 9 ErbStG). Bezogen auf die im Jahr 2015 vorgenommene Bewertung reduziert sich durch das Zusammenwirken des Abschlags für Familienunternehmen nach

10 Vgl BMF-Schreiben vom 2.1.2015, BStBl. 2015 I, S. 6. § 203 BewG in seiner aktuellen Fassung ist seit dem 1.1.2016 anzuwenden (§ 205 Abs. 11 BewG). Da diese Regelung erst im Laufe des Jahres 2016 verabschiedet wurde, ist der für das Jahr 2016 veröffentlichte Basiszins von 1,10% nur im Rahmen einer Übergangsregelung bedeutsam, vgl BMF-Schreiben vom 4.1.2016, BStBl. 2016 I, S. 5 iVm Gleich lautende Erlasse der obersten Finanzbehörden der Länder vom 11.5.2017, BStBl. 2017 I, S. 751.

§ 13a Abs. 9 ErbStG und der Festlegung des Kapitalisierungsfaktors auf 13,75 (§ 203 BewG) der Wert der Anteil auf etwa die Hälfte: 13,75 × (1 – 30%) bezogen auf 18,2149.

673 *(4) Wirtschaftsgüter, die mit dem gesondert ermittelten gemeinen Wert angesetzt werden:* Zum Ertragswert des betriebsnotwendigen Vermögens ist der jeweils getrennt ermittelte gemeine Wert des nicht betriebsnotwendigen Vermögens, von Beteiligungen an Personen- oder Kapitalgesellschaften sowie von Wirtschaftsgütern, die in den letzten zwei Jahren vor dem Bewertungsstichtag eingelegt wurden, zu addieren. Die mit diesen Wirtschaftsgütern zusammenhängenden Schulden sind abzuziehen.

Nicht betriebsnotwendige Wirtschaftsgüter sind definiert als Wirtschaftsgüter, die aus dem Unternehmen herausgelöst werden können, ohne die eigentliche Unternehmenstätigkeit zu beeinträchtigen (§ 200 Abs. 2 BewG). Welche Wirtschaftsgüter als nicht betriebsnotwendig anzusehen sind, hängt vom jeweiligen Unternehmenszweck ab. Beispiele hierfür können Grundstücke, Gebäude, Kunstgegenstände oder Wertpapiere sein. Ob ein Wirtschaftsgut zum nicht betriebsnotwendigen Vermögen gehört, ist im Einzelfall zu prüfen. Die Abgrenzung „betriebsnotwendiges Vermögen – nicht betriebsnotwendiges Vermögen" deckt sich nicht mit der ertragsteuerlichen Einteilung in „notwendiges Betriebsvermögen – gewillkürtes Betriebsvermögen" (R B 200 Abs. 2 ErbStR).

Anteile an einer Kapitalgesellschaft und **Beteiligungen** an einer Personengesellschaft sind gesondert mit einem eigenständig zu ermittelnden gemeinen Wert einzubeziehen. Die gesonderte Bewertung von Tochterunternehmen ist unabhängig von einer Mindestbeteiligung. Bei Beteiligungen, die von geringer Bedeutung sind, kann der gemeine Wert vereinfachend aus der durchschnittlichen Bruttoausschüttung (anstatt aus dem Durchschnittsertrag) der letzten drei Jahre abgeleitet werden. Wird von dieser Vereinfachung Gebrauch gemacht, ist als Mindestwert der Steuerbilanzwert anzusetzen (R B 200 Abs. 3, 4 ErbStR).

Für Wirtschaftsgüter, die innerhalb der letzten zwei Jahre vor dem Bewertungsstichtag eingelegt wurden (**junges Betriebsvermögen**), ist der jeweilige gemeine Wert anzusetzen. Es wird angenommen, dass diese Wirtschaftsgüter den nachhaltig erzielbaren Ertrag noch nicht beeinflusst haben (R B 200 Abs. 5 ErbStR).

674 *(5) Paketzuschlag und Mindestwert:* Beim vereinfachten Ertragswertverfahren wird grundsätzlich auch dann kein Paketzuschlag verrechnet, wenn mehr als 25% der Anteile übertragen werden (R B 11.6 Abs. 2 S. 3 ErbStR). Der nach dem vereinfachten Ertragswertverfahren ermittelte Wert ist dann nicht zu übernehmen, wenn er niedriger ist als der mindestens anzusetzende Substanzwert (§ 11 Abs. 2 S. 3 BewG).

675 *(6) Beispiel:* Die Vorgehensweise zur Ermittlung des gemeinen Werts der Anteile an einer Kapitalgesellschaft wird durch das folgende Zahlenbeispiel nochmals verdeutlicht:

Beispiel: Am Stammkapital der A-GmbH ist der Gesellschafter A zu 60% beteiligt. A überträgt im Jahr 00 seinen Anteil an der A-GmbH durch Schenkung auf seinen Sohn.

		Jahr -03	Jahr -02	Jahr -01
	Ausgangsgröße: Gewinn nach § 4 Abs. 1 S. 1 EStG iVm § 8 Abs. 1 KStG (§ 202 Abs. 1 S. 1 BewG)	82 000 €	86 000 €	88 000 €
+	Sonderabschreibungen	5 000 €	5 000 €	–.–
–	einmalige Veräußerungsgewinne	–.–	8 000 €	–.–
+	Absetzungen auf den derivativen Geschäfts- oder Firmenwert	9 000 €	9 000 €	9 000 €
+	verrechneter Ertragsteueraufwand	12 500 €	13 800 €	14 300 €
–	angemessener Unternehmerlohn	entfällt, da Geschäftsführungsgehalt aufwandswirksam verrechnet wurde		
–	Erträge des nicht betriebsnotwendigen Betriebsvermögens	4 000 €	4 000 €	4 000 €
=	**Betriebsergebnis vor Unternehmenssteuern** (§ 202 Abs. 1 BewG)	104 500 €	101 800 €	107 300 €
–	pauschalierter Ertragsteueraufwand (30% des positiven Betriebsergebnisses, § 202 Abs. 3 BewG)	31 350 €	30 540 €	32 190 €
=	**Betriebsergebnis nach Unternehmenssteuern** Addition der Betriebsergebnisse und Division durch drei (§ 201 Abs. 2 BewG)	**73 150 €**	**71 260 €**	**75 110 €**
=	**nachhaltig erzielbarer Jahresertrag (§ 201, § 202 BewG)**			**73 173 €**
×	Kapitalisierungsfaktor (§ 203 BewG)			13,75
=	**Ertragswert des betriebsnotwendigen Vermögens (§ 201 Abs. 1 BewG)**			**1 006 128 €**
+	gemeiner Wert des nicht betriebsnotwendigen Vermögens (§ 200 Abs. 2 BewG)			100 000 €
=	**gemeiner Wert des Betriebsvermögens der Kapitalgesellschaft**			**1 106 128 €**
×	Beteiligungsquote			60%
=	**Wert der Anteile des Gesellschafters A an der A-GmbH**			**663 676 €**

Beim vereinfachten Ertragswertverfahren wird regelmäßig kein Paketzuschlag verrechnet. Der Wert des vom Gesellschafter A übertragenen Anteils wird mit 663 676 € bewertet, sofern der (anteilige) Substanzwert nicht über diesem Betrag liegt.

(7) Beurteilung: Die Beurteilung des vereinfachten Ertragswertverfahrens erfolgt durch einen Vergleich mit dem Ertragswertverfahren nach IDW S 1.[11] 676

11 Siehe hierzu Bruckmeier/Zwirner/Mugler, DStR 2011, S. 422; Bruckmeier/Zwirner/Vodermeier, DStR 2017, S. 678; Dorfleitner/Ilmberger/Meyer-Scharenberg, DBW 2010, S. 7; Hinz, BFuP 2011, S. 304; Ihlau/Rühl, Steuer-Journal 2008, S. 31; Kohl/Schilling, StuB 2008, S. 909; Pawelzik, Ubg 2010, S. 883; Spengel/Elschner, Ubg 2008, S. 408. Zu einer empirischen Analyse siehe Henselmann/Schrenker/Schneider, CF biz 2010, S. 397; Müller/Sureth, zfbf, Sonderheft 63/2011 (Unternehmensrechnung, Besteuerung, Regulierung und Rationalität), S. 45; Watrin/Kappenberg, DBW 2012, S. 573.

Beide Verfahren beruhen auf dem gleichen methodischen Ansatz, sodass sie im Ausgangspunkt übereinstimmen. Ein wesentlicher Kritikpunkt am vereinfachten Ertragswertverfahren liegt in seinem **Vergangenheitsbezug**. Die Ableitung des Anteilswerts aus dem Durchschnitt der Betriebsergebnisse der letzten drei Jahre widerspricht den Grundsätzen einer betriebswirtschaftlichen Bewertung, wonach von den zukünftig zu erwartenden Erträgen auszugehen ist. Diese Abweichung erleichtert zwar die praktische Anwendung. Bei in der Zukunft sinkenden Erträgen führt das vereinfachte Ertragswertverfahren jedoch grundsätzlich zu überhöhten Werten. Umgekehrt löst es bei Unternehmen, bei denen in den kommenden Jahren ein Anstieg der Erträge zu erwarten ist, regelmäßig eine Unterbewertung aus.[12]

Im Kapitalisierungsfaktor nach § 203 BewG sind der Zinssatz für die Alternativanlage und der Risikozuschlag zusammengefasst. Geht man von der im Jahr 2015 geltenden Rechtslage aus, ergibt sich aus dem damals geltenden einheitlichen Risikozuschlag von 4,50% und dem derzeit anzuwendenden Kapitalisierungsfaktor von 13,75 implizit ein **Basiszinssatz** von 2,77%: 100/13,75 – 4,50 = 7,27 – 4,50. Dieser Zinssatz liegt über dem derzeit nach IDW S 1 herangezogenen (risikolosen) Basiszinssatz von 1,25%.[13] Isoliert betrachtet ergibt sich aus diesem mittelbar errechneten Basiszinssatz von 2,77% eine Unterbewertung. Nach IDW S 1 setzt sich der **Risikozuschlag** aus einer Marktrisikoprämie und einem unternehmensindividuellen Betafaktor zusammen. Demgegenüber bleibt im Steuerrecht durch die verbindliche Vorgabe eines einheitlichen Zuschlags von 4,50% das individuelle Ertragsrisiko des zu bewertenden Unternehmens unberücksichtigt. Je höher (niedriger) das Ertragsrisiko des zu bewertenden Unternehmens ist, umso eher kommt es beim vereinfachten Ertragswertverfahren im Vergleich zu einer Unternehmensbewertung nach betriebswirtschaftlichen Grundsätzen zu einer Überbewertung (Unterbewertung). Fasst man die beiden Komponenten des Kalkulationszinssatzes zusammen, führen bei einem betriebsindividuellen Risikozuschlag von 6,02% die beiden Verfahren zum gleichen Unternehmenswert. Bei beiden Verfahren werden die Erträge mit einem Kalkulationszinssatz von 7,27% abgezinst: vereinfachtes Ertragswertverfahren 100/13,75 versus IDW S 1 1,25% + 6,02%.

677 Bei der Bewertung von Anteilen an einer Kapitalgesellschaft werden die **steuerlichen Effekte** beim vereinfachten Ertragswertverfahren grundsätzlich korrekt erfasst, sofern man von einer Vollausschüttung ausgeht und es sich beim Anteilseigner um eine natürliche Person handelt, bei der die Beteiligung an der zu bewertenden Kapitalgesellschaft ertragsteuerlich dem Privatvermögen zugeordnet wird.[14] Erträge, die über eine Kapitalgesellschaft erwirtschaftet werden, sind um die auf Ebene der Kapitalgesellschaft anfallenden Steuern (s_{KapGes}) und die Besteuerung der Dividenden mit Abgeltungsteuer zuzüglich Solidaritätszuschlag (s_{AbgSt}) zu vermindern. Bei einer Alternativanlage am Kapitalmarkt unterliegen die Erträge (KZF) gleichfalls der 25%igen Abgeltungsteuer (gesonderter Steuersatz nach § 32d EStG für Einkünfte aus Kapital-

12 Zu Ausnahmen siehe R B 199.1. Abs. 5, 6 ErbStR.

13 Zur Berechnungsmethodik des Basiszinssatzes siehe FN-IDW 2008, S. 490; FN-IDW 2013, S. 363. Für den aktuellen Basiszinssatz von 1,25% vgl Wenzel/Hoffmann, nwb Arbeitshilfe Februar 2018 zu Basiszinssätze für Unternehmensbewertungen nach IDW S 1 idF 2008 bzw. IDW RS HFA 10.

14 Siehe hierzu Spengel/Elschner, Ubg 2008, S. 410; Wollny, DStR 2012, S. 1356.

vermögen zuzüglich Solidaritätszuschlag). Nach **betriebswirtschaftlichen Überlegungen** gilt damit beim Ertragswertverfahren für den Unternehmenswert folgender Ansatz:[15]

Wert der Kapitalgesellschaft

$$\text{Erträge} \times (1 - s_{KapGes}) \times (1 - s_{AbgSt})/\text{KZF} \times (1 - s_{AbgSt})$$

Da sich die Besteuerung der Dividenden (Belastung der Unternehmensgewinne auf Ebene der Anteilseigner bei Ausschüttung der Gewinne) und die Besteuerung der Alternativanlage ausgleichen, können diese beiden Steuereffekte (= Abgeltungsteuer zuzüglich Solidaritätszuschlag) aus der Berechnungsformel gekürzt werden:

$$\text{Erträge} \times (1 - s_{KapGes})/\text{KZF}$$

Beim vereinfachten Ertragswertverfahren sieht das **Bewertungsgesetz** für den Unternehmenswert folgende Berechnungsformel vor:

$$\text{Erträge} \times (1 - 30\%) \times \text{Kapitalisierungsfaktor}$$

Da der Kapitalisierungsfaktor dem Kehrwert des Kalkulationszinssatzes entspricht, kann die Bewertungsformel des BewG wie folgt umgeformt werden:

$$\text{Erträge} \times (1 - 30\%)/\text{KZF}$$

Die pauschalierende Vorgabe der Ertragsteuerbelastung auf Ebene der Kapitalgesellschaft kann akzeptiert werden. Bei einem Gewerbesteuerhebesatz von 405% stimmt die Belastung mit Körperschaftsteuer, Solidaritätszuschlag und Gewerbesteuer mit 30% überein:

$$30\% = 15\% + 15\% \times 5{,}5\% + 3{,}5\% \times 405\%$$

Die vom Gesetzgeber angenommene Vollausschüttung der Gewinne[16] ist für die Steuerpflichtigen vorteilhaft, sofern die Gewinne vorübergehend thesauriert werden. In diesem Fall fällt die Steuerbelastung auf die Dividenden erst in zukünftigen Jahren an, nach der im BewG enthaltenen Berechnungsformel wird jedoch von einer sofortigen Erhebung der auf Gewinnausschüttungen lastenden Einkommensteuer ausgegangen.

Das **nicht betriebsnotwendige Vermögen** wird mit dem gemeinen Wert bewertet, **678**
während in der Betriebswirtschaftslehre üblicherweise der nach Abzug der Ertragsteuern verbleibende Liquidationswert angesetzt wird. Beim vereinfachten Ertragswertverfahren kommt es also insoweit zu einer Überbewertung.

Die Sonderbehandlung von Wirtschaftsgütern, die vor weniger als zwei Jahren vor dem Bewertungsstichtag eingelegt wurden, ist als pauschale Missbrauchsvorschrift

---

15 Auf Ebene der Kapitalgesellschaft sind die Körperschaftsteuer zuzüglich Solidaritätszuschlag und die Gewerbesteuer zu berücksichtigen. Bei der Besteuerung der Dividenden und der (Zins-)Erträge aus der Anlage am Kapitalmarkt ist die Abgeltungsteuer um den Solidaritätszuschlag zu erhöhen.

16 Das gleiche Ergebnis tritt ein, wenn die Kapitalgesellschaft ihre Gewinne thesauriert und der Gesellschafter Anteile im Wert der einbehaltenen Gewinne veräußert.

zu werten. Sofern es nicht gelingt, die mit dem **jungen Betriebsvermögen** erzielten Erträge aus dem Durchschnittsertrag herauszurechnen, kommt es zu einer Doppelerfassung.

	vereinfachtes Ertragswertverfahren	**Ertragswertverfahren nach IDW S 1**
methodischer Ansatz	Vergleich der Erträge mit einer Alternativanlage am Kapitalmarkt	Vergleich der Erträge mit einer Alternativanlage am Kapitalmarkt
Zeitbezug der Erträge	Durchschnitt der letzten drei Jahre	zukünftig zu erwartende Erträge
Zinssatz	-.- (implizit 2,77%)	aktueller Zinssatz
Risikozuschlag	-.- (bis zum Jahr 2015 einheitlich 4,50%)	betriebsindividuell
Erfassung der Besteuerung der Kapitalgesellschaft	Ertragsteuerbelastung mit 30% pauschaliert	konkrete Ertragsteuerbelastung der Kapitalgesellschaft
Erfassung der Gewinnverwendung und der Besteuerung der Anteilseigner	Vollausschüttung	Detailplanungsphase: auf Basis der unternehmensindividuellen Planung (falls nicht vorhanden: sachgerechte Prämisse); ewige Rentenphase: Äquivalenz zur Alternativanlage
	Besteuerung der Ausschüttung mit Abgeltungsteuer (Besteuerung der Ausschüttung identisch mit Besteuerung der Alternativanlage am Kapitalmarkt, im Ergebnis kein Einbezug)	sog mittelbare Typisierung der Besteuerung des Anteilseigners (Besteuerung der Ausschüttung identisch mit Besteuerung der Alternativanlage, im Ergebnis kein Einbezug)
nicht betriebsnotwendiges Vermögen	gemeiner Wert	Liquidationswert abzüglich beim Verkauf anfallende Ertragsteuern
junges Betriebsvermögen	gesonderter Ansatz mit dem gemeinen Wert (mit Gefahr einer Doppelerfassung)	bei Ermittlung der zu erwartenden Erträge einbezogen (keine Doppelerfassung)
Paketzuschlag	idR kein Paketzuschlag	Paketzuschlag von bis zu 25%, wenn der Beteiligungscharakter noch nicht berücksichtigt wurde

Abb. 43: Vergleich zwischen dem vereinfachten Ertragswertverfahren und einer Unternehmensbewertung nach IDW S 1

Beim betriebswirtschaftlichen Ertragswertverfahren ist ein **Paketzuschlag** vorzunehmen, wenn bei der Ermittlung des Unternehmenswerts der Beteiligungscharakter noch nicht berücksichtigt wurde (§ 11 Abs. 3 BewG). Beim vereinfachten Ertragswertverfahren ist in der Regel kein Paketzuschlag anzusetzen.

679 *(8) Zielkonflikt zwischen individueller Bewertung und standardisiertem Bewertungsverfahren:* Standardisierte Bewertungsverfahren (zB vereinfachtes Ertragswertverfahren) weisen den Vorteil auf, dass sie in der praktischen Handhabung regelmäßig einfacher sind und sie deshalb mit geringeren Erhebungskosten verbunden sind. Zugunsten von standardisierten Bewertungsverfahren spricht auch, dass durch die Vorgabe von konkreten Bewertungsregeln der Ermessensspielraum des Steuerpflichtigen eingeschränkt wird. Demgegenüber gelten Verfahren, bei denen die einzelnen Bewertungsparameter individuell festgelegt werden (zB Ertragswertverfahren nach IDW S 1), als „genauer“ und damit als „gerechter“.[17]

Die Besteuerung sollte zur Objektivierung (Grundsatz der Rechtssicherheit) anhand von verwirklichten Größen erfolgen (ex-post-Größen). Demgegenüber beruhen Unternehmensbewertungen auf Grundlage betriebswirtschaftlicher Grundsätze auf zu erwartenden Einzahlungsüberschüssen, dh auf Planungsgrößen (ex-ante-Größen). Es ist aber zweifelhaft, ob die Ermittlung der zu erwartenden Erträge in einem steuerlichen Massenverfahren in intersubjektiv nachprüfbarer Weise möglich ist.

Bei der Unternehmensbewertung sind nicht nur die zukünftigen Erträge des konkreten Unternehmens zu bestimmen. Auch der Kalkulationszinssatz, mit dem diese Erträge abgezinst werden, ist entsprechend den individuellen Verhältnissen des Steuerpflichtigen zu bestimmen. Aus methodischer Sicht leitet sich der Kalkulationszinssatz aus der Rendite der besten, gerade nicht mehr realisierten Alternativanlage ab. Die Besteuerung dieser Sachinvestition (Grenzinvestition) ist im Kalkulationszinssatz zu erfassen. Dies führt nicht nur zu einer Erhöhung der rechentechnischen Schwierigkeiten, sondern auch dazu, dass der Kalkulationszinssatz nicht mehr in allgemeiner Form angegeben werden kann, sondern für jeden Steuerpflichtigen anders ausfällt. Dies bedeutet, dass der Wert des Unternehmens von den Investitionsalternativen abhängt, die dem jeweiligen Steuerpflichtigen zur Verfügung stehen. Je höher die Rendite der dem Steuerpflichtigen zur Verfügung stehenden Alternativanlagen ist, umso geringer ist der Wert des zu bewertenden Unternehmens. Umgekehrt gilt, dass die erbschaftsteuerliche Bemessungsgrundlage umso höher ausfällt, je niedriger die Rendite der dem Erben bzw Beschenkten zur Verfügung stehenden Alternativanlagen ist.

Um diese Problematik zu vermeiden, wird als Alternativanlage regelmäßig eine Anla- **680**
ge am Kapitalmarkt angenommen. Damit wird die Problematik der subjektabhängigen Bewertung aber nicht gelöst, sondern das Subjektivitätsproblem auf die Konkretisierung des Zuschlags zum Kapitalmarktzinssatz verlagert. Die vielfältigen Diskussionen über die Fragen, welche Zuschläge dem Grunde nach einzubeziehen sind und in welcher Höhe diese zu konkretisieren sind, verdeutlicht die damit verbundene Schwierigkeit.

Das Abstellen auf einen individuell ermittelten Gutachtenwert ist auch kein voll be- **681**
friedigender Weg. Die Bestimmung eines Gutachtenwerts ist nämlich immer interessenorientiert. Diese Aussage gilt unabhängig davon, ob die Bewertung durch den Steuerpflichtigen, durch die Finanzbehörden, durch einen vom Steuerpflichtigen beauftragten Gutachter oder durch einen von den Finanzbehörden bestellten Gutachter vorgenommen wird.

17 Die Argumentation lehnt sich an Hey/Maiterth/Houben, Zukunft der Vermögensbesteuerung, IFSt-Schrift Nr. 483, Berlin 2012, S. 115–117, an.

Lässt man bei der Verwendung von standardisierten Bewertungsverfahren den Nachweis von geringeren Werten durch ein Gutachten zu, werden die Erhebungskosten nur zum Teil reduziert. Darüber hinaus wird der „Gegenbeweis" nur von denjenigen geführt, die davon profitieren. Diejenigen, für die sich nach dem standardisierten Bewertungsverfahren ein „günstigerer" Wert ergibt, werden diese Begünstigung akzeptieren. Ob dies mit dem Grundsatz der Gleichmäßigkeit der Besteuerung vereinbar ist, erscheint zweifelhaft.

Der bei der Auswahl des Bewertungsverfahrens auftretende Zielkonflikt lässt sich in einem steuerlichen Massenverfahren nicht lösen. Dies bedeutet, dass nicht eindeutig angegeben werden kann, ob individuell ermittelte Werte näher am (unbekannten) gemeinen Wert des Unternehmens liegen als die nach einem standardisierten Verfahren ermittelten Werte. Damit ist unklar, ob das Ertragswertverfahren nach IDW S 1 oder das vereinfachte Ertragswertverfahren vorzuziehen ist.

F. Andere anerkannte, auch für nichtsteuerliche Zwecke übliche Methoden

682 Liegen weder eine Börsennotierung noch zeitnahe Verkäufe zwischen fremden Dritten vor, ist der Wert der Anteile vorrangig durch eine ertragsorientierte Bewertung (betriebswirtschaftliches oder vereinfachtes Ertragswertverfahren) zu ermitteln. Nach § 11 Abs. 2 S. 2 BewG kann allerdings eine andere Methode angewendet werden, sofern diese Methode

- anerkannt und im gewöhnlichen Geschäftsverkehr für nichtsteuerliche Zwecke üblich ist und
- ein gedachter Erwerber sie bei der Bestimmung des Kaufpreises zugrunde legen würde.

Anhaltspunkte dafür, dass ein Erwerber anstelle eines ertragsorientierten Verfahrens eine andere Methode verwenden würde, können sich insbesondere aus branchenspezifischen Verlautbarungen (zB Veröffentlichungen von Kammern, wie IHK oder Steuerberaterkammer) ergeben. Diese Voraussetzungen erfüllen insbesondere vergleichsorientierte Methoden und die **Multiplikatormethode**.[18] Wird eine anerkannte, auch für nichtsteuerliche Zwecke übliche Methode herangezogen, ist der Wert durch Vorlage eines methodisch nicht zu beanstandenden Gutachtens zu belegen (R B 11.2 Abs. 2 ErbStR).

Da vorrangig eine ertragsorientierte Bewertung vorzunehmen ist, wird in der Praxis eine andere im gewöhnlichen Geschäftsverkehr für nichtsteuerliche Zwecke anerkannte Methode nur dann herangezogen, wenn sich der Steuerpflichtige darauf beruft, dh wenn ein ertragsorientiertes Verfahren zu einem höheren Wert führt. Führen die anderen nichtsteuerlichen Methoden zu einem höheren Wert, kann die Finanzbehörde

18 Vgl Buchner/Friedl, DStR 2017, S. 1775; Buchner/Friedl/Hinterdobler, DStR 2017, S. 1341; Creutzmann, DB 2009, S. 2784; Knief, DB 2009, S. 866 sowie zu den Grundsätzen der vergleichsorientierten Methoden und der Multiplikatormethode Löhnert/Böckmann, in: Peemöller (Hrsg.), Praxishandbuch der Unternehmensbewertung, 6. Aufl., Herne 2015, S. 785-802.

die Auffassung vertreten, dass der nach dem vereinfachten Ertragswertverfahren ermittelte Wert offensichtlich unzutreffend ist.

Werden mehr als 25% der Anteile übertragen, ist ein Paketzuschlag vorzunehmen, sofern der Beteiligungscharakter bei der Wertermittlung noch nicht berücksichtigt wurde (§ 11 Abs. 3 BewG). Der nach einer im gewöhnlichen Geschäftsverkehr anerkannten Methode ermittelte Wert ist nur zu übernehmen, wenn er nicht niedriger ist als der Substanzwert (Mindestwert nach § 11 Abs. 2 S. 3 BewG).

G. Mindestwert: Substanzwert

Wird der gemeine Wert durch ein Gutachten (betriebswirtschaftliches Ertragswertverfahren oder eine andere im gewöhnlichen Geschäftsverkehr für nichtsteuerliche Zwecke übliche Methode) oder durch das vereinfachte Ertragswertverfahren ermittelt, ist als Mindestwert der (anteilige) Substanzwert der Kapitalgesellschaft anzusetzen (§ 11 Abs. 2 S. 3 BewG).[19] **683**

Bei der Ermittlung der Wertuntergrenze „Substanzwert" sind die aktiven und passiven Wirtschaftsgüter anzusetzen, die dem Betriebsvermögen der Kapitalgesellschaft zuzurechnen sind. Sie sind dem Grunde nach auch dann einzubeziehen, wenn in der Steuerbilanz ein Aktivierungsverbot (so bei selbst geschaffenen immateriellen Wirtschaftsgütern des Anlagevermögens) oder ein Passivierungsverbot (so zB bei Rückstellungen für drohende Verluste aus schwebenden Geschäften) besteht.

Der Geschäfts- oder Firmenwert ist nicht anzusetzen. Dies gilt unabhängig davon, ob er selbst geschaffen oder entgeltlich erworben wurde. Da der Geschäfts- oder Firmenwert als Differenz zwischen dem Gesamtwert eines Unternehmens und dem Wert der einzelnen Wirtschaftsgüter definiert ist, würde bei einem Einbezug des Geschäfts- oder Firmenwerts zwischen dem Ertragswert und dem Substanzwert der Kapitalgesellschaft kein Unterschied bestehen.

Die zum Betriebsvermögen der Kapitalgesellschaft gehörenden Wirtschaftsgüter sind einzeln mit dem gemeinen Wert zu bewerten. Grundbesitz und Anteile an Kapitalgesellschaften sind mit dem gesondert ermittelten gemeinen Wert (§ 151 Abs. 1 BewG) anzusetzen. Bewegliche Wirtschaftsgüter des abnutzbaren Anlagevermögens können aus Vereinfachungsgründen mit 30% der Anschaffungs- oder Herstellungskosten bewertet werden, wenn dies nicht zu offensichtlich unzutreffenden Ergebnissen führt. Für Wirtschaftsgüter des Umlaufvermögens sind die Wiederbeschaffungs- bzw Wiederherstellungskosten heranzuziehen.

Der Wert ist für den Bewertungsstichtag zu ermitteln. Wird kein Zwischenabschluss erstellt, sind zur Erfassung der Wertänderungen zwischen dem letzten Bilanzstichtag und dem Zeitpunkt der Entstehung der Erbschaft- und Schenkungsteuer (= Zeitpunkt der unentgeltlichen Übertragung der Anteile) Korrekturen vorzunehmen.

19 Zu Einzelheiten siehe R B 11.4 – R B 11.5 ErbStR.

H. Paketzuschlag

684 Überträgt ein Gesellschafter mehr als 25% der Anteile an einer Kapitalgesellschaft, ist ein Paketzuschlag vorzunehmen, sofern der Beteiligungscharakter in dem Bewertungsverfahren nicht ausreichend berücksichtigt wurde (§ 11 Abs. 3 BewG, R B 11.6 ErbStR). Der Paketzuschlag kann grundsätzlich bis zu 25% betragen, ein höherer Paketzuschlag ist nur im Einzelfall möglich. Bei einer geringen Beteiligung ist kein Abschlag wegen fehlenden Einflusses auf die Geschäftsführung zulässig.

Der Paketzuschlag ist insbesondere bei einer Bewertung zum Kurswert sowie einer Ableitung des gemeinen Werts aus zeitnahen Verkäufen vorzunehmen. Beim betriebswirtschaftlichen Ertragswertverfahren und bei einem anderen im Geschäftsverkehr üblichen Verfahren ist ein Paketzuschlag nur erforderlich, wenn der Beteiligungscharakter bei der Ermittlung des Unternehmenswerts noch nicht berücksichtigt wurde. Beim vereinfachten Ertragswertverfahren sowie bei dem als Mindestwert anzusetzenden Substanzwert ist in der Regel kein Paketzuschlag anzusetzen.

Dritter Abschnitt

Betriebsvermögen

A. Einzelunternehmen

685 *(1) Umfang des Betriebsvermögens:* Das Betriebsvermögen umfasst **alle Teile eines Gewerbebetriebs im Sinne des § 15 Abs. 1 und 2 EStG**, die bei der einkommensteuerlichen Gewinnermittlung zum Betriebsvermögen gehören (§ 12 Abs. 5 ErbStG iVm § 95 BewG). Die Merkmale eines Gewerbebetriebs kraft gewerblicher Betätigung (Selbständigkeit, Nachhaltigkeit, Gewinnerzielungsabsicht, Teilnahme am allgemeinen wirtschaftlichen Verkehr, keine Land- und Forstwirtschaft, keine Ausübung eines freien Berufs oder einer anderen selbständigen Arbeit, Umfang der Tätigkeit überschreitet den einer privaten Vermögensverwaltung) sind nicht nur für die Einkommen- und Gewerbesteuer bedeutsam. Gleichzeitig wird damit entschieden, ob die eingesetzten Wirtschaftsgüter bewertungsrechtlich zum Betriebsvermögen gehören.

Alle (aktiven) Wirtschaftsgüter und sonstigen aktiven Ansätze (zB aktive Rechnungsabgrenzungsposten) sowie alle Schulden und sonstigen Abzüge, die in der Steuerbilanz bilanziert werden (Verbindlichkeiten, Rückstellungen, passive Rechnungsabgrenzungsposten), sind auch für die Erbschaft- und Schenkungsteuer der Vermögensart „Betriebsvermögen" zuzurechnen. Anzusetzen sind auch selbst geschaffene immaterielle Wirtschaftsgüter des Anlagevermögens, für die ertragsteuerlich nach § 5 Abs. 2 EStG ein Aktivierungsverbot besteht. Nicht einzubeziehen ist allerdings der (originäre und derivative) Geschäfts- oder Firmenwert.[20]

20 Zu den Ausnahmen sowie zu den Besonderheiten bei nicht bilanzierenden Gewerbetreibenden siehe R B 95, R B 99, R B 103.1 – R B 103.3 ErbStR.

Die **Ausübung eines freien Berufs** iSd § 18 Abs. 1 Nr 1 EStG (Beispiele: Ärzte, Rechtsanwälte, Steuerberater, Architekten) wird **bewertungsrechtlich einem Gewerbebetrieb gleichgestellt**. Dies gilt auch für die Tätigkeit als Einnehmer einer staatlichen Lotterie, soweit diese nicht im Rahmen eines Gewerbebetriebs ausgeübt wird (§ 96 BewG). Wirtschaftsgüter, die für eine freiberufliche Tätigkeit genutzt werden, gelten also für die Erbschaft- und Schenkungsteuer gleichfalls als Betriebsvermögen. Damit besteht im Rahmen der Erbschaft- und Schenkungsteuer zwischen Freiberuflern und Gewerbetreibenden kein Unterschied.

(2) Bewertung des Betriebsvermögens: Der Wert des Betriebsvermögens eines Ein- **686**
zelunternehmens wird unter Berücksichtigung der **tatsächlichen Verhältnisse** und der **Wertverhältnisse** zum **jeweiligen Besteuerungsstichtag** ermittelt. Die Wertermittlung erfolgt außerhalb der Veranlagung zur Erbschaft- und Schenkungsteuer in einem gesonderten Verfahren (§ 12 Abs. 5 ErbStG iVm § 151 Abs. 1 S. 1 Nr 2 BewG).[21]

Das Betriebsvermögen von Gewerbetreibenden (gewerblich tätiger Einzelunternehmer) sowie das Betriebsvermögen von freiberuflich Tätigen (Einzelunternehmer, der Einkünfte aus freiberuflicher Tätigkeit erzielt) sind mit dem gemeinen Wert anzusetzen. Bei der Bewertung von Betriebsvermögen für die Erbschaft- und Schenkungsteuer wird im Gegensatz zur Steuerbilanz keine Einzelbewertung vorgenommen, vielmehr wird das Unternehmen als Ganzes bewertet. Die Bewertung erfolgt **grundsätzlich wie bei Anteilen an einer Kapitalgesellschaft**. Da bei Einzelunternehmen eine Börsennotierung ausscheidet, verbleiben zwei Bewertungsalternativen (§ 12 Abs. 5 ErbStG iVm § 109 Abs. 1, § 11 Abs. 2 BewG, R B 109.1 – R B 109.2 ErbStR):

- Der Wert des Einzelunternehmens bestimmt sich primär **nach dem Preis, der bei Verkäufen vereinbart wurde, die innerhalb eines Jahres vor der Übertragung zwischen fremden Dritten tatsächlich durchgeführt wurden**.
- Kann der gemeine Wert des Einzelunternehmens nicht aus Verkäufen abgeleitet werden, die innerhalb eines Jahres vor der Übertragung zwischen fremden Dritten abgewickelt wurden, ist er **unter Berücksichtigung der Ertragsaussichten des Einzelunternehmens oder nach einer anderen anerkannten, auch im gewöhnlichen Geschäftsverkehr für nichtsteuerliche Zwecke üblichen Methode** zu ermitteln. Es ist die Methode anzuwenden, die ein Erwerber des Einzelunternehmens bei der Bemessung des Kaufpreises zugrunde legen würde. Wird eine ertragswertorientierte Bewertung vorgenommen, kann entweder ein in der Betriebswirtschaftslehre anerkanntes Verfahren oder das in § 200 – § 203 BewG gesetzlich geregelte vereinfachte Ertragswertverfahren herangezogen werden (§ 199 Abs. 2 BewG). Untergrenze bildet der Substanzwert des Einzelunternehmens.

Zur Erläuterung des Ertragswertverfahrens, des vereinfachten Ertragswertverfahrens und der anderen Verfahren, die im gewöhnlichen Geschäftsverkehr für nichtsteuerliche Zwecke anerkannt und üblich sind, kann auf den vorstehenden Abschnitt „Anteile an Kapitalgesellschaften" verwiesen werden.

---

21 Zu den Verfahrensfragen bei der Feststellung des Werts des Betriebsvermögens siehe R B 151.1 – R B 156 ErbStR.

687 *(3) Besonderheiten bei Einbezug der Steuern:* Bei Kapitalgesellschaften wird innerhalb des vereinfachten Ertragswertverfahrens die Besteuerung grundsätzlich zutreffend berücksichtigt, sofern man von einer Vollausschüttung der Gewinne ausgeht und es sich beim Anteilseigner um eine natürliche Person handelt, bei der die Beteiligung an der zu bewertenden Kapitalgesellschaft ertragsteuerlich dem Privatvermögen zugeordnet wird. Demgegenüber führt bei Einzelunternehmen die Art und Weise **des Einbezugs der Besteuerung** zu einer **Unterbewertung**. Diese Unterbewertung fällt umso größer aus, je geringer die Erträge des Unternehmens sind.[22]

688 Wird als Alternativanlage eine Anlage am Kapitalmarkt (KZF) angenommen, errechnet sich nach **betriebswirtschaftlichen Grundsätzen** der Wert eines Einzelunternehmens wie folgt:

Wert des Einzelunternehmens

$$\text{Erträge} \times (1 - s_{EU})/\text{KZF} \times (1 - s_{AbgSt})$$

Die Erträge, die über ein Einzelunternehmen erzielt werden, unterliegen der Einkommensteuer, dem Solidaritätszuschlag sowie der Gewerbesteuer, wobei die Gewerbesteuer durch die Steuerermäßigung nach § 35 EStG weitgehend kompensiert wird. Die Ertragsteuerbelastung der Unternehmensgewinne wird im Faktor s_{EU} zusammengefasst. Die Alternativanlage am Kapitalmarkt wird mit der 25%igen Abgeltungsteuer (s_{AbgSt}, gesonderter Steuersatz nach § 32d EStG für Einkünfte aus Kapitalvermögen zuzüglich Solidaritätszuschlag) belastet.

Beim vereinfachten Ertragswertverfahren wird nach den **Vorgaben des Bewertungsgesetzes** der Unternehmenswert sowohl bei Kapitalgesellschaften als auch bei Einzelunternehmen nach folgender Formel berechnet:

$$\text{Erträge} \times (1 - 30\%) \times \text{Kapitalisierungsfaktor}$$

Da der Kapitalisierungsfaktor dem Kehrwert des Kalkulationszinssatzes entspricht, wird der Unternehmenswert für die Erbschaft- und Schenkungsteuer wie folgt ermittelt:

$$\text{Erträge} \times (1 - 30\%)/\text{KZF}$$

689 Die Vorgabe einer einheitlichen Ertragsteuerbelastung führt dazu, dass es bei ertragsschwachen Unternehmen ($s_{EU} < 30\%$) zu einer Unterbewertung und bei ertragsstarken Unternehmen ($s_{EU} > 30\%$) zu einer Überbewertung kommt, da die unterstellte **Steuerbelastung des zu bewertenden Unternehmens** im Vergleich mit der tatsächlichen Belastung zu hoch bzw zu niedrig ausgewiesen wird. Die Vorgabe einer einheitlichen Ertragsteuerbelastung der über ein Einzelunternehmen erwirtschafteten Gewinne bewirkt also eine zu weitgehende Pauschalierung. Bei der Kritik ist aber zu berücksichtigen, dass die Steuerbelastung des Erwerbers nur schwer zu bestimmen ist, da sie für die Zukunft zu ermitteln ist und sie von den weiteren Einkünften des Erwerbers abhängt.

---

22 Siehe hierzu Spengel/Elschner, Ubg 2008, S. 410.

Bewertungsrechtlich wird von einem Kalkulationszinssatz vor Steuern ausgegangen. Dies löst (isoliert betrachtet) bei Einzelunternehmen eine Unterbewertung aus, da die **Besteuerung der Alternativanlage** unberücksichtigt bleibt. Anstelle eines Kalkulationszinssatzes von derzeit 7,27%[23] müsste ein Kalkulationszinssatz nach Abgeltungsteuer von 5,35% = 7,27% × (1 – 26,375%) verwendet werden.[24] Der Kapitalisierungsfaktor unter Einbezug der Abgeltungsteuer und Solidaritätszuschlag würde damit 18,69 (= 1/5,35%) betragen. Nach den bewertungsrechtlichen Vorgaben wird allerdings mit einem Vor-Steuer-Kapitalisierungsfaktor von 13,75 (= 1/7,27%) gerechnet. Dieser Effekt tritt bei Kapitalgesellschaften nicht auf, da die Gewinne der Kapitalgesellschaft bei Ausschüttung in gleicher Weise wie die Anlage am Kapitalmarkt der Abgeltungsteuer unterliegen. Damit kann bei Kapitalgesellschaften die Belastung mit Abgeltungsteuer aus der Berechnungsformel gekürzt werden.[25] Bei Einzelunternehmen gilt allerdings eine andere Besteuerungskonzeption: Die Belastung der Unternehmensgewinne ist grundsätzlich unabhängig von der Gewinnverwendung. Da es bei Einzelunternehmen eine der Dividendenbesteuerung vergleichbare Belastung nicht gibt, kann die Besteuerung der Alternativanlage mit Abgeltungsteuer zuzüglich Solidaritätszuschlag nicht aus der Berechnungsformel gekürzt werden.[26] **690**

Die Unterbewertung fällt bei ertragsschwachen Unternehmen besonders deutlich aus. Je höher der Einkommensteuersatz ist, umso mehr geht der Bewertungsvorteil von Einzelunternehmen zurück:[27] **691**

- Bei ertragsschwachen Unternehmen ($s_{EU} < 30\%$) kommt es innerhalb des vereinfachten Ertragswertverfahrens generell zu einer Unterbewertung, da in der Belastungsformel des Bewertungsgesetzes die Belastung der Unternehmensgewinne zu hoch ausgewiesen wird und die Besteuerung der Alternativanlage unberücksichtigt bleibt.
- Aufgrund der relativ hohen erbschaft- und schenkungsteuerlichen Begünstigungen für Unternehmensvermögen und der persönlichen Freibeträge sind für die Beurteilung insbesondere ertragsstarke Unternehmen ($s_{EU} > 30\%$) relevant. Bei ertragsstarken Unternehmen stehen sich zwei Effekte gegenüber: Der zu geringe Ansatz der Besteuerung der Gewinne des Einzelunternehmens wirkt werterhöhend und die fehlende Besteuerung der Alternativanlage wertmindernd. Der Gesamteffekt ist immer positiv, dh es kommt per Saldo generell zu einer steuerlichen

23 Der Kalkulationszinssatz von 7,27% ergibt sich als Kehrwert des nach § 203 BewG anzusetzenden Kapitalisierungsfaktors von 13,75.

24 Der Sondersteuersatz nach § 32d EStG von 25% (Abgeltungsteuer) ist um den Solidaritätszuschlag zu erhöhen: 26,375% = 25% × (1 + 0,055).

25 Siehe hierzu die Erläuterungen im Zweiten Abschnitt, Kapitel E, Unterabschnitt (7)., Rn. 676–678.

26 Wenn der Einzelunternehmer die Thesaurierungsbegünstigung nach § 34a EStG in Anspruch nimmt, wird zwar die Besteuerung von Einzelunternehmen an die Besteuerung von Kapitalgesellschaften angenähert. Da die Bewertungsformel des BewG von einer Sofortausschüttung ausgeht, kann diese ertragsteuerliche Besteuerungsalternative allerdings nicht als Rechtfertigung für die Vorgehensweise zur Bewertung im Rahmen der Erbschaft- und Schenkungsteuer herangezogen werden: Bei einer Vollausschüttung kann die Thesaurierungsbegünstigung nach § 34a EStG nicht beantragt werden.

27 Zusätzlich zur Einkommensteuer werden der Solidaritätszuschlag von 5,5% der Einkommensteuer sowie die Gewerbesteuer einbezogen. Bei einem Gewerbesteuerhebesatz von 400% errechnet sich unter Berücksichtigung des Folgeeffekts der Steuerermäßigung nach § 35 EStG auf den Solidaritätszuschlag eine effektive Gewerbesteuerbelastung von -0,03% = 3,5% × 400% – 3,80 × 3,5% × (1 + 0,055). Abweichungen beruhen auf Rundungsdifferenzen.

Unterbewertung. Die fehlende Erfassung der Besteuerung der Alternativanlage wird rechnerisch erst bei einem Einkommensteuersatz von 45,97% ausgeglichen. Dieser Grenzwert kann allerdings derzeit nicht erreicht werden, da nach geltendem Recht der Spitzensteuersatz der Einkommensteuer bei 45% liegt.

(durchschnittlicher) Einkommensteuersatz	**bewertungsrechtliche Bewertung**	**betriebswirtschaftliche Bewertung**	**steuerrechtliche Unterbewertung**
20%	963 = 100 × (1 – 30,00%) × 13,75	1475 = 100 × (1 – 21,07%) × 18,69	512 (35%)
30%		1278 = 100 × (1 – 31,62%) × 18,69	315 (25%)
40%		1081 = 100 × (1 – 42,17%) × 18,69	118 (11%)
45%		982 = 100 × (1 – 47,44%) × 18,69	19 (2%)

Abb. 44: Bewertungsvorteil für Einzelunternehmen durch den fehlerhaften Einbezug der Besteuerung

B. Anteile an Personengesellschaften

692 Zur Bestimmung des Werts des Anteils am Betriebsvermögen einer gewerblichen Personengesellschaft sind **vier Schritte** erforderlich (§ 12 Abs. 5 ErbStG iVm § 97 Abs. 1 S. 1 Nr 5, Abs. 1a, § 109 Abs. 2, § 11 Abs. 2 BewG):

- Prüfung, ob die Vermögensart „Betriebsvermögen“ vorliegt
- Bestimmung des Umfangs des Betriebsvermögens der Personengesellschaft
- Bestimmung des Werts des Betriebsvermögens der Personengesellschaft
- Aufteilung des Werts des Betriebsvermögens der Personengesellschaft.

Der Wert des Anteils an einer Personengesellschaft wird unter Berücksichtigung der tatsächlichen Verhältnisse und der Wertverhältnisse zum jeweiligen Besteuerungsstichtag ermittelt. Die Wertermittlung erfolgt außerhalb der Veranlagung zur Erbschaft- und Schenkungsteuer in einem gesonderten Verfahren (§ 12 Abs. 5 ErbStG iVm § 151 Abs. 1 S. 1 Nr 2 BewG).[28]

693 *(1) Definition der Vermögensart „Betriebsvermögen“:* Bei Personengesellschaften liegt dann Betriebsvermögen vor, wenn sie einkommensteuerlich einen Gewerbebetrieb unterhalten (§ 12 Abs. 5 ErbStG iVm § 97 Abs. 1 S. 1 Nr 5 BewG). Hierzu gehören zum einen gewerblich tätige Personengesellschaften (§ 15 Abs. 3 Nr 1, Abs. 2 EStG) und zum anderen gewerblich geprägte Personengesellschaften (§ 15 Abs. 3 Nr 2 EStG).

28 Zu den Verfahrensfragen bei der Feststellung des Werts des Anteils an einer Personengesellschaft siehe R B 151.1 – R B 156 ErbStR.

Das Vermögen einer Personengesellschaft, bei denen die Gesellschafter eine selbständige Arbeit iSd § 18 EStG ausüben, wird bewertungsrechtlich und damit auch für die Erbschaft- und Schenkungsteuer der Vermögensart „Betriebsvermögen" zugerechnet. Damit wird eine Gleichbehandlung mit Einzelunternehmen erreicht, bei denen das Vermögen von freiberuflich Tätigen ebenfalls als Betriebsvermögen gilt (§ 96 BewG, § 97 Abs. 1 Nr 5 BewG).

Handelt es sich um die Übertragung von Anteilen an einer vermögensverwaltenden Personengesellschaft, ist der Wert nach § 10 Abs. 1 S. 4, § 12 Abs. 1–4 ErbStG zu ermitteln, dh es liegt *nicht* der Erwerb *eines* Wirtschaftsguts vor (Anteil an der vermögensverwaltenden Personengesellschaft), *sondern* der *anteilige Erwerb der einzelnen Wirtschaftsgüter*, die der vermögensverwaltenden Personengesellschaft gehören.

(2) Umfang des Betriebsvermögens der Personengesellschaft: Analog zur steuerlichen Gewinnermittlung setzt sich der Wert des Betriebsvermögens einer Personengesellschaft aus mehreren Komponenten zusammen (§ 12 Abs. 5 ErbStG iVm § 97 Abs. 1 S. 1 Nr 5 BewG, R B 97.1 – R B 97.2 ErbStR): 694

- Alle Wirtschaftsgüter und sonstigen Aktiva sowie Schulden und sonstige Abzüge, die zum **Gesamthandsvermögen** gehören, sind bei der Ermittlung des Werts des Betriebsvermögens der Personengesellschaft einzubeziehen.
- Wirtschaftsgüter, die im Eigentum eines Gesellschafters stehen und die dem Betrieb der Personengesellschaft überwiegend dienen, sind als **Sonderbetriebsvermögen I** des Gesellschafters Bestandteil des Werts des Betriebsvermögens der Personengesellschaft.
- Wirtschaftsgüter eines Gesellschafters, die dazu geeignet und bestimmt sind, der Begründung oder Stärkung der Beteiligung des Gesellschafters an der Personengesellschaft zu dienen, sind gleichfalls aufzunehmen (**Sonderbetriebsvermögen II**).
- Schulden eines Gesellschafters, die im Zusammenhang mit positivem Sonderbetriebsvermögen stehen oder der Finanzierung der Beteiligung dienen, mindern als **negatives Sonderbetriebsvermögen** den Wert des Betriebsvermögens der Personengesellschaft.

(3) Bewertung des Betriebsvermögens der Personengesellschaft: Anteile an einer gewerblich oder freiberuflich tätigen Personengesellschaft sind mit dem gemeinen Wert anzusetzen. Die Bewertung erfolgt **grundsätzlich wie bei Anteilen an einer Kapitalgesellschaft**. Da bei Personengesellschaften eine Börsennotierung ausscheidet, verbleiben zwei Bewertungsalternativen (§ 12 Abs. 5 ErbStG iVm § 109 Abs. 2, § 11 Abs. 2 BewG, R B 109.1 – R B 109.2 ErbStR):[29] 695

- Der Wert des Betriebsvermögens einer Personengesellschaft bestimmt sich in erster Linie **nach dem Preis, der bei Verkäufen vereinbart wurde, die innerhalb eines Jahres vor der Übertragung zwischen fremden Dritten tatsächlich durchgeführt wurden**.

29 Ein Paketzuschlag (insbesondere bei einer Ableitung des gemeinen Werts aus zeitnahen Verkäufen) ist nicht vorzunehmen, da § 109 Abs. 2 BewG nicht auf § 11 Abs. 3 BewG verweist.

- Kann der gemeine Wert des Betriebsvermögens an einer Personengesellschaft nicht aus Verkäufen abgeleitet werden, die innerhalb eines Jahres vor der Übertragung zwischen fremden Dritten abgewickelt wurden, ist er **unter Berücksichtigung der Ertragsaussichten der Personengesellschaft oder nach einer anderen anerkannten, auch im gewöhnlichen Geschäftsverkehr für nichtsteuerliche Zwecke üblichen Methode** zu ermitteln. Es ist die Methode anzuwenden, die ein Erwerber des Anteils bei der Bemessung des Kaufpreises zugrunde legen würde. Wird eine ertragswertorientierte Bewertung vorgenommen, kann entweder ein in der Betriebswirtschaftslehre anerkanntes Verfahren oder das in § 200 – § 203 BewG gesetzlich geregelte vereinfachte Ertragswertverfahren herangezogen werden. Untergrenze bildet der Substanzwert.

Bei Personengesellschaften werden diese Grundsätze nur zur Bewertung des Anteils am Gesellschaftsvermögen **(Gesamthandsvermögen)** angewandt (§ 202 Abs. 1 S. 1 BewG). Der Wert von Wirtschaftsgütern, die Eigentum eines Gesellschafters sind und die dazu bestimmt sind, dem Betrieb der Personengesellschaft oder der Mitunternehmerstellung des Gesellschafters zu dienen **(Sonderbetriebsvermögen)**, wird getrennt davon ermittelt. Für Wirtschaftsgüter des Sonderbetriebsvermögens ist der jeweilige gemeine Wert anzusetzen (§ 97 Abs. 1a Nr 2 BewG).

Bei Bewertung des Gesellschaftsvermögens und des Sonderbetriebsvermögens kommt es also zu einem konzeptionellen Unterschied: Der Wert des Gesellschaftsvermögens (Gesamthandsvermögens) wird durch eine ertragsbezogene Gesamtbewertung bestimmt, während bei Wirtschaftsgütern des Sonderbetriebsvermögens eine substanzwertorientierte Einzelbewertung durchgeführt wird.

Zur Erläuterung des Ertragswertverfahrens, des vereinfachten Ertragswertverfahrens und der anderen Verfahren, die im gewöhnlichen Geschäftsverkehr für nichtsteuerliche Zwecke anerkannt und üblich sind (§ 199 Abs. 2 iVm § 200 – § 203 BewG) wird auf den Zweiten Abschnitt „Anteile an Kapitalgesellschaften“ verwiesen.

696 *(4) Aufteilung des Werts des Betriebsvermögens der Personengesellschaft:* Der Wert des Betriebsvermögens der Personengesellschaft ist in **vier Schritten** aufzuteilen (§ 12 Abs. 5 ErbStG iVm § 97 Abs. 1a BewG, R B 97.3 ErbStR):

- Das **Kapitalkonto aus der Gesamthandsbilanz** (einschließlich Ergänzungsbilanz) ist dem jeweiligen Gesellschafter **vorab zuzurechnen**.
- Der nach den Vorwegzurechnungen verbleibende Wert des Gesamthandsvermögens ist im Verhältnis des vertraglich vereinbarten Gewinnverteilungsschlüssels auf die Gesellschafter zu verteilen (**Aufteilung des Unterschiedsbetrags zwischen dem Wert des Gesamthandsvermögens und den Kapitalkonten**).
- **Wirtschaftsgüter des** positiven und negativen **Sonderbetriebsvermögens** sind dem betreffenden Gesellschafter **zuzurechnen**.
- Die **Summe aus** den **Vorwegzurechnungen,** dem **anteiligen Unterschiedsbetrag** und dem Wert der Wirtschaftsgüter des **Sonderbetriebsvermögens** entspricht dem für die Übertragung eines Anteils an einer Personengesellschaft im Erbfall oder durch Schenkung maßgebenden steuerlichen Wert.

Beispiel: An einer OHG sind drei Gesellschafter beteiligt. In der Gesamthandsbilanz der OHG werden ertragsteuerlich folgende Kapitalkonten ausgewiesen:

Gesellschafter A	200 000 €
Gesellschafter B	400 000 €
Gesellschafter C	500 000 €

Der gemeine Wert des Gesamthandsvermögens der OHG wird mit 2 900 000 € ermittelt.

Die Gewinnverteilung erfolgt nach Köpfen, dh jeder Gesellschafter erhält ein Drittel des Gewinns.

Gesellschafter A hat an die OHG ein Grundstück vermietet. Das Grundstück wird ausschließlich für Zwecke der Personengesellschaft genutzt (notwendiges Sonderbetriebsvermögen). Der gemeine Wert des Grundstücks beträgt 580 000 €.

Gesellschafter B gewährt der OHG ein Gesellschafterdarlehen von 170 000 €. Die Forderung des Gesellschafters B stellt notwendiges Sonderbetriebsvermögen dar.

Gesellschafter C hat zur Finanzierung seiner Einlage ein Darlehen von 350 000 € aufgenommen. Bei der Verbindlichkeit handelt es sich um negatives Sonderbetriebsvermögen.

I. Ermittlung des Werts des Betriebsvermögens der Personengesellschaft

	Gesamthandsvermögen	2 900 000 €
+	Sonderbetriebsvermögen I des Gesellschafters A (Grundstück)	580 000 €
+	Sonderbetriebsvermögen I des Gesellschafters B (Darlehensforderung)	170 000 €
–	negatives Sonderbetriebsvermögen des Gesellschafters C	350 000 €
=	Wert des Betriebsvermögens der Personengesellschaft	3 300 000 €

II. Aufteilung des Werts des Betriebsvermögens der Personengesellschaft

			Gesellschafter A	Gesellschafter B	Gesellschafter C
	Wert des Gesamthandsvermögens der Personengesellschaft	2 900 000 €			
	Vorwegzurechnung der Kapitalkonten	– 1 100 000 €	200 000 €	400 000 €	500 000 €
	verbleiben	1 800 000 €			
+	Aufteilung des Unterschiedsbetrags nach dem Gewinnverteilungsschlüssel	– 1 800 000 €	600 000 €	600 000 €	600 000 €
=	Anteil am Wert des Gesamthandsvermögens der Personengesellschaft		800 000 €	1 000 000 €	1 100 000 €
±	Wert des Sonderbetriebsvermögens		580 000 €	170 000 €	– 350 000 €
=	**Anteil der Gesellschafter am Wert des Betriebsvermögens der Personengesellschaft**	3 300 000 €	1 380 000 €	1 170 000 €	750 000 €

Vierter Abschnitt

Besonderheiten bei betrieblich genutzten Grundstücken

697 *(1) Ausnahmen vom Grundsatz der Gesamtbewertung:* Für Wirtschaftsgüter, die sich im Betriebsvermögen einer Kapitalgesellschaft, eines Einzelunternehmens oder einer Personengesellschaft befinden, ist grundsätzlich kein eigenständiger Wert zu ermitteln, da bei der Ermittlung des gemeinen Werts des Unternehmens eine Gesamtbewertung vorzunehmen ist. Damit scheidet im Regelfall eine Einzelbewertung der Wirtschaftsgüter aus. Ausnahmen gelten für folgende Fälle:

- beim vereinfachten Ertragswertverfahren (bei allen Rechtsformen)
- Wirtschaftsgüter, die nicht betriebsnotwendig sind (§ 200 Abs. 2 BewG)
- Beteiligungen an (anderen) Personen- oder Kapitalgesellschaften (§ 200 Abs. 3 BewG)
- Wirtschaftsgüter, die in den letzten beiden Jahren vor dem Bewertungsstichtag eingelegt wurden (junges Betriebsvermögen, § 200 Abs. 4 BewG)
- bei Personengesellschaften zusätzlich Wirtschaftsgüter, die einem der Gesellschafter gehören und die entweder dem Betrieb der Personengesellschaft überwiegend dienen oder die der Begründung oder Stärkung der Beteiligung des Gesellschafters an der Personengesellschaft dienen (Sonderbetriebsvermögen, § 97 Abs. 1a Nr 2 BewG)
- bei Kapitalgesellschaften zusätzlich Wirtschaftsgüter, die einem der Gesellschafter gehören und die vom Gesellschafter der Kapitalgesellschaft zur Nutzung überlassen wurden, sowie Forderungen aus einem Darlehen des Gesellschafters an die Kapitalgesellschaft.

Im Folgenden werden die für Grundstücke geltenden Bewertungsregeln erläutert.[30] Bei Anteilen an Personen- oder Kapitalgesellschaften kann auf die im Zweiten und Dritten Abschnitt beschriebenen Grundsätze verwiesen werden. Bei den anderen Wirtschaftsgütern (insbesondere Kapitalforderungen jeder Art und Bankguthaben) ergibt sich der Wert aus den allgemeinen Bewertungsvorschriften des Bewertungsgesetzes (§ 12 Abs. 1 ErbStG iVm § 1 – § 16 BewG). Bewertungsmaßstab ist grundsätzlich der gemeine Wert (Verkehrswert, § 9 BewG). Bei einem Teil der Vermögenswerte wird der gemeine Wert mit Hilfe von Ersatzwerten wie Nennwert, Rückzahlungswert, Gegenwartswert oder Kapitalwert bestimmt (§ 12 – § 16 BewG).

30 Zu Einzelheiten siehe R B 176.1 – R B 198 ErbStR sowie Broekelschen/Maiterth, FR 2008, S. 698; Drosdzol, DStR 2009, S. 1405; Herbach/Kühnold, DStZ 2008, S. 20; Mannek/Jardin, DB 2009, S. 307; Szymborski, Stbg 2008, S. 239; Rave/Kühnold, DStZ 2008, S. 240 (zum Teil zur zunächst vorgesehenen Regelung der Grundstücksbewertung in einer Rechtsverordnung); speziell zum Einbezug der Besteuerung Spengel/Elschner, Ubg 2008, S. 413. Zum Vergleich zwischen dem steuerlichen Bewertungsverfahren mit dem Verkehrswert (insbesondere bei Ein- und Zweifamilienhäusern) siehe Broekelschen/Maiterth, FR 2008, S. 707–709; Broekelschen/Maiterth, DStR 2009, S. 833; Broekelschen/Maiterth, StuW 2010, S. 33.

(2) Begriff des Grundvermögens sowie der Betriebsgrundstücke: Grundvermögen unterteilt sich in unbebaute und bebaute Grundstücke (§ 145, § 146 BewG). Zum Grundvermögen gehören beispielsweise Grundstücke, die der Gesellschafter einer Kapitalgesellschaft der Kapitalgesellschaft zur Nutzung überlässt. Betriebsgrundstück ist der zu einem Gewerbebetrieb gehörende Grundbesitz, soweit er losgelöst von seiner Zugehörigkeit zu einem Gewerbebetrieb entweder zum Grundvermögen gehören oder einen Betrieb der Land- und Forstwirtschaft bilden würde (§ 99 Abs. 1 BewG). Dieses Kriterium wird bei nicht betriebsnotwendigen Grundstücken, bei Grundstücken, die sich weniger als zwei Jahre im Betriebsvermögen des Unternehmens befinden, sowie bei Grundstücken, die der Gesellschafter einer Personengesellschaft der Personengesellschaft zur Nutzung überlassen hat, erfüllt. **698**

Überlässt der Gesellschafter einer Kapitalgesellschaft der Gesellschaft ein Grundstück zur Nutzung, gehört dieses Grundstück steuerlich zum Grundvermögen.

Bei Betriebsgrundstücken erfolgt eine eigenständige Bewertung, die nach den für Grundvermögen geltenden Regelungen erfolgt (§ 157 Abs. 3 BewG iVm § 176 – § 198 BewG). Da bei der Bewertung von Grundstücken, die dem Betriebsvermögen zugerechnet werden, und Grundstücken, die als Grundvermögen gelten, kein Unterschied besteht, ist es ausreichend, den Begriff des Grundvermögens und die hierfür geltenden Bewertungsgrundsätze zu erläutern.

Zum Grundvermögen gehören **Grund und Boden, Gebäude,** sonstige Bestandteile und Zubehör, Erbbaurechte, **Wohnungseigentum**, Teileigentum, Wohnungserbbaurechte und Teilerbbaurechte nach dem Wohnungseigentumsgesetz, soweit es sich nicht um land- und forstwirtschaftliches Vermögen oder Betriebsgrundstücke handelt (§ 176 Abs. 1 BewG, Abschnitt 1 BewRGr).[31] **699**

Betriebsvorrichtungen zählen **nicht zum Grundvermögen**. Sie stellen Betriebsvermögen dar (§ 176 Abs. 2 BewG).

Die schwierige Abgrenzung zwischen Grundvermögen und Betriebsvorrichtungen wird anhand von zwei Kriterien vorgenommen: Zum einen ist der Begriff des Gebäudes genau definiert. Zum anderen muss eine Betriebsvorrichtung eine besondere Beziehung zu dem betreffenden Betrieb aufweisen.

Ein Bauwerk ist dann als **Gebäude** anzusehen, wenn es Menschen oder Sachen durch räumliche Umschließung Schutz gegen Witterungseinflüsse gewährt, den Aufenthalt von Menschen gestattet, fest mit dem Grund und Boden verbunden, von einiger Beständigkeit und ausreichend standfest ist.[32] Zu den **Betriebsvorrichtungen** gehören Maschinen und maschinelle Anlagen sowie alle Vorrichtungen, mit denen ein Gewerbe unmittelbar betrieben wird. Sofern derartige Vorrichtungen von der Gebäudedefinition nicht erfasst werden, sind sie auch dann Betriebsvermögen, wenn sie zivilrechtlich selbständige Bauwerke oder Teile von Bauwerken sind, zB Großanlagen in der Chemieindustrie.

31 Zu Einzelheiten siehe R B 176.1 – R B 181.2 ErbStR.

32 Vgl BFH vom 28.5.2003, BStBl. 2003 II, S. 693 sowie Tz. 2 des Gleich lautenden Erlasses der obersten Finanzbehörden der Länder vom 5.6.2013, BStBl. 2013 I, S. 734. Siehe auch Erster Teil, Zweiter Abschnitt, Kapitel A.II.3., Unterabschnitt (3)., Rn. 168–173.

Das Grundvermögen unterteilt sich in folgende wirtschaftliche Einheiten:

- **unbebaute Grundstücke** (§ 178 BewG)
- **bebaute Grundstücke** (§ 180 BewG).

Bei bebauten Grundstücken ist zwischen Ein- und Zweifamilienhäusern, Mietwohngrundstücken, Wohnungs- und Teileigentum, Geschäftsgrundstücken, gemischt genutzten Grundstücken sowie sonstigen bebauten Grundstücken zu unterscheiden (§ 181 BewG).

Bei Erbbaurechten, Gebäuden auf fremdem Grund und Boden, Grundstücken im Zustand der Bebauung und Gebäuden für den Zivilschutz handelt es sich nicht um eigenständige Grundstücksarten. Für ihre Bewertung und Zurechnung gelten jedoch spezielle Regelungen (§ 192 – § 197 BewG).[33]

700 *(3) Bewertung des Grundvermögens sowie der Betriebsgrundstücke:* Der gemeine Wert von Grundvermögen wird unter Berücksichtigung der **tatsächlichen Verhältnisse** und der **Wertverhältnisse** zum **jeweiligen Besteuerungsstichtag** ermittelt. Die Wertermittlung erfolgt außerhalb der Veranlagung zur Erbschaft- und Schenkungsteuer in einem gesonderten Verfahren (§ 12 Abs. 3 ErbStG iVm § 151 Abs. 1 S. 1 Nr 1, Abs. 2 BewG).[34]

Für die Bewertung von Grundvermögen existieren mit den Bodenrichtwerten, dem Vergleichswertfahren, dem Ertragswertverfahren und dem Sachwertverfahren vier Bewertungsmethoden. Ihr Anwendungsbereich bestimmt sich nach der Art des Grundstücks:[35]

Grundstücksform	Bewertungsverfahren
unbebaute Grundstücke	Bodenrichtwert
Wohnungseigentum (Eigentumswohnungen), Teileigentum sowie Ein- und Zweifamilienhäuser	Grundsatz: Vergleichswertverfahren Ausnahme: Sachwertverfahren (es liegt kein Vergleichswert vor)
Mietwohngrundstücke sowie Geschäftsgrundstücke und gemischt genutzte Grundstücke	Grundsatz: Ertragswertverfahren Ausnahme: Sachwertverfahren (die auf dem örtlichen Grundstücksmarkt übliche Miete kann nicht ermittelt werden)
sonstige bebaute Grundstücke	Sachwertverfahren

Abb. 45: Anwendungsbereich der Bewertungsverfahren für Grundvermögen

701 Bei **unbebauten Grundstücken** ergibt sich der erbschaft- und schenkungsteuerlich relevante Wert aus den von den Gutachterausschüssen nach dem Baugesetzbuch ermittelten **Bodenrichtwerten**. Der Bodenrichtwert ist mit der Quadratmeterzahl des Grundstücks zu multiplizieren (§ 179 BewG).

33 Zu Einzelheiten siehe R B 192.1 – R B 197 ErbStR sowie Hecht/von Cölln, BB 2009, S. 1667.
34 Zu den Verfahrensfragen bei der Bewertung von Grundvermögen siehe R B 151.1 – R B 156 ErbStR.
35 Zu Einzelheiten siehe R B 182 ErbStR.

Beispiel: Ein unbebautes Grundstück weist eine Länge von 102 m und eine Breite von 24 m auf. Als Bodenrichtwert wird ein Betrag von 160 €/qm angegeben.

	Bodenrichtwert	160 €/qm
×	Fläche: 102 m × 24 m	2 448 qm
=	Grundstückswert nach § 179 BewG	391 680 €

Sofern der Erwerber keinen niedrigeren Verkehrswert nachweist (§ 198 BewG), ist das unbebaute Grundstück bei der Ermittlung des Werts des Betriebsvermögens mit 391 680 € anzusetzen.

Bebaute Grundstücke werden in Abhängigkeit von der jeweiligen Grundstücksart nach dem Vergleichs-, Ertrags- oder Sachwertverfahren bewertet (§ 182 Abs. 1 BewG). Für Wohnungseigentum (Eigentumswohnungen), Teileigentum sowie Ein- und Zweifamilienhäuser gilt grundsätzlich das **Vergleichswertverfahren** (§ 182 Abs. 2 BewG).[36] Beim Vergleichswertverfahren sind die Kaufpreise heranzuziehen, die hinsichtlich der den Wert bestimmenden Merkmale mit dem zu bewertenden Grundstück hinreichend übereinstimmen. Grundlage hierfür bilden die von den Gutachterausschüssen nach dem Baugesetzbuch mitgeteilten Kaufpreise oder Vergleichsfaktoren (zB Durchschnittspreise pro qm Wohnfläche, § 183 BewG). **702**

Mietwohngrundstücke sowie Geschäftsgrundstücke und gemischt genutzte Grundstücke, für die sich auf dem örtlichen Grundstücksmarkt eine übliche Miete ermitteln lässt, sind im Regelfall nach dem **Ertragswertverfahren** zu bewerten (§ 182 Abs. 3 BewG).[37] Beim Ertragswertverfahren sind der Wert des Gebäudes (Gebäudeertragswert) und der Wert des Grund und Bodens **(Bodenwert)** zunächst getrennt zu ermitteln und anschließend zu addieren (§ 184 Abs. 1, 3 BewG). Der Bodenwert entspricht dem Wert des unbebauten Grundstücks. Er ist aus den Bodenrichtwerten abzuleiten (§ 184 Abs. 2 iVm § 179 BewG). Zur Ermittlung des **Gebäudeertragswerts** ist vom Reinertrag des Grundstücks auszugehen. Der Reinertrag des Grundstücks entspricht dem Rohertrag abzüglich der Bewirtschaftungskosten. Um eine doppelte Erfassung des Grund und Bodens zu vermeiden, ist der Reinertrag des Grundstücks um die angemessene Verzinsung des Bodenwerts zu vermindern. Die Verzinsung des Bodenwerts entspricht dem Zinssatz, mit dem der Verkehrswert von Grundstücken marktüblich verzinst wird. Der nach diesem Abzug verbleibende Reinertrag des Gebäudes ist mit dem in der Anlage 21 zum Bewertungsgesetz vorgegebenen Vervielfältiger zu multiplizieren. Der Vervielfältiger bestimmt sich nach dem Liegenschaftszins und der Restnutzungsdauer des Gebäudes. Die Restnutzungsdauer errechnet sich aus der typisierend vorgegebenen wirtschaftlichen Gesamtnutzungsdauer (Anlage 22) und dem Alter des Gebäudes am Bewertungsstichtag (§ 185 – § 188 BewG). **703**

36 Zu Einzelheiten siehe R B 183 ErbStR.
37 Zu Einzelheiten siehe R B 184 – R B 188 ErbStR.

	Bodenrichtwert
×	Grundstücksfläche
=	**Bodenwert** (§ 184 Abs. 2 iVm § 179 BewG)
	Rohertrag (§ 186 BewG) vertraglich vereinbarte Jahresmiete oder übliche Jahresmiete
–	Bewirtschaftungskosten (§ 187 BewG, Anlage 23) von den Gutachterausschüssen ermittelter Wert oder gesetzlicher Pauschalwert
=	Reinertrag des Grundstücks (§ 185 Abs. 1 BewG)
–	Verzinsung des Bodenwerts (§ 185 Abs. 2, § 188 BewG) von den Gutachterausschüssen ermittelter Wert oder gesetzlicher Pauschalwert
=	Reinertrag des Gebäudes (§ 185 Abs. 2 BewG)
×	Vervielfältiger (§ 185 Abs. 3 BewG, Anlage 21) gesetzlicher Pauschalwert unter Berücksichtigung des Liegenschaftszinses und der Restnutzungsdauer des Gebäudes (= Differenz zwischen Gesamtnutzungsdauer aus Anlage 22 und dem Alter des Gebäudes am Bewertungsstichtag)
+	**Gebäudeertragswert** (§ 185 BewG)
=	**Ertragswert des bebauten Grundstücks** (§ 184 BewG) mindestens Bodenwert (§ 184 Abs. 3 BewG)

Abb. 46: Ertragswertverfahren bei bebauten Grundstücken für Zwecke der Erbschaft- und Schenkungsteuer

Beispiel: Auf einem Grundstück mit einer Länge von 50 m und einer Breite von 30 m befindet sich ein viergeschossiges Verwaltungsgebäude (Nutzfläche 2 700 qm, ausschließlich gewerbliche Nutzung, Baujahr 1989). Der Bodenrichtwert wird mit 240 €/qm ermittelt. Die Gesamtnutzungsdauer des Gebäudes wird in Anlage 22 zum BewG typisierend mit 60 Jahren vorgegeben. Das Gebäude wird im Jahr 2018 übertragen. Die Restnutzungsdauer beläuft sich damit auf 31 Jahre: 60 – (2018 – 1989). Als monatliche Miete wird ein Betrag von 15 €/qm zuzüglich Nebenkosten von 2,60 €/qm vereinbart. Dies entspricht einer Jahreskaltmiete von 486 000 €. Es werden jeweils die gesetzlichen Pauschalwerte angesetzt.

	Bodenrichtwert	240 €/qm	
×	Grundstücksfläche (50 m × 30 m)	1 500 qm	
=	**Bodenwert** (§ 184 Abs. 2 iVm § 179 BewG)	360 000 €	360 000 €
	Rohertrag (§ 186 BewG) vertraglich vereinbarte Jahresmiete	486 000 €	
–	Bewirtschaftungskosten (§ 187 BewG) gesetzlicher Pauschalwert nach Anlage 23 für ein Geschäftsgrundstück mit einer Restnutzungsdauer von 31 Jahren: 22% 22% × 486 000 €	106 920 €	
=	Reinertrag des Grundstücks (§ 185 Abs. 1 BewG)		379 080 €
–	Verzinsung des Bodenwerts (§ 185 Abs. 2 BewG) gesetzlicher Pauschalwert: 6,5% (§ 188 Abs. 2 S. 2 Nr 4 BewG) = 6,5% × 360 000 €	23 400 €	
=	Reinertrag des Gebäudes (§ 185 Abs. 2 BewG)	355 680 €	

×	Vervielfältiger (§ 185 Abs. 3 BewG) (Liegenschaftszins 6,5%, Restnutzungsdauer gesetzlicher Pauschalwert nach Anlage 21 des Gebäudes 31 Jahre)	13,20	
+	**Gebäudeertragswert** (§ 185 BewG)	4 694 976 €	4 694 976 €
=	**Ertragswert des bebauten Grundstücks** (§ 184 BewG) mindestens Bodenwert (§ 184 Abs. 3 BewG)		5 054 976 €

Sofern der Erwerber keinen niedrigeren Verkehrswert nachweist (§ 198 BewG), ist das Verwaltungsgebäude bei der Ermittlung des Werts des Betriebsvermögens mit 5 054 976 € anzusetzen.

Eine Bewertung nach dem **Sachwertverfahren** erfolgt bei Wohnungs- und Teilei- 704
gentum sowie Ein- und Zweifamilienhäusern, bei denen die für das Vergleichswertverfahren erforderlichen Daten nicht vorliegen, bei Geschäftsgrundstücken und gemischt genutzten Grundstücken, bei denen das Ertragswertverfahren nicht angewendet werden kann, und bei sonstigen bebauten Grundstücken (§ 182 Abs. 4 BewG).[38] Beim Sachwertverfahren sind der jeweils getrennt ermittelte Wert des Gebäudes (Gebäudesachwert) und der Bodenwert zum vorläufigen Sachwert zusammenzufassen (§ 189 Abs. 1 BewG). Zur Anpassung an den gemeinen Wert ist der vorläufige Sachwert mit einer Wertzahl zu multiplizieren (§ 189 Abs. 1, 3 BewG). Der **Bodenwert** stimmt mit dem Wert des unbebauten Grundstücks überein (Bodenrichtwert, § 189 Abs. 2 iVm § 179 BewG). Zur Ermittlung des **Gebäudesachwerts** ist von den Regelherstellungskosten auszugehen. Die Regelherstellungskosten (gewöhnlichen Herstellungskosten) je Flächeneinheit sind mit der Bruttogrundfläche zu multiplizieren. Die Regelherstellungskosten sind in der Anlage 24 zum BewG typisierend vorgegeben. Sie werden nach der Gebäudeart, der Gebäudeklasse bzw Nutzung, dem Ausstattungsstandard und dem Baujahr differenziert. Die Regelherstellungskosten wurden auf Grund der im Jahr 2010 geltenden Verhältnisse ermittelt. Zur Anpassung an die aktuellen Verhältnisse wird dieser Ausgangswert mit dem vom Statistischen Bundesamt veröffentlichten Baupreisindex multipliziert (§ 190 Abs. 2 BewG).[39] Vom Gebäuderegelherstellungswert ist eine Alterswertminderung abzuziehen. Diese „Abschreibungen“ bestimmen sich nach dem Verhältnis des Alters des Gebäudes am Bewertungsstichtag zu seiner wirtschaftlichen (Gesamt-)Nutzungsdauer (Anlage 22). Nach Abzug der Alterswertminderung muss mindestens ein Betrag von 30% des Gebäuderegelherstellungswerts verbleiben (§ 190 Abs. 4 BewG). Der vorläufige Sachwert ist mit einer **Wertzahl** zu multiplizieren, um eine Anpassung an die örtlichen Marktverhältnisse zu erreichen (§ 189 Abs. 3 BewG). Die Wertzahl hängt vom vorläufigen Sachwerts und zum Teil von den Bodenrichtwerten ab (§ 191 BewG, Anlage 25).

38 Zu Einzelheiten siehe R B 189 – R B 191 ErbStR.

39 Es ist auf die Preisindizes für die Bauwirtschaft abzustellen, die das Statistische Bundesamt für den Neubau in konventioneller Bauart von Wohn- und Nichtwohngebäuden jeweils als Jahresdurchschnitt ermittelt. Diese Preisindizes sind für alle Bewertungsstichtage des folgenden Kalenderjahres anzuwenden. Das BMF veröffentlicht die maßgebenden Baupreisindizes jeweils zu Beginn des Jahres im BStBl.

	Bodenrichtwert		
×	Grundstücksfläche		
=	**Bodenwert** (§ 189 Abs. 2 iVm § 179 BewG)		
			Regelherstellungskosten für eine Flächeneinheit (§ 190 Abs. 1 BewG, Anlage 24) gesetzlicher Pauschalwert
		×	Baupreisindex (§ 190 Abs. 1, 2 BewG)[40]
		×	Brutto-Grundfläche (§ 190 Abs. 1 BewG, Anlage 24)
		=	Gebäuderegelherstellungswert (§ 190 Abs. 1 BewG)
		–	Alterswertminderung (§ 190 Abs. 4 BewG) höchstens 70% des Gebäuderegelherstellungswerts
+	**Gebäudesachwert** (§ 190 Abs. 1, 4 BewG) mindestens 30% des Gebäuderegelherstellungswerts		
=	vorläufiger Sachwert (§ 189 Abs. 3 S. 1 BewG)		
×	**Wertzahl** (§ 189 Abs. 3 S. 2 § 191 BewG, Anlage 25) von den Gutachterausschüssen ermittelter Wert oder gesetzlicher Pauschalwert		
=	**Sachwert des bebauten Grundstücks** (§ 189 Abs. 3 BewG)		

Abb. 47: Sachwertverfahren bei bebauten Grundstücken für Zwecke der Erbschaft- und Schenkungsteuer

Beispiel: Auf einem Grundstück mit einer Länge von 50 m und einer Breite von 30 m befindet sich ein viergeschossiges Verwaltungsgebäude (Nutzfläche 2 700 qm, ausschließlich gewerbliche Nutzung, mittlere Ausstattung, Baujahr 1989). Der Bodenrichtwert wird mit 240 €/qm ermittelt. Die Gesamtnutzungsdauer des Gebäudes wird in Anlage 22 zum BewG typisierend mit 60 Jahren vorgegeben. Das Gebäude wird im Jahr 2018 übertragen. Die Restnutzungsdauer beläuft sich damit auf 31 Jahre: 60 – (2018 – 1989). Es werden jeweils die gesetzlichen Pauschalwerte angesetzt.

	Bodenrichtwert			240 €/qm	
×	Grundstücksfläche (50 m × 30 m)			1 500 qm	
=	**Bodenwert** (§ 189 Abs. 2 iVm § 179 BewG)			360 000 €	360 000 €
			Regelherstellungskosten: gesetzlicher Pauschalwert nach Anlage 24 für ein Geschäftsgrundstück (viergeschossiges Verwaltungsgebäude), typisierte Gesamtnutzungsdauer 60 Jahre, Ausstattungsstandard 3 (Basis), Baujahr 1989	1 040 €	
		×	Baupreisindex für Nichtwohngebäude im Jahr 2018	117,4 %	
		×	Brutto-Grundfläche	2 700 qm	
		=	Gebäuderegelherstellungswert (§ 190 Abs. 1 BewG)	3 296 592 €	
		–	Alterswertminderung (§ 190 Abs. 2 BewG) Alterswertminderung 48,33% = 48,33% × 3 296 592 €	1 593 353 €	
+	**Gebäudesachwert** (§ 190 Abs. 1, 2 BewG)			1 703 239 €	1 703 239 €
=	vorläufiger Sachwert (§ 189 Abs. 3 BewG)				2 063 239 €

40 Für das Jahr 2018 siehe BMF-Schreiben vom 22.1.2018, BStBl. 2018 I, S. 205.

×	**Wertzahl** (§ 191 BewG) gesetzlicher Pauschalwert bei einem vorläufigen Sachwert zwischen 2 000 000 € und 3 000 000 € (Anlage 25)	0,65
=	**Sachwert des bebauten Grundstücks** = Grundbesitzwert (§ 189 Abs. 3 BewG)	1 341 105 €

Sofern der Erwerber keinen niedrigeren Verkehrswert nachweist (§ 198 BewG), ist das Verwaltungsgebäude bei der Ermittlung des Werts des Betriebsvermögens mit 1 341 105 € anzusetzen.

Der Steuerpflichtige kann bei jedem Bewertungsverfahren nachweisen, dass der gemeine Wert des unbebauten oder bebauten Grundstücks niedriger ist als der nach einem gesetzlich vorgesehenen Verfahren errechnete Wert (**Öffnungsklausel**, § 198 BewG).[41] **705**

41 Zu Einzelheiten siehe R B 198 ErbStR; BFH vom 11.9.2013, BStBl. 2014 II, S. 363 sowie von Cölln/Behrendt, BB 2010, S. 1444.

Dritter Teil

Grundstücksbewertung für Zwecke der Grundsteuer

A. Zielsetzung einer vermögensbezogenen Objektsteuer

Steuergegenstand der Grundsteuer ist der inländische Grundbesitz (§ 2 GrStG). Zum Grundbesitz gehören Betriebe der Land- und Forstwirtschaft und Grundstücke (jeweils einschließlich Betriebsgrundstücke). Für die **Einordnung** der Grundsteuer in das Steuersystem sind zwei Aspekte bedeutsam: Aus rechtlicher Sicht gehört die Grundsteuer zu den **Real- oder Objektsteuern** (§ 3 Abs. 2 AO). Bezogen auf die Besteuerungsbasis handelt es sich um eine **Substanzsteuer**. 706

Aus dem **Objektcharakter** folgt, dass sich die Höhe der Grundsteuer an objektiven Tatbeständen orientieren soll. Die persönlichen Verhältnisse des Eigentümers, die Art und Weise der Nutzung des Grundbesitzes (eigene oder fremde betriebliche Zwecke, eigene oder fremde Wohnzwecke oder anderweitige Nutzung), die Höhe der mit dem Grundbesitz im laufenden Jahr tatsächlich erzielten Erträge und die Form der Finanzierung (Eigen- oder Fremdfinanzierung) dürfen auf die Grundsteuerschuld keine Auswirkungen haben. Aus dem Objektcharakter leitet sich weiterhin ab, dass es sich bei der **Bemessungsgrundlage** um eine **Bruttogröße** handelt. Verbindlichkeiten und andere Belastungen, die im Zusammenhang mit dem Steuergegenstand „Grundbesitz" stehen, sind nichtabziehbar.

Das Konzept der **Substanzsteuern** besteht darin, das am Bewertungsstichtag vorhandene Vermögen zu erfassen. Dies bedingt, dass sich die **Bemessungsgrundlage** der Grundsteuer **am Verkehrswert** des Grundbesitzes zu **orientieren hat**. Das Ziel einer vermögensbezogenen Steuer wird am besten erreicht, wenn der am Bewertungsstichtag geltende gemeine Wert des Grundbesitzes herangezogen wird. Da die jährliche Ermittlung des im gewöhnlichen Geschäftsverkehr erzielbaren Preises mit erheblichem Arbeitsaufwand verbunden ist, sind **aus Praktikabilitätsgründen** auch **Pauschalierungen möglich**. Notwendige Nebenbedingung ist allerdings, dass der sich aus den steuerrechtlichen Bewertungsvorschriften ergebende Wert dennoch den gemeinen Wert zumindest näherungsweise wiedergibt.

B. Verfahrensrechtliche Regelungen der Einheitsbewertung

Bemessungsgrundlage der Grundsteuer ist der Einheitswert des Grundstücks (§ 13 Abs. 1 GrStG). Für Grundstücke, die in einem Betrieb genutzt werden, gelten keine speziellen Bewertungsregeln, vielmehr sind die für die Vermögensart „Grundvermögen" geltenden Grundsätze in gleicher Weise anzuwenden (§ 99 Abs. 3 BewG). 707

Einheitswerte werden für den inländischen Grundbesitz festgesetzt, dh für inländische Betriebe der Land- und Forstwirtschaft, für inländische Grundstücke sowie für inländische Betriebsgrundstücke (§ 19 Abs. 1 BewG). Im Zusammenhang mit der Einheitsbewertung ist auf **drei Aspekte** einzugehen:

- Definition und Zielsetzung der Einheitsbewertung,
- Feststellungsarten,
- Aufhebung von Einheitswerten.

708 *(1) Definition und Zielsetzung der Einheitsbewertung:* Das Bewertungsgesetz enthält keine Definition des Begriffs „Einheitswert“. Beim Einheitswert handelt es sich nicht um einen eigenständigen Wertmaßstab, wie beispielsweise Anschaffungs- oder Herstellungskosten, gemeiner Wert oder Teilwert, sondern um einen vom Gesetzgeber konstruierten **verfahrenstechnischen Wert**, der nach den Vorschriften des ersten Abschnitts des zweiten Teils (Besondere Bewertungsvorschriften) des Bewertungsgesetzes ermittelt wird (§ 20 BewG). Der Einheitswert weist im Wesentlichen zwei verfahrensrechtlich bedeutsame **Merkmale** auf:

- Er gilt einheitlich für mehrere Steuerarten.
- Der Einheitswert wird in einem gesonderten, von der Steuerfestsetzung unabhängigen Verfahren ermittelt.

Das **Einheitswertverfahren** ist **vom eigentlichen Besteuerungsverfahren losgelöst**. Es wird mit dem **Einheitswertbescheid** abgeschlossen, der zumindest folgende Angaben enthält (§ 19 Abs. 3 BewG, § 180 AO):

- Wert der wirtschaftlichen Einheit **(Wertfeststellung)**,
- Art der wirtschaftlichen Einheit, bei Grundstücken zusätzlich die Grundstücksart **(Artfeststellung),**
- persönliche Zurechnung der wirtschaftlichen Einheit, bei mehreren Personen die Höhe der jeweiligen Anteile **(Zurechnungsfeststellung)**.

Der Einheitswertbescheid ist als **Grundlagenbescheid** einzuordnen (§ 19 Abs. 3 BewG iVm § 179 AO). Im Einheitswertbescheid wird keine Entscheidung über die persönliche oder sachliche Steuerpflicht getroffen, vielmehr sind die im Einheitswertbescheid enthaltenen Angaben (zB Wert des Grundbesitzes) in den Folgebescheid (zB Grundsteuerbescheid) zu übernehmen.

709 Das **Ziel der Einheitsbewertung** besteht darin, für bestimmte wirtschaftliche Einheiten, die von mehreren Steuerarten erfasst werden, einen einheitlichen Wert zu ermitteln. Die Einheitsbewertung dient dazu, eine mehrfache Bewertung zu vermeiden (Verwaltungsvereinfachung). Zusätzlich soll vermieden werden, dass die gleiche wirtschaftliche Einheit bei verschiedenen Steuerarten mit unterschiedlichen Werten angesetzt wird.

Diese Zielsetzung ist jedoch **nur noch ansatzweise erkennbar**: (1) Aus dem Aufbau und dem Geltungsbereich des Bewertungsgesetzes wird deutlich, dass die in den speziellen Steuergesetzen enthaltenen Regelungen vorrangig anzuwenden sind (§ 1, § 17 BewG). Das Bewertungsgesetz ist deshalb insbesondere für die Substanzsteuern heranzuziehen. (2) Seit der Abschaffung der Gewerbesteuer vom Kapital im Jahr 1998 und dem Aussetzen der Erhebung der Vermögensteuer seit dem Jahr 1997 verbleiben von den Substanzsteuern aber nur die Grundsteuer sowie die Erbschaft- und Schenkungsteuer. (3) Für die Bewertung des Grundbesitzes gelten jedoch bei der Erbschaft-

und Schenkungsteuer spezielle Regelungen. Die in der Einheitsbewertung anzuwendenden Bewertungsgrundsätze sind deshalb im Wesentlichen **nur noch für eine Steuerart bedeutsam: die Grundsteuer**.

Die für die Grundsteuer festgestellten Einheitswerte sind auch für die Gewerbesteuer zu übernehmen. Für die pauschalierte Kürzung von Grundstückserträgen nach § 9 Nr 1 S. 1 GewStG ist der Einheitswert um 40% zu erhöhen (§ 121a BewG).

Die ursprüngliche Idee der Einheitsbewertung ist noch insoweit erkennbar, als die Abgrenzung des land- und forstwirtschaftlichen Vermögens, des Grundvermögens und der Betriebsgrundstücke im ersten Abschnitt des zweiten Teils sowohl für die Grundsteuer als auch für die Erbschaft- und Schenkungsteuer gilt. Dies bedeutet, dass die sachliche Zurechnung (Welcher Vermögensart ist ein Wirtschaftsgut zuzurechnen?) einheitlich für beide Steuerarten vorgenommen wird.

(2) Feststellungsarten: Die Einheitsbewertung wird von ihrer Konzeption her regel- **710**
mäßig vorgenommen. Die Wertfeststellung erfolgt auf den Beginn des Kalenderjahres, in dem die Wertermittlung stattfindet.

Bei der Einheitsbewertung sind folgende **Feststellungsarten** zu unterscheiden:
- Hauptfeststellung (§ 21 BewG)
- Fortschreibungen (§ 22 BewG), mit den Unterformen
- Wertfortschreibung
- Artfortschreibung
- Zurechnungsfortschreibung
- fehlerbeseitigende Fortschreibung
- Nachfeststellung (§ 23 BewG).

Der Einheitswert des Grundbesitzes soll jeweils nach Ablauf von sechs Jahren allge- **711**
mein festgestellt werden (**Hauptfeststellung**, § 21 Abs. 1 BewG). Diese Leitlinie des Bewertungsgesetzes wird jedoch in der Besteuerungspraxis nicht umgesetzt, da in Art. 2 Abs. 1 S. 3 BewÄndG 1965 bestimmt wurde, dass der Zeitpunkt der nächsten Hauptfeststellung für den Grundbesitz durch ein besonderes Gesetz festgelegt wird. Aufgrund des mit der Einheitsbewertung des Grundbesitzes verbundenen Verwaltungsaufwands wurde **in den alten Bundesländern** die **letzte** Hauptfeststellung **auf den 1.1.1964** durchgeführt. Für Grundstücke, die in **den neuen Bundesländern** liegen, gelten noch die Einheitswerte, die in der letzten, vor dem 1.1.1964 durchgeführten Hauptfeststellung ermittelt wurden. Dies war der **1.1.1935** (§ 129 BewG).

Bei einer Hauptfeststellung werden **alle wirtschaftlichen Einheiten**, für die ein Einheitswert festzustellen ist, **neu bewertet**. Dies gilt unabhängig davon, ob bzw in welchem Umfang hinsichtlich des Bestands, der Art oder der Eigentumsverhältnisse Änderungen eingetreten sind.

Bei einer Hauptfeststellung werden grundsätzlich die Verhältnisse zu Beginn des betreffenden Kalenderjahres zugrunde gelegt (**Hauptfeststellungszeitpunkt**, § 21 Abs. 2 BewG). Der Zeitraum zwischen zwei Hauptfeststellungszeitpunkten wird als Hauptfeststellungszeitraum bezeichnet. Da für den gesamten Hauptfeststellungszeitraum die gleichen Bewertungsgrundsätze gelten, werden bei der Einheitsbewertung des Grundbesitzes auch heute noch die Wertverhältnisse zugrunde gelegt, die am 1.1.1964 (alte Bundesländer) bzw 1.1.1935 (neue Bundesländer) gegolten haben.

712 **Ändern sich** innerhalb des Hauptfeststellungszeitraums **die tatsächlichen Verhältnisse**, kommt es zu einer **Fortschreibung** (§ 22 BewG). Fortschreibung bedeutet, dass der bisherige Einheitswertbescheid mit Wirkung für den Beginn des auf die Änderung folgenden Kalenderjahres durch einen geänderten Einheitswertbescheid ersetzt wird. Zu unterscheiden sind **vier Formen**: Wertfortschreibung, Artfortschreibung, Zurechnungsfortschreibung sowie fehlerbeseitigende Fortschreibung. Diese Formen der Fortschreibung können **nebeneinander zur Anwendung** kommen. Eine Fortschreibung ist vorzunehmen, wenn dem Finanzamt bekannt wird, dass die entsprechenden Voraussetzungen vorliegen. Ein Antrag des Steuerpflichtigen ist nicht erforderlich (§ 22 Abs. 4 S. 1 BewG).

Zu einer **Wertfortschreibung** kommt es, **wenn** sich durch die Veränderung der tatsächlichen Verhältnisse der **Wert** des Grundbesitzes um einen bestimmten Mindestbetrag **ändert**. Abgestellt wird sowohl auf relative als auch auf absolute Wertänderungen (§ 22 Abs. 1 BewG). Eine Wertfortschreibung ist vorzunehmen, wenn sich der in DM ermittelte und auf volle hundert DM abgerundete Wert des Grundbesitzes, der sich für den Beginn des Kalenderjahres ergibt,

- um mehr als 10% erhöht (mindestens aber um 5000 DM), oder um mehr als 100 000 DM erhöht,
- um mehr als 10% reduziert (mindestens aber um 500 DM), oder um mehr als 5000 DM verringert.

Da bei der Grundstücksbewertung auf die Wertverhältnisse abgestellt wird, die vor Einführung des Euro gegolten haben, ist der Einheitswert nach Abrundung auf volle hundert DM in Euro umzurechnen. Der umgerechnete Betrag wird auf volle Euro abgerundet (§ 30 BewG).

Bei einer Wertfortschreibung sind die im Fortschreibungszeitpunkt bestehenden tatsächlichen Verhältnisse maßgebend. Hinsichtlich der Wertverhältnisse wird auf den letzten Hauptfeststellungszeitpunkt abgestellt (§ 27 BewG). Zu einer Wertfortschreibung kommt es also **nur** dann, **wenn** eine **Veränderung der baulichen Gegebenheiten** zu einer **Wertänderung** führt (zB Erstellung eines Anbaus, größere Umbaumaßnahmen, Ausbau eines Dachgeschosses), jedoch nicht bei Veränderungen der Marktpreise. Fortschreibungszeitpunkt ist der Beginn des Kalenderjahres, das auf die Änderung folgt (§ 22 Abs. 4 S. 3 Nr 1 BewG).

Eine **Artfortschreibung** wird vorgenommen, **wenn** sich der **Charakter** des Grundbesitzes **geändert** hat und dies für die Besteuerung von Bedeutung ist (§ 22 Abs. 2 BewG). Beispiele hierfür sind die Errichtung eines Einfamilienhauses auf einem bislang unbebauten Grundstück oder der Einbezug eines gewerblich genutzten Grundstücks in einen Betrieb der Land- und Forstwirtschaft. Bei einer Artfortschreibung werden – wie bei einer Wertfortschreibung – die tatsächlichen Verhältnisse im Fortschreibungszeitpunkt und die am letzten Hauptfeststellungszeitpunkt geltenden Wertverhältnisse zugrunde gelegt. Im Gegensatz zu einer Wertfortschreibung ist die Artfortschreibung nicht an bestimmte Wertgrenzen gebunden.

Zu einer **Zurechnungsfortschreibung** kommt es, **wenn** sich die **Eigentumsverhältnisse geändert** haben und dies für die Besteuerung bedeutsam ist (§ 22 Abs. 2 BewG). Beispiele hierfür sind der Verkauf eines Grundstücks und die Übertragung eines Grundstücks durch Schenkung oder im Erbfall.

Eine **fehlerbeseitigende Fortschreibung** dient dazu, dass Finanzbehörden einen erkannten Fehler, der jedoch aufgrund einer zwischenzeitlich eingetretenen Bestandskraft des Einheitswertbescheids nicht mehr behoben werden kann, mit Wirkung für die Zukunft korrigieren (§ 22 Abs. 3, 4 S. 3 Nr 2 BewG).

Eine **Nachfeststellung** ist **ausnahmsweise** notwendig, **wenn** eine **wirtschaftliche** 713
Einheit neu entsteht oder eine bereits bestehende wirtschaftliche Einheit erstmals der Besteuerung unterliegt (§ 23 BewG).

(3) Aufhebung von Einheitswerten: In Umkehrung der Voraussetzungen, die zu 714
einer Nachfeststellung führen, kommt es zu einer **Aufhebung** des Einheitswertbescheids, **wenn** eine **wirtschaftliche Einheit wegfällt** oder eine wirtschaftliche Einheit aufgrund einer eintretenden Steuerbefreiung nicht mehr der Besteuerung unterliegt (§ 24 BewG).

Weitere verfahrensrechtliche Regelungen betreffen die Änderung von Feststellungsbescheiden und die Nachholung einer Feststellung (§ 24a, § 25 BewG).

C. Begriff des Grundvermögens, Grundstücksarten und Bewertungsverfahren

(1) Begriff des Grundvermögens: Zum Grundvermögen gehören (§ 68 Abs. 1 715
BewG, Abschnitt 1 BewRGr):

- Grund und Boden, Gebäude, sonstige Bestandteile und Zubehör,
- Erbbaurechte,
- Wohnungseigentum, Teileigentum, Wohnungserbbaurecht und Teilerbbaurecht nach dem Wohnungseigentumsgesetz.

Das Bewertungsgesetz folgt zwar bei der Abgrenzung eines Grundstücks grundsätzlich der zivilrechtlichen Einordnung. Ausnahmen gelten jedoch für Bodenschätze und Betriebsvorrichtungen. Diese werden steuerrechtlich nicht in das Grundvermögen einbezogen (§ 68 Abs. 2 BewG). Die Abgrenzung von Betriebsvorrichtungen gegenüber dem Gebäude, den Gebäudebestandteilen und den Außenanlagen ist nicht nur für die Grundsteuer zu beachten, sondern auch für die Ertragsteuern von erheblicher Bedeutung. Sie wurde bereits im Zusammenhang mit der Abgrenzung zwischen selbständigen Wirtschaftsgütern in der Steuerbilanz ausführlich erläutert.[1]

Im Ertragsteuerrecht wird ein bebautes Grundstück nicht als einheitliches Wirtschaftsgut behandelt. Zum einen wird zwischen dem Grund und Boden sowie dem Gebäude getrennt. Zum anderen wird das Gebäude dann, wenn es zu unterschiedlichen Zwecken genutzt wird, ertragsteuerlich in bis zu vier selbständige Wirtschaftsgüter aufgeteilt (R 4.2 Abs. 4 EStR). Im Gegensatz zur Steuerbilanz wird für die Grundsteuer von einem **einheitlichen Wirtschaftsgut** ausgegangen, das den Wert des **Grund und Bodens**, den Wert des **Gebäudes und** den Wert der **Außenanlagen umfasst** (§ 78, § 83 BewG).

1 Siehe hierzu Erster Teil, Zweiter Abschnitt, Kapitel A.II.3., Unterabschnitt (3)., Rn. 168–173.

Ein Grundstück wird dann nicht dem Grundvermögen zugerechnet, wenn es Bestandteil eines land- und forstwirtschaftlichen Betriebs ist oder wenn es sich um ein Betriebsgrundstück handelt (§ 69, § 99 Abs. 1 BewG, Abschnitte 2, 3 BewRGr).

716 *(2) Begriff des Betriebsgrundstücks:* Betriebsgrundstück ist der zu einem Gewerbebetrieb gehörende Grundbesitz, soweit er losgelöst von seiner Zugehörigkeit zu einem Gewerbebetrieb entweder zum Grundvermögen gehören oder einen Betrieb der Land- und Forstwirtschaft bilden würde (§ 99 Abs. 1 BewG).

Zum besseren Verständnis werden im Folgenden einige Begriffe gegeneinander abgegrenzt:

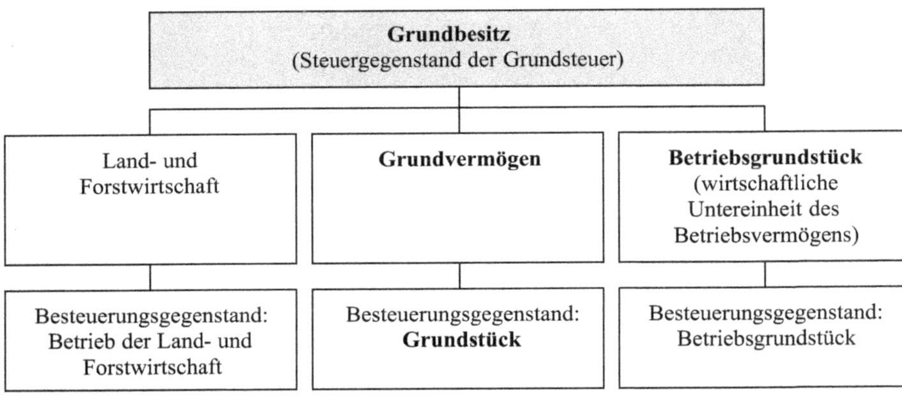

Abb. 48: Abgrenzung der Kategorien des Grundbesitzes

Grundbesitz bildet zum einen den Oberbegriff für land- und forstwirtschaftliches Vermögen, Grundvermögen und Betriebsgrundstücke und zum anderen den Steuergegenstand der Grundsteuer (§ 2 GrStG). **Grundvermögen** stellt eine der Vermögensarten des Bewertungsgesetzes dar (§ 18, § 68 BewG). Jede wirtschaftliche Einheit des Grundvermögens bildet ein **Grundstück** im Sinne des Bewertungsgesetzes (§ 70 BewG). **Betriebsgrundstück** ist eine wirtschaftliche Untereinheit des Betriebsvermögens. Betriebsgrundstück ist der Grundbesitz, der einem Gewerbebetrieb als Hauptzweck dient (§ 99 BewG).

Die Abgrenzung zwischen Betriebsgrundstück und Grundvermögen ist allerdings für die Grundsteuer nicht bedeutsam, da unabhängig von der sachlichen Zurechnung zu einer der Vermögensarten des Bewertungsgesetzes für den Grundbesitz die gleichen Bewertungsregeln zur Anwendung kommen (§ 99 Abs. 3 BewG). Es ist deshalb ausreichend, wenn im Folgenden der Begriff des Grundvermögens und die hierfür geltenden Bewertungsgrundsätze erläutert werden.[2]

2 Nicht behandelt wird die Abgrenzung zwischen land- und forstwirtschaftlichem Vermögen und Betriebsgrundstücken, da land- und forstwirtschaftlich genutzte Flächen bei Gewerbetreibenden nur selten anzutreffen sind. Eine Ausnahme bildet beispielsweise der eigene Obst- und Gemüseanbau eines Unternehmens, das Obst oder Gemüse in Konserven vertreibt.

(3) Grundstücksarten: Bei der Einheitsbewertung wird unterschieden zwischen 717

- unbebauten Grundstücken (§ 72, § 73 BewG)
- bebauten Grundstücken (§ 74 – § 90 BewG).

Unbebaute Grundstücke sind Grundstücke, auf denen sich keine benutzbaren Gebäude oder nur Gebäude von untergeordneter Bedeutung befinden (§ 72 BewG, Abschnitt 6 BewRGr). Baureife Grundstücke bilden eine Unterart der unbebauten Grundstücke. Baureife Grundstücke sind unbebaute Grundstücke, die in einem Bebauungsplan als Bauland ausgewiesen sind, deren sofortige Bebauung möglich ist und in deren benachbartem Bereich mit der Bebauung zumindest begonnen wurde (§ 73 BewG, Abschnitt 13 BewRGr).

Bebaute Grundstücke sind in **sechs Unterformen** aufzuteilen (§ 75 BewG, Abschnitt 15 BewRGr):

- **Mietwohngrundstücke** (Grundstücke, die zu mehr als 80% Wohnzwecken dienen und die keine Ein- oder Zweifamilienhäuser sind),
- **Geschäftsgrundstücke** (Grundstücke, die zu mehr als 80% eigenen oder fremden gewerblichen Zwecken oder öffentlichen Zwecken dienen),
- **gemischt genutzte Grundstücke** (Grundstücke, die sowohl Wohnzwecken als auch eigenen oder fremden gewerblichen Zwecken oder öffentlichen Zwecken dienen und die nicht als Mietwohngrundstück, Geschäftsgrundstück, Ein- oder Zweifamilienhaus anzusehen sind),
- **Einfamilienhäuser** (Wohngrundstücke, die nur eine Wohnung enthalten),
- **Zweifamilienhäuser** (Wohngrundstücke, die nur zwei Wohnungen enthalten),
- **sonstige bebaute Grundstücke** (bebaute Grundstücke, die unter keine der anderen Unterformen fallen).

(4) Bewertungsverfahren und deren Anwendungsbereich: Der Einheitsbewertung 718
liegt die Idee zugrunde, in möglichst einfacher Weise den Marktwert eines Grundstücks zu ermitteln. Bei der Bestimmung des Verkehrswerts wird jeweils an die Merkmale angeknüpft, die für die jeweilige Grundstücksart typischerweise wertbeeinflussend sind. Als **allgemeiner Bewertungsmaßstab** dient der **gemeine Wert**, nicht der beim Betriebsvermögensvergleich herangezogene, betriebsbezogene Vergleichsmaßstab „Teilwert“. Dies ist der Grund dafür, dass für die Bewertung eines Grundstücks innerhalb der Einheitsbewertung unbedeutend ist, ob es bewertungsrechtlich dem Grundvermögen oder dem Betriebsvermögen (sachlich) zugerechnet wird.

Die Bestimmung des gemeinen Werts eines Grundstücks hängt von der Art des Grundstücks ab. Angewendet werden **drei Bewertungsverfahren**: direkte Ermittlung des gemeinen Werts, Ertragswertverfahren und Sachwertverfahren. Sowohl beim Ertragswertverfahren als auch beim Sachwertverfahren handelt es sich um ein standardisiertes Berechnungsverfahren, mit dessen Hilfe in möglichst einfacher Weise der Verkehrswert eines Grundstücks geschätzt werden soll. In Ausnahmefällen wird der gemeine Wert direkt ermittelt, dh ohne Rückgriff auf ein normiertes Bewertungsverfahren.

Die **direkte Ermittlung des gemeinen Werts** gilt für unbebaute Grundstücke (einschließlich der baureifen Grundstücke, § 17 Abs. 3 iVm § 9 BewG).

Bebaute Grundstücke sind für die Grundsteuer in erster Linie nach dem **Ertragswertverfahren** zu bewerten (§ 76 Abs. 1 BewG):

- Mietwohngrundstücke,
- Geschäftsgrundstücke,
- gemischt genutzte Grundstücke,
- Einfamilienhäuser,
- Zweifamilienhäuser.

Der **Anwendungsbereich des Sachwertverfahrens** bezieht sich auf folgende bebaute Grundstücke (§ 76 Abs. 2, 3 BewG, Abschnitt 16 BewRGr):

- sonstige bebaute Grundstücke,
- Ein- und Zweifamilienhäuser mit besonderer Ausstattung,
- Geschäftsgrundstücke, Mietwohngrundstücke sowie gemischt genutzte Grundstücke, bei denen weder eine Jahresrohmiete ermittelt noch die übliche Miete geschätzt werden kann.

  Beispiele: Fabrikgrundstücke und größere Geschäftsgrundstücke mit besonderer Ausstattung, wie Kinos, Banken, Krankenhäuser oder Tankstellen.

- Grundstücke mit Behelfsbauten sowie Grundstücke, bei denen die für das Ertragswertverfahren herangezogenen Vervielfältiger in den Anlagen zum Bewertungsgesetz nicht aufgeführt sind.

Sonderregelungen gelten für Grundstücke im Zustand der Bebauung, Erbbaurechte, Wohnungs- und Teileigentum sowie Gebäude auf fremdem Grund und Boden (§ 91 – § 94 BewG).

D. Bewertung von unbebauten Grundstücken

719 Da für unbebaute Grundstücke im zweiten Teil des Bewertungsgesetzes keine speziellen Bewertungsregeln enthalten sind, ist bei diesen Grundstücken der **gemeine Wert direkt zu ermitteln**, dh ohne Anwendung eines normierten Bewertungsverfahrens (§ 17 Abs. 3 iVm § 9 BewG). Bei der Wertermittlung sind die zukünftigen Verwendungsmöglichkeiten zu berücksichtigen, zB Bauerwartungsland, Industrieland oder Grünfläche.[3]

Bei der Ermittlung des gemeinen Werts von unbebauten Grundstücken kommen grundsätzlich **drei Verfahren** zur Anwendung, von denen das dritte die größte praktische Bedeutung besitzt:

- Ein **Vergleich von Preisen**, die beim Verkauf von gleichartigen unbebauten Grundstücken erzielt wurden, ist zwar zweckmäßig, jedoch liegen zum Hauptfeststellungszeitpunkt die erforderlichen Daten regelmäßig nicht vor.
- Eine Ermittlung des gemeinen Werts aus dem **voraussichtlich zu erzielenden Ertrag** ist insbesondere bei unbebauten Grundstücken mit erheblichen Schätzproblemen verbunden.

3 Aufgrund der unmittelbaren Ermittlung des gemeinen Werts gelten für baureife Grundstücke keine Besonderheiten. Die in § 73 BewG vorgenommene Definition als eigenständige Unterform von unbebauten Grundstücken wirkt sich materiell nicht aus.

– Im Regelfall verbleibt deshalb nur die Möglichkeit, den gemeinen Wert mit Hilfe von **Bodenrichtwerten** zu bestimmen. In den Bodenrichtkarteien haben die Finanzämter für alle Gebiete, Straßen und Straßenabschnitte innerhalb einer Gemeinde Durchschnittswerte ermittelt. Die Einzelheiten sind in den Abschnitten 7–13 BewRGr geregelt.

E. Bewertung von bebauten Grundstücken nach dem Ertragswertverfahren

Das Ertragswertverfahren beruht auf der Vorstellung, dass sich der Verkehrswert (gemeine Wert) eines Grundstücks aus dem mit ihm erzielbaren Ertrag ableitet. Beim Ertragswertverfahren handelt es sich um eine **schematisierte Reinertrags-Kapitalisierungsmethode**, bei der von der Jahresrohmiete ausgegangen wird und bei der die Bewirtschaftungskosten, die Verzinsung des gebundenen Kapitals und die Gebäudeabschreibungen nach finanzmathematischen Regeln der Rentenberechnung über einen Vervielfältiger in pauschalierender Form berücksichtigt werden. 720

Beim Ertragswertverfahren wird der Wert eines bebauten Grundstücks **als Gesamtwert berechnet**, dh der Wert des Grund und Bodens, des Gebäudes und der Außenanlagen wird nicht getrennt ermittelt. Beim Ertragswertverfahren werden für die jeweiligen Teilertragsanteile sowie ihr Verhältnis untereinander durchschnittliche Verhältnisse unterstellt. Für das Ertragswertverfahren gilt folgender **Berechnungsansatz** (§ 78 – § 82 BewG, Abschnitte 18–33 BewRGr):

	Jahresrohmiete
×	individueller Vervielfältiger (aus den Anlagen 3 bis 8 zum BewG)
=	vorläufiger Grundstückswert
±	Zu- oder Abschlag aufgrund außergewöhnlicher Grundsteuerbelastung
±	Zu- oder Abschlag aufgrund besonderer Umstände Mindestwert: 50% des Werts eines vergleichbaren unbebauten Grundstücks (§ 77 BewG iVm Art. 7 Steueränderungsgesetz 1969)
–	Abrundung auf volle hundert DM nach unten und danach Umrechnung in Euro; der umgerechnete Betrag wird auf volle Euro abgerundet (§ 30 BewG)
=	**Einheitswert nach dem Ertragswertverfahren**

Jahresrohmiete ist das Gesamtentgelt, das der Mieter oder Pächter aufgrund der vertraglichen Vereinbarungen nach den am 1.1.1964 geltenden Verhältnissen zu entrichten hat. Umlagen sowie Betriebskosten sind grundsätzlich einzubeziehen (§ 79 Abs. 1 BewG). In bestimmten Fällen ist die übliche Miete in Anlehnung an die Jahresrohmiete zu schätzen, die für Räume gleicher oder ähnlicher Art, Lage und Ausstattung regelmäßig bezahlt wird (§ 79 Abs. 2 BewG).

Die Kapitalisierung erfolgt mit Hilfe eines Vervielfältigers (§ 80 BewG). Die in den Anlagen 3 bis 8 zum Bewertungsgesetz zusammengestellten **Vervielfältiger** sind für die Einheitsbewertung verbindlich. In dem Vervielfältiger werden in pauschalierender Form die Bewirtschaftungskosten, die Verzinsung des gebundenen Kapitals sowie die Gebäudeabschreibung entsprechend den finanzmathematischen Regeln der

Rentenberechnung erfasst. Die Höhe des Vervielfältigers ist sehr differenziert ausgestaltet. Er wird **von mehreren Faktoren beeinflusst:**

- **Art** des bebauten Grundstücks (zB Geschäftsgrundstück, gemischt genutztes Grundstück),
- **Bauweise** (Massivbau, Holzfachwerk mit Ziegelsteinausmauerung, Holzfachwerk mit Lehmausfachung),
- **Baujahr** (Alt-, Neu- und Nachkriegsbau),
- **Größe der Gemeinde**, in der das Grundstück belegen ist (acht Größenklassen).

Die Grundsteuer wird wie die anderen Bewirtschaftungskosten mit einem durchschnittlichen Hebesatz im Vervielfältiger berücksichtigt. Zum Ausgleich von erheblichen Abweichungen vom Durchschnittswert kann der vorläufige Grundstückswert um bis zu zehn Prozentpunkte erhöht oder ermäßigt werden (**außergewöhnliche Grundsteuerbelastung**, § 81 BewG, Abschnitt 30 BewRGr).

Liegen im Einzelfall **besondere wertmindernde oder werterhöhende Umstände** vor, die sich weder auf die Jahresrohmiete noch auf den Vervielfältiger ausgewirkt haben, ist der vorläufige Grundstückswert ausnahmsweise durch Abschläge oder Zuschläge zu korrigieren (§ 82 BewG). Ein **Abschlag** kommt bei ungewöhnlich starken Beeinträchtigungen durch Lärm, Rauch und Gerüche, behebbare Baumängel und Bauschäden, bei Notwendigkeit eines baldigen Abbruchs sowie in besonderen, gesetzlich nicht spezifizierten Fällen in Betracht. Ein **Zuschlag** ist wegen Übergröße der nicht bebauten Fläche sowie wegen nachhaltiger Nutzung des Grundstücks zu Reklamezwecken gegen Entgelt möglich. Die Zu- und Abschläge dürfen in der Summe 30% des vorläufigen Grundstückswerts nach Berücksichtigung einer etwaigen außergewöhnlichen Grundsteuerbelastung nicht überschreiten.

F. Bewertung von bebauten Grundstücken nach dem Sachwertverfahren

721 *(1) Konzeption des Sachwertverfahrens:* Das bewertungsrechtliche Sachwertverfahren orientiert sich grundsätzlich an dem in der Betriebswirtschaftslehre bekannten Sachwertverfahren. Beim Sachwertverfahren bestimmt sich der Wert eines Grundstücks danach, welche Aufwendungen anfallen würden, wenn es in seiner derzeitigen Form nachgebaut werden würde (**Reproduktionsaltwert**). Trotz der Berücksichtigung zahlreicher wertbeeinflussender Komponenten wird allerdings durch das steuerrechtliche Sachwertverfahren für die meisten Verfahrensschritte keine individuelle Berechnung vorgenommen, sondern jeweils auf objektivierende **Pauschalierungen** zurückgegriffen.

Beim Sachwertverfahren werden im ersten Schritt die **einzelnen wertbestimmenden Komponenten getrennt ermittelt** und im zweiten Schritt zu einem Gesamtwert zusammengefasst. Zusätzlich ist eine Angleichung an den gemeinen Wert vorzunehmen (§ 83 – § 90 BewG, Abschnitte 34–46 BewRGr). Das im Folgenden verkürzt wiedergegebene **Berechnungsschema** ist in Anlage 10 zu den BewRGr grafisch aufbereitet:

	Wert des Grund und Bodens (Bodenwert)
+	Gebäudewert
+	Wert der Außenlagen
=	Ausgangswert
×	Wertzahl zur Angleichung an den gemeinen Wert
=	Grundstückswert Mindestwert: 50% des Werts eines vergleichbaren unbebauten Grundstücks (§ 77 BewG iVm Art. 7 Steueränderungsgesetz 1969)
–	Abrundung auf volle hundert DM nach unten und danach Umrechnung in Euro; der umgerechnete Betrag wird auf volle Euro abgerundet (§ 30 BewG).
=	**Einheitswert nach dem Sachwertverfahren**

(2) Bodenwert: Der Grund und Boden ist mit dem Wert anzusetzen, der sich ergeben würde, wenn das Grundstück unbebaut wäre (§ 84 BewG). Der Bodenwert ergibt sich durch Multiplikation der Fläche des Grund und Bodens mit dem Bodenrichtwert. **722**

(3) Gebäudewert: Der Gebäudewert ist in einem **dreistufigen Verfahren** zu ermitteln: **723**

	Gebäudenormalherstellungswert
–	Wertminderungen wegen Alters und wegen baulicher Mängel und Schäden
±	Zu- oder Abschlag aufgrund besonderer Umstände

Zur Ermittlung des **Gebäudenormalherstellungswerts** wird von den durchschnittlichen Herstellungskosten nach den Baupreisverhältnissen des Jahres 1958 ausgegangen. Diese sind auf die Baupreisverhältnisse im Hauptfeststellungszeitpunkt umzurechnen, dh auf den 1.1.1964 hochzurechnen (§ 85 BewG). Die Einzelheiten zur Berechnung des umbauten Raums sowie die durchschnittlichen Raummeterpreise sind in den Anlagen 12–16 BewRGr für die einzelnen Gebäudearten sehr detailliert geregelt.

Die **Wertminderung wegen Alters** bestimmt sich nach dem Alter des Gebäudes im Hauptfeststellungszeitpunkt und der gewöhnlichen Lebensdauer von Gebäuden gleicher Art und Nutzung (§ 86 BewG). Dabei ist von einer gleichbleibenden jährlichen Wertminderung auszugehen (§ 86 Abs. 1 S. 3 BewG, Abschnitt 41 BewRGr). Ein Abschlag für Wertminderungen wegen baulicher Mängel und Schäden ist grundsätzlich nur für behebbare Bauschäden möglich (§ 87 BewG).

Besondere Umstände, wie Lage des Grundstücks, unorganischer Aufbau, wirtschaftliche Überalterung, Notwendigkeit eines vorzeitigen Abbruchs, übermäßige Raumhöhe oder nachhaltige Nutzung zu Reklamezwecken gegen Entgelt, können zu **weiteren Zu- oder Abschlägen** führen (§ 88 BewG).

(4) Außenanlagen: Der Wert der Außenanlagen (zB Umzäunungen, Tore, Stützmauern, Wege, Gartenanlagen, Platzbefestigungen, Schwimmbad) ist nach dem gleichen Schema zu ermitteln wie der Gebäudewert (§ 89 BewG, Abschnitt 45 BewRGr): **724**

	Normalherstellungswert der Außenanlagen
–	Wertminderungen wegen Alters und wegen baulicher Mängel und Schäden
±	Zu- oder Abschlag aufgrund besonderer Umstände

725 *(5) Gesamtwert:* Der Bodenwert, der Gebäudewert und der Wert der Außenanlagen sind **zum Ausgangswert zu addieren**. Um überhöhte Werte zu vermeiden, ist der Ausgangswert durch die **Multiplikation mit einer Wertzahl** an den gemeinen Wert anzugleichen. Die Wertzahl wird durch Verordnung festgesetzt. Durch die Wertzahl werden die wertbeeinflussenden Umstände berücksichtigt. Hierzu gehören beispielsweise die Zweckbestimmung, der Wirtschaftszweig, das Baujahr und die Gemeindegröße. Die Wertzahl liegt grundsätzlich zwischen 50 und 85% (§ 90 BewG iVm der Verordnung zur Durchführung des § 90 des Bewertungsgesetzes, BGBl. 1966 I, S. 553).

G. Sonderfälle

726 Sondervorschriften gelten für Grundstücke im Zustand der Bebauung, Erbbaurechte, Wohnungseigentum und Teileigentum sowie für Gebäude auf fremdem Grund und Boden.

727 Ein **Grundstück, das sich im Zustand der Bebauung befindet**, wird für die noch nicht bezugsfertigen Gebäudeteile so bewertet, **als ob** das Grundstück **unbebaut** sei (§ 91 BewG, Abschnitt 47 BewRGr). Es gehen also lediglich die bereits bezugsfertigen Gebäudeteile in den Einheitswert ein.

728 Besteht ein **Erbbaurecht**, sind **zwei Einheitswerte** zu ermitteln: der eine für die wirtschaftliche Einheit **„Erbbaurecht“** und der andere für die wirtschaftliche Einheit **„mit einem Erbbaurecht belastetes Grundstück“** (§ 92 Abs. 1 BewG, Abschnitt 48 BewRGr).[4] Ausgangspunkt bildet der Wert des Grundstücks, bei dessen Ermittlung zunächst unterstellt wird, dass das Erbbaurecht nicht besteht. Dieser in Abhängigkeit von der Grundstücksart nach den allgemeinen Regeln der Einheitsbewertung ermittelte **Gesamtwert** ist anschließend **aufzuteilen**:

- Beträgt die **Gesamtlaufzeit** des Erbbaurechts **noch mindestens 50 Jahre**, ist als Gesamtwert der Wert des Erbbaurechts maßgebend. Das mit dem Erbbaurecht belastete Grundstück hat dementsprechend einen Wert von null (§ 92 Abs. 2 BewG).
- Beträgt die **Laufzeit** des Erbbaurechts **weniger als 50 Jahre**, umfasst die wirtschaftliche Einheit „Erbbaurecht“ den Gebäudewert zuzüglich eines Anteils am Bodenwert. Der Anteil am Bodenwert fällt umso geringer aus, je kürzer die Restlaufzeit des Erbbaurechts ist. Er liegt zwischen 95 (Restlaufzeit zwischen 40 und 50 Jahren) und 0% (noch verbleibende Dauer des Erbbaurechts weniger als fünf Jahre). Der Wert der wirtschaftlichen Einheit „mit einem Erbbaurecht belastetes Grundstück“ entspricht dem Teil des Bodenwerts, der nicht dem Erbbaurecht zugerechnet wird, m.a.W. er beträgt in Abhängigkeit von der Restlaufzeit des Erbbaurechts zwischen 5 und 100% des Bodenwerts.

729 Jedes **Wohnungseigentum** und **Teileigentum** bildet eine wirtschaftliche Einheit, die für sich zu bewerten ist (§ 93 BewG, Abschnitt 49 BewRGr). Wohnungseigentum ist

4 Der Anspruch auf Erhalt des Erbbauzinses ist nicht Bestandteil des Grundstücks. Die Verpflichtung zur Zahlung des Erbbauzinses ist bei der Bewertung des Erbbaurechts nicht zu berücksichtigen (§ 92 Abs. 5 BewG).

das Sondereigentum an einer Wohnung verbunden mit dem Miteigentumsanteil an dem gemeinschaftlichen Eigentum, zu dem es gehört (Eigentumswohnung, § 1 Abs. 2 WEG). Teileigentum ist Sondereigentum an nicht zu Wohnzwecken dienenden Räumen (zB Ladengeschäft, Büro) verbunden mit dem Miteigentumsanteil an dem gemeinschaftlichen Eigentum, zu dem es gehört (§ 1 Abs. 3 WEG). Für die Bestimmung der Grundstücksart ist die Nutzung der jeweiligen Einheit ausschlaggebend. **Wohnungseigentum** wird **regelmäßig** nach dem **Ertragswertverfahren** bewertet (§ 93 Abs. 2 BewG). Bei **Teileigentum** bestimmt sich das Bewertungsverfahren – in Abhängigkeit von der Nutzung – **nach der** im Einzelfall vorliegenden **Grundstücksart**.

Wird **auf fremdem Grund und Boden ein Gebäude errichtet**, liegt ein bebautes Grundstück vor, für das **zwei Einheitswerte** zu berechnen sind: einer für die wirtschaftliche Einheit „Grund und Boden" und einer für die wirtschaftliche Einheit „Gebäude auf fremdem Grund und Boden" (§ 94 BewG, Abschnitt 50 BewRGr): **730**

- Der **Grund und Boden** ist wie ein unbebautes Grundstück zu bewerten. Der Wert wird dem Eigentümer des Grund und Bodens zugerechnet.
- Bei dem **auf fremdem Grund und Boden errichteten Gebäude** bestimmt sich die Bewertung nach der Gebäudeart. Es ist entsprechend den allgemeinen Regeln der Einheitsbewertung nach dem Ertrags- oder dem Sachwertverfahren zu bewerten. Der auf den Grund und Boden entfallende Anteil ist entweder nicht zu berücksichtigen (Sachwertverfahren) oder vom Gesamtwert abzuziehen (Ertragswertverfahren). Die wirtschaftliche Einheit „Gebäude auf fremdem Grund und Boden" ist dem wirtschaftlichen Eigentümer des Gebäudes zuzurechnen.

H. Vergleich mit den Zielen der Grundsteuer

Bei der Beurteilung der Bewertung von Grundstücken nach den bewertungsrechtlichen Vorschriften sind zum einen der Objektcharakter der Grundsteuer und zum anderen ihre Einordnung als Substanzsteuer heranzuziehen: **731**

Akzeptiert man die Erhebung der Grundsteuer als solche und ihre Ausgestaltung als **Objektsteuer**, ist es **sachgerecht**, die Bemessungsgrundlage als **Bruttogröße** festzulegen, dh Verbindlichkeiten und andere Belastungen, die im Zusammenhang mit dem Grundstück stehen, nicht zum Abzug zuzulassen. Die im Bewertungsgesetz für Grundstücke enthaltenen **Bewertungsgrundsätze** (gemeiner Wert berechnet nach dem Ertrags- oder Sachwertverfahren bzw durch direkte Ermittlung) entsprechen insoweit den Zielen einer Objektsteuer, als die Höhe der Grundsteuer **unabhängig von den persönlichen Verhältnissen des Eigentümers, der Form der Finanzierung und der Art und Weise der Nutzung des Grundstücks** ist. Würde auf den Teilwert abgestellt, hinge die Bewertung davon ab, ob das Grundstück im betrieblichen oder im nichtbetrieblichen Bereich eingesetzt wird. Durch die Bewertung mit dem gemeinen Wert werden Bewertungsunterschiede zwischen Betriebsgrundstücken und Grundvermögen vermieden.

Da sich die Bewertung von Grundstücken am gemeinen Wert orientiert, ist der für die Grundsteuer verwendete **Bewertungsmaßstab** vom Ansatz her mit dem Ziel einer Substanzsteuer vereinbar. Der im gewöhnlichen Geschäftsverkehr erzielbare Verkaufserlös bestimmt sich grundsätzlich danach, welchen Nutzen ein Wirtschaftsgut stiftet. Stellt man ausschließlich auf finanzielle Zielgrößen ab, empfiehlt sich ein ertragsbezogener Bewertungsansatz. Die Grundstücksbewertung **stimmt** deshalb auch insoweit **mit** dem **Konzept einer substanzbezogenen Steuer überein**, als das Bewertungsgesetz für die Bewertung von Grundstücken für grundsteuerliche Zwecke in erster Linie das Ertragswertverfahren vorsieht. Bei den Grundstücken, die typischerweise nicht vermietet werden, wie Geschäftsgrundstücke oder unbebaute Grundstücke, ist es jedoch nicht zweckmäßig, eine ertragsbezogene Bewertung durchzuführen. Der für diese Grundstücke kodifizierte Bewertungsansatz (Sachwertverfahren oder direkte Ermittlung des gemeinen Werts) ist gerechtfertigt, da dieser an die Merkmale anknüpft, die für diese Grundstücke typischerweise wertbestimmend sind.

Die bei der Grundstücksbewertung vorgenommenen **Pauschalierungen** sind im Hinblick auf eine Vereinfachung des Bewertungsvorgangs und zur Schaffung von vergleichbaren Besteuerungsverhältnissen grundsätzlich **vertretbar**. Diese Aussage gilt auch dann, wenn man berücksichtigt, dass die Pauschalierungen beim Ertragswertverfahren stärker ausfallen als beim Sachwertverfahren oder bei der direkten Ermittlung des gemeinen Werts.

732 Der Hauptkritikpunkt an der geltenden Rechtslage ist, dass sowohl das Ertragswertverfahren als auch das Sachwertverfahren zu Werten führen, die erheblich unter den Verkehrswerten liegen. Ursache hierfür ist insbesondere, dass bei beiden Bewertungsmethoden auf die zum Zeitpunkt der letzten Hauptfeststellung (in den alten Bundesländern der 1.1.1964, in den neuen Bundesländern der 1.1.1935) geltenden Verhältnisse abgestellt wird. Aufgrund der **zwischenzeitlich** auf dem Grundstücksmarkt **eingetretenen Entwicklungen** liegen die Einheitswerte weit unter den heutigen Verkehrswerten. Bei der Grundsteuer geht es zwar im Gegensatz zur Erbschaft- und Schenkungsteuer sowie zur (bis zum Jahr 1996 erhobenen) Vermögensteuer nicht um die Gleichbehandlung von Grundvermögen mit anderen Wirtschaftsgütern. Bei der Grundsteuer stellt sich aber die Anforderung nach einer **Gleichbehandlung innerhalb des Grundvermögens**. Aufgrund des inzwischen mehrere Jahrzehnte umfassenden Hauptfeststellungszeitraums ergeben sich erhebliche Bewertungsunterschiede zwischen den einzelnen Grundstücken. Da diese Differenzen bei der Bemessungsgrundlage weder durch die Steuermesszahl noch durch den Grundsteuerhebesatz ausgeglichen werden, liegt insoweit ein Verstoß gegen das Ziel einer substanzbezogenen Besteuerung vor. Innerhalb der Grundsteuer kommt es insbesondere aus folgenden Gründen zu Belastungsunterschieden:[5]

- Die für die Bewertung herangezogenen Faktoren (insbesondere Jahresrohmiete bzw Gebäudenormalherstellungskosten) haben sich bei den einzelnen Grundstücken seit der letzten Hauptfeststellung in sehr unterschiedlicher Weise entwickelt. Dies gilt nicht nur für den Vergleich zwischen den Bewertungsverfahren und den

5 Zur umfangreichen Rechtsprechung des Bundesfinanzhofs zur verfassungsrechtlichen Beurteilung der Grundstücksbewertung für Zwecke der Grundsteuer siehe stellvertretend den Vorlagebeschluss des BFH vom 22.10.2014, BStBl. 2014 II, S. 957. Zu einem Überblick über die Rechtsprechung siehe zB Claus/Nehls/Scheffler, Grundsteuern in der Europäischen Union, IFSt-Schrift Nr 509, Berlin 2016, S. 13–19; Scheffler/Nehls, Grundsteuer: Reformbedarf, Reformansätze und Reformauswirkungen, in: Oestreicher (Hrsg.), Halbzeitanalyse GroKo 2013/2017, Steuervereinfachung, Steuervermeidung und Steuerreform, Herne 2016, S. 7–10 (jeweils mwN).

Entwicklungen innerhalb der einzelnen Regionen in Deutschland, sondern auch für die Entwicklung der Wertverhältnisse innerhalb derselben Gemeinde. Nicht erfasst werden beispielsweise die Änderungen der politischen Verhältnisse in Berlin, die Aufhebung der „Zonenrandlage", Änderungen der Größe einer Gemeinde, Eingemeindungen, städtebauliche Entwicklungen innerhalb einer Gemeinde und dessen Umfeld sowie die Wirtschafts- bzw. Einzelhandelsstruktur innerhalb einer Gemeinde.

- Die Abweichungen von den tatsächlichen Verhältnissen fallen bei in den neuen Bundesländern belegenen Grundstücken noch stärker aus als bei in den alten Bundesländern belegenen Grundstücken, da bei den in den neuen Bundesländern belegenen Grundstücken nicht nur die Veränderungen der Wertverhältnisse seit dem 1.1.1964, sondern auch die Veränderungen im Zeitraum vom 1.1.1935 bis 1.1.1964 unberücksichtigt bleiben.
- Bei einer Bewertung nach dem Ertragswertverfahren sind die Unterbewertungen deutlich größer aus als beim Sachwertverfahren. Die nach dem Sachwertverfahren ermittelten gemeinen Werte liegen zum Teil um mehr als das Doppelte über den Werten des Ertragswertverfahrens.
- Beim Sachwertverfahren wird auf die Baupreisverhältnisse im Jahr 1958 abgestellt. Es liegt insoweit ein Verstoß gegen das Gebot einer folgerichtig umgesetzten Gesetzgebung vor, als es immer mehr Gebäude gibt, die zu dem damaligen Zeitpunkt nach Bauart, Bauweise, Konstruktion oder Objektgröße noch nicht bekannt waren (zB Lebensmittelmärkte „auf der grünen Wiese"). Hinsichtlich des Ausstattungsstandards werden heute als maßgeblich angesehene wertbildende Faktoren wie Energieeffizienz, Solaranlagen, Wärmepumpen, Lärmschutz, luxuriöse Bad- und Kücheneinrichtungen oder der Anschluss an Hochgeschwindigkeitsdatenbanken nicht oder nicht ausreichend berücksichtigt. Damit ist es erforderlich, eine Schätzung darüber vorzunehmen, wie hoch die Gebäudenormalherstellungskosten im Jahr 1958 gewesen wären, wenn es diese Gebäude zu dem damaligen Zeitpunkt bereits gegeben hätte. Dies ist mit der Gefahr verbunden, dass die tatsächlichen Wertverhältnisse nicht zutreffend ermittelt werden.
- Bei Sachwertverfahren bleiben Wertminderungen wegen Alters (Abschreibungen), die nach dem letzten Hauptfeststellungszeitpunkt eingetreten sind, unberücksichtigt. Dies führt zu dem unbefriedigenden Effekt, dass heute errichtete Gebäude mit dem gleichen Wert angesetzt werden wie Gebäude, die im Hauptfeststellungszeitpunkt bereits errichtet waren.
- Das jahrzehntelange Unterlassen einer allgemeinen Hauptfeststellung führt zu nicht mehr hinnehmbaren Defiziten beim Gesetzesvollzug. Es ist nämlich nicht gewährleistet, dass alle Änderungen der tatsächlichen Verhältnisse (zB Anbauten, Ausbau des Dachgeschosses) und deren Auswirkungen auf die in den Bewertungsverfahren verwendeten Rechenelemente (zB erzielbare Jahresrohmiete) den Finanzämtern bekannt und durch eine Wertfortschreibung erfasst werden. Ursachen dafür sind, dass zum einen für die Steuerpflichtigen insoweit keine Mitteilungspflicht besteht und dass zum anderen auch die Ermittlungspflichten der Finanzbehörden wenig umfangreich sind. Eine Wertfortschreibung ist oft auch wegen der Schwierigkeiten bei der Abgrenzung zwischen (nicht zu erfassenden) Wertänderungen und den (zu berücksichtigenden) Änderungen der tatsächlichen Verhältnisse unterblieben.

– Der mit einer Reform der Grundsteuer verbundene Arbeitsaufwand kann keine Rechtfertigung für das Unterlassen einer neuen Hauptfeststellung sein. Das Unterlassen einer neuen Hauptfeststellung kann auch in den neuen Bundesländern nicht (mehr) mit den Übergangsschwierigkeiten im Zusammenhang mit der Wiedervereinigung Deutschlands begründet werden. Um den mit einer allgemeinen Neubewertung verbundenen Aufwand für Steuerpflichtige und Verwaltung auf ein zumutbares Maß zu beschränken, sind allerdings bei der Ermittlung des aktuellen Werts des Grundbesitzes Typisierungen zulässig.

733 Das BVerfG hat am 10.4.2018 gemeinsam über drei Vorlagen des Bundesfinanzhofs sowie zwei Verfassungsbeschwerden von Steuerpflichtigen entschieden.[6] Das BVerfG hat sich der Kritik an der über Jahrzehnte unterlassenen Hauptfeststellung und den daraus resultierenden Wertverzerrungen in vollem Umfang angeschlossen. Es sieht deshalb die derzeitige Bewertung von Grundvermögen als nicht mit dem Gleichbehandlungsgrundsatz nach Art. 3 Abs. 1 GG vereinbar an. Das BVerfG hat den Gesetzgeber aufgefordert, bis zum 31.12.2019 eine Neuregelung zu verabschieden. Die geänderten Bewertungsregeln sind spätestens fünf Jahre nach ihrer Verabschiedung, spätestens bis zum 31.12.2024, anzuwenden. Ab dem Jahr 2025 dürfen die derzeitigen Bewertungsregeln nicht mehr angewendet werden.

Welche Schlussfolgerung der Gesetzgeber zieht, kann noch nicht angegeben werden. In der Vergangenheit wurden zahlreiche Reformmodelle vorgestellt.[7] Allerdings fand keines dieser Modelle eine politische Mehrheit. Dies gilt auch für den derzeit aktuellen Vorschlag der Finanzministerkonferenz aus dem Jahr 2016. Dieser Vorschlag wurde zwar in den Bundesrat eingebracht[8] und an den Bundestag weitergeleitet,[9] er wurde allerdings im Parlament nicht beraten. Bei der Entscheidung über die Neugestaltung der Grundsteuer müssen insbesondere zwei Fragen beantwortet werden: (1) Erstreckt sich der Steuergegenstand sowohl auf den Grund und Boden als auch auf das Gebäude oder unterliegt nur der Grund und Boden der Grundsteuer? (2) Bestimmt sich die Bemessungsgrundlage nach dem Wert des Grundvermögens oder ausschließlich nach dessen Größe (Bodenfläche, Bruttogrundfläche)? Die Antworten auf diese beiden Fragen hängen davon ab, mit welchem Verwaltungsaufwand sich die Neubewertung durchführen lässt.

Wenn es zu einer Anpassung des grundsteuerlich relevanten Werts des Grundbesitzes an die Verkehrswerte kommt, muss zum Ausgleich der Steuersatz der Grundsteuer, genauer die **Steuermesszahlen bzw der Hebesatz**, entsprechend **reduziert** werden. Die Anpassung der Bemessungsgrundlage an die verfassungsrechtlichen Vorgaben liefert auf jeden Fall keine Rechtfertigung für eine Erhöhung der Grundsteuer.

6 Vgl BVerfG vom 10.4.2018, ECLI:DE:BVerfG:2018:ls20180410.1bvl001114.

7 Siehe hierzu die Quellennachweise in Claus/Nehls/Scheffler, Grundsteuern in der Europäischen Union, IFSt-Schrift Nr 509, Berlin 2016, S. 21–23; Scheffler/Nehls, Grundsteuer: Reformbedarf, Reformansätze und Reformauswirkungen, in: Oestreicher (Hrsg.), Halbzeitanalyse GroKo 2013/2017, Steuervereinfachung, Steuervermeidung und Steuerreform, Herne 2016, S. 3–5.

8 Vgl Bundesrat-Drucksache 514/16 sowie Bundesrat-Drucksache 515/16. Siehe hierzu zB Beck, DStR 2016, S. 2689; Marx, DStZ 2017, S. 19.

9 Vgl Bundestag-Drucksache 18/10751 sowie Bundestag-Drucksache 18/10753.

Übersicht zum Maßgeblichkeitsprinzip

Fall	Handelsrecht	Steuerrecht	Auswirkungen des Maßgeblichkeitsprinzips (Grundsatz)	Form der Maßgeblichkeit
1	verbindliche Regelung	keine Regelung	Wert aus der Handelsbilanz ist in die Steuerbilanz zu übernehmen (§ 5 Abs. 1 S. 1 HS 1 EStG)	Maßgeblichkeit
2	verbindliche Regelung	verbindliche Regelung	Fall 2a: übereinstimmende verbindliche Regelungen: Handelsbilanz und Steuerbilanz stimmen überein	Maßgeblichkeit (deklaratorisch)
			Fall 2b: abweichende verbindliche Regelungen: für die Steuerbilanz ist die steuerliche Regelung verbindlich: Handelsbilanz und Steuerbilanz weichen voneinander ab	Durchbrechung der Maßgeblichkeit
3	verbindliche Regelung	Wahlrecht	das steuerliche Wahlrecht kann unabhängig von der handelsrechtlichen Rechnungslegung ausgeübt werden (§ 5 Abs. 1 S. 1 HS 2 EStG): Handelsbilanz und Steuerbilanz können, müssen aber nicht übereinstimmen	keine Maßgeblichkeit
4	Wahlrecht	verbindliche Regelung	für die Steuerbilanz ist die steuerliche Regelung verbindlich: Handelsbilanz und Steuerbilanz können, müssen aber nicht übereinstimmen (§ 5 Abs. 1 S. 1 HS 1 EStG)	Einschränkung der Maßgeblichkeit
5	Wahlrecht	keine Regelung	Bilanzierung: handelsrechtliche Aktivierungswahlrechte werden steuerlich zur Aktivierungspflicht und handelsrechtliche Passivierungswahlrechte werden steuerlich zum Passivierungsverbot, dh Handelsbilanz und Steuerbilanz können, müssen aber nicht übereinstimmen	Einschränkung der Maßgeblichkeit
			Bewertung: Übernahme des handelsrechtlichen Werts, dh Handelsbilanz und Steuerbilanz stimmen überein	Maßgeblichkeit
6	Wahlrecht	Wahlrecht	das steuerliche Wahlrecht kann unabhängig von der handelsrechtlichen Regelung ausgeübt werden (§ 5 Abs. 1 S. 1 HS 2 EStG): Handelsbilanz und Steuerbilanz können, müssen aber nicht übereinstimmen	keine Maßgeblichkeit
7	Ermessensspielraum	keine Regelung	Wert aus der Handelsbilanz ist in die Steuerbilanz zu übernehmen (§ 5 Abs. 1 S. 1 HS 1 EStG)	Maßgeblichkeit

Fall	Handelsrecht	Steuerrecht	Auswirkungen des Maßgeblichkeitsprinzips (Grundsatz)	Form der Maßgeblichkeit
8	Ermessensspielraum	Ermessensspielraum	Fall 8a: Ermessensspielräume stimmen überein: Handelsbilanz und Steuerbilanz stimmen überein	Maßgeblichkeit
			Fall 8b: handelsrechtlicher Ermessensspielraum geht weiter als der im Steuerrecht zulässige Rahmen (im Steuerrecht uU verbindliche Regelung): Handelsbilanz und Steuerbilanz können, müssen aber nicht übereinstimmen	Einschränkung der Maßgeblichkeit
9	keine vergleichbare Regelung	spezieller steuerlicher Grundsatz (verbindliche Regelung)	die spezielle steuerliche Regelung ist anzuwenden (zB Besteuerung von Personen- und Kapitalgesellschaften, Abgrenzung des betrieblichen Bereichs von der privaten Sphäre, Vermeidung einer internationalen Doppelbesteuerung)	keine Maßgeblichkeit

Sachverzeichnis

Die Angaben beziehen sich auf die Randnummern.